JN327186

キャロル・ローズ
Carol Rose
松村一男 監訳

世界の
怪物・神獣
事典

An Encyclopedia of Folklore, Legend, and myth
Giants, Monsters, and Dragons

世界の怪物・神獣事典

目次

序文　V
事典　1
監訳者あとがき　483
参考文献　486
付録　491
索引　509

凡例

＊が右肩に付いた語は、事典中に項目があることを示す
→は「〜の項目を参照せよ」を意味する。
文献は巻末の参考文献番号を示す
付録は巻末の付録における分類番号を示す

序　文

　人生のある時期において、巨大な生物や怪物の物語に魅了されたことのない人はほとんどいないはずだ。その生物が登場するのが聖書であれ、古代の神話であれ、子供時代のおとぎ話であれ、巨大でぞっとするものの脅威を経験した時の恐怖と興奮からくるスリルに変わりはない。

　古代の地図製作者が未調査の地域に「ドラゴン*の居住域」と記載したことはよく知られている。これらのドラゴンは、大昔から世界のほとんどあらゆる文化の伝説や伝承においておなじみの存在だった。しかし、この語はドラゴンとして特定される生物だけでなく、物陰で人間の獲物を待ち構えているであろう無名の怪物*のことも指した。人間の知識の範囲内にあるものや比較的慣れ親しんだものは、その大きさがどうであれ、納得して気持ちよく受け入れられたに違いない。しかし、人間の知識の範囲外にあるものは、不気味で畏怖の念を抱かせた。世界と宇宙が創造される以前の混沌とした状態、巨大なひび割れ、地上の脅威的な地勢、未踏の領域、そして未知なるものに挑戦した人々の失踪や変貌は、怪異なるものの仕業だと考えることで説明がついた。人間の秩序の領域を超えたこれらの存在は、人間界に挑戦する不変の脅威であって、鎮めたり、制御したり、追放したり、退治したりすべきものだった。

　バビロニア神話のティアマト*や聖書のレヴィアタン*、アメリカ先住民ナヴァホ族のダルゲドのように、巨大で破壊的な存在の多くは、世界の創生以前から破壊的な力として存在していたとみなされ、それゆえその文化の宗教的構造に組み込まれた。しかしこういった存在が世界を創造したわけではなく、それゆえ力もなかったので、その起源と存在が超自然的であったとはいえ、彼らは神でもなく、低級霊でもなかった。したがって、世界の秩序が確立されるために、彼らは滅ぼされるか、あるいは神の力に支配されるか、神のように霊感を受けたマルドクやギルガメシュ、ナンゲナツァーリやチョバデスチンのような英雄によって支配されねばならなかった。

　古代の信仰のなかには、中国の夸父（こほ）*や盤古（ばんこ）*、モンゴルのカルムイク人のマンザシリ*、ミクロネシアのプンタン*、インドのプルシャ*、チベットのスグロルマ*、北欧神話のユミル*といった巨人が登場するものがあり、彼らの体は大地そのものを形成したり、そこに草木を生み出したりした。

　他の原初の巨人*は、初期の文化の神話体系に組み込まれた。その代表格がギリシア・ローマ神話のティタン族やギガンテス*、北欧神話のフリームスルサル*やヨーツン*で、彼らはすべて新興の神々によって滅ぼされたり、支配されたりした。同様に、旧約聖書に登場するアナク人*やネピリム*は、のちに新約聖書にも取り入れられた。彼らはノアの大洪水で破滅させられたとされるが、イスラエル以前の時代の奇怪で混沌とした状態を伝える役目を担っている。

　古代の人間にとって、こういった巨大な生物の存在は、自然界の出来事からはっきり窺い知ることができるものであった。なぜなら、地震、日食、虹、洪水は彼らの活動によって引き起こされるものだったからだ。彼らの巨大な骨は大地そのものの構造のなかに存在すると考えられていた（もちろん、骨は当時は認識されていなかったが恐龍のものだった）。こういった生物がどんな様子をしているかを思い描くには、人間にとって既知の何かに関連づけるしかなかった。その結果、あるものの体に別なものの四肢、そしてさらに別なものの胴体と頭の付いた、恐ろしい混成生物や

ぞっとするような突然変異体であると想像されることが多かった。また、怪物は宇宙の闇や地中深くから生まれたと考えられることが非常に多く、それゆえ人間と爬虫類の巨大な異種混成として思い描かれた。

古代の宗教は後の宗教に凌駕され変容したものの、怪物の概念はすべての文化における信仰と伝説とに影響を与え続けた。巨人、怪物、ドラゴンは人間にとって未知の地域の恐ろしい要素を表わすと考えられた。中国の神話のドラゴンである龍*は地上の水を支配した。日本ではウナギの地震魚*と甲虫の地震虫*が地震の原因とされた。蛇*のユルルングル*とダ*は、それぞれオーストラリアと西アフリカのダオメーにおいて雨、洪水、虹をもたらすとされた。

西ヨーロッパでは、キリスト教の登場にともない、神話の巨人、怪物、ドラゴンに悪魔の手先という役割が与えられ、善良な巨人や怪物も存在するという考えは、ケルトのように古代の信仰が勢力を保っている地域だけのものとなった。不思議なことに、キリスト教の聖者のなかでも非常に大きな影響力を持つ聖クリストフォロス*は、ラテン語の誤訳からくる意味のとり違えによって、頭が犬であるばかりか、巨人でもあると考えられた。しかし、人間の支配領域を超えたものたちの多くは、従来どおり奇怪で、教会とは敵対する関係にあった。特に聖ジョージが行なったようなドラゴンとの戦いは、神聖なる戦いの範疇に含まれた。フランスのタラスク*とガーゴイル*も同じく聖者によって退治された。

教会内で描写される怪物についてのごく初期の見解は、クレルヴォーの聖ベルナール（1090〜1153）によって伝えられている。彼は以下のように語っている（『アポロギア』12：29、C・ルドルフ編訳『偉大な意義あるもの、クレルヴォーのベルナール「アポロギア」と中世の芸術への態度 (Things of Greater Importance, Bernard of Clairmaux, Apologia, and the Medieval Attitude Towards Art)』ペンシルヴェニア大学出版、1990年より）。

修道院において、書を読む修道士たちの面前にあるもの——この滑稽な怪物は、驚くべき奇形の美は、なおかつ美しい奇形は、何をしているというのか？ 汚らわしい猿は何のためにいるのか？ 奇怪なケンタウロスは？ 半人半獣の生物は？ ひとつの頭にいくつもの体が、逆にひとつの体にいくつもの頭が生えている姿が見えるだろう。蛇*の尾をした四足獣がいるかと思えば、四足獣の頭をした魚がいる。むこうには前半分が馬、後ろ半分が山羊の動物。こちらには、頭に角があるが後部が馬という動物。つまり、たくさんの驚くべき、ありえない姿がここかしこに見られるため、修道士は文献を研究するよりも怪物の彫刻について調べ、一日中、神の法について瞑想するよりも、怪物たちをひとつひとつ見ては驚くことに時間を費やしている。

ドラゴンと巨人は、正統派の宗教の領域から伝説の領域に移った。古代の神話に登場する怪物の多くは、たとえば好戦的で恐ろしい一角獣*のように、キリスト教の道徳教育のため、聖職者に「乗っ取られ」た。その結果、彼らは美と慈愛を兼ね備えたものに性格を転換されて、伝説と伝承の仲間入りを果たした。また、親切で、美しいことも多いドラゴンも同様の変化をとげ、民間信仰の邪悪な怪物になった。英雄その他の愛国者たちは、共同体に害を及ぼすこういったものを自国から駆逐した。彼らの物語はアングロ＝サクソン語の『ベーオウルフ』をはじめとする叙事詩のなかで語られ、特に騎士道の時代になると、なかでもアーサー王伝説はそういった題材をふんだんにとりあげた。

世俗的、宗教的の如何にかかわらず、多くの旅行者たちはヨーロッパから極東に至る広大な地域を横断しては戻り、怪物とその仲間の物語を持ち帰った。これらは中国の『大平広記』やアレクサンドリアの『フィジオロゴス』といった文献に記録され、それがキリスト教の修道院の『動物寓話集』や、ジョン・

マンデヴィルの『東方旅行記』といった他の作品のもとになった。これらは皆、古代神話のセイレーン*のようにずっと以前から古代の宗教の一部だった存在を数多く取り入れた。しかし、それと同時に、カバの複合体もしくは歪曲物であるイポタミス*のような、明らかに実在のものにもとづいた他の怪物も記述しはじめた。バシリスク*やワイヴァーン*などについての記述を含めたのは、宗教的な理屈を説くためだけでなく、新興の愛書家に興味を与えるためで、これによって中世以降の一般読者へと知識が広まった。さらに言えば、巨人や怪物、ドラゴンの物語の普及に新しい活力を与え、読者を増やしたのは、印刷技術の発明だった。そういった本のひとつ、アンブロワーズ・パレ（1517〜1590）著『怪物と驚異について』は非常な成功をおさめた本で、今日に至るまで版を重ねている。また、南北アメリカという「新世界」をヨーロッパ人が探検したことによって、アメリカ先住民からの奇怪な生物や種族についての情報がもたらされた。ヨーロッパ人は、これらのすべてをケンタウロス*やキュクロプス*のような古代の怪物に関連づけて報告したようだ。こういった記述が正されるのは数世紀あとになってからのことである。

ヨーロッパでは、宗教的な研究書の内容と実世界との融和がますます困難になり、多くの聖職者は、カオスの巨人がいかにして聖書の大洪水から生き残れたかを思案するのにかなりの時間を費やした。旧約聖書では、巨人はノアの時代よりあとの、モーゼがユダヤ人を率いてエジプトから脱出した時、約束の地に棲んでいたということになっていた。ヴィテルボのアンニウスのように、それはノアとその家族が巨人だったからだと考える者もいれば、箱舟の屋根にまたがって生き残った巨人を創作した者もいた。実際、中世後期には、王族や貴族のあいだで、そのような巨人やフランスのメリュジーヌ*のような神話的な異種混合の存在にまで先祖をさかのぼらせて家系の正当性を確認することが流行した（ミャンマーでも同様に、王族はその祖先をナギニ・ベサンディ*までさかのぼらせた）。

こういった巨人に関わる討論や伝説は、フランソワ・ラブレー（1494〜1553頃）のような風刺作家をも生み出した。その著書『パンタグリュエル』（1532）と『ガルガンチュア』（1534）は、フランス文学の古典的作品となった。こうしてルネッサンス時代以降、文学は怪物物語の普及に顕著な役割を果たすことになる。ベネディクト会修道士テオーフィロ・フォレンゴ（1491〜1554）の『バルドゥス』、ヴォルテール（1694〜1778）の『ミクロメガス』、ジョン・ミルトン（1608〜1674）の『天路歴程』、ジョナサン・スウィフト（1667〜1745）の『ガリヴァー旅行記』、ルイス・キャロル（チャールズ・ラトウィッジ・ドジソン、1832〜1898）の『鏡の国のアリス』などがそれにあたる。

しかし、ここでまだ触れていないのが、巨人、怪物、ドラゴンのもうひとつの大きな起源、つまり世界のあらゆる文化の伝承である。伝承は一部古代の宗教や神話、そしてそれらが千年以上かけて変形したものに由来している。しかし、伝承に登場する生物は一般民衆が保存してきたものであり、彼らの素朴な信仰と伝承は恐ろしい事件、自然の力に対する恐怖、生活のなかで彼らが耐えてきた戦慄を物語っている。オーストラリアで洪水が起きたのはバンイップ*を動転させたせいだったし、ウェールズではアーヴァンク*を怒らせたせいだった。イングランド北部一帯はラムトンのワーム*によって破壊されたし、フランスでは同様のことがタラスク*によって行なわれた。子供がさらわれる恐怖は、ロシアではババ・ヤガ*、チリの民間信仰ではエンセラドス*のせいだとされている。水域を渡るのが困難な際には、スカンディナヴィアでは水のトロール*、アメリカ先住民の信仰ではミシピジウ*、ミシガネビク*、ミスケナ*をなだめなければならなかった。更なる恐怖の対象としては、スラヴのヴルコドラク*をはじめとするヴァンパイア*やチリのイヴンチェ*、アメリカ先住民チョクトー族のスカテネ*、マレーシアのポンティアナク*、メラ

ネシアのヴィス*などがいた。しかしそれとはまた別に人間の恐怖を誘っていたのは、狼憑き*や他の動物憑き、たとえばスリナムのアゼマン*、フランスやフランス系カナダ、ハイチのルー・ガルー*、ジャワのマガン・ガドゥンガン*などであった。

こういった伝承に登場する生物の多くは、文学の題材にもなった。アイルランドの作家ブラム・ストーカーの古典的小説『ドラキュラ』はその一例である。また、特に19世紀には数多くの恐怖民話が現われた。『美女と野獣』などは他の多くの文化にも同様の話が見られるが、このような民話もフランス文学のひとつとして考えられるようになっていた。ドイツの『グリム童話』のような物語集には伝承的な巨人や怪物の話が含まれ、子供向けの伝統的な物語となったが、子供部屋のボーギー*の伝統で道徳的な話になっていることが多かった。子供に関係した恐怖嗜好は、イングランドの緑の牙のジェニー*や人食いアニス*、アメリカ先住民に伝わる袋の持ち主*、フランスの鞭打ちじいさん*など、伝承から生まれたカンニバル（食人種）*やオグリス*の物語にさらに活用された。また、教訓的にして諷刺的な怪物が、木こりによって「考案」された。特に米国のウィスコンシン州やミネソタ州では、未開の地にいるという恐怖心から生まれる奇妙な騒音やぎょっとするような出来事は、グヤスクトゥス*やシルバー・キャット*といったフィアサム・クリッター*の仲間のせいだと説明された。

怪物は今なお、われわれの文化において非常に大きな位置を占めている。初期の映画に登場するキングコング*から未知動物学で説明が試みられているアメリカ先住民のサスクワッチ*、チベットのイエティー*、アボリジニのヤウイ*、日本の山男*、シベリアのアルマス*などだ。そのほかにも実在の可能性があるとして調査されてきた種には、スカンディナヴィアのセルヨルズオルム*、米国やカナダのオゴポゴ*やチャプラン湖の怪物、そして神出鬼没きわまりないスコットランドのロッホ・ネス・モンスター*がいる。しかし最新の怪物といえば、NASA宇宙センターのグレート・ギャラクティック・ゴール*に違いない。これは明らかに、ロシアの宇宙船が原因不明の消失を遂げたことに対し、いくぶん皮肉をこめて持ち出された解釈である。つまり、不可解な消失や得体の知れないものに対する漠然とした恐怖は、人知の及ばないところにいる恐ろしい存在のせいだとされ、この説明にみられる通り、怪物の神話と伝承は一周して原点に戻ってきたことになる。

ヨークシャー出身である私自身の経歴は、この地の文化と昔話に深く根づいている。私は美術、歴史、心理学の学位取得のための研究をしているうちに、下級霊や超自然的存在に関する包括的な参考文献を見つけることの困難さを認識した。それで私は、自分に必要な知識を得るため、山のように本を積み上げた。そのなかには多くの古書も含まれた。極東に住んで仕事をした際に得た、あるいはその後のケント大学での研究によって得た伝承と文化的伝統の知識もここに補充された。

前著『世界の妖精・妖怪事典』のための調査に着手したのは、この種の包括的参考文献の不足を認識したあとだったが、この時私は、類書ではまだ解説されていない恐ろしい超自然的存在の大きなグループがあることに気づいた。これらの存在は、包括的な研究が数多くなされている神でもなければ、人間に影響力を持つ下級霊でもなく、世界中の文化の神話や伝説や伝承に登場する無力な超自然的生物や存在が、怪物の姿をとって現われたものだった。

本書収録の基準は、その超自然的存在が神であってはならないということだが、もともとギリシア・ローマ神話のティタン*だったヘカテ*のように、精霊や神に由来していたり、あるいは後世になって変化したものもある。こういった存在には神の力はないが、ある形態から別の形態へと超自然的な変化を遂げたのであろう。ヨーロッパの狼憑き*やアメリカ先住民に伝わるウィティコ*はその一例に違いない。それらは人間から怪物に姿を変えたのである。こういった存在は変化を遂

げたかもしれないが、一般的に、その変化を制御できることはほとんどない。その他に収録されているものとしては、巨人がいる。といっても、普通の人間がそのまま大きくなったのではなく、巨大な原初の存在で、知性に欠けるが超自然的力を持つ、人間に似た巨大な存在である。その多くは、ヨーロッパ伝承のオグレス*やマレーシア伝承のブソ*のように悪名高き愚か者なので、子供や動物でさえ、彼らを負かすことができる。ここに収録された怪物たちは、神話、伝説、伝承、古典文学に登場し、超自然的起源に由来するものでなければならない。超自然的起源には、ギリシア神話のタロス*の例のように神に作られたものや、ユダヤ人の伝説にあるゴーレム*やアボリジニのウルガル*のように、人間によって作られ、魔術的呪文によって活動させられるものがある。さまざまなドラゴン、蛇、ワーム*といった他の怪物にも超自然的な起源（コモドドラゴンや地上の蛇の仲間などの現実の生物よりも）がある。そしてさらに、「実在の」生物の描写をゆがめて伝えたことによって生まれたらしき怪物もいる。中世以降の旅行家が報告したものはその一例だが、そこにはいくぶん未知動物学的な基盤もあるかもしれない。最後の、そして非常に興味深いグループは、私の知る限りではこのような本に収録されたことはないものの、十分その条件を満たしている、紋章の怪獣や町の巨人といった、数多くの象徴的な存在である。これらは歴史的民俗的派生物で、今なお、文化において非常に重要な表現上の役割を果たしている。

　本書のための素材は、多くの領域にわたる参考資料から集めた。これらの怪物調査のために参照した情報源は、古代から現代に至る主要な宗教の古典的および非古典的神話に関する百科事典や辞書、多くの国々の自然や風物を紹介している『フィジオロゴス』や動物寓話集のような古代および中世のテキスト、さまざまな文化の古典文学、さまざまな時代・さまざまな文化の民話や伝承の本、昔話や地域の伝説の資料、歴史的事件の記録や年代記、家系・紋章・人類学・地誌の調査、古代の寓話、呼び売り本、子供のための伝承童謡、などである。

　各見出し語は、最初に最も一般的で有名な名前を挙げ、そのあとに異綴をのせた。もし別の文字が加わる名前がある場合は、Colbrand/e のように記載した。複数形で使われることの多い単数形の名前は、Titan/s のように記載した。本文や相互参照のなかに、この存在の別名が挙げられていることもあるだろう。見出し以外のキャラクターに本文内で言及した際、その名が別の文化では異なる場合は、両方の名を一緒に示した。たとえばギリシア名とローマ名のあるヘラクレス*、ディオニュソス／バッカスというように。

　主見出し語については、その存在の描写、地域、文化、信じられていた時代、その活動についての説明を記載した。可能な場合には実例的なエピソードも一緒にのせた。末尾に掲げた数字は、参考文献目録に列挙した参考資料を示している。本書に記載した存在についての情報はここから得た。そのあとに、同じ、または近い存在を、相互参照として（⇨　）で列挙した。研究者はこれによってさらなる情報を得ることができるだろう。

　読者のためのさらなる情報源は29の付録である。これは本書に登場する存在を、自然現象に関するもの、異種混合の動物あるいは人間に似た動物、さまざまな国の文学、神話、紋章に由来するもの、というように、種々の範疇に分類して記載したものである。

　元来これらの神話、伝説、民話は代々口承されたもので、その後、最終的に文字化された。名前や話形は1000年以上の時を経て変化し、余分な修飾が加わり、もともとの由来とは異なる背景を持つに至ったものまである。東欧とペルシアのシマルグル*とシームルグ*や、あるいはフランスとスペインのタラスク*とタラスカ*はその一例である。このような場合には、それぞれ別々の見出しのもとに記載し、他のヴァージョンに相互参照している。文字化された最終的な形態でさえ、地域的な方言のせいで、発音表記の際にまったく異な

る綴りになっていることもある。さらなる問題は、初期の手書き原稿を教育程度の低い人物が転写した際の綴りの誤りである。聖クリストフォルス*の物語の場合と同様に、こういったことから、さまざまな国々や宗派によって、同じ存在にさまざまな異伝が生じたことがうかがえる。

　印刷技術の発明にともない、多くの伝承がより広い範囲に伝わることが可能になったが、20世紀に入ってしばらくは、綴りがまだ標準化されていなかった。そのため、物語がある国ではオリジナルの形で印刷され、別の言語や文化では翻訳された形で印刷された場合、ストリューウェルペーター*とキンダー・フレッサー*、あるいはイエティー*と雪男*のように、その性格に新たな解釈が加わりやすくなった。こうした場合には、それぞれを別々の見出しのもとに記載し、もう一方を相互参照するようにした。なかには見出し語だけのものもあるが、ある名称が特定の文化に属しているという事実だけでも本書に記録する価値があるはずだ。当然、取捨選択が必要となったが、読者がそれぞれの見出し語に関連する内容を十分に理解できるように記述することに努めた。

　国々、地域、文化の名称は、その生物が民間に流布していた時代のものを選んだ。そのため、現代の境界とは異なる場合もあるかもしれない。こういった場合には、それに相当するもっとも近い近代名をしばしば使用している。たとえば「ペルシア」（現在のイラン）のように。しかし、従来の名称をそのまま使用すれば、見出し語に対する時代背景を読者によりよく理解させることになる。『フィジオロゴス』のような初期のテキストをいくつか参照したことによって、このことが非常に明確に示されたケースもあるが、だからといって必ずしもそれが情報の原資料というわけではない。神話や伝説や伝承の資料で、原資料が知られることは決してない（もちろんJ・R・R・トールキンの作品のエント*のような、文学に由来する存在は別である）。

　本書の執筆にあたり、私は人間が自分たちの世界の境界に潜むと恐れてきた怪物の持つ複雑さ、美しさ、威厳、そしてグロテスクな恐怖に魅了された。畏怖の感情を喚起させる巨大な原初存在や蛇*といった動物たちは、混沌と宇宙規模の現象を引き起こす張本人であり、旅人や聖職者、あるいは兵士たちはそうした怪物に出会った際の恐怖を「故郷の聞き手」に向かって生き生きと語った。そして聞く側は、そうした厳しい試練に耐え抜き、あるいは打ち勝った勇敢な語り手を大いに崇敬したのである。恐怖のなかには罪深い大人のための教訓的な手本として利用されてきたものもあれば、向こう見ずでわがままな子供たちを管理するのに利用されたものもある。ドラゴンや蛇のなかには、保護者や守護者であるものもいれば、邪悪と貪欲の象徴であったり、陸海両方の未知の領域の危険性を示しているものもあった。怪物のなかには人間の捜し求める宝を守るものもあれば、死や破滅をもたらすものもあった。最古のものから最新のものまで、そして、はるか遠くのものからごく慣れ親しんだものまで、すべての文化は怪奇なるものに伴う魅力を表現してきた。こういった巨人、怪物、ドラゴンを調べることによって、われわれは人間たちが1000年以上も直面してきたさまざまな恐怖と困難を発見し、世界のあらゆる文化において、しはしばユーモアをもって、彼らがどのように受け入れられ、あるいは打ち負かされたかを理解することができるだろう。

アイス・ジャイアント

∽ ア ∽

アイ
ÄI

　フィンランドに伝わるドラゴン*あるいは蛇*の一種アイアタル*を、エストニア南部ではこう呼ぶ。
文献119、159
⇨　アイトワラス

アイアタル
AIATAR

　フィンランドの伝承において「森の悪魔」として知られる超自然的存在。地域によってアヤタル*あるいはアヤッタラ*と呼ばれることもある。蛇*もしくはドラゴン*の姿で現われるが、森やひと気のないツンドラ地帯に棲む邪悪な女性とされる。蛇を育てると言われ、森でこの生物に出会ったり目撃したりした人間はひどい病気にかかることがある。エストニア南部のアイ*、アイヨ*、アイヤタル*に似ている。
文献119、159
⇨　アイトワラス

アイガイオーン
AIGAION

　ギリシア・ローマ神話においてウラノス*とガイア*の息子たちである百手の巨人*のひとり。アイガイオーンはエゲオーン*、ブリアレオース*とも呼ばれ、彼の兄弟たちはコッテュス（あるいはコットス*）、ギュゲス（あるいはギュエス*）と呼ばれる。この巨人*たちには多数の手足があるが、巨人のご多分に漏れず、頭の働きは鈍い。

　ティタン*との戦いが新しい神々の勝利で終結すると、ゼウス／ユピテルはティタン*をタルタロスに閉じ込め、その番人役を百手の巨人に与えた。しかし、今度は百手の巨人がオリュンポスの神々に謀反を起こした。ウェルギリウスは『アイネーイス』のなかで、捕らえられたアイガイオーンが勝利者ポセイドン／ネプトゥーヌスの手でエーゲ海の巨岩に縛り付けられる様子を描いている。
文献20、168、177

アイグムハブ
［複数：アイガムハ、アイガムチャス］
AIGMUXAB (sing.), AIGAMUXA (pl.), AIGA-MUCHAS (pl.)

　南部アフリカのコイサン族の神話に登場する人食い怪物。カラハリ砂漠の砂丘に棲む。この奇妙な人間に似た怪物*は、目が足の甲またはかかとについているため、自分がどこを歩いているかを知るためには立ち止まって足を上げなければならない。彼らはそうでなければ比較的人間に似ているが、その大きな体と頭、特にその巨大な牙のような歯のせいで、恐ろしい敵とみなされる。この怪物に追いつかれ、捕らえられたら、どんな人間もずたずたに引き裂かれ、むさぼり食われる。しかし北欧に伝わるオグレス*同様、アイグムハブは敵に騙され、逃げられてしまうことも多い。トリックスターのジャッカルがアイグムハブに追いかけられたおもしろい話が伝わっている。ジャッカルがもう少しで捕まるという時に、アイグムハブが走ってくる地面にタバコの灰を撒いたところ、それがたいそう目にしみて、彼らは走ることも見ることもできなくなった。利口なジャッカルは逃げおおせ、彼らの間抜けさを笑ったという。
文献7、24、47、78、132、159
⇨　カンニバル（食人種）

アイス・ジャイアント（氷の巨人）
ICE GIANTS

　米国先住民のマレシート・パッサマクオディ族の伝説に登場する巨人*。キワコウ*とも呼ばれるアイス・ジャイアントはカンニバル（食人種）*であり、自分の縄張りに立ち入る人間はひとり残らず追いかけて捕らえ、むさぼり食うという。
文献77

アイダ
AYIDA

　カリブ海のハイチで信仰されている巨大な蛇*。アイダ・ウェド*という名でも知られる。彼女は偉大なる虹の蛇*で、ヴードゥー教の宇宙蛇ダムバラー*の妻である。

文献132

アイダ・ウェド
AIDA WEDO

　アイダ*の別名。ダムバラー*として知られる虹の蛇*の妻。

文献24、132
⇨　蛇

アイチャ・カンディダ
AICHA KANDIDA

　モロッコに伝わる水のジン(1)*。邪悪なカンニバル（食人種）*である。人間の獲物を誘惑する時には若い美女だが、この魅力的な姿の陰には彼女の巨大さと恐ろしい性質が隠れている。捕食者である彼女は、セブ川やマラケッシュのアクエダル周辺、時にはスルタンの宮殿の庭に潜んで、彼女に騙される愚かな男がひとりでやってくるのを待つ。いったん男が言い寄ってきたら、逃げることはできない。というのも、すぐに彼女は本性を現わし、水のなかで男を食べてしまうからだ。彼女は人間を憎んでいるので、狙われた男は別の人間のもとか人家にうまくたどりつけなければ、助からない。時には彼女が寛大になり、すすんで喜ばせてくれる男に高価な贈り物を持たせて人間世界に返してやることもある。彼女の夫はハモウ・ウカイオウ*として知られるアフリト*である。

文献122、159

アイド・ウエド
AIDO HWEDO

　西アフリカ、ダオメーの神話と伝承に登場する巨大な虹の蛇*。この巨大な生物は、宇宙を移動するマウ神を運んで宇宙と大地を作る手伝いをした。その力を支えるために鉄を大量に摂取したが、十分な量がないときもあって、そんな場合には自分の巨大な尾を貪欲にむさぼり食った。アイド・ウエドは夜どこで休もうとも、山盛りの排泄物を出した。それが地上の山になった。しかしやがてマウ神は大地が非常に重くなったために、その大変な重さを支えなければ、大地が宇宙のなかを落下していくということに気づいた。そこで彼はアイド・ウエドにそのとぐろを巻いた体で大地を支えるよう命じた。この骨折りによって発する熱でアイド・ウエドは非常に苦しんだため、その体を冷やすために海洋の水が作り出された。しかし、この救済策が常にうまくいくとは限らず、アイド・ウエドが不快さに苦しみもだえると大地が激しく揺れ、人間に地震を味わわせることになる。アイド・ウエドはもはや地上ではなく海中にいるので、彼が食べることで海中の鉄の残量は少なくなってしまう。鉄がなくなると、アイド・ウエドは自分の尾を食べるしかなくなるだろう。そして尾もなくなると、大地はもはや蛇*のとぐろでは支えられず、完全に海中に沈むだろう。

文献7、24
⇨　アペプ

アイ・トヨン
AI TOJON

　シベリアのヤクート人に伝わる生物。巨大な双頭の鳥で、鷲に似ている。巨大な世界樹の頂上に棲み家があり、そこから人間に必要な光を放つ。

文献125

アイトーリアの猪
AITOLIAN BOAR

　ギリシア神話においてカリュドンの猪*という名でも知られる巨大な獣*。オエリエウスからの生贄がなかった仕返しに、女神アルテミスがギリシアのアイトーリア一帯を破壊しようと送り込んだ。この怪物猪を退治する役目を負ったのは、オエリエウスの息子メレアグロスだった。彼はギリシアでも指折りの

有名な英雄たちをすべて呼び集め、過酷な追跡を開始した。猪は多くの英雄たちを襲って殺したが、とうとうアタランテーが獣を矢で射ることに成功した。メレアグロスは自分の槍でとどめを刺し、即座に獲物を勇敢な女丈夫に与えた。しかしみごとな獣の分配については他の狩人たち、特にメレアグロスのおじたちから異議が申し立てられ、争いが起こった。対立は激化し、メレアグロスは命を落とすと予言された。
文献138
⇨ エスキスエルウィン、エリュマントスの猪、カフレ、セーフリームニル、戦いの猪、トゥルッフ・トゥルウィス、ヒルディスヴィニ、ブアタ、ブゴット、ベイガド、ベン＝グルバンの猪

アイトワラス
AITVARAS

リトアニアに伝わる空飛ぶドラゴン*。その環境によってさまざまな姿になる。家のなかでは黒猫、あるいは黒い雄鶏の姿だが、外に出ると、空飛ぶドラゴンか火の尾を持つ蛇*の姿をとることもある。この「幸運をもたらすもの」は悪魔*から魂と引き換えに「買う」こともあれば、7歳の雄鶏の卵からかえることもある。あるいはいつのまにか家に持ち込まれ、気づいたときには手遅れになっていることもある。この精霊がいったん家に入ると、追い出すのはとても難しい。アイトワラスの役割は、家の所有者をなんとしても金持ちにすることである。普通は牛乳や穀物、金を盗むという手段が用いられ、隣人が被害者になる場合が多い。持ち込んだ品物の見返りに食料として要求するのは、唯一オムレツのみである。この精霊が文献に登場するのは、1547年が最初である。それ以降、怪しい富に関する数多くの物語にアイトワラスの名前が挙がっている。

ある伝説では、花嫁が姑から穀物を挽く仕事を与えられた様子が語られている。彼女は自分が穀物蔵から出した穀類を、なぜいつまでたっても挽き終わることができないのか分からなかった。彼女が教会から持ってきた清めたろうそくで蔵のなかを覗き込むと、ひとりのアイトワラスが穀物を絶えず吐き出しているのが見えた。清めたろうそくのせいでアイトワラスは消滅し、姑は非常に悲しんだ。富の源を失っただけでなく、自分の魂も失ったからだ。亡くなったアイトワラスとひきかえに悪魔は彼女の魂を奪い去ったのである。
文献7、119、120、125、159
⇨ プキス

アイトーン
AITHON

ギリシア・ローマ神話に登場する有翼の馬。「燃えさかる」あるいは「赤々と輝く」を意味し、ヘパイストスが太陽神ヘリオスのために作った金の馬車を引く太陽の馬*の一頭である。他の馬同様純白で、鼻からゆらめく火の息を吐く。毎朝、時間のニンフであるホーラーたちが他の太陽の馬とともに、アイトーンを天空を横切る旅のため馬車につなぐ。たそがれ時に旅が終わると、馬たちはまた翌日つながれるまで、幸福の島で魔法の草を食べた。ローマの詩人オウィディウス（前43～後17年）は、アイトーンがエオース*、ピュロイス*、プレゴン*とともに太陽の馬車につながれ、毎日天空を駆けていく様子を描写している。
文献89、132、138、177

アイノテルス
AINOTHERUS

中世フランスに伝わる、シャルルマーニュ*（カール大帝）の護衛。非常に大きく力も強かったので、まるで草刈りでもするように簡単に全軍隊を倒せると言われた。
文献63
⇨ シュバル・バヤール、バラン、フィエラブラス

アイヤタル
ÄIJÄTÄR

エストニア南部でアイアタル*を指す言葉。

フィンランドに伝わるドラゴン*もしくは蛇*の一種である。
文献119、159
⇨　アイトワラス

アイヨ
ÄIJO

　エストニア南部でアイアタル*を指す言葉。フィンランドに伝わるドラゴン*もしくは蛇*の一種である。
文献119、159
⇨　アイトワラス

アイラーヴァタ
AIRĀVATA

　インドのヒンドゥー教神話に登場するローカパーラ・エレファント*の一頭。その名は「水の子」を意味する iravat という語に由来する。背中に大地をのせて支える16頭の純白な象の一頭である。世界の東の領域の守護者としてその背にインドラ神を乗せる。アイラーヴァタの生まれと様子についてはふたつの伝説が残っている。

　(1)『マータンガリーラー』の伝えるヒンドゥー教神話によれば、ブラフマー神が宇宙卵を手にとって割り、それぞれの手に半分ずつ持った。二等分した卵に7つのマントラを唱えると、8頭の純白の雄の象がそれぞれ4本の大きな牙を生やして、右手の殻から生まれ出た。その最初に生まれた象の長がアイラーヴァタだった。ブラフマーの左手の殻からは同じような8頭の雌の象が生まれた。この16頭の宇宙象をブラフマーは8つの主要方位点に配置して、宇宙のなかで世界を支えさせた。

　(2)『マハーバーラタ』のヴェーダ神話によれば、アイラーヴァタは時の始まりにおける「乳海攪拌」から作り出された。この乳のように白い有翼の象は非常に美しかったので、インドラ神がすぐに戦闘用の象として自分のものにした。象が空中を飛ぶ時、その鼻は大地の下からすべての水を吸い上げ、人間の必要に応えて恵みの雨として噴きかけた。アイラーヴァタの多くの子孫にも翼があった。しかしある聖仙が木の上で説教をしている際に、その頭上に重そうに止まって邪魔をしたために、以後飛ぶ力を持たず人間に仕えるようにと聖仙から命じられた。今でも珍しい白象はアイラーヴァタの子孫で、美と気品と、祖先の超自然的特性を有すると考えられている。そのため、このような象は王族やマハラジャのために確保されたり、王室からの贈り物にされたりする。これらの白象は尊い地位にあるため、役立つ普通の仕事をさせることができず、ゆえに「白象」という言葉は、美しいけれど維持費のかかる役に立たない贈り物を意味するようになった。
文献7、24、112、132

アイラーヴァナ
AIRAVANA

　アイラーヴァタ*の別名。インドのヴェーダ神話に登場する純白の象。
文献112、132

アーヴァク
ARVAK(R)
⇨　アールヴァク

アヴァグラー
AVAGRAH

　ミャンマーに伝わる恐ろしい蛇のような生物ニヤン*のシッカタ語での別名。
文献81

アヴァグラホ
AVAGRAHO
⇨　アヴァグラー

アーヴァンク
AFANC

　ウェールズに伝わる邪悪なヒッポカムポス*もしくは水棲の怪物*。地方によってアバク*、アザンク*、アヴァンクという名でも知られている。アイルランドではゴボーチヌ*と呼ばれている。アーヴァンクはアメリカ先

住民の神話に登場するホース・ヘッド*、スコットランドのケルピー*、北欧のニクシー*と同類で、超自然的なワニ、巨大なビーバー、小人、水魔などさまざまに描写される。アーヴァンクはブリンベリアン橋近くの深い淵、ベトゥシコイド上流のアル・アーヴァンク湖、バルヴォグ湖（「顎鬚の湖」）、スィオン湖に潜み、獲物を待ち構えているとされた。この巨大な水棲怪物は、水中に落ちた愚か者を捕らえるだけでなく、水中でのたうちまわって恐ろしい鉄砲水を引き起こし、周辺地域にあふれさせ水浸しにした。伝説によれば、この洪水はノアの洪水にも匹敵するほどで、一組の男女を除きブリタニアの住人すべてを溺れさせたという。その生き残った男女のドウィファンとドウィファフが現在のブリテン島の人々の先祖である。

　怪物アーヴァンクは非常に厄介者だったため、退治せざるをえなかった。それについてはふたつの伝説が残っている。(1)アーヴァンクは鎖につながれヒュー・ガダルンの大きな牡牛によって淵から引きずり出された。ひとたび乾いた地面に上がると、アーヴァンクの力はなくなってしまった。(2)村の勇敢な若い美女がアーヴァンクをその愛撫でとりこにし、ひざの上で眠らせた。怪物がうっとりまどろんでいる隙に、村の男たちが鎖で牡牛とつないだ。この手荒な捕獲に目を覚ましたアーヴァンクは猛烈にのたうちまわり、若い乙女の体をねじり、逃げ出して安全な淵に戻ろうとした。それからアーヴァンクはクウム・フィノン湖に引いていかれ、今もそこに潜んでいると言われる。（アダンク*という名の別のバージョンでは、ペレドゥルに退治された様子が語られている）アーヴァンクと戦って退治したと言われる英雄のなかには、アーサー王と円卓の騎士のひとり、サー・パーシヴァルも含まれている。

文献7、21、54、64、89、128、159、182
⇨　一角獣、ヒッポカムポス、ホース・ヘッド

アーウィーソウトル
AHUIZOTL

　メキシコの伝承と伝説に登場するカンニバル（食人種）*。「水のオポッサム」を意味するが、外見はオポッサムには似ていない。大きさと姿は犬に似ているが、猿のような足をしていて、尾の先端には人間の手が付いているという。まず叫び声で獲物をおびきよせると、この物をつかむのに適した尾と手を使って、獲物を水際でつかまえたり、その棲み家である暗い水中に引きずり込んだりする。漁師たちはしばしばこの怪物の餌食になった。水中の小魚やカエルを飛び跳ねさせて、大きな魚を狙う漁師の注意を引くというのがその策略だった。ひとたび漁師がもろい舟でその場所に漕ぎ出せば、アーウィーソウトルにとって、手の付いた尾を舟のへりに伸ばして次の食事を確保するなどたやすいことだった。きっかり3日後に目と歯と爪が取り除かれた遺体が水面に浮かぶのを見て、家族は愛する者に何が起きたかをすぐに知る。これらはアーウィーソウトルの求めるご馳走だった。この生物はトラロク（雨の神）の家来だと信じられていたので、葬儀のために遺体を動かすことができるのは神官だけだった。神々への特別な生贄と考えられたからである。しかし、この生物を実際に探した者は誰もいない。それを見ることはまもなく訪れる死の前兆だったからだ。

文献7、24、89

アウヴェコエヤク
AUVEKOEJAK

　グリーンランドやカナダ北部のイヌイットに伝わり、信じられている海の怪物*。アイスランドや北欧諸国のマーマン*（ハヴストランベ*という名で知られる）によく似た姿で現われるというが、鱗でなく毛皮に覆われている。18世紀末にオットー・ファブリキウスがこの海の怪物について書いているが、その際、彼はアウヴェコエヤクとハヴストランベと、その地方に棲息するステラーカイギュウ（ビュフォンのマナティーとしても知られ

る）との関係が偶然以上のものだと推測した。しかし、この地方のイヌイットは、アザラシを同じ名前で呼ぶにもかかわらず、アウヴェコエヤクとアザラシとは別個の生物だと主張した。
文献133

アウェー湖の怪物
MONSTER OF LOCH AWE
　はっきりとした姿は明らかになっていないが、相当な大きさで、スコットランドのハイランド地方にあるアウェー湖の水中深くに棲息するとされる。力が強く、冬になると底から上ってきて、湖面に張った氷を突き破る音が聞こえたという。
文献134
⇨　ロッホ・ネス・モンスター

アウズフムラ
AUDHUMBLA, AUDUMLA
　北欧神話に登場する巨大な牝牛。スノッリ・ストゥルルソンが1220年頃に書いた『新エッダ』によれば、アウズフムラはニヴルヘイムの氷が解けて二番目に生まれた生物である。（最初に生まれたのは巨人*のユミル*で、彼もまた解けた氷から生まれた）アウズフムラは塩からい霜で覆われた石をなめて養分をとり、その乳首から流れ出た乳によって巨人に栄養を与えた。そして巨大な牝牛の舌で石が削られると、ブーリという人間が出現した。このブーリの孫が最初の神々、オーディン、ヴェー、ヴィリである。この神々は巨人ユミルを殺害し、その死体から世界を作った。
文献24、61、132、138
⇨　ウォリックの赤牛、ベスティア

アウフホッカー
AUFHOCKER
　ドイツに伝わる巨大な悪魔のような犬。クルッド*と呼ばれるベルギーの黒妖犬*と同じ特徴を数多く持つ。アウフホッカーとは「飛びかかる」の意。この怪物*はひと気のない夜道で家畜の姿で現われて旅人を驚かすことがある。また黒妖犬の姿で突然現われて、道を跳ね回り、後ろ足で立ち上がって、犠牲者ののどに食らいついたりする。馬の姿で現われる場合が最も多く、疲れた人間や愚かな人間に乗るよう誘いかける。犠牲者は恐ろしい乗り心地を味わわされたあげく、普通は沼や湿地、川に投げ込まれるまで、馬から降りることはできない。また、犠牲者の背中に飛び乗り鉤爪でしがみつき、おびえた人間はそれを引き離そうとするが、もがけばもがくほど重くなるので、あまりに消耗して死ぬこともある。しかし、もしアウフホッカーが朝日を浴びるか、または近くの教会の鐘の音を聞けば、犠牲者は助かる。
文献58、93、159
⇨　オスカエルト

アウルゲルミル
AURGELMIR
　北欧神話に登場する最初の巨人*、ユミル*の別名。
文献61

アウンヤイナ
AUNYAINÁ
　ブラジルのトゥパリ族に伝わり、信じられている怪物*。人間に似た巨大な存在で、その顔からは野生の猪のように牙が突き出している。この怪物は食べるために人間を捕まえ、無用心な人々を追いかける。特に村はずれや森のなかをひとりでうろつく子供たちが狙われる。アウンヤイナは彼らを罠にかけ、牙で突き殺し、切り裂いた体をむさぼり食う。ある日、アウンヤイナに追われた子供たちが、つるを伝ってあわてて木に登り逃げようとしたが、怪物は苦労しながらも追ってきた。オウムは子供たちが今にも捕まりそうなのを見ると木に飛んでいき、つるをかじり、子供たちとアウンヤイナをはるか下のジャングルの地面に墜落させた。子供たちは木々の枝葉に引っかかって助かったが、二度と地上には降りず、森の猿になった。一方、アウンヤイナは地面に激突してこなごなになったが、現在

地上の川や沼に住む爬虫類やトカゲがそこから生まれた。
文献132
⇨ カンニバル（食人種）

アエテルナエ
AETERNAE

　紀元前4世紀にインド北部の平原に棲むと報告された獣人。鋸歯状の骨のような隆起が額から出ていて、それを使って敵を攻撃したという。また、アレクサンドロス大王の兵士たちを攻撃し殺したとも言われる。兵士らは愚かにもアエテルナエを怒らせ、戦いに駆り立てたのだった。
文献7

アエロー
AELLO

　ギリシア・ローマ神話に登場するハルピュイア*のひとり。鳥に似た恐ろしい女性の怪物*で、盲目になったピーネウスを苦しめた。彼のためにどんな食べ物が用意されても、彼女たちはそれをひどい悪臭と糞で汚すか、あるいは彼が手探りで食べ物に行きつく前にむ

アエテルナエは額から鋸歯状の、骨のような隆起が出ていて、それを使って敵を攻撃したという。

さぼり食った。
文献89、138、159

アオ・グアン（敖広）
AO GUANG　ごうこう

　古代中国の四海の龍王*のひとり。東海を司る。玉皇上帝の指導下で雨と海と自分の領土の地上の水を支配する。彼らの水晶と真珠でできた海の宮殿では、ザリガニ、イセエビ、カニが護衛としてつき従い、鱗のある魚が召し使いを務める。地上で旱魃や洪水が起こると、その地域の人々は龍王に嘆願して玉皇上帝にとりなしを頼み、水問題を解決してもらう。もし反応がなければ、その地域の龍王の像が屈辱のあまり目を覚ますよう道端に雨風にさらされておかれる。
文献138、165、180
⇨　東洋の龍

アオ・シュン（敖順）
AO SHUN　ごうじゅん

　古代中国の神話と信仰における四海の龍王*のひとり。北海を司る。雨と海水、さらに自分の領土の地上の水を支配している。彼らはみな大洋の底にある水晶と真珠でできた宮殿に棲み、そこでは海の生物たちが召使の役割を果たす。深刻な水不足や洪水が地上で起こると、その地方の龍王の助けが求められ、彼らから玉皇上帝への嘆願が行なわれる。
文献165
⇨　東洋の龍

アオ・チン（敖欽）
AO QIN　ごうきん

　古代中国の神話に登場し信仰されていた四海の龍王*のひとり。南海を司る。雨と海水、さらに自分の領土の地上の水を支配する。みな海底にある水晶と真珠でできた宮殿に棲んでおり、そこでは海の生物たちが召使の役割を果たしている。深刻な水不足、あるいは地上の洪水の際には、その地の龍王の助力が求められる。
文献138、165
⇨　東洋の龍

アオ・ルン（敖閏）
AO RUN　ごうじゅん

　古代中国の四海の龍王*のひとり。西海を司る。雨と海水、さらに自分の領土の地上の水を支配する。
文献138、165
⇨　東洋の龍

赤い足のハサミ男
RED-LEGGED SCISSOR-MAN

　19世紀にイギリスとドイツの子供向け物語に描かれた巨人*で、子供部屋のボーギー*。「長い足のハサミ男」、「長身の仕立屋」とも呼ばれる。ドイツの医師、詩人のハインリヒ・ホフマン作『もじゃもじゃペーター』（1847）に登場する。それによれば、コンラッドという男の子が、いつも親指をしゃぶっていた。母親は、しゃぶるのをやめないと赤い足のハサミ男に大きなハサミで親指をちょんぎられるよと脅した。コンラッドはそれを信じず、母親がいなくなるとすぐに親指をしゃぶりはじめた。その後の物語を詩はこう語っている。

　　ドアが開いて、男が入ってきた
　　長くて赤い足のハサミ男だ……
　　チョキン！　チョキン！　チョキン！
　ハサミの音がする
　　コンラッドは泣いた。ぎゃあ！　ぎゃあ！　ぎゃあ！
　　チョキン！　チョキン！　チョキン！
　ハサミの音が速くなる
　　とうとうコンラッドの親指は2本とも切り落とされた

　赤い足のハサミ男は、ヴィクトリア時代の親が、子供に行儀よくするよう言い含めるために利用した、恐ろしい子供部屋のボーギーに属する。
文献97、182
⇨　アグリッパ

赤い獣
SCARLET BEAST

新約聖書のヨハネによる福音書に描かれた、黙示録の獣*の仲間。

文献89

アガトス・ダイモン
AGATHOS DAIMON

ギリシア・ローマ神話において、個人もしくは住居につくと言われた超自然的な守護者。宙を舞う有翼の蛇*だとされる。この守り神のいる家庭では、捧げものにするためのワインがよくとっておかれた。のちに多くの物語で精霊とみなされるようになった。

文献62、74、125、145
⇨ アイトワラス

アカマス
AKAMAS

ギリシア・ローマ神話に登場するキュクロプス*のひとり。

文献24、94、168、177、181

アキヤラボパ
ACHIYALABOPA

米国先住民プエブロ族に伝わる有名な天空の怪鳥。ナイフのような羽を持つとされる。

文献7

アクタイオン
AKTAION

ギリシア神話に登場する馬。その名は「光輝」を意味し、ヘパイストスが太陽神ヘリオスのために作った金の馬車を引く太陽の馬*の一頭である。他の馬たち同様、純白で、鼻腔からゆらめく火の息を吐く。毎朝、時間のニンフであるホーラーたちがアクタイオンと他の8頭の太陽の馬を、天空を横切る旅のため馬車につなぐ。たそがれ時に旅が終わると、馬たちはまた翌日つながれるまで、幸福の島で魔法の草を食べる。

文献89、138

アクトリオーネー
ACTORIONE
⇨ アクトリダイ

アクトリダイ
AKTORIDAI

ギリシア・ローマ神話に登場する双子の怪物。モリオニダイ*、アクトリオーネー*という名でも知られ、モリオネーとその夫アクトールの息子だと言われる。

文献177

アグヌア
AGUNUA

ハトゥイブワリ*の別名。メラネシアのサン・クリストヴァル島の伝説や信仰に登場する宇宙蛇。

文献38、125
⇨ 蛇

アクーパーラ
AKŪPĀRA

インドのヒンドゥー教神話に登場する巨大な宇宙亀。全世界をその背で支えるよう命じられた。

文献24
⇨ ローカパーラ・エレファント

悪魔の猟犬群
DEVIL'S DANDY DOGS

超自然的で恐ろしい犬の一群。イングランドのコーンウォール地方の伝承に登場するワイルド・ハント（妖怪狩猟群）の一種。この巨大な悪魔犬たちは、飼い主である悪魔猟師と同様に、黒く、ぎらぎらした目を持ち、火の息を吐くと言われる。彼らは生者を追いつめて八つ裂きにする。また大嵐の晩には地獄に落ちた人々の魂を狩って運び去る。それを救うことができるのは夜明けと雄鶏とカラスと祈りだけである。

文献7、21、24、25、93、119、160
⇨ クーン・アンヌヴン、黒妖犬

アクモニデス
AKMONIDES
　ギリシア神話に登場するキュクロプス*のひとり。登場する神話によっては、ピュラクモン*やアルゲス*という名が使われることもある。
文献168、177

アグラオペメ
AGLAOPHEME
　ギリシア・ローマ神話に登場するセイレーン*のひとり。
文献177

アグリオス
AGRIOS
　ギリシア・ローマ神話に登場する巨人*。名前は「御しえない」という意味。ギガンテス*のひとりで、兄弟同様、去勢されたウラノス*が大地にしたたらせた血から生まれたと言われる。この巨人たちは、十分成長し完全武装した姿で生まれてきた。彼らはティタン*の敗北後、オリュンポスの神々と戦ったが、敗退した。その戦いで、アグリオスは、最後の攻撃を受けて倒れた。
文献24、132、168、177
⇨　アロアダイ、キュクロプス

アクリス
ACHLIS
　ヨーロッパに棲むヘラジカに似た風変わりな獣。1世紀のローマの作家プリニウスが『博物誌』のなかで触れている。草食動物だが、身体的構造にいくつか障害となる特徴があった。まず、上唇があまりに大きいため、上唇で口がふさがれないよう、後ろに移動しながら草を食べなければならなかった。また、後ろ足に関節がないため不便で、夜は体を支えるため木に寄りかかって休まねばならなかった。猟師はこれを利用して、足の速いこ

トリトンとセイレーン。アグラオペメは古代ギリシア・ローマ神話のセイレーンのひとりである。

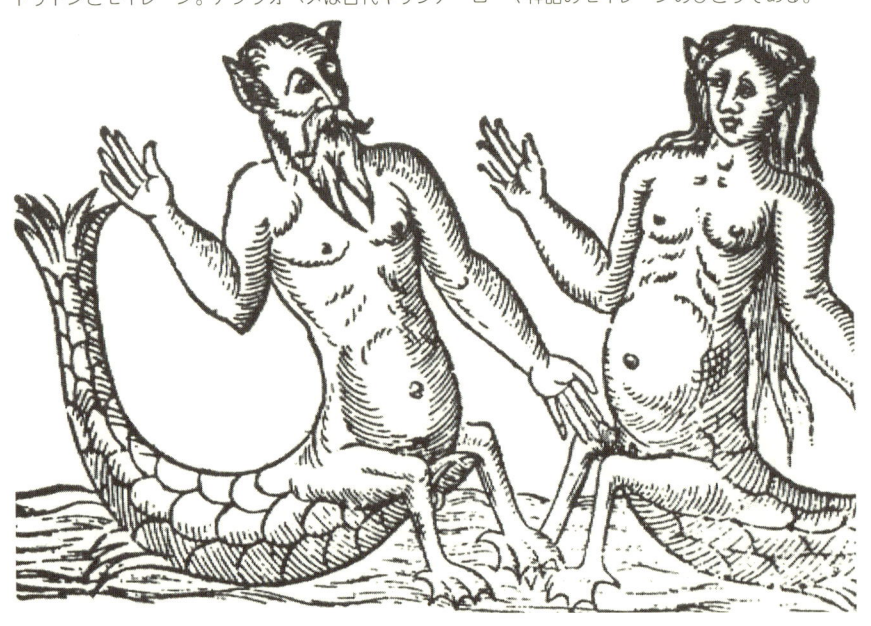

の獣を捕まえることができた。アクリスが好む木にのこぎりで切れ目を入れておけば、アクリスが休みにきた時、その木もろとも地面に倒れるのは確実だった。アクリスは厄介な後ろ足のせいで起き上がることができず、猟師たちは簡単に捕まえることができた。

文献7、20

アグリッパ
AGRIPPA

1847年にドイツとイギリスで出版され、ヴィクトリア時代の子供たちの人気を集めたハインリヒ・ホフマンの本『もじゃもじゃペーター』の登場人物。のっぽのアグリッパ*、大男アグリッパ*とも呼ばれる。『まっくろぞうのおはなし』という物語のなかで、ネッド（エドワード）、ウィリアム、アーサーという3人の少年たちは、純真な隣人に人種的な嫌がらせをする。「空に手が届くほど背が高い」アグリッパは修道衣をつけトルコ帽をかぶった巨大な年配の賢人に描かれており、法外に巨大なインクスタンドと羽ペンの前に立っている。この巨人は少年たちのふるまいを観察し、彼らがもしやめないなら、何かが起こると警告する。そしてその通りになった。

> それから大男アグリッパは激怒する──
> このページの彼を見てごらん！
> アーサーをつかまえ、ネッドをつかまえ
> ウィリアムの小さな頭をつかまえてるよ
> 3人は叫んだりけとばしたり助けを呼んだりするけれど
> アグリッパはみんなをインクのなかにつけちゃった

いたずらっ子たちは、純真な隣人を苦しめたために、のっぽのアグリッパに罰せられている。

これらの物語は子供向けの教訓話として書かれたものだが、のっぽのアグリッパや赤い足のハサミ男*のような正義の執行者は、ヴィクトリア時代の子供たちにはおなじみの子供部屋のボーギー*型の怪物*の仲間に早速加わることになった。

文献97、181

アクルト
AKHLUT

アラスカ、ベーリング海岸に住むイヌイットの伝承と伝説に登場する、超自然的な巨大殺人クジラ。テナントとビタール（1981年）によれば、この生物は巨大な狼の姿をして、人間を狩るために流氷から現われるという。巨大な狼の足跡が氷のふちで終わっているのを見て、イヌイットは自分たちが危険にさらされており、急いで逃げなければならないと悟る。彼らはこの地点を危険な領域と認識する。というのも、アクルトが殺人クジラの姿に戻り、彼らを殺すために再び現われるのがその場所だからだ。

文献77

アケク
AKHEKHU

この超自然的存在はエジプトの伝承と伝説に由来し、中世の旅人によってヨーロッパの伝承に取り入れられた。4本の脚を持つ蛇*で、荒地や砂漠に棲んでいる。ヨーロッパのグリュプス*にいくつか似た点がある。

文献89

アケファロス
[**複数：アケファリ、アケファリテス**]
AKEPHALOS（sing.）, AKEPHALI（pl.）, AKEPHALITES（pl.）

ギリシア神話に登場する伝説的、超自然的な種族で「頭なし」の意。アケファリ、アケファレという名でも知られ、リビアに棲むと言われた。この存在については、エジプト、ギリシア、ローマ神話、ヘロドトスやヨセフス、そして中世のキリスト教や伝承にも述べられており、首のない姿で、目と大きく開いた口が胸についており、遭遇した人々を恐怖とパニックに陥れるとされていた。

現代ギリシアの伝承に登場するフォノス（ギリシア語で「死」を意味する）という精霊は、これと外見も恐怖を引き起こす力も同

じである。おそらく古代のアケファロスに由来するものであろう。
文献20、24、62、159
⇨ コラン・グン・キアン、シン・ティエン（刑天）

アゴグ＝マゴグ
AGOG-MAGOG

　アルメニアの伝説と伝承に登場する怪物*。アルメニアの伝説的英雄バディカンがその地の人々のためにこの怪物を退治したという話が残っている。アゴグ＝マゴグという名前は新約聖書のゴグ*とマゴグ*（ヨハネ黙示録20.8）によく似ている。さらにブリテン島の伝説に登場するブルートとゴグマゴグ*にも似ている。中世初期の旅人や聖地への巡礼者が聖地から帰郷する道中、原型となる名を広めていった結果、これらの伝説ができあがった可能性が考えられる。
文献55
⇨ ゴグとマゴグ

アーゴペルター
ARGOPELTER

　米国の木こり社会で作り出されたフィアサム・クリッター*という怪物*。めったに目撃されず、したがって、はっきりした記述もない。しかし、森のなかのうろのある木に棲むと言われる。その眺めの利く場所から、この生物は無用心な旅人や木こりを待ち伏せし、木片や枝を投げつける。人間が大怪我をする可能性もあるものの、最初の攻撃を超えるほどの猛攻があったという記録はない。
文献7

アザンク
ADDANC
⇨ アダンク

アジ・ダハーカ
AZI DAHAKA, AZIDAHAKA, AZHI DAHAKA, AŽI DAHAK

　ペルシア、ゾロアスター教の創世神話に登場する超自然的怪物。古代のアヴェスタ語でアジは「蛇」を意味するが、現代のペルシア語ではアジ・ダハーカは「ドラゴン*」を意味する。怪物の描写も、このふたつのイメージのあいだに位置している。というのも、アジ・ダハーカは有翼の龍蛇と表現されるからである。苦痛、苦悩、死を象徴する3つの頭を持ち、各頭に6つの目と3組の牙がついている。翼自体も非常に大きく、広げると天が隠れる。
　しかし、10世紀の英雄叙事詩『シャー・ナーメ（王書）』では、アジ・ダハーカは人間に似た姿をしていて、首から二匹の蛇*が出ているとされる。
　この怪物は女悪魔アウタクの息子で、究極の悪霊アンラ・マンユの子孫にして僕だと言われる。最初、アジ・ダハーカは牛だけを食べていた。しかし、やがて人間に注意を向けるようになる。彼は最初の人間イマを倒して破滅させようと企み、それに成功するが、そのかわりデーマヴァンド山のふもとに鎖でつながれ、英雄スラエータオナ、または文献によってはアータールに力を奪われる。しかし、これは一時的な抑留である。というのも、アジ・ダハーカは結局逃げ出し、最後にクルサースパに倒されるまで、復讐のため人口の3分の1を破滅させると予言されているからだ。
文献24、47、64、78、125、132、138、159
⇨ フェンリル

足どり軽きたおやかなぶな娘
WANDLIMB THE LIGHTFOOTED

　イギリスの学者、作家J・R・R・トールキン（1892～1973年）の小説『ホビット』と『指輪物語』に登場するエント女*。エント女たちは園芸と農業の技術に優れ、草原と谷に住む。一方彼女たちの夫は森の木の守護者である。足どり軽きたおやかなぶな娘はフィンブレシル*というエント*の妻である。彼女は、指輪戦争の最中にエント女たちの庭が破壊された時、オーク*たちに殺された。
文献51

アシパトラ
ASIPATRA
インドの信仰や伝承における想像上の鳥。「剣の翼」と訳されることもあり、怪物的で、普通の羽のはえた鳥とは程遠い。見た目は普通の鳥にとてもよく似ているが、ナイフのような鉤爪を持ち、翼は鋭く草刈り鎌のようで、行く手にあるものは空気であれ他の何であれ切り裂く。冥界ヤマローカで有罪を宣告された罪びとたちを苦しめるのがこの鳥の務めで、槍でできた木の枝からじっと見守りながら、その陰惨な役割を果たす機会を待ちかまえている。

文献112
⇨ アムムト

アシペンサー（チョウザメ）
ACIPENSER
15・16世紀ヨーロッパの旅人によって、ヨーロッパ北方の海に実際に棲息すると伝えられた怪魚。鱗が尾のほうではなく頭に向かって逆向きに生えているため、他の魚のように泳げないと言われた。しかし、これはキャビアを産するチョウザメの非常に誇張した描写であったようだ。

文献7
⇨ グーファング

アシュワープス
ASHUAPS
カナダのサン＝ジャン湖の怪物*としても知られる。ロッホ・ネス・モンスター*のような水棲怪物である。アシュワープスという名は、これが最初に目撃された川の名、アシュワープムーチュワーンに由来する。怪物は長さ15mから18m、水から1mほど体を起こすことができ、色は黒か濃紺だという。湖に存在することが初めて明確に記録されたのは1950年で、その後1977年7月、L'isle au Couleuvres（ヤマカガシの島）行きの船に乗ったグループが、普段は静かな湖面を泡立たせ波打たせる巨大な生物を見た。1978年には、地元のウィアチュン居留地から来た先住民の家族が、乱暴にカヌーから投げ出され、恐ろしい思いをした。同じ日、アシュワープスは、この湖につながるアシュワープムーチュワーン川で別の2グループに目撃されている。1980年までにいくつかの目撃談が記録され、マスコミ、さらには研究者までが、先住民モンタニエ族に昔から伝わる伝説に関心を示した。

文献133

アシン
ASIN
米国北西岸の先住民アルセア族が伝承し信仰している人食い少女、もしくは人食い女。人間に似た女性の怪物*で、人間の集落からほど近い森や林に棲む。無用心に森のなかや付近をひとり歩きする人間を罠にかける。フラクテンバーグの著作（1920）によれば、アシンは小さな子供たちにより魅力を感じるようで、彼らをそそのかして自分についてこさせ、森に誘い込むとすぐに餌食とする。彼女がおあつらえ向きの獲物を見つけて笑う声がときどき聞かれる。呪術師が彼女の悪夢を見ると、共同体に災厄が起こることを意味する。アシンは子供部屋のボーギー*として有効に利用され、向こう見ずな子供たちがひとりで森に入るのを防ぐ。

文献77
⇨ カンニバル（食人種）、スニー＝ニー＝イク、ズー＝ヌー＝クア

アズ＝イ＝ウ＝グム＝キ＝ムク＝ティ
AZ-I-WÛ-GÛM-KI-MUKH-'TI
ヨーロッパ人の旅行家E・W・ネルソンは、グリーンランドの動物相についての著作のなかで（1899, pt.I, pp.442—443）、この生物がイヌイットに大きな恐怖を与えている、と記している。イヌイットの信仰と伝承によれば、この生物はセイウチに似ているが、牙のある頭と4本の脚は犬で、輝く黒い鱗に巨大な魚の尾がついているという。その尾で鞭打つような一撃を加えられると、人間は即死するという。ネルソンはイヌイット語の名を訳

すのではなく、「セイウチ犬」と呼んだ。
文献133
⇨ 怪物

アスカパード
ASCAPARD

　イングランドの伝承と伝説に登場する巨人*。英雄的な巨人であるベヴィス*とその恋人のジョイシャンの伝説によれば、ドラゴン*との戦いも含めた数々のスリリングな冒険ののち、ベヴィスはとうとう巨人アスカパードと出会う。ふたりの巨人は、ハンプシャーにある現在のサザンプトン郊外のポーツ・ダウンで戦った。彼らは最後にアスカパードが敗れ葬られるまで、その巨大な土手の下で戦ったという。
文献89、182

アスディーヴ
ASDEEV

　古代ペルシア（現在のイラン）神話に登場するドラゴン*。ヨーロッパや中東、東洋の多くのドラゴン*と異なり、白い。この恐ろしいドラゴンは、神話の英雄ロスタムの敵だった。彼は、ギリシア・ローマ神話の英雄ヘラクレスと同じく、数々の課せられた任務を果たし、自らの最終的な勝利を達成するために敵を倒さねばならなかった。
文献20
⇨ 東洋の龍

アステリオーン
ASTERION

　ギリシア・ローマ神話に登場するミノタウロス*の本名。クレタ王の妻パシパエとクレタの牡牛*とのあいだに生まれた。半人半獣で、頭部は牡牛である。さらに恐ろしいのはその人肉嗜好だった。彼はダイダロスが彼のため特別にクノッソス宮殿の地下に作った迷宮に閉じ込められていた。そこでアステリオーンはギリシア本土から貢物として連れてこられた奴隷を食糧にしていたが、最後には英雄テセウスによって殺された。
文献165

ミノタウロスを退治するテセウス。ミノタウロスの本名はアステリオーンだった。

⇨ アールズシェーンク、クレタの牡牛、シェン・ノン（神農）

アストライオス
ASTRAIOS, ASTREUS

ギリシア・ローマ神話に登場するティタン*のひとり。夜明けを象徴するエオスとの結婚で、風の神ボレアスが生まれた。アストライオスは、のちにイタリアの作家ボッカッチョ（1313〜1375）の作品にも登場している。
文献20、173

アストロペ
ASTROPE

ギリシア・ローマ神話に登場する馬。ヘパイストスが太陽神ヘリオスのために作った金の馬車を引く太陽の馬*の一頭。他の馬たち同様純白で、鼻からは揺らめく火の息を吐く。毎朝、時間のニンフであるホーラーたちが、天を横切る旅のため他の太陽の馬とともに、アストロペを馬車につなぐ。日没時に旅が終わると、馬たちはまた翌日つながれるまで、幸福の島で魔法の草を食べる。
文献138

アスピス［複数形：アスピセス］
ASPIS (sing.), ASPISES (pl.)

アスピスは「蛇*」を意味するが、この怪物*は中世ヨーロッパの伝説や伝承ではドラゴン*を指している。通常のドラゴンよりも小型で、60cmほどしかない。文献によって、翼があるともないとも言われる。猛毒を有するため、死んだアスピスの皮膚に触れただけでも命に関わる。噛まれればどんな生物も即死する。しかし、その注意をそらす方法がひとつだけある。音楽でアスピスを悩ませるのである。獲物を捕獲する際、自分にこんな弱点があることを知ったアスピスは、尾の先端を片方の耳に押し込み、もう片方の耳は地面に押し付けて、音楽への感度を鈍化させる。アスピスがこんな姿勢でいれば、獲物はほぼ確実に逃げ出すことができる。
文献10、77

⇨ ワイヴァーン

アスピドケロン
ASPIDOCHELON

古代ヨーロッパの旅人や船乗りの言い伝えに記録された海の怪物*。ギリシア人からはアスピドケロンあるいはアスピドデロン*（蛇亀）と呼ばれ、紀元前2世紀にエジプトのアレクサンドリアで書かれたという『フィジオロゴス』にも述べられている。この書物を通して中世ヨーロッパで広く知られた。この怪物は動物寓話集ではギリシア語のアスピドケロン、12・13世紀の写本ではラテン語のファスティド・カロンという名で呼ばれていた。中東では、おそらくアレクサンドリア図書館から伝わったのだろうが、ザラタン*という名で知られていた。この生物は途方もない大きさで、その巨大な岩のような体は海中に浮かぶ島のようだった。背中に積もった土には、茂みや樹林が育つほどだった。海に浮かび、開いた口から発する甘い香りに引き寄せられた魚を食糧にして生きていた。その巨大な口に十分な魚が入ると、その途端、獲物たちの上で口を閉じるのだった。聖書のヨナを飲み込んだ魚、そしてさらに、中世キリスト教において地獄の入り口の描写のモデルになったのは、この生物だと言われる。また中世の怪奇物語の題材となった。休息と水を必要とする船乗りたちが無人の「島」にたどりつき、われ先にと上陸する。火を焚いた浜辺が生きていると彼らが気づいた時にはすでに遅く、浜は苦しみのあまり吠え、ものすごい勢いで空中に跳ね上がり、海中深く潜って、船も船乗りたちもすべてを引きずり込むのだった。
文献10、14、89、184
⇨ イアスコニウス、イマップ・ウマッソウルサ

アスピドデロン
ASPIDODELON
⇨ アスピドケロン

アスプ・タートル
ASP TURTLE

　ヨーロッパ中世の旅人から伝わるアスピドケロン*の別名で、「蛇亀」という本来の意味をアスプ（蛇）とタートル（亀）という語の組み合わせで表現している。
文献14、89、184

アズライル
AZRAIL

　アルメニアの伝説と伝承に登場する巨人*。無敵と言われ、彼が3人の妖精の兄弟を人質にとって奴隷にした時には、誰もこの虜を助けられるとは思わなかった。しかし、ひとりの英雄、ただ「徒弟」（彼の明らかな若さと無経験を示している）であることしかわからない英雄が、引き換えに金のゴブレットを11個くれたら、巨人の奴隷を城からすべて救い出す、と名乗り出た。他に誰も成功した者はいなかったので、残った人々は皆心配したが、王はただちにゴブレットと、さらに適当な甲冑と武器とを若者に与えた。徒弟がジャンジャヴァグ山にある巨人の城近くまでやってくると、アズライルのふたりの巨大な僕から攻撃を受けた。彼らが気をとられているあいだに、徒弟はなんとか優勢に立ち、彼らを殺した。その騒ぎを聞きつけたアズライルは、7つの戦闘用の棍棒、剣、弓矢で武装して、すぐに無礼な若者に挑みかかり、自分の武器を次々と彼に浴びせた。しかし徒弟はなんとか身をかわし、王の棍棒を巨人の頭部側面に投げつけ、彼を落馬させた。自分の馬から飛び降りた若者は、巨人の首をはね、半分に割った。アズライルは若者にもう一度ふたつに割るよう言ったが、賢明にも徒弟はもう一度割れば巨人が復活することを知っていたので、彼をそのまま放っておいた。こうして人質と奴隷は解放された。

　アズライルはユダヤ・キリスト教とイスラムの文献における主要な死の天使のひとりなので、彼の伝承でのキャラクターがそこから大きな影響を受けている可能性は高い。
文献55

アゼマン
AZEMAN

　南米北岸のスリナムで信じられている吸血怪物。必ずと言っていいほど女性である。夜、剥いで乾燥させた動物の皮を身につけてヴァンパイア*になり、親類や隣人の血を吸う。そうなるのを妨げたり、アゼマンを捕まえたりするにはいくつかの方法がある。それは以下のとおりである。

　（1）夜、戸口にほうきを横に置く。アゼマンはそこを越えることができないと言われる。

　（2）床の中央にほうきを何本か置く。アゼマンは各ほうきの毛が何本あるかを数えなければならないので、彼女が数え終わる前に夜が明ければ、彼女を捕まえられる。

　（3）床一面に米かとうもろこしの粒を撒いておく。アゼマンはそれをひとつひとつ拾っては数えていかなければならないので、上記と同じ方法で捕まえられる。

　（4）剥いで乾燥させた動物の皮を見つけ、それ一面に胡椒をかける。そうしてそれが再び使われるのを防ぐ。
文献24
⇨　狼憑き、スクヤン、ルー・ガルー、レガルー

アーダミ
ĀDAMI
⇨　ムルギとアーダミ

アダル・スゥッフ・グウィン
ADAR LLWCH GWIN

　ウェールズのアーサー王伝説に登場する、グリュプス*に似た伝説の怪鳥。その名は、ウェールズ語で「塵」あるいは「粉」を意味する llwch と、「ワイン」を意味する gwin に由来する。この鳥は、トレフィン王の息子ドリトワスが妖精の妻から贈られたもので、人間の言葉を解した。彼らは主人のために魔法を使った戦闘や防御を命じられていた。アーサー王と騎士たちとの争いで、王を戦いに巻き込もうと考えたドリトワスは、怪鳥たちに戦場に最初にやってきた騎士を殺すよう指示

した。ドリトワスが約束の場所にきてみると、他の軍は到着が遅れていた。そのため戦場に最初にやってきたのはドリトワスということになり、彼は自分の従順な鳥たちに裂き殺された。
文献128

アダロ
ADARO

ソロモン諸島の神話と伝説に登場する存在。「魚人間」つまり一種のマーマン*とされるが、ヨーロッパのものとは異なり、足が生えていて、そこから尾びれが伸びている。頭にもサメのような大きなひれが付いており、人間そっくりの耳のうしろにエラ、鼻と思われる位置に長くとがった突起があり、イッカクに似ている。有毒なトビウオの軍を従えて、嵐の後、海に出た虹の上を渡っていくことができる。トビウオの軍を攻撃手段にして、水中の自分のなわばりを侵した人間を殺す。
文献113
⇨ トリトン

アダンク
ADANC

イギリス諸島のウェールズに伝わる水棲怪物*。伝説が残っている土地によってアヴァンク、アーヴァンク*、アザンク*、アバク*、とも呼ばれる。スィオン・スィオン湖に棲み、水を土手から周辺地域にあふれさせてひどい洪水を起こすと言われていた。土地の人々は皆アダンクのしわざにおびえて暮らしていたが、とうとうアダンクはその棲み家からヒュー・ガダルンの牡牛によって引きずり出され、一説によればペレドゥルによって殺された。
文献64、159

アツェン
ATCEN

カナダ先住民であるモンタニエ族の信仰や伝承に登場するオーグル*。このグロテスクな生物は森のなかで眠る人間たちに襲いかかり、頭を切り落とし、それをむさぼり食う。
文献133
⇨ カンニバル（食人種）

アックスハンドル・ハウンド
AXEHANDLE HOUND, AXHANDLE HOUND

19世紀から20世紀初頭にかけて、米国の特にウィスコンシン州およびミネソタ州で、木こりや森林労働者たちの民間伝承に登場した生き物。親しみをこめてフィアサム・クリッター*と呼ばれる怪物の一種で、その極端な姿や行動のせいで寂れた場所で聞こえてくる不気味な物音の説明に使われたり、キャンプの時の楽しい語り草にされたりした。長くやせた体は斧の柄そっくりで、そこからずんぐりした小さな足が生え、頭は斧の頭に似ているという。置き去りにされた斧の柄を食べるというのがもっぱらの噂だった。
文献18

アッハ・イーシュカ
EACH UISGE, ECH-USKYA, ECH-USHKYA

スコットランド高地地方の民間伝承に登場する、超自然的な怪物*。アッハ・イーシュカという名前はスコットランドのゲール語で「水棲馬」を意味する。海水と内陸部の湖にしか現われないところが、清水の流れにも出現するケルピー*と違う。髪に海藻を付けた若い美男子やブーブリー*という鳥の姿になることもある。だが、ふつうは美しい馬の姿をして、湖のほとりを跳ねている。愚か者がアッハ・イーシュカに乗れば、この馬はすぐさま湖に向かって走り出すが、乗り手は馬の背から降りることができない。アッハ・イーシュカは水底の隠れ家にもぐって獲物をむさぼり食い、あとには湖面に浮かぶ肝臓だけが残される。この恐ろしい生物はケルトの万聖節の頃に特に活発になると言われ、その時期には牛でも人間でも水のなかへ引きずり込んでむさぼり食う。
文献24、25、89、119、128、134、160
⇨ カーヴァル・ウシュタ、ネウグル、ネッケン、ベッカヘスト

アップ・ムウシュ
HAPPEMOUCHE

　フランスの古典文学に登場する巨人*。フランソワ・ラブレー（1498—1553頃）の物語集『パンタグリュエル』で知られる巨人パンタグリュエル*の祖先のひとりである。しかしアップ・ムウシュは同作品の初版には登場せず、後の版でパンタグリュエルの系譜を作る時に加えられた。他の巨人たち（エティオン*、エリュックス*、ガルオー*、モルガンテ*）とともに、酒に関わる発明をしたと言われている。

文献174

⇨　ウルタリー、オフォトウス、カインの娘たち、ガッバラ、ガルガンチュア、シャルブロット、ノア、ノアの子供たち、ブレイエ

アトゥンカイ
ATUNKAI

　米国オレゴン州の先住民が伝承し信じている怪物*。この州の山中にはアムルク*の泉があり、そこには巨大な水棲の蛇*がいる。これらの蛇と泉は、水に落ちてくるあらゆる生物を恐ろしい姿に変えることができると言われる。アトゥンカイは巨大でグロテスクなカワウソそっくりだが、もともとはアムルクの泉に落ちて溺れたハイイログマだったと言われる。

文献133

ア・ドライグ・ゴッホ
DDRAIG GOCH,Y

　ウェールズの赤いドラゴン*のウェールズ語による正式名称。次のような伝説がある。サクソン人の王ヴォーティガーンはイギリス諸島全域を征服して定住することに全力を尽くしていた。しかし彼がウェールズのスノードニア山地に砦を築こうとしていると、毎朝決まって建築資材である石が消えた。ヴォーティガーンは、父親のいない少年を子供の犠牲として捧げるべきだとの助言を受けた。ついに、該当の少年エムリス（アンブローズ）が現場に連れてこられるが、この少年が言うには、問題はこの現場の地下洞窟のドラゴンにあるという。子供を生贄とするのを中止して地を掘りはじめたヴォーティガーンの従者たちは、最終的に城の建設現場の真下の巨大な洞窟に2頭のドラゴンがいるのをはっきりと確認した。1頭が白、もう1頭が赤だった。なわばりが突然侵されたのが引き金となって2頭が戦いはじめ、白いグウィバー*が敗れ、勝利した守護者、ア・ドライグ・ゴッホが生き残った段階で、少年はこれらのドラゴンの意味を明らかにした。グウィバーはヴォーティガーンと彼が率いるサクソン人たちの侵入勢力の象徴であり、ア・ドライグ・ゴッホがウェールズの守護者、洞窟はイギリスである。したがって今起こったことは、ヴォーティガーン一行がイギリスから完全に撤退することを予言していた。エムリスはのちにこの城の主となった。

　このケルト伝説は、ジェフリー・オヴ・モンマス（1100〜1154）によって『ブリテン列王史（Historia Regnum Britanniae）』（1147年頃）のなかで大幅に書き換えられ、意味の解読者が生贄にされかけた子供だったのが、デーモンと尼僧の息子である超自然的なマーリンに変えられた。守護龍、ア・ドライグ・ゴッホがウェールズの旗の図案に採用されたのは、このジェフリー版の人気によるところが大きかったと思われる。

文献128、183

アトラス
ATLAS

　ギリシア・ローマ神話のティタン*のひとり。その名の意味するところは、「担う者」あるいは「大胆不敵」、「受難者」と資料によりさまざまである。アトラスは大洋の女ティタン、クリュメネー*とティタンのイアペトス*の息子で、義兄弟にプロメテウス*、メノイティオス、エピメテウス*がいる。彼はプレイアデス、ヒュアデス、ヘスペリデス、カリュプソー、マイア、ハルモニアー、エレクトラ、ディオネ*といったニンフたちの父である。アトラスはまた、ゼウス率いる新しい

ティタン族のアトラス。

神々によって洪水にあい破壊された広大な領土、アトランティスの支配者でもあった。アトラスは復讐のため、他のティタンとともにオリュンポスの新しい神々に攻撃をしかけた。しかしティタン族は敗れ、アトラスは北アフリカにある世界の果てで永久に天空を支えるよう言い渡された。この仕事をしているあいだ、彼は一度だけ休息をとることができた。彼の助けを必要とした英雄ヘラクレスが、その間、仕事を代わってやったのである。しかし、英雄ペルセウスがメドゥーサ*というゴルゴン*の首を持って、翼のある馬ペガソス*でアトラスの拘束されている場所を通った際には、アトラスは首を見て、たちまち石になってしまった。彼は現在のモロッコにあたる場所で、自分の名を冠した山脈になった。世界の国々の地図が印刷されはじめた時代には、その表紙に世界を支えるこのティタンの姿が描かれた。このイメージから、今日に至るまでこのような地図を指すのにアトラスという言葉が使われている。

文献20、24、38、47、78、132、165、168、173

⇨ 巨人

アドレト
ADLET

　ラブラドルやハドソン湾西部に住むイヌイットの神話や伝承に登場する吸血怪物の集団。グリーンランドやバフィン島の人々にはエロキグドリット*という名で知られている。この怪物*は、あるイヌイットの女性が赤い犬とのあいだにもうけた子供たちだった。10匹の子供のうち5匹は犬で、ボートに乗せられ漂流しながらヨーロッパに向かい、ヨーロッパ人となった。残った5匹の怪物はもっとひどい怪物を生み、その怪物であるアドレトはイヌイットを餌食にした。

文献24、77

アナイエ
ANAYE

　米国の先住民ナヴァホ族の伝承や信仰に見られる集団。彼らは4つのタイプに分けられる。手足のないビナイエ・アハニ*、頭のないテルゲス*、羽毛の生えたツァナハレ*、そしてもうひとつは名前のない生物である。この最後の怪物*は、岩肌に生えた根のように見える毛皮を使って、砂漠の岩にしがみついている。そしてこの有利な場所から、無用心な旅人を時折むさぼり食うことによって、人食いの欲求を満足させている。

　アナイエは意地悪な女性の子孫と考えられている。人間の父親なしに、世界の恐怖、悪意、苦痛の原因を生み出すよう運命づけられている。子孫はすべてグロテスクな巨人*や怪物だが、彼らは最終的には太陽と水の息子たちによって打ち負かされる。しかし、アナイエの兄弟である寒さ、飢え、老い、貧しさを負かすことはできず、彼らは今もなお人間を苦しめ続けている。

文献7

アナク人
ANAKIM

　聖書の文献に登場する巨人*の種族。ヘブライ人が約束の地を奪回しようとしていた時代にヘブロンの谷に住んでいたと言われる。彼らはアナクの子孫の巨大な種族で、ヘブライ人を怖がらせた。この巨人については、彼らがイスラエルの部族と衝突したこと、近隣に住むモアブ人やエジプト人に攻撃をしかけたことが、申命記や民数記に記されている。これらの点で、彼らは他の聖書の巨人族、ネピリム*やレパイム*と似ている。13世紀フランスの教父サン・シャールのヒューはそのラテン語の著作『オペラ（Opera）』(1.9)のなかで、「大洪水のあと、このアナク人の巨人の息子たちはヘブロンの谷で生まれ、エジプトに移動し、ティタン*として知られるようになった」と書いている。

文献63、173

アナスケラデス
ANASKELADES

　地中海、クレタ島の古代伝承と信仰に登場する超自然的獣。はるか昔、彼らはロバそっ

くりで、自由に乗ってかまわない、といった様子で道をうろついていたらしい。しかしうっかり誰かが乗ろうものなら、獣はたちまち周囲の山脈ほどの大きさになり、獲物をはるか下へと振り落とす。近代になって物語はいくぶん変化し、道に糸巻きが転がっているという設定になった。好奇心旺盛な旅人が近寄って調べようとすると、糸巻は巨大なロバそっくりの獣に変わる。

文献7、132

⇨ カリカンツァリ

穴をあけるもの
ONE WHO DRILLS

カナダのハドソン湾地域東部に住むイヌイットの伝承と民間信仰に登場するイクータユーカ*の別名。恐ろしい怪物*で、犠牲者の体に穴をあけて殺すと言われている。

文献77

アナンタ／アナンタ・シェーシャ
ANANTA, ANANTA SESHA, ANANTA SHESHA

インドのヒンドゥー教神話に登場する宇宙蛇、シェーシャ*の通り名。「果てしない」あるいは「無限」という意味で、この蛇*の無限性を意味している。アナンタは千の頭を持ち、「ブラフマー神の夜」のあいだ、巨大な体躯をとぐろに巻き、7つの巨大な頭で天蓋のようにかげを作って、太陽神ヴィシュヌが夜明けに起きるまで休めるようにする。この状態のヴィシュヌは、アナンタ＝シャーヤナと呼ばれる。これは「アナンタの上で眠る者」の意である。

アナンタ・シェーシャの起源はさまざまだが、ある伝説は、太陽神の兄バララーマが海岸で眠った時の出来事と関連づけている。バララーマが眠ると巨大な蛇が彼の口から現われて、いつのまにか眠る当人の体をすべて乗っ取り、変身の証拠として頭だけがそのまま残された。

乳海攪拌によって不思議な不死の霊薬アムリタが作り出されたのは、神々がこの宇宙蛇をマンダラ山に縛りつけ、荒々しく旋回させ

たおかげだった。

アナンタの頭は毒液を分泌するだけでなく、炎も噴く。ゆえに、各時代、すなわち世界期（カルパ）の終わりにこの巨大な蛇は地上に遣わされ、すべての創造物を破壊する。

文献47、78、112

⇨ アナンタボガ

アナンタボガ／アナンタ・ボガ
ANANTABOGA, ANANTA BOGA

インドネシア、ジャワ島の神話と伝説に登場するドラゴン*。古代の伝統的な神話を出典とするワヤン劇（東洋で人気のある「オペラ」）ではアナンタボガは龍族の王で、冥界を自分の領土にしている。彼の妻はデ＝ヴィー・ナーガギニーと呼ばれている。名前と地位から考えて、ともにヒンドゥー教の蛇*であるアナンタ・シェーシャ*、ナーガ*、ナーギニー*と同等であるようだ。

文献113

アニーウェ
ANIWYE

北米先住民オジブワ族の信仰と伝承に登場する怪物*。巨大なスカンクの姿をし、本物と同じく破壊的なガスを噴射すると言われる。しかし、アニーウェはグロテスクな人肉ハンターで、人間の言葉を理解し、意思を伝える能力を有している。人間がどこに隠れても追跡し、そのガス噴射で殺す。しかしこの怪物は非常に大きいので遠くからでも姿が見え、それゆえ逃げる時間を稼げる。ある物語では、アニーウェが近づいているという警告を村人全員が受けた。彼らは先を争って逃げ出したが、体が弱って逃げられない老婆がひとり残された。アニーウェが屋根を破り、村人がどこにいるかと問い詰めた時も、老婆はまだ家にちぢこまっていた。彼女が自分はあまりに弱っているため、一緒に逃げられなかったのだと言うと、怪物は自分が彼女を治してやろうといった。そして老婆にガスを噴射して殺した。いっぽう、村人たちは超自然的英雄ジャイアント・フィッシャーの領地にある

アナンタボガはインドネシア、ジャワ島の神話と伝説に登場するドラゴン。

フィッシャー湖という安全な場所に到着した。
文献77

アバイア
ABAIA

メラネシアの神話で重要な役割を果たす巨大ウナギ。広大な湖に棲み、魚たちを捕食者から守る。人間が愚かにもそこで漁をしようものなら、氾濫を起こして漁師や住民を飲み込む。
文献7、89
⇨　地震魚

ア・バオ・ア・クゥー
A BAO A QU

マレーシアの妖術に関するイトゥルヴルの大著（1937年）に述べられている。姿は目に見えず、ほとんど無害な存在。脅すように、しかし弱々しく、何世紀にもわたって巡礼者の塔の下に伏している。多くの触手を持ち、桃のような手触りの皮膚を持つとされる。不思議な生物で、塔の階段の最下段に巡礼が近づくと敏感に反応し、無用心な巡礼と一歩一歩並んで歩きながら、生気を吸い取る。巡礼が階段を一段一段と昇っていくごとに、ア・バオ・ア・クゥーの姿はだんだん見えるようになり、カメレオンのように体の色を変え、しまいには何も知らない訪問者のすぐ背後で青みがかった玉虫色の光を放つようになる。しかし、この生物は前を歩く餌食が完全なる人間でなければ、完全な姿にはなれない。塔に登ろうとする者たちは皆、その時点では不完全な求道者なので、当然成就できず、戻ることになる。巡礼が向きを変えて降り始めると、ア・バオ・ア・クゥーはうめき声をあげ、一段ずつ下に降りていくにつれ姿が消えていく。そして最下段にたどりつくと、次の巡礼がやってきて塔を登ろうとするのを待たねばならない。
文献18

アバク
ABAC, ABHAC
　ウェールズの伝説に登場する怪物アダンク*の別名。

文献64、159

⇨　アーヴァンク

アバス
ABATH
　16世紀ヨーロッパの旅行者たちが、マレー半島の森に棲むとした獣。牝の一角獣*で額の中央に1本の角を持つとされた。この角は媚薬で解毒剤でもあるとされ、高価な値がついた。当時アラブ人との一角獣の角の取引は、王家が独占していた。現代のマレーシア・サイと考えられている。

文献7、89

⇨　アムドゥスキアス、アリコーン、オニュクス・モノケロス、カルカダン、麒麟、コレスク、ジャオ・ドゥアン（角端）、スキュティアのロバ、チー・リン（麒麟）、ビーアスト・ナ・スログニグ、ミラージュ、リコーン、ロバ（3本脚の）

アバダ
ABADA
　アフリカのコンゴ周辺の伝説に登場する一角獣*。

アハッハ
ATHACH
　スコットランド高地地方の伝承や信仰に登場する怪物*。スコットランド・ゲール語で「巨人*」または「怪物」を意味する。この怪物についての描写はあいまいだが、湖のはずれや山間の深い峡谷といった人里離れた場所に棲むという。アイルランドのファハン*はアハッハの一種である。

文献128

⇨　ジーラッハ、ボカナーフ

アパララ
APALALA
　インド、ペシャワール州の仏教説話に登場する水蛇もしくはドラゴン*。伝説によれば、アパララは現在はパキスタン領であるペシャワール高地のスワット川の源に棲み、支配していたという。この恐ろしい怪物*はブッダに飼いならされ、改宗した。この出来事はその地方の仏教美術の題材によく取り上げられた。

文献24

⇨　蛇

アヒ
AHI
　インドのヴェーダ神話に登場する宇宙蛇またはドラゴン*。ヴリトラ*の別名だが、まったく別個の存在を指す場合もある。この怪物*は非常に巨大で、地上の水をすべて取り込んでとぐろを巻き、山地の頂上に陣取ったという。インドラ神が攻撃をしかけ、この怪物に雷を落として殺した。その結果、乾いた地面から吸い取られせきとめられていた水が放出された。ゆえにアヒは旱魃や冬の化身と解釈される。冬には山の雪が水をとどめ、それが春の到来とともに解けるからである。

文献24

⇨　アペプ、蛇

アピス
APIS
　エジプト神話の超自然的な牡牛で、プタハ神の使い。ハプ*、あるいはギリシア語でエパポス*と呼ばれることもある。この巨大な牡牛は、ウラエウス（王家の太陽円盤）を角のあいだにつけ、体は黒く、背には白いハゲ鷲が止まり、額に四角もしくは三角の白い斑紋、舌下にスカラベのしるしがあり、尾の毛は二重に生えているとされる。この神話的な生物は地上に依代を必要とした。そこで稲妻に打たれた母牛から生まれ、体と頭に神聖なるしるしを持つ実在の牡牛が探された。この牡牛はメンフィスの神殿に連れて行かれ、神々の神聖なるアピスの使いとして、また神託の力を持つとして崇敬された。その牡牛が死ぬと、防腐処理が施され、サッカラにある

定められた地下墓地に運ばれた。そののち、必要な特徴を備えた別の牡牛が後を継いだ。
文献24、38、63、89、168
⇨　ブーキス

アフィングトン・ドラゴン
UFFINGTON DRAGON
⇨　アフィントンのドラゴン

アフィントンのドラゴン
DRAGON AT UFFINGTON
　白馬が横たわる有名な丘。これは、イングランド、バークシャー州の石灰岩質の丘陵地帯にある地上絵である。全長111mのこの馬の起原については膨大な数の説がある。古代にさかのぼることは確かだが、先史時代までさかのぼるのか、ケルト文化時代までなのかは分かっていない。この様式化された地上絵は、普通の馬とはまったく別のものだと考えられてきたし、これ自身がドラゴン*であるという説も優勢である。しかし、ドラゴンは古代にこの土地を襲ったと考えられていた。この地方の押韻詩によれば、ドラゴン殺しは「王ジョージ」の手柄であり、地元の教会にはベイルートのドラゴンを殺した聖ジョージが祭られている。もしも、この地上絵がドラゴンであるという考えが正しいのであれば、それが描かれているこの小山はケルト族の偉大な首長、つまりペンドラゴンの墓所である

はずだとヒュー・マシンガム（1926）は述べている。
文献13

アブガル
ABGAL
　メソポタミア南部、古代シュメール人の神話に登場する水棲存在の集団。7人の精霊で後代にはアプカル*またはアムフィトリテス*という名で呼ばれた。半人半魚の姿（マーマン*のように）で、国土の守護霊とされた。その起源は、知恵の神エンキの側近アブズ（アビュズ）にさかのぼる。彼らは教育係で、昼間は食を断って科学や芸術を教え、夜になると水中に戻った。
文献63、125

アプカル
APKALLU
　シュメール神話のアブガル*の別名。
文献63

アフリト
AFRIT/E, AFREET, AFRITE, EFREET, EFRIT, IFREET, IFRIT
　アフリトは単独の存在ではなく、イスラム教やアラブの神話・伝承において強大な力を持つ5種類のジン(2)*の階層のひとつである。高さ、大きさともに巨大で、頭に角、足のか

白馬／アフィントンのドラゴン

古代シュメール神話の水棲生物、アブガル。

わりにひづめがあると描写されることが多い。アフリトに関する物語は、餌食となる人間に対して行なうきわめて意地悪なふるまいを伝えている。それは単にその名を口にしただけで言いようのない恐怖に襲われるほど悪意に満ちたものである。通常彼らは乾燥した荒地に棲んでいるが、アフリカ東岸のケニアの人々は、彼らが池や川のぬかるんだ深みに潜むと信じている。この地のアフリトは、イギリスの子供部屋のボーギー*である緑の牙のジェニー*同様、ひとりでやってきた子供の足をつかみ、深みに引きずり込んで殺す。アラブの伝説によれば、ソロモン王は1匹のアフリトを屈服させ家来にしたという。中東のロマンティックな伝説に終始関心を寄せていたバイロン卿は、その作品『邪宗徒 (The Giaour)』にアフリトを登場させている。
文献20、38、63、64、74、124、145、159、160
⇨ 子供部屋のボーギー、ジン（1）、緑の牙のジェニー

アペプ

AAPEP, APEP

エジプト神話に登場する月の蛇*。世界の始めに大いなる無から現われ、大いなる原初の水から恐ろしい吠え声を放った。エジプト美術ではさまざまな姿に描かれるが、どれも醜悪で恐ろしい。たとえば、人頭の蛇、ねじ曲がったワニ、また、より一般的な姿としては、巨大で宇宙的な爬虫類として描かれる。ナイルの川底深くに棲み、嵐、夜、死といった存在の暗い側面すべてを象徴し、邪神セトの共謀者とされる。この大蛇の体は、とぐろを巻く代わりに、アコーディオンのようにひだ状にうねる（芋虫の動きに似ている）ため、獲物にとびかかり飲み込むことができた。この世からあの世へ旅する人間の不幸な魂が常食で、もしアペプに飲み込まれると、いずれかの神々が哀れんで救出してくれないかぎり、その未来はなかった。

神々ですら、この宇宙蛇は容赦しなかった。アペプは毎日太陽神ラーが天空を旅するのを待ち構え、恐ろしい口を大きく開いて太陽を飲み込み、世界から西の山地の光を奪おうとする。しかし、護衛の蛇*、メヘン*に守られたラーは、いつも逃げおおせ、太陽の船で再び東に現われ、世界に再度光をもたらす。時々アペプがもう少しで成功しそうになると食が起こるが、アペプは決まってラーを乗せた天空の船を吐き出すことを余儀なくされた。オシリス讃歌には、この怪物がついにはホルス神に捕らえられ、オシリス神に切り刻まれる様子が描かれている。アペプはおそらくバビロニア神話のマルドクとティアマト*の神話に由来する。
文献7、24、38、49、89、132、138、159、165、168
⇨ ナーガ、ラーフ

アペル・カリュドニオス

APER CALYDONIUS

ギリシア・ローマ神話に登場するカリュドンの猪*の別名。
文献105

アベレ

ABERE

メラネシアの民間信仰と伝説に登場する邪悪な存在。雌のカンニバル（食人種）*で、「野性の」女性の姿をして、若い女たちを付き従えている。湖や沼地の水のなかに男を誘

い込んでおいてから、イグサやアシを自分の
まわりに生い茂らせ、身を隠す。アシの陰に
隠れたアベレは、彼女を探す間抜けな男たち
を罠にかけ、殺してむさぼり食う。
文献38、159

アポカリプティック・ビースト
APOCALYPTIC BEAST
　アイルランドに伝わり信仰されている怪物*。黙示録のドラゴン*としても知られ、一部が蛇*、一部がサケで、ドラゴン*のように

アポカリプティック・ビースト。黙示録のドラゴンとしても知られる。

火を吐くとされる。アイルランドの言葉で「ドラゴンの口の湖」を意味するベル・ドラゴン湖の真っ暗な深みに棲むと言われる。この世の終わりと最後の審判に先立つキリストの再臨を知らせる黙示録の獣*のドラゴンと同一視されている。アポカリプティック・ビースト自身は、アイルランドでは、黙示の際、聖ヨハネの日に現われてヨハネの死の仇を討つと言われる。中世においてドラゴンの口は、当時の数多くの動物寓話集やミサ典書にあるように、地獄への入り口の象徴的表現だった。この点において、この獣のいる場所は、キリスト教にとって重要な意味があった。
文献63、133
⇨ シシウトゥル、ピアスト、蛇

アポタルニ
APOTHARNI

作家コンラート・リュコステネスによって選ばれた名。彼は1557年、スイスのバーゼルで出版した著書『怪奇と不思議の年代記 (Prodigorum ac ostentorum chronicon)』のなかで、怪物*の類にまで言及している。この生物については半人半馬と記されており、ギリシア・ローマ神話のケンタウロス*と比較できるかもしれない。しかし、すべて男性であるケンタウロスと異なり、アポタルニには男も女もいる。リュコステネスによれば、女のアポタルニは禿げ頭だが、あごに男のひげのような毛が生えている。また、アポタルニは湿地帯に棲んでいるという。当時、ヨーロッパの多くの作家たちが伝説的な種族について書いているが、リュコステネスも彼らと同じく古代の文献を非常に頼りにしており、同時代の旅行家から聞いた話で潤色した。
文献7

アポピス
APOPHIS
⇨ アペプ

アポプ
APOP
⇨ アペプ

アポフィス
APOPHIS
⇨ アペプ

アポタムキン
APOTAMKIN

米国北東部の海岸地域にすむマレシート・パサマクウォディ族に伝わる怪物*。プリンス (1921年) とフィッシャー (1946年) によれば、長い毛に覆われ大きな歯を持つ人間に似た一種のおばけだという。本来は子供部屋のボーギー*である。というのも、この怪物に食べられると脅すことで、用心深い親たちは、むこうみずな子供たちがひとりで浜辺まで歩いていったり、冬、大胆にも薄い氷の上に乗ったりするのを防げるからである。アポタムキンと、インダシンガ*と呼ばれるポンカ族のボギー*は、おそらく同じものだろう。
文献77
⇨ ハゴンデス、袋の持ち主

アマラ
AMALA

米国北西岸の先住民ツィムシアン族の神話と伝承に登場する巨大な存在。アマラは自分の背中の上に大地をのせて重さのバランスをとり、回転させねばならない。年に1度、召使が筋肉にアヒルの油をさして、この辛い務めを楽にしてくれる。伝承によれば、アヒルが乱獲によって絶滅し、アヒルの油がとれなくなると、召使はアマラの背中を楽にしてやれなくなる。アマラが最終的にあまりに消耗して大地を支えられなくなると、大地は極から転がり落ち、壊れるだろう。
文献77
⇨ アトラス

アマロック
AMAROK

　米国とカナダに住むイヌイットの伝承と神話に登場する巨大な狼。夜間ひとりで狩りをする愚か者に襲いかかり、むさぼり食う。

文献7

ア＝ミ＝クク
A-MI-KUK

　アラスカ、ベーリング海峡のイヌイットに伝わる怪物*。湿ってぬるぬるした毛皮の巨大な動物とされる。この恐ろしい生物は、普段海に棲んでいるにもかかわらず、脚のかわりに4本のいっぱいに伸びた人間そっくりの手を持っていて、人間を餌食にする。漁師や水浴びする人を襲うが、もし彼らが浜を目指せば、怪物は穴を掘り、地中を泳ぐように進んで獲物に追いつく。セント・マイケル一帯の人々は、ア＝ミ＝ククがそうやって海からかなり内陸の火口湖まで獲物を追ってくることは誰でも知っていると主張する。

文献133

アムドゥスキアス
AMDUSCIAS

　19世紀フランスで、体は巨大な人間に似ているが、一角獣*の頭と角を持つと描写された地獄の怪物*。

文献63

　⇨　オニュクス・モノケロス、カルカダン、麒麟、コレスク、ジャオ・ドゥアン（角端）、ミラージュ、ロバ（3本脚）、チー・リン（麒麟）

アムビゼ
AMBIZE

　西アフリカ海岸、特にコンゴ川の三角州周辺に存在すると言われる怪物*。アングロ*またはホグフィッシュ*の名でも知られる。この怪物を最初に話題にしたのは、16世紀ヨーロッパの船乗りと旅行家である。その奇妙な説明によれば、頭が豚もしくは牡牛で、体が巨大な魚だという。ひれのかわりに人間の手が付いていて、尾はビーバーのように丸くて平たい。アーチェリーの的のような形とも形容されている。地元のコンゴ人漁師たちはこの生物を競って追い求める。彼らによれば、その肉は最上の豚肉にとてもよく似た味がするのだという。しかし重さが230kg近くあるため、捕まえるのはきわめて難しい。

文献7、89

アムフィシーン
AMPHISIEN

　ヨーロッパの紋章の図案に使われるコカトリス*の別名。コカトリス同様、若い雄鶏の頭と脚を持つ爬虫類として描かれる。しかし、頭がひとつしかない普通のコカトリスと異なり、アムフィシーンの尾の先には第2の頭が付いている。その一瞥は敵を殺し、石に変えるとされる。中世の騎士の盾に紋章として描かれ、非常に恐れられた。

文献5

　⇨　アンフィスバエナ

アムフィトリテス
AMPHITRITES

　シュメール神話に登場するアブガル*のギリシア語での呼び名。

文献63

アムフィプテーレ
AMPHIPTERE

　ヨーロッパ、特にイギリスの紋章の図柄に描かれた混成動物。翼の生えた蛇*で、フランスの紋章や伝承に登場するギーヴル*によく似ている。これらの怪物*は中世ヨーロッパの人々に非常に恐れられた。それゆえ、家紋にこのような生物をあしらえば、特に戦闘で脅威を与えることができると考えられた。

文献7、89

アムミト
AMMIT, AM-MIT

　⇨　アムムト

アムムト
AMMUT

　エジプト神話に登場する巨大な超自然的怪物。アムミト*、アメルマイト*という名でも知られる。この名は「死体を食うもの」「骨を食べるもの」「むさぼり食うもの」など、さまざまに訳される。『死者の書』にはカバとライオンとワニが混成した姿で描かれており、オシリス神の側か神殿の門口に控えている。死者の魂が裁かれる「裁きの間」で待つことによって、罪人の儀式的な浄化の任務を負う。生前の行ないに対し有罪の宣告を受けた魂があると、即座に飛びかかって、罪人の心臓を食い尽くす。
文献24、38、89、138、168

アムルク
AMHULUK

　米国オレゴン州の先住民が信仰し伝承する、湖の蛇*。彼らが棲む魔法のかかった水域の名で知られている。この超自然的蛇は何度も変身を繰り返し、そのたびに前よりも恐ろしくなる。アムルクの水域は、そこに落ちた他の生物をも怪物*に変えてしまう。
文献133
⇨　アトゥンカイ

アメルマイト
AMERMAIT
⇨　アムムト

アヤタル
AJATAR

　アヤッタラ*とも呼ばれる。フィンランドでアイアタル*として知られるドラゴン*もしくは蛇*の一種を、エストニア南部ではこう呼ぶ。
文献119、159
⇨　アイトワラス

アヤッタラ
AJATTARA
⇨　アヤタル

アラスカヒノキの樹皮のオーグル
YELLOW CEDAR BARK OGRE

　北米の先住民ヌートカ族の伝承と信仰に登場するオーグル*。若い男が妻にアラスカヒノキの樹皮を渡して、それで彼に服を作るように命じたという物語が伝えられている。その後若い男は、山の中を歩いていると、彼の名前を呼ぶ緑色の汚いオーグルに追いかけられた。彼は驚き、かつおもしろがりもした。殺されずにすむと、彼は山に留まり、古くから伝わる断食と祈禱を行なった。家に戻った彼は、妻が作ったアラスカヒノキの樹皮の服に新たな意味を持たせ、きたる狼儀式で、彼はこの服とオーグルの姿を形どった仮面を付けたのである。
文献77

アラク／アラクド
ARRACH, ARACHD

　スコットランドの伝説や信仰が伝える怪物*。スコットランド・ゲール語で「小人」を意味する。アイルランド・ゲール語のピアスト*(ピアスト*とも呼ばれる)と同種で、巨大でグロテスクだが、細かな観察が不可能なほど、すばやく姿を消すことができる。ハイランド地方の高地の荒れ野や山にある割れ目や岩に潜んでいると言われる。
文献128

アラクサ
ARAXA

　イタリアの修道士ヴィテルボのアンニウス(ジョヴァンニ・ナンニ、1432頃～1502)が創作した系図に登場する巨人*のひとり。この系図は、聖書で言及されている巨人族の高貴なる血統をガリア人が引いているということを正当化するために作られた。
文献138、173
⇨　ノア、プリスカラクセ

アラクサ・ユニオル
ARAXA JUNIOR

　古代ギリシャの神話に由来するとされる人

間に似た恐ろしい蛇*。「若いアラクサ*」の意。詩人ルメール（1473〜1524）が言及しているが、これはイタリアの修道士ヴィテルボのアンニウス（ジョヴァンニ・ナンニ、1432頃〜1502）が作った系図中のアラクサ・プリスカ（「老いたアラクサ」）に由来している。名前はどうあれ、この怪物はメリュジーヌ*同様、フランス王家の祖先だと主張されている。

文献173

⇨ プリスカ、プリスカラクセ

アラクド
ARACHD, ARRACHD

スコットランドの伝説と伝承に登場する怪物*、アラク*の異綴。

文献128

アラコ
ARAKHO

シベリアのブリヤート族の神話と信仰に登場する巨大な獣もしくはドラゴン*。

文献7、55、132

⇨ アペプ、アルクラ、怪物、ティエン・ゴウ（天狗）、ラーフ

アラッサス
ARASSAS

フランスの伝承での奇妙な怪物*。グロテスクな混成動物で、胴体と肢はトカゲだが頭は猫である。フランス側アルプスの高地にある洞穴や洞窟に棲むと言われた。

文献133

⇨ ストレンヴルム、タッツェルヴルム、ダルド

アラン
ALAN

フィリピン諸島ティンギャン族に伝わる精霊*の集団。森に棲むと言われる。彼らは手指と足指が逆に付いた半人半鳥の姿で現われる。彼らの棲み家はジャングルで、コウモリのように木からぶら下がって休息をとるが、そこにいないときは純金の家に住んでいる。彼らは敵意を抱いたり、あるいはちょっとしたいたずらをする可能性はあるものの、普通は好意的で、伝説上の多くの英雄の守護霊と考えられている。

文献7、119、159

アランダ
ARANDA

オーストラリア、エミアンガ地区のアボリジニ（オーストラリア先住民）に伝わり信じられている巨大な蛇*。非常に深いため水面が静かな分流や川の底に棲むと言われた。というのも、不注意な人間が下に潜む危険に気づかず、水を汲んだり、魚を獲ったりするのはこういう場所だからだ。アランダはそんな人間がひとりで没頭している無防備な瞬間を狙って獲物を捕らえ、再び水にもぐる。痕跡は何も残らない。獲物は一飲みにされてしまうからだ。

文献165

⇨ ユルルングル

アリエス
ARIES

ギリシア・ローマ神話に登場する伝説の羊。巨大な体に翼を持ち、空を飛ぶことができた。しかしその最大の特徴は純金の体毛であり、そのために神話ではクリュソマロス*「黄金毛（の羊）」と呼ばれている。プリクソスが父アタマースの国の凶作は彼が原因だと継母に告発された時、プリクソスはアリエスの背に乗って逃げた。無事コルキスに着くと、彼は最高神ゼウスに感謝し、アリエスを生贄に捧げた。美しい黄金の毛皮はその地の支配者アイエーテース王に与えられた。この美しい毛皮の評判のため、英雄イアソンとアルゴナウタイはそれを手に入れようとした。

ゼウスはすばらしい羊の生贄に非常に感動したため、それを天に置いてアリエスという名の星座（牡羊座）にしたと言われる。この星座は黄道十二宮のシンボルとなり、占星術では3月21日から4月20日の期間を支配して

アリエスはギリシア・ローマ神話に登場する伝説の羊で、「黄金の毛皮の羊」としても知られる。アルゴナウタイの物語で、イアソンは困難の末にこの宝を獲得した。

いる。
文献20

アーリオーン
ARION

ギリシア・ローマ神話に登場する想像上の馬。アレイオーンとも言う。その名は「勇ましい」を意味し、海神ポセイドン（ネプトゥーヌス）によって作られた。ポセイドンの三叉のほこで地面を打つことによって生まれたという説や、穀物の女神デメテルとポセイドンがともに馬の姿で交わることによって生まれたという説がある。アーリオーンは右側の2本の足が人間で、広い背中にはワシのような翼が生えているとされる。話すこと予言することができ、さらに力も強い。アーリオーンはアルケモロスの競技で競争し、勝利した。彼の多くの乗り手と仲間のなかにはアドラストスとヘラクレスがいる。
文献7、20、138、168、177
⇨ 太陽の馬、ペガソス

アリカント
ALICANTO

夜に活動する超自然的生物。怪鳥の姿をしており、その翼は金色もしくは銀色の光を放つ。チリの山々や森に棲む。金や銀が好物で、鉱脈を探し当てると飛べなくなるまでこのご馳走を食べる。アリカントには2種類いて、銀を好み、銀鉱を食べて銀色の光を帯びるものと、同様に金を好むものがいる。人間の探鉱者たちは暗闇でアリカントの光に付いていけば金鉱が見つかると考えるが、みなそれにまどわされ欺かれる。ずるがしこいアリカントは翼の光を誘惑的にちらつかせ、貪欲な人間を多くの場合は崖におびきよせ、死に至らせる。
文献18、78、159
⇨ フィアサム・クリッター

アリコーン
ALICORN

中世ヨーロッパの伝説に登場する一角獣*の別名。
文献89

アリチャ
ALICHA

シベリアのブリヤート族の神話と信仰に登場する巨大な獣もしくはドラゴン*。
文献7、55、132
⇨ アペプ、アルクラ、怪物、ティエン・ゴウ（天狗）、ラーフ

アリマスポイ人
ARIMASPI, ARIMASPIANS

古代の歴史家により、スキタイ、ウラル山

脈、もっと漠然とした言い方をすればヨーロッパ北部と、居住地についてはさまざまな説が唱えられている人々。プリニウスとヘロドトスによれば、これらの人々は額の中央に目がひとつあり（ただし彼らはキュクロプス*のように巨大ではない）、グリュプス*が棲む国で暮らしていたという。グリュプスは大量の金を見つけて蓄えることができたので、アリマスピは金を手にいれるために怪物*を定期的に襲撃した。

文献7、18、63、168、177

アリンビ
ARIMBI

インドネシア、ジャワ島に伝わる女巨人*。この国の神話や伝説に題材をとったワヤンと呼ばれる伝統的な劇の登場人物である。アリンビと戦士ビマの息子は英雄戦士で、魔法の上着の助けによって空を飛ぶことができる。

文献113

アル
AL

北アフリカのリビアに伝わる超自然的生物、もしくは悪魔。輝く赤い目をした半人半獣の姿で現われる。人間そっくりの両手には鉄のはさみを持っており、それを使って砂地の荒野に迷い込んだ人間を襲うという。アルは女性を狩るのを好み、特に出産間近の女性を餌食にする。

文献7

⇨　ポンティアナク

アールヴァク
ARVAK(R), AAVAK

北欧神話に登場する巨大な太陽の馬*の1頭。アーヴァク*とも呼ばれる、太陽の女神ソール（スンナともいう）の空駆ける馬車を引く2頭の馬のうちの1頭である。古代ノルド語の「早起き」という言葉に由来し、夜明けを象徴する。もう一頭の馬はアルスヴィド*という名で、これは「快速」を意味する。

文献20、24、89、125

アルカディアの鹿
ARCADIAN HIND

ギリシア・ローマ神話に登場するケリュネイアの牝鹿*の別名。英雄ヘラクレス*は、彼に課せられた12の「難業」のうちの3番目の難業でこの鹿を追い求めた。

文献24

アルキュオネウス
ALCYONEUS

ギリシア・ローマ神話に登場するふたつの存在。

(1)自分の通り道にあるものをすべて破壊していく巨大なロバ。おそらくアフリカから地中海に吹いてくる熱風のシロッコから思いつかれたものであろう。

(2)ギガンテス*のひとりで、去勢されたウラノス*が大地にしたたらせた血から生まれた。その名は「叫ぶ者」を意味し、もうひとりの巨人*ポルピュリオーン*とともに、巨人族のリーダー格だった。彼らは巨大な人間の姿をしていたが、脚が蛇*で足が蛇の頭だった。彼らは生まれた時から、すでに大人の戦士で、槍を持ち輝く甲冑を着け、戦う準備が整っていた。彼らはオリュンピアの神々を直ちに攻撃した。アルキュオネウスをギガンテスのリーダーにしたのは最適の選択だった。彼と母なる大地であるガイア*とのあいだには特別な関係があり、彼は自分の足が大地に着いていれば不死身だったからである。人間の英雄ヘラクレス*は彼との戦いの最中に、女神アテナからこの秘密を教えられた。そこでヘラクレスはすぐさま巨大なアルキュオネウスを地面から持ち上げて運び去り、彼を打ち負かした。

文献7、138、168、177

⇨　エウリュトス、エンケラドス、クリュティオス、テュポン、パラス、百手の巨人、ヘカトンケイレス、ペロロス、ポリュボテス、ミマス、ライトス

アルクトポノス
ARCTOPHONOS

ギリシア・ローマ神話に登場する巨人*オリオン*が飼っていた大きな猟犬のうちの1頭。熊を殺す力と持久力があると評判だった。オリオンの巨大な超自然犬のもう1頭はプトゥーパゴス*だった。

文献20

アルクラ
ALKLHA

シベリアのブリヤート族の神話と信仰に登場する巨大な獣もしくはドラゴン*。アリチャ*またはアラコ*という名でも知られる。翼のあるドラゴンで、黒い翼を広げると空がすべて隠れ、光がまったく地上に届かなくなるほど大きい。この怪物*は天界の棲み家で定期的に太陽や月を飲み込むが、あまりに熱すぎて飲み下せず、それを吐き出さざるをえない。ブリヤート族は太陽か月に噛み跡を見つけると、太陽が完全に飲み込まれるのを防ぐため、怪物に向かって石を投げる。しかし、神々はよりよい解決法を考え出した。彼らはアルクラを半分に切断し、後ろ半分は地球に落下させた。その後、アルクラが天の光のどちらかを飲み込もうとしても、太陽や月は真ん中の切り口から外にこぼれ、安全に空に戻った。今日、月に見られる模様は、月を飲み込もうとして失敗したアルクラの牙によってできたくぼみである。

文献7、55、132

⇨ アペプ、ティエン・ゴウ（天狗）、ラーフ

アルゲス
ARGES

ギリシア・ローマ神話に登場する3人のキュクロプス*のひとり。兄弟たちの名はブロンテス*とステロペス*である。アルゲスの名は「稲妻」を意味し、兄弟たち同様、額の中心に目がひとつしかない。キュクロプスはガイア*とウラノス*の息子たちで、親に反乱を起こした罰としてタルタロスの底に投げ入れられた。ヘシオドスは著書『神統記』（前750年頃）のなかで、彼らを巨人*であるとも、ティタン*であるとも説明しているが、キュクロプスはそのどちらとも別個の存在である。

文献78、138

アルゴス／アルゴス・パノプテース
ARGOS, ARGUS, ARGOS PANOPTES

ギリシア・ローマ神話に登場する怪物*。100または1000の目を持つ巨人*で、そのために文字通り「すべてを見るアルゴス」という意味のアルゴス・パノプテースという名でも呼ばれる。アルゴスは決して普通の眠り方はせず、半数の目が閉じているあいだ、残りの半数は見張りをしている。ゼウス／ユピテルがイオと関係した時、嫉妬深い妻ヘラ／ユノはアルゴスをこの若い娘の見張りにつけた。最高神は妻がイオを隠した場所を見つけ出した。ヘラはイオを牝牛に変え、群れのなかに紛れ込ませて、アルゴスに見張らせていた。ゼウス／ユピテルはヘルメスをイオの救出に向かわせた。まずヘルメスはアルゴスを眠らせた。ヘルメスが竪琴で子守唄を奏でるうちに、目はひとつ、またひとつと静かに閉じていった。すべての目が閉じてしまうと、ヘルメスはアルゴスを殺し、生き返ってヘラ／ユノに告げ口できないよう、首をはねた。神々の女王は番人が殺されたのを知ると、彼の目を注意深く残さず集めて、それを自分の愛する孔雀の羽に付けた。

文献7、20、24、38、125、132、138、165、168

アルコノスト
ALKONOST

ロシアの民間伝承と伝説に登場する想像上の生物。上半身は若い女性で、下半身は巨大な鳥だとされる。シリン*という相棒がおり、ライと呼ばれる冥界の住人のひとりである。彼女の仕事は、恐ろしい歌を泣きながら歌い、永遠の罰を与えることによって、地獄に落ちた者の魂を苦しめることである。

文献55

⇨ アンカ、ウンナティ、ガルダ、ザグ、シリン、セイレーン、ソロヴェイ・ラクマティチ、

パルテノペ、ハルピュイア、プティツィ・シリニー、ボダルゲー

アルシェンディク
ALCHENDIC

　中世ヨーロッパのアーサー王伝説において、第一次十字軍の時代に登場する巨人*。マーリンはアルシェンディクが殺人を犯して王になると予言したが、実際、この巨人はサラス市の支配者の暗殺を命じ、彼の王位を奪った。不思議なことに、このような暴力的な権力奪取をはかった後、彼は良き統治者であることを証明してみせた。エルサレムのリチャード王率いる十字軍が彼を追放しようと市を包囲した際、住民たちは彼と市を忠実に守った。長い包囲攻撃のあいだ、戦士たちによる戦いが行なわれ、十字軍が敗れると、彼らは皆平和を訴えた。この結論はアルシェンディクがキリスト教の信仰を受け入れるという条件で協議され、彼は休戦から1ヶ月後、それに従った。彼は洗礼を受けたのである。
文献54

アルシャとアルシ
ARUSHA AND ARUSHI

　インドのヒンドゥー教神話に登場し信仰されている2頭の太陽の馬*。太陽神スーリヤの馬車は7頭の巨大な赤い馬が引いている。先導の馬は赤い牡の駿馬アルシャで、6頭の牝馬のなかで一番の馬がアルシである。彼らが地平線を横切っていく姿が見える時、その赤い色は夜明けあるいは日没を象徴している。
文献112

アルスヴィズ
ALSVID

　北欧とゲルマンの神話に登場する巨大な馬たちの一頭で、太陽の乙女ソール（スンナ）の馬車か月の馬車を引く。その名は「快速」を意味し、夜明けを象徴する。アルスヴィデル*という名でも知られていた。
文献20、24、89
⇨　アールヴァク、太陽の馬

アルスヴィデル
ALSWIDER

　北欧とゲルマンの神話に登場する巨大な馬たちの一頭。「快速」という意味で、アルスヴィズ*という名でも知られた。
文献20、24、89
⇨　アールヴァク、太陽の馬

アールズシェーンク
ARZSHENK

　イランのゾロアスター教におけるグロテスクな怪物*。悪魔であるとともに至上の悪アフリマンの僕であるデーウ*の王。彼らはアフリマンの悪魔の一団とともに、善であるアムシャ・スプンタやヤザタの善行と絶え間なく戦い続けている。アールズシェーンクは巨大な人間に似ているが、頭は牡牛だという。英雄ロスタムとの最後の戦いで打ち倒され首を切り落とされると予言された。
文献159
⇨　アステリオーン、シェン・ノン（神農）、ミノタウロス

アルバストル
ALBASTOR

　旧ソビエト連邦のマリ人（チェレミス人）の信仰に登場する超自然的存在。ラバスタという名でも知られており、男性、もしくは女性を装って浴場に棲むが、長く波打つ髪をした巨人*の姿で現われることもある。もともとは洗礼を受けていない私生児の魂だったという説もあるが、地上にいるあいだは動物に姿を変えることができる。空中を移動する時には、火花の尾を引く流れ星の外観をとる。シュクシャンダル*の同類、あるいは湿地帯や森の峡谷の精霊ともされてきた。スクブス*同様、アルバストルの活動には人間との性交も含まれており、極度の疲労を引き起こす性行為によって死に至らしめ、放縦な性にふける人間を罰する。唇に腫れが残っていれば、それはアルバストルによるものかもしれない。女性がアルバストルの訪問を受けると、その女性の恋人や夫も病気になる。アルバストル

を打ち負かすにはふたつの方法がある。捕らえたら左手の小指を折ってその力を打ち砕くか、あるいは各戸口の上に十字架を置きその侵入を防ぐかである。
文献159、164
⇨　アイトワラス

アル・バラク
AL BORAK, AL BORAQ
⇨　ボラーク、アル

アルビオン
ALBION
　ふたつの異なる伝説に登場する巨人*。
　(1)ローマ神話によれば、海神ネプトゥーヌスの息子。英雄ヘラクレス*がローヌ川近くのリグリア地方（現在のフランス）の自らの土地を通過した際、兄弟であるデルキュノス*（やはり巨人）とともに戦いを挑んだ。ヘラクレスはふたりの手ごわい巨人と同時に戦わざるを得なかったが、最高神ユピテルが力を貸し、石の雨を降らせてくれたおかげで、ヘラクレスは彼らを打ち破ることができた。この戦いの場所は以後「カンプス・レピデウス」すなわち「石の平原」と名付けられた。
　(2)中世史や、ジェフリー・オヴ・モンマスが書いてのちにウィリアム・カクストンの『イギリス年代記（Chronicle of England）』(1480)に収められたブリタニア年代記に登場する巨人の名。これによれば、アルビオンは有名な巨人、ゴグとマゴグ*の伝説では彼らの兄弟となっている。3人の巨人は他の多くの巨人とともに、ブリタニア国に棲んでいた。ブルートが軍勢を引き連れて地中海からやってくると、巨人たちは多くの戦闘で打ち負かされた。ブルートは卓越した征服者だったが、古代ブリタニア王国はアルビオンの名で呼ばれるようになった。イギリスの神秘主義の詩人で画家でもあったウィリアム・ブレイク（1757〜1827）は、ブリタニアの風景のなかに横たわり眠るアルビオンを描いて、象徴的な効果をあげている。彼はまたこの巨人をギリシア神話のティタン*と同一視した。

文献54、78、132、173、177
⇨　タウラード

アルピト
ALPHITO
　ギリシア神話において、アルゴス一帯で崇拝されていた大麦の女神。その名は穀粒の白さと、さらには大地で野ざらしになった白骨をも象徴している。しかしまさにこの白さのせいで、アルピトの評価は次第に低くなっていった。白が病気や死という悪いものを象徴する色になったからである。最終的に彼女は、暗い物陰に潜んでいたずらっ子たちをおどかすグロテスクな鬼婆として知られるようになった。その後、彼女の地位は伝承の子供部屋のボーギー*へと格下げされた。
文献38

アリファンファロン
ALIFANFARON
　スペインの作家ミゲール・デ・セルヴァンテス・サアヴェドラ（1547〜1616）が小説『ドン・キホーテ』のなかで創作した巨人*。忠実な従者サンチョ・パンサを連れ、敵を求めてスペインの田舎を旅していた「英雄」ドン・キホーテは、羊の群れに出会う。ドンはそれを巨人アリファンフォロンの兵士だと宣言し、彼と戦うことにする。
文献20

アル・ボラーク
AL BORAK
⇨　ボラーク、アル

アルマス
ALMAS
　シベリアに伝わる巨大な怪物*。ぼさぼさした茶褐色の毛皮に包まれた巨大な人間型の怪物で、米国のビッグ・フット*やサスクワッチ*によく似ている。
文献61

アル・ミラージュ
AL MI'RAJ

　北アフリカと中東のイスラム諸国の神話に登場する生物。超自然的な黄色い野ウサギで、額から角が1本突き出ている。その特徴はヨーロッパの一角獣*と同類のものと言える。
文献89
⇨　アリコーン、アムドゥスキアス、オニュクス・モノケロス、カルカダン、麒麟、コレスク、ジャオ・ドゥアン（角端）、スキュティアのロバ、チー・リン（麒麟）、ビーアスト・ナ・スロッグング、リコーン、ロバ（3本脚）

アルラク
ARRAK

　アールヴァク*の異形。北欧神話の想像上の馬で「早起き」を意味する。巨大な超自然的馬でアルスヴィズ*とともに、毎日夜明けから空を駆ける太陽の馬車を引いている。
文献7
⇨　太陽の馬

アレクトー
ALEKTO

　ギリシア・ローマ神話に登場するエリーニュエス*／フリアイ*のひとり。姉妹たちや百手の巨人*同様、去勢されたウラノス*が大地にしたたらせた血から生まれた。彼女は犬の頭とコウモリの翼を持つ、恐ろしい姿の魔女だという。その名は「絶え間ない」という意味で、戦い、疫病、究極的な復讐の媒体となる恐ろしい超自然的存在と信じられていた。
文献74、125、159、168、177
⇨　エウメニデス、巨人

アレピュイアイ
AREPYIAI

　ギリシア・ローマ神話に登場するハルピュイア*の別名。「切る者」あるいは「裂く者」を意味し、このグリュプス*に似た怪物*の行動がいかに凶暴であるかを如実に表わしている。ハルピュイアという名は「移動する」あるいは「ひったくる」を意味し、アレピュイアイほどには威嚇的でないことを暗示している。
文献89

アレーン・トレヘン
AILLÉN TRECHENN

　アイルランドの伝承と神話に登場する怪物*。アイルランド・ゲール語で「3つの頭」を意味する。というのも、実際、この生物はその巨大な体から3つの頭が生えていた。山腹の洞穴やロスコモン県のクルアハンの埋葬塚など、さまざまな場所に棲んでいた。この生物は人間、とりわけエウィン・ワハと古代のタラの砦の戦士を嫌っていた。特に邪悪な逸話を挙げると、ケルトの大きな祭であるサヴィン祭前夜（現在のハロウィーン）に居住地を襲い、アイルランド中の人々を打ちのめすことに精力を傾けた。この生物は最後にアメルゲンによって退治された。
文献128

アロアダイ
ALOADAI, ALOADES, ALOIDS, ALOID

　ギリシア・ローマ神話においてアローエウスの息子たちを意味する集合名称。彼らはアローエウスの妻イーピメデイアから生まれた巨人*だが、彼女とポセイドンの息子だとする説もある。アロアダイはエピアルテス*とオトス*という名の双子で、出生後毎月23cmずつ成長した。彼らは途方もなく巨大で、9歳の時にはすでに胴回りが8m近く、身長は18m以上あった。がっしりして粗野だと描写されるが、彼らは都市を建設し、ムーサたちの崇拝を集めた。彼らの母親と姉妹が危機に陥った時も、アロアダイが救い出した。
　ホメロスの『イリアス』によれば、アロアダイはオリュンポスの王座と女神アルテミス（ディアナ）とヘラ（ユノ）を要求した。これらを得るために、彼らは戦いの神アレスを1年以上も青銅の壺に閉じ込めた。彼らはオリュンポス山の頂上にオッサ山とペーリオン山を積み上げてオリュンポスを襲撃した。しかしゼウスに率いられた新しい神々は、そう

容易には敗れなかった。双子の最期については いくつかの説がある。彼らがアポロンに虐殺された様子を詳細に語るものもあれば、アルテミス（ディアナ）に騙されたとするものもある。それによれば、女神は鹿に姿を変え、兄弟のあいだを走った。ふたりともそれを仕留めたくてたまらず、自分たちの武器を前に突き出し、互いを突き刺して死んでしまった。また別の話では、彼らは捕らえられ、蛇*で作った魔法の鎖で背中あわせに縛られてタルタロスの底にいるという。
文献24、125、138、173、177

アロウス
ALOUS

中世イタリアの古典文学の時代に、ボッカッチョ（1313～1375）は数々の物語を書いた。聖書の時代のアロウスと呼ばれる巨人*がアロアダイ*（ギリシア・ローマ神話の巨人たち）の父であるというのもそのひとつである。ボッカッチョはまた、アロウスがテラとティタン(2)*の息子のひとりで、彼らはその子孫を通じて人間を生み出したとも述べている。
文献173

アロエス
ALOÉS

ヨーロッパから探検家や軍隊が新世界に送られた時代には、多くの奇妙な生物の記録が著わされた。そのひとつであるアロエスは、16世紀にテヴノの著作『天地学』に記され、アンブロワーズ・パレ（1517～1590）によって同時代の『怪物と驚異について』で引用さ

アロエス。魚にもガチョウにも似た海の怪物。

れている。魚にもガチョウにも似た海の生物で、とても首が長く頭部は鳥そっくりだが、脚や足のかわりに4つの大きなひれ足が付いている。この生物は「スペイン島」のそばで目撃されたと伝えられているが、これはその当時発見されたばかりだったヒスパニオラ島のことだと考えられている。
文献146

アロキャメラス
ALLOCAMELUS

　イギリスで家紋その他の紋章に描かれる獣。頭部がロバ、体および脚はラクダである。
文献7

アンカ
ANGKA

　中東、特にサウジアラビアのアラブ人に伝わる想像上の鳥。人間の顔を持ち、ペルシアのシームルグ*やヨーロッパ中世の伝説に登場するグリュプス*に似ている。カフ山に棲み、そこで出会った生物はなんでもむさぼり食う。獲物を捕らえるのに失敗することはほとんどないので、アンカは何もかも狩っては絶滅させてしまい、自らの死を招く。
文献7、89
⇨　アルコノスト、アンナティ、ガルダ、グリュプス、ザグ、シームルグ、シリン、セイレーン、ソロヴェイ・ラクマティチ、バフリ、パルテノペ、ハルピュイア、プティツィ・シリニー、ポダルゲー

アングボダ
ANGBODA, ANGBODHA

　アングルボザ*の別名。北欧神話に登場するトリックスター、ロキ神の妻。
文献24、61、78、125、132
⇨　女巨人

アングルボザ／アングル＝ボザ
ANGRBODA, ANGUR-BODA

　北欧神話に登場する女巨人*。「悲しみをもたらす者」、「苦痛の予言者」と訳される。アングボダ*とも呼ばれ、トリックスター神ロキの妻で、死者の国を支配する女神ヘル、ラグナレクで神々の死を引き起こす巨大な狼のフェンリル*、トネリコの木ユグドラシルの下で眠る巨大な世界蛇ヨルムンガンド*を彼とのあいだにもうけた。アングルボザはまた、巨人*ギュミル*とのあいだにゲルズ*をもうけた。
文献24、61、78、125、132
⇨　蛇

アングロ
ANGULO

　アムビゼ*の別名。西アフリカの海岸、特にコンゴ川の三角州周辺にいると言われる怪物*。
文献7

アンゴント
ANGONT

　米国先住民であるヒューロン族の信仰と伝承における巨大な蛇*。敵意に満ち、きわめて有害な毒を持つ爬虫類で、湖、川、洞窟、森、冷たいじめじめした奥地の、ひと気のない荒涼とした場所に棲むと言われる。棲み家から非常に長いとぐろを伸ばし、人間の居住者に災害と病気をもたらす。祈禱師は効果的な魔法薬を作るために、この巨大な爬虫類を探しにいく。しかしアンゴントの皮膚はわずかなかけらでも致命的な毒があるので、そのような恐ろしいものを運んでくる人間に期待しても無駄だった。
文献133、168

アンジャナ
ANJANA

　インドのヒンドゥー教神話に登場するローカパーラ・エレファント*のうちの一頭。アンジャナ（サウマナサ*とする伝承もある）はヴァルナ神を背に乗せ、西方世界の守護者となっている。
文献7、24、112

アンジン・アジャク
ANJING AJAK

インドネシア、ジャワ島に伝わり信仰されている狼憑き*。ヨーロッパの伝説に登場する仲間同様、邪悪な人間が夜間変身して、人食い狼になる。

文献113

アンズー
ANZU

メソポタミア、シュメール、バビロニアの神話に登場する巨大なドラゴン*あるいは嵐鳥、ズー*の別名。

文献7、47、89、125、132、165

アンタイオス
ANTAIOS, ANTAEUS, ANTEUS

ギリシア・ローマ神話に登場する古い巨人*のひとり。アンテウス*とも呼ばれる。ポセイドン／ネプトゥーヌスとガイア*／テラの子である。彼は大地の子であるため、大地に触れている限り、無比の力を得ることができた。この巨人はリビア地方に棲み、そこで彼が勝つに決まっているレスリングの勝負を通りかかる者すべてに申し込み、旅人を怖がらせていた。敗北の代償は死だった。唯一ヘラクレス*がこの地方を旅した時だけは、アテナが巨人の力の秘密を明かしてくれて、英雄は戦うことができた。、ヘラクレスは全力をふりしぼり、巨人の力が十分弱くなるまで地面から持ち上げると、すぐに巨人を締め殺し、彼が自分の獲物に対してさんざんやってきたように投げ落とした。アンタイオスは現在のモーリタニアにあるティンギスに葬られたという。

文献20、78、125、138、168、173、177

アンティゴヌス
ANTIGONUS

ベルギーの伝承が伝えるアントワープの町の巨人*。町とその住民を威嚇したと言われる。彼は自分のなわばりを通る者に貢物を要求したが、拒否した者は罰として手を切り落とされた。最終的に英雄的な王子ブラボーが暴君的な巨人*を殺した。この事件から「手を投げ捨てる」という語句が町の名の由来になったと言われる。続く何世紀かのあいだに、この事件の評判はアンティゴヌスを町と関係のある「人物」に変え、とうとう彼の像は、ロンドンのゴグとマゴグ*の場合と同じように、アントワープの町の象徴となった。アンティゴヌス像は町の文化的・政治的行事で重要な役割を果たすようになった。フェアホルトによると、1534年、アンティゴヌス像は皇帝カール5世の宮廷画家によって設計され、立てられた。巨人は1550年に再度展示され、1585年にはスペインのフェリペ2世の視察を受けた。

文献173

アンティパテース
ANTIPHATES

ギリシア・ローマ神話に登場するライストリュゴン人*の王。この巨人*たちはカンニバル（食人種）*で、航海中のオデュッセウスたちを襲った。

文献177

アンテロ・ヴィプネン
ANTERO VIPUNEN

フィンランドの神話と伝承に登場する太古の存在。その名は「聖アンテレの十字架」という意味の語句に由来する。巨大な体を持つ巨人*で、大地を毛布にして寝るほどである。彼の物語は古代の叙事詩『カレワラ』の第17章にうたわれている。巨人が寝ているあいだに、森に棲むものの群れ全体も彼自身も成長し、彼の体の上に生い茂っていた。この巨人は、地上の魔術、歌、知識はもちろん、地上のすべての秘密を知っていた。彼の知恵はフィンランド中に知れ渡っていた。英雄ワイナミョイネンがアンテロ・ヴィプネンの助けを求めたのはそのためだった。英雄は特別な船を作っている最中だったが、製作過程のそれぞれ重要な場で呪文を使う必要があった。しかし、船がほぼ完成という段になって、ワ

イナミョイネンは最後の重要な呪文3つを手に入れるのを忘れていたことに気づいた。彼はアンテロ・ヴィプネンの横たわる冥界トゥオネラに行って助けを求めるよう勧められる。波乱の末、英雄は巨人を見つけたが、なんと、彼を起こすことができなかった。彼の奮闘も巨人にとっては取るに足らないもので、巨人は鼻をくんくんいわせて大きなあくびをすると、びっくりした英雄を吸い込んでしまった。それから巨人はまた眠り続けた。アンテロ・ヴィプネンの腹のなかで、英雄は持ってきた船作りの道具を取り出し、鍛冶場を作り上げた。巨人は体内が燃えているのにはっとして目覚め、英雄と鍛冶場を吐き出し、それとともにものすごい勢いで歌を歌いだし、ワイナミョイネンの知りたがっていた呪文を明かした。こうして巨人は目覚め、ワイナミョイネンは戻って船を完成させることができた。

文献24、78、132
⇨ ユミル

アントゥカイ
ANTUKAI

米国オレゴン州の先住民の伝承と信仰に登場する、カワウソに似た恐ろしい生物。もともとはハイイログマだったが、湖の蛇*、アムルク*が棲む泉のあたりをうろついていたため、水のなかに誘い込まれ、怪物*に姿を変えられた。

文献133

アンドゥラ
ANDURA

メキシコの湖に棲む怪物*オガ*の南米における別名。

文献146

アンドロスピンクス
ANDROSPHINX

古代エジプト神話において、スピンクス*は宇宙と占星術に関わる守護者だった。これが人間の頭を持っている場合はアンドロスピンクスと称される。占星術的な意味では、ホル=エム=アケンとしても知られている。この名は「地平線のホルス」と訳され、それをギリシア人はハルマキス*と呼んだ。アンドロスピンクスの巨大な彫像はギザの大ピラミッドの隣にある。体はライオン、頭部は人間の女性で、ファラオの頭飾りを付けている。

文献89
⇨ ヒエラコスピンクス

アントロポファガス
ANTHROPOPHAGUS

18世紀末のイギリスの戯曲に登場するオーグル*もしくは恐ろしい人食い巨人。その名は文字通り「人を食う者」を意味し、ラブレーがガルガンチュアの描写に用いたのと同じ手法（それほどまでには洗練されていないが）で、ややこっけいな怖い生物として登場する。アントロポファガスの意義は、ウィリアム・ウェアの劇『人食い鬼と親指小僧 (The Ogre and Little Thumb; or The Seven League Boots)』を参照すればよく分かる。ここにはふたりのいかがわしい者たち、ウィル・オ・ザ・ウィスプとジャック・オ・ランタンが登場する。彼らが沼のそばで闇夜に旅人を迷わせる低級霊もしくは悪魔だということは当時の誰もが知っていた。これらのキャラクターはもちろん人を惑わす鬼火である。これらの二体の悪魔を使って、アントロポファガスは陰気な城に大勢の旅人を誘い込み、次の食事として平らげた。この恐ろしい戯曲は1807年ロンドンのコヴェント・ガーデンで上演された。

文献159、181
⇨ オーグル、ガルガンチュア、カンニバル（食人種）

アンフィヴェナ
AMPHIVENA

中世ヨーロッパに伝わる恐ろしいアンフィスバエナ*の別名。

文献7、14、18、20、63、89、148、184
⇨ ドラゴン、蛇

アンフィスバエナ
AMPHISBAENA

ヨーロッパの伝説、伝承、そして特に中世の紋章に登場する一種の爬虫類。アンフィヴェナ*という名でも知られている。その名は「両方向に進める」を意味するギリシア語に由来する。ローマの詩人ルカヌスはその作品『ファルサリア』のなかで、アンフィスバエナは北アフリカの砂漠に棲み、多くの爬虫類同様、砂のなかに卵を産んで孵す、と記している。また、この怪物*は中世の動物寓話集の余白に、翼の生えた2本脚のドラゴン*としてよく描かれる。その長い、把握力のある尾の端には頭が付いていて、普通はその頭の後部を前の頭の口がくわえている。そしてこの体勢で荷車の車輪のように地面を転がっていくと言われる。ワシの脚と鉤爪を備えた恐るべき敵で、どちらの方向にも猛スピードで進むことができる。猛毒があるため噛まれると危険だが、暗闇でさえ、逃れることはできない。その光る目は暗闇でも見通すことができるからだ。ローマ時代のふたりの作家プリニウスとルカヌスは、アンフィスバエナの病気治療の効能について書いている。それによれば、乾燥させた皮膚はリウマチの治療に使われるが、生きたままのものは妊娠のお守りとみなされる。この生物は、おそらく旅行家が「尾ひれをつけて」話したため恐ろしい姿に誇張されたが、リビアの砂漠に実在する、どちらの方向にも進めて危険を察知すると尾が頭のように持ち上がる爬虫類がもとになっている。

文献7、14、18、20、63、89、148、184、185
⇨ フープ・スネーク、蛇

アン・ベイシュト・キオーネ
YN BEISHT KIONE
⇨ ベイシュト・キオーネ、アン

∞ イ ∞

イアキュルス
JACULUS(sing.), JACULI(pl.), IACULUS

ヨーロッパの文学伝承に登場する怪物*。ローマの詩人マルクス・アンナエウス・ルカヌス（39—65）の作品『ファルサリア』で言及され、後年、動物寓話集を始めとする中世の文献にも描かれた。この怪物は翼の生えた巨大な蛇で、2本の前足を持つとされることもある。高い木に登り枝のなかに身をひそめるというその奇襲のしかたが特に恐ろしいとみなされている。イアキュルスは格好の獲物が木に近づくとその背中に飛び降り、首に噛みついて息の根を止めてしまう。「槍」を意味するイアキュルスという名が付けられたのはそのためである。

文献24
⇨ 狼憑き

イアスコニウス
JASCONIUS

アイルランドの文学伝承や伝説に登場する巨大な魚。イアスコニウスは巨大な生物だったので、聖ブレンダンの船がイアスコニウスの体の上に乗り上げた時、乗組員たちは島に上陸したものと勘違いした。

文献128
⇨ アスピドケロン、イマップ・ウマッソウルサ、ザラタン

イアック・イム
IAK IM

巨大なサメに似た怪物*、ヤギム*の別名。カナダ北西部の先住民クワキウトゥル族のツェツェカという儀式においては、赤い房の付いた巨大な仮面がその象徴となっている。

文献77

イアペティオニデース
IAPETIONIDES
ギリシア・ローマ神話に登場する巨人*、アトラス*、エピメテウス*、メノイティオス*、プロメテウスの総称。彼らはイアペトス*の息子であるため、イアペティオニデース(イアペトスの子供たち)と呼ばれる。

文献178

イアペトス
IAPETOS, JAPETUS
ギリシア・ローマ神話に登場するティタン*のひとり。ガイア*とウラノス*のあいだに生まれるが、兄弟たちとともにウラノスに対し反乱を起こした。同じくティタンのクリュメネとのあいだに巨人*アトラス*、エピメテウス*、メノイティオス*、プロメテウスをもうけた。この3人はイアペトスを父に持つため、イアペティオニデース*と呼ばれる。

中世後期にイタリアのボッカッチョ(1313—1375)は、イアペトスとノアの息子ヤペテが同一人物であるとした。これを根拠にイタリアの修道士であるヴィテルボのアンニウス(ジョヴァンニ・ナンニ、1432頃—1502)は、ディス・サモシス*の血はヤペテを通じて最初のガリア王につながっているとした。ノア*やイアペトスから始まる巨人の系譜を再構築したヴィテルボは、当時のフランス貴族の祖先が高貴な血統の生まれであることを証明しようとしたのである。

文献20、47、125、139、169、174、178

イアールンサクサ
JARNSAXA, IARNSAXA
北欧神話に登場する女巨人*。トール神の妻で、彼とのあいだにふたりの子供、力の神マグニと勇気の神モージをもうけた。

文献78、169

イェーウェ・ゾグバヌ
YEHWE ZOGBANU
西アフリカの国ダオメーに伝わる神話に登場する巨人*。頭と身体に30本の角がある人間に似た生物。非常に捕食性が強く、彼の領域に入り込むような愚かな猟師を探して殺す。

文献24

⇨ ササボンサム

イエクル
JOKULL
北欧神話に登場する巨人。イエクルという名は「氷河」を意味する。フリームスルサル*または霜の巨人*。スリュム*の息子でフロスティ*、ドリフタ*、スノエル*とは兄弟にあたる。

文献24

イエッィーツオー
YEITSO
米国先住民ホピ族とナヴァホ族の伝承と伝説に登場する恐ろしい巨人*。捕食性で、身体は鱗で覆われている。彼は人間を餌食としていた原初の巨人*のひとりである。ナアァイエッ・ネイザニとトバジスツィニという原初の双子は、恐ろしいイエッィーツオーというふたりのデルゲド*とツエ・ニナハレエエ*を退治するために太陽の神に助けを求めに行った。太陽の神はふたりに虹の魔法の矢、太陽の光の矢、幕状稲妻の矢、くさり稲妻の矢を与えた。彼らは空の穴を通って地上に戻り、これらを使ってイエッィーツオーとあとのふたりの怪物*を殺すことができた。

文献78、166

イェティー
YETI
これはシェルパ族の言葉イェー・テー(yeh-teh)を縮めたもので、チベットとネパールの人々の伝承と信仰に登場する人間に似た怪物*である。山のなかにこの人目を避ける巨大な毛深い人間に似た生物が存在しているという噂は1938年に初めて記録され、1951年に行なわれたエリック・シプトンのメンラング氷河に対するエヴェレスト探険によって、ヨーロッパに知られるようになった。さらに後の1953年には、ヒラリー・テンジン

登山隊も証拠を報告している。「雪男*」という名前は、ヨーロッパ人の探検家と登山家がこの生物につけたものである。しかしこの地方には、複数の種類が存在すると言われ、ズ・デー*、メー・テー*、イェー・テーという3つの別々の名前で知られる。最後の名前が最も一般的に使われている。これらの名前は大きさと外見によって使い分けられていて、イェー・テーは巨大ではあるが3つのなかでは比較的小さいほうで、外見が他のふたつに比べるとより熊に似ている。アッパーエヴェレスト地域で発見された巨大な足跡の写真から、この種の生物の頭蓋骨だという実在する錆色の毛深い皮まで、これらの生物の存在に対する重要な証拠がある。彼らの素性や考えられる生存形態について多くの議論があるが、結論は出ていない。
文献78、94
⇨　チョルティ、ニーグード、ビッグ・フット、フスティ・カプカキ、ヘアリー・マン、野人、山男

イエミッシュ
IEMISCH
　南米パタゴニアの伝承に伝わる怪物*。キツネの前半身と蛇*の尾を持つ。獲物が現われると自在に動く尾を操って大蛇のように巻きつき、衰弱させて食い殺す。
文献134
⇨　ヴルパングエ、グリリヴィル

イエルフ
JERFF
　スウェーデンの伝承に登場するグロン*の別名。1555年、旅行家オラウス・マグヌスがスウェーデン北部での呼び名として記録している。
文献7、89

イェロ
YERO
　アボリジニ（オーストラリア先住民）の「夢の時」神話に登場する虹の蛇*の地方名。
文献133

イェンザババ
IENZABABA
　ポーランドの伝承に伝わるババ・ヤガ*の別名。
文献25、125、160
⇨　ジェシュダ

イェンリッシュ
YENRISH
　米国北東部の先住民ヒューロン・ワイアンドット族の伝承と信仰に登場する水棲の怪物*。イェンリッシュはエリー湖の底に棲む水ライオンと言われる。
文献134

イカル・ナッパ
IKALU NAPPA
　北極地方のイヌイットの伝承に登場する海の怪物*。イカル・ナッパは人間の女の上半身と頭、海の魚の下半身を持つと言われている。
文献77
⇨　マーメイド

怒れる猟犬
HOUNDS OF RAGE
　アイルランドの伝説や民間伝承に登場する怪犬。アイリッシュ・ゲール語ではコイン・イオタイル*で、この名前を英語に翻訳すると「怒れる猟犬」となる。
文献128

イキ＝バラム
IQI-BALAM
　バラン*として知られる、メキシコのキチェ族の信仰に登場する恐ろしい怪物*の一種。イキ＝バラムとは「月のジャガー」を意味する。バラムは東西南北の守護神を務める。
文献119、160

異教徒
GIANT PAGAN
　イギリスの古典文学に描かれた巨人*。ジョン・バニヤン作の寓意文学『天路歴程』に登場する。巨人の異教徒は、巨人教皇とともに、たくさんの人を殺した。巡礼者たちは、犠牲者の骨でいっぱいになった洞穴を通らねばならなかった。
文献20、31
⇨ 教皇、巨人ディスペアー、スレイ＝グッド、モール

イクータユーカ
IKUUTAYUUQ
　カナダのハドソン湾東部に住むイヌイットの伝承と信仰に登場する怪物*。イクータユーカとは「穴を開けるもの」を意味し、同じく怪物である弟とともに、彼らの縄張りに入ってきた人間はひとり残らず捕まえる。この邪悪な兄弟は犠牲者を捕らえると押さえつけ、うつ伏せに寝かして死ぬまで体に穴を開け続けるという拷問のような仕打ちをする。犠牲者がイワータユーカに殺されると、彼の弟は死体の上を石で覆う。イヌイットたちは新しい石の山、イヌクスートが積み上げられているのを見て、犠牲者が出たことを知るのである。この怪物の兄弟はトゥイニット族という先住民のひとりに追いつめられ、イクータユーカはとうとう成敗されるが、弟は逃げ延びて二度と姿を現わすことはなかった。
文献77

イクテュオケンタウロス
ICHTHYOCENTAUR, ICHTHYOCENTAURUS
　3世紀にアレクサンドリアで書かれたと言われている自然誌『フィジオロゴス』や中世の動物寓話集に登場するケンタウロス*。人間の胴体と頭を持つが、前足は馬（またはライオン）で後足の部分にはイルカの尾が付いているとされる。トリトン*と同一視されることの多いこの種の海の怪物像は無数に存在するが、その根拠となるべき古典時代の文書は現存しないようである。こうした怪物*たちは、昔からビザンティンの作家クラウディアヌスやリュコプローン、ヨハンネス・ツェツェスによって描かれ、後年の動物寓話集に

イクテュオケンタウロス

も登場した。その姿は18世紀に至るまでヨーロッパの陶器や金属製品の表面を飾り続けた。
文献7、18、20、78、89、91、125、133、167
⇨　アポタルニ、オノケンタウロス

イクテュオパゴイ
ICHTHYOPHAGI

中世ヨーロッパの伝説に登場する未開人の一種で、その名は「魚を食べる人」を意味する。パリ国立図書館所蔵の中世の文献、『アレクサンドルの伝説（Legende d'Alexandre）』には人間の姿をした、毛深い、水棲生物として描かれている。
文献134

イグプピアーラ
IGPUPIARA

ブラジルの部族の伝承に登場するマーメイド*やマーマン*。現地の言葉で「水の住人」を意味するHipupiaraがその名の由来で、人間に似た上半身に魚の尾のような下半身が付いている。頭はアザラシにいくぶん似ているが、その巨大な手には水かきの付いた5本の指がある。人間を水に誘いこみ、目や鼻、乳房、生殖器だけを食べるという。死体が浜に打ち上げられると村人たちは恐れおののき、漁に出るのをとりやめにした。1575年から1585年にかけてサン・ヴィンセンテで数多く目撃されたほか、17世紀初頭には恐怖にかられた村人とポルトガルからの旅行者たちがイグプピアーラを銃で撃ち、めった切りにしたという報告もある。イグプピアーラの正体はブラジルの海に棲息するイルカではないかと言われている。
文献134

イサの飛ぶ蛇
SERPENT OF ISA, FLYING

中世ヨーロッパのキリスト教伝説に登場する蛇*。中世の旅行者の報告によれば、この最も邪悪な蛇は、エチオピアの砂漠のコカトリス*の卵からかえったとされる。この蛇はコカトリスより危険で、空を飛んで攻撃する

ことができた。
文献7
⇨　バシリスク

石の巨人
STONE GIANTS

多くの神話に石の巨人が登場する。

米国先住民のイロコイ族とヒューロン族の伝説では、原初の巨大な人食い巨人で、最後には雷の神ヒノに倒され、打ち砕かれた。アベナキ族の伝説では、巨大な原初の種族で、英雄グルスカップに退治された。

南米最南端にあるティエラ・デル・フエゴのヤーガン族の伝説では、ハチドリが策略を用いて石の巨人を襲い、弱点である足のかかとを攻撃し、心臓を破裂させた。

ヨーロッパの神話では、ヨーツン*は、岩と山に棲むか、あるいはそれらで作られた巨人*だった。
文献24、38、133、139
⇨　カンニバル（食人種）、ティタン

イスタエヴォン
ISTAEVON

中世の博識者、ジャン・ティジィエ・ド・ラヴィジー（通称ラヴィシウス・テクストル1480頃—1520頃）の作品、『オフィキナ（Officina）』に登場する巨人*。ラヴィジーによると、トゥイスコン・ギガス*は実のところ巨人ノア*の息子、すなわちヨーロッパ貴族の祖先であるという。ラヴィジーが作りあげた巨人たちの系譜には伝説的な巨人が数多く存在するが、イスタエヴォンもそのひとりである。
文献174

イスバザデン
YSBADDADEN, ISBADDADEN

英国の伝承とケルトの伝説に登場する巨人*の王。イスバザデン・ペンカウ*、ウスパザデン・ペンカウル*とも言う。ウェールズの神話物語集『マビノギオン』にある「キルッフとオルウェン」の伝説に登場する。そ

の伝説で、キルッフはイスバザデンの娘オルウェンとの結婚を望む。まず彼らはイスバザデンに会いに行かなくてはならないが、その巨人は9つの門に守られた強大な城に棲み、マスチフ犬で警戒している。キルッフとその仲間はどうにかそれらを通過し、巨人の長イスバザデンに会う。彼は非常に巨大で、召使いに自分のまぶたを二股のフォークで上げさせなければ、キルッフたちを見ることができない。しかしイスバザデンはキルッフをオルウェンと結婚させたくないので、たくさんの不可能な課題（anoethu）をキルッフに課す。キルッフは従兄弟のアルスル（アーサー王）に助けを求める。課題には、巨人の髪の手入れのために大ばさみと剃刀と櫛を巨大な猪トゥルッフ・トゥルウィス*の両耳のあいだから取ってくることと、巨人がひげを剃るために強大な猪エスキスエルウィン*から牙を取ってくることが含まれている。これらを手に入れる話はアイルランド南部とウェールズとイングランドが舞台となるのだが、苛酷なもので、その道具を猪たちから奪うまでに数多くの騎士や英雄が殺される。キルッフと狩猟者たちが戻ると、巨人はキルッフとゴレイにひげを剃られ、殺される。ゴレイの兄弟たちはすべてこの巨人に殺されていたのである。
文献54、78、128、139、166、183

イスバザデン・ベンカウ
YSBADDADEN BENCAW
⇨ イスバザデン

出雲の大蛇（いずものおろち）
DRAGON OF IZUMO
　日本の伝説に登場する強大なドラゴン*。巨大で、8つの大きな頭があったと言われる。日本で出雲の国の人々を脅かしていたが、天界から追放されていた英雄のタケハヤスサノオ（建速須佐之男）がこの怪物*に遭遇し、退治した。そして死体を調べながら切り刻んでみると、尾のなかから見事な魔法の剣が出てきた。その威力が甚大なので、スサノオはこの剣を「草薙剣」（くさなぎのつるぎ）と名付けた。これは文字通りには「草を切る剣」の意味だが、目の前にあるものを何でも切り倒すという意味を含んでいる。スサノオはアマテラス（天照）に恭順の意を表すために、この剣を献上した。そしてアマテラスからその剣を渡された子孫が日本最初の天皇となった。これは現在の皇室の剣が天皇のもとへやってきた経緯を物語る伝説である。
文献113
⇨ 高志の八岐の大蛇（こしのやまたのおろち）

一目国の民（いちもくこくのたみ）
⇨ イー・ムー・クオ・ヤン

一角獣
UNICORN, UNICORNIS
　さまざまな文化に伝わる神話や伝説に登場する想像上の獣。特徴が異なるため、西洋の一角獣と東洋の一角獣とに分けて説明する。
【西洋の一角獣】
　一角獣は古代のさまざまな記述に登場している。ギリシア人の歴史家クテシアスが前5世紀にペルシアで残した記述によると、身体の色は白く、ロバのような生物で紫色の頭に

巨人のイスバザデンは非常に巨大で、自分のまぶたを二股のフォークで上げなければ、見ることができない。

一角獣

一角獣は王家、一般民衆、聖職者に広く受け入れられ、すぐにヨーロッパの紋章のレパートリーに加えられた。

青い目をしていて、額には赤と黒と白の角が生えているということである。クテシアスは「モノケロース（一つ角）」と呼んでいる。ヘロドトス（前485〜425）も言及しており、大プリニウスもその著作『博物誌』(77) で触れている。それによると、馬のような身体に象のような足、猪のような尻尾に鹿の頭を持ち、頭からは1本の長くて黒い角が生えてい

一角獣

る。アエリアヌス（200）は、この獣はインドでカルタゾーノス*と呼ばれており、黄色味がかった色をした馬のような姿で、黒い角と長いたてがみを持っていると述べている。どれも共通して指摘しているのは、この生物が非常に攻撃的で山間の寂しい場所や荒れ地に棲み、ライオンの敵だという点である。

旧約聖書は、レーム*と呼ばれる獣について伝えている。これは以前は一角獣と誤って翻訳されていた。その後修正されたが連想は残り、一角獣はキリスト教的象徴である獣のレパートリーとして取り入れられた。一角獣はセビーリャの聖イシドルス（560～636）が著わした『エティモロギア（語源論）』にも取り上げられており、そこにはその強大な角の一突きで象を殺すことができると記してある。アレクサンドリアで書かれた『フィジオロゴス』は広く流布し、中世ヨーロッパで動物寓話集が編まれるようになると、一角獣の宗教的な象徴性は確固としたものになった。12世紀に書かれたラテン語の動物寓話集には、処女を森に連れていき一角獣が現われるまで置き去りにするという、一角獣の捕獲法が述べられている。この獣は処女の純潔に魅せられて彼女の膝に頭を横たえるので、待ちかまえていた捕獲者に捕まってしまう。現在オックスフォードのボードリアン図書館が保有している1220年に書かれたアングロサクソン語の動物寓話集には、一角獣が乙女の膝でどんなふうに眠り、披露するために王宮にどのように連れていくかが載っている。

さらに、もっと獰猛な種類もマルコ・ポーロ（1254～1324）の旅行記や、後の1360年頃に書かれたジョン・マンデヴィルの『東方旅行記』のなかで報告されている。さらに後の旅行者たちは、王家の獣として尊ばれているペルシアのコレスク*や角の先が分かれているロシアの一角獣に触れている。他にもアフリカはコンゴのアバダ、アフリカ南部のヌズーズー*、アラビア半島のピュラスーピ*などがいる。

一角獣は伝説に登場するだけでなく、当時の文学にも取り入れられている。英国エリザベス朝の詩人エドマンド・スペンサー（1552～1599）はその作品『妖精女王』のなかで、一角獣はライオンの宿敵で、出会えば戦うと書いている。このライオンと一角獣のテーマは、イングランドとスコットランドの連合（以下参照）から後、18世紀初頭以来、大衆詩や呼び売本にも盛んに取り上げられた。さらに後年、『不思議の国のアリス』の著者として有名なヴィクトリア朝の作家ルイス・キャロル（チャールズ・ラトウィッジ・ドジソン、1832～1898）は『鏡の国のアリス』（1851／1852）に一角獣を登場させている。

一方高貴で裕福な聖職者たちは、食事やワインに盛られた毒を発見するために一角獣の角を購入し、目録に載せて自慢した。一角獣は王家、一般民衆、聖職者に受け入れられ、すぐにヨーロッパの紋章のレパートリーになった。2頭の一角獣はスコットランドのジェームズ4世の紋章であり、1603年にイングランドの王位を継いでジェームズ1世となった時、イングランドのライオンと向かいあう盾持ちはチューダー朝の赤いドラゴンから一角獣に変わった。一角獣は今も、ヨーロッパの紋章の多くに登場している。

【東洋の一角獣】

極東の一角獣は西洋の一角獣とはまったく違った特徴を持つ。何種類かのタイプがあるが、主要なタイプは麒麟である。中国の古い文献にさまざまに描かれているが、牡の麒と牝の麟はペアをなすと言われている。鹿の身体と馬のひづめと美しい頭に1本の角を持ち、その身体は青、黒、赤、白、黄色の多色で彩られ、ある文献によれば身長は約3.6mである。チー・リン（麒麟）*は、ドラゴン*、亀、フォン・フアン（鳳凰）*とともに天界の生物のひとつである。これが現われることは吉兆とされ、孔子のような高位の人の多くはその出現によってたたえられた。

もうひとつの一角獣はジャオ・ドゥアン（角端）*で麒麟に非常に似ているが、身体は緑色で馬の尻尾のように太い尻尾をしており、その角は鼻面に付いている。非常に速く走り、歩幅も大きい。

モンゴルの草原には美しい白い馬のようなポー*と呼ばれる生物がいるとされる。黒くて大きい尻尾と、足にはトラのような鉤爪、歯の代わりに大きな牙があり、額の中央には1本の角が生えている。攻撃的な生物で、その地方のトラやヒョウを狩るという。

シェ・ジー（獬豸）*は馬のような身体をしているが、その色は赤味がかった黄色で1本の黒い角を持つ。罪人と無実の人を見分けることができると言われる。

グァン・シュ（朧疏）*はまったく違うタイプの中国の一角獣で、外見はライオンのようであるが鹿の足と割れたひづめを持ち、ずっと短い丸みのある角をしている。守護動物とされ、墓所の入り口に描かれる。

他にもワニに似たルー*、牡牛に似たスズ*、子羊または小型の牡羊に似たチアイ・トゥング*などの一角獣がいる。

日本の伝説では中国のチー・リン（麒麟）が伝わった麒麟*がいる。姿は似ているが、鱗で覆われている。もうひとつの一角獣は、シェ・ジー（獬豸）が伝わったのはシンヨウで、1本角のライオンまたは羊に似る。シェ・ジーと同様、訴えられた人間が有罪か無罪かを裁くことができると言われている。

この他の1本角の生物としては、チベットの伝説と伝統に登場するケレ*、セロウ*、ツォポ*がいる。どれも非常に攻撃的と言われている。

文献5、7、10、14、18、20、61、68、78、81、89、91、134、147、148、168、185

⇨ アーヴァンク、アバス、アムドゥスキアス、アリコーン、アル＝ミーラージュ、オニュクス・モノケロス、カルカダン、スキュティアのロバ、ジャオ・ドゥアン（角端）、東洋の龍、ビースト・ナ・スログニグ、リコーン、ロバ（3本脚）

イデ
HIDE

チリの人々の信仰や民間伝承に登場する水に浮かぶ怪物*。作家フリオ・ヴィクーニャ・シフエンテスによると、この怪物は巨大な牛革を水面に広げたように見え、ぐるりと縁を取り囲んでいる多くの巨大な目がこちらをにらみつけるのだという。頭にあたる部分にも4つの目があり、らんらんとした眼差しを放っている。非常に危険な怪物で、水に入ってくるものは牛であろうと人であろうと即座に飲み込み、食い殺してしまう。
文献134

⇨ クエーロ、ブチュ＝アー＝イルグス

イテルテル
ITHERTHER

アルジェリアのカバイル族たちの神話に登場する原初の巨大な牡牛。この神話は地上の生物の創生をテーマにしたもので、イテルテルがタムアツという名の牝牛とアキミという名の牡の子牛とともにトラム（暗黒）から生まれ出て万物の祖となるまでの様子が描かれている。子牛は自分の母であるタムアツと交わり、イテルテルを山へと追いやった。その子孫は家畜として新しく生まれた人間たちに飼われるようになったが、イテルテルは山中にとどまった。イテルテルが妻タムアツを思い出すたびにその精子が岩のくぼみに落ち、そこからあらゆる野生動物たちが生まれた。
文献47

イドリス
IDRIS

ウェールズの伝承や伝説に登場する巨人*。彼の「棲み家」は Cader Idris（イドリスの椅子）と呼ばれ、山々の頂上にある谷で、鳥さえ飛ばない。そこで一夜を過ごした者は誰しも、極端に雄弁になるか狂人になると言われている。
文献20

イドルス
IDRUS

中世ヨーロッパの動物寓話に登場するエジプトの怪物*ヒドルス*の異なる綴り。オックスフォード大学のボードリアン図書館が所蔵する1220年に書かれた動物寓話集にイドルス

の名が記されている。
文献14

イヌグパスグスーク
INUGPASUGSSUK

　カナダのイヌイットの伝承に登場する巨人*。その体は非常に大きく、たかっているシラミでさえも北極レミングほどの大きさという。イヌグパスグスークは入り江に棲み、魚やクジラ、アザラシを捕まえて食糧にしていた。人間にはとても親切で、手のあいている時はいつでも漁の手伝いをしてやった。また自分が海に足を踏み入れた時に起きた大波が村を襲いそうになると、村を別の場所に移して人々を救った。ある時、人間の女に恋をし、その夫に頼んで自分の妻とその女を交換してもらった。だが女と交わろうとした彼は女の体を真っぷたつに裂いてしまい、巨人の妻と交わろうとした夫は体内に吸い込まれて二度と戻らず、その骨だけがあとから出てきたという。イヌグパスグスークはこんな結果を招いてしまったことを悲しく思い、妻と彼は死んだ夫婦の息子を引き取って、自分たちの子供として育てた。巨人のように大きく育った少年は巨人の手伝いをするようになるが、故郷の村を慕う気持ちが消えることはなかった。少年は父親を説得し、魔法を教えてもらって生まれ故郷への旅をする。村にたどり着いた少年は、自分の体があまりに大きいため誰にも気づいてもらえないばかりか、人間の家に入ることもできなくなっていることに気づいて落胆する。そこで少年は育ての親であるイヌグパスグスークの元へと戻り、巨人として暮らした。
文献77

犬憑き
WERE-DOG

　狼憑き*の一種で、パプアニューギニアに近いティモール島の人々に伝わる民話に登場する。自らが犬に変身するだけでなく、怪しんでもいない人々を、眠っているあいだに他の動物に変えてしまう力も持つ。犬憑きは夜に変身し、自分の身体は残して眠っていると見せかけ、そのあいだに犠牲者を探す。犠牲者のスマンガト、つまり魂は牛や山羊のような食用の動物に変えられる。しかし人間の頭がその動物の身体には残っているので、犬憑きはこの戦利品を持ち帰って食べる前に頭を切り落とす。翌日その死体は、何の疑いも持たない家族が食事のために料理し、一方犠牲者の家族は愛する者がいなくなっているのを発見し、ほどなく死んでしまう。その家族は変身させられた者の死体から作った食事に招かれることさえあるかもしれない。犬憑きは万が一、夜間うろついている時に発見されると、その罰は瞬時の死である。

　犬憑きはフランスとロシアの民話でも知られているが、もっと狼憑きモチーフに忠実である。
文献113
⇨　マガン・ガドゥンガン

猪憑き
WERE-BOAR

　狼憑き*モチーフの一種で、ギリシアやトルコの人々に伝わる民間信仰に登場する。
文献24、94

イフアイヴル
IHUAIVULU

　南米の部族の伝承に登場する怪物*。7つの頭を持ち、口から炎を吐き出すこの巨大な怪物は、火山の火口に棲んでいるという。生きているものには見境なく襲いかかる危険な怪物である。
文献7

イフ＝マータオタオ
IHU-MAATAOTAO

　ニュージーランドのマオリ族の伝説に登場する。タニワ*と呼ばれる怪物*の一種であるホロマタンギの別名。
文献155
⇨　フル＝カレアオ、ホトウ＝プク

イフリート
YFRIT, IFREET, IFRIT

　イスラム人とアラブ人の神話と民話に登場する強力な5種類のジン(2)*のうちの1種類の名であるアフリト*の別名。
文献20、38、63、64、74、89、124、146、160、161

イポタミス
YPOTAMIS

　中世ヨーロッパの旅行記に登場する想像上の動物。水陸両棲の生物で、半分が馬で半分が人間として描かれ、人間を餌食として捕る。カバをゆがめて描いたらしいことはかなり確実である。
文献7

イマップ・ウマッソウルサ
IMAP UMASSOURSA

　グリーンランドのイヌイットの伝承に登場する巨大な海の怪物*。この巨大な生物は、平坦な島と間違えられるほどの大きさがあり、地元の漁民たちに大変恐れられていた。いつもより水深が浅く感じられたら、怪物の体の上に直接船が乗り上げてしまった可能性があるからだ。怪物が水面に姿を現わしたとたん船は転覆し、氷のように冷たい海に投げ出された乗組員たちは誰ひとり助からない。
文献134
⇨　アスピドケロン、イデ、クエーロ、クラーケン

イー・ムー・クオ・ヤン（一目国民）
YI MU KUO YAN

　中国の伝説や伝承に登場する人間に似た怪物*。ギリシア・ローマ神話のキュクロプス*のように額の中央に目がひとつある。『山海経』にも登場するが、中世ヨーロッパの動物寓話集と同様に旅行者たちの大げさな作り話から生まれた怪物であることは間違いない。
文献181
⇨　サン・シェン・クオ・ヤン（三身国民）、サン・ショウ・クオ・ヤン（三首国民）、ティン・

イー・ムー・クオ・ヤン

リン・クオ・ヤン（釘霊国民）、ニエ・アル・クオ・ヤン（聶耳国民）、ユ＝ミン・クオ・ヤン（羽民国民）

イムドゥグド
IMDUGUD

　メソポタミア神話に登場する、不吉な存在であると同時に人間に利益をもたらす怪物*。翼のあるライオンの体にワシの頭（後年には双頭のワシとされた）が付いている。その翼の巻き起こす雷は雨をもたらしてくれるが、空中を飛び回って家畜を死なせることもある。
文献89、125、133、160、166

芋虫スカサ
SCATHA THE WORM

　イギリスの学者、作家J・R・R・トールキン（1892～1973）の小説『ホビット』や『指輪物語』に描かれたドラゴン*、冷血龍*の指導者。太陽の第1紀に、邪悪なモルゴスによってアングバンドで作られた。鉄の鱗に覆われた巨大な体に、伝説上のモデルとなった怪物*とは違って、飛べない翼を持つ。太陽の第3紀に、冷血龍を率いて、灰色山脈に棲むドワーフたちを皆殺しにして黄金を盗んだ。エオセオドのフラム王子が、芋虫スカサと戦って殺し、冷血龍は逃亡して、2570年まで

戻らなかった。
文献51

イヤ
IYA

　米国の先住民ラコタ族の伝承と信仰に登場する巨人*あるいは怪物*。ワカンピとも呼ばれるこの巨大な怪物は、悪臭のする息を吐き、人間に対しては徹底的に悪意をむきだしにする。
文献77、125

イラック
IRRAQ

　アラスカのイヌイットの伝承に登場する子供の怪物*。伝統を無視したためにカンニバル（食人種）*になってしまった赤ん坊をイラックと呼ぶ。イヌイットたちの伝統に、アクタッカという食べ物（アイスクリームの一種）を祭礼の際にすべての子供たちに食べさせるというものがある。生まれたばかりの赤ん坊も例外ではなく、少量なめさせなければならない。この伝統をおろそかにし、アクタッカを与えられなかった赤ん坊がイラックになってしまったのである。その日遅くに一族の者たちは、赤ん坊が口を血まみれにしているのを見つける。恐ろしいことに赤ん坊の両親の姿はなく、家のなかには大量の血痕が残されていた。赤ん坊は魔除けのお守りを身に付けさせられ、山の奥深くに追いやられた。
文献77

イリアムナ湖の大魚
BIG FISH OF ILIAMNA, THE

　米国アラスカ州の亜極北地帯に住むタナイナ族の民間伝承と伝説に登場する怪物*。恐ろしい怪物で、なかば凍結した海で漁船を追いかけ、船底の大部分を食いちぎって漁師たちを悲運に陥れる。
文献77

イリズ・イマ
IRIZ IMA

　西アフリカの伝説や伝承に登場する怪物*。コンゴを旅するヨーロッパ人たちによって、象のように巨大な体と蛇*の尾を持つその姿が目撃された。西アフリカ海岸の洞穴や沼地に棲む。グルート・スラング*やモケレ＝ムベムベ*に似ているという。
文献7、47、63、89

イールサーン
ÍRUSÁN

　アイルランドの民間伝承や伝説に登場する巨大な猫。「猫の王者」とも呼ばれるイールサーンは牡牛ほどの大きさがあり、ナウスの山中にある巨大な洞穴のなかで暮らしている。大変な地獄耳の持ち主で、詩人センハーン・トールペストが猫をテーマにした風刺詩を朗読しているのを聞き、仕返ししてやろうと大急ぎで駆けつけた。イールサーンは一瞬のうちに詩人を背中に乗せて走り去り、恐怖に震える詩人とともにアイルランドを横断した。騒ぎを聞きつけた聖キアランは、怪物と詩人がクロンマクノイズを通過する際に真っ赤に焼けた火かき棒を手にとって投げつけた。火かき棒が命中したイールサーンは絶命する。命拾いした詩人は聖キアランに感謝し、人々の暮らしに平和が戻った。
文献128
⇨　カバル

イールムーナン
EER-MOONAN

　アボリジニ（オーストラリア先住民）の「夢の時」伝説に登場する怪物*の一群。
文献154

イルルヤンカシュ
ILLUYANKAS

　ヒッタイト神話に登場するドラゴン*。この渾沌のドラゴンは多数の頭を持つ大蛇の怪物*である。その最期についてはふたつの説がある。最初の説によると、女神イナラシュ

は天候神を負かしたばかりの強欲なドラゴン、イルルヤンカシュを招き、盛大な酒宴を開く。酒宴でイルルヤンカシュは次々に運ばれてくるご馳走を平らげ、イナラシュとその恋人フパシヤシュのついでくれる酒に酔いしれて、ふたりに縛り上げられてしまった。そこへ現われた天候神がイルルヤンカシュを殺し、その体をバラバラにして地上にまき散らした。もうひとつの説によるとイルルヤンカシュはその巨大な体をこれらの神々に巻きつけて目と心臓を奪い取り、衰弱させた。そこで天候神の息子はイルルヤンカシュの娘を誘惑し、神々の目と心臓を自分に贈ってくれないかと持ちかける。目と心臓を取り戻した神々はイルルヤンカシュを打ち倒したという。
文献47、89、125、133

イワンチ
IWANCI
エクアドルのアマゾン流域に住むヒバロ族の信仰に登場する伝わるイワンチは、邪悪な蛇*の怪物*である。マカンチ*と呼ばれる凶暴な水蛇の姿をしていることもあれば、何でも飲み込んでしまう巨大な口と強い毒を持つアナコンダ、パンイ*の姿をしていることもある。
文献90、160

イーンヴァル
AONBÁRR
アイルランドの神話と伝承に登場する想像上の馬。その名はアイルランド・ゲール語で「比べるもののないほど最高な」を意味する。「泡」「あぶく」を意味するエンバール*という名でも知られている。イーンヴァルはマナナーン・マク・リルの馬で、名前が示す通り、山であれ沼であれ海であれ、どんな場所でも突進することができた。
文献128
⇨ 一角獣、太陽の馬、ペガソス

インガエヴォン
INGAEVON
中世の博識者、ジャン・ティジィエ・ド・ラヴィジー（通称ラヴィシウス・テクストル 1480頃—1520頃）の作品、『オフィキナ（Officina）』に登場する巨人*。ラヴィジーによれば、トゥイスコン・ギガス*は実のところ巨人ノア*の息子であり、ノアの子孫はヨーロッパ貴族の祖先であるという。ラヴィジーが作りあげた巨人たちの系譜には伝説的な巨人が数多く存在するが、インガエヴォンもそのなかのひとりである。
文献174

インケール・カエフ
INGCEL CAECH
古いアイルランド文学に登場するケルトの巨人*。インケール・カエフとはアイリッシュ・ゲール語で「ひとつ目」を意味する。この邪悪な盗賊は、額の真中に瞳孔が3つある巨大なひとつ目を持つ巨人であるとされる。この巨人はグレートブリテン島からやって来たと言われているが、コーンウォール近辺の出身だという説もある。『ダ・デルガの館の崩壊（Togail Bruidne Da Derga）』にはインケール・カエフの襲撃の様子が描かれており、ドン・デーサの息子らとともにデルガの館を破壊し略奪を行なったという。
文献128

インダシンガ
INDACINGA
米国グレートプレーンズの先住民、ポンカ族の伝説や伝承に伝わる巨大な怪物*。深い森に棲み、その木々をしばしば根こそぎにする巨大で力の強い怪物だという。人々の住む小屋を根こそぎ地面からはぎ取って、マッチ棒のようにまき散らすことさえできる。暗い森に棲む強大な力を持つインダシンガは、心配性の親たちが子供たちに危険な場所へ近づかないよう言い含めるための子供部屋のボーギー*の一種である。
文献77

⇨　アポタムキン、ハゴンデス、袋の持ち主

イン・チュ
YIN CHU

中国の伝承と伝説に登場する想像上の鳥。ルアン（鸞）*の形態のひとつであり、雉よりもずっと大きく、もっと美しくて優美な外見をしているとされる。だがこの鳥は身体の色を変えることができ、色ごとに違う名前が付いている。イン・チュとは黒いルアンの名前である。

文献81

⇨　チン・ルアン（青鸞）、バイ・ルアン（白鸞）、フェニックス、フォン（鳳）、ホアン・ルアン（黄鸞）

インドの牡牛
BULL OF INDE

インドに棲むと言われる怪物*タイプの牡牛。突き通せない黄色の皮膚と、どちらでも必要な方向に揺れるどっとりした角が頭に生えた巨大な生物とされる。捕まえるのはほとんど不可能で、どんな武器もその皮膚を突き通して殺すことはできない。さらに、もし捕まりそうだと思うと、この牡牛は捕まるより先に自分を突いて死ぬ。

文献7、89

イン・フォルディア・ガステイ
YN FOLDYR GASTEY

イギリス諸島のマン島に伝わる伝説と伝承に登場する超自然の巨人*フェノゼリー*の別名。イン・フォルディア・ガステイとは「敏捷な草刈り人」という意味で、巨大で毛深い生物として描かれ、驚くほど強くて非常に醜く、夜中農作業、特に草刈りをする。

文献24、25、64、111、152

インブンチェ
INVUNCHE

チリの伝説や伝承に登場する怪物*。「革の王者」とも呼ばれるこの「獣人」は、風船のようにふくれた巨大な毛皮に包まれており、湖底のトンネルを通らなければたどりつけない洞穴に住んでいる。インブンチェが隠れ家を離れることはないが、トレルケフエクヴェ*と呼ばれる手下に湖で泳いだり岸辺で水を汲んだりしている若い娘を誘惑させる。さらわれた犠牲者たちは湖底へと連れて行かれ、インブンチェが吸血鬼さながらにその血をすするのである。インブンチェの伝説は数多く残されているが、まず英雄たちは洞穴に続く湖底の入り口を見つけ出し、トレルケフエクヴェを倒さなければならない。そして水ぶくれをつぶすように体に穴を開けてインブンチェを殺すのである。

文献134

⇨　イデ、ヴァンパイア、カマウェトー、チヴァト

イン・ロン（応龍）
YING LONG

中国の伝承と伝説に登場するドラゴン*。行ないの正しい龍*とも呼ばれる。このドラゴンは普通の中国のドラゴンとは異なり、翼を持って描かれる唯一のドラゴンである。他のドラゴンと同様に、地上の水の守護者であり天の雲に関係がある。

文献81、89

⇨　海龍

∞　ウ　∞

ウアー
UATH

アイルランドの伝承と伝説に登場する巨人*で実はクー・ロイ王の変装。『ブリクリウの饗応』によれば、巨人ウアーは勇敢なものは誰でも彼の肩から頭をたたき落とすことができるが、翌日同じ扱いを受けるために現われなくてはならないと言って、アルスター王コンホヴァルの宮廷の英雄たちに挑戦した。自分たちは巨人が死んでも恐れるような人間ではないと信じていたので、コナル・ケルナ

フとロイガレ・ブアダハは巨人の頭を肩からたたき落とした。すると恐ろしいことに、巨人は前にかがむと、平然と頭を拾った。それからクー・フリンが自分のこん棒を手にとって、ウアーの頭を地面にたたき落とした。しかし巨人は再び頭を拾い上げると立ち去った。翌日の晩、コナルとレアリーは、約束の次の部分を果たすために来いという巨人の呼びかけに応じなかった。しかしクー・フリンは出頭し、ウアーは自分の巨大な斧を振り上げるとその英雄の横の地面にそれを激しく打ちおろした。彼はクー・フリンが唯一の栄えある英雄だと宣言し、巨人から魔力を持つマンスターの王という自分の本当の姿に戻った。この伝説のモチーフは、『サー・ガウェインと緑の騎士』という非常によく知られたアーサー王伝説へと発展したと思われる。
文献78

ヴーア
VOUGH
　スコットランドの民話に登場するフーア*として知られる怪物*。ヴーアは水の生物で、人間に似た姿をしているが、光を恐れる。通常は女性と言われ、顔には鼻がなく、黄色い髪がたてがみになって背中を下って尻尾になっている。手と足には水かきがある。時には人間と結婚するということも知られている。ビーン・ナ・カルティンのヴーアのひとりはマンロー家の祖先と言われ、同家の昔の子供には尻部に尾ビレの痕跡があり、背骨の上に髪のたてがみがあったという。
文献128、160、170
⇨　メリュジーヌ

ヴァジュラヴィーナー
VAJRAVINA
　ヒンドゥー教の女巨人*ヴィラージュ*は、チベット仏教ではこの名前で知られている。
文献78
⇨　プルシャ

ヴァースキ
VASUKI
　インドのヒンドゥー教神話に登場する世界蛇、シェーシャ*の息子。創世の時、海を攪拌するあいだ、ヴァースキは綱として使われてとても疲れたので、毒液で海水を汚染しようとした。ヴィシュヌ神の聖鳥のガルダ*は蛇族を捕まえては、連れ帰っていた。そこでヴァースキはヴィシュヌと契約を交わし、ガルダが1日につき1匹しか捕まえないようにさせた。大洪水の時にマヌがすべての生物のひとつがいを救わなくてはならなかった時、マヌは船が流されないように止める綱の代わりにヴァースキを使った。こうしてヴァースキのおかげで、人類は生き残ったと伝説は伝えている。
文献24、112、125、133、139
⇨　ナーガ

ヴァスティ
VASTY
　スカンディアナヴィアの北欧神話に登場する霜の巨人*スクリューミル*の愛称。
文献47、89
⇨　ウートガルザ＝ロキ

ヴァナパガン
VANAPAGAN
　エストニアの伝承に登場する巨人*。
文献24

ヴァーマナ
VAMANA
　インドのヒンドゥー教神話に登場するローカパーラ・エレファント*の1頭。背中に神ヤマを乗せて世界の南部分を守っている。それがヴァーマナではなくマハーパドマ*とする伝説もある。
文献7、24、112

ヴァレドヤド
VALEDJÁD
　ブラジルのトゥパリ族の信仰に登場する原

ヴァンダルウス

眠っているスクリューミル、ニックネームはヴァスティ。

初の巨人*。石の巨人*で、母なる大地に大きな亀裂ができた時に生まれた。彼は望む以上に早く独り立ちして周りのあらゆるものを破壊し、陸地に海が入ってこないよう抑えている門に穴を開けた。母親の大地は太陽に助けを頼み、太陽は流れ込む海水を蒸発させ、ヴァレドヤドの力を閉ざすために超自然存在のアラコアヨを送り込んだ。ヴァレドヤドが眠っている時、アラコアヨは注意深く蜜蝋を巨人の耳、目、鼻に流し込み、指もくっつけて固めてしまった。巨人が自分ではどうすることもできないのを見ると、アラコアヨはモチノキの強力な魔法を使って、巨人のその苦境を固定してしまった。アラコアヨはモチノキの魔法を破ることのできる石の巨人はいないと知っていたのである。こうしてからアラコアヨは、ヴァレドヤドの巨体を世界の北の果てに運ぶために鳥の群を呼んだ。その地で今もヴァレドヤドは拘束を解こうと苦闘している。彼が暴れると地震が起き、イライラして叫ぶと雷が起き、すさまじい怒りで顔が赤くなると空が赤く照らされるのだ。

文献133

ヴァンダルウス

VANDALUUS

博識者ジャン・ティジィエ・ド・ラヴィジー（別名ラヴィシウス・テクストル、1480～1524）が著わした中世の文献『オフィキナ (Officina)』に出てくる巨人*。ラヴィジーはトゥイスコン・ギガス*が巨人ノア*の息子であり、トゥイスコンの息子たちはヨーロッパの貴族の先祖であると主張した。彼は巨人の子孫の系図を作り、ヴァンダルウスはそこに出てくる数多くの伝説上の登場人物のひとりである。

文献174

ヴァンパイア

VAMPIRE

人間に似た奇怪な生物。邪悪で悔い改めない人間が変身して、生き延びるために他者の血を吸わなくてはならない不死の生物になったもの。このような生物は世界中の文化に見

られるが、獲物を狩るときは必ずしも人間の姿をしてはいない。ヨーロッパの伝承の多くでは、ヴァンパイアは死んだ狼憑き*が発展したものである。犠牲者を眠らせて血を飲み干すために、奇怪なコウモリ、狐あるいは猫の姿になるものもいる。それらを退治する方法は、聖水を使う、銀の十字架を使う、木の杭で心臓を貫く、太陽の光にさらすなどである。サンザシとニンニクはヴァンパイアを寄せつけないと言われる。影がないことと鏡に映らないことで、ヴァンパイアを見分けることができる。中世とその後しばらくのあいだ、人々は社会の激動をヴァンパイアのせいにして非難し、発見のためにあらゆる墓場を掘り返した。

　ヨーロッパのヴァンパイアの概念は東欧のバルカン諸国に伝わる伝承から発展した。スラヴ語のヴァンピル（vampir）につながる単語が、チェコ語、ハンガリー語、ポーランド語、ロシア語に存在する。ヴァンパイアの伝説は、ギリシアの学者レオーネ・アラエキが1600年代の中頃に研究するはるか以前から、すでに流布していた。1734年までにはいくつかの伝説が英訳され、1746年にはフランス人のベネディクト会修道士オーギュスタン・カルメ（1672～1757）が不思議な事件の研究を出版した。19世紀末までにはヨーロッパ人がヴァンパイアの恐怖の物語に魅了され、ゲーテやボードレールのような有名な作家の作品から、『吸血鬼バーニー』（1847）のようなホラーコミックスが作られ、大衆の要求を満たした。このテーマは、アイルランド人作家ブラム・ストーカーが古典的な恐怖小説『吸血鬼ドラキュラ』（1897）を出版してさらに大きく進展した。このタイプのホラーが与える戦慄の大部分は、通常首に牙を差し込んで犠牲者の血を飲み干す行為として描かれる「キス」が持つセクシュアリティーが引き起こすものである。

　その他の国々についていえば、エル・ブローシャの伝承は初期のユダヤ人移住者によって伝えられ、スペインの伝承となった。このヴァンパイアは、アダムの最初の妻とされるリリスの伝説から生まれた。日本のヴァンパイアは、鍋島の化け猫である。これは夫人の姿に化けて藩主を殺そうとするが、倒されてしまう。中国のヴァンパイアは荒れた寺や城に棲み、夜になると旅人を襲う。チリのアラウコ族に伝わる信仰には、コロコロ*、インブンチェ*、ピフエチェニ*がいる。スリナムにはアゼマン*、カリブ海のトリニダード・トバゴの島々にはスクヤン*がいる。米国では、南東部に住む先住民チョクトー族に伝わる信仰に登場するヴァンパイアはスカテネ*、オクラホマ州に住む先住民セミノール族に伝わる信仰に登場するのはスティキニ*である。スコットランドのヴァンパイアはラミキン*という。古代ローマにはラミアー*とストリガイ*がいたが、ストリガイはギリシアの現代のヴァンパイア、ストリンゲス*の元になっている。ヴルコドラク*は現代のスラヴ族に伝わる伝承に登場するヴァンパイアで、現代のロシアにはウピル*がいる。インドではタミル人の神話に登場するヴァンパイアがペー*であり、西マレーシアではポンティアナク*がマレー人に伝わるヴァンパイアである。メラネシアのニューブリテン島に住むラカライ族に伝わる信仰に登場するヴァンパイアはヴィス*という。

文献20、24、49、51、61、69、78、94、113、125、133、181、182

⇨　ナモロド、フライング・ヘッド

ウィーウイルメック
WEEWILMEKQ

　米国の先住民アルゴンキン族の伝承と信仰に登場する巨大な水棲の蛇*。角のある蛇だったり、背骨のあるチョウザメ蛇だったり、鹿の枝角に似た角を持つ蛇などさまざまな姿で語られる。滝の底や渦巻や急流といった深い流れに棲むとされ、その角は邪悪な魔法使いに非常に重んじられている。

文献134

⇨　グレート・ホーンド・サーペント

ウィウィレメク
WIWILEMEKW

　カナダ南西部と米国北東部に住む先住民マリシート・パサマクウォディ族の伝承と信仰に登場する海の怪物*。ワニに似た姿で、大きな角を持つと言われる。この生物の力のすべてがこの角にあり、これを削ることは、その削りくずを手に入れた勇敢な人間にウィウィレメクの強さと力を与えた。
文献77

ウィーウィン
WIHWIN

　中央アメリカのホンデュラスに住むカライベ族の下位集団であるモスキート族の伝承と信仰に登場する海の怪物*。馬に似た姿だが、大きな牙がある。暑い時期にはこの生物は海を出て丘をうろつき、餌食にする人間をとるが、雨季が来ると海に戻る。
文献134
⇨　ケルピー

ウィヴル
WIVRE

　フランスの伝承と伝説に登場する奇怪な爬虫類。ウィヴルはギーヴル*とも呼ばれ、ワイヴァーン*のフランス版のヴイーヴル*とよく似ている。ウィヴルは翼のないドラゴン*のような生物として描かれるが、他のドラゴンとは違って、衣服を着ている者だけを襲う。だから攻撃をかわすには、衣服を脱ぐことである。そうすればウィヴルは逃げていってしまう。
文献7、89
⇨　ガルグイユ

ヴィーヴル
VOUIVRE

　イングランドのワイヴァーン*のフランス版であり、ヌヴェール周辺の地方ではウイヴルとして知られている。この怪物*はドラゴン*の一種として描かれ、上半身は豊満な胸の女性で目のあいだにルビーかダイヤモンドを持っている。この宝石でヴィーヴルはものを見ることができ、もし眠ってしまったら、宝石は盗まれ、彼女は死んでしまう。多くの魔法使いが自分の魔法に使おうと、このルビーを欲しがった。ヴィーヴルは捨てられた城や修道院に棲み、そこで秘蔵の宝物を守っていると言われた。
文献89、134

ウィエンディゴ
WIENDIGO

　アメリカ先住民の伝承に登場するウェンディゴ*と呼ばれる怪物*の別名。
文献24、134

ウィカチャ／ウィ・カチャ
WIKATCHA, WI KATCHA

　米国南部の先住民クリーク族の伝承と信仰に登場する、水中に棲む猫。この水棲怪物*はクーサという町の近くの水域に棲む、町の女性のひとりと結婚した。彼女が子供を産むと、彼女の家族はその子を殺そうとした。それで彼女はウィカチャの元に逃げ、ウィカチャは洪水を起こした。そして町中が破壊され、住民のほとんどが飲み込まれてしまった。逃れた人々はタルサという新しい町を見つけ、一方奇怪なウィカチャは妻と子供を連れ去り、ふたりの姿は二度と見られなかった。
文献77
⇨　ミチピチュ

ウィクラマダッタ
WIKRAMADATTA

　インドネシアのジャワ島の伝承と信仰に登場する巨人*。その地方の巨人たちすべての王で、賢者と言われた。彼は島の王に、戦いに使う武器をすべて貢ぎ物として差し出すよう要求した。ジャマジャヤ王は武器を集め、ウィクラマダッタに送った。その結果その島では誰も脅される者はなく、こうして平和が築かれた。
文献113

ヴィシャップ
VISHAP

アルメニアの伝説に登場するドラゴン*。ヴィシャップはアララト山の頂上に棲むと言われる恐ろしいドラゴンである。多くの英雄がこのドラゴンを探して殺そうとした。それはヴィシャップが地方を荒らすからというだけでなく、ヴィシャップの血はそれに触れた武器はどんなものでも非常に有毒なものに変えてしまうので、わずかに傷つけただけでも相手を殺すことができるという伝説のためだった。

文献7

ヴィス
VIS

メラネシアのニューブリテン島に住むラカライ族の伝承と信仰に登場するヴァンパイア*。ヴィスは夜空に輝く長い鉤爪を持つ、空飛ぶ怪物*として描かれる。捕食性の生物であるだけでなく、犠牲者の目をその長い鉤爪で引き裂く。

文献133、136

ヴィスヴァーヴァス
VISVAVASU

インドのヒンドゥー教神話に登場するガンダルヴァ*のひとり。ガンダルヴァは毛深く、部分的には混成動物として描かれ、その姿はギリシア神話に登場する、上半身が人間で下半身が馬というケンタウロス*と非常に似ている。ヴィスヴァーヴァスはガンダルヴァの3人のリーダーのうちのひとりである。

文献7、24、38、112、125、133、139、156、160、161

⇨ キンナラ、チトラタ

ヴィズオヴニル
VITHOFNIR

スカンディアナヴィアの北欧神話に登場する巨大な若い雄鶏。ヴィズオヴニルはグリンカンビ*とも呼ばれ、トネリコの木の世界樹であるユグドラシルの頂に止まっていて、神々に良からぬことの近づく恐れを警告する見張りの鳥である。光輝く金色の羽毛を持つという。

文献7

ウイッシュプーシュ
WISHPOOSH

米国ワシントン州の先住民ネズパース族の伝承と信仰に登場する怪物*。ウイッシュプーシュは大きな湖に棲む、大きな鉤爪を持つ巨大なビーバー。この怪物はそこで魚を捕る唯一の生物でいたいため、やってくる生物はすべて追い払うか食べてしまう。とうとうネズパース族の人々は絶望して、トリックスターの文化英雄コヨーテに助けを求めた。トリックスターは巨大な槍をくくりつけ、鋭いナイフを持って魚を捕るために湖に行った。思った通り怪物が現われ、コヨーテとウイッシュプーシュのあいだに激しい戦いが始まった。ふたりは水のなかをのたうち回ったので、湖はかき回され、大きくなった。怪物がコヨーテを振り落とそうとしたので、彼は槍を突き刺してウイッシュプーシュにくっついた。ウイッシュプーシュは湖から流れ出る川を急いで下ったがそのかいもなく、コヨーテはしっかりくっついていた。ふたりが海に流れていくにつれて、大きな溝や峡谷ができた。海では、疲れ果てた怪物は鯨を飲み込んで力を回復し、コヨーテを飲み込んだが、その時コヨーテは浮かぶ丸太に姿を変えた。怪物の体内に入るとコヨーテは元の姿に戻り、体のなかからウイッシュプーシュの心臓を突き刺し、ついにウイッシュプーシュは死んだ。それからコヨーテはその巨大な体から新しい種族、つまりチヌーク族、クリキタット族、ネズパース族、ヤキマ族を作り出した。

文献47、133

ウィティコ
WITICO

米国のノースダコタ州、ミシガン州、ウィスコンシン州とカナダのマニトバ州、オンタリオ州、サスカチュワン州に住む先住民たち

とナスカピ族、モンタニエ族の伝承や民間信仰に登場する人食い巨人の生物。ハドソン湾会社の日誌には、18世紀の初めにさかのぼるこれに関する出来事についての興味深い話が載っている。

ウィティコには2種類ある。

(1)困窮の時代や、荒野で氷点下の気温のなかで孤立していた時に、人間の肉を食べてしまったことで変身した人間。彼らは「北」や「氷」などの邪悪な精霊のことを夢に見ても変身することができた。その変身はそれほどはっきりとはわからないが、土地の人々は怪物*を追い出すので、この人々はそのままでいるよりもすぐに殺して欲しいと親類に頼むこともあった。

(2)汚らしい身体と邪悪な顔つきで、内側は固い氷である捕食性の巨人*。荒野で人間狩りをして、食べてしまう。

どちらのタイプのウィティコも非常に危険である。彼らは苛酷な状況で生き延びているコミュニティーにとっての脅威であり、皆が用心しなければならないものであった。ウィティコを倒す方法は、魔法の儀式や、人間の排泄物を塗りつけることだった。そうすることで彼らは方向性を失い、視力を奪うこともできた。しかしいちばんよいのは彼らが棲む場所に近づかないことであった。

文献77

⇨ カンニバル（食人種）

ウィナラギリス
WINALAGILIS

カナダの先住民クワキウトゥル族の伝承と信仰に登場する巨人*。ウィナラギリスは世界の英雄とも呼ばれ、巨大なカヌーで永久に旅をする。彼は死者をこの世に戻す精霊と関係がある。

文献77

ヴィラージュ
VIRAJ

原初の巨人*プルシャ*の一部から作られた最初の巨大な女性。チベットではヴァジュラヴィーナーとも呼ばれているヴィラージュは、赤い服をまとい、白鳥の背に腰掛けて楽器を持っている姿で描かれたり、3つの頭と6本の手足を持つ恐ろしい姿で描かれたりとさまざまである。人間に生きるために必要な物を与えたのは彼女だと言われる。

文献78、133

ヴィラーダ
VIRADHA

インドのヒンドゥー教神話に登場するグロテスクで奇怪な巨人*。ヴィラーダは巨大な人間の姿をした、トラの毛皮をまとったラークシャサ*のひとりである。顔も同じくグロテスクで、大きな黄色い目と牙の生えた大きな口を持っており、口からは彼が食べた人間の血がいつも滴っている。ある日ラーマの一行が森でこの怪物*に出会った。彼はラーマたちを襲ったが、ラーマたちは彼の体を地面にたたきつけた。しかし彼が死ななかったので、穴に投げ込んで閉じ込めた。ところが驚いたことに、ガンダルヴァが大地から現われ、クヴェーラによってかけられた呪いを解いてくれたと感謝したのである。

文献112

ヴィーラバドラ
VIRABHADRA

インドのヒンドゥー教神話に登場する怪物*。シヴァ神は大規模な供儀式に招かれなかったので侮辱されたと怒り、奇怪なヴィーラバドラを作った。この人間に似た生物は巨大で、1000個の目、足、腕を持っていた。顔には大きな牙があり、脇腹からは角が突き出ていた。ヴィーラバドラは神々のなかを暴れ回り、神々を震え上がらせて大混乱を引き起こした。別の話によれば、ヴィシュヌ神とシヴァ神がヴィーラバドラを倒した。また別の話によれば、ダクシャが謝って、シヴァがヴィーラバドラを引き下がらせた。

文献112

ヴィルカタ
VILKATAS
　リトアニアの伝承と民話に登場する狼憑き*。ヴィルカタはヴィルコラキ*とも呼ばれ、恐ろしい怪物*であるが、少数のお気に入りに分け与える宝物も貯めている。
文献24、125
⇨　ヴィルカチ

ヴィルカチ
VILKACIS
　ラトヴィアの伝承に登場する狼憑き*。ヴィルカチは普通は恐怖の対象だが、宝物を貯めて分け与えるという話もある。
文献125

ヴィルコラキ
VILKOLAKIS
　通常はヴィルカタ*として知られている、リトアニアの狼憑き*の別名。
文献24、125

ヴィルコラク
VIRCOLAC
　東欧、バルカン諸国での狼憑き*。
文献89

ヴィルーパークシャ
VIRUPAKSHA
　インドのヒンドゥー教神話に登場するローカパーラ・エレファント*の1頭。『ラーマーヤナ』では背中に神インドラを乗せ世界の東の部分を守っているとされる。それがヴィルーパークシャではなくアイラーヴァタ*とする伝説もある。
文献7、24、112

ウィルミントンの背高男
LONG MAN OF WILMINGTON
　イングランドのサセックス郡にあるウィンドオーヴァー・ヒルの芝斜面に刻まれた古代のチョーク質の絵。長さ約70mで、人間の姿を描いたものとしては最大。いまでは両手にそれぞれ棒を握った姿の輪郭だけが残っている。100年以上前の調査では、その顔部分とローマ時代のれんがの基礎が発見されている。周辺にはベネディクト会の小修道院跡と、多くの鉄器時代の墓所がある。伝承によれば、ふたりの巨人*がウィンドオーヴァーとファーレのふたつの丘に棲み、カックミア谷をはさんで向き合っていた。彼らは天敵で、石や巨岩を相手に投げつけた。ウィンドオーヴァーの巨人が倒され、倒れた場所の芝生が削られた。丘のくぼみはこの戦いで石が落ちた場所だと言われているが、実際には古代の火打石によるもの。その名前は付近の村落の名であるウィルミントンに由来し、地元では「ウィルミントンの孤独な男」、「ウィルミントンの痩せ男」、「ウィルミントンの緑男」などとも呼ばれる。
文献13、78、183

ウイレベイスト
UILEBHEIST
⇨　ウイレ・ベイスド・アチュアイン

ウイレ・ベイスド・アチュアイン
UILE BHÉISD A'CHUAIN
　スコットランド北部高地に伝わる信仰と伝承に登場する巨大な海蛇*、キレイン・クロイン*の別名。スコットランド・ゲール語では「大洋の怪物*」という意味になる。ウイレベイスト*ともいう。
文献7、128
⇨　オイリフェイスト

ウィンディゴ
WINDIGO
　米国先住民の伝承に登場するウェンディゴ*と呼ばれる怪物*の別名。
文献7、24、134

ウェイランド・スミス
WAYLAND SMITH, WEILAND SMITH, WELAND SMITH
　イングランドの伝承に登場する巨人*。彼

はゲルマンとスカンディナヴィアのヴェルンドから派生しており、ヴェルンドについては同じ伝説が1000年頃に作られたワルデレ写本に載っている。人々は、青銅器時代と鉄器時代の石の墳墓は超自然の巨人のものだと信じていたので、もっと以前からすでに土地の人々にとって、ウェイランドの鍛冶場は非常に重んじられていた。このことは855年に遡る「ウィーンデス・スミッド」の特許状の内容が証明している。バークシャー（今はオックスフォードシャー）にあるリッジウェイは、昔から今日まで巨石墳墓として有名だが、ウェイランドの鍛冶場と呼ばれている。ウェイランドは巨人や目に見えない巨人とされている。何より強調されるのは、彼の技術である。アルフレッド大王（899年死去）は彼について「かの有名で賢い金細工師ウェルンド」と述べている。

ウェイランドは刀鍛冶と武具師として有名で、『ベーオウルフ』や12世紀のフランスのアングレーム伯爵年代記に書かれている。もっと後の世紀になると、英国ではこの巨人は寂しい古代の砦や環状列石や聖なる場所に棲んでいると考えられ、そこで蹄鉄工としての彼の腕前が旅人を惹きつけた。ウェイランドの鍛冶屋の外に馬とお金を置いていくと、翌日にはその馬に新しく蹄鉄を打たれていると言われた。1738年にフランシス・ワイズはミード博士に宛てた手紙のなかで、この話を書いている。サー・ウォルター・スコットは小説『ケニルワースの城』（1821）のなかで、ウェイランド・スミスの伝説を紹介しているし、ラドヤード・キプリングはウェイランド・スミスの伝承を『プークが丘のパック (puck of Pook's Hill)』（1906）のなかで再話している。「ウェイランドの池」を含む多くの場所が、この巨人の仕事場だと信じられている。ウェイランドの池はサマセット州のシェヴェイジ・ウッドに近い水域であるが、そこでウェイランドは幽霊の狩猟のために鍛えた馬蹄を冷やしたと言われる。そこでは、たとえ乗り手が馬から降りて離れてしまっても、どんな馬でも静かに待っていると土地の

人々は言う。
文献20、54、64、78、160、161、183、187

ウェード
WADE

　イングランドの伝承と古い伝説に登場する巨人*。ウェードはヨークシャー州の北部に棲んでいたと言われ、ピッカリングとマルグレイヴに妻ベリ*の手を借りて城を建てた。ふたりは金槌を1個しか持っていなかったので、谷越しに金槌を投げ合った。ベリが運ぶ石が、時々エプロンからこぼれてふたつの城のあいだに積もったままになった。ふたつの城のあいだにある歩道は、ベリが向こう側の丘に乳搾りに行けるように作られたものだと伝承では語られるが、実はローマ人が作った道路である。18世紀には、その地の鉄器時代の墓から発見された、おそらく鯨の骨と思われる古い骨が数本、巨人がいた「証拠」として展示されていた。
文献54、183

ヴェリ・ジョゼ
VELI JOZE

　クロアチアの伝承と民話に登場する巨人*。ヴェリ・ジョゼの名前の意味は文字通り「大きなジョー」であり、イストラ半島のモトヴンの町の戦士だったという巨大な生物とされる。その地方の支配者の専制に怒り、ヴェリ・ジョゼは君主の住む町へ行った。門が閉まっていたため、彼は巨大な門の塔をつかんで揺らした。門の塔にひびが入り、ピサの斜塔と同じように斜めに傾き始めた。それから止まって、今日の姿になった。しかし封建君主は塔が壊されたことを非常に怒り、ヴェリ・ジョゼは一番近い峡谷に連れて行かれて、両腕をそれぞれの岸壁に環で留められ、激流の上につり下げられた。
文献55

ウェールズの赤いドラゴン
RED DRAGON OF WALES

　ケルト伝説に登場するア・ドライグ・ゴッ

ホ*の英語名で、ジェフリー・オヴ・モンマス（1100〜1154）が、『ブリタニア列王史 (Historia Regnum Britanniae)』（1147頃）に再録した。そのなかで、白いドラゴン*のグウィバー*は、侵攻してきたヴォーティガーン王とサクソン人たちを表わす。赤いドラゴン*のア・ドライグ・ゴッホ*は、ウェールズ地方の守護者を表わす。洞窟はブリテンを表わし、侵攻してきた敵は洞窟から追い払われ、正当なケルト人が洞窟を取り戻すというのである。

文献89

ウェールズの巨人
GIANT OF WALES, THE

ウェールズ国境近くのシュロップシャー州の民間伝承に登場するイギリスの巨人*。民話によれば、ウェールズの巨人はシュルーズベリの住民に対して激しい怒りを抱いており、セバーン川をせきとめて住民たちを皆殺しにしようと考えた。巨大なシャベルを土でいっぱいにし、巨人はシュルーズベリへと向かうが、頭が弱かったため道が分からなくなってしまった。さんざん道に迷ったあげく、大量の土を抱えて歩き回るのにも疲れ果ててきたところにちょうど通りかかったのが、古ぼけた靴やブーツを背負ってシュルーズベリから数キロの道のりを歩いてきた靴の修理屋であった。巨人は靴の修理屋に道を尋ねるが、シャベルいっぱいの土を持った巨人を怪しんだ修理屋は、シュルーズベリに何の用事があるのかと聞き返した。巨人は馬鹿正直に自分がこれからやろうとしていることを修理屋に話して聞かせた。修理屋は巨人に言った。「その町へは最低でも二日はかかるよ。この靴の山をごらん。私はそこから歩いてきたんだが、これだけの靴をはきつぶしたんだよ」呆然となった巨人はシャベルのなかの土を足元に落とした。長靴についた土を巨人がこすり落とすと、足元にはもうひとつ小さな山ができた。これがリーキン・ヒルズとアーコールの小山である。

文献183

ウェールズの巨人

ウェンディゴ
WENDIGO

米国先住民の伝承に登場する怪物*。ウィエンディゴあるいはウィンディゴとも呼ばれるが、地域によって異なる3種の記述がある。

(1) アルゴンキン族の信仰では、ウェンディゴは道に迷った猟師が変容したものとされる。食料もなく道に迷ったために、人間の肉を食べて人食いオーグルに変身したのである。

(2) 身体の形はワニに似ているが、足跡は熊または分趾蹄である水陸両棲の怪物。カナダのオンタリオ地方にあるベレンス湖に棲むといわれ、その地域の魚とりの網にひどいダメージを与える。

(3) ウィンディゴはオジブウェー族の伝承に登場するオーグル*で、子供の行ないをコントロールするために子供部屋のボーギー*の形で使われた。

文献24、134
⇨ カンニバル（食人種）

ウォイヌングル
WOINUNGGUR

アボリジニ（オーストラリア先住民）の「夢の時」神話に登場する虹の蛇*の地方名。
文献133

ウォグログ
WOGLOG

イングランドの伝承と民話の巨人*。ウォグログは巨大な体で、いつも田舎を暴れ回り、住民を脅かし、自分の行く手にあるものは何でも、例えばウエストブリッジ桟橋でも破壊した。ジョン・ニューベリーが書いたと思われる『トミー・トリップの物語（The Tale of Tommy Trip）』(1767)には、トミー・トリップが犬のジューラーの助けを借りて、この邪悪な巨人を最後には服従させたという出来事が語られている。ウォグログは服従すると慈悲深い隣人の典型となり、後の聖クリストフォルス*のように、増水した川を渡ろうとする人々を肩に乗せてやったりした。非常に道徳的になり、ばくち打ちを懲らしめさえした。これは道徳的な道を説く話であり、子供部屋のボーギー*である巨人と同じように使われたのかもしれない。
文献182

ヴオコー
VUOKHO

スカンディアナヴィア北部とフィンランドに住むサーメ人（ラップ人）に伝わる伝説に登場する奇怪な鳥。ヴオコーは雷のような音を出す大きな翼を持つ巨大な鳥とされる。悪意のある捕食性の生物で、人間に悲嘆を負わせる。ヴオコーは英国の詩人サミュエル・テイラー・コールリッジ（1772〜1834）の詩の主題ともなっている。
文献7
⇨ サンダーバード、ロック

ヴォジャノーイ
VODIANOI、VODYANOI、VODYANOY

ロシアに伝わる民話と伝承に登場する危険な水棲の生物。ヴォドニクとも呼ばれ、苔に覆われた水に浮かんでいる胸ビレを持った、青い顔に白い髭、緑の髪の毛の老人であったり、大きな鉤爪のある足と赤い目をして角と尻尾を持つ鱗あるいは毛皮に覆われた老人や、完全に巨大でグロテスクな魚など、さまざまに描かれる。人間に似た姿では、月の満ち欠けによって若く見えたり年を取って見えたりする。ヴォジャノーイは水の奥深く、美しく照明を施された1年のうちの特定の晩だけ輝くという宮殿に棲んでいるとか、水底の泥砂のなかに棲み、自らも時々泥砂に覆われていると言われている。川や水車用の貯水池や池に潜み、そこで不用心な人間を誘い込んで、水死させる。この怪物*は粉屋と漁師を除くすべての人間にとって恐怖である。ヴォジャノーイはよく夜に水車用の流水に現われるが、悪さをしないように、粉屋は若い雄鶏を与えてなだめた。過去にはよく、酔っぱらったよそ者が水車の横を通りかかると、雄鶏の代わりに貯水池のなかに転げ落とされたという。そして待ちかまえるヴォジャノーイに飲み込まれる。
文献38、103、125、134、139、166
⇨ ニクス、ニッキ

ヴォドニク
VODNIK

ロシアの伝承に登場するヴォジャノーイ*の別名。
文献38、103、134、166

ウォヌングル
WONUNGUR

アボリジニ（オーストラリア先住民）の「夢の時」神話に登場する虹の蛇*の地方名称。
文献133

ヴォリス＝ムルト
VÖRYS-MURT
⇨　ヴォリス＝モルト

ヴォリス＝モルト
VÖRYS-MORT
　ロシアのヴォルガ川沿岸の諸州の伝承と民話に登場する巨人*。ヴォリス＝モルトは木の梢を見下ろすことができるほど大きいと言われる。しかしたいていの大男とは異なり、動きは遅くない。彼はあまりにも速く走るので、人間だろうと動物だろうと道中にいるものは皆追いつかれ、一緒に運ばれてしまう。しかし猟師のために、動物を罠へと追い立てる時には役に立つと思われた。
文献7

ウォリックの赤牛
DUN COW OF WARWICK, THE
　イングランドの伝説と民間伝承に登場する恐ろしい獣。起源については諸説ある。10世紀から伝わる巨大な牝牛で、飼い主である巨人*がシュロップシャーに牛舎としてステープル・ヒルという巨大な環状列石を建てたという説もあれば、鉄器時代の魔法の塚から出てきた妖精牛だという説もある。だがいずれにしても、大切にされれば無尽蔵に乳を出す、巨大で魔法のかかった牝牛であったことには違いない。しかし、ある愚かで欲の深い女が自分の手桶をいっぱいにしただけでは飽き足らず、ふるいまでもこの牝牛の貴重な乳で満たそうとした。赤牛は怒り、恐ろしい怪物となって、村と周辺地域一帯を荒しまわった。結局、サー・ガイ・オブ・ウォーリックがダンズモーの荒野でこの獣を罠にかけて殺した。その後かなり長いあいだ、この赤牛の角と言われるものがウォーリック城に展示されていたが、それはおそらく象の牙だったと思われる。
文献7、183
⇨　怪物、コルブロンド

ウォルンクァ
WALLUNQUAIN
　アボリジニ（オーストラリア先住民）ワラマンガ族の伝承と信仰に登場する大きな虹の蛇*。ワルンクァイン*ともいう。あまりに巨大で、自分の池から現われてそこに尻尾を残したまま何マイルも旅することができるほどだった。しかしある伝説によると、そんな時にいっぱいに伸ばしたウォルンクアの身体からムムマヌガラという生物が出てきて、自分たちを帰すよう要求し、ウォルンクアのせいだと非難したという。蛇*はとぐろを巻いてムムマヌガラを回収した後、要求に従った。この出来事は、ワラマンガ族の成人儀礼や芸術作品に必ず登場する。
文献38

ウォロンビ
WOROMBI
　アボリジニ（オーストラリア先住民）の「夢の時」神話に登場する虹の蛇*の地方名称。
文献133

ウォントリーのドラゴン
WANTLEY, THE DRAGON OF
　イングランド北部のヨークシャーに伝わる伝説と伝承に登場する奇怪なドラゴン*。物語が詳しく載っている『パーシーの遺物（Percy's Reliques）』という名の写本に書かれたウォントリーは、今日の地名ではウォンクリフと思われる。物語にはこの地方の英雄であるメア・ホールのモアが、このドラゴンと戦うために大釘で覆われた特別製の鎧一式を作ってもらう様子が語られている。彼がドラゴンの弱点の背中を蹴り上げた時、ドラゴンは彼を襲おうとして大釘に突き刺され、敗れ去った。
文献20

ウグジュクナーパク
UGJUKNARPAK
　アラスカのイヌイットの伝承と信仰に登場する巨大な齧歯類の動物。非常に長い、物を

つかむのに適した尻尾を持つ巨大なネズミとされる。その尻尾を使って海獣の皮を張った木造の小舟であるウミアクをひっくり返し、なかから犠牲者をつかみ出す。その毛皮は猟師が使うような武器では傷つけることはできず、またぬったにない聴力とスピードを持っている。つまりウグジュクナーパクは特に危険な生物ということであり、猟師も漁師もそれが棲む島には決して近づかない。

文献77

ヴクブ・カキシュ
VUKUB-CAKIX

中央アメリカのキチェ・マヤ族に伝わる神話に登場する巨人*。ヴクブ・カキシュは聖典『ポポル・ヴフ』のなかで大地の巨人と言われ、傲慢に満ち、自分は太陽であり月であり光であると宣言しようとしたとされる。神クスムケーンとクスピヤコクはその聖なる息子フン・アフプーとイシュバランケーとともに、ヴクブ・カキシュを処罰し、倒した。

文献169

ウグラスラ
UGRASURA

インドのヒンドゥー教神話に登場する悪霊のような蛇*。クリシュナが幼かった頃、ウグラスラはこの神の成長を止めようとして彼を丸飲みにした。しかしクリシュナは突如成長を早め、完全に大人になったので、蛇の身体は彼を入れておけなくなり、はじけてしまった。それでクリシュナは自由になった。

文献133

ウグルッサ
UGLESSA

フランスの女性作家マリー・カトリーヌ・ド・オーノア（1650〜1705）の著作に登場する緑の蛇*の別名。

文献182

ウーサー
OOSER, WOOSER

ヨーロッパの文学伝承と伝説に登場する野人*の別名。

文献7、128、174

ウスパザデン・ペンカウル
YSPADDADEN PENKAWR

⇨ イスバザデン

ウッチョウセン
WUCHOWSEN

米国北東部のメーン州に住む先住民マリシート・パサマクウォディ族の伝承と信仰に登場する巨大な鳥。大きな生物で、たいていは世界の北の果てにある岩の上に静かに止まっているのだが、ほんの少し翼を動かしただけで世界を吹き渡る風が起きる。ウッチョウセンはあまりにももめ事を起こすので、結局、文化英雄のグルースキャップが監視しなくてはならなくなった。

文献77

⇨ ロック

ウッドハウス
WODEHOUSE

ヨーロッパの伝承と伝説に登場する野人*の別名。

文献7、128、174

ウッドワス
WOODWOSE

ヨーロッパの伝承と伝説に登場する野人*の別名。

文献7、128、174

ウトゥック
UTUKKU

アッシリアやバビロニアの信仰と神話の邪悪な悪魔や悪鬼。ふたつのタイプがあり、ひとつは鎮められない限り安まることのない死者の魂であり、もうひとつはイアあるいは神の胆汁から出たと言われる実に邪悪な精霊で

ある。後の時代になり、他国の侵入などで神話が軽視されるようになると、これらの存在はもはや以前と同じカテゴリーには入らず、民話上の怪物*になった。このウトゥックは動物の頭と鉤爪と角を持った男のように描かれている。彼らは崖の洞穴や寂しい廃墟に棲み、人間に対しては依然として悪意を持ち邪悪である。

文献125、139、160

ウートガルザ＝ロキ
UTGARD-LOKI, UTGARDLOKI

　北欧神話に登場する巨大な巨人*。トール神の数多くの冒険のひとつで、トールとロキとスィアールヴィはウートガルズにある城を訪れた。そこで夕べの余興の一部として、3人は客人としてのもてなしを受ける前に、その力を見せて欲しいとウートガルザ＝ロキに頼まれ、それぞれ課題が与えられた。ロキには巨人ロギ*と食べくらべをすること、スィアールヴィにはフギよりも速く走ること、トールにはこの巨人の猫と年老いた母親のエリと相撲を取り、ウートガルザ＝ロキの角杯で樽酒を飲むことと、巨人の猫を持ち上げることと、巨人の乳母のエリと力くらべをすることだった。自分たちも驚いたことに、3人は皆負けてしまった。するとウートガルザ＝ロキは、すべては神さえもコントロールできない幻影だったと説明した。彼らは神自身が負かすことのできない元素と競争したのである。なぜなら巨人ロギは「野火」であり、巨人フギは「思考」であり、巨人の角杯は常に海で満たされ、巨人の猫は恐るべきミズガルズオルム*であり、ウートガルザ＝ロキの乳母は「老齢」（エリ）だったからである。

文献125、139、166、169

ウピル
UPIR

　ロシアの民間伝承と民話に登場する怪物*。狼憑き*またはヴァンパイア*とされる。

文献55

ウヘポノ
UHEPONO

　米国南西部の先住民ズニ族の伝承と信仰に登場する巨人*。ウヘポノは巨大な人間に似た巨人で、大きな丸い目を持ち、体中もじゃもじゃの毛で覆われている。

文献24

ウペルリ
UPELLURI

　現在のトルコのアナトリア半島に伝わる古代フルリ人の神話に登場する巨人*。ウペルリは腰までの深さの海に立って、腕を伸ばして大地と天を離している原初の巨人とされる。

文献125

⇨　アトラス、ケオス、マンザシリ、ユミル

ウマイ＝ハルルヤ＝ウィト
UMAI-HULHLYA-WIT

　米国カリフォルニアに住む先住民ディエゲーニョ族の伝承と信仰に登場する水の怪物*。ウマイ＝ハルルヤ＝ウィトは時が始まった時から、宇宙の巨大な蛇*として存在していると言われている。チャコパとチャコマットによって地上に人々が住み始めた時、ウマイ＝ハルルヤ＝ウィトは好奇心に負けて、もっとよく見るために地上に降りてきた。しかしこの蛇の怪物はあまりにも大きすぎて、皆を怖がらせた。しかしチャコパとチャコマットは皆を励まして、ウマイ＝ハルルヤ＝ウィトを仲間に入れるために、それ専用の場所を茂みに作った。そして巨大な蛇はその場所に着くととぐろを巻いた。すると人々は茂みに火をつけ、逃げることができないウマイ＝ハルルヤ＝ウィトは熱せられて沸騰し、爆発してしまった。世界中に散らばったその身体の破片は、人々が必要とする芸術、言語、音楽、儀式、伝説といったあらゆる文化的な要素となった。

文献133

海ウサギ
HARE, SEA
中世ヨーロッパの民間信仰に伝わる海の怪物*。魚の体にウサギの脚、頭、耳がついており、耳の後ろにはひれがある。獰猛な怪物で、手の届くところにいる生物には見境なく襲いかかり、離れたところにいる獲物も追いかける。当時の旅行家や船乗りたちの記述に出てくるが、そういった話は自分が出くわした生物について誇張するのが常であった。また、当時の人々には一般に、海や空にも陸地と同じような生物が存在していると信じられていた。

文献7

海和尚 (うみおしょう)
⇨ ハイ・ホー・シャン

海の猪
MARINE BOAR
中世の船乗りたちの話、あるいは後のヨーロッパ旅行者たちの話に登場する海の怪物*。体は鱗のある大きな魚だが、頭と牙は猪に似ている。陸上に存在するすべてのものに対して、海と空にも同等のものが存在すると信じられていた時代のもの。

文献147

海の司教
BISHOP FISH
中世ヨーロッパの伝承と伝説に登場する怪物*。巨大な魚だが、ふつう胸びれのある場所に鉤爪に似た突起がふたつあった。尾びれはひざまでの長靴をはいた漁師の脚に似ていた。背びれは体のまわりに広がっていた。頭は魚らしくも人間らしくもなく、司教のかぶりものに似た突起物があった。スイスの博物学者コンラート・フォン・ゲスナーの『動物誌』(1551〜1558)にその姿が描かれている。その様子が記録されたのは、地上にいるものと「うりふたつのもの」が海にも空にもいると信じられていた時代のことである。よって、海でなにか生物が発見されると、それが地上に存在するものに分類されることも多かった。おそらく海の司教はもともとは浜に打ち上げられたイカだったに違いない。

文献7、89

海ののこぎり
MARINE SOW
1555年に旅行家のオラウス・マグヌスによって報告された海の怪物*。体長約20m、厚さ約4m、目と目のあいだが約2mの巨大な生物で、頭部は豚に似ている。鱗に覆われた体のそれぞれの側に、さらに3つずつ目があり、三日月型の背びれを持つ。スカンディナヴィアのティレン島で捕獲され、解体処理されたとき、肝臓を入れるだけで5つの樽が必要だった。

文献147

海の猛犬
SEA-DOG
ヨーロッパの紋章に使われる混成獣。猟犬のタルボットハウンド種だが、体全体が鱗に覆われている。前足のかわりに、水かきのついた三股の足がついている。鱗に覆われた尾の先は丸くなっており、水かきのついた耳の後ろには、長い背びれが、頭から尾まで続いている。

文献5、68
⇨ 怪物

海のライオン
MARINE LION
ティレニア海で捕獲された記録が残る奇妙な生物。アンブロワーズ・パレ(1517〜1590)が『怪物と驚異について』に記した姿は、ライオンに似ているが体全体が毛皮ではなく鱗に覆われ、人間に近い声を出す。1540年頃に海で捕獲され、カストルの司教マルセルに届けられたが、それからまもなくして死んだ。

文献147

海の老人
OLD MAN OF THE SEA

『アラビアンナイト』のなかで、シンドバードの50回目の航海に、この恐ろしいジン(1)が登場する。毛むくじゃらの体、しなびた顔、とんがった鼻と耳、長い顎鬚を持つ人間型の怪物*で、砂漠に棲む。強くて醜く、人間の背中に乗って、人間が疲れ果てて死ぬまで乗りまわす。シンドバードは海の老人を酒で酔わせて、打ち殺した。

海の猪、またはシー・ホッグ

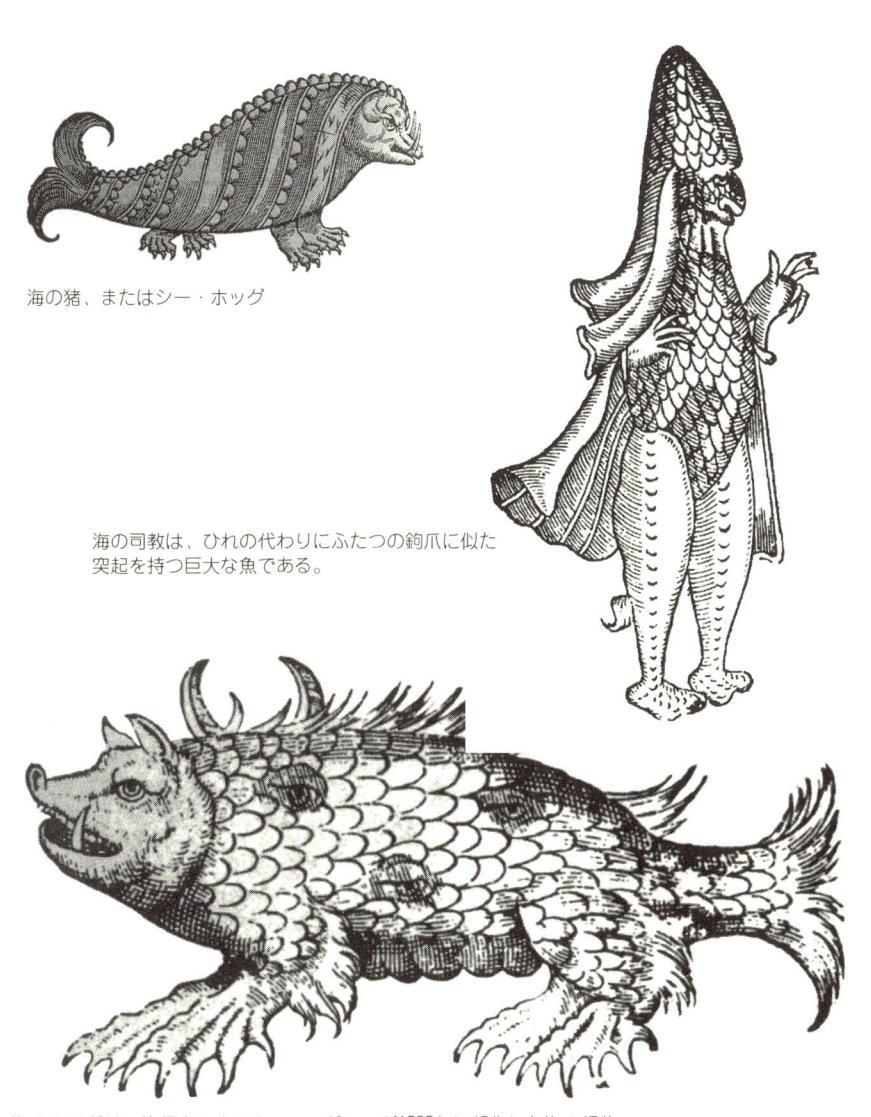

海の司教は、ひれの代わりにふたつの鉤爪に似た突起を持つ巨大な魚である。

海ののこぎり。旅行家のオラウス・マグヌスが1555年に報告した海の怪物。

海の猛犬の紋章

海のライオン。ティレニア海で捕獲された記録が残る奇妙な生物。

文献53

羽民国の民
⇨　ユ＝ミン・クオ・ヤン

ウラエウス
URAEUS

古代エジプトの神話に登場する蛇*。ラー神の太陽の円盤の周りに巻き付いている毒を吐く巨大な蛇。ラー神が小箱に自分の髪の毛数本と杖と一緒にウラエウスを入れておいたところ、ゲブとその従者がその小箱を開けた。その結果、ウラエウスの毒を強く吹きかけられて仲間は皆死に、神の父ゲブは重体になった。また別の伝説によると、ウラエウスは女神ハトホルの警護役であるという。

文献89、139
⇨　バシリスク

ウラノス
URANUS, URANOS, OURANOS, OURANUS

ギリシア・ローマ神話に登場する原初の巨人*。ガイア*の子であると同時に、彼女とともにティタン*や百手の巨人*や奇怪なキュクロプス*を生み出した。彼はこれらの生物をひどく嫌って、ガイアのなかに留まらせた。あるいは別伝によれば、タルタロスの奥底に留まらせた。しかしガイアはクロノス*と共謀してウラノスを倒した。ウラノスがガイアと寝ている時に、クロノスは父親ウラノスの性器を鎌で切り取ったのである。この仕打ちで流れた血からエリーニュエス*／フリアイ*が生まれ、性器が海に投げ捨てられると、その泡からアフロディテ／ウェヌスが生まれた。

文献78、125、166、178
⇨　アルゲス、ギュゲス、コットス、ステロペス、ブリアレオース、ブロンテス

ヴリコーダラ
VRIKODARA

インドのヒンドゥー教神話に登場する巨人*。ヴリコーダラというのは巨人ビーマ*のあだ名で、「狼の腹」という意味である。彼はその旺盛な食欲で有名であり、他の者に食べ物を与えないことさえあった。ヴリコーダラは巨体の持ち主で、非常に強かった。風の神である父ヴァーユから能力を受け継いで、彼も飛ぶことができた。

文献112

ウリシュク
URISK

スコットランドの伝承に登場するフーア*と呼ばれる種類に属する、超自然の怪物*。ウリシュクはスコットランド・ゲール語で「水男」という意味で、上半身は人間で下半身は山羊として描かれる。古代ギリシアの神話に登場するファウヌスあるいはサテュロス*と似ている。スコットランド北部の荒れた高地に棲むが、特にトロサックスにあるカトリン湖に集まる。個々にはグレン・ライアンやティンドラム付近の滝やペイン・ドラインに棲んでいた。いつもは孤独を好むのだが、気に入った女性を追いかけるという陽気な習性もあったし、羊を殺すとも言われていた。その醜い外見から、寂しい道の友としては歓迎されなかったが、夜に突然現われて、脅える旅人の横をのんびり歩いた。

文献21、24、25、96、111、128、160、170
⇨　フェノゼリー、ペアライ

ウーリシュク
ÙRUISG
⇨　ウリシュク

ヴリトラ
VRITRA

インドのヒンドゥー教神話に登場する巨大なドラゴン*あるいは蛇*。この名前は「囲うもの」という意味であり、巨大な蜘蛛*としてさまざまに描かれるが、もっと一般的には全世界を囲う3頭の蛇として描かれ、しばしばアヒ*と同一視される。自然の破壊的な要素としては、ヴリトラは日照りの主な原因だった。ヴリトラは邪悪なアスラのひとりで、インドラの敵である。多くの戦いが両者のあ

いだで繰り広げられたが、ついに神ヴィシュヌが、両者は互いに離れていること、どちらも相手を夜でも昼でも、濡れているものでも乾いているものでも、鉄、石、木のいずれでも攻撃してはならないと宣告した。休戦が調印されたかに見えたが、ある夕方、つまり太陽が沈もうとしていて夜でも昼でもない時、インドラは波が砕ける海岸にいるヴリトラを見た。すぐにインドラは波頭の泡に入り込んで、濡れても乾いてもいないし禁止されたどの素材でもないものになって敵に飛びかかった。こうしてついにインドラは空の蛇を殺し、山のなかに囚われていた雲の牛（雨のこと）を解放した。

文献7、47、78、89、112、125、133、139、160、166

⇨　アペプ

ウルガル
WULGARU

アボリジニ（オーストラリア先住民）の伝承と信仰に登場する人型の生物。伝説は、ジャラパという名前の男が木から直接生木を採って、巨大な人形を作ったと伝えている。ジャラパは石と木で関節を作り、石の破片の歯を持った大きな口を作り、小石の目と人間の髪をつけて、人間の特徴に似せて人形を彫り、魔法で命を与え、ウルガルに自分の仕事をさせたいと望んだ。昼も夜もジャラパは呪文を唱えたが、翌日何も起こらないと巨大な人形を蹴飛ばして、うんざりして出かけてしまった。だが彼が村に帰ってくると、途方もない音が聞こえた。その音は彼の足取りを真似ていて、木と石がきしる音だった。ジャラパは背の高い草のなかを進み、草が尽きるところまで来て振り返り、何が間近に迫っているのかを見た。そこには邪悪な表情を浮かべたウルガルがいた。ジャラパは少し前に自分が木から作った物を恐れた。彼はできるだけ速く走ったが、どこへ行っても、川にぶつかって逃げることができなかった。目に見え残された足跡は川に向かっているものだけであることを確かめると、彼は注意深く木立のなかに戻った。ジャラパは身を隠しながら、追ってきたウルガルがまっすぐに川に入り、歩き続けてすっかり沈んでしまうのを見た。彼は安堵のため息をついたが、そうしているうちに向こう側にさざ波が立ち始め、巨人が姿を現わした。無傷で川底を歩いて渡り、まっすぐ歩いて行ってしまった。脅えたジャラパは駆け戻って村人に話し、村人もウルガルを恐れた。これが、どんな方法でも処分できない巨人を、人々がどのようにして持つようになったかという話である。この巨人は夜になるとやって来て、部族の掟を破った者を懲らしめて食べるが、害のない善人には何もしない。

文献153

⇨　ゴーレム、タロス

ウルガーン
URGAN

ヨーロッパの古代および中世の伝説に登場する巨人*。ウルガーンは素晴らしい能力を持つ妖精の犬プチ・クリューを持っていた。アーサー王伝説の『トリスタンとイゾルデ』では、トリスタンがその犬をイゾルデに贈りたいと望んだが、巨人は手放そうとしなかったという。そこで犬のためにトリスタンはウルガーンと戦い、巨人は殺されたのである。

文献54

ウルク／ウルク＝ハイ
URUKS, URUK-HAI

イギリスの学者、作家J・R・R・トールキン（1892～1973）の小説『ホビット』と『指輪物語』に登場する巨人*。ウルク＝ハイは会話では縮めてウルクと言われ、恐ろしいオークの一種なのだが、それらとは違って光を恐れない。ウルクはおよそ人間と同じ大きさだが、非常に強くて邪悪に描かれている。太陽の第3紀にはモルドールから数が減少していった。

文献51

ヴルコドラク
VULKODLAC
　東ヨーロッパのスラヴ民族の伝承に登場する、変容狼憑き*。この地方の伝統では、狼憑きとヴァンパイア*は関係があり、狼憑きは殺されるとヴァンパイアに変容する。そしてヴァンパイアは被害者を襲う時に、時々狼の姿に戻ることもある。この特に恐ろしい怪物*がヴルコドラクとして知られており、その意味は「狼の毛」である。
文献55、89

ウルス
URUS
　中世ヨーロッパの動物寓話集に出てくる生物。ウルスは非常に大きい牡牛とほぼ同じ大きさの巨大な獣と言われ、端がぎざぎざでのこぎりのような、2本の非常に長い角を持っていた。その角は回りの木を切るために使われた。ウルスは海水を飲むと混乱し、角を地面に突き刺したり、木を切ろうとしてひっかかったりするので、捕えることができた。これは中東に生息するオーロクと呼ばれる古い種の牡牛を誇張して描いたものと思われている。
文献7

ウルタリー
HURTALY
　フランスの古典文学に登場する巨人*。ウルタリーはフランソワ・ラブレー（1498～1553頃）の物語集『パンタグリュエル』で知られる巨人パンタグリュエル*の祖先のひとりである。他の3人の始祖はシャルブロット*、サラブロット*、ファリブロット*である。この4人は初版に登場するが、数多くの巨人の祖たちが以降の版に書き加えられていった。ラブレーはウルタリーの統治がノアの大洪水と同時期であることから、ウルタリーはバシャンのオグ*と同一であるとして、箱舟の屋根にまたがったウルタリーはノアに食糧を与えられて洪水を生き延びたと記した。こうしてラブレーは巨人たちが後世まで生き残った理由を説明し、ウルタリーの善良で寛容な気質を立証したのである。
文献174
⇨　アップ・ムウシュ、エリュックス、カインの娘たち、ガッバラ、ガルオー、ガルガンチュア、ノアの子供たち、ブレイエ、モルガンテ

ウルナッハ
WRNACH
　ウェールズの伝承と伝説に登場する巨人*。ウェールズの神話物語集『マビノギオン』中の一篇である「キルッフとオルウェン」に登場する。魔法の短剣の所有者で、キルッフはオルウェンと結婚する前にその短剣を手に入れるという使命を課せられていた。彼は強大な巨人をうまくだまして殺し、その短剣を手に入れる。
文献54、128、139
⇨　イスバザデン

ヴルパングエ
VULPANGUE
　チリのアンデス地方に住む人々に伝わる伝説と信仰に登場する奇怪な蛇*。ヴルパングエはさまざまに描かれ、狐に似た頭を持つ巨大な蛇であったり、大きな円形の、平らまたはふくらんだ身体で端に沿って目が付いている、イデ*あるいはクエーロ*の一種であったりする。人間を餌食にする非常に危険な生き物なので、ヴルパングエがいる恐れのある水域で洗濯をしたり、水浴びをする者はいない。
文献134

ヴルム
VURM
　北欧の伝説や伝承に現われる言葉「オルム」と「ワーム*」の別表記。この言葉は巨大な蛇*のような生物を示す。この生物は必ずしも爬虫類である必要はないが、通常はそのような特徴を持つ。
文献89
⇨　ミズガルズオルム、ラムトンのワーム

ウルリクムミ
ULLIKUMMI
　古代シリアのフルリ人に伝わる神話に登場する巨人*。その物語の部分は『ウルリクムミの歌』と呼ばれている。この神話は考古学調査によってヒッタイト王国の首都であったハットゥーシャで発見されたヒッタイト語の粘土板に書かれていた。ウルリクムミは岩でできた巨人で、絶えず大きくなり、大地を原初の海に押し戻し、天をずっと高いところに上げていた。彼は、天候神から権力の座を奪いかえすために、神々の父クマルビによって作られた。天候神はウルリクムミを倒そうと何度も試みて失敗したが、ついに巨人の大きな足を足首から切り取ると、巨人は海中に倒れ、永遠に飲み込まれてしまった。

文献47、133
⇨　アトラス、ティタン

ウルローキ
URULÓKI
　イギリスの学者、作家J・R・R・トールキン（1892～1973）の小説『ホビット』と『指輪物語』に登場するドラゴン*。この奇怪な生物は、太陽の第1紀にアングバンドの穴で邪悪なモルゴスに育てられた。伝説や伝承上の対応物である火龍*と同様に、コウモリのような翼で空を飛び、破壊的な火を下のすべてに吐きかける。外見が恐ろしいのと同じくらい恐れられており、他の生物はウルローキがやってくると、皆等しく怖がる。なかでも最も恐ろしいのは、黒龍アンカラゴン*、エレボールのドラゴン*であり、スマウグ*とグラウリング*という名前である。

文献51

ウルング
WULUNGU
　アボリジニ（オーストラリア先住民）の「夢の時」神話に登場する虹の蛇*の別名。ウルンゲン*とも呼ばれる。

文献89
⇨　ユルング

ウルンゲン
WULUNGEN
⇨　ウルング

ウロボロス
OUROBOROS, UROBOROS
　古代末期の思想に登場するサーペント・ドラゴン。永遠と連続を象徴し、いつも自分の尾を食べ続ける巨大な宇宙怪物として描かれている。破壊を続けているにもかかわらず、再生も続けている。この過程が壊されるなら、それは時の終わりを告げるしるしである。

文献61、78、89、134
⇨　怪物、ドラゴン、蛇

うわばみ
UWABAMI
　日本の伝承と伝説に登場する奇怪な蛇*。うわばみは巨大な蛇として描かれ、翼を持つ場合もあれば持たない場合もあり、だが翼の有無にかかわらず空を飛ぶ。特に人間を捕食し、舞い降りてその巨大な口で人間をすくいあげる。馬上の武士であってもうわばみから安全とは言えなかったが、とうとう英雄に退治された。

文献113

ウロボロス

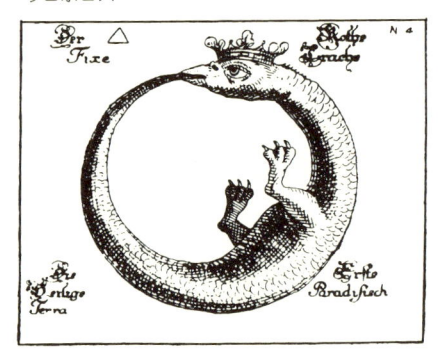

ウングッド
UNGUD

アボリジニ(オーストラリア先住民)の「夢の時」神話に登場する巨大な虹の蛇*の別名。「夢の時」それ自体の名前でもある。
文献125、166
⇨ カレル、ワナビ

ウンクテヒ
UNKTEHI

米国先住民スー族の伝承と信仰に登場する巨大な水の蛇*ウンセギラ(1)*の別名。滝やその他の深い流れに棲む。攻撃的で、常にサンダーバード*と戦っている。
文献77、133
⇨ ワキニャン

ウングル
UNGUR
⇨ 虹の蛇

ウンゴリアント
UNGOLIANT

イギリスの学者、作家J・R・R・トールキン(1892〜1973)の小説『ホビット』と『指輪物語』に登場する巨大な蜘蛛*。ウンゴリアントは巨大な雌の蜘蛛で、ヴァラールの2本の木の光を消す「光なき闇」という邪悪な蜘蛛の巣を紡ぐ。「恐怖の死の谷」とも呼ばれるナン・ダンゴセブで同種と交尾し、彼女は多くの奇怪な蜘蛛に加えてシェロブ*を生んだ。それらは結局は、怒りの戦いの後の大洪水で死んだ。そしてウンゴリアントは飢えて、自分を食べてしまったと言われている。
文献51
⇨ ジェイエン、女郎蜘蛛、土蜘蛛

ウンセギラ(1)
UNCEGILA

米国先住民スー族の伝承と信仰に登場する、火打ち石の鱗で覆われた巨大な雌の水蛇。その心臓は水晶で、目は炎を放つ。海に棲んでいるが、年に数回ネブラスカ州まで泳いでいき、一緒に大津波を連れていってすべての水を塩水に変え、人間が使えないようにしてしまった。彼女の1番の弱点を知り、彼女の動きを鈍くする魔法で武装したふたりの若者が、ウンセギラ退治に乗り出した。ちっぽけな人間たちを見たウンセギラは、その巨大な身体を水から持ち上げた。彼女をそのまま動けないようにするために、ひとりが呪文を唱え、もうひとりが彼女の頭から下7番目のポイントを撃って、殺した。太陽はその死を大変喜び、視界にあるすべてのものを乾かし、土地を再び出現させた。水晶の心臓を手に入れたふたりは予言の力を得たが、水晶は無知な者たちに奪われ壊されてしまった。
文献133

ウンセギラ(2)
UNHCEGILA

米国先住民ラコタ・スー族の伝承と伝説に登場する怪物*。巨大なドラゴン*で、人間に対して攻撃的で人を捕まえて食べる。誰かがいなくなると、ウンセギラのせいにされている。
文献77

ウンテキ
UNTEKHI

米国先住民の伝承と信仰に登場する水の守護者。ウンテキはミズーリ川に棲み、その守護者でもある。
文献133

ウンナティ
UNNATI

ネパールに伝わるヒンドゥー教神話に登場する天界の鳥。美しい鳥の身体に人間の女性の頭という姿を持つ。ガルダ*の配偶者である。
文献7
⇨ アルコノスト、アンカ、ザグ、シリン、セイレーン、ソロヴェイ・ラクマティチ、パルテノペ、ハルピュイア、プティツィ・シリニー、ポダルゲー

～ エ ～

エアリー
YALE, YALI, EALE
⇨ エアレー

エアレー
YALE, YALI, EALE

　ヨーロッパの伝説に登場する想像上の生物で、センティコア*、ジャル*という別の名前でも知られ、中東やインドに棲むと言われた。エアレーはもともとは大プリニウスの著作『博物誌』(77)に登場、のちにアレクサンドリアで書かれた『フィジオロゴス』にも登場し、後年中世ヨーロッパの動物寓話集に数多く書かれた。エアレーの名前は「山の山羊」を意味するヘブライ語のヤ・エル (ya-el) から来ていると思われ、黒または茶色の山羊の身体をしているが大きさは馬ぐらい、多彩色の斑点で覆われていて、野性の猪の尻尾と口を持ち、大きな角がある等、さまざまに言われている。他の記述では一角獣*の足を持っているとか、山羊の頭とゾウの尻尾を持つとされている。記述がどうであろうとも、エアレーを特徴づけるのはその角である。これらは非常に長いだけでなく、戦う時に守る方向に合わせて前から後まで向きを変えることができる。エアレーは見事な防御の象徴となり、ヨーロッパの紋章のレパートリーに取り入れられ、イングランド女王や他の古くて高貴な家柄の紋章の獣のひとつとして登場している。エアレーはインドの水牛から来ているのではないかという推測もある。インドの水牛は脅えると角を代わるがわる前に動かすことができるとされていた。

文献7、10、14、89、148、185

エウメニデス
EUMENIDES

　ギリシア神話に登場する恐ろしい超自然的存在のグループの遠回しな呼び名。「慈悲深き」や「親切な」を意味するこの名は、エリーニュス*として知られる復讐に燃える存在の機嫌をとるために用いられた。ローマ神話ではフリアイ*として知られる。恐ろしいハッグ（妖婆）であり、去勢されたウラノス*のこぼれ落ちた血から生まれ、そのため百手の巨人*の姉妹とされる。

文献20、38、160、166、178
⇨ アレクトー

エウリュアレー
EURYALE

　ギリシア・ローマ神話に登場するゴルゴン*のひとり。エウリュアレーという名は「放浪者」を意味する。姉妹のメドゥーサ*と違って不死身だったが、姿の恐ろしさは同様だった。彼女たちはもとは美しい女性だったが、蛇の髪と青銅の（説によっては鱗に覆われた）体と真鍮の手と翼を持つ怪物*に変身し、目にしたすべての生物を石に変えた。巨人*のオリオン*はエウリュアレーと海の神ポセイドン（ネプトゥーヌス）の息子と言われた。

文献89、139、178

エウリュティオーン
EURYTION

　ギリシア・ローマ神話にはこの名前の怪物*が二種類登場する。

　(1)ラピテス族の王ペイリトオスの結婚式に、新郎の客として招かれたケンタウロス*。ワインを飲みなれないケンタウロスは不幸にも、飲めば簡単に酔ったが、この時のエウリュティオーンもまさにその例だった。さらに悪いことにこのケンタウロスは、酔った勢いで新婦を式途中で誘拐して犯そうとした。怒った王ペイリトオスが招待客のひとりだった英雄テセウスに止めるよう頼むと、テセウスはこのケンタウロスを晴れの場から追い払った。しかし、酔ったエウリュティオーンは仲間のケンタウロスを大勢引き連れて戻り、戦いを挑んできた。続いて起きた戦争でケン

タウロスのひとりが殺され、残りはなわばりの端であるピンダス山のふもとの丘陵地帯に逃げ去った。

(2)巨大な怪物ゲリュオン*の所有する赤牛の番人をしていた巨人*。エウリュティオーンは巨大な牛の群れを昼も夜も怪物犬オルトロス*とともに見回った。英雄ヘラクレス*の功業のひとつは、この巨人と犬を殺して牛の群れを連れ去り、愛するデイアネイラとの結婚の承諾を得ることだった。

文献7、139、178

エウリュトス
EURYTUS

この名を持つ生物は次の2種類である。

(1)ギリシア・ローマ神話でライトス*としても知られるギガンテス*のうちのひとり。ギガンテスはウラノス*が去勢された時の血が大地に落ちて生まれた。彼らの統率者にはアルキュオネウス*やポルピュリオーン*がいた。彼らは巨大な人型の生物だったが、脚全体が蛇*で、末端は蛇の頭だった。最初に現われた時からすでに完全に成長した大人の戦士で、槍と輝く鎧兜を身にまとい、戦いに備えていた。そしていきなりオリュンポスの神々を攻撃した。しかし、策略と超自然的な力と英雄ヘラクレス*の強さによって、彼らはひとりずつ倒されていった。「早瀬」の意味の名を持つエウリュトスは、ディオニュソス（バッカス）に杖で倒されたことになっている。

(2)ギリシア・ローマ神話でモリオニダイ*として知られる奇怪な双子の片割れ。モリオニダイはアクトリダイ*やアクトリオーネー*としても知られ、モリオネとアクトルまたは海の神ポセイドン（ネプトゥーヌス）とのあいだに生まれた息子と言われた。初期の伝説によれば、彼らはエウリュトスとクテアトスというふたりで、銀の卵から生まれたとされる。

文献7、139、169、178

⇨ エンケラドス、巨人、クリュティオス、テュポン、パラス、百手の巨人、ヘカトンケイレス、ペロロス、ポリュボテス、ミマス

エウリュメドン
EURYMEDON

ギリシア・ローマ神話に登場するティタン*のひとり。オリュンポスの新しい神々に対する反乱に加わった。彼はティタネス（女ティタン）のクリュメネー*と交わってプロメテウス*の父となり、ほかの誰かと交わってペリボイアの父となったと言われる。エウリュメドンはエピロスで巨人*たちの王だった。

文献78、178

エオス
EOS

ギリシア・ローマ神話に登場する太陽の馬*のうちの1頭。ローマの詩人オヴィデウス（前43～後17）はエオスをアイトン*、プレゴン*、ピュロイス*と並ぶ巨大で荘厳な獣として描いた。4頭ともペガソス*のように有翼で、毎日太陽の馬車を引いて空を渡った。

文献89、139

エキドナ
ECHIDNA

ギリシア・ローマ神話に登場する怪物*。体も頭も美しい女性だが、それは腰までのことで、下半身は不気味な蛇*だと言われた。伝承によって、ガイア*とタルタロスの娘、カリロエとクリューサーオール*の娘、ケートー*とポルキュス*の娘など、さまざまに表現される。彼女はアリマヌかスキュティア（スキタイ）かどちらかの洞窟に棲み、そこから半身を出して、愚かにも彼女に魅了される人間の男を誘った。しかし、男が棲み家に入ってくればすかさず殺して食い尽くした。エキドナが奇怪なテュポン*と交わってできた恐るべき子供たちが、ケルベロス*（冥界の犬）、頭が3つある山羊型のキメラ（キマイラ）*、コルキスのドラゴン*、ラドン龍*、有翼のハルピュイア*、多頭のヒュドラ*、ネメアのライオン*、オルトス*（ゲリュオン*

の犬)、カンニバル (食人種)＊のスキュラ＊、ギリシアのスピンクス＊であった。彼女は多眼の巨人＊、アルゴス・パノプテース＊に殺された。英国エリザベス朝の詩人エドマンド・スペンサー (1552？～1599) の『妖精女王』によれば、エキドナはブラタント・ビースト＊の母であるらしい。

文献7、20、24、38、61、63、89、125、139、169、178、182
⇨　メドゥーサ

エーギル
AEGIR

　北欧神話に登場する海の巨人＊で、ラーンの夫。彼はアース神族の宴会の間じゅう、持参した黄金から取り出したまばゆい光で神々の広間を満たし、明るく照らした。彼は北欧の神々と親密な間柄で、神々は彼を宴会で歓待し、海中にある彼の黄金の宮殿を訪問した。

文献125、138、165

エクウス・ビペス
EQUUS BIPES

　「二本足の馬」という意味のラテン語。ギリシア・ローマで、想像上の馬、主に現在は海馬＊として知られる馬を指すのに使われた。胴と後部は鱗に覆われた魚で巨大な扇のような尻びれがあるが、前部と頭が馬であるというのが一般的な描写である。恐ろしい生物だと言われているが、人間を脅かしたという話はほとんどない。しかし、水夫や旅行者が目撃したという記録が、馬という概念が知られていたあらゆる場所に残っている。したがって、こうした目撃談が語られたのは西アフリカの海岸地域では15世紀以降、南北米大陸では16～17世紀以降のことである。注目すべき目撃報告のひとつは、ニュー・フランス (現在のカナダ) のブリオン島のアンセディック川で神父ルイ・ニコラが目撃したというもので、1675年の彼の著書『自然史』に述べられている。当時この名前で呼ばれた生物は、セイウチだったのではないかと現在では考えられている。

文献134
⇨　怪物

エクセドラ
EXEDRA

　ギリシア・ローマ神話に登場する恐ろしいヒュドラ＊の別名。

文献18、78、133、185

エゲオーン
EGEON

　イタリアの作家ボッカッチョ (1313～1375) が作品中で巨人＊、アイガイオーン＊に当てた綴り。ギリシア・ローマ神話のガイア＊とテュポン＊との息子であるティタン＊が起源である。

文献174

エケネイス
ECHENEIS

　ヨーロッパの旅行者、漁師、水夫のあいだで語り継がれた生物。エケネイスはレモラ＊やモーラ＊の名でも知られ、大プリニウスの『博物誌』によれば、海の蛇＊だが体長は15cm足らずだった。しかし、この生物は海に出ている船の船体に吸着することができ、そのあまりの力強さに船は動けなくなった。エケネイスは極地の海に棲息し、周辺の空気を凍すことができると言われた。そのため北の海を航海中の船は、氷に道を閉ざされはじめると、エケネイスがいるかどうかがわかった。この生物は火のなかで生きるサラマンダー＊の敵であると考えられた。また、医者たちは病気の治療に使うためにエケネイスを探した。特に妊婦の病気治療に有効だと考えられた。プリニウスは、マルクス・アントニウスがアクティウムの海戦で敗れたのは、彼の船がこの生物に拘束されたせいだと信じて疑わなかった。この生物は13世紀のヨーロッパの動物寓話集によく描かれた。

文献18、89、185
⇨　ミュレクス

エスキスエルウィン
YSGITHYRWYN

英国の伝承とケルトの伝説に登場する巨大な猪。エスキスエルウィンはウェールズの神話物語集『マビノギオン』にある「キルッフとオルウェン」の物語に登場する。そのなかで、キルッフはイスバザデンの娘オルウェンとの結婚を望んだ。巨人イスバザデン*はたくさんの不可能な課題（anoethu）を遂行することをキルッフに課した。課題には、イスバザデンがひげを剃るために、強大な猪エスキスエルウィンから牙を取ってくることと、巨人*の髪の手入れのために大ばさみと剃刀と櫛を巨大な猪トゥルッフ・トゥルウィス*の両耳の間から取ってくることが含まれていた。キルッフは従兄弟のアルスル（アーサー王）に助けを求めた。そしてエスキスエルウィンを入り江に追いつめ、最終的に殺したのはアルスル（アーサー王）の犬カヴァスであった。

文献7、139

エスタス
ESTAS

カナダのブリティッシュ・コロンビア州のキャリア族の伝承と神話に登場する想像上の鳥。この偉大な鳥がもたらす恵みの火によって、人々は凍てつく寒さから守られた。

文献169
⇨ カネアケル、サンダーバード、プロメテウス

エータシャ
ETASA

インドのヒンドゥー教神話に登場する超自然的な馬。太陽神の馬車を引いて空を渡る美しい馬のなかの一頭である。

文献7
⇨ アルスヴィド、アルラク、太陽の馬

エッグセール
EGGTHER

北欧神話に登場する巨人*。巨大な生物であり、巨人共同体の偉大な戦士であり、秀でた音楽家であると言われる。しかし、エッグセールの第一の務めは、最果ての境界までのアース神族の領地すべてと、霜の巨人*と火の巨人*の土地と、地球上の人間の土地を守ることである。

文献139

エティオン
ETION

フランスの古典文学に登場する巨人*。フランスの作家フランソワ・ラブレー（1494頃～1553頃）による有名な作品『パンタグリュエル』（1532）のなかで、エティオンはパンタグリュエル*の巨人の祖先のひとりである。しかし彼はこの作品の最初の版には登場していない。彼はラブレーがパンタグリュエルの系譜を完成するために、のちの版で加えたキャラクターである。エティオンとほかの5人の巨人（エリュックス*、ガッバラ*、ガルオー*、アップ・ムウシュ*、モルガンテ*）は、主に飲むことに関連した何らかを発明、創始、初体験したという役割を与えられている。

文献174
⇨ ウルタリー、カインの娘たち、ガルガンチュア、シャルブロット、ノア、ノアの子供たち、ブレイエ

エデンの蛇
SERPENT OF EDEN

旧約聖書の創世記とヘブライ語の文献は、エデンの蛇が、最初の人間アダムとイヴを誘惑したと述べている。この蛇は、各時代の美術上の慣習によって、さまざまな姿に描かれている。たいていは、大変大きくて、知恵の樹をぐるりと取り巻いているが、違った姿に描かれることもある。古い時代の絵では、人間の顔をしていた。また、とさかや、孔雀の羽毛と羽根が付いている姿もあった。イギリスの初期の美術作品では、この蛇に、北欧神話のリンドオルム*のように馬の要素を持たせている例が多い。

文献134
⇨ ホース・ヘッド

エナック
ENAY
　フランスの古典文学に登場する巨人*。フランスの作家フランソワ・ラブレー（1494頃～1553頃）による有名な作品『パンタグリュエル』（1532）のなかでは、エナックは、パンタグリュエル*の巨人の祖先のひとりである。しかし、エナックはこの作品の最初の版には登場していない。ラブレーがパンタグリュエルの系譜を完成する手段として、のちの版で加えたキャラクターだからである。エリュックス*、エティオン*、ガッバラ*、ガルオー*、アップ・ムウシュ*、モルガンテ*の6人の巨人*は、主に飲むことに関連した何らかを発明、創始、初体験したという役割をあたえられているが、エナックとガイヨフ*には、系譜を完成させる以外の役割はなかったようである。
文献174
⇨ ウルタリー、カインの娘たち、シャルブロット、ノア、ノアの子供たち、ブレイエ

エニュオ
ENYO
　ギリシア・ローマ神話に登場するハッグ（妖婆）の不気味な怪物*。殺人怪物ゴルゴン*の姉妹であるグライアイ*のひとり。
文献178

エパポス
EPAPHOS
　古代エジプト神話の聖牛アピス*のギリシア語名称。
文献24、63、169

エピアルテス
EPHIALTES
　ギリシア・ローマ神話でアロエウスのふたりの息子の一方。エピアルテスという名は「跳ねるもの」を意味する。ふたりは、アロエウスと妻イピメデイアに生まれた巨人*だが、説によってはイピメデイアが生んだポセイドンの息子とも言われる。さらに、去勢されたウラノス*の血から、プレグライ近くのパレーネ半島で完全武装して生まれてきたという説もある。エピアルテスとオトス*はアロアダイ*という双子の兄弟であり、ふたりとも生まれた時から毎月20cm以上成長した。彼らはあまりにも巨大で、9歳になるまでに、すでに胴回りは8m近く、背丈は20m近くになっていた。外見は巨大で無骨だが、都市の建設をし、ムーサたちの尊敬を集めたと言われた。
　ホメロスの『イリアス』によれば、アロアダイはオリュンポスの王座や女神アルテミスとヘラを与えるよう要求した。要求のために戦う最中、彼らは軍神アレスを青銅の壺のなかに一年以上閉じ込めた。また彼らはオリュンポスを執拗に攻めて、オリュンポス山の上に、オサ山とペリオン山を積み上げた。しかし、ゼウス率いる新しい神々は、そう簡単に負けなかった。彼らがどのように死んだかについてはいくつかの説があるが、エピアルテスに関して言えば、神アポロンに殺されたという説が優勢である。
文献20、125、139、174、178
⇨ オトス

エピダウロスのドラゴン
EPIDAURIAN DRAGON
⇨ ドラゴン（エピダウロスの）

エピマクス
EPIMACUS
　ヨーロッパの紋章の図案に使われているグリュプス*の一種、オピニコス*の別名。
文献7、20

エピメテウス
EPIMETHEUS
　ギリシア・ローマ神話に登場する巨人*のひとり。エピメテウスは、ヘシオドスの『神統記』によればティタン*のイアペトス*とオ

ケアノス*の娘クリュメネー*との子供のひとりだが、アイスキュロス（前525〜前456）によれば、母はテミス*である。彼の兄弟は、巨人*のアトラス*、プロメテウス*、メノイティオス*だった。エピメテウスは世界中の生物に速さや強さなどの性質を与え、プロメテウスが人間の性質を決めるのを手助けし、彼が人間のために神々から火を奪ってくるようにけしかけた。エピメテウスの妻はパンドラだった。パンドラは好奇心がもとで世界中に災厄を解き放ったが、夫のほうは神々の王ゼウスによって、神々の領分を犯した罰として猿に変えられた。
文献139、166、169、178

エピロテス
EPIROTES

ギリシア・ローマ神話に登場する巨大で超自然的な蛇*。太陽神アポロンが多数の珍しいドラゴン*を飼っていた塀で囲まれた庭の巨大な守護霊。このデルポイのピュトン*のドラゴンの子孫たちは、周辺の住民の未来を予言する道具だった。毎年、裸の乙女がこのドラゴンの生贄に捧げられることになっていたが、人々がこの献上を拒めばその年は不幸続きとなり、ドラゴンの一頭がこの生贄にありつければその年は幸運続きとなった。
文献89

エミム人
EMIM

旧約聖書の申命記（2：10）で言及されている巨人*の種族。
文献13
⇨ ザムズミ人、ズジム、ノア

エームーシャ
EMUSHA

インドのヒンドゥー教の創世神話に登場する巨大な漆黒の野猪。原初に乳海攪拌によって大地が作られた時、デーモンのヒラニヤークシャーがもたらす悪の力によって、大地の出現が阻害され続けた。そこでヴィシュヌ神が化身した巨大な野猪のエームーシャが海中から大地を押し上げ、デーモンも殺した。
文献112

エムプーサ
EMPUSA

ギリシア神話の超自然的で恐ろしい混成の女怪物。彼女は一方の足が真鍮で、もう一方がロバの足だと言われた。エムプーサは女神ヘカテ*が暗い田舎道で旅人を苦しめ、脅かすために送り出す怪物*であり、脅えて死んでしまった人の体をむさぼり食うとされ、非難の的だった。

現代のギリシアの伝承では、エムプーサは変身できる悪霊で、牡牛や犬やラバや美女の姿で現われる。彼女は人間にとって恐ろしい霊だが、真昼の暑い盛りに山の羊が怪我を負う原因を作っているのも彼女だと考えられている。
文献7、17、125、160、169、178
⇨ クルッド、黒妖犬、パッドフット

エモゴアレック
EMOGOALEKC

米国北西部の海岸地域の先住民カスラメット族が伝説で伝える、怪物*に変身した人間。エモゴアレックは部族社会の奴隷の少女に恋をするが、酋長の息子としてそれはおきて破りなので、父親である酋長に叱責された。取り乱した息子は死のうとして近くの湖に身を投げた。だが彼は死なず、水棲怪物に変身した。しばらくして湖にやってきたエモゴアレックの友人は、遭遇した怪物が行方不明になった酋長の息子だと知った。エモゴアレックは彼に秘密を誓わせる。だが、なぜかエモゴアレックの所在を知ってしまった村人たちは、恐れるあまり、彼を殺しに湖へやってくる。エモゴアレックは約束が破られたものと誤解し、友人を責める。それでも彼の脱出を助けた友人は、将来エモゴアレックの姿を見た者はいつの日か必ず酋長になると教えられた。
文献77

エリクトニオス
ERICHTHONIOS

ギリシア・ローマ神話に登場する混成人型怪物。エリクトニオスは上半身が人間の男で、下半身が蛇*だった。工匠神ヘパイストスが若い女神アテナを犯そうとして未遂に終わり、精子が飛び散った結果生まれたと言われる。大地に落ちた精子がたちまち子供に成長し、アテナはエリクトニオスをアクロポリスへ連れていった。そして決してその姿を見ないという条件付きでケクロプス*の娘たちに育児を託したが、条件を破って子供を見てしまった娘たちは、全員が恐怖のあまりアクロポリスの崖から身を投げ、真下の岩に激突して死んだ。

文献166
⇨　怪物

エリーニュス [複数：エリーニュエス]
ERINYS, ERINYES (pl.)

ギリシア神話に登場する、3人の復讐に燃える超自然的な女性の人型怪物。この3人はギリシアでは、エウメニデス*、セムナイ*という別名で、そしてローマではディラエ*、フリアイ*という名前でも知られる。個別の名前はアレクトー*、メガイラ*、ティシポネー*である。この恐るべき生物たちは黒く、髪は蛇からなり、手に蛇が巻きついている。また、コウモリのような翼を持ち、頭部は犬で、目は膿み、息は悪臭を放つ。汚れて悪臭のする衣をまとい、燃えさかるたいまつと蛇と鞭を持ち運ぶ。この凄まじい超自然存在は去勢されたウラノス*の流した血から生まれたが、そのため百手の巨人*の姉妹だという説がある。また、クロノス*とエウリュノメの娘たちだという説もある。エリーニュスは冥界に住んでいたが、家族に対する流血罪を犯した者や他人を虐待した者を追い詰めるために現われて恐るべき復讐を行なった。ヘシオドス（前8世紀頃）やアイスキュロス（前525～前456）によるこうした凄まじい描写は、のちにはもっと受け入れやすいものとなった。

文献20、24、28、38、47、62、70、124、125、127、160、161、169、178
⇨　怪物

エリュックス
ERYX

フランスの古典文学に登場する巨人*。フランスの作家フランソワ・ラブレー（1494頃～1553頃）による有名な作品『パンタグリュエル』（1532）のなかで、エリュックスはパンタグリュエル*の巨人の*祖先のひとりである。しかし、エリュックスはこの作品の最初の版には登場していない。彼はラブレーがパンタグリュエルの系譜を完成するために、のちの版で加えたキャラクターである。エリュックスとほかの5人の巨人*（エティオン、ガッバラ*、ガルオー*、アップ・ムウシュ*、モルガンテ*）は、主に飲むことに関連した何らかの発明、創始、初体験したという役割をあたえられている。

文献174
⇨　ウルタリー、オフォトウス、カインの娘たち、ガルガンチュア、シャルブロット、ノア、ノアの子供たち、ブレイエ

エリュマントスの猪
ERYMANTHEAN BOAR

ギリシア・ローマ神話に登場する巨大な猪。この巨大な獣型怪物は畑を荒して作物を食べ、さらに地元の人々を惨殺して食べていた。エリュマントスの猪の棲息地はアルカディアのラムペイア山の森林からアカイアにかけてのエリュマントス河畔のイトスギの木立ち一帯であり、それを狩りにいく勇気のある人間は誰もいなかった。

ヘラクレス*は暴君エウリュステウスからこの怪物*を捕らえる仕事を、12の難業の4番目として与えられた。英雄は猪を容赦なく追い詰めて目的を達成した。山の木立ちを越え、さらに雪線を越えたところで、とうとう猪は巨大な吹きだまりに突っ込んで身動きできなくなったのである。ヘラクレスはエリュマントスの猪を頑丈な鎖で縛り上げて肩にかつぎ、ミュケナイへと帰った。英雄がこの怪

エルブスト

死んだ猪と戦士たち

物猪を連れて宮殿に入ってくるのを見ると、臆病な暴君エウリュステウスは恐くなって逃げ出し、青銅の壺のなかに隠れた。
文献7、24、78、133、139
⇨ アイトーリアの猪、エスキスエルウィン、カフレ、カリュドンの猪、セーフリームニル、戦いの猪、トゥルツフ・トゥルウィス、ヒルディスヴィニ、ブアタ、プゴット、ベイガド、ベン＝グルバンの猪

エル・クエレブレ
CUELEBRE, EL

スペインの伝承に登場する蛇*。巨大で有翼の飛翔する蛇で、森や洞窟や滝に棲むと言われる。エル・クエレブレは巨富の守り主だと言われるが、この生物を見つけた者は誰も戻らず、したがって誰にも伝えることはない。
文献24
⇨ アイトワラス、プキス

エル・ザンガロン
ZANGARRÓN, EL

スペインの伝承と民話に登場する巨人*。エル・ザンガロンは巨大な人間に似た姿で、大きな頭に先のとがった、くたっとした帽子をかぶり、素朴な農民の身なりをしている。顔はいぼでこぼこしており、ひげは黒くて濃く、かぎ鼻で眼窩は深くて黒く、太い眉毛の下には鋭い目があった。口はだらりと開いていて、いつでも不用心な者に噛みついたり飲み込んだりできるようになっていた。伝承ではサモラのサンジョレス・デル・ヴィノという町で聖エステバンに祈りを捧げた住人が、その願いをかなえてもらえなかった時の様子を伝えている。住人たちは聖像のある町の広場に集まり、像に石を投げつけたのである。すると突然エル・ザンガロンが現われ、住人たちを脅して攻撃を止めさせ、彼らを追い払った。この出来事を祝して毎年12月26日の聖ステファノ祭のパレードでは、大きな豚の膀胱を持つ巨人カベスド*の像が町の若者を追いかけるのである。
文献182
⇨ 町の巨人

エルブスト
ELBST

スイスの伝承に登場する水棲の怪物*。エルブストについては、最も古い1584年の報告から1926年の最新の報告までの多くの異なる記述がある。体が長く蛇のようで、大きな頭と鉤爪のある4つの足を持つドラゴン*のような生物とする説もあれば、水のなかで横に並べた小船2隻分くらいのどっしりとした生物で豚に似た巨大な頭を持つという説、さらには足のある巨大な魚という説などがある。しかしいずれにせよ、エルブストはルツェルンに近いウリ州の穏やかな湖ゼリスベルクゼーの深みに棲息すると言われている。この怪物は夜になると湖から出てきて、アルプスの牧場で羊の群れを襲い、ばらばらの死体を残して去ることによって、周辺の住民を震え

上がらせた。湖にいる時は、船の脇の水面に突然躍り出て乗員たちを脅かし、それからすかさず泳ぎ去るか潜って姿を消す。後者の行為は直後に起こる嵐の前ぶれだと言われていた。多くの人がエルブストを黙示録の獣*と考えていた。

文献134

⇨ アポカリプティック・ビースト

エレファント・タイガー
ELEPHANT-TIGER

　タイの伝説に登場する混成動物。象の体と巨大な虎の頭を持ち、虎のように獰猛で象のように強靱と言われた。密林の奥に棲むと噂されていたこの架空動物を、ナコーン・パトムの都のファン王は自分の所有動物の群れに加えたがった。そこで最高に腕の立つ罠師3人が、この獣を捕らえて王のもとへ連れ帰るために送り出された。密林をさんざん歩いた末、3人はついにこの獣の棲み家を探り当て、落とし穴を作って生け捕った。彼らはさらに万難を排してこの偉大な獣を王宮へ連れていき、この困難な仕事に対する莫大な報酬を受け取った。王の群れの管理人はこの珍獣を最高の象と掛け合わせて、新種の戦闘象を作り出した。ファン王が近隣のチアシのコング王と戦った時、敵を敗走させたのはこの群れだった。この勝利は今日もたたえられており、ある祭りではエレファント・タイガーの人形が最高の地位を誇っている。

文献113

⇨ 町の巨人

エロキグドリット
EROQIGDLIT

　グリーンランドとバフィン島の人々に語り継がれ、信じられていた怪物*。血を飲む怪物の一群と言われ、カナダのラブラドルとハドソン湾西岸地域のイヌイットの神話や伝承ではアドレト*の名で知られる。

文献24、77

エワイパノマ
EWAIPANOMA

　ベネズエラの伝説に登場する奇怪な人種。この人種のことは、イギリスの航海者サー・ウォルター・ローリーによる1617年のこの地域への二度目の遠征の報告書に記録されている。ローリーはこの地域の首長から、エワイパノマと呼ばれる無頭の人種の話を聞いた。それによれば、この人種の口は胸に付いていた。この人種とは、イェクナナというカリブ人のことだったのではないかと考えられている。彼らは美の象徴として常に肩をいからせていたらしい。

文献76

⇨ アケファロス、シン・ティエン（刑天）、ブレムミュエス

エンガルファー（飲み込む者）
ENGULFER

　カナダのブリティッシュ・コロンビア州の先住民、クールダレーヌ族の伝承と信仰に登場する湖、ヒーンクーメメン*の別名。

文献134

エンケラドス
ENKELADOS

　ギリシア・ローマ神話に登場する巨人*。エンケラドスという名は「ブンブンうなるもの」の意味。ギガンテス*のひとりで、兄弟たちと同様に、去勢されたウラノス*の大地に落ちた血から生まれた。この巨人は生まれつき大人で完璧に武装した姿で生まれてきた。彼らはティタン*の敗北ののちに、オリュンポスの神々と戦って敗北した。この戦争でエンケラドスは女神アテナと戦い、シチリア島を投げつけられた。別の伝承はアテナがエトナ山の下に閉じ込められたので、エンケラドスが動くと地震が発生する。さらに別の伝承によれば、エンケラドスはゼウスに殺された。

文献20、24、139、169、174、178

⇨ ガイア、ギュゲス、コットス、パラス、百手の巨人、ブリアレオース

エンセラドス
ENCERRADOS

　「捕虜」または「隠遁者」を意味するこのスペイン語は、チリの人々の伝承と信仰における恐ろしい生物の種族を指して使われる。この怪物*はチロエ周辺で誘拐された子供たちを材料に作られたものだと言われた。子供たちはまず、体の開口部を邪悪な魔女に縫い上げられた。それから山羊の肉やほかの子供の犠牲者を餌として与えられているうちに、毛深い灰色の食人動物に変わり、インブンチェ*やチヴァト*に世話されるようになるのだった。また、インブンチェやチヴァトになる場合もあった。じめじめした地下の通路で、この生物たちは恐ろしい悪魔的儀式に使われていたらしい。

文献134
⇨　カンニバル（食人種）

エント
ENTS

　イギリスの学者、作家のJ・R・R・トールキン（1892～1973）の小説『ホビット』と『指輪物語』に登場する巨人*の種族。部分的に木で部分的に人間という混成動物と説明されている。年齢によっては高さが4ｍ以上に達し、その幹は最初はなめらかだが年をとるにつれて節ができた。幹からは枝のような腕が出て、足の先は根のようだった。また、幹の最上部には頭があり、そこから小枝のような髪が伸びていた。大木のような外見に反し、彼らは驚くほどの速さで前進できた。エントたちは賢く心優しい反面、強く決然とした生物だったので、ひとたび怒り出すと、恐るべき敵となった。エントたちの長はファンゴルン*と呼ばれた。彼らはアルダの大森林に棲んで大地の妃ヤヴァンナのために樹木の牧者を務めていた。ここで彼らは魔法の液体を食糧としながら平和に暮らし、ときおり「エントの寄合」という集会を開いていた。エント女*は園芸がすばらしく得意で、エントっ子と呼ばれる子供たちを森林方式で育てていた。彼らは守っている木々のそばで斧を振りまわす者は誰であれ嫌悪し、つねにドワーフたちを警戒していた。その後、太陽の第2紀の末に、エント女とエントっ子たちが突然姿を消した。オークが鋼（はがね）の武器を振りまわして彼らの庭を荒し、森じゅうで暴れた時のことだった。エントたちは恐ろしくて見ていられないほど激怒し、アイゼンガルドの要砦へ向けて行進して、その城壁を引き裂いてオーク軍を完全に滅ぼした。だが、エント女とエントっ子たちの喪失とともに彼らの生活は一変し、しだいに数も減って、再び平和にエント森で暮らすようになった。

文献51
⇨　フィングラス、フィンブレシル、フランドリヴ

エント女
ENTWIVES

　イギリスの学者、作家のJ・R・R・トールキン（1892～1973）の小説『ホビット』と『指輪物語』に登場する混成の木型巨人、エント*の妻を指して言う。エント女たちは園芸と農作業が得意で平野や谷に棲んでいたが、夫たちは森林の樹木の守護者だった。エントっ子と呼ばれる子供たちは、これらの技術を習得しながら成長した。指輪戦争の時に、庭や木立ちがオーク*に破壊され、大勢のエント女とエントっ子が殺された。殺されなかった者も姿を消し、エントはオークに復讐しに行った。

文献51
⇨　足どり軽きたおやかなぶな娘、巨人

エンドロップ
ENDROP

　ルーマニアの伝説と民間伝承に登場する水棲の怪物*。ヘレニズムの時代にアレキサンドリアで書かれた『フィジオロゴス（Physiologus）』によれば、エンドロップはヒッポカムポス*や水棲馬の一種である。スコットランド伝承のケルピー*と同様に、この怪物も向こう見ずな人間を背中に乗るよう誘っておきながら、水のなかへ突進する。それから

彼らが救世主イエスに助けを求めないかぎり、犠牲者を溺れさせてむさぼり食う。
文献89

エンバール
ÉNBARR, ENBHÁRR

アイルランドの神話と民間伝承に登場する想像上の馬。エンバールは「泡」または「あぶく」の意味であり、イーンヴァル*の名でも知られる。マナナーン・マク・リル（リルの息子マナナーン）の乗馬用の馬で、名前から推測できるように、山であれ沼であれ海であれ、どんな表面でも疾走することができた。
文献128
⇨ 一角獣、太陽の馬、ペガソス

エンフィールド
ENFIELD

イギリス諸島で紋章に使われている混成架空動物。J・ヴィニコム（1906年）によれば、この獣はライオンの胴体と狼の尾と脚を持つが、獣の足でなく鷲の鉤爪があり、爪の上には狐の頭が付いている。アイルランドの家族の紋章に見られる。
文献7

～ オ ～

オイリフェイスト
OILLIPHÉIST

アイルランドの伝承と伝説に登場する湖の怪物*。アイルランド・ゲール語のoll（大きい）、péist（怪獣）という言葉からきている。ドラゴン*に似ていると言われ、大変長大で、シャノン川と同じくらいの長さがあったとされる。だが伝説によれば、聖パトリックが自分を追い払うためにやってくると聞きつけ、激怒した。折悪しく居合わせた酔っ払いの笛吹きを飲み込んだが、勇敢な笛吹きは、怪物の腹のなかで笛を吹きつづけた。オイリフェイストがそれに閉口して吐き出したため、酔っ払いの笛吹きは、危険な目にあったことをすっかり忘れて、笛を吹きながら旅を続けた。
文献128
⇨ カオラナッハ、シーナフ、ムルドリス

オイレフェイスト
OILLEPHEIST
⇨ オイリフェイスト

黄金龍スマウグ
SMAUG THE GOLDEN

イギリスの学者、作家J・R・R・トールキン（1892〜1973）の『ホビット』や『指輪物語』に描かれたドラゴン*。ウルローキ*の種族で、火龍*の仲間。鉄の鱗が生え、大きなコウモリの翼を持つ巨大なドラゴン。ドワーフの宿敵であり、ドワーフの守りを破って、要塞を略奪し、すべての宝を盗み、ドワーフの王国を200年にわたって支配した。そこへホビット族のビルボ・バキンズが、本当の王トーリン・オーケンシールドと、12人のドワーフたちを連れてやってきた。彼らは鎧で固めたスマウグの体の唯一の弱点は下腹部の小さな箇所だと知っていたので、赤いドラゴン*が空中に上ろうとした時、弓の達人バルドが、黒い矢でそこを射て、強力なスマウグを永久に退治した。
文献51
⇨ 黒龍アンカラゴン

大男アグリッパ
GREAT AGRIPPA

ドイツの医師・詩人ハインリヒ・ホフマンによってヴィクトリア女王時代に書かれたイギリスの有名な絵本『もじゃもじゃペーター』（1847）の登場人物アグリッパ*、あるいはのっぽのアグリッパ*の別名。
文献97、182

狼憑き（人狼）
WEREWOLF

奇怪な人食い狼に変身する人間。この伝承

狼憑き（人狼）

はヨーロッパ中に存在する。「狼憑き」という名前は「人間」を意味する古英語の wer に「wolf」を付けたものに由来する。この現象は世界中に存在するが、狼ではなくその地方に多く見られる他の動物に変身するのである。

狼憑きは日中は必ず人間の姿をしているが、満月の時や特別な狼の皮を身に付けた時に変身し、呪いによって永久的に変身することもある。しかしそれは伝承によって異なる。人間が狼憑きになるのは、呪いのせいだったり、新月の時に受胎したせいだったり、ある薬草を食べたからだったり、金曜日に満月の下で眠ったからだったり、狼が触れた水を飲んだからであったり、狼の脳みそを食べたから（これは魔法使いが実行した）だったりするが、獣姦して生きてきた人間も、死ぬと狼憑きになる。狼憑きを見分ける方法のいくつかは、ヴァンパイア*を見分ける方法と一致する。両眉毛がつながっていたり、左右で異なる色の目をしていたり、犬歯のかわりに牙が生えていたり、指が短くて鉤状の爪をしていたり、「カインの印」として知られる赤い母斑があったりするが、何よりもどの狼憑きもとても毛深いのである。

狼憑きはその貪欲な食欲で恐れられている。家畜の群を食べ尽くしたり、家で眠っている子供たちをさらったりする。夜に旅人を襲ったり、食べられないものは壊したりする。狼憑きは事実上不死身なので、その餌食になることから身を守るためにできることはほとんどない。唯一できることは、狼憑きの人間を発見して、特別な方法で扱うことである。

動物の皮で変身する場合は、夜明けにその皮を脱ぎ、人間の姿に戻るためにそれを隠さなくてはならない。このタイプの狼憑きは皮を見つけだして破ってしまえば、殺すことができる。一方狼の姿でひどく傷つければ、人間の姿の時に皮膚が傷ついているのが見えるので、狼憑きと分かり、傷が原因で死ぬかもしれないが、呪いからは解放される。だがこの方法はどれも簡単ではない。なぜならこの怪物*の皮は普通の武器では傷つかないし、狼の状態では不死身だからである。聖ユベールを祭った教会に特別に奉納された銀は皮を傷つけることができると言われる。

ヨーロッパの狼憑き信仰は、恐らく古代ギリシア、ローマにさかのぼることができる。ローマ時代にはウェルシペリス（versipellis）として知られていた。ラテン語で「変化する皮」という意味である。古代ギリシアでは人間の肉と混ぜた狼の肉を食べると変身し、1度変身すると元には戻らないと信じられていた。ギリシア神話では、我が子を生贄にしたリュカオンによる過度のゼウス崇拝、あるいは食人風習が始まりとされている。ゼウスはこのためにリュカオンを狼に変えた。狼崇拝者は儀式において狼のマスクを被り、森のなかで生贄の動物（時には人間）を捕らえては殺した。ヘロドトス（前485～前425）は、魔法使いの種族であるネウロイ族が1年のある祭りの時に、この変身を自動的に行なうと記している。もっと後には大プリニウスが著書『博物誌』（77）で、アンタイオスの名家の一員がくじ引きで選ばれた後9年間、狼憑きあるいはリュカントロポス*であったと述べている。

中世のイングランドでは野性の狼が絶滅した後、狼憑きの原因は魔法であると考えられ、数多くの人々が告発されて殺された。フランスでは1520～1630年に3万人以上が狼憑きの疑いで処刑された。非常に詳しく記録に残され、1590年にイングランドで出版されたドイツの事件がベドバーグのペーター・シュトゥッベ事件である。彼は狼に扮装して、レイプ、殺人を犯し、自分の家族も含めて人間を食べ、その上25年以上もその地方を恐れさせたが、ついに捕まって拷問され、処刑された。18世紀後はこの信仰も比較的衰えていったが、ヨーロッパの多くの地域で民話が残り、20世紀に入って大分経ってからも、時折再燃することがあった。

ヨーロッパには狼憑きを表わすたくさんの名前がある。ドイツのヴェル・ヴォルフ、フランスのルー・ガルー*、スロバキアのヴルコドラクまたはヴコドラク、その他のバルカ

狼憑き（人狼）

狼憑き。怪物的な人食い狼。

ン諸国のヴィルコラク*、ロシアのヴルコドラク*、ポルトガルのロブ・オーメン*、スペインのロブ・オンブレ*、イタリアのルポ・マナロ*などである。また狼にだけ変身するのではない。フランス、ドイツ、スカンディナヴィア、ロシアには、熊憑き*、猫憑き*、犬憑き*、狐憑き*の話が存在する。

世界のその他の地域でも、狼憑きは別の動物として現われている。たとえばアフリカの国々にはワニ憑き*、ジャッカル憑き*、ハイエナ憑き*、レパード憑き*、ボルネオ、インド、中国、日本には虎憑き*、中国と日本に

は狐憑き、ギリシアとトルコには猪憑き*、米国には山猫憑き*と熊憑き、南米にはジャガー憑き*がいる。

世界中に存在する何々憑きという名前には、以下のようなものがある。フランスのブルターニュではビスクラヴレット*、ブレイズ＝ガルヴ*、デン＝ブレ*と呼ばれているが、ルー＝ガルー*のほうがもっと一般的である。インドネシアのジャワ島に伝わる民話ではアンジン・アジャク*、マガン・ガドゥンガン*という。スリナムの民話ではアゼマン*、カリブ海の島ハイチではレガルー*、カリブ海のトリニダード・トバゴの島々ではスクヤン*、パラグアイの民話ではジャガー・マン*、ブラジル南部とウルグアイの民間信仰ではロビソン*、アルゼンチンの民話ではティグレ・カピアンゴ*、ロシアの民話ではウビル*、ロシアと白ロシアの両国でフセスラフ*、リトアニアの民話ではヴィルカタ*とヴィルコラキ*、ボスニアとセルビアの民話ではツマグ・オグンジェニ・ヴク*という。

このように広く一般的な伝承や民間信仰の根底には、先史時代に北方の侵略者や毛皮をまとい馬に乗った部族と戦い、侵略されたという民族的な記憶があるのかもしれない。人間と狼のあいだには、飢饉や冷害の時には食料をめぐって生じた反目も現実にあり、それがこの獣に対する非難を生み、人間の精神に染み込んだのかもしれない。

さらに認知されている精神状態のひとつに狼化妄想というものがある。この患者は自分がある動物だと信じ、生の食べ物を切望し、その動物の歩き方を真似さえする。

文献7、20、24、51、55、61、89、94、113、133、134、139、174、181、182
⇨　ヴィルカチ、カンニバル（食人種）

大蛇
BIG EARS

GREAT SERPENT
⇨　蛇

大耳猫
BIG EARS

スコットランド高地地方の伝説と民間伝承に登場する悪魔的な猫。巨大な耳と邪悪で意地悪そうな黄色い目を持つ怪物*で、悪魔的な儀式の一環として呼び出される。これは17世紀にタガルムと呼ばれていた儀式で、そのなかで本物の猫たちが虐殺された。

文献128
⇨　カット・シー、キャス・パリーグ

大鷲のグリュプス
GRIFFIN VULTURE

ギリシア・ローマ神話に登場する怪鳥。怪物*エキドナとテュポンのあいだに生まれ、プロメテウス*への拷問の道具として使われた。この恐ろしい怪鳥は不死身の巨人*プロメテウスの肝臓を毎日ついばみ続ける。不死身の体を持つプロメテウスの肝臓は夜のあいだに再生されるため、英雄ヘラクレスが矢を放って大鷲のグリュプスを射殺するまで拷問は半永久的に続いた。**gryps fulvus**（シロエリハゲワシ）の名はこの怪鳥に由来している。

文献7

オガ
HOGA

メキシコの伝承に登場する怪物*。南米ではアンドゥラ*と呼ばれている。オガは巨大な魚の怪物だが、豚のような頭と耳を持ち、大きな牙が並んでいる口の周りには非常に長い剛毛、または太いヒゲが生えている。この生物は驚くべきことに体の色を変える能力があり、皮膚の色を赤、緑、黄色に変化させることができた。シーミスという町の湖に棲んでいるとされ、岸部に生えているオガの木の葉を食べるという。オガは巨大な魚を捕食し、水際に近寄りすぎた動物を襲うこともあるといわれ、人々に恐れられた。

文献147

オーギュゴス
OGYGOS

イタリアの修道士ヴィテルボのアンニウス（ジョヴァンニ・ナンニ、1432頃～1502）が、聖書に登場するノア*に付けたギリシア神話の英雄の名前。アンニウスは、聖書のノアは巨人*であるとした。さらにノアやイアペトス*から始まる巨人の系譜を再構築したヴィテルボは、当時のフランス貴族の祖先が高貴な血統の生まれであることを証明しようとした。

この血統のなかでアンニウスは、ノアの3人の息子、セム、ハム、ヤペテ*も巨人であり、オーギュゴス族となったとしている。ピエール・シャロン（1541～1603）はこの偽史をさらに発展させて、著書『世界史（Histoire Universell）』のなかで、オギュゴスはフランスの都市ブールジュを築いたとしている。

文献174

オーキュペテー
OCYPETE

ギリシア・ローマ神話に登場するハルピュイア*のひとり。その名前は「速く飛ぶ」という意味で、半人半鳥の女の怪物である。姉妹とともに、東トラキアのサリュムデッソスで、盲目の王ピネウスを責めさいなんだが、イアソンとアルゴ船の英雄たち（アルゴナウタイ）に追い払われた。

文献89、139、178

⇨ アルコノスト、アレピュイアイ、アンカ、アンナティ、ガルダ、ザグ、シリン、セイレーン、ソロヴェイ・ラクマティチ、パルテノペ、プティツィ・シリニー、ポダルゲー

オグ
OG

旧約聖書やユダヤの伝承に登場する巨人*。ハパリト*（大洪水から「逃れた者」という意味）という名前でも知られ、手足の指をたくさん持ち、大洪水でも足首までしか水につからなかったほど大きな体をしていた。大洪水にまつわる別の話では、オグはノアの許しをもらって箱舟の屋根にまたがって座った。どうやらこの災難を生きのびることが許されたようだが、オグの性格には難点があり、箱舟がついに安息の地にたどりついた時に、オグは、ノアの妻サラを誘惑した。このため彼は、イスラエルの民に追放されたが、そのことを恨んだ彼は、イスラエルの民がエジプトを脱出した時に、通り道にあらゆる障害物を置き、大きな岩で道を塞ぐなどした。ヤハウェが蟻の群れによってオグがつかんでいる岩を叩き落すと、岩は砕けてオグの歯のあいだにはさまった。オグはモーセによって足首を切られ、倒された。倒れたオグは山となったが、その山からイスラエルの民は約束の地カナンをのぞむことができた。

文献133、174

オーグル（人食い妖怪）
OGRE

伝承に登場する巨人*。一般に、知恵のめぐりが悪く強健な体をした大男で、人間を食うが賢い人間には簡単に騙されるとされる。「オーグル」という名は、フランスのふたりの作家のどちらかが作り出したものらしい。すなわちシャルル・ペロー（1628～1703）『過ぎし昔の物語ならびに教訓（Histoires ou Contes du temps Passé, 1697）』またはオーノワ伯爵夫人、マリー・カトリーヌ・ジュメル・ド・ベルヴィル（1650～1705）の『オレンジの木と蜂（L'Orangier et l'Abeille, 1968）』のどちらかである。だが、もとはイタリアの著作家ジャンバティスタ・バジーレ（1575～1632）の作品に由来するものと考えられている。バジーレの『太陽、月とタレイア（Sole, Luna et Talia）』は、『美女と野獣』のもととなった。どの作家が作り出したものであれ、こうした作家の書いた物語は英語に訳され、このタイプの巨人を表わす「オーグル」という言葉とともに、イギリスに伝わった。オーノワ夫人の作品では、オーグルの妻に「オーグレー*」という名前が与えられている。

人食いオーグルたちのあいだの会話は残忍

オーグル（人食い妖怪）

棍棒を持つオーグル

で嫌なことばかりに思えるが、すぐれた妖精物語のなかにはブラック・ユーモアが漂う作品もあって、そうした話のなかでは、たいていヒーローやヒロインが勝ちをおさめる結末となっている（これに対して古くからの巨人伝承では、恐怖から解放されることはほとんどない）。オーグルは、神話よりも伝説や伝承に深く根ざしているようであり、こうしたタイプの怪物*の例は世界中で見られる。たとえば世界各国で怪獣として知られる、次のような例である。カナダ先住民のモンタニェ族に伝わるアツェン、米国先住民のショショーニ族に伝わるゾアヴィッツ*、米国先住民のチョクトー族に伝わるスカテネ*、バルカン諸国のジプシー共同体に伝わるドレーク*、ドイツの伝承に登場するキンダー・フレッサー*、スカンディナヴィアのトロール*、スコットランドのグルアガッハ*、アイルランドのケルト伝説に登場するミカイン*、イギリス民話に登場するトム・ドッキン*、スペイン民話に登場するボバリコン*、フランス文学に登場するラヴァジオ*やトゥルマンティンヌ*、西アフリカのツチ族やアシャンティ族の伝説に登場するササボンサム*、日本の伝説に登場する荒神などである。

文献20、24、61、77、182

オーグレー

⇨ アラスカヒノキの樹皮のオーグル、オグレス、ガ=ゴリブ、グランボー、サンデル、鍋を傾ける者、ブランダーボア、ブランダムール、ボムボマチデス

オーグレー
OGREE
⇨ オーグル

オグレス
OGRESS
　ヨーロッパの文学伝承と民間伝承に登場する女のオーグル*。世界中の他の文化でもオグレスに似た存在は見られる。一般に知恵のめぐりが悪く、巨大な体をした女とされている。たいてい水辺に棲むが、オーグルの妻オグレスは、人間に対してオーグルほど残酷な扱いはしない。ほとんどのオーグルと同じく、オグレスも人間の賢い子供に簡単に騙される。「オグレス」という言葉が最初に使われたのは、17世紀フランスの作家シャルル・ペローの『眠れる森の美女』であり、そこではogresseと綴られていた。

文献182

オグレス。大きな体を持つが、知恵のめぐりの悪い、人間型の女の怪物。

オケアノス
OKEANOS, OCEANUS

オケアノスと呼ばれるものには2種類ある。

1) ギリシア・ローマ神話に登場する巨人*。名前は「迅速な」という意味。ティタン*族で、ウラノス*とガイア*の子。姉妹のテテュスと結婚し、オケアニデスというニンフたちと世界中の川を作った。オケアノスは宇宙の水を象徴しているが、ティタンとしてオリンポスの神々と戦って打ち負かされた。

2) ガリア人たちが巨人族の高潔な血筋を引いているという説を正当化するためにイタリアの修道士であるヴィテルボのアンニウス（ジョヴァンニ・ナンニ、1432頃〜1502）が作成した系譜に登場する巨人のひとり。

文献7、14、38、63、78、139、148、174、178、185

⇨ 怪物、ノア

オーゲリノ
AUGERINO

米国の木こりたちの想像力によって生み出されたフィアサム・クリッター*の怪物*。めったに目撃されないので、その外観はさだかでない。しかし、コロラドの乾燥地域に棲むと言われる。穴を掘る生物で、地下で活動する。水を嫌い、完全に乾燥した環境を求める。こういった特性のため、オーゲリノは労働者たちが掘った水路をすべて攻撃する。これらは労働者たちが作ったダムや掘割から大量の水を放出するからだ。

文献7、24

⇨ ポール・バニヤン

オゴポゴ
OGOPOGO

カナダのブリティッシュコロンビア州オカナガン湖地域の伝承に登場する湖の怪物*。馬の頭を持つ大きな丸太のような生物、背中にこぶまたは鋸状の隆起があるうねった蛇のような生物、あるいはなだらかな背にヒレを持つ長さ20mの蛇のような生物など、さまざまな姿で報告されている。1950年代から19 75年にかけて何回か目撃されており、おびえた目撃者によれば、この怪物は湖を激しく泡立たせたり、ある冬の目撃例では凍った湖面を打ち砕いたとされる。オゴポゴは突然、ラトル・スネーク島か湖岸近くに姿を消しており、このことから、ほかの湖の怪物の話によくあるように、湖底が洞窟につながっているという説が生まれた。

文献78、94、134

⇨ シャンプ、ナイタカ、ハイトリック、ポニック、ロッホ・ネス・モンスター

オシャダゲア
OSHÄDAGEA

米国北東部に住む先住民のイロコイ族の伝承と信仰に登場する巨人*。朝露の大鷲とも呼ばれ、ヒノの従者をつとめる大きな鷲とされている。この大鷲は、悪霊が起こした恐ろしい火災から人間を守る。森が燃えていると、翼のあいだにできる背中のくぼみに海からの水を入れて運び、燃える森を水浸しにして悪霊を退散させる。

文献133、139

オシュマレ
OSHUMARE

ナイジェリアのヨルバ族の伝承と信仰に登場する巨大な蛇*。虹の蛇であり、西アフリカのダオメの神話に登場する、偉大な虹の蛇アイド・ウエド*と同じものとされる。

文献24

オスカエルト
OSCHAERT

ベルギーの民間伝承に登場する恐ろしい黒妖犬*で、クルッド*と同じ性質を持つ。大きな馬のようだとか、獰猛な目を持つ黒妖犬のようだと言われる。暗い夜に不用心な旅人を襲った。旅人の背中に飛び乗り、その人が振り落とそうとすればするほど重みを増していく。罪の意識で苦しんでいる人には特に重くのしかかり、肌に鉤爪を深く食い込ませ、首筋に火の息を吹きかけるのだった。ドゥエン

デモンデに近い、ハムの町の郊外に棲むと言われる。この土地の聖職者に退散させられ、99年間、海の向こうに追放された。
文献93、160
⇨ グラント、パッドフット、ブラッグ

オズ・マヌーク
ODZ-MANOUK
　アルメニアの伝説と伝承に登場する子供の怪物*。アルメニアの国王夫妻のあいだに生まれたが、姿は蛇だった。その姿が恐れられて秘密の部屋に閉じ込められたが、そこでドラゴン*に変身した。世話は行き届いていたが、外には出してもらえず、贅沢な食事を出されても食べなかった。オズ・マヌークの空腹の唸り声を聞きつけて部屋に入ってきた侍従の娘は、即座に食われた。それ以後、城の召使は、田舎で若い娘を捕まえてはオズ・マヌークに与え、娘を食べて怪物が大きく育つと、秘密の部屋の天井に穴を開けて、そこから娘を突き落として与えるようになった。ある日、美しいアレヴァトが突き落とされたが、部屋からはなんの物音も聞こえてこなかった。音がしないのをいぶかしく思って王が穴からのぞくと、美しい娘が、ハンサムな青年のそばに寄り添って座っていた。娘のやさしさによって、生まれた時にかけられた呪いがとけ、ふたりはのちに結婚した。
　この伝説が「美女と野獣」の民話や伝説のモチーフに属することは明らかである。
文献55
⇨ 獣、リケ・ア・ラ・ウープ、リノセロス、ローズリー・レディ

恐ろしい目のバロル
BALOR OF THE DREADFUL EYE
⇨ バロル

オトス
OTOS, OTUS
　ギリシア・ローマ神話に登場するアロエウスの息子たち（アロアダイ*）のひとり。名前は「抵抗者」を意味する。アロエウスの妻イピメデイアが産んだ巨人*。イピメデイアがポセイドンとのあいだにもうけた息子たちだとも言われる。また、去勢されたウラノス*の血から生まれ、プレグラ付近のパレネ半島で、甲冑を身に着けて生まれたという説もある。アロアダイは双子であり、オトスとエピアルテス*である。生まれた双子は、毎月23cmずつ背が伸びた。9歳ですでに胴回り8m、身長18mあった。彼らは巨大で恐ろしげな姿に描かれてはいるが、町を作り、詩神ムーサたちが崇拝されるきっかけを作った。母親と姉妹が脅された時には助けた。オトスはまた、ギガンテス*という巨人族でもあるとされる。オトスのこうした性格が、中世イタリアの作家ボッカッチョ（1313〜1375）の作品に使われ、作中ではオトスはティタン*とテラ（ガイア*）の子とされた。
文献139、174

乙姫
OTOHIME
　日本の神話と文学伝承に登場する海の姫。豊玉*とも呼ばれる。
文献113、133

オドントテュラノス
ODONTOTYRANNUS
　古代ギリシアの前400〜300年頃の文献と、のちのローマおよび中世の旅行記に登場する生物。黒い大きな水陸両棲の獣*で、額から3本の角が突き出し、象を丸飲みできるほど大きな口をしていた。インド北部のガンジス川に棲む捕食性の怪物*で、多くの象とアレグザンダー大王（前356〜323）配下の兵士を襲ってむさぼり食ったと言われている。
文献7、89
⇨ ニヤン

オニアレス
ONIARES
　カナダのモントリオール付近に住む先住民のカウグナワガ・モホーク族の伝承と信仰に登場する水辺の蛇*。伝説によれば、ダ・

ラ・サ・クワ（川で苔を集める者）が、カウグナワガ湖に行って丸太を探した。よさそうな丸太を見つけ、湖のなかを歩いて取りに行ったが、丸太の上に立ったとたんに脚が丸太から離れなくなり、「丸太」に急流まで連れて行かれた。そして深みに引きずり込まれたが、そこには人間型の種族がいて、蛇*の皮をくれた。その皮をかぶると、ダ・ラ・サ・クワと人間型の種族は、角の生えた大きな水蛇のオニアレスに変身した。だが変身したダ・ラ・サ・クワは、仲間を襲って食べるようになった。

文献134

⇨ 怪物

オニオンの巨人
GIANT ONION

イギリスのハンプシャー州に伝わる民間伝承に登場する巨人*。昔の人たちは、廃墟と化した多くのローマの都市を作り上げたのは紀元前にイギリスで暮らしていた古代の巨人族であると考えていた。その一例がオニオンの巨人である。オニオンという名は現在のシルチェスターにあたる古代ローマ都市、カレヴァ・アトレバトゥムとつながりがある。1610年、イギリスの旅行家でもあり作家でもあるキャムデンは、古代に建てられた城壁の裏門が「オニオンの穴」と呼ばれていると書き残している。また、この町で発見されたローマ時代の埋蔵コインは「オニオンの銅貨」と呼ばれていたという。キャムデンによれば、こうした城壁が明らかに巨大なものであったことから、城壁を建てた巨人たちも非常に大きかったに違いないと地元民たちは考えていたらしい。だが巨人に関しては、これ以上のことは分かっていない。

文献183

⇨ 町の巨人

オニュクス・モノケロス
ONYX MONOCEROS

ギリシアの歴史家、作家クテシアスが5世紀末に書いた『ペルシア記（Persica）』に登場する一角獣*。ペルシアの荒野に棲み、ラバに似た白い体と、紫色の頭、鋭く青い目、大きな角を持つ。角の下部は赤く、上部は黒く、先端は赤い。

文献89

⇨ アムドゥスキアス、アリコーン、アル＝ミーラージュ、カルカダン、麒麟、コレスク、ジャオ・ドゥアン（角端）、スキュティアのロバ、チアイ・トゥング、ビーアスト・ナ・スログニグ、リコーン、ロバ（3本脚）

オノケンタウロス
ONOKENTAUROS, ONOCENTAURUS

3世紀にアレクサンドリアで書かれたとされる博物誌『フィジオロゴス（Physiologus）』に登場するケンタウロス*の種族。モノケンタウロス*とも呼ばれ、のちにセヴィーリャのイシドルス（560頃〜636）の作品や、中世の動物寓話集に取り上げられた。人間の頭と上半身を持つが、体の残りと手足はロバ。中世キリスト教では、偽善と肉欲を象徴する。

文献7、10、20、78、89、91、125、133、148、168

⇨ アポタルニ、イクテュオケンタウロス、エウリュトス、ケイロン、サジタリウス、ネッソス

オノドリム
ONODRIM

イギリスの学者、作家J・R・R・トールキン（1892〜1973）の小説『ホビット』や『指輪物語』に登場する巨人*。作中ではエント*と呼ばれることが多い。

文献51

オピオン
OPHION

オピオンには次の3種類がある。

1）古代ギリシアのペラスゴイ人の神話に登場する、大きな宇宙蛇。女神エウリュノメが宇宙卵から創造した。この卵からは、宇宙のあらゆるものが生まれた。エウリュノメの配

偶者となったオピオンは、自分は創造者であるとうぬぼれた。それに激怒した女神は、オピオンを打ち負かして醜い姿に変え、地下洞窟に永久に閉じ込める刑に処した。

2）ギリシア・ローマ神話に登場するティタン*族のひとり。ウラノス*とガイア*の子。妻はエウリュノメ。オリュンポスの神々がサトゥルノス、レアと戦った時に、オピオンも打ち負かされた。

3）ギリシア・ローマ神話に登場するケンタウロス*。アミュコスの父となった。

文献7、14、63、89、148、169、178、185
⇨ 巨人

オピニコス
OPINICUS

グリフィン*がヨーロッパで紋章に使われた時、紋章用語でオピニコスあるいはエピマコスという。いずれの語も、蛇座を意味するギリシア語の Ophinicos に由来する。獅子の体に、2本または4本の足、鷲かドラゴン*の頭、ラクダの尾を持つ姿で描かれる。ロンドンの理髪師＝外科医ギルドの紋章である。

文献7、20

オヒュンス
OHYNS

東欧のカスビア族の民間伝承に登場する子供の怪物*。生まれた時からすでに歯を生やしている子供で、ヴァンパイア*とされている。歯を抜けば、ヴァンパイアでなくなる。

文献24

オフォトゥス
OFFOTUS

フランスの古典文学に登場する巨人*。フランスの作家フランソワ・ラブレー（1494頃～1553頃）の作品『パンタグリュエル』の主人公パンタグリュエルの祖先である巨人のひとり。オフォトスの名前と人物像は、もとはジャン・ティジィエ・ド・ラヴィジー（別名ラヴィシウス・テクストル、1480頃～1524）の作品『オフィキナ（Officina）』に書かれたものである。オフォトゥスは『パンタグリュエル』の初版には登場しないが、のちの版でパンタグリュエルの系譜を完成させるために付け加えられた。ほかの6人の巨人（アップ・ムウシュ*、エティオン*、エリュックス*、ガッバラ、ガルオー、モルガンテ*）とともに、オフォトゥスは、酒にまつわるものを発明したとされている。オフォトゥスは、利き酒の能力を持つものとして作品に付け加えられた。原文の描写では「彼は樽から酒を飲むために、よく利く鼻をもっていた（Lequel eut terriblement beau nez à boyre au baril）」。これは駄洒落であり、オフォトゥスの性格の二面を表わしている。つまりオフォトゥスは真剣に酒を飲む酒の鑑定家（bon viveur）であり、樽から賞味したか、あるいはにごりを除いて瓶詰めした酒でなく、樽から直接飲んでいたために赤い鼻をしていた、という意味にとれる。

文献174

アルンデル伯爵の紋章に描かれた、3頭のグリフィン。紋章に使われる時は、オピニコスという名前で呼ばれる。

⇨　ウルタリー、エナック、カインの娘たち、ガッバラ、ガルガンチュア、シャルブロット、ノア、ノアの子供たち、ブレイエ

オプケン
OPKEN

　旧ソビエト連邦のマリ人（チェレミス人）の民間信仰に登場する、恐ろしい水棲の怪物*。巨大な球状の生物で、大きな口を持つ。大河、湖、内海などの広い水域に棲み、突然、姿を現わしては、危険に気づかず航行していた船を飲み込む。

文献165
⇨　イデ、クエーロ

オモ・ネロ
OMO NERO, L'

　中世から19世紀にかけてイタリアの伝承に登場する、恐ろしい人間型の怪物*。「黒衣の男」という意味。悪いボーギー*であり、子供をおどして良い子にさせる。こうした性格から、スペインのエル・ココ*と同じようにカンニバル（食人種）*であるとされ、子供部屋のボーギー*の役目を果たしている。

文献182
⇨　ココ

オヤレロウェク
OYALEROWECK

　カナダのセント・チャールズ川とロレット湖地方の信仰や民間伝承に登場する湖の怪物*。ロレットの大蛇ともいわれ、全長9ｍで、湖に注ぐ滝の裏の洞窟に棲むとされた。夜になると現われ、まわりの村を徘徊して住民を脅した。伝説によれば、イエズス会の司祭がこの怪物を退散させるために、ある夜、滝へ向かい、悪魔退散の詞を詠唱して怪物に出でよと呼びかけた。怪物はのっそりとその長い体を現わし、村からセント・ジョセフ湖へと去って行った。

文献134
⇨　蛇

オリオン
ORION

　ギリシア・ローマ神話に登場する巨人*。生まれには諸説があり、海神ポセイドンの子とか、牛皮を埋めた上に三柱の神々が放尿して生まれたとか、あるいは地母神ガイア*の子とも言われる。狩人として名高く、猟犬のアルクトポノス*とプトオパゴスを連れていた。キオス島の事件に関わっていた時、メロペと恋に落ちた。ところがメロペの父オイノピオンは結婚を認めなかった。逆上したオリオンはメロペをさらっていこうとし、それに対して父親はディオニュソスの助けを借りてオリオンを盲目にした。だがヘパイストスがケダリオンを道案内によこして、昇る太陽の光をオリオンが眼球に浴びられるようにし、オリオンの視力は回復した。オリオンは結局、シデを妻としたが、それ以後も他の女性を求め続けた。これが悲劇的な運命を引き起こした。狩りの腕前を狩りの女神アルテミスに自慢していた時、オリオンはアルテミスの矢に射られて死んだ。サソリの針に刺されたという説もある。神々はオリオンの亡骸を天に上げ、巨大な星座にその名前が付けられた。

文献20、61、166、169、178

オリファウント
OLIPHAUNT

　イギリスの学者、作家のＪ・Ｒ・Ｒ・トールキン（1892～1973）の小説『ホビット』や『指輪物語』に登場する獣*。ムマキル*はこのオリファウントという名前で、ホビット族に知られていた。象に似た巨大な獣で、大きくとがった牙を生やし、もっと小さな象の先祖だとされる。

文献51

オリベス
ORRIBES

　スペインのロマンスや伝説に登場する巨人*。ヨーロッパのアーサー王伝説では、ブリタニアを恐怖に陥れる存在として描かれ、英雄トリストラム（若い方のトリスタン）に

殺された。
文献54

オルク
ORC

　古代ローマの博物学者大プリニウスの『博物誌』(77)に書かれた怪物*。海に棲む巨大な生物で、大きな歯が並ぶ大きな顎を持つとされた。鯨より大きく、鯨を捕まえて食べるとされる。クラウディウス帝の治世に、オスティアの港に停泊していた船から落ちた積荷の牛皮がオルクに食べられたことで、船乗りは恐怖をおぼえた。この怪物は、オルコという名前に変わり、のちに、イタリアのルドヴィーコ・アリオスト(1474～1573)の作品『狂乱のオルランド(Orland Furioso)』(1516)に、アンドロメダを脅した海の怪物として登場した。
文献7、20、174、178

オルコ
ORCO
⇨　オルク

オルトス
ORTHOS, ORTHUS

　ギリシア・ローマ神話に登場する犬の怪物*。オルトロス*とも呼ばれる。巨人*ゲリュオン*のふたつ頭の大きな犬。冥界の犬の怪物ケルベロス*の兄弟であり、2匹とも怪物のテュポン*とエキドナ*の子。オルトスはゲリュオンの大きな牛群の番犬だったが、牛群は12の難行のひとつとしてヘラクレスに捕らえられた。牛群を守る戦いで、オルトスはヘラクレスに殺された。
文献7、20、178

オルトロス
ORTHROS, ORTHRUS
⇨　オルトス

オルム
ORM

　イギリスとスカンディナヴィアの文学伝承と民間伝承に登場する、ドラゴン*に似た大きな怪物*の総称。ドラゴンを意味する北欧の言葉 ormr に由来する。他にもワーム*、ヴルム*という名前と関わりがある。
文献89
⇨　ラムトンのワーム、リンドオルム

オログ＝ハイ
OLOG-HAI

　イギリスの学者、作家J・R・R・トールキン(1892～1973)の小説『ホビット』や『指輪物語』に登場する巨人*のトロール*。トロールの血筋であり、黒い血が流れる人食い巨人であるとされる。大きな牙と鉤爪、鱗の生えた緑の皮膚をした長い体を持ち、知恵はまわらない。大きな黒い楯をかかげ、邪魔するものは大きなハンマーで殺す。モデルになった北欧民話の怪物*と同じく、闇から生まれているが、殺すことができず、光を浴びても石化しない。太陽の第1紀に、敵のメルコールによって、アングバンドの奥で生み出され、オーク鬼とともに、宇宙で暴れまわらせるために送り出された。敗北を喫したあと、オログ＝ハイは身を隠していたが、太陽の第2紀に、メルコールの大将だったサウロンによって、ずるく危険な心を埋め込まれ、さらにあくどい種族となって再生した。太陽の第3紀には、トロールのさまざまな種族となっており、仲間には、オログ＝ハイという名の新しい種族がいて、太陽光線を浴びても平気だった。だがひとつの指輪が破壊され、主人のサウロンも倒されて、オログ＝ハイは力や目標を失い、茫然自失の状態に陥り、やすやすと殺された。
文献51
⇨　カンニバル（食人種）

オロボン
OROBON

　魚の怪物*。中世の旅行者によって報告さ

女巨人

邪悪な捕食者とされるオロボン

れ、動物寓話集には紅海地域のマゾヴァン山に住むアラブ人が信仰していると書かれている。体長と幅がそれぞれ3mで、ワニのような皮を持つ。邪悪な捕食者とされている。
文献147
⇨ イデ、クエーロ

オングウェ・イアス
ONGWE IAS
米国の先住民セネカ族の伝承と民間信仰に登場する巨人*。カンニバル（食人種）*であり、人間を捕まえていたが、英雄ホダデノンの罠にかかって殺された。
文献77

オンディタチアエ
ONDITACHIAE
米国北東部の先住民ヒューロン族の伝承に登場する、混成怪物。体は人間だが、頭は七面鳥で、嵐の時にだけ姿が見られる。
文献77
⇨ ゼゼウ、雷鳥

女巨人
GIANTESS
多くの文化圏における神話や伝承に登場する巨人*の女性形。そのほとんどは巨大な体を持つ厄介な存在だが、男の巨人と違い、北欧神話に登場するゲルズ*のように美しい姿をしていることが多い。思慮深く知的で、人間に対して好意的であることが多く、この点

でも男の巨人とは異なっている。ただケルト神話においては、人間に対して曖昧な態度をとる醜女として登場することもある。島や山脈といった自然の地形を生み出す存在として描かれることも多い。
文献78、133、139、169
⇨ アングルボザ、イアールンサクサ、カミダイ・カメインヴォス、カリアッハ・ヴェーラ、ガルガメル、巨人、グーグー、コーメリアン、スグロルマ、ズー＝ヌー＝クア、セック、ティテア・マグナ、ネス湖の巨人、パットニーとフラムの女巨人、ベービン、ムーリャルタッハ

オン・ニオント
ON NIONT, ONNIONT

　米国北東部の先住民ヒューロン族の伝承と信仰に登場するホーンド・サーペント*。額に生えた大きな角で山や岩間を削り、深い裂け目を作ったとされる。この角は見つかると、護符として大いに尊重された。
文献7、169
⇨ 蛇

∞ カ ∞

ガアシエンディエタ
GAASYENDIETHA

　米国の先住民セネカ族に伝わる巨大なドラゴン*。口から火を吐き、炎の尾を残しながら天空を駆けるとされる。そのため「流星の炎を放つドラゴン」とも呼ばれる。このように炎のイメージを持つガアシエンディエタだが、その棲み家はセネカ族の住む土地の川や湖の水底にあるという。
文献77

カイア
KAIA

　メラネシアのニューブリテン島、ガゼル半島における伝承と信仰に登場する邪悪な怪物*の一群。もともとは創造主である精霊だったが、後に怪物の地位におとしめられた。恐ろしい蛇*、ウナギ、あるいは豚の姿で現われ、時にはこれらを混成した人型怪物の場合もある。カイアは地中深くか火口下に棲息し、そこから姿を現わして人間に破壊をもたらす。
文献125、160

ガイア
GAIA, GAEA

　ギリシア・ローマ神話に登場する原初の母とも言うべき巨大な女神。ゲー*とも呼ばれ、巨大な体を持つ女性の姿をしている。ポントスとウラノス*を生み出し、ウラノスとのあいだに巨人族であるティタン*、キュクロプス*、ヘカトンケイレス*（100本の腕を持つ巨人*たち）、エリーニュス*をもうけた。また冥界タルタロスで怪物テュポン*を生み出し、ポントスとのあいだにネレウス、ポルキュス*、タウマース*をもうけた。
文献38、47、125、139
⇨　フリアイ

カイタバ
KAITABHA

　インドのヒンドゥー教創世神話に登場する恐ろしいふたりの巨人*の一方。カイタバは片われのマドゥ*とともに、ブラフマー神がヴィシュヌ神から生まれる時に殺害を企てた。ヴィシュヌ神が世界の蓮の上で眠っているあいだに、ふたりは彼の耳の中に隠れてブラフマーが偉大なる神のへそから現われるのを待った。しかし、ヴィシュヌ神が目覚め、それとともに新しい時代が間近に迫った時、ヴィシュヌは即座にカイタバとマドゥがどこにいるか、何を企んでいるかを知った。神は怪物*たちを捕まえて滅ぼし、その骨髄から新しい世界とそこに入れるすべてのものを創造した。
文献112
⇨　ユミル

獬豸
⇨　シェ・ジー

ガイトラッシュ
GYTRASH, GUYTRASH

　イギリス北部、特にヨークシャーならびにランカシャーの伝承に登場する邪悪な怪犬。死と厄災が訪れる前兆と言われる。馬や牛、ラバ、あるいは犬の体と、獰猛でずんぐりとしたマスチフ犬の頭を持ち、その大きな目は炎のように輝いている。「ぎらぎら光る目を持つ毛むくじゃらの巨犬」というのが、最も一般的な姿である。パッドフット*同様、夜間にひとりで人里離れた荒地を歩いている旅行者の後をつけ、逃げ遅れた者たちに不幸と恐怖をもたらす。シャーロッテ・ブロンテの『ジェイン・エア』にもガイトラッシュが登場するシーンがある。
文献20、24、37、146、160
⇨　黒妖犬、スクライカー、トラッシュ、バーゲスト、ブラック・シャック、モーザ・ドゥーグ、ロンジュール・ドス

海馬

ガイトラッシュ。夜間にひとりで人里離れた荒地を歩いている旅行者の後をつけ、逃げ遅れた者に不幸と恐怖をもたらす。

海馬
SEA HORSE, SEA-HORSE

　北欧と英国の伝説や民間信仰に登場する海の生物。船乗り、漁師、旅行者によれば、大きな魚の姿をして、馬の頭とたてがみを持ち、足には二股のひづめがあったという。水陸両棲だったが、たいていは浮氷に浮かんでいる

姿が見られた。アンブロワーズ・パレ（1517～1590）は、著書『怪物と驚異について』のなかで、この怪物*がローマ教皇に贈られたことがあると述べている。

　ヨーロッパの紋章では、海馬はサラブレッドの頭と前半部を持つが、ひづめのかわりに水かきの付いた足を持つ。体の後半部は巨大な魚で、頭から尾までつながる背びれが付いていた。

文献5、7、89、147
⇨　ヒッポカムポス、ヒュドリプス

海馬。スカンディナヴィアと英国の伝説や信仰に登場する海の生物。

怪物
MONSTER

　人は奇怪な姿をした生物に常に魅せられ、太古の時代から怪物たちの姿を描写してきた。実際に何を怪物とするかは、その姿が描かれる地域の文化的価値観に左右される。怪物とみなされるものは、自然の秩序として受け入

怪物

降下するオルランドに群がる怪物たち。

れられているものに反する生物であり、通常は事象や生まれつきの人間の姿が基準となる。したがって、異常な大きさで怪物と考えられても、社会に認められる場合もある。他の生物との混成種で、ひどい嫌悪感をもたらす超自然的存在は、最も怪物とみなされやすい。

古代の神話に登場する生物の姿形は、とくにメソポタミアとバビロンの神話で多様性に富み、翼のある牡牛や、鷲と獅子を合わせたグリュプス*が現われた。ギリシア神話は、蛇*と人間の混成種エキドナ*、山羊と獅子のキメラ（キマイラ）*、たくさんの頭を持つレルナのヒュドラ*、人間と牡牛のミノタウロス*、馬と人間のケンタウロス*など多くを生み出した。インドでは、ワニと鳥の混成種であるマカラ*、人間と鳥のジャターユス*、馬と人間のキンプルシャ*などがある。ヨーロッパでは、特に中世と初期の探検時代に、教会の文書や一般向けの寓話などに、怪物の姿が描かれた。グリュプスのように古代の神話に由来するものもあれば、レヴィアタン*や黙示録の獣*など聖書に由来するものもある。アスピドケロン*などは、おそらく旅行者が自然現象を誇張して表現したものだろう。アメリカ大陸では、先住民の伝承にマシャーノマク*、ピアサ、ヒイントカビイット*などの湖の怪物や、ロー・ガムズ*のようなカンニバル（食人種）*、そしてナルサ・ファラヤ*のような人獣が多い。

伝承は世界中の地域で文化の一要素となり、狼憑き*など、ほとんどの地域に棲息する動物の姿をとるものに対しては、同類のものに別の名前が付けられることもある。ヴァンパイア*に類する怪物は中央ヨーロッパ、中央アメリカ、東南アジアの多くの国に存在する。こうした民話のモチーフは文学や大衆文化にも豊かな土壌を与え、ホラー物語はひとつの娯楽のジャンルを構成している。ドラキュラ*、フランケンシュタイン*の怪物、キングコング*などの物語が生まれる1000年以上前に、アングロ・サクソンの叙事詩『ベーオウルフ』の怪物グレンデル*はすでにいたのである。古代の怪物には、ロッホ・ネス・モンスター*やセルヨルズオルム*など、今でも調査の対象となっているものもあり、また、トールキンの火龍*や、宇宙探検のグレート・ギャラクティック・グール*など、新しい怪物が「発見」されることもある。
文献24、77、94、113、147、174、186

⇨ アピス、オーグル、グレンデルの母親、ケルベロス、ヘカテ、メリュジーヌ、ラミアー

ガイヨフ
GAYOFFE

フランスの古典文学に登場する巨人*。フランソワ・ラブレー（1494頃～1553）の物語集『パンタグリュエル』（1532）で知られる巨人パンタグリュエル*の祖先のひとりである。同作品の初版には登場せず、ラブレーが後の版でパンタグリュエルの系譜を編む際に加えられている。他の巨人（エティオン*、ガッバラ*、ガルオー*、アップ・ムウシュ*、モルガンテ*）とともに、酒に関わる発明をしたと言われている。
文献174

⇨ ウルタリー、エナック、エリュックス、カインの娘たち、ガルガンチュア、シャルブロット、ノア、ノアの子供たち、ブレイエ

海狸（かいり）

⇨ ハイ・リー（海狸）

海龍
KAI RYU

日本の伝承と伝説に登場する想像上の怪物*。鉤爪と翼の付いた鳥の体とドラゴン*の頭を持つ。別名を飛龍という。この伝説の怪魚の姿は京都の知恩院にある屏風に描かれている。もともとの由来は中国のドラゴンで唯一翼を持つイン・ロン（応龍）*とみられる。
文献81、89

カインの娘たち
DAUGHTERS OF CAIN

ヘブライとキリスト教の信仰と伝説に登場するカインの子孫のこと。創世記によれば最初の殺人者であるカインだが、その娘たちは美しく成長しただけでなく、大柄で凶暴で邪悪になった。ノア*はアダムの息子のうちカインでなくセトのほうの血を引いていたが、その孫息子たちがカインの子孫を妻としたことにより、新たな怪物*と最初の巨人*が誕生

した。この考え方が、巨人を地上から一掃したはずの洪水をうまく説明するものとして中世後期に提示されたのである。だがフランスの作家ラブレーによると、洪水を乗り越えて生きていた巨人はひとりいて、それが箱舟の屋根にまたがっていたウルタリー*である。
文献174
⇨ シャルブロット

カーヴァル・ウーシュカ
CABYLL-UISGE
　これはゲール語による綴りで、英語式の名前はカーヴァル・ウシュタ*。イギリス諸島のマン島の民間伝承に登場する。
文献24、128、133、159

カーヴァル・ウシュタ
CABYLL-USHTEY
　イギリス諸島の島、マン島の民間伝承や伝説に登場する怪物*。獰猛で超自然的な水棲生物であり、カーヴァル・ウーシュカ*(「水棲馬」の意)やアッハ・イーシュカ*(「水棲怪物」の意)などのマンクス語の名でも知られる。カーヴァル・ウシュタは水棲馬の姿をしているが、美しい若者に変身することができる。人間や家畜を魅了して水中に誘い、八つ裂きにする。だが、それよりよく使う手は、威嚇して動物の群れを四散させ、弱者を捕まえることである。
文献24、128、133、189
⇨ グラシュティグ、ケフィル=ドゥール、ケルピー、ネウグル

カウカス
KAUKAS
　リトアニアの伝説と民間伝承に登場する超自然的存在。たいていはアイトワラス*のように尾から火を放つ空飛ぶドラゴン*として描かれることが多いが、ゴブリンの一種として現われることもある。気に入った家族に幸運をもたらしたり、物を盗んできたりする。宝物の番人ともされる。
文献119、120、125、160
⇨ プキス

カウル
CAWR
　巨人*を意味するウェールズ語。個人名が出てこないウェールズの伝承や伝説によく使われている。
文献128

ガウロウ
GOWROW
　米国の先住民オザーク族の伝説や伝承に登場する巨大なドラゴン*。このドラゴンの姿をした怪物*は少なくとも全長6mはあり、額からは牙のような突起物が生えている。V・ランドルフが1951年に書き残したところによると、19世紀のオザーク山地に住んでいたという。
文献94
⇨ ビングバファー、フィリルー、ゴリゴグ

カー=エン=アンク・ネレル
KA-EN-ANKH NERERU
　古代エジプト神話に登場する巨大な宇宙蛇。『死者の書』では、体を伸ばすと夜空の暗闇全体を覆うほど巨大であると記されている。太陽舟に乗ったラーという形で太陽が地平線にたどりつく時、神とその舟はカー=エン=アンク・ネレルの尻尾に入る。再び東の地平線に姿を現わす時、活力を取り戻したラーはまた新たに空を駆ける一日の旅を始める。
文献89
⇨ 蛇

ガ=オー
GA-OH
　米国の先住民イロコイ族に伝わる巨人*。風を自在に操り東西南北どこへでも吹かせる力と、とてつもなく大きな体を持つ。景観をめちゃくちゃにし草木をなぎ倒す暴力的な人食い怪物*として描かれるが、慈愛に満ちた穏やかな精霊だとする説もある。
文献38、139、166
⇨ カンニバル(食人種)

顔が裂けたもの
SPLIT-FACED BEING

米国北東部に住む先住民のイロコイ族とオノンダガ族の信仰と伝承に登場する巨人*。本来の名のデホトゴースガエ*は「顔が裂けたもの」や「しかめ面」と訳される。というのもこの巨人は醜いとされており、体の片側が赤く、もう片側は黒い。

文献77

カオラナッハ
CAORÀNACH

アイルランドで語り継がれ、信じられていた女怪物*。キーロナフ*の名でも知られる。聖パトリックの時代のドニゴールにいて、地元の人々にとって迷惑な存在だったと言われる。この怪物自身が恐ろしいだけでなく、その子供は悪魔であると言われた。聖パトリックは人々の不安を取り除くため、この怪物をダーグ湖の底に沈めた。そのまま今もそこにいると言われる。

文献128

⇨　オイリフェイスト、ムルドリス

カオラの人々
PEOPLE OF CAORA

16世紀にヨーロッパ人が南北アメリカ大陸を探検した時に、たくさんの怪物*が発見されたと言われ、それらはギリシア・ローマ神話や中世ヨーロッパの想像上の怪物と同一視された。カオラの人々も疑いなくこの部類に入る。イギリスの地理学者リチャード・ハクルート（1522頃～1616）が著書『アメリカ発見航海記（Divers Voyages Touching the Discovery of America、1582）』で述べているところによれば、カオラの人々はブレムミュエス*と同じものである。その頭は肩の下にあり、目は肩に、口は腹にある。彼らはカオラ川の岸に住んでいた。ウォルター・ローリー卿（1552～1618）も、こうした人々が当時ガイアナに住んでいたと記している。

南北アメリカ大陸にはこうした種族が住んでいたという証言がいくつかあるが、実際のところ、彼らはファッションと美的感覚の面から、肩を上にあげる姿勢をずっと保ったのだろう。その結果、首が見えにくくなり、目と口の位置が下がったように見えたので、こうした伝説が生まれたのかもしれない。

文献20

ガーガム
GARGAM

北西フランス、ブルターニュのケルト伝説に登場する巨人*。ガーガムとはブルトン語で「そびえ立つ曲線」を意味し、ガーガムの巨大さを示している。また足を引きずることを意味する「ボワトー」という別名もあるが、これはガーガムが不自由な足を悟られないよう夜間に出没することが多いためである。フランソワ・ラブレー（1498～1553頃）の物語『パンタグリュエル』（1532）と『ガルガンチュア』（1534）にはガルガンチュアという巨人が登場するが、そのモデルとしてラブレーが参考にしたと思われる巨人のひとりがガーガムである。

文献128

⇨　グウアグントゥ

餓鬼
GAKI

日本に伝わる鬼の一種。人間のような姿をしているが、その腹部は大きくふくれ、赤あるいは緑色の体を持つ。3つの目、グロテスクな角、そして鉤爪が付いた馬あるいは牡牛の頭を持つ餓鬼は、絶え間なく激しい飢えと乾きに苦しめられている。この怪物たちは死の床にある悪人に取り憑き、地獄の責め苦へと追い立てる。餓鬼は節分の厄除神事である鬼やらいによって追い払うことができ、場合によっては仏教に帰依することによって邪悪な存在でなくなることもある。

文献47、78、139、160、166

⇨　アムムト、マー・ミエン（馬面）

カークス
CACUS

　ギリシア・ローマ神話に登場する怪物*。その名前は「邪悪」を意味する。カークスは巨大で不気味な蜘蛛*を思わせる大きくて丸い胴体を持ち、首からは火を吹く3つの人間の頭が出て、3本の木の幹のような長い足が体を支えていた。ゴルゴン*のメドゥーサ*と火の神ヘパイストス／ウルカヌスとの子だと言われる。昼はテベレ川沿いの崖の洞穴で暮らし、夜になると付近を荒らした。家畜であれ人間であれ、通りかかったあらゆる生物を捕らえてむさぼり食った。ヘラクレス*は12の功業のひとつを終えて、ゲリュオン*の牛の群れを追いながら帰る途中、テベレ川近くでキャンプした。カークスはこの牛に目をつけ、ヘラクレスが眠っているあいだに、そのなかの数頭を自分の棲み家まで引いていった。朝になり、仲間の牛の声にこたえる洞窟の牛の声を聞いた英雄は様子を見にいく。しかし、怪物はすでに入り口を岩でふさいでいた。何度もの挑戦の末、英雄はついに崖を破壊し、カークスは彼に向かって有毒の火を吹きかけた。ヘラクレスは怪物の首をつかんで、3つの頭をからませて結び、窒息させた。それから英雄はこの怪物をハゲワシに投げ与えると、牛の群れとともに立ち去った。

文献7、20、24、89、132

角端
　⇨ ジャオ・ドゥアン

ガーゴイル
GARGOUILLE

　北東フランスの伝説や伝承に登場するドラゴン*。ガルグイユ*とも呼ばれる。ルーアン周辺の田園地帯を流れるセーヌ川の沼地に棲む怪物*。セーヌ川に嵐や竜巻を起こしてボートを転覆させ、釣り人たちを飲み込んでしまう。時には牛や人間を沼地に引きずり込み、水中で食べることもあった。7世紀にルーアンの聖職者、サン・ロマンがガーゴイル退治を決意するまで数多くの犠牲者が出ていた。サン・ロマンは磔にされた2名の死刑囚を沼地のはずれへ連れて行き、ガーゴイルをおびきだそうとした。姿を現わしたガーゴイルをサン・ロマンは十字架で串刺しにし、飾り帯を首に巻きつけた。犬のようにつながれて完全に動きを封じられたガーゴイルはルーアンへ連行され、住民たちに殺された。それ以来、雨水を教会の屋根から流すための怪物の形をした吐水口がガーゴイルと呼ばれるようになった。

文献7、20、57、89

ガ＝ゴリブ
GA-GORIB

　アフリカ南部のコイサン族の伝説と信仰に登場する邪悪な巨人*。この怪物*に出会ってしまったら、石を投げつけて穴に落とさない限りそこを通り抜けることはできない。だが実は、投げつけた石はブーメランのようにはねかえり、怪物ではなく石を投げた本人が穴に落ちるのであった。こうして、ガ＝ゴリブの領地に入った者は、ひとり残らず殺されてしまった。だが奇跡によって誕生した英雄ヘイチニ＝エビブは例外だった。ガ＝ゴリブのなわばりに入ったヘイチニ＝エビブは石を投げるこを拒み、くだらないおしゃべりに興じてガ＝ゴリブの気をそらした。そして相手が油断したところで素早く石を投げ、見事ガ＝ゴリブを穴に落としたのである。

文献78

カー・シー
CIR SITH

　スコットランドの伝承に登場する恐ろしい怪物犬のゲール語名ケー・シー*の別の綴り。

文献7、159

カシェホタポロ
KASHEHOTAPOLO

　米国南東部の先住民チョクトー族の伝説と伝承に登場する人獣。その名は「女」を意味するカシェホと、「呼ぶ」を意味するタポロに由来する。体に比べて頭が小さく、沼地や

湿地林に棲息する。狩猟者の姿を見ると、甲高い叫び声を上げ、すぐさま逃げ出す。
文献77
⇨ 獣、ナルサ・ファラヤ

カシチェイ
KASHCHEI
ロシアの文学伝承と民間伝承に現われる怪物*。コシュチェイ*とも呼ばれ、一部の伝承ではドラゴン*として描かれるが、ほかではババ・ヤガ*を雄にしたようなものとされる。
文献55

ガダー
GHADDAR
イエメンやエジプト北部の伝説に登場するガダーは邪王イブリスを祖とするジン(1)*の子孫である。人間に似た醜悪な巨人*で、騙されやすい人間たちを陥れて脅かし、拷問したあげく、人気のない場所に置き去りにする。
文献64、160

カチュタユーク
KATYUTAYUUQ
カナダのハドソン湾東部地域に住むイヌイットの伝承と信仰に登場する女の怪物*。人間の姿をしているが、小さな頭には口の上側に胸、下側に性器がある。男の同類トゥニテュアクルク*とともに人間を追ったり、空き家になったばかりの雪の家をあさって、残り物を探す。打ち捨てられた寝床のなかに隠れるという意地の悪い習性を持ち、たまたまその上に乗った人を恐ろしがらせる。
文献77

カッティー・ダイア
CUTTY DYER
イングランド、サマセット州のアシュバートンに地域を限って伝えられている邪悪で血に飢えたカンニバル（食人種）*。町の中心を流れるヨー川の橋に棲むと言われた。カップの受け皿ほどの大きさの目をした巨大な男で、夜に不注意な旅人が川を渡るのを待ち受け、川から出てきて背後に忍び寄った。それから川のなかへ引きずり込んで溺れさせるか、喉をかき切って血を飲んだ。記録によれば、アシュバートンで生まれトーントンに住んでいた盲目の老人が、1972年に死去する前に、若いころから記憶していた次のような詩を暗唱した。

　　川辺に行っちゃいけないよ
　　カッティー・ダイアが待っている
　　カッティー・ダイアは悪いやつ
　　カッティー・ダイアは血を飲むぞ

親は幼い子供たちにこの悪者の話を聞かせて、危ない水場に近づかないようにした。その意味でカッティー・ダイアは子供部屋のボーギー*の一種だった。
文献27、159

河童
KAPPA
日本の民間伝承に現われる水の怪物*。鱗に覆われた皮膚と水かきを持つ、小さくて猿に似た生物、あるいは胴体は亀で頭が猿の生物など、さまざまな姿に描かれる。どの場合も体は緑色で、頭頂がくぼんで皿状になり、そこに生命の源である水が入っている。「川の子供」の意で河子とも呼ばれ、その名の通り池や川に棲息する。非常に悪意が強く、人間や動物を水の中に誘い込み、むさぼり食ってその血を飲む。もし人間が河童と交渉できるほど利口であれば、命は助かるかもしれない。好物のきゅうりを与えて友達になると、薬について教えてくれることもある。だが、もし河童が獲物を食べてしまおうと決めている場合は、低くおじぎをすることで、その力を奪うことができるだろう。おじぎは必ず返さなければならないので、河童の力の源である水が皿からこぼれ落ちるからだ。
文献7、24、38、60、89、113、125、133、137、160、166
⇨ サムヒギン・ア・ドゥール、ブソ、ペグ・パウラー、緑の牙のジェニー

河童

ガッバラ
GABBARA
　フランスの古典文学に登場する巨人*。フランソワ・ラブレー（1498〜1553頃）の物語集『パンタグリュエル』で知られる巨人パンタグリュエル*の祖先のひとり。同作品の初版には登場せず、後の版でパンタグリュエルの系譜を述べる際に加えられている。ガッバラは他の五人の巨人（エティオン*、エリュックス*、ガルオー*、アップ・ムウシュ*、モルガンテ*）とともに、酒に関わる発明をしたと言われている。
文献174
⇨　ウルタリー、オフォトウス、カインの娘たち、ガルガンチュア、シャルブロット、ノア、ノアの子供たち、ブレイエ

カーディフ（ニューヨーク州）の巨人
GIANT OF CARDIFF (N.Y.)
　1869年、井戸を掘っていたひとりの農夫が身長3.7m、横幅1.2mもある「石化した」巨人*を発見した。これは果たして人間の祖である古代の巨人なのか、議論はかなり長い期間にわたって紛糾した。高名な大学教授たちやラルフ・ウォルド・エマーソンらが「死体」を検分しコメントを発表したが、どれも結論に至るものではなかった。興行師P・T・バーナムはこの米国のゴリアト*を買い取ろうとさえし、この死体は人々の注目の的となった。だが最終的にジェニー・ハニヴァー*の興行師が石膏で作った偽物であると告白し、騒ぎは終わった。
文献174

カティン・タユーク
KATYN TAYUUQ
　カナダのハドソン湾東部地域に住むイヌイットの伝説と伝承に登場する怪物*。巨大な頭だけの女で、頭に外陰部もあり、また垂れ下がった胸と足も付いている。この恐ろしい怪物は意のままに人間の住居のなかに入ることができた。
文献77
⇨　トウニテュアクルク、ポンティアナク

ガテのゴリアト
GOLIATH OF GATH
⇨　ゴリアト

カデム・ケムクオマ
KHADEM QUEMQUOMA
　モロッコの民間信仰に登場する女のジン(1)*。名前は「銅のつぼの黒い女」を意味する。超自然的存在で、夜になると大女の姿で現われる。特に小さな子供たちに悪意を持ち、眠っている子供を起こしておびえさせ、暗闇のなかで泣き叫ばせる。
文献122、160

カトブレパス
CATOBLEPAS
　ローマの博物学者、大プリニウスが『博物誌』(77)のなかで最初に記録した獣。カト

ブレパスは「うつむく者」の意味のギリシア語で、プリニウスによれば、極端に重い頭が細い首からだらりと垂れ下がった獣である。プリニウスはこれを大変幸いであるとする。というのも彼は、この獣の目を見た人間は即死すると断言しているからである。この獣はエチオピアやエジプト南部の荒野に棲息すると言われ、初期の旅行者による報告のなかに記述が多数見られる。また、中世ヨーロッパの動物寓話集によれば、この獣は巨大なピンクの目を持ち（だが、目を見た者が死んでしまうのであれば、なぜこの情報を伝えることができたのか？）、痩せた黒い体の上に豚の頭が乗っていた。しかし17世紀までに、この描写は大きく修正される。エドワード・トップセルはこれをゴルゴン*と呼び、鱗に覆われ、ドラゴン*のような翼と巨大な歯を持ち、「手」（獣の足やひづめではない）を持っていると表現した。この獣の生み出す恐怖の甚しさゆえに、フランスの作家フローベール（1821～1880）は、『聖アントワーヌの誘惑』（1874）のなかで、聖アントワーヌが耐えなければならない恐怖のひとつとして、この獣を採用した。

この興味深い獣の歴史的起源はおそらく、アフリカのグレート・リフト・ヴァレーに実在するヌーまたはウィルドビーストではないかと思われる。

文献7、18、89
⇨ バシリスク

ガニアグワイヘゴワ

GANIAGWAIHEGOWA

米国北東部の先住民、セネカ族の伝説と信仰に登場する人食い怪物*。毛のない熊のような姿をしている。略奪をしたり、森でひとり歩きしている人間を食い殺したりして人々の生活を脅かす。セネカ族の重要人物であるハデンテニ（「演説者」）とハニゴンゲンダタ（「通訳者」）はこの怪物を退治しようと決意する。ふたりは精霊ガジクサに助言を求め、ガニアグワイヘゴワは不死身だが足の裏はそうではないこと、そして怪物の彫像を見ても本当の人間と勘違いして襲ってくることを知った。こうしてふたりはガニアグワイヘゴワの棲む地底へと向かい、木製の彫像を住まいの前に置いた。案の定、興奮した怪物が現われ、彫像を無抵抗の人間と信じ込んで襲いかかった。ふたりは怪物に戦いを挑み、両足の裏を矢で射抜き両足を切り落とした。ガニアグワイヘゴワが二度と人間社会を脅かさないよう、残った体を焼き尽くした。

文献77

カネアケル

KANEAKELUH

カナダのブリティッシュ・コロンビア州の先住民、クワキウトゥル族の伝説と伝承に登場する想像上の巨鳥。人間に火の贈り物をしたとされる。

文献169
⇨ エスタス

カパネウス

CAPANEUS

イタリア文学の巨人*。ダンテ（1265～1321）の『神曲』の「地獄篇」に登場する。

文献173

カパル

CHAPALU, CAPALU, CAPALUS

ウェールズの伝説や伝承とヨーロッパ各地のアーサー王伝説に登場する超自然的な怪物猫の名のバリエーション。フランスではcapaluやcapalusという綴りになる。ウェールズ版では、自分の仲間を狩って莫大な食欲を満たす巨大で超自然的な架空動物パルグの猫*として知られる。ウェールズ版では、この猫は最後にカイ（サー・ケイ）に殺される。いっぽうアーサー王伝説では、カパルはフランスのサボア近郊にあるモン・デュ・シャ（「猫の山」）と特別な結びつきがあり、その場所でアーサー王に殺されたことになっている。

文献7、54
⇨ 化け猫

カパルス
CAPALUS

ウェールズの伝説や伝承に登場する超自然的な怪物猫カパル*の別名。

文献7

カーバンクル
CARBUNCLE

16世紀の南米国探険にもとづいてヨーロッパで作られた物語に登場する想像上の生物。しかしカーバンクルを実際に見たという記録があるのは、司祭マルチン・デル・バルコ・センテネラの著作『アルゼンチン（Argentina）』（1602）だけである。このなかでセンテネラは、パラグアイに行った時、額に貴重な宝石を付けたこの生物がいて、それが光るのを見たと述べている。彼も他の大勢の人々もその後何年間もかけてこの生物を探し続けたが、結局見つけ出すことはできなかった。

文献18

カバンダ
KABANDA, KABANDHA

インドの伝説とヒンドゥー教神話に登場する人型の怪物*。その名は「樽」を意味し、ラークシャサ*のひとり。毛むくじゃらの醜い巨人*で、頭も足もないとされる。ひとつだけの目と、鋭い牙の並ぶ大きく裂けた口が胴の中央に付いている。8本の太い腕が足の役割を果たし、巨大な蜘蛛のように見える。インドの叙事詩『ラーマーヤナ』によれば、カバンダはもともとガンダルヴァ*だったが、インドラ神と口論を起こし、強く殴られたために、頭と足が体のなかにめりこんだ。この変形によってカバンダは怪物となり、体が樽のように膨らんで、目と口が巨大な毛むくじゃらの胴に現われた。その姿でラーマと争い、ラーマのヴァジュラ（稲妻を発する武器）で攻撃されると、再びもとのガンダルヴァの姿に戻った。感謝のしるしとして、ラーマが魔王ラーヴァナと戦うのを助けた。

文献24、112、125、160、166

カプリコルヌス
CAPRICORNUS

古代メソポタミアの神話に登場する混成怪物のラテン語名。カプリコルヌスは神エアの従者で、魚の体の上に魚の頭と人間の頭の両方が付いた姿。スフル＝マス*の名で知られるシュメールの山羊魚と同様に、カプリコルヌスも星座のカプリコーン（山羊座）と関係がある。ギリシア・ローマ神話では、カプリコルヌスは神々の王ゼウスによって作られたとされている。怪物*のテュポン*に追われた時、牧羊神パンはナイル川に飛び込んだ。パンは山羊の胴と頭を持つ魚に変わり、それからゼウスによって、星座として空に据え置かれたというのである。

文献7、20、89
⇨　サジタリウス

カプリペデス（山羊足）
CAPRI-PEDES

ギリシア・ローマ神話に登場するある種の怪物*の別名または形容語句。「山羊の足を持つ」の意味で、文字通り、山羊のようにふたつに分かれたひづめを持つサテュロス*やファウヌス、パンなどの怪物や神を指して使われる。

文献177

カフレ
CAFRE, KAFRE

フィリピン諸島の伝承に登場する、ニュー・ブリテンのブアタ*によく似た怪物*。カフレは大きな恐ろしい牙を持つ巨大な生物と言われる。猪に似ているが、色が黒く、猪よりもはるかに大きく、はるかに強い。この超自然的怪物は後ろ足を使って人間のように直立して歩くことができるうえ、人間の言葉を話し理解することもできるので、恐るべき敵となりうる。密林で人を追い詰めて餌食とするのである。とはいえ、伝承に出てくるたいていのオーグル*の仲間と同様に、知能がきわめて低いので、騙されて獲物を逃すこともある。

文献113
⇨　アイトーリアの猪、エスキスエルウィン、エリュマントスの猪、カリュドンの猪、セーフリームニル、戦いの猪、トゥルツフ・トゥルウィス、ヒルディスヴィニ、ブゴット、ベイガド、ベン＝グルバンの猪

カベスド
CABEZUDO (sing.), CABEZUDOS (pl.)

　スペインの祭りでその人形がパレードする町の巨人*。名前の意味は「大きな頭」であり、その文字通り大きな頭は多くの町の巨人やオグレス*の場合と同様に、大きさそのもののかもし出す恐怖と、人間と敵対した時の騙されやすさを象徴していることが多い。カベスドたちを取り巻く伝説はおそらく何世紀もかかって発展してきたので、たいていはそれぞれの姿と結びついた込み入った「歴史的」巨人譚が存在する。カラヴィナイグレ*、カルネロス*、タラスカ*などの場合もそうである。これらは巨大な頭と飛び出した恐ろしい目を持っているのが常で、通常は17世紀か18世紀の衣装を身に着けている。
文献181

ガボーチェンド
GABORCHEND, GABORCHIND (pl.)

　アイルランドに伝わる半人半獣の一族。アイルランド最古の住人といわれ、人間の体と犬あるいは山羊に似た頭部を持つとされる。
文献128
⇨　キュノケパロス、コインヘン

カマウェトー
CAMAHUETO

　チリの海岸沖に浮かぶチロエ島の人々のあいだで語り継がれた海の怪物*。カマウェトーはさまざまに描写されており、巨人*や小さな牛と言われることもあれば、川の上流で生まれるタツノオトシゴで、成長にしたがって海へと移動しながら途中に棲息する魚などの野生生物を食い尽くすと言われることもある。姿の描写がどうであれ、巨大な足に鉤爪があり、口のなかに牙が生えた捕食性の怪物であり、それらを使って海岸沿いの崖をくりぬき、谷や入江を作ると言われる。そこで難破船に乗っていた人間を待ち伏せて罠にかけ、むさぼり食うのである。
文献133

カーマデーヌ
KAMA-DHENU, KAMADHENU

　インドのヒンドゥー教神話に登場する巨大な天空の牝牛。カーマデーヌの出自には二説あるが、一方では「乳海攪拌」によって創造されたとされ、もう一方では太陽の女神ローヒニーの子孫として生まれたと言われている。シャヴァラー*やスラビ*の名でも知られ、すべてに滋養を与える乳を永遠に供給した。しかし能力はそれだけにとどまらず、ある期間この牝牛の主人だったヴァシシュトラが願いをかけると、望みどおりのものがそこに現われた。カーマデーヌは大変強大な力を持っていたので、アルジュナを倒すための多くの戦士を出現させた。
文献24、112、133
⇨　アウズフムラ、ウォリックの赤牛、グラス・ガイブェアニーア

カマプアア
KAMAPUA'A

　ハワイ諸島の神話に登場する原初の巨大豚。その名は「豚の子」を意味し、大洋の底から鼻を使ってハワイ諸島全体の地面と山を持ち上げた。ドシドシと歩いた後に残った陥没部分は島のあいだの海峡となり、島の内陸部の湖となった。性欲が旺盛で、女神や人間の女性を追い回し、多くの恐ろしい生物を誕生させた。火の女神ペレがはっきりと拒絶を示したため、仲間を集めて女神の炎をすべて踏みつけようとした。幸いなことに神々が救出に現われて、カマプアアを低地地方に追い払い、ペレを丘陵地方に送って引き離した。女神はその場所を自分の炎で満たした。地震は、この二者が時々顔を合わせて騒々しく争うために起こると言われている。

文献47、133

カミダイ・カメインヴォス
CYMIDEI CYMEINFOLL, KYMIDEU KYMEINVOLL

　ウェールズの伝説と伝承に登場する女巨人。彼女の話は神話物語集『マビノギオン』の二番目の物語である『スィールの娘ブランウェン』で語られる。カミダイ・カメインヴォスは巨大で、巨人*である夫のスァサール・スァイス・ゲヴネウィド*よりもはるかに大きいと描写されている。ふたりはともに再生の大鍋の守り主である。マソルッフがふたりを殺そうとして彼らの家に火をつけるが、彼らは逃げ出してブラン*にかくまわれる。お礼として、ふたりはブランに奇跡の大鍋を贈る。
文献128

カームデーヌ
KAMDHENU
⇨　カーマデーヌ

カムペー
CAMPE

　ギリシア・ローマ神話に登場する怪物*。ティタン*とゼウス率いるオリュンポスの神々とが戦っている時、ゼウスはやむなく、タルタロスに幽閉されて怪物のカムペーに見張られている百手の巨人*とキュクロプス*の助けを求めに行った。ゼウスがこの巨人の束縛から解き放つと、彼らは神々を助けてティタンを倒した。
文献138

ガヤント
GAYANT

　ベルギーの伝説や民間伝承に登場する巨人*。ドゥエ市周辺に棲んでいたと思われるこの巨人は、今や同市の町の巨人*となっている。その歴史は1530年にさかのぼるとする記録もあるが、町の巨人として正式に認められ公的文書に残されるようになったのは1781年以降のことである。
文献174

ガラ
GARA
　ニヤン*のベンガル語の別名。ミャンマーとインドの伝説に登場する蛇の怪物。
文献81

カーラ
KHARA

　ペルシア（現イラン）のゾロアスター教神話に登場する宇宙ロバ。巨大なロバの体に足が3本あるとされる。6個ある目のうち、ふたつは後ろ側、ふたつは通常の位置で、残りのふたつは頭の天辺にある。額から角が1本突き出し、口は9つある。すべてを見通すことのできる獣で、悪を妨げるのに役立つ。
文献24

カーライルのカール
CARL OF CARLISLE

　イギリスの民間伝承やアーサー王伝説に登場する巨人*。カールは呪文で巨人に変えられたまま、サー・ガーウェインとサー・ケイとサー・ボールドウィンが彼の城にやってくるまではなすすべがなかった。望む結果が得られたのは、サー・ガーウェインに首を切ってもらうという恐ろしい試練を乗り越えたときで、その時点で彼は呪縛から解放されて再びカーライルのサー・カールとなり、アーサー王からナイト爵を授かったのである。その後サー・ガウェインは彼の娘と結婚した。
文献54

カラヴィナイグレ
CARAVINAIGRE

　スペインの民間伝承や伝説に登場する巨大なキャラクター。カラヴィナイグレという名は「酢の顔」という意味であり、この巨人*が満面に浮かべた酸っぱそうな表情を表わしている。巨大な頭と突き出した顎が特徴的に描かれ、イギリスやイタリアの伝承のミス

ター・パンチにいくぶん似ている。身に着けているものは、18世紀のスペインの船乗りを思わせる三角帽と白いズボンと青いジャケットである。かつてはスペインの伝説上の恐るべき存在だったが、今では子供部屋のボーギー*やカベスド*として知られる祭りの巨人の身分に成り下がっている。カラヴィナイグレは、スペインのバスク地方のパンプロナで開かれる聖ヘルミン祭のパレードで見ることができる。

文献181

からす天狗
KARASU TENGU

日本の文学伝承と民間伝承に登場する怪物*。鳥の形をした巨大な生物で、大きな鉤爪と動物の耳を持つ。広く赤いくちばしは人間をくわえて空を飛べるほど大きい。

文献7、89、113、160
⇨ 天狗

カラッハ・ナ・ゲスハッグ
CAILLAGH NY GUESHAG

⇨ カラッハ・ナ・グローマッハ

カラッハ・ナ・グローマッハ
CAILLAGH NY GROAMAGH

超自然的で恐ろしい年老いたハッグ（妖婆）の名のバリエーション。カラッハ・ナ・ゲスハッグ*とも呼ばれる。カラッハ・ナ・グローマッハは地元の伝説や伝承のなかで天候の精とされており、その名は「陰気な老婆」を意味するマンクス語（イギリス諸島のマン島の言葉）である。しかし、「魔法使いの老婆」を意味するカラッハ・ナ・ゲスハッグの名のもとでは、邪悪な魔法を行使したせいでアイリッシュ海に放り込まれた女巨人*である。彼女は聖ブリギッドの祝日（2月1日）にマン島の岸に打ち上げられて、焚き木を集めて体を乾かした。続く春は雨ばかりとなり、その後毎年、聖ブリギッドの日になると、カラッハ・ナ・ゲスハッグは焚き木を集めにやってくる。その日が晴れなら、雨天続きの春に備えて焚き木をたくさん集めるが、その日が雨だと出かけられなくなって、自分が気持ちよく過ごすために、晴天続きの春をもたらさざるをえなくなる。

文献24、111、128、159
⇨ カリアッハ・ヴェーラ、ケラッハ・ヴェール、ババ・ヤガ

ガラテイア
GALATEIA, GALATEA

フランスの伝承や文学において、フランク人の王シャルルマーニュ*の擬史的な系譜に登場する女巨人。バビロニアの神官ベロッソス（前3世紀）が著わした『バビロニア史』には、リビアのヘラクレス*による小アジアの巨人*退治の様子が描かれている。その後ヘラクレスはイタリアへ向かい、人々を苦しめていた残酷非道な巨人たちを追い出すが、巨人ケルテス*の娘ガラテイアとのあいだに恋がめばえ、ふたりのあいだにガラテス*が生まれたとされる。ジャン・ルメール・ドゥ・ベルジュ（1473頃〜1524頃）がブルボン公のために著わした空想的な歴史書では、シャルルマーニュの系譜のなかにこの逸話が組み込まれている。これは王朝の起源がきわめて英雄的なものであることを証明するためである。

文献174

ガラテス
GALATHES

バビロニアの神官ベロッソス（前3世紀）が著わした『バビロニア史』に登場する女巨人*ガラテイアの息子。ヘラクレス*と巨人*ケルテス*の娘、ガラテイアとのあいだに恋がめばえ、ふたりのあいだにガラテスが生まれた。ジャン・ルメール・ドゥ・ベルジュ（1473頃〜1524頃）がブルボン公のために著わした空想的な歴史書においては、シャルルマーニュ*の系譜のなかにこの逸話が組み込まれている。こうして巨人ガラテスはフランスの王朝史に組み込まれることとなったのである。

文献174
⇨ リビアのヘラクレス

カラニッシュの巨人たち
GIANTS OF CALLANISH, THE

スコットランドのヘブリディーズ諸島に属するルイス島の伝説に登場するフィル・フレイグ*の別名。石に変えられてしまった巨人*たちの伝説が残る巨岩遺跡を指して使われることが多い。

文献183

カーリ
KARI

北欧神話に登場する巨人*。その名は「嵐」を意味し、嵐の巨人の群を率いるリーダーであり、フリームスルサル*あるいは霜の巨人*の一員でもある。ベリ*、スィアチ*、スリュム*の3人の息子と、娘のスカジ*がいる。

文献24

カーリア
KALIYA

インドのヒンドゥー教神話に登場する恐ろしい蛇*。頭が5つあり宝石で飾られた蛇で、ヤムナー川の最も深い場所に棲息した。カーリアは蛇（ナーガ）族の王で、夜になると深い川底から姿を現わし、近くの田園地帯を破壊すると、いつも決まった木のなかで眠りについた。ある日、若きクリシュナ神がこの木に登り、下の川に飛び込んだ。すると、それによって生じた熱波が木を燃やしてしまった。怒り狂ったカーリアは蛇の仲間を呼び寄せてクリシュナを取り囲み、彼を倒そうとする。しかし、神は簡単にその場を逃がれ、カーリアの頭の上で踊った。するとカーリアの頭からすべての力が吸い取られてしまい、それが蛇たちをひどく恐れさせたので、カーリアと彼らは永久に海へ出ていった。この友好的な態度に対して、クリシュナは蛇たちを殺していたガルダ*に対し、もう二度と彼らに近寄らないと約束させた。

文献24、112、133

⇨ ヒュドラ

カーリア(2)
KARIA

アボリジニ（オーストラリア先住民）の「夢の時」神話に登場する虹の蛇*の地方名。

文献159

カリアッハ・ヴェーラ
CAILLEACH BERA, CAILLEACH BEARA, CAILLEAC BHÉARRA, CAILLEACH BHÉIRRE, CAILLEACH BÉIRRE, CAILLEACH BÉARRA, CAILLEACH BHEARE, CAILLEACH BHÉARA, CAILLEACH BEARE, CAILLEACH BHÉRRI, CAILLIAGH BIRRA

「ベアラのハッグ（妖婆）」の意味の名を持つカリアッハ・ヴェーラはアイルランド神話に登場する強くて狡猾な超自然的生物であり、アイルランド神話におけるケルトの穀物の精が起原である。彼女はコーク近くのベアラ半島と結びついた女巨人である。というのも、ベアラ半島は、彼女がエプロンに入れて運んだ石が、紐が切れた時に落ちてできた岩山なのである。これと同じようにして、彼女はヘブリディーズ諸島（スコットランド）も作ったと言われる。ヘブリディーズ諸島での彼女の名はカリアッハ・ベイネ・ブリック*である。名前のバリエーションの多さは、彼女の伝説がアイルランド各地に、特にコーク、スライゴー、マンスター、アルスターなどに散在することを物語っている。各地で、彼女は家を建てるために石を運び、その途中で山や島を作ったと考えられている。そして各地の夫と結ばれて、アイルランド人の祖先となったと言われている。

文献24、120、128、141、159

⇨ ケラッハ・ヴェール

カリアッハ・ウラガイグ
CAILLEACH URAGAIG

スコットランド、ストラスクライド県のクライド湾にあるコロンセイ島に限って使われているケラッハ・ヴェール*の別名。この島

の伝説によれば、カリアッハ・ウラガイグは冬の化身の女巨人であり、夏の精を捕らえて監禁する。そしてそれが救出されるのを、絶えず動く危険な岩の崖となって阻止するが、最後には敗北する。

文献128

カリアッハ・ベイネ・ブリック
CAILLEACH BEINNE BRIC

アイルランドの伝説や伝承に登場する女巨人、カリアッハ・ヴェーラ*のスコットランドでの名称。

文献24、120、128、159

カリカンツァリ
KALLICANTZARI, CALLICANTZARI

現代ギリシアの伝説と伝承に現われる恐ろしい生物。2種類に分かれ、一方は小人ドワーフに似た、尾が長く毛で覆われた生物、もう一方はギリシア神話に登場するサテュロス*によく似た巨人*で、彼らの由来がそこにあることは間違いない。この邪悪な怪物*たちはカルケスとも呼ばれる。

巨人のカリカンツァリは人間の姿に近いが、頭は犬または山羊に似ており、あごひげと全身を覆う粗くもじゃもじゃの毛が生え、ふたつに割れたひづめをしている。後ろ足で歩き、大きさは人間より少し背が高いぐらいから、7～8mの恐ろしいものまでさまざまである。この巨人種は地下に棲息し、「世界樹」（北欧神話のトネリコの大樹ユグドラシルと同様の概念）の根を噛み切って倒そうとしている。しかし、カリカンツァリは夜行性のため、冬の夜が近づくと、根をかじって木を倒すチャンスは少なくなる。クリスマスから公現の祝日（クリスマスから1月6日までの12日間）の時期になると地上を歩き回って大災害を引き起こす。女性をさらい、作物や森や住居を荒らし、家畜を殺し、さらには旅行者たちに命じて一緒に踊らせ、疲れ果てた時に襲ってむさぼり食う。カリカンツァリは地中に棲み日光を恐れるので、雄鶏が鳴くまで彼らを地上で踊らせ続けることができた者は、命が助かる。この期間に生まれる子供には疑惑の目が向けられ、キオス島では生まれた子がこの怪物に姿を変えることがないように、かかとに焼き印を押す習慣があった。祭りの期間が終わって彼らが地中に戻り、また夜が明るい季節が始まる頃には、「世界樹」は十分に回復しているが、彼らは再び根をかじり始める。

文献7、17、24、160、169

カリグレーハウンド
CALYGREYHOUND

イングランドのチューダー王朝時代から紋章に表わされる獣。アンテロープの体と牛の後ろ足と鷲の前足を持つ。速さを象徴するこの奇怪な混成怪物は1513年から、オックスフォード伯の爵位を獲得したド・ヴィア家の紋章として特別に使われてきた。

文献7

紋章用アンテロープのカリグレーハウンドやキャメルパレードは英国の盾型紋章によく描かれている。

カリゴランテ
CALIGORANTE

イタリア文学に伝統的に登場する巨人*。モルガンテ*をはじめとする文学上の巨人の例にもれず、カリゴランテも中世ヨーロッパの「ロマンス」伝説に起源を持つ。

文献173

訶梨帝母
KARITEI-MO

オグレス*、ハーリティー*の日本の仏教説話での呼び名。

文献61、125、139、160
⇨ カンニバル（食人種）

カリトリクス
CALLITRICE

中世ヨーロッパの伝承や伝説に登場する怪物*。カリトリクスは12世紀の動物寓話集に、サテュロス*に似ているが濃いあごひげと長く太い尻尾のある人型の生物として描かれている。エチオピアの荒地に、人から隠れて暮らしているので、人に危害を加えることはないとされた。

文献7、184

ガリー・トロット
GALLEY-TROT

英国サフォーク州に出没する妖犬の一種で、ギリトラットとも呼ばれる。毛むくじゃらで白く、牛と同じくらい大きい。シャック*あるいは黒妖犬*と同じように人気のない道に静かに現われ、人間を飲み込んだりしつこくつきまとったりする。特にウッドブリッジやダンウィッチにしばしば出没し、通行人を追いまわす。

文献24、96、160、170

カリュドンの猪
CALYDONIAN BOAR

ギリシア・ローマ神話に登場する恐ろしい猪で、アイトーリアの猪*の名でも知られる。カリュドンの王が女神アルテミス（ディアナ）に生贄を捧げるのを怠った罰として、女神がアイトリア全土に災いをもたらすために解き放った猪である。この猪はこの土地のほぼすべてを、作物と言わず人家と言わず破壊しつくし、人間さえも皆殺しにした。そこで王の息子メレアグロスがギリシア全土から英雄を呼び集め、大規模な猪狩りに参加させた。英雄たちは冒険を重ねた末に、ようやく猪を追い詰めて、アタランテが矢で射貫き、メレアグロスがとどめを刺した。だが、猪の頭と皮を戦利品としてどう分配するかで揉め、英雄たちのあいだに新たな争いが起こる結果となった。

文献20、24、168
⇨ エスキスエルウィン、エリュマントスの猪、カフレ、セーフリームニル、戦いの猪、トゥルッフ・トゥルウィス、ヒルディスヴィニ、プゴット、ブアタ、ベイガド、ベン=グルバンの猪

カリュブディス
CHARYBDYS

ギリシア・ローマ神話に登場する怪物*。ガイア*と海神ポセイドンの娘であるカリュブディスは、多くの神話のなかで神々の王ゼウス（ユピテル）の怒りを買った若い娘とされるが、その理由をヘラクレス*の牛を盗んだせいとする伝承もあれば、ほかの罪を犯したせいとする伝承もある。崖の上のイチジクの木の下に座っていた彼女は、ゼウスの放った稲妻に打たれ、真下の海に投げ込まれた。海のなかで彼女は姿を変えて巨大な口となり、日に3回、その口を水面で大きく開き、空気と水を飲み込んでは吐き出して、巨大な渦を作った。たくさんの舟がこの渦に巻き込まれて沈んだ。しかし、英雄オデュッセウスとイアソン、それにアルゴ船隊員は生き残った。

文献24、138、165、177

カル魚
KAR-FISH

ペルシア（現イラン）のゾロアスター教神話に登場する巨大魚。生物のなかで最も鋭い

視力を持ち、その大きな体は最高神アフラ・マズダーが創造した「不死の木」ガオークルナを取り囲むことができるとされる。しかし、邪神アンラ・マンユが常にこの神聖な木を掘り起こして破壊しようとするので、アフラ・マズダーは邪悪な大トカゲから木を守るために巨大魚を創造した。魚たちは常に頭を外に向けて敵に対し、永遠に警戒を続ける。
文献7、89

ガルオー
GALEHAUT
フランス古典文学に登場する巨人*。フランソワ・ラブレー（1498〜1553頃）の物語集『パンタグリュエル』で知られる巨人パンタグリュエル*の祖先のひとり。同作品の初版には登場せず、後の版でパンタグリュエルの系譜を作るために加えられた。他の5人の巨人（エティオン*、エリュックス*、ガッバラ*、アップ・ムウシュ*、モルガンテ*）とともに、酒に関わる発明をしたと言われている。
文献174
⇨ ウルタリー、エナック、ガイヨフ、カインの娘たち、シャルブロット、ノア、ノアの子供たち、ブレイエ

カルガス
KARGAS
トルコの伝説に登場する想像上の怪物*で、おそらく起源は中世ヨーロッパの旅行者の風説にさかのぼる。混成種の鳥でグリュプス*によく似ている。
文献7

カルカダン
KARKADAN
ペルシアとインドの伝説と信仰に登場する恐ろしい生物。1503年のヨーロッパ人旅行者たちによる描写では、体は大きいが足とふたつに割れたひづめは鹿のもので、どっしりした後半身から太く毛むくじゃらの足が出ている。頭は馬に似ているが、たてがみは少なく、首の部分にはほとんどない。イタチのような褐色で、攻撃的とされる。しかし、額から角が1本突き出た姿で描いてあるものもあり、その角は毒を見つけ出す手段として珍重されたが、この獣は獲物を殺して運ぶために使った。
文献63、89
⇨ アムドゥスキアス、アリコーン、一角獣、オニュクス・モノケロス、怪物、麒麟、コレスク、ジャオ・ドゥアン（角端）、スキュティアのロバ、チアイ・トゥング、チー・リン（麒麟）、ビーアスト・ナ・スログニグ、ミラージュ、リコーン、ロバ（3本脚）

ガルガメル
GARGAMELLE
フランス古典文学に登場する女巨人、ガルメル*の別名。フランソワ・ラブレー（1498〜1553頃）の物語集『ガルガンチュア』に巨人ガルガンチュアの母として描かれている。夫はガルガンチュアの父でもある巨人*グラングゥジエ*。

ガルガンチュア
GARGANTUA
フランスの古典文学に登場する巨人*。フランソワ・ラブレー（1498〜1553頃）の物語『パンタグリュエル』（1532）と『ガルガンチュア』（1534）の登場人物のひとりである。グラングゥジエ*とガルガメル*のあいだに生まれた息子。魔術師マーリンの気まぐれによって王妃グウィネヴィアの爪の切りくずや牛と雌クジラの骨から作り出されたのが、母ガルガメルである。一人前に成長したガルガンチュアは、巨人退治のためアーサー王の宮殿へ赴く。ゴ・エ・マゴ*を倒し、さらに多くの巨人たちと戦ったガルガンチュアはことごとく勝利をおさめた。その様子は修道士ジェフリー・オヴ・モンマスの描いた巨人コリネウス*の活躍さながらであった。「gargantuan（巨大な）」という言葉の由来は、ガルガンチュアの並外れた食欲と巨体にある。ガルガンチュアの口の大きさといえば、いびきをかいた時に大量の軍隊がそのなかに落ち込

んでしまうほどであった。巨人たちに囚われた人々を救い出した時は、歯のくぼみにかくまってやった。そのなかにはテニスコートさえあったという。ラブレーはガルガンチュアをパンタグリュエル*の父親に仕立て上げた。ガルガンチュアはケルトの民間信仰に登場する数多くの巨人たちをモデルに描かれたものと思われるが、それに加えてラブレーは、『フランス大年代記』が書かれる前の時代のチャップブック［呼び売り本。イギリスの呼び売り商人（chapman）の売った、通俗物語・俗謡を書いた小冊子の安価本］に掲載されていた伝説も参考にしていた。これらの伝説は改作され『フランス大年代記』のなかにも描かれている。現在ガルガンチュアはフランス、ノール・パ・ド・カレ地方にあるバイユルを代表する町の巨人*となっている。

文献20、54、174

ガルギッティオス

GARGITTIOS

ギリシア・ローマ神話に登場するゲリュオンの怪犬たち*のうちの一頭。

文献20

⇨　ゲリュオン

ガルグイユ

GARGOYLE

⇨　ガーゴイル

カルケス

KALKES

現代ギリシアの伝承に登場する、犬または山羊に似た怪物*カリカンツァリ*の別名。また、カーレスとも呼ばれる。

文献7、160、169

カルセル

KALSERU

オーストラリア北西部の「夢の時」伝説に登場する、巨大な虹の蛇*の別名。

文献24

ガルダ

GARUDA, GARUDA BIRD

ヒンドゥー神話や仏教神話に登場する神鳥。インドおよびヒンドゥー・仏教神話が伝わったアジアの国々、特にインドネシアで信じられており、タラシュヴィン（速く飛ぶもの）という別名を持つ。その姿はさまざまに語り継がれており、金色、緑色、あるいは赤色の鷲で人間の腕が4本付いていて、さらに金色もしくは緋色の翼を持つと言われる。そして鷲の頭に金色あるいは白の人間の顔を持つ。500年の時を経て卵から孵ると言われるが、聖者カシュヤパとその妻ヴィナターのあいだに生まれたとも伝えられる。ヴィナターがカシュヤパの第二夫人であるナーギニー*の奴隷にされた時、ガルダは不死の飲料アムリタを神々から盗み取り、それと引き換えに母を助けた。それ以来、ナーガ*族に対するガルダの憎しみはとどまるところを知らず、この蛇神たちの宿敵となった。ガルダはヴィシュヌ神と会い、その騎鳥となる。南東アジアの貴族や王族にはしばしばガルダを紋章にしているが、ガルーダ・インドネシア航空もロゴマークに使っている。

文献7、18、24、47、61、78、89、113、125、133、166

⇨　アルコノスト、アンカ、アンナティ、クルト、ザグ、シームルグ、シリン、セイレーン、ソロヴェイ・ラクマティチ、ナーガ、パルテノペ、ハルピュイア、プティツィ・シリニー、ポ

ガルダ

ダルゲー

カルタゾーノス
CARTAZONON

　一角獣*。アエリアヌス（200年頃）が「インドのカルタゾーノス」として伝える獣。馬に似た生物で、色は黄みがかった赤であり、黒い角と長いたてがみがあるとされる。また、とても攻撃的で、生息地は砂漠や山中の荒野であり、そこではライオンの敵であるとされる。伝説によれば、この獣は殺すことはできたが、生け捕ることはできなかった。

文献81

カルチョナ
CALCHONA

　チリの人々に語り継がれている巨獣。フリオ・V・チフエンテスによれば、カルチョナは大きな犬に似ているが、もつれた濃いあごひげがあり、羊の長い毛を思わせるもじゃもじゃの白く長い毛に覆われている。山の小道に棲み、深夜に見かけた旅人を罠にかけて脅し、馬もうろたえさせる。邪悪ではあるけれど、脅えた人間から食糧を奪い取る以上のことはめったにせず、それが済めば退散する。

文献18、89
⇨　パッドフット

カルネロス、ロス
CARNEROS, LOS

　カナリア諸島のエル・イエロ島のフロンテラという町の伝承に登場する怪物*。名前は「羊」を意味する。ロス・カルネロスは今では大きな角の生えた奇怪な羊の巨大な人形となって、スペイン伝統のカベスド*の仲間入りをしている。カベスドとは、各地の伝説のボギー*が人形となって子供部屋のボギー*や祭りの巨人*の身分に成り下がったものである。ロス・カルネロスの場合には、太い角の突き出した巨大な羊の頭と体が地元の子供たちを、特に祭りの時に恐がらせている。

文献181

ガルム
GARM, GARMR

　北欧神話に登場する怪犬。血をしたたらせた四つ目の巨大な怪物で、死者の国ヘルの番犬をしており、冥界ニヴルヘイムの門にあるグリパの洞窟に棲んでいる。冥界の門の前に立ちはだかってヘルからの逃亡を防ぎ、貧者に施しをしなかった守銭奴たちに向かってうなり声をあげる。ガルムが声高く吠えるのはラグナレクの始まりと戦いの終わる時である。最後に残ったガルムと片腕の神チュールは一騎打ちになり、相討ちとなった。

文献18、24、61、89、125、139
⇨　ケルベロス、フェンリル

ガルメル
GALEMELLE

　フランス古典文学に登場する女巨人。フランソワ・ラブレー（1498～1553頃）の物語集『ガルガンチュア』に、巨人*ガルガンチュア*の母として描かれている。ガルガンチュアの父でもある夫、グラングゥジエ*は東方の山よりやってきたとされる。魔術師のマーリンが王妃グウィネヴィアの爪の切りくずと雌クジラの骨から作り出したのがガルメルである。巨人が岩を積み上げて山を作るという逸話は数多くあるが、トムブレーヌ島とモン・サン・ミシェルはガルメルとグラングゥジエによって作り出されたと言われている。ガルメルは息子ガルガンチュアがヴェードから凱旋したのを見届けたあと、ブルターニュで喜びのあまり息を引き取った。その遺体はアーサー王の宮殿に向かう途中のマーリンの手によってブルターニュに埋葬された。

カレスメプレナン
QUARESMEPRENANT

　フランスの古典文学に登場する巨人*。フランソワ・ラブレー（1494頃～1553頃）作『パンタグリュエル』と後の『ガルガンチュア』に登場する。邪悪ではなく、不恰好で知恵のめぐりの悪い巨人で、その点は民話のオーグル*に似ている。

文献174
⇨ ガルガンチュア、パンタグリュエル、ブラングナリーユ

カレル
KALERU

オーストラリアのキンバリー地方の伝説で、ガレル*とも呼ばれる巨大な虹の蛇*の別名。
文献166
⇨ ウングッド、蛇

ガレル
GALERU

オーストラリアのキンバリー地区に伝わる巨大な虹の蛇*。カレルとも呼ばれる。
文献166
⇨ ウングッド、蛇

カレワンポジャット
KALEVANPOJAT

フィンランドの伝説と伝承に登場する邪悪な巨人*たちの一群。その名は「カレワラの息子たち」を意味し、すべての生物、特に人間に敵意を持つ。彼らは農地を荒らして石だらけの荒れ地に変え、美しい森を破壊して洪水を起こす。
文献125

ガロクウズウィス
GALOKWUDZUWIS

カナダ北部のクワキウトゥル族の伝承と信仰に登場する人食い怪鳥。怪物バクバクワカノオクシワエ*の妻。「天空を駆ける曲がったくちばし」と呼ばれ、その立派なくちばしは大きく隆起しているとされる。夫バクバクワカノオクシワエと一緒に人間を襲う。
文献77
⇨ カンニバル

カロッグ
CARROG

ウェールズの伝承や伝説に登場する怪物*。トーレント*の名でも知られる。グウィネズ州のコンウェー谷付近に棲息すると言われた。
文献128

カロプス
CALOPUS

中世ヨーロッパの伝説の怪物*。シャルー*の名でも知られる。狼の体を持つが、頭には角があり、胴には棘があると言われた。恐ろしい敵ではあったが、低木地に誘い込めば身動きできなくなった。この奇怪な獣は現在のイラクに当たるユーフラテス川の土手に棲息していたと言われる。ヨーロッパの紋章の図案に使われたので、紋章入りの古い盾に今も見ることができる。
文献7

ガロン
GALON

インドネシアの神話や伝承に登場する聖鳥。ガルダ*とも呼ばれる。
文献7

ガーワス
GHAWWAS

水に住む精霊。ジン(2)*の一種で、サウジアラビアのイスラム神話に登場する。
文献115

カーン・ガルヴァ
CARN GALVER

イングランド、コーンウォール州の伝説と伝承に登場する巨人*。とてつもない巨体だったことだけで知られていたのではなく、素晴らしく温和な性質で、近隣の人々に大変な好意を寄せていたことでも知られていた。そんな彼は、よく子供たちの遊び相手になった。こんな悲しい話がある。カーン・ガルヴァは頭がかなり弱いので、ボールを使う代わりによく岩を投げて遊んでいたが、ある日、誤って岩を少年の上に落としてしまい、その子を圧死させてしまった。巨人はこの出来事にすっかり打ちのめされ、7年間ひっそりと嘆き抜いたあげくに、やつれ果てて死んでし

まった。彼が死んだのは、ペンザンスの町の近くの揺るぎ石のある場所だと言われている。
文献128

観喜天
⇨ ホアン・シーティエン

ガンジ
GANJ
　ペルシア（現イラン）の伝承に伝わるドラゴン*。財宝や宝石を収めた蔵を守るガンジの額にも、宝石が一粒埋め込まれている。
文献63

ガンダッバ
GANDHABBAS
　インドのヒンドゥー教神話に登場するガンダルヴァ*の別名。パーリ語。
文献7、24、160

ガンダルヴァ（イランの）
GANDAREWA
　イランのゾロアスター教神話に登場する巨大な怪物*。ドラゴン*に似た姿をしているが、その体は非常に大きく、首を伸ばすと海から天まで届く。町を破壊し人間を捕まえて食い殺すこの怪物は、自分よりもさらに凶暴なドラゴンの守護を務めている。だがガンダルヴァ退治を心に誓う英雄クルサースパの挑戦を受け、激しい戦いが繰り広げられる。ガンダルヴァはクルサースパの馬15頭を殺し、彼を低木地へと突き落とし、妻子を誘拐する。最初は優勢であるように思われたガンダルヴァだったが、力を取り戻したクルサースパは形勢を逆転する。ついにガンダルヴァは倒され、クルサースパは妻子を救出することができた。
文献7

ガンダルヴァ（インドの）
GANDHARVAS
　古代インドの神話に登場する半神的存在で、パーリ語ではガンダッバと呼ばれる。大気中

ドラゴンに似た巨大な怪物ガンダルヴァ

や森や山に棲む。人の頭と馬の体を持つギリシア神話のケンタウロスに酷似した毛むくじゃらの半人半獣であったり、かぐわしく立派な装束に身を固めた戦士など、さまざまな姿で現われる。アプサラスたちの友で、彼らが神々のために奏でる美しい音楽を知らぬ者はなかった。彼らはまたソーマと呼ばれる聖なる飲料の守護者でもあり、人間に医学知識を伝える役割も果たしていた。ガンダルヴァの首領であるチトラタ*、ヴィスヴァーヴァス*、トゥンブル*の3人は、晴れ渡った空に

時おり蜃気楼のように浮かび上がる天界の宮殿に棲んでいる。ガンダルヴァは執念深い性質も持っており、ナーガ族との戦いはヴィシュヌ神に仲裁されるまで止むことはなかった。

文献 7、24、38、112、125、133、139、156、160、161

⇨ キンナラ

カンニバル（食人種）
CANNIBAL

　カンニバルという名前は初め、クリストファー・コロンブス（1451〜1506）による記録のなかで、西インド諸島の先住民であるカリブ人を指すのに用いられた。コロンブスは彼らの行為が残忍であると述べたうえで、彼らが自分の種族を食べると特記している。その後、この名前はカリブ人の行為自体を指すようになり、1553年には、同種族の人間を食べることを意味するようになった。ヨーロッパ人による15世紀の探検と発見には、そこに付随する未知の危険のせいで大きな恐怖があった。「故郷」の人に向けて書かれた文献にはこうした危険の側面が誇張して書かれていたことは確かで、それによって、旅行者による出版物の人気の一因に、frisson（戦慄）が加わったのである。カンニバルという単語は大衆文学の世界にも入ってきた。英国の劇作家ウィリアム・シェークスピア（1554〜1616）は、『オセロー』のなかで、「たがいに食いあうという食人種（Canibals）」（第一幕第三場）というようにこの語を使っている。

　シェークスピアはこの語を『テンペスト』のなかでも使った。この作品にはキャリバン*という不気味なメインキャラクターがいるが、この名前は明らかに canibal のアナグラムである。この細工によって、情報通の読者には、この生物の性質を伝えることができたのである。もっとあとの時代になって、カンニバルという単語は、自己と同一種を食する生物を指すだけでなく、大衆向けの作品のなかでは、人を主要な餌食としてむさぼり食う生物を指すようになった。

　カンニバルとカニバリズム［cannibalism、人肉食］は、人間を罠にかけて食べる行為とともに、多様な社会の神話や伝説のなかで重要なテーマとなっている。なかでもアメリカ大陸の先住民のあいだで語り継がれてきた話にはとりわけよくカンニバルが登場し、そこでの彼らの性質はたいてい、ヨーロッパの伝説のオグレス*と同様に、二枚舌で愚かとされている。生きたまま食われるという恐怖には、人間にとって非常に強力な象徴的意味がある。この強烈な恐怖は、はるか昔からほとんどの文化の神話や伝説のなかで形にされ続けてきたし、今でも現代文学のなかに息づいている。

　(1)古代ギリシア・ローマ神話では、最初にウラノス*が自分の子供たちを飲み込む。それから、ミノタウロス*ことアステリオーン*やハルピュイア*、ライストリュゴン人*、ディオメデス*の牝馬*なども同様のことをする。

　(2)イギリス諸島の新しい伝説では、18世紀の戯曲のアントロポファガス*、ジョン・バニヤン作品に登場する巨人*のモール*と巨人*のスレイ=グッド*、学者、作家のJ・R・R・トールキンの小説に登場するトログ*、伝統的な民話のジャイアント・ホールドファスト*、伝承のカッティー・ダイア*、ホブヤー、チャイルド・ガズラー*、人食いアニス*がいる。

　(3)中国には、カンニバルから仏教の聖人となったホー・リー・ディー・ムー（訶梨帝母）*の伝説がある。

　(4)フランスでは、バスク地方の伝承にはトルト*という巨人*が登場し、フランスの伝承にはル・グラン・リュストゥクリュ*が登場する。

　(5)ドイツの伝説には、キンダーシュレッカー*という子供部屋のボーギー*がいる。

　(6)インドでは、ペイ*がタミール神話の人食いヴァンパイア*であり、ヒンドゥー教神話にはキラータ*、ヒディンバ*、ローハ=ムカ*などの生物が登場する。また、仏教ではハーリティー*がいる。

（7）日本では、仏教の訶利帝母*がいる。

（8）カナダの先住民の伝説には、モンタニェのアツェン*、ハドソン湾東部のイヌイットのタンマツユク*、ブリティッシュ・コロンビアのクワキウトゥル族のスニー＝ニー＝イク*（別名ナルナウク）、グワグワクワラヌークシウェイ、ズー＝ヌー＝クア*、バクバクワカノオクシワエ*、イヌイットのイラック*とニュラユーイニク*がいる。

（9）米国の先住民の伝説としては、セネカ族とイロコイ族にジョカオ*と呼ばれるストーンコート*や、ハゴンデス*、ガニアグワイヘゴワ*、デドエンドヤデセス*、オングウェ・イアス*がいる。この他、ショショーニ族にはブラック・デヴィル*とゾアヴィッツ*、南部のユト族にはパペッツ*とシアツ*、アラパホ族にはロー・ガムズ*、マレシート＝パッサマクオディ族には巨人*であるキワコウ*、ユト族にはパイユーク*、アルゴンキン族にはウェンディゴ*、ナヴァホ族にはアナイエ*、アルシー族にはアシン*、アラバマ原住民のビッグ・マン＝イーター*、ツィムシアン族にはギャザー・オン・ザ・ウォーター*、カワース一族にはハーカパイニツィ*、ヒカリア・アパッチ族にはビッグ・アウル*、北太平洋海岸のブラック・タマナス*がいる。

（10）米国の、わけてもウィスコンシン州の木こりたちの伝説には、奇妙なハイドビハインド*が登場する。

（11）インドネシアの伝説にはゲルガシ*という人食い巨人*が登場する。

（12）フィリピン諸島の伝説にはボロカ*とブンギスンギス*がいる。

（13）アボリジニ（オーストラリア先住民）の夢の時伝説には、サルディド・ジンボ*とチーローニア*がいる。

（14）中南米の伝説には、メキシコのアーウィーソウトル*、ブラジルのトゥパリ族のアウンヤイナ*、アマゾンのトゥカノ族のボラロ*がいる。

（15）東欧には、バルカン諸国のロマ（ジプシー）社会のドレーク*、ロシアと東欧の伝承のババ・ヤガ*がいる。

（16）太平洋の島々の伝説には、メラネシアのアベレ*、フィジー諸島のヌガニ＝ヴァツ*とフレイミング・ティース（燃え立つ歯）*、パプアニューギニア西部のケワンボ*がいる。

（17）アフリカの伝説には、西アフリカのツチ族とアシャンティ族のササボンサム*とモロッコのアイチャ・カンディダ*がいる。

文献5、7、18、20、24、25、27、31、38、46、47、51、55、61、64、67、77、78、89、95、112、113、119、120、122、125、132、133、138、151、153、159、165、168、169、177、181

ガンビア
GAMBIER

オーストラリア、ヴィクトリア州のアボリジニ（オーストラリア先住民）に伝わる女巨人*。最南端の山地に棲む、そこでウーという名の息子をもうけた。だがウーは母ガンビアのように一か所に定住できない性格だった。ウーはすばしこく方々へと飛んでいき、堕落して邪悪な存在になった。そんな息子の堕落ぶりを知ったガンビアはだんだんと失意の底へ沈んでいき、目からとめどなく涙が流れ続けた。長い年月が過ぎ、自堕落な生活に疲れ果てたウーは母の暮らす山のふもとへ戻る。必死に許しを請い、助けてほしいと母に懇願するウーだったが、ガンビアはすでに悲しみのあまり石となって山頂にそびえ立つ尾根と化していた。彼女は半狂乱の息子をただ見下ろすしかなく、がっくりと崩れ落ちたウーは涙に暮れ、絶望のどん底で母の後を追うように死に至った。

文献153

カンフュール
CAMPHUR

テヴェによる16世紀の著作『コスモグラフィカ』のなかに描かれた想像上の生物。カンフュールはモルッカ島に生息すると考えられた。鹿のような胴と前足を持ちながら、ガチョウのように水かきの付いた後ろ足を持つ水陸両棲生物と言われた。だがカンフュール

のもっと顕著な特徴は、1mほどのどっしりとした1本の角が、一角獣*の角のように額から突き出していることで、その角には解毒作用があると考えられていた。島の海岸地帯に生息し、魚を糧にしていた。
文献146

ガンブリヴィウス
GAMBRIVIUS

中世の博識者、ジャン・ティジィエ・ド・ラヴィジー（通称ラヴィシウス・テクストル1480頃〜1520頃）の作品、『オフィキナ（Officina）』に登場する巨人。ラヴィジーによると、トゥイスコン・ギガス*は実のところ巨人ノアの息子*、すなわちヨーロッパ貴族の祖先である。ノア*を祖とする巨人族の末裔たちのなかでも有名なひとりがガンブリヴィウスである。
文献174

ガンベルー
GUMBEROO

19世紀から20世紀初頭にかけて、米国の特にウィスコンシン州およびミネソタ州の木こりや森林労働者たちの民間伝承に登場した生物。親しみをこめてフィアサム・クリッター*と呼ばれる怪物の一種で、その極端な姿や行動のせいで寂れた場所で聞こえてくる不気味な物音の説明に使われたり、キャンプの時の楽しい語り草にされたりした。熊に似ているが毛がまったくなく、どんなものでも跳ね返せそうななめし革で全身を覆われており、銃や矢もまったく歯が立たない。ガンベルーを倒せる唯一の武器は火だけである。
文献7、24

∞ キ ∞

ギーヴル
GUIVRE

中世フランスの伝説や伝承に登場する怪物*で、動物寓話集によれば額に角のあるドラゴン*の頭と蛇*の体を持つとされている。池や木立、森、人里離れた湿地に棲む。非常に凶暴な怪物で、すきあらば人間を襲おうと常に待ち構えている。現在のフランスの紋章の図柄に最もよく見られる怪物でもある。
文献89

⇨ アムフィプテーレ、ウィヴル、ワイヴァーン

キエメ
KEYEME

南米のアマゾン川流域に棲むタウリパン族の伝承や信仰に登場する人型の怪物*。虹色の皮膚のために「動物の王」としても知られ、巨大な水棲の蛇*にも姿を変える。
文献125

ギガンテス
GIGANTES

ギリシア神話に登場する巨人族で、「ジャイアント（巨人*）」の語源。ウラノス*とガイア*を両親に持ち、去勢されたウラノスの血がしたたり落ちた大地から生まれたとされている。その誕生のいきさつから、ゲゲネイス*、すなわち「大地より生まれた者」とも呼ばれる。この大地の巨人はガイアとのつながりがある限り無敵であり、大地に育つ特別な薬草「エピアルティオン」を摂取することによって不死身の体を保つことができた。ギガンテスの呼び名には次のものがある。アグリオス*（飼い慣らせない者）、アルキュオネウス*（騒々しくわめく者）、アロアオス*（脱穀場の）、クリュティオス*（誉れ高い）、エンケラドス*（ざわめく者）、エウリュトス*（早瀬）、グラティオン*（不快な音を立てる者）、ヒッポリュトス*（大敗走）、ミマス*（あざける者）、パラス*（端麗な者）、ポリュボテス*（牧場主）、ポルピュリオーン*（紫の衣を着た者）、トアス*（素早い者）、ティテュオス*（危険を冒す者）。伝承によってはポイトス*を含むものやエピアルテス*、オトス*を含むものもあるが、これらの巨人はア

ロエウスの息子たちであると言われ、アロアダイ*と呼ばれている。他にもブリアレオースやコットス、百手の巨人*ギュゲスを含む伝承がある。こうした怪物*のような外見をした巨人たちは、口から火を吐くとも複数の頭や数多くの手足を持つとも言われる。

同じ両親を持つティタン*が神々に敗れたあと、ギガンテスは大きな塚を築き上げ、それを足がかりにオリュンポス山を襲撃した。一説によれば、神々は恐れをなしてエジプトに逃げ、ギガンテスに戦いを挑む勇気がわいてくるまで獣に姿を変えて身を隠していたという。だがギガンテスがオリュンポス山の頂にたどり着き、神々に向かって岩を投げつけはじめたその時、夜明けの光がギガンテスの首領アルキュオネウス*を照らし出し、神々は何が起こっているのかを知った。女神アテナに頼まれた英雄ヘラクレスが、太陽の光に目がくらんだアルキュオネウスを矢で射抜いたのである。転落したアルキュオネウスは生まれ故郷の地に触れることができなかったため生き返ることができず、命を落とした。クリュトスはヘパイストスまたはヘカテによって退治されたという。また女神アテナはイタリア半島の一部をちぎり取るとエンケラドス*めがけて投げつけた。これがシチリア島で、エンケラドス*はその下敷きになったという。エピアルテス*はもう少しのところでアレスを打ち負かすところであったが、英雄ヘラクレスに矢で打たれ、命を落とした。エウリュトス*はディオニュソスのテュルソス（杖）によって打ち負かされ、またミマス*とペロリュスはアレスの剣で串刺しにされたとも、ゼウスの稲妻に打たれたとも言われている。パラス*との一騎打ちに勝利したアテナは、その記念としてパラスの名を自分の名に加えた。ポリュプテス*は海王ポセイドンに追われ、コス島からちぎり取ったニシリウス島の下に埋められた。兄たちの仇を討とうとしたポルピュリオーン*はゼウスの策略にはまって女神ヘラの誘惑に負け、命を落とした。ヘラの誘惑に我を失ったポルピュリオーンはゼウスの稲妻に打たれ、ヘラクレスの毒矢に射抜かれたのである。

仲間たちを失ったギガンテスの生き残りたちはトラペズースで最後の抵抗を試みたが、勝利をおさめた者はなかった。ギガンテスたちはぽっかりと口を開けた地割れのなかに投げ込まれ、山や火山の下敷きにされて二度と戦うことができなくなってしまった。だが地中のギガンテスが身動きするたびに地面に強弱の揺れが走るようになった。こうした巨人神話が生まれたのは、トラペズース地方で恐竜の化石が大量に出土し続けているためとみられる。

文献24、133、169、178
⇨ キュクロプス、テュポン、ラークシャサ

キキン
QIQIN, QIQIRN

カナダのバフィン島、ハドソン湾およびカナダ北中部に住むイヌイットの信仰に登場する怪物*。巨大な犬の姿に似ているとされるが、口、足、耳、尾のまわりにしか毛がはえておらず、残りの部分は赤裸である。その姿を見た人間は、痙攣を起こすとされる。だが、それ以外に人間を攻撃することはなく、逃げていく。

文献24、77、89、120、160
⇨ 黒妖犬

キゴウアヴェ
CIGOUAVE

ハイチで語り継がれ信じられていた怪物*。捕食性の混成動物で、ライオンか豹のような体と人間のような頭を持ち、中世ヨーロッパの旅行者の話に出てくるマンティコレ*に類似している。ヴードゥー教信仰に色づけされているが、起原はアフリカで記録されたマンティコレで、16世紀に宣教師を介して伝わったのだと考えられる。

文献184

キシホーキュー
KISIHOHKEW

カナダの先住民クリー族の伝承と信仰に登

場する獣*。時には大きなヘラジカや狼のように描かれることもあるが、いずれの場合もウェスセチャクに付き従っている。
文献77

鬼子母神
KISHIMOJIN
　中国の仏教説話に登場するオグレス*、ハーリティー*の日本での呼び名。
文献61、125、139、160
⇨　カンニバル（食人種）

鬼女
KIJO
　日本の伝承に登場するオグレス*。森の奥深くに棲息した。
文献113

ギータ
GUITA, GUITAS（pl.）
　スペインの伝説や伝承に登場するドラゴン*。「ギータ」とは、ドラゴンに似つかわしい名前とは思えないが「足を蹴り上げているラバ」を意味する。だがもともとの意味は失われ、代わりに口から火を吹く怪物という姿が長く語り継がれている。現在では町の巨人*と同じようにギータの人形がパレードで練り歩き、聖体の祝日を祝うカタロニア地方のベルガの祭りに参加する人々を悪魔から守っている。ギータは蛇*に似た巨大なドラゴンで緑色の体を持ち、その首はネス湖の怪物のように長く伸びている。巨大な牙のはえた顔は真っ黒で、狡猾な目が大きく開かれた赤い口の上に光っている。観衆たちにスリルを与えるため、その口のなかには吐き出される炎を模した花火が仕掛けられている。
文献182
⇨　巨人

キーダッハ
CIUDACH
　スコットランド、アイルランド、マン島で語り継がれ、信じられていた怪物*。捕食性

で人型の怪物で、山地の洞窟や暗い地中に棲む。元々はアイルランドのロスコモン近辺にいたが、グレート・グレン峡谷に沿ってスコットランドのインバネス近辺へ移動していったと言われる。この巨人はアイルランドの伝説では、アイルランド大王の娘グラーネの恋人とされた。
文献128

キチ・アトハシス
KITCHI-AT'HUSIS
　米国の先住民ミクマク族の伝承と信仰に登場する、水棲の巨大な蛇*。伝承によれば、ふたりのシャーマンがそれぞれ自分の蛇の守護霊に姿を変えて、能力の違いを明らかにしようとした。ひとりはウィーウイルメック*に変身し、もうひとりはキチ・アトハシスに変身した。ふたりはメイン州ワシントン郡にあるボイデン湖で戦った。彼らがのたうちまわることで湖水に大きな振動が生じ、それ以来、湖にはつねに波が立つようになった。
文献134
⇨　ホーンド・ウォーター・サーペント

キチクネビク
KICHIKNEBIK
　米国で先住民の伝承や信仰に登場する巨大な蛇*。マニトウ・キネビク*としても知られるこの「偉大なる蛇」は、1675年頃に神父ルイ・ニコラが伝えている。あまりに強大なため、一口でバッファローを飲み込めるほどだった。蛇の姿をしているが、背中に沿って角あるいは背骨が突き出している。その大きさにもかかわらず、地上でも水のなかと同じくらい敏捷に動くことができた。
文献134

キツィナッカス
KITZINACKAS
　米国の先住民レナペス族およびアルゴンキン族の伝承や信仰に登場する巨大な蛇*。ワッセナールが1631年に『ニューホーランド旅行記（Description of New Holland）』に記

したところによると、シャーマンが神聖な儀式のために、この巨大な蛇の真似をし、その存在を信じさせた。
文献134

キックル・スニフター
KICKLE SNIFTER

19世紀から20世紀初頭にかけて、米国の特にウィスコンシン州およびミネソタ州の木こりや森林労働者たちの民間伝承に登場した生物。親しみをこめてフィアサム・クリッター*と呼ばれる怪物*の一種で、その極端な姿や行動のせいで寂れた場所で聞こえてくる不気味な物音の説明に使われたり、キャンプの時の楽しい語り草にされたりした。ヒックス・スニフターとも呼ばれる。
文献7、24

キツネ憑き
WERE-FOX

狼憑き*モチーフの一種で、日本や中国の民間信仰に登場する。
文献24、94

ギディ・フィッシュ
GIDDY FISH

19世紀から20世紀初頭にかけて、米国の特にウィスコンシン州およびミネソタ州の木こりや森林労働者たちの民間伝承に登場した生物。フィアサム・クリッター*として親しまれているもの、つまり、その極端な姿や行動のせいで寂れた場所で聞こえてくる不気味な物音の説明に使われたり、キャンプの時の楽しい語り草にされたりしたものたちの一種である。ギリーギャルーまたはウィッフェンプーフとも呼ばれる。
文献7、24

キ・ドゥー
KI DU

フランス北西部のブルターニュ地方の人々の伝説と伝承に現れる犬の怪物*。ケルトの黒妖犬*で、人間が死んだ後に、再び生まれ変わるまでの棲み家となる「異界」に付き添うと言われる。
文献128

キネピクワ
KINEPIKWA

米国の先住民ショーニー族の伝承に登場する「大トカゲ」、ミシ・キネピクワ*の別名。
文献134、139

キハル
CICHOL

アイルランドのケルト伝説と民間伝承に登場するフォウォレ族*の恐るべきリーダー。フォウォレ族については、『侵略の書(Lebor Gabàla)』と『モトゥーラの（第二の）戦い(Cath Maige Tuired)』というアイルランドの文献に記されている。彼らは人間の体と山羊または馬の頭を持ち、ひとつ目で、腕も脚も一本ずつしかない奇怪な人型の生物だった。こうした体の欠陥は彼らの邪悪さを何ら制限するものではなく、彼らは自分たちの行動圏にいたあらゆる者から、貢物として物品を取り立てた。
文献7、24、78、120、125、128、141、159
⇨ 怪物、巨人、ファハン、フォール

詭弁家モール
MAUL THE SOPHIST
⇨ モール

ギボリム
GIBBORIM

ユダヤ・キリスト教の巨人族の名称として、旧約聖書の一部の版で創世記（6：4）で「巨人*」の代わりに用いられるヘブライ語名。ノアとその家族だけが生き延びた大洪水で絶滅したと言われる古代の巨人族。ネピリム*と同様に、最古の人間の祖であるとされていたが、1世紀の哲学者アレクサンドリアのフィロンは、その存在が歴史的なものではなく想像上のものであると論じた。
文献99、174

キマイラ

キマイラ
CHIMAIRA, CHIMAERA
　ギリシア・ローマ神話に登場する怪物*。

その名は「山羊」を意味する。実際、この生物はギリシアの詩人ホメロスによれば、巨大な山羊の胴体を持ち、体の後部は蛇*で、前

キマイラを倒すベレロポンとペガソス

部と頭はライオンである。また、ヘシオドスの『神統記』その他には、これら3種の動物の頭すべてが背中に並んでいると書かれている。キマイラは恐るべきエキドナ*とテュポン*の子であり、冥界の犬ケルベロス*、ネメアのライオン*、蛇のヒュドラ*、謎を問うスピンクス*らと兄弟とされた。かつてはカリアの王の勇猛なペットであったが、逃げ出して宮廷内で大暴れした。その後はリュキア地方（現在のトルコ）に棲み、炎の息で地を荒らし、出くわした生物を残らずむさぼり食った。脅えた人々が退治を求めると、王イオバテスは英雄ベレロポンを遣わした。英雄は飛翔馬ペガソス*にまたがり、キマイラの口のなかを槍で突いた。槍の先の鉛が炎の息で溶けて怪物ののどを塞ぎ、死に至らせた。

中世後期になるとキマイラは多様な美術品や、時には動物寓話集のなかに描かれ、悪の複雑な性質を象徴した。しかし最終的に、その名は「ありえないもの」の代名詞となった。
文献7、18、20、24、61、63、78、89、94、125、132、135、138、166、168、181
⇨ オルトス、テュポン、ドラゴン

キメラ
CHIMAERA, CHIMERA

ギリシア・ローマ神話に登場する怪物*、キマイラ*の英語での読み方。
文献166

ギャザー・オン・ザ・ウォーター
GATHER-ON-THE-WATER

米国の先住民のツィムシアン族の伝承に登場する人食い怪物*。ギャザー・オン・ザ・ウォーターの父親はカンニバル（食人種）*の踊りの儀式に息子を連れて行き、彼らに息子を託した。ギャザー・オン・ザ・ウォーターは儀式を見渡せる高い木の枝に棲まわされた。だが彼がそこで学んだのは踊りではなかった。村の子供の死体を抱えたカンニバルたちがやってきて、彼らが殺した子どもを食うように強い、さもなければ彼自身を殺すと脅した。その子供を食べた日から、その木がギャザー・オン・ザ・ウォーターの棲み家となり、村の住民が彼の食物となった。カンニバルたちによって恐ろしい変身を遂げた彼は、その一員となったのである。恐れおののく村人たちは彼を捕らえようと一致団結したが、捕らえてはみたものの、彼を殺すこともできなければその力を奪うこともできなかった。すぐに逃げ出したギャザー・オン・ザ・ウォーターはまた人殺しを繰り返すようになったが、もう二度と殺した人間を食べることはなかった。
文献77

キャス・バリーグ
CATH BALUG, CATH BALWG
⇨ キャス・パリーグ

キャス・パリーグ
CATH PALUC

ウェールズの伝承や伝説とヨーロッパのアーサー王伝説に登場する超自然的な怪物猫の名のバリエーション（palugという単語はウェールズ語で、「鉤爪でひっかくこと」を意味する）。パルグの猫*やカパル*という英語名や、カパルス*というフランスのアーサー王伝説での名でも知られる。この猫は、ウェールズの『三題詩（Triads）』によれば、旺盛な食欲を満たすためには兵士でも自分の種族でも狩る巨大な架空動物である。伝説によれば、キャス・パリーグはヘンウェンという怪物豚から生まれ、その豚の飼い主に海に投げ捨てられて溺れそうになった。だが、モナ（アングルシー）島で救出され、結局そこでカイ（サー・ケイ）に殺された。カパルスの名では、ヨーロッパのアーサー王伝説の物語にもよく登場する。そのなかではこの猫は、フランスのサヴォア近郊のモン・ドゥ・シャ（「猫の山」の意）と関連のある沼地の戦いでアーサー王を倒し、イギリスに侵攻したとされている。

伝説の起源は定かでないが、アングルシー島に住んでいたウェールズの王のひとりが勇猛なペットとして飼っていた豹と関連が

あると思われる。
文献54、128
⇨ キャット・シー

キャット・シー
CAT SITH

　スコットランドのケルト系の伝説と伝承に登場する怪物猫。大きさが大型犬ほどもある黒い獣で、胸に白いマークがあり、密集した剛毛が逆立つように生え、背中は威嚇するような弓状である。この猫の生育圏であるスコットランド高地の人々は、この邪悪な生物は魔女の変身した姿であると固く信じていた。
文献128
⇨ 大耳猫、キャス・パリーグ

キャットフィッシュ
CAT-FISH

　ヨーロッパに中世から伝わる混成怪物で、下半身が魚、上半身が猫である。この生物は、天界と海には、陸の生物と同等の生物がいるという信念から生まれた。キャットフィッシュは今もヨーロッパの特定の家の紋章に描かれる紋章用獣として残っている。この生物の物語が、現存するキャットフィッシュ（ナマズ）の名のもとになったことは間違いない。
文献7

キャムーディ
CAMOODI

　南アメリカのギアナの人々の伝説と信仰における巨大な蛇*。ある狩猟団が1896年に作成した報告書に、彼らが暗い密林で巨大な倒木の上で休んでいた時のことが書かれている。そのうち、一行のひとりが、「木」が動き出したと言い出した。全員が地面に飛び降りると、「木」は体を起こし、滑るように藪のなかへと入っていった。一行は、この生物こそ、キャムーディの名で知られるこの地域の巨大な守り主であると主張した。
文献133

キャムパクティ
CAMPACTI

　メキシコの人々のあいだで信じられ、語り継がれていたドラゴン*。退治された原初の巨大動物で、その体から大地が作られたとされる。
文献7
⇨ ティアマト、ユミル

キャメルレパード
CAMEL-LEOPARD, CAMELEOPARDEL

　ヨーロッパの紋章の図案として使われる奇怪な混成動物の名のバリエーション。体の一部が豹で一部がラクダだが、どちらとも違い、2本の角を持つ。
文献5

キャリバン
CALIBAN

　イギリスの劇作家ウィリアム・シェークスピア（1554〜1616）が『テンペスト』を書いた1609年から1613年の頃は、南北アメリカと、そこに棲息すると言われるがその真偽が定かでない不思議な動物に対する驚きで、ヨーロッパ中が騒然となっていた。ヨーロッパ人を恐怖に陥れたもののひとつは、こうした動物に殺されるかもしれないという不安であり、さらにこれらがカンニバル（食人種）*であると言われれば、その話にいっそう frisson（戦慄）が加わった。シェークスピアは、cani-bal（cannibal という綴りが定着したのは20世紀以降）のアナグラムであることが明白なキャリバンというキャラクターを登場させることによって、それ以上の説明をなんら必要とせず、不思議さと怖さからくるこの frisson をいとも簡単に読者に与えた。『テンペスト』のなかでキャリバンは「当時この島には――鬼ばばあの生み落とした息子、あのまだらの化け物以外には――人の姿をしたものはひとりもいなかった」とか「毒のかたまり、悪魔が鬼ばばあに生ませた奴隷！」（第一幕第二場）と書かれている。
　キャリバンは魔女シコラックスが生んだ混

成で人型の子供で、のちにミラノ公爵プロスペローの奴隷となる。

　しかし、シェークスピアが、この不運な怪物*のセリフを通して主張するには、キャリバンは島にひとりでいるかぎり、そこがたとえヨーロッパ人にとっては不気味で恐ろしい場所だったとしても、少なくとも人の支配を受けてはいないので、幸福なのである。しかし、ヨーロッパ人が来た時に宝のありかを教えてあげたキャリバンに対し、人間が返してくれたことと言えば、人間の言葉といういかがわしい能力を授けたこと、強姦の罪をきせたこと、あげくには不当にも奴隷にしたことだけだった。

文献20、46、181
⇨　野人

ギュエス

GYES
　ギリシア・ローマ神話に登場する巨人*。ギュゲス*とも呼ばれる。

文献7
⇨　ケンティマネス

ギュグル

GYGR
　北欧神話に登場する女巨人*で、ヨーツン*の女性形。ギュグルはユテルンサクサ*に代表される通り非常に美しく、神々の妻となることも少なくない。

文献24

キュクロプス

KYKLOPS, CYCLOPS(sing.),
KYKLOPES, CYCLOPES(pl.)
　ギリシア・ローマ神話に登場する巨人*。意味は「丸い目」。キュクロプスはガイア*とウラノス*の子で、百手の巨人*の同胞である。ぞっとするほど醜い人型の生物で、額の中心に目がひとつあり、粗暴で優美さに欠け、攻撃的で食人習慣がある。ヘシオドスの『神統記』（前750年頃）によれば、キュクロプスはアルゲス*、ブロンテス*、ステロペス*の3

人である。彼らはティタン*によって冥府タルタロスに投げ込まれた。しかし、ウラノスと交戦していたオリュンポスの神々によって救出され、戦いに参加した。神々が勝利をおさめると、キュクロプスは協力した褒美として、エトナ山のふもとにある鍛造用の炉を与えられた。そこで彼らは神々のために武器を鍛造することになる。さらにホメロスの『イリアス』によれば、彼らがその土地の女たちと結ばれたことによって、アカマス*、ピュラクモン*、ポリュペモス*などの新種のキュクロプスが誕生した。この新しいキュクロプスは神ヘパイストス／ウルカヌスとともに、鍛造を手伝った。ポリュペモスが英雄オデュッセウス／ウリッセスにやっつけられるという伝説は、ホメロスの『オデュッセイア』で語られる。その他のキュクロプスは、アポロンの放った矢によって最期を遂げたとする伝承もある。これはアポロンの息子のア

オデュッセウスとキュクロプス

スクレピオスを殺した雷霆を彼らが鋳造したことに対する復讐であった。
文献7、20、24、47、61、63、78、94、125、132、138、165、168、173、177、181

キュクロペデス
CYCLOPEDES
　フランスの作家、フローベール（1821～1880）が1874年に著わした『聖アントワーヌの誘惑』のなかで、聖アントワーヌを苦しめる怪物*の一種に与えられた名前。キュクロペデスは長い髪をした人間型の生物で、1本の腕が胸から、1本の足が胴から伸びていて、巨大な足で跳ぶ（手を第2の足として前に進むこともある）と描写されている。彼らは昼間の暑い時間には自分の足を陰にして休み、午後はのらくら過ごした。この怪物の起源は、ローマの博物学者大プリニウスが著書『博物誌』（77）のなかに記したスキアポッド*である。
文献63
⇨　カトブレパス

ギュゲス
GYGES
　ギリシア・ローマ神話に登場する巨人*。ガイア*とウラノス*の息子である百手の巨人族のひとり。ギュエス*とも呼ばれる。兄弟であるコットス*、ブリアレオース*と同様に50の頭と100本の腕を持つ。誕生した時にはすでに成人しており、鎧兜に身を固めている。オリュンポスの神々に戦いを仕掛け、敗北する。
文献24、78、139、169、178
⇨　ケンティマネス

キューター＝カス
CUTER-CUSS
　米国の特にウィスコンシン州とミネソタ州の木こりや森林労働者、のちには詐欺師のあいだで語られたグヤスクトゥス*の別名。
文献7

キュノケパロス（犬頭人）
KYNOKEPHALOS(sing.), KYNOKEPHALOI(pl.), CYNOCEPHALUS(sg.), CYNOCEPHALI(pl.)
　キュノケパロスはヨーロッパの古代文書や東ヨーロッパの中世キリスト教信仰における混成人型動物の一種である。キュノケパロスという名は「犬の頭」の意味のギリシア語で、文字通り、黒く毛深い人間似の体に犬の頭を乗せている生物を指して使われる。キュノケパロスはたいてい草食とされており、狩猟哺乳動物とされている例は少ない。だが、ごく少数の文書のなかに、この生物の食人行為の記録もある。前5世紀のギリシアの歴史家クテシアスによる『ペルシア史』をはじめとする各種の記録によれば、この生物には馬のように長い首があった。ヘロドトス（前485～425）によれば、この生物は火を吹き、吠え、エチオピアに棲息した。またさらに、マルコ・ポーロ（1254～1324）によれば、キュノケパロスの棲息地はインド洋のアンダマン諸島である。そして、1360年頃に書かれたマンデヴィルの『東方旅行記』では、この生物はナトゥメランという島に棲んでいるとされる。最も有名なキュノケパロスはキリスト教徒の聖クリストフォルス*である。
文献63、81、、89、177、179
⇨　キュノプロソピ

キュノプロソピ
CYNOPROSOPI
　地中海沿岸の国々の伝説や伝承に登場するドラゴン*。ドラゴンの体と足と鉤爪と翼を持ちながら、犬の頭を持つと言われる。また、毛皮に覆われ、あごひげがある。鋭い叫び声とシューという音で仲間と通信し、自分たちと同じくサハラ砂漠北部に棲むアンテロープや山羊を餌食にする。
文献63
⇨　キュノケパロス

キューバ
CUBA
　19世紀から20世紀初頭に米国の木こりや森

林労働者のあいだで語られた生物。フィアサム・クリッター*として親しまれているもの、つまり、その極端な姿や行動のせいで寂れた場所で聞こえてくる不気味な物音の説明に使われたり、キャンプの時の楽しい語り草にされたりしたものたちの一種である。この生物の最初の記録は、聖職者サミュエル・ピーターズが1781年に記した『コネティカット概史（General History of Connecticut）』にある。

文献7、24

ギュミル
GYMIR

北欧神話に登場する巨人*。ゲルズ*という非常に美しい娘を持つ。ゲルズはフレイ神に見染められ、困難を乗り越えて父ギュミルの承諾を得たふたりは結婚に至る。

文献139

⇨ アングルボザ

キュラロス
KYLLAROS, CYLLARUS

ギリシア・ローマ神話で、キュラロスはラピテス族のペイリトオスの結婚式に出席したケンタウロス*のひとり。ワインを飲み慣れないケンタウロスは、酔って淫らになり花嫁たちを犯そうとした。続いて起きたケンタウロス対ラピテス族の戦いでキュラロスも命を落とした。

文献168、177

教皇
POPE

イギリスの古典文学に描かれた巨人*。1862年に出版されたジョン・バニヤンの寓意文学『天路歴程』に登場する。巨人の異教徒*とともに、多くの人を殺した。巡礼者たちは、犠牲者の骨でいっぱいになった洞窟を通らねばならなかった。

文献20、31

⇨ 巨人ディスペアー、スレイ＝グッド、モール

共工（きょうこう）
⇨ ゴン・ゴン

彊良（きょうりょう）
⇨ チアン・リン

巨人
GIANT

非常に身長の高い生物に対する一般的な名称。並外れて大きなサイズの存在を形容するための誇張表現でもある。しかし神話や伝説、民間信仰、寓意物語、文学の世界においては、現実に基づいた伝説的存在、あるいはまったく想像上の存在として描かれる。すべてにおいて共通しているのは巨大な体を持っているという点である。その特徴は文化や地域、存在意義によって異なるが、世界のほぼすべての文化圏に数多くの巨人伝説が存在している。

「巨人（ジャイアント）」という語はギリシア神話に由来する。ガイア*とウラノス*を祖とするギガンテス*という巨人族は、父ウラノスが去勢された時に流れ出た血から生まれた半人半蛇の怪物である。この原初の怪物たちは、同じ両親を持ち、人間の姿をした巨人族、ティタン*の仇を討つためオリュンポスの神々と戦った。しかしギガンテスは、文化英雄ヘラクレスの力を借りたオリュンポスの神々に打ち負かされ、冥界タルタロスや火山、山脈の下に追いやられ、永遠に閉じ込められた。その後に誕生したのが額にひとつ目を持つ人間の姿をした巨大な怪物、キュクロプス*である。こうしたギリシア神話は後年、ローマ神話のなかで改作され、巨人たちの特徴はそのままに、名前だけがラテン語風に変えられた。

オリエント世界にも巨人は存在した。現在のアナトリアにあたる地域で古代フルリ人たちに信じられていた原初の巨人、ウペルリ*がその一例である。その後にはアルメニアの伝説にアズライル*と呼ばれる巨人が登場する。ヘブライ人の残した文献には、アナク人*、エミム人*、レパイム人*、ザムズミ人*など、ヨルダン川流域に棲んでいたさまざまな巨人

巨人

巨人

族が描かれている。その他にも、人間と婚姻関係を結ぶネピリム*という巨人族もいる。最も有名なのはおそらくゴグとマゴグ*、バシャンのオグ*、ガトのゴリアト*であろう。彼らの偉業や敗北は旧約聖書のモーセ五書にも詳述されている。初期のキリスト教時代、こうした巨人族の存在は説教を行なう指導者たちにとって悩みの種であった。というのもノア*とその一族が生き残った大洪水の話だけでは、巨人族が姿を消した理由を説明する

ことができなかったからである。大洪水のはるか後、約束の地で暮らしていた巨人族はモーセの送り込んだ偵察隊に遭遇する。ラビ文学においては、ノアの箱舟の屋根にまたがることを許されたバシャンのオグだけが大洪水を生き延び、最後の巨人族となったという伝説が作り上げられた。

中世後期のヨーロッパにおいてはイタリアの修道士であるヴィテルボのアンニウス（ジョヴァンニ・ナンニ、1432頃〜1502）な

巨人

どが、「ノアは巨人である」とする怪しげな教説を打ち立てた。ノアからディス・サモシス*へと受け継がれた巨人の系譜によって、特定の民族やヨーロッパの名門の分布を説明できるというのがその主張であった。こうした巨人たちは人間に敵対する存在では決してなく、善良な文化的位置づけをなされ、当時の文化伝統のなかに組み込まれていった。また時折り発見された「巨人の骨（実は恐竜の化石）」も、この学説にさらなる信憑性を与えることとなった。

ヨーロッパ文化において巨人伝説が存在することは言うまでもないが、その多くはケルト神話に集中している。ジェフリー・オヴ・モンマス（1100〜1154）の著書『ブリテン列王史』（1147頃）によると、ブルートゥスに率いられたトロイ人たちに占領されるまではブリテン島のいたるところに巨人族が暮らしていたのだという。彼の記した偽史では聖書に登場するゴグ*とマゴグが一体化され、ゴグマゴグ*という名の巨人になっている。ゴグマゴグは「トロイ人」のコリネウス*に倒されるが、コリネウス自身もまた同書の後の版においては巨人にされてしまう。イギリスをはじめとするヨーロッパ各地の伝承や伝説には、それぞれに固有の巨人の姿が数多く描かれている。実のところイギリスの古名、アルビオン*はある巨人の名に由来すると言われている。ウェールズにはウルナッハ*とアイルランドに渡った巨人、温厚なベンディゲイドブラン*がいる。アイルランド、コーンウォール、スコットランドの巨人はいずれも凶暴で冷淡であった。

北欧神話や古代ドイツのゲルマン神話には、さまざまな地域に暮らしていたヨーツン*と呼ばれる並外れて大きな巨人の一族が登場する。ヨーツンの神話によれば、世界の祖は巨人ユミル*であり、その死体から万物は創生されたのだという。その他にも霜の巨人*、火の巨人*、大地の巨人などの強い力を持つ巨人が存在し、神に戦いを挑んだ。またフィンランドにはアンテロ・ヴィプネン*とヨウカハイネン*という氷の巨人の祖が棲んでいたという。

アジアの神話においてはジン（1）*や悪魔がその中核をなしており、巨人伝説の数は比較的少ないものの、多くの文化圏に始祖的存在としての巨人が存在する。たとえばインドのヴェーダ神話には、プルシャ*やマドゥ*、カイタバ*が、そしてヒンドゥー教神話にはダーナヴァ*やダイティヤ*のひとりであるバリ*といった巨人が登場する。

タイの神話においては富の神プラの使いとしてふたりの巨人が登場する。奇跡の柱を携えたこの巨人たちは、悪徳商人によって人々が苦しめられているノバプリの町に遣わされた。奇跡の柱が神の力を発したとたん悪徳商人たちは誠実さを取り戻し、町に平和が戻った。だが時がたつにつれて人々はプラへ感謝の祈りを捧げることを怠るようになった。プラが再び巨人を町へと遣わして奇跡の柱を取り去ると、町には再び不正が横行するようになり、人々はまたもや貧しい生活を送らなければならなくなった。

中国の神話に伝わるパン・グ（盤古）*という原初の巨人族は、その体そのものが世界であり、そこに棲む万物であるという。またモンゴルにおいてはカルムイク族の伝説や伝承にマンザシリ*という名の原初の巨人が登場する。ミクロネシアにはプンタン*と呼ばれる巨人が、シアウ島には触れた者に死をもたらす樹木の姿をした巨人がそれぞれ伝えられている。

カナダおよび米国の先住民の神話には非常に数多くの巨人伝説が存在する。イロコイ族のデホトゴースガエ*、クース族のゲルデグゥセッツ*、ネトスリク族のイヌグパスグスーク*といった巨人たちは人間たちをやさしく見守ってくれるという。だが多くの場合、巨人たちは人間を脅かし、その生活を破壊する存在である。最も大きな災いをもたらすのはマレシート族のキワクゥ*や、クワキウトゥル族のズー＝ヌー＝クア*といった子供をさらう巨人、スレイブ族のナーゲン*などをはじめとするカンニバル（食人種）*の巨人だろう。ピーコット族のチャーナミード*や

巨人

イヌイットのニュラユーイニク*、北パイウート族のツァヴージョク*などはただ邪悪なだけである。

巨人伝説は何も神話にだけ存在するのではない。神話によって系統立てられた宗教の世界とは別に、人々のあいだの伝承のなかにも巨人伝説は根づいている。巨人についてより深く理解するためのヒントは、世界各地の伝承のなかに隠されている。自然の壮大な景観のなかには、巨人が作りだしたとされているものもある。ポール・バニヤン*は米国のグランド・キャニオンを、ケラッハ・ヴェール*はスコットランドのヘブリディーズ諸島を、コーメイリアン*はイギリス、コーンウォールの聖マイケル・マウントをそれぞれ作りだしたとされる。人工の造形物も同様で、「巨人のダンス」と呼ばれる古代ヨーロッパのストーンヘンジや同じ名前を持つロシアのサークルストーン、アイルランドの「巨人の石道」、ドイツやノルウェー、米国にある「巨人の大釜」という氷河によってできた巨大な岩穴なども巨人の仕業とされている。こうした伝説においては、日光に照らされたり安息日にダンスを踊った罰を受けたりすることによって巨人の体が石と化してしまうことも多々ある。また自らの勇敢な偉業によって国の歴史に名を残した伝説のヒーローが巨人として伝承に登場することも少なくない。その一例がカール大帝とその護衛官、アイノテルス*である。

ヨハネス・ゲンスフライシュ・グーテンベルグ（1400～1468）の発明により1439年頃ドイツで印刷技術が完成すると、巨人は急速な勢いで文学の世界へも進出していった。初期のヨーロッパ文学は詩人や年代記編者が手書きで書き残したものであり、そうした文献が現在も多数残っている。アイルランドの初期文学においては、『ダ・デルガの館の崩壊（Togail Bruidne Da Derga）』のなかでケルトの巨人インケール・カイクの襲撃の様子が描かれている。巨人ファラクタス*が最初に登場するのは12世紀の年代記、『偽トゥルピン年代記』で、さらに後年に書かれた『ローランの歌（Chanson de Roland）』にもその姿が描かれている。ダンテ（1265～1321）の『神曲』やボッカッチョ（1313～1375）の作品など、イタリアの初期文学にも多くの巨人が登場する。マッテオ・マリア・ボイアルド（1434～1494）の『恋せるオルランド』やルイジ・プルチ（1432～84）の『モルガンテ』、ヴィテルボのアンニウス（ジョヴァンニ・ナンニ・1432頃～1502）の作品、ベネディクティン・テオフィロ・フォレンゴ（1391～1554）がメルリヌス・コッカイウスというペンネームで著わした『バルドゥス（Baldus）』などの後年のイタリア文学も、印刷技術の発明のおかげでイタリア国内の読者を獲得することができた。フランス文学において巨人が最も力強く描かれている魅惑的な作品は、フランソワ・ラブレー（1498～1553頃）の物語『パンタグリュエル』（1532）と『ガルガンチュア』（1534）である。スペインではミゲル・デ・セルバンテスの作品が有名である。

イギリスの巨人アルビオンは伝説の巨人ゴグとマゴグの兄弟であり、ジェフリー・オヴ・モンマス（1100～1154）の著書『ブリテン列王史』（1147頃）や、後年ウィリアム・キャクストンが著わした『イングランド年代記』（1480）に登場する。後にイギリスのピューリタン詩人であるジョン・ミルトン（1608～1674）や、政治活動も行なっていた作家ジョナサン・スウィフト（1667～1746）が残した文学作品にも巨人たちが登場し、その伝統は学者であり作家でもあったJ・R・R・トールキン（1892～1973）の『ホビット』や『指輪物語』に受け継がれている。

こうした作品に登場する巨人たちは、ほとんどの場合、そのストーリーにおいて重大な、あるいは時に風刺的な役割を果たしている。これに対し、民間伝承や民族文学、童話、童謡における巨人とは教訓的な存在である。ジョン・ニューベリーによる『トミー・トリップの物語（The Tale of Tommy Trip）』（1767）のウォグログ*や、1817年にE・T・A・ホフマンによって書かれた童謡に登場する子供部屋のボーギー*の砂男*、ヴィクトリ

ア女王時代に書かれたイギリスの絵本『もじゃもじゃペーター』(1847) の登場人物アグリッパ*、そして同じ時代の子供部屋のボーギーであるボムボマチデス*、ブランダムール*、プロビニャク*、ブー＝バガー*、サンデル*などがその一例である。

同様に、ドイツの民間伝承の世界にも恐ろしい巨人たちが存在した。その一例が中世ドイツにおける印刷技術の完成によってその名を広めたキンダー・フレッサー*やキンダーシュレッカー*である。ベルギーではイザベラ・デ・モウルース (1695) の自伝にブレバグ*と呼ばれる巨人の子供部屋のボーギーが登場する。古くから伝わる昔話『親指トム』のフランス語版『親指小僧 (Le Petit Poucet)』に登場する巨人グランボーや、18世紀末から19世紀にかけて子供向けの漫画や切り抜き遊びに登場するクロクミトン*とその妻クロクミトン夫人、古くから子供たちにはおなじみのリュストゥクリュ*、ル・グラン*などがフランスの代表的な巨人である。ギリシアにはアルピト*が、日本の伝承には天狗が、アボリジニ（オーストラリア先住民）の伝承にはヤラ＝マ＝ヤー＝フー*がそれぞれ存在する。米国とカナダの先住民の伝承に登場するチョクトー族の鍋を傾ける者*やオジブワ族のウィンディゴ*、北東海岸地域に棲むマレシート＝パサマクォディー族のアポタムキン*、大平原地帯に棲むポンカ族のインダシンガ*のほかスカテネ*やハゴンデス*などは、昔からやんちゃな子供をおとなしくさせるための脅し文句として使われてきた。

文献7、13、20、24、51、61、77、78、94、113、125、128、137、174、180、182、183
⇨ ガルガンチュア、シャルルマーニュ、ニムロド、パンタグリュエル

巨人教皇
GIANT POPE
⇨ 教皇

巨人ディスペアー（巨人絶望者）
DESPAIR, GIANT

イギリスの古典文学に登場する巨人*。1682年に刊行されたジョン・バニヤンの寓意文学『天路歴程』の登場人物である。ダウティング・キャッスル（懐疑城）に棲む巨人ディスペアーは、自分の領地でふたりの巡礼者が眠っているのを見つけ、彼らを不法侵入のかどで責め立てて城へ連れ帰り、このふたり、つまりクリスチャン（基督者）とホープフル（有望者）をおぞましい土牢の奥深くに放り込んだ。それから女巨人*である妻のディフィデンス（不信女）の忠告にしたがい、巨人ディスペアーはふたりを野生リンゴの木の幹で打ちすえ、自害するよう説得した。しかし、こうした仕打ちが何日も続いたのち、クリスチャンはプロミス（約束）という名の万能鍵を持っていたことを思い出す。これを取り出して試すと、ドアも城の外門もすべて開くことが分かり、ふたりは逃げ出した。とうとう巨人は最後の門のきしむ音を耳にするが、病気の発作が起きたせいでベッドから起き上がれなくなり、ふたりのあとを追うことができなかった。

文献20、31
⇨ 異教徒、教皇、グリム、スレイ＝グッド、モール

巨人の異教徒
GIANT PAGAN
⇨ 異教徒

清姫
KIYOHIME

日本の伝説上のドラゴン*。安珍という修行僧が日高川の土手にある茶屋に入った時、そこに清という名の女中がおり、恋に落ちた。ふたりは逢瀬を重ねたが、僧はやがて罪悪感にさいなまれ、もう二度と彼女には会わないと決意した。絶望した清の愛は怒りに変わり、怒りは復讐心を燃え上がらせた。やがて彼女は金毘羅寺で魔法の呪文を学びとり、自分をドラゴンの姿に変えられるようになった。ド

ギリーギャルー

イギリス古典文学における巨人、巨人ディスペアー

ラゴンとなって寺を訪れた時、かつての恋人は大きな鐘の下に身を隠した。清はドラゴンの口から火を一吹きして鐘を溶かし、その下にいた臆病な僧を殺した。彼は自分の誓いに忠実であるべきだったのだ。
文献113

キラータ
KIRATA

インドの伝説と民間伝承に登場する人型怪物。雄のキラータは半人半虎で、上半身が虎の姿で描かれる。インド北東部の丘陵地帯の森深くに棲息する。生の魚を食べて生きることもできるが、周辺の人間の集落を襲い獲物を探すカンニバル（食人種）*の怪物*である。雌のキラータは美しい金色をしているとされ、森のなかにいる人間を誘惑することができる。
文献112

ギリーギャルー
GILLYGALOO

19世紀から20世紀初頭にかけて、米国の特にウィスコンシン州およびミネソタ州の木こりや森林労働者たちの民間伝承に登場した生物。フィアサム・クリッター*として親しまれているもの、つまり、その極端な姿や行動のせいで寂れた場所で聞こえてくる不気味な物音の説明に使われたり、キャンプの時の楽しい語り草にされたりしたものたちの一種である。ギリーギャルーは英雄の巨人*ポール・バニヤン*が建設したピラミッド・フォーティーの斜面に巣を作る変わった性質を持つ鳥。この鳥の卵は不安定な巣のなかから卵が転がり落ちてしまわないように四角い形をしている。木こりたちはこの卵を珍重し、かたゆでにして賭博用のサイコロ代わりに利用する。

文献18

麒麟
KIRIN
　中国のチー・リン（麒麟）*に相当する日本神話の一角獣*。額から角が1本突き出た虹色の動物。善と正義への報酬であり、悪事を行なう者を罰する。
文献7、89、113
⇨　一角獣、オニュクス・モノケロス、カルカダン、ジャオ・ドゥアン（角端）、ミラージュ、ロバ（3本脚）

ギリング
GILLING
　北欧神話に登場する巨人*。ふたりの邪悪な小人、フィアラルとガラールは温和な賢者クヴァシルを殺害し、その血を集めて詩の才能や知性を手にすることができる魔法のミード（蜜酒）を作り出した。その評判を聞きつけて多くの人々が小人たちを探し出そうとしたが、魔法のミードの原料がクヴァシルの血であることを知る者はほとんどいなかった。魔法のミードを求めてきた者のなかには巨人のギリングとその妻もいたのだが、小人たちはふたりを食事に招待するふりをしてその命を奪った。おじ夫婦が戻ってこないことに気づいた甥の巨人スットゥング*はふたりを探しに出かけた。小人たちの家にたどり着き、おじ夫婦と同じ魔法のミードを飲んだスットゥングは、ふたりを襲った災難を即座に悟った。スットゥングは小人たちを殺し、魔法のミードを巨人たちのもとへ持ち帰った。
文献64、127、133、160
⇨　バウギ

キルコス
CIRCHOS
　北欧の伝承に登場する想像上の怪物*。司教であり歴史家であったオラウス・マグヌス（1490～1558）の記述によれば、キルコスは人間の形をしているが足の指は片方に3本であり、そのうちの1本が他の2本よりも大きい。また、体には黒と赤の斑点があった。この海の怪物は手足のバランスが悪いために足取りがひどくぎこちなく、そのため、荒波がくると岩にしがみついていなければならず、穏やかな天気の時にしか動きまわることができなかった。
文献7

キルタグ・ムホル・アフアイン
CURTAG MHÒR A'CHUAIN
　スコットランド高地で語り継がれ、信じられていた巨大な海蛇、キレイン・クロイン*の別名。名前はスコットランド・ゲール語で「大海の大渦巻き」の意。
文献128

ギルタブリル（サソリ人間）
GIRTABLILU
　古代メソポタミアの都市、バビロンの伝説や神話に登場する人間に似た怪物*。ギルタブルル*とも呼ばれる。上半身と頭部は人間だが、サソリの下半身と尾を持つ。この半人半サソリのサソリ人間は世界創生の時に怪物ティアマト*を支えたドラゴン*族の一種である。ティアマトの命令を受けてギルタブリルはマシュ山の入り口の見張り番となるが、英雄ギルガメシュに「生きて帰った者はない」と警告したうえで、通過を許してやる。ギルタブリルは境界を守る者の象徴であり、その姿はバビロニアで作られた多くの印章に刻み込まれている。
文献7、89

ギルタブルル
GIRTABLULU
⇨　ギルタブリル（サソリ人間）

キールット
KEELUT
　カナダとアラスカのイヌイットの伝説と民間信仰に登場する、悪意に満ちた超自然的怪物*。キーレッツ*とも呼ばれる。巨大な犬のような姿をしているが、毛がまったくない。

文献38、139、160
⇨ 黒妖犬

キールティムカ
KIRTIMUKHA

　東南アジアのヒンドゥー教神話に登場する巨大な頭だけの怪物*。「栄光の顔」としても知られる。胴体から切り離された頭に大きな目が飛び出し、その上のまゆは大きく突き出した角となり、口はぱっくりと開いている。顔の周囲は絡み合った髪の毛で覆われ、その１本１本の先にはマカラ*の頭がある。伝承によれば、シヴァ神がパールヴァティーと結婚する価値がないと言われた時に、怒りのあまり頭から怪物が飛び出した。人間と獅子を合わせた姿のこの怪物は、すぐさまシヴァ神を攻撃し、生贄を要求した。そこでシヴァ神はこの怪物に自分自身の体を食べるように命じ、それに従った怪物は内臓だけを残して自分を食べてしまった。そして残った内臓は真珠に変わった。シヴァ神はその後、頭だけになったキールティムカを門番に任命した。ジャワ島のキールティムカの像には、口から花が数本垂れ下がっている。

文献7、24
⇨ タオ・ティエ（饕餮）

ギルドホールの巨人たち
GUILDHALL GIANTS

　ロンドンの町の巨人*の別名。それぞれゴグ、マゴグという名前を持つが、その由来は聖書のみならずイギリス諸島古来の伝説にまでさかのぼる。

文献174
⇨ ゴグとマゴグ

キレイン・クロイン
CÍREIN CRÓIN, CIREAN

　スコットランド高地で語り継がれ、信じられていた怪物*の名のバリエーション。キレイン・クロインという名はスコットランド高地のゲール語で、「灰色の峰」の意味だが、同じ生物は、キルタグ・ムホル・アフアイン*（大海の大渦巻き）、ミアル・ヴォール・アフアイン*（海の巨獣）、ウイレ・ベイスド・アチュアイン*（大海の怪物）の名でも知られ

スコットランドでキレイン・クロインの名で知られる海蛇

ている。史上最大の海の蛇*で、クジラ数頭を一度に飲み込むことができたと言われている。
文献24、128
⇨ アーヴァンク、オイリフェイスト、ロッホ・ネス・モンスター

キーレッツ
KE'LETS
⇨ キールット

キーロナフ
KEERONAGH
アイルランドの伝承と民間信仰に登場する怪物*、カオラナッハ*の別名。
文献128

キワコウ
KIWAHKW
米国北東部の先住民マリシート・パサマクォディ族の伝説に登場する巨人*。人食いのアイス・ジャイアント*の一種で、縄張りに入り込んだ人間を追いつめて餌食にする。魔女によって姿を変えられた死体がもとになっているらしく、アイス・ジャイアントになるためには少なくともふたりの人間を食べなければならない。伝承によれば、英雄グルースキャップはアイス・ジャイアントの姿に化けて彼らに受け入れられた。それから彼は地面に魔法をかけ、水をわき上がらせた。変身の歌を歌うと、魔法がアイス・ジャイアントを魚に変え、そのまま水に流されて、その後は害をもたらすことがなくなった。
文献77
⇨ 霜の巨人

キーン・キーングス
KEEN KEENGS
アボリジニ（オーストラリア先住民）の「夢の時」神話に登場する巨人*の一族。この土地に最初に棲んだ原初の怪物*の子孫で、空を飛んでいた。非常に背が高くて人間の姿に近く、両手には親指のほかに指が2本ある。

そこから腕の長さだけ、コウモリのような筋の入った翼が伸びている。山中の断崖にある大きな洞穴に棲息したが、あまりの巨体のため、洞穴に入るには体を半分に折らなければならなかった。洞穴の中央にある炎神の炎を守っていたが、この邪悪な神は人間の生贄を要求した。ある日、ウィンジャーニン兄弟と呼ばれるふたりのウィリヌン（シャーマン）が洞穴の近くでたまたま狩りをしていた。怪物たちは彼らに気づいたが、ふたりが大きな力を持ち、生贄にするために人間を捕まえようとした彼らの試みを何回もくじいていたことを知っていた。ウィリヌンたちに姿を見られたことはまだなかったので、彼らを客として招待し、それから炎の神に差し出すことにした。しかし、兄弟は遠くからでもその企みを聞き取ることができた。いざ招待されると、ふたりは怪物の翼の後ろに乗ることを承知した。洞穴には3日間滞在し、もてなしを受けた。1日ごとに神の穴から立ち上がる炎は大きくなった。3日目の夜に、兄弟は洞穴の一番奥まで行き、逃げるための計画を練った。キーン・キーングスの女たちがエミューダンスに熱狂しているあいだに、兄が洞穴を飛び出すと、すぐさま男の怪物たちが後を追ったが、暗闇のなかで姿を見失ってしまった。洞穴に戻ると、恐ろしいことに女たちがみな、残ったウィリヌンと目が回るようなダンスを踊り、ひとりずつ炎の神の落とし穴に飛び込んでいた。男の怪物たちはその混乱の輪に駆け寄ったが、彼らもまたウィリヌンの踊りに捕まり、ぐるぐる回りながら次々と炎の神へと身を投じた。夜明けにウィリヌンの兄弟がこの呪われた場所を離れた時、山の炎があまりに高くまで燃え上がったため、洞穴のあった山が火のうねりとなって破裂した。その日遅くには、蟻だらけの平らな土地が広がるだけとなった。
文献154

キング
KINGU
古代メソポタミア、バビロンの神話に登場

する怪物*。ティアマト*の息子で配偶者。マルドクに敗れ殺された時、その血から人間が創造された。
文献61、125

キング・アウリアリア
KING AURIARIA
　ミクロネシアのギルバート・エリス諸島のひとつキリバスの伝説と伝承に登場する巨人*［訳注：現在キリバスは独立国］。真っ赤な皮膚をしていた。植物の女神ネイティチュア・アビネと恋に落ちて結婚したが、彼女はそのすぐ後に死に、その頭から最初のココヤシの木が生えた。
文献113

キング・オブ・ザ・スネークス(蛇の王)
KING OF THE SNAKES, KING OF THE SERPENT
　スウェーデンの民間伝承に登場する蛇族の恐ろしい守護霊。頭に冠羽を持つ蛇に似た巨大なドラゴン*として描かれる。『ハマル年代記』のなかの伝承によれば、誰かが最初に蛇*を一匹見て殺した。すると次々と別の蛇が現われてきたが、それらも最後には殺された。するとキング・オブ・ザ・スネークスの巨大な頭が現われて、見た者を攻撃したので、見た者は命からがら逃亡した。
文献134
⇨　チャン・ハオ、ドゥーマヴァルナ、ドラナ、バシリスク、ムチャリンダ、ラージャ・ナーガ

キング・オブ・ザ・フィッシュ(魚の王)
KING OF THE FISHES
　ほぼ世界中の伝説や民間伝承において、内陸部の河川にいる魚たちを統率し守護する怪物魚が見られる。フィンランドやバルカン諸国などフィン＝ウゴル語系の国では、「魚の王（女王）」として知られるが、ゲルマン・ゴール語系の地域では、「魚の母（守護者）」と呼ぶこともある。新世界では水棲の蛇*に変わるが、同じ性格を持つ。いずれも古代の超自然的存在で、体はたいていコケで覆われ、背中に大きな木が生えていることもある。
文献134

キングコング
KING KONG
　1933年にクーパーとシュードサックが監督・製作した同名の米国恐怖映画に登場した類人猿の怪物*。物語では太平洋の島に棲む恐ろしく巨大な人食い猿人。米国人の探検隊が見世物にするために米国に連れ帰ろうとする。一角獣*やアーヴァンク*などの典型的な伝説の物語によくあるように、キングコングはこの映画ではフェイ・レイが演じた美しい人間の女性のとりこになる。壮大なジャングルを離れて見世物となるキングコングは、強大な存在に侮辱が加えられることをテーマにしている。観客はキングコングが自由を求めて逃げ出すことにも、ニューヨークの町を破壊する様子にも驚かない。映画は「美女」と「野獣」のあいだに生じるきずなと哀れみにうまく焦点をしぼる。しかし、この物語のなかの野獣には姿を変える能力がなく、エンパイアステートビルの塔に上ったキングコングは、その周りを飛び交う飛行機からの攻撃で劇的に撃ち落とされる。
文献20、182
⇨　カンニバル（食人種）、巨人、獣

キング・プラティー
KING PRATIE
　アボリジニ（オーストラリア先住民）の伝説で、バンイップ*として知られる怪物*の別名。

キンダーシュレッカー
KINDERSCHRECKER, KINDER SCHRECKER, DER
　ドイツの民間伝承に登場する人食い巨人*。英語ではチャイルド・ガズラー*として知られ、子供部屋のボーギー*のひとつ。
文献182
⇨　カンニバル（食人種）

キンダー・フレッサー
KINDER-FRESSER

　ドイツの伝説や民話に現われる恐ろしいオーグル*。名前は「子食い」の意。キンダーシュレッカー*とともに子供部屋のボーギー*として、心配性の親たちが子供をしつけるために話して聞かせた。中世のドイツで印刷機が発明されてから人気が出て、17世紀には広く流布した。以来、町のカーニバルで人形に仕立てられるようになった。

文献174
⇨　ココ、ファーザー・フラグ

キンナラ
KINNARA

　インド、インドネシア、タイの神話に登場する超自然的存在あるいはガンダルヴァ*の仲間。人間の頭を持つ鳥、あるいは人間の胴に馬の頭を持つなど、多様に描かれる。ケインナラ*とも表記される。最高神ブラフマーのつま先から出現したとされ、クヴェーラに付き従う。ミャンマーの神話ではケインナラとして登場する。

文献89、120、125、160
⇨　キンプルシャ、チトラタ

銀の剛毛を持つグルギン
GRUGYN SILVER BRISTLES

　アイルランドおよびウェールズのケルトの伝説や伝承に登場する猪の怪物*。巨人*トゥルッフ・トゥルウィス*の息子で、父や兄弟たちと共にアイルランド中を荒らして回った。英雄アーサー王（アルスル）が怪物たちの退治に名乗りを上げ、三度に及ぶ激しい戦いの末に怪物の一族はアイルランドから追放された。恐れを知らない巨大な猪たちはアイリッシュ海を渡ってウェールズの海岸へたどり着き、再び暴れ回った。アーサー王と勇敢な騎士たちは、ワイ川を渡ってその後を追った。一匹、また一匹と怪物たちが倒されていくなか、多くの騎士たちもまた、怪物たちの牙で突かれて命を落とした。最後に残ったのはトゥルッフ・トゥルウィスとその息子たちである銀の剛毛を持つグルギンおよびスウィダウク・ゴウィンニヤト*だけであった。激しい戦闘がさらに続いたが、疲れきった銀の剛毛を持つグルギンはついに敗北し、騎士たちの死体のなかに倒れこんだ。その場所は怪物の死にちなんでガース・グルギンと呼ばれている。

文献105
⇨　グリンブルスティン

金のドラゴン
GOLDEN DRAGON NAGA MAS

　西マレーシアのマレー人たちに伝わる海の怪物*、ナーガ・マス*の別名。

文献113

キンプルシャ
KIMPURUSHAS

　インドのヒンドゥー教神話に登場する人型の怪物*。馬の体に人間の頭を持ち、ギリシア・ローマ神話のケンタウロス*に似ている。彼らはキンナラ*と同じように、邪悪なクヴェーラ神に付き従う。

文献24

∞ ク ∞

クアクスダスキディ
QAXDASCIDI

　アラスカの北極圏に接する地域の先住民のタナイナ族の伝承と信仰に登場する、巨大で邪悪な怪物*。凍った水面の奥深くに棲んでいるため、めったにその姿が見られることはないが、氷の下から唸り声が聞こえてくる。

文献77

クアネケラク
QANEKELAK

　カナダの北東沿岸地域に住む先住民のベラベラ族の伝承と信仰に登場する、巨大な宇宙クジラ。クジラの体に人間の胴を持っていた

が、完全な人間の姿に変身し、シャチ・クランの祖先となった。
文献77

クア・フ（夸父）
KUA FU　こほ
　中国の文学伝承と神話に登場する原初の巨人*。太陽が沈むのを止めることで、一日の長さを延ばすことができると考えた。そこである日、朝出発して太陽が西の地平線に達するのを防ごうとした。しかし、もう少しで太陽に手が届こうかという時に、耐えられないほどののどの渇きを覚えた。そこで渭水の水、黄河の水、さらにはすべての支流の水を飲んで、のどを潤しているうちに、太陽は沈んでしまった。疲れきったクア・フは倒れこんで眠りに落ちた。朝になると、その巨体は山に変わり、彼が持っていた杖は最初の桃の木となり、枝には神々の不死の果実がなっていた。
文献133

グァン・シュ（朧疏）
GUAN SHU
　中国の神話に登場する一角獣*。
文献81
⇨　麒麟

グイ（鬼）
GUI　き
　中国の伝説に登場するドラゴン*。2本の足を持ち、古代の儀式で使った器にその姿が描かれている。
文献61
⇨　東洋の龍

グイリヴル
GUIRIVULU
　南米、特にチリの伝説や伝承に登場する怪物*。ピューマの体と狐に似た頭、どっしりとした鉤爪が先に付いた奇妙な形の尾を持っている。その外観から「狐蛇」と呼ばれることもある。小さな池の深みや川のなかに棲み、愚かにもそばに近寄るものは動物であろうと人間であろうと見境なく襲いかかる。彼らに襲われたが最後、巨大な口の中にすっぽりと飲み込まれてしまう。その体は蛇のようにふくらむので、獲物を丸飲みすることができるのである。
文献7、134

グゥアグゥント
GWRGWNT
　ウェールズのケルト神話に登場する巨人*。ブルターニュのケルト神話に伝わる巨人ガーガム*と同様に体が不自由で、夜の間だけ山や丘の斜面を歩き回る。地元住民に危害を及ぼすことはない。
文献128

グウィバー
GWIBER
　ウェールズの伝説に登場する白いドラゴン*。翼を持つ蛇の姿をした、ワイバーン（現在ではヨーロッパクサリヘビ、あるいはクサリヘビを意味する）と同種のドラゴンである。ケルトの伝説によると、サクソン王ウォルティゲルン（ニグルセイルン）はブリテン島を征服し、すべてを自分の支配下に置くことに躍起になっていた。ウォルティゲルンはウェールズのスノードニア山地に要塞を建築しようとしたが、朝になると建築用の石材が消えてしまうという日々が続いていた。父親のいない子供を生贄に捧げるようにという助言がなされ、エムリス（アンブロシウス）という少年が建築現場に連れてこられた。エムリスは地下の洞窟に棲んでいるドラゴンの仕業だと大人たちに教える。生贄はとりやめになり、ウォルティゲルンの臣下たちが地面を掘り下げてみたところ、城の建設予定地の下には大きな洞窟があり、そこには赤と白のドラゴンが2匹棲んでいることが分かった。いきなり隠れ家を急襲されたドラゴンたちは、洞窟に閉じ込められたまま互いに戦う羽目になる。その結果、白のドラゴン、グウィバーは戦いに敗れ、勝利をおさめた守護神ア・ドライグ・ゴッホ*が生き残った。その時、こ

グウィバー

ア・ドライグ・ゴッホとグウィバー・ドラゴン

の2頭のドラゴンたちの持つ意味をエムリスが明かした。すなわち、白のドラゴン、グウィバーはウォルティゲルンとサクソン人た ちの侵略を意味し、赤のドラゴン、ア・ドライグ・ゴッホはウェールズ人の守護神であり、洞窟はウェールズ人たちが完全に追いやられ

ようとしているブリテン島を意味していたのである。
文献128、183

グウィルギ
GWYLLGI
ウェールズの伝説や伝承に登場する巨大な犬。並み外れて大きなマスチフ犬で、夜の道を歩いている旅行者にぴたりとついて行き、怖がらせる。
文献128
⇨　黒妖犬

グウィンター
GWINTER
米国ウィスコンシン州およびミネソタ州の木こりや森林労働者（そして後には詐欺師）たちの伝承に登場する怪物*、グヤスクトゥス*の別名。
文献7
⇨　フィアサム・クリッター

グウェンヒズイ
GWENHIDWY, GWENHUDWY
ウェールズの民間伝承に登場する人魚。波はグウェンヒズイの羊たちであり、9番目ごとの波は雄羊だったという。16世紀の吟唱詩人、フリース・スウィド・アプ・フリース・アプ・フリエルトはこう詠っている。

　　グウェンヒズイの羊たちよ
　　9頭の雄羊たちもともにある

大西洋側の海岸に伝わるグウェンヒズイ像には、北海側の民間伝承に登場するグウェンヒズイや地中海のマーメイド*に見られるような邪悪さは感じられない。
文献84、160
⇨　ハヴヘスト、ハヴマン、ベドン・ヴァーラ、メロー

クエーロ
CUERO
チリの人々のあいだで語り継がれた巨大な水棲の怪物*。クエーロは、その名が「皮」の意味のスペイン語であり、ロバの皮の話が起源だと言われた。ロバが川に落ち、その剥がれた皮が生きて帰って、出くわす他のあらゆる生物を包みこむようになったというのである。クエーロは牛皮のような大きな皮で、その目は、周囲とかつて頭があった最上部か、触手の先のどちらかにあると言われる。また、触手に付いているのは鉤爪だという説もある。この生物は不注意な人間を誘って水の渦のなかへ引きずり込み、彼らの体を着物のように包み込む。また、陸へ上がり、そこで日を浴びるとも言われ、伝説によれば、それが水のなかへ戻る時に暴風を生み出している。巨大なイカの形をしていたという説もある。
文献7、133
⇨　トレルケフエクヴェ、ブタチュ＝アー＝イルグス、マンタ

グーグー
GOU GOU, GUGU
米国北東部の先住民ミクマク族に伝わる女巨人*。グーグェとも呼ばれる。人間に似た巨体を持つ人食い怪物*で、熊のような毛深い顔と並外れて大きな手を持つ。その体の大きさといったら、川を歩いて渡りながら乗組員ごとボートをすくい上げ、腰に下げた袋に詰め込んで連れ去ることができるほどであった。その棲み家はセント・ローレンス川のベイエ・デ・シャルーアにあると言われている。棲み家からは奇妙な音が聞こえてくるのだが、その原因を突き止める勇気のある者はいない。
文献134
⇨　アツェン、カンニバル（食人種）

ククウィーク
KUKUWEAQ
アラスカのイヌイットの伝承に登場する北極熊の怪物*。恐ろしく巨大で足が10本ある。伝承によれば、とても利己的な男が、困窮の

時期にセイウチを仕留めて、自分だけのために蓄えた。隣に住んでいたクシラクは子供が多かったので、狩りに行って何でも捕まえなければならなかった。一日中獲物を探して、ようやくククウィークの氷穴を見つけた。飢えが恐怖に勝ち、ククウィークが頭を上げた時にクシラクはもりで目玉を突き刺した。視力を奪われ怒り狂った怪物は、臭いを頼りに彼を追いかけてきた。そこでクシラクはこの恐ろしい怪物をクレバスに誘い込み、動けなくして殺害した。それから運べるかぎりの肉を家族と村人のために持ち帰った。その行動に強く心を打たれ、自分が恥ずかしくなった隣人は、それ以後は利己的な態度を改めた。
文献77

グーグェ
GUGWE
米国北東部の先住民、ミクマク族に伝わる女巨人*グーグー*の別名。
文献134

クコア
CCOA
ペルーのケチュア族の神話に登場する超自然的で邪悪な猫型怪物*。灰色の体に、それより濃い灰色の横縞があり、大きな頭部からは雹を吹き出す巨大な目がぎらぎらと光っていると言われた。この動物は悪天候や作物破壊と関わっており、それらを山の精霊アウキの命令にしたがって引き起こす。彼が怒り、植物に疫病をもたらすのを防ぐため、人間たちは栽培期を通じて頻繁に捧げ物をして、クコアをなだめるのである。
文献7、24、119、159

クサントス
XANTHOS, XANTHUS
ギリシア・ローマ神話に登場する馬。クサントスは一対の馬の片割れで、もう1頭はバリオス*という。これらはハルピュイア*のひとりポダルゲー*と風の精アイオロスあるいはゼピュロスとのあいだに生まれた。クサントスとバリオスは海の神ポセイドン／ネプトゥーヌスが、戦車を引いて空を駆けるよう英雄ペロプスに与えたものである。この2頭の馬は後のトロイア戦争の時、ギリシアの英雄アキレウスの戦車を引いた。英雄パトロクロスが殺され、アキレウスがクサントスとバリオスは彼を救うことができたはずだと考えた時、クサントスは神々の決定に疑いを持ったとしてアキレウスを非難し、アキレウスもまもなく神によって殺されるだろうと予言した。かかと以外は不死身のアキレウスがその唯一の致命的な部分を矢で撃たれた時、エリーニュス*たちはさらなる悲劇的な予言を避けるために、クサントスが口をきかないようにした。
文献7、24、89、133、139、178
⇨　太陽の馬

クー・シー
CU SITH
スコットランド伝承に登場する恐ろしい怪物犬のゲール語名ケー・シー*の別名。
文献7、159

クシェドレ
KUÇEDRË
アルバニアの伝承で、クルシェドラ*としても知られる水棲の邪悪な女の別名。姿には二種類あり、ひとつは乳房が垂れ下がった醜い老女、もうひとつはアイトワラス*に似た空を飛ぶドラゴン*で、空から火花を散らす。
文献125
⇨　怪物

グージャー
GOUGER
米国の特にウィスコンシン州およびミネソタ州の木こりや森林労働者（そして後には詐欺師）たちの伝承に登場するグヤスクトゥス*の別名。
文献7
⇨　フィアサム・クリッター

クジャタ
KUJATA
　イスラム諸国の創世神話に登場する巨大な宇宙規模の生物。牡牛に似ているが、頭には4000の目、耳、口、鼻があり、胴体にも4000の足が付いている。この巨大な生物は宇宙魚バハムート*の上に立ち、その魚は宇宙の大洋に支えられている。大洋の下には深海、その下には火の大海、さらにその下には宇宙蛇がいる。クジャタの背中は光り輝くルビーを支え、その上にいる天使が、肩で世界の重みを支えている。
文献18、63、89、78
⇨　アトラス、蛇

グダナ（天の牛）
GUDANNA
　シュメール神話が伝える牡牛の怪物*。一度に200人以上の戦士を殺せるほどの猛毒を含んだ息を吐く。女神イナンナ（イシュタル）が自分の誘いを袖にした英雄ギルガメシュに仕返しするためアヌ神に作らせた怪物。ギルガメシュは友人エンキドゥの助けを借りて、グダナを殺しその手足をばらばらに切断した。
文献7、89
⇨　クレタの牡牛、ミノタウロス

件
KUDAN
　日本の伝説と伝承に現われる人型の怪物*。体と足は巨大な牡牛のもので、両側に3つずつ目があり、背骨からは角が列になって突き出している。頭は人間のもの。決してうそをつかず、いつも真実を話す獣として知られた。
文献7

グッド・フープ
GOOD HOOP
　アボリジニ（オーストラリア先住民）の神話に登場する巨大なバンイップ*の別名。タスマニアでは蛇のような姿をしていると考えられており、グッド・フープの名で呼ばれる。
文献7、78、89

クテアトス
KTEATOS, CTEATUS
　ギリシア・ローマ神話に登場する奇怪な双子モリオニダイ*の片割れ。モリオニダイはアクトリダイ*やアクトリオーネー*としても知られる。彼らはモリオネと、伝承によってはアクトルまたは海の神ポセイドン／ネプトゥーヌスとの息子である。初期の伝説によれば、彼らはクテアトスとエウリュトス*という名で、銀の卵から孵った。
文献138

クトルブ
QUTRUB
　イスラム教以前の伝承と民間信仰に登場する、男のグール*。のちにはジン（1）の仲間とされた。
文献64、74、78、94、120、146
⇨　ババ・ヤガ、ペイ

クナピピ
KUNAPIPI
　オーストラリア北部のアーネムランドで、先住民アラワ族の伝説や「夢の時」神話に登場する怪物*。グナピピ*、クナピピ・カルワディ・カジャラ*とも呼ばれる。水棲の怪物*で、少年たちが魚釣りに行く小川に潜み、急に姿を現わして彼らを丸ごと飲み込んでしまう。いくつかの物語では、オオイヌワシがやってきて少年たちを吐き出させると、彼らは青年に成長している。この話は多くの祭儀や成人儀礼に組み込まれている。別の伝説では、何人かの子供たちの世話をするように言われたクナピピが、親たちが去ってしまうとすぐに子供たちを飲み込んだ。それが発覚すると、戦士たちがクナピピの後を追い、わなを仕掛けて泥沼に誘い込んだ。そこで足と首を切り落とし、胃を切り裂いて子供たちを助けた。
文献38、125、133

グナピピ
GUNAPIPI

アボリジニ（オーストラリア先住民）に伝わる「夢の時」伝説に登場する巨大な女の怪物*、クナピピ*の別名。
文献38、125、133

クナピピ・カルワディ・カジャラ
KUNAPIPI-KALWADI-KADJARA
⇨　クナピピ

グーファス
GOOFUS

19世紀から20世紀初頭にかけて、米国の特にウィスコンシン州およびミネソタ州の木こりや森林労働者たちの民間伝承に登場した生物。底に出口が付いているドーム型の巣を作る不思議な鳥。そのような巣からどうやって卵が落ちないようにしているかは不明。過ぎ去った景色を見るために後ろ向きに飛ぶ能力を持つ。フィアサム・クリッター*として親しまれているもの、つまり、その極端な姿や行動のせいで寂れた場所で聞こえてくる不気味な物音の説明に使われたり、キャンプの時の楽しい語り草にされたりしたものたちの一種である。
文献7、18

グーファング
GOOFANG

19世紀から20世紀初頭にかけて、米国の特にウィスコンシン州およびミネソタ州の木こりや森林労働者たちの民間伝承に登場した生物。とても変わった魚で、水が目に入るのを防ぐため後ろ向きに泳ぐ方法を身につけるほど神経が細かい。フィアサム・クリッター*として親しまれているもの、つまり、その極端な姿や行動のせいで寂れた場所で聞こえてくる不気味な物音の説明に使われたり、キャンプのときの楽しい語り草にされたりしたものたちの一種である。
文献7、24
⇨　アシペンサー

熊憑き
WERE-BEAR

狼憑き*モチーフの一種で、北米やロシア連邦の人々に伝わる民間信仰に登場する。
文献24、94

クムダ
KUMUDA

インドのヒンドゥー教神話に登場するローカパーラ・エレファント*のひとつ。スーリヤ神あるいはニルリティ女神を背中に乗せる。世界を四分したうちの南西部分の守護霊。
文献7、24、112

グーメイロン
GOURMAILLON

イギリスのコーンウォール州に伝わるふたりの巨人*の別名。

(1)コーンウォール州に棲む巨人、コーモラン*の別名。コーモランはコーンウォール南岸のペンザンス近くにある島、聖マイケル・マウントの生みの親である。

(2)後年の文献で、コーンウォールの戦いにおいてゴグマゴグ*を退治したとされたコリネウス*の別名。

両者がともにグーメイロンという名前で呼ばれてきたという事実から、コーモランからコリネウス*が、あるいはコリネウスからコーモランが生まれたことが推測される。さらに、後年の民話『ジャックと豆の木』は、コリネウスの伝説に由来するものと思われる。
文献47、54

蜘蛛
SPIDER

日本の伝承に登場する怪物*。話のモチーフは、疲れた旅人が古い屋敷（城）に一夜の宿を求め、巨大な蜘蛛の巣にかかって飲み込まれるというものである。巨大で邪悪な蜘蛛の巣には、魔法がかかっており、超自然的な力を使わなければ破ることはできない。犠牲者は、そうした力がなければ蜘蛛に食べられてしまう。

文献113
⇨ ウンゴリアント、ジェイエン、女郎蜘蛛、土蜘蛛

グーヤカ
GUHYAKA
インドのヒンドゥー教神話に登場する巨人族。クヴェーラが洞窟のなかに作った宝物庫の見張り番をしながら、洞窟で暮らしている。

文献112
⇨ 巨人

グヤスクトゥス
GUYASCUTUS
19世紀から20世紀初頭にかけて、米国の特にウィスコンシン州およびミネソタ州の木こりや森林労働者（そして後には詐欺師）たちの伝承に登場する巨大な怪物*で、その姿はドラゴン*に似ていると信じられていた。後に伝わるところによれば、アルマジロのような硬い表皮に包まれた全長3m余りのワニで、背中には鋭いとげがずらりと並んでいるという。さらに後年の説ではウサギの耳と恐ろしげな牙、そして白い尾を持つ鹿のような姿をしているとされた。どのような外観であれ、最も注目すべきは、斜面の角度に合わせて望ましい長さに調節できる長さの不揃いな脚である。山の斜面を歩きやすくするためと思われるが、それでも間に合わないようなきつい斜面では、自在に動く尾を適当な岩に巻きつけてバランスをとることができる。もともとは山に棲んでいる怪物だが、1844年に大きなポプラの木のなかで目撃されたほか、ヴァーモントの農業地帯に棲んでいたという話もある。人や動物を襲うという説もあるが、1855年にヒヤシンスの球根を食べているところが目撃されていることから、その信憑性は薄いものと思われる。親しみをこめてフィアサム・クリッター*と呼ばれる怪物の一種で、その極端な姿や行動のせいで寂れた場所で聞こえてくる不気味な物音の説明に使われたり、キャンプの時の楽しい語り草にされたりした。別名として挙げられるのは、キューター＝カス*、グウィンター、グージャー、グヤヌーサ、ゴーダフロ、サイドヒル・ガンガ*、サイドヒル・ドッジャー*、サイドワイプ*、サイドワインダー*、ソーガー*、ハンカス、プロック、プロック・グウィンター*、マウンテン・ステム・ワインダー*、リカブー・ラッカー*、ルンクス*、ロッカボア*などである。

グヤスクトゥスには逸話がいくつかあるが、なかでも注目に値するのが見せ物の一座とともに世界を旅した話である。一座のオーナーたちはミッドウエストの小さな町に到着すると、すぐに巨大な見せ物グヤスクトゥスの宣伝を始めた。チケットは売り切れ、ある晩テントは興味津々の観客で埋め尽くされた。そこへひとりの団員が恐怖に顔をひきつらせながら駆け込んできて、怪物グヤスクトゥスが逃げ出したと叫ぶ。パニックに陥った観客たちは我先に外へ飛び出し、残された団員たちも売上金を持って逃げ出した。

グヤスクトゥスの能力を利用したのは見せ物一座の団員だけではない。ヴァーモントの農夫たちはグヤスクトゥスと羊を交配させ、山の斜面にある牧草地を楽に歩ける足を持つ羊を作りだそうとした。農夫のひとりは、グヤスクトゥスと羊との子がペットのように後をついてくる姿を思い出しながら、不揃いな足で平地を歩く姿は哀れで見るに耐えなかったと語った。

文献7、24

グヤヌーサ
GUYANOOSA
米国の特にウィスコンシン州およびミネソタ州の木こりや森林労働者（そして後には詐欺師）たちの伝承に登場するグヤスクトゥス*の別名。

文献7、24
⇨ フィアサム・クリッター

クユン
KHYUNG
チベットの伝説と民間伝承に登場する神秘

的な鳥。インドやインドネシアのガルダ*とほぼ同じと考えられる。
文献125

グーラー
GULAH

　イスラム教以前の伝説や伝承に登場する女のグール*。後にジン(1)*の一種であるとされた。
文献64、74、78、94、120、146
⇨　ババ・ヤガ、ペイ

グライアイ
GRAIAI, GRAEAE, GRAIAE, GRAII

　ギリシア・ローマ神話に登場する怪物*のような姿をした老婆たちの名前で、ゴルゴン*の姉妹にあたる。グライアイはティタン*族のポルキュス*の子孫であることから、ポルキデスと呼ばれることもある。白鳥の体を持っているとも人間の体を持っているとも言われるが、いずれにせよその長くしなやかな白髪は、見るも恐ろしい目のない顔を覆い隠している。グライアイは取り外しのできるひとつの目と一本の歯を共有しており、かわるがわる目や歯をやりとりしながら食事をしたり、怪物のような姉妹ゴルゴンの世話をしたりする。ヘシオドス（前8世紀頃）では二姉妹として描かれていたが、後にエニュオ*、パムプレド*、デイノ*という名の三姉妹として登場するようになる。ペルセウスはメドゥーサ*を退治しようとゴルゴンたちの隠れ家へ向かうが、そこへたどり着くためにはグライアイのいるキステーネーの入り口を突破しなければならない。狡猾なペルセウスはグライアイが歯と目をやりとりするタイミングを見計らい、全員が何も見えなくなった瞬間を狙って歯と目を奪い取った。グライアイは羽根の付いたサンダルやかぶると姿が見えなくなる帽子をペルセウスに渡し、ゴルゴンの居所を教えた。いくつかの説によれば、袋に入れたメドゥーサ*の首を持ち帰る際、ペルセウスはグライアイに歯と目を返してやったという。

文献24、38、125、133、166、169

グラウルング
GLAURUNG

　『ホビット』や『指輪物語』の著者で、イギリスの学者、作家のJ・R・R・トールキン（1892～1973）の作品に登場するドラゴン*。太陽の第一紀にアングバンドの地下要塞で邪神モルゴスによって造り出された最も凶暴で強い力を持つドラゴン、ウルローキ*を指す。ベルリアンドの戦いの「焔流るる合戦」の際に解き放たれ、エルフたちに攻撃をしかけた。火龍*や冷血龍*はグラウルングの子孫にあたる。グラウルングを退治したのは英雄トゥーリン・トゥラムバールだが、グラウルングの毒血にやられて相討ちとなった。
文献51
⇨　怪物

クラーケ
KRAXE
⇨　クラーケン

クラーケン
KRAKEN

　ふたつの別の種類のものがこの名前を持つ。
　(1)ノルウェーとスカンディナヴィア北部地方の伝承や伝説に登場する海の怪物*。クラッベン*またはシュクラケン*としても知られ、横幅が2.5kmほどもある巨体の脇から、多くのひれや角が伸びており、それを使って船を抱き込み、水中へと引きずり込む。水中に潜ると大きな渦を生じさせるので、逃げようとしてもそれに吸い込まれてしまう。人間を捕らえて食べると言われ、漁船を丸ごと飲み込むことができた。北海の沿岸に堆積した琥珀はこの怪物の排出物だと伝えられる。活動していない時は海面に浮かんで日光を浴びているが、ギリシア時代からアスピドケロン*の場合と同様に、人々は島と間違えて、その上でキャンプをしたと言われる。クラーケンと出くわした船乗りのほとんどは恐怖にかられたが、漁師たちによれば、怪物の前には魚

の大群が追い立てられていたらしく、通り道を邪魔しさえしなければ、大きな漁獲が得られた。初期の目撃談は16世紀にさかのぼり、1680年にアルストラドハングで岸に打ち上げられたという話や、1775年にスコットランドのビュート海峡にあるロズセイで目撃されたという報告があった。ベルゲンの司教エリック・ポントピダンの著書『ノルウェー博物誌』(1752)にクラーケンの記述がある。英国の詩人アルフレッド・テニソン(1809～1892)はその名前をタイトルにした詩のなかで、クラーケンを不死の生物にした。この生物がメキシコ湾流によって流された巨大ナマズの話に基づいている可能性もある。

(2)イギリスの学者、作家のJ・R・R・トールキン(1892～1973)の小説『ホビット』と『指輪物語』に登場する怪物の名でもある。ミドルアースのウツムノ王国で邪悪なメルコオルに育てられた怪物。巨大な体に触覚を持ち、地上でも水中でも敏捷に動く。その1頭がシランノン川にやってきて、水中に防壁を築いて住居にした。何者もそこを通さなかったので、「水中の番人」として知られるようになった。

文献7、18、20、24、51、78、89、134、182
⇨ クザラタン

グラシュティグ
GLAISTIG, GLAESTIG, GLASTIG

スコットランドのハイランド地方に伝わる半人半獣の妖精で、フーア*の一員として知られる。スコットランド・ゲール語で「緑の乙女」を意味するマイジャン・ウアイネ*とも呼ばれている。女巨人*の姿から山羊の半身を持つ怪物*、あるいは完全な山羊へと変身することができ、常に緑の衣服を身にまとっている。半神半人の水の精であるグラシュティグは、騙されやすい人間をつかまえると川向こうへ渡らせてくれるよう懇願する。犠牲者たちはただ道に迷わされるだけですむこともあれば、喉をかき切られて自分の血で溺死させられることもある。その一方で親切な使いの精として、家族が寝静まった夜中に嬉々として家事をやったり、家畜の世話をしたりもする。この場合のグラシュティグは、子供や病人、老人を守る存在となるのである。こうした「緑のグラシュティグ」は、自分が守護している人間の死期が迫るとバンシーのように泣き叫ぶ。緑のグラシュティグがまったくの善意からこうした行動をとるかどうかは疑わしいが、その心に悪意は見られない。ある逸話によれば、ひとりの鍛冶屋がグラシュティグを騙して魔法の牛と堅牢な家を作らせ、別れの握手をしようと差し出した手に焼きごてを押し付けたという。グラシュティグがこの身の毛もよだつようなお礼返しをされた地、インバネスのロッホアーバーに生える草木には、今もなお赤い斑点が残っている

文献7、21、24、67、128、160
⇨ ババ・ヤガ、フーア

グラシュティン
GLASHTIN, GLASHAN, GLAISTYN, GLASTYN

イギリス諸島のマン島の民間伝承に登場する半神半人の水棲の怪物*。スコットランドに伝わる馬の姿をした水の精で、ケルピー*やアッハ・イーシュカ*(アイルランド)、ケフィル=ドゥール*(ウェールズ)と呼ばれる。人間の姿をしている時は、黒髪のハンサムな若者となる。巻き毛に隠れた耳が馬の耳であることからしか、正体は見分けられない。ふつうは川や湖の岸に、馬の姿で暮らし、自分に乗るよう人間を誘う。獲物を背に乗せたら、水中にもぐって獲物をむさぼり食う。グラシュティンにまつわる話で広く語られているのは、家にひとりで留守番をしていた若い娘が、暴風雨のなかを父親が帰ってきたと思って、家の鍵をあけた時の話である。見知らぬ男が家に入ってきて、暖炉のそばで濡れた頭を乾かそうとフードをはずした時、娘は馬の耳に気づいた。グラシュティンは娘をつかまえたが、娘の悲鳴を聞いて庭の雄鶏が目を覚まして鳴き声を上げたため、娘は助かった。

文献24、111、119、128、160
⇨ カーヴァル・ウシュタ

グラス・ガイブェアニーア

GLAS GAIBLEANIR, GLAS GAIBLEANN, GLAS GAIBHLEANN, GLAS GHAIBHLEANN, GLAS GHAIBHNANN, GLAS GHAIBHNENN, GLAS GHOIBHNEANN, GLAS GAIVLEN, GLAS GAVELEN, GLASGAVELEN

　アイルランドの神話や後年のスコットランドの伝承に登場する半神半人の牛。この巨大な生物は灰白色あるいは乳白色の体に緑色の斑点などさまざまな姿で描かれている。どんな外見で描かれている場合でも、この牛は、ミルクを必要とする親切な人間には誰にでも無尽蔵に分け与えることで広く知られている。この牛の持ち主には諸説あり、ドニゴールの斜面の牧草地で鍛冶屋のゴヴニウかガイブリン、もしくはキアンに飼われていたと言われている。だがこの素晴らしい牛の噂が広まると、巨人*バラルが現われてキアンがぼんやりとしているすきにグラス・ガイブェアニーア*を盗みだし、トール・モール（現在のトーリー島）へと連れ去ってしまった。変装したキアンは幾多の難関をくぐり抜けて、バラルと牛を追った。キアンはバラルの娘エトネを口説いてねんごろになり、牛の鎖を杭からはずして逃げる方法を聞き出した。

文献7、24、128
⇨ ウォリックの赤牛

クラッベン

KRABBEN

　クラーケン*とも呼ばれるヨーロッパの民間伝承に登場する怪物*の別名。

文献89

グラティオン

GRATION, GRATIUM

　ギリシア・ローマ神話に登場する巨人*で、ギガンテス*のひとり。他のギガンテス同様、去勢されたウラノス*の血がしたたり落ちた大地から生まれたとされている。誕生した時にはすでに成人しており、鎧兜に身を固めている。ティタン*を打ち負かしたオリュンポスの神々に戦いを挑むが、失敗に終わった。生き残ったグラティオン*は最後の攻撃をしかけて敗北し、山の下敷きにされた。

文献24、133、169、178
⇨ アロアダイ、キュクロプス

クラトス

KRATOS, CRATUS

　ギリシア・ローマ神話に登場する巨人*。クラトスはウラノス*とガイア*が交わって生まれたティタン*のひとりである。同胞とともに、自分たちの子孫であるオリュンポスの神々と戦った。

文献168

クラーナ

CRANA

　イタリアの修道士ヴィテルボのアンニウス（ジョヴァンニ・ナンニ、1432～1502頃）の作成した系譜に入っている巨人*のひとり。アニウスは、ガリア人が聖書の巨人の子孫という高貴な血筋であることを証明しようとした。

文献138、173
⇨ ノア

グラナウス

GRANAUS

　ガリア人たちが巨人族の高潔な血筋を引いているという説を正当化するためにイタリアの修道士ヴィテルボのアンニウス（ジョヴァンニ・ナンニ、1432～1502頃）が作成した系譜に入っている巨人*のひとり。

文献139、174
⇨ ノア

クラーヌス

CRANUS

　イタリアの修道士ヴィテルボのアンニウス（ジョヴァンニ・ナンニ、1432～1502頃）の作成した系譜に入っている巨人*のひとり。アニウスは、ガリア人が聖書の巨人の子孫という高貴な血筋であることを証明しようとした。

文献138、173
⇨　ノア

グラハ
GRAHA
　ミャンマーに伝わる蛇*の姿をした怪物*、アヴァグラー*（ニャン*のシッカタ語名）の別名。グラホ*とも呼ばれる。
文献81

グラホ
GRAHO
⇨　グラハ

グラムダルクリッチ
GLUMDALCLITCH
　イギリスの古典児童文学に登場する巨大な子供。政治活動も行なっていた作家ジョナサン・スウィフト（1667～1745）の作品『ガリヴァー旅行記』（1762）のなかで、ガリヴァーは二度目の航海の末に巨人*の国プロブディンナグにたどり着く。そこでガリヴァーの面倒を見てくれたのが優しい巨人族の「小さな」女の子、身長12mのグラムダルクリッチだった。
文献20、177、182

グラワッカス
GLAWACKUS
　米国コネティカット州およびマサチューセッツ州の伝承に登場する巨大な獣*。猪、ヒョウ、ライオンの雑種のような姿をしている。1939年にコネティカット州のグラストンベリで目撃されたのに続き、1944年にはマサチューセッツ州のフリズルバーグで牡牛を襲っているところを目撃されている。
　グラワッカスは19世紀から20世紀初頭にかけて、木こりや森林労働者たちの民間伝承に登場した。フィアサム・クリッター*として親しまれているもの、つまり、その極端な姿や行動のせいで寂れた場所で聞こえてくる不気味な物音の説明に使われたり、キャンプの楽しい語り草にされたりしたものたちの一種

である。
文献7、24

クランガイ・トゥク
KURANGAI TUKU, KURANGAI TUPU
　ニュージーランドのマオリ族の伝承と信仰に登場するオグレス*。クランガイ・トゥプ*とも呼ばれる。怪力を持つ大きな女で、巨大な脚で木々や山をまたぎ、腕には薄膜の翼がついている。口からは巨大な唇が突き出し、空を飛びながらこの唇で鳥を捕まえて餌にする。ある日、ハウトゥパトゥという名の男が兄弟と仲違いをし、森のなかをさまよっているところを、獲物の鳥を探していたクランガイ・トゥクに見つかる。彼女は逃げようとする男を素早く捕まえ、自分の洞窟に連れ帰り、食料として鳥を何羽か与えた。朝になって女が洞窟をふさいで狩りに出かけると、ハウトゥパトゥは鳥を料理して食事し、その後でカラキアの呪文の歌で洞窟の封印を解いた。しかし、一緒に逃げ出した鳥の一羽が、女に男が逃亡したことを知らせた。彼女はすぐさま男を追って森をまたぎながら引き返してきた。ようやく湯が沸き立つ大きな温泉のある場所に出た男は、注意深くその縁を周った。だが、オグレスはあまりに急いでいたため温泉に気づかなかった。そのまま煮えたぎる熱湯に沈み、やけどして死んだ。
文献113

クランガイ・トゥプ
KURANGAI TUPU
⇨　クランガイ・トゥク

グランガッチ
GURANGATCH
　ニューサウスウェールズ州に住むアボリジニ（オーストラリア先住民）に伝わる「夢の時」伝説に登場する巨大な水棲の怪物*で、トカゲと魚が一体化したような姿をしている。この怪物を最初に捕まえたのは、村一番の釣り師になろうとしていたミラゲン・ザ・キャットマンであった。キャットマンはグラ

ンガッチの棲む深い沼へと向かい、ウィリヌンズ（シャーマン）から教えてもらった呪文を唱えてグランガッチをおびき出そうとした。だがいくらやってみてもグランガッチが水面に姿を現わすことはなかった。沼の水を毒に変えてしまおうと考えたキャットマンはそのために必要な樹皮を探しに行った。そのすきにグランガッチは沼を泳ぐようにやすやすと堅い岩盤を掘り進み、逃げ出してしまった。戻ってきたキャットマンは目を疑った。グランガッチの逃走によってできた水路に2本の川からの水が流れ込み、3本目の川となっていたからである。グランガッチは何日も逃げ回っていたが、ついにキャットマンの村に来たので、急流も一緒に流れ込み、村は押し流されてしまった。キャットマンは唯一力を貸してくれるという鳥人族に頼み、水中に潜ってグランガッチの居場所を探してもらった。とうとう、水に潜った鳥人が怪物からとった1枚の鱗を手に戻ってきた。キャットマンは傷だらけで、あちこちから血を流し、疲れ果てていたが、その鱗を鳥人族にお礼として食べさせた。今日でも、ニューサウスウェールズの多くの川とジェノランとウォンビーアンの洞窟はグランガッチが逃げまわった様子を物語っている。

文献154

グラングゥジエ
GRANDGOUSIER, GRANDGOUSIR, GRANT-GOSIER

フランス古典文学に登場する巨人*。フランソワ・ラブレー（1498～1553頃）の『パンタグリュエル』および『ガルガンチュア』の登場人物のひとり。アーサー王の宮殿において魔術師マーリンがクジラの骨と騎士ランスロットの血から作り出したのがグラングゥジエである。その妻ガルガメル*もまた、王妃グウィネヴィアの爪の切りくずと雌クジラの骨から作り出された。ガルガンチュアの父であるグラングゥジエは、広い心を持つ思慮深く親切な巨人で、自分が打ち負かした敵に対しても寛大な態度を示した。

文献174
⇨ ガルガンチュア、パンタグリュエル

グラント
GRANT

13世紀にティルベリのゲルヴァシウスによって書かれたイギリス年代記に登場する半神半人の生物。ブラッグ*によく似ており、炎のように輝く目を持つ仔馬の姿をしている。後ろ足だけを使って歩くその姿は人々を恐怖に陥れる。外見は恐ろしげなグラントだが、昼日中あるいは日没時に姿を現わして町の人々に注意を促す。この怪物を目にした犬たちがいたずらに吠え立てたり走り回ったりするおかげで、住民たちはどこかの建物で今まさに燃え広がろうとしている炎に気づくことができるのである。

文献7、21、24、160、170

グランドファーザー
GRANDFATHER

米国大陸の先住民イロコイ族に伝わる巨人*、ハドゥイゴナ*の別名。

文献136

グランボー
GRUMBO

古い伝承に由来する17世紀および18世紀のヨーロッパ民話に伝わる巨人*。無敵の小人、親指トムのおとぎ話に登場する。この話は1724年、フランスで『親指小僧（Le Petit Poucet）』として最初に出版され、同じ年に、英語版にも翻訳された。親指トムがその体の小ささゆえに巻き込まれる冒険を描いた話だが、そのなかのひとつが、巨人グランボーの粥の皿に親指トムが落ちてしまうというものだった。粥の海から抜け出そうともがいているうちにトムの体はスプーンに乗せられ、巨人の口のなかへと消えていった。トムが激しくもがいて巨人の喉をくすぐったため、巨人は城の窓から海に向かってトムを吐き出す。トムは一匹の魚に飲み込まれ、冒険はさらに続いた。魚はすぐに網にかかり、伝説の王

アーサーの食卓に乗せられる——果たして魚のなかから現れたのはトムであった！
文献182
⇨ アグリッパ、オーグル、子供部屋のボーギー、ブランダムール、ボムボマチデス

グラン・リュストゥクリュ、ル
GRAND LUSTUCRU, LE
⇨ リュストゥクリュ、ル・グラン

クーリア
KURRIA
⇨ クーレア

クリオスピンクス（羊頭スピンクス）
CRIOSPHINX

古代エジプトの神話や美術に見られるスピンクス*。その像は、大きな角のある羊の頭とライオンの体を持ち、たいていは腹ばいで頭を起こし防御体勢をとっている。クリオスピンクスはアメン神の魂の守り主であり沈黙の象徴であると考えられていた。
文献89

グリーズ
GRIDR, GRID

北欧神話に登場する女巨人*。グリーズから生まれた神ヴィーザルは、ラグナレクの戦いでフェンリル*狼を倒した。そしてこの戦いで生き残った数少ない神々のひとりとなった。グリーズはトール神に自分の魔法の手袋や力帯などを差し出して、ロキと巨人ゲイルロズ*の陰謀から命を救ってやり、その後ふたりのあいだに息子ヴィーザルが生まれたという。だがヴィーザルを主神オーディンの息子とする説もある。
文献125、133、139

グリフィン
GRIFFIN

ヨーロッパの伝説や民間伝承に登場する聖獣。グリュフォン*、グリフォン*、グリフェン*、グリフェス*とも呼ばれる。グリフィン（グリフォン）という名には「つかむ」という意味がある。語源はギリシア語のグリュプス*grypsおよびラテン語のGryphusである。ライオンの上半身に鷲の頭と下半身を持つ。その大きな目は赤く体は茶色で、翼は青もしくは白い色をしているグリフィンは、ライオンと鷲のあいだにできた子供であるという。意地悪く強欲で、自分のテリトリーを侵す者には誰彼見境なく襲いかかり、その巨大な鉤爪で獲物をつかむと山奥にある巣へと連れ去ってしまう。

グリフィンは古代メソポタミアおよび古代エジプトの文化にも登場し、最も古いところでは紀元前3300年に最初の絵が描かれている。ギリシア・ローマ時代においては、アポロンやユピテル、ネメシスといった神々の乗り物を引いていたと言われる。山奥に隠された宝

兜飾りに描かれているグリフィンの紋章

物庫や、北インドや東地中海の国々の金山の見張り番を務めていたのもグリフィンである。古い伝説には、こうした宝や金山を狙うひとつ目族アリマスポイ人*とグリフィンたちの戦いを描いたものがある。ある伝説によれば、アレクサンドロス大王（前346〜323）が籠につながれた8頭のグリュプス*／グリフィンを槍の先に乗せたえさで釣り、空を飛んだという。グリフィンに関するこうした伝説は、アエリアノスやアリステアース、ヘロドトス、プリニウスといったギリシア・ローマ時代の著述家たちによって広められた。後年グリフィンは中世ヨーロッパの時禱書や詩篇、動物寓話集において頻繁に登場するようになる。そのなかでグリフィンは馬を忌み嫌う存在として描かれ、あるイタリアの動物寓話集には悪魔の象徴として登場する。だがそのような見方はごく少数で、セビーリャの聖イシドルス（560〜646頃）による『語源論』やダンテ（1265〜1321）の諸作品においては、キリストの死の運命と神性を象徴するものとされている。中世末期には旅行家たちの記録にも登場するようになる。14世紀に書かれたジョン・マンデヴィルの『東方旅行記』によれば、バカリー（バクトリア）のグリフィンはライオンの8倍もある巨大な体を持ち、額から突き出た並外れて大きな角を使って水を飲んだという。このようにいかにも恐ろしげなグリフィンだが怪物*のなかでも人気があり、イギリスの学者、作家のルイス・キャロル（チャールズ・ラトウィッジ・ドジソン、1843〜1898）による物語『不思議の国のアリス』（1865）の「亀まがい」の話にもグリフィンが登場する。この作品には次々に奇妙な生物たちが現われて、ウサギの穴から不思議の国に落ちたアリスを困らせるのだが、グリフィンもその仲間なのである。

こうして時代を通じてグリフィンはさまざまな美術作品に幅広く描かれている。また勇気ある王家のための戦いにおいても紋章の図柄としてグリフィンがデザインされていた。特に貴族が使うヨーロッパの家紋や「グリフィン」の名を持つ一族のための紋章として、

その地位は確立されていったのである。
文献5、7、14、18、20、40、61、63、78、89、149、167、180、185
⇨ アケク、アリマスピ、アンカ、大鷲のグリフィン、カルガス、シームルグ、セーンムルウ、バー・ヤクレ

グリフェス
GRIFFETH
⇨ グリュプス

グリフェン
GRIFFEN
⇨ グリュプス

クリフ＝オーグル（崖鬼）
CLIFF-OGRE

　世界中の多くの民話に登場するオーグル*またはオグレス*。巨大な生物が崖の上の道を行く旅人や土地の人を餌食にするというのがそのモチーフである。クリフ＝オーグルは崖に近づいた餌食を蹴ったり飛びついたりして死に至らせる。そして崖の下では腹をすかせた子供たちが待っている。このモチーフはアメリカ大陸の先住民の伝承やギリシア神話のいくつかに特によく見られる。
文献24
⇨ 巨人

グリフォン
GRYFFON, GRIFFON, GRIPHON
⇨ グリュプス

グリム
GRIM

　イギリスの古典文学に登場する巨人*。1862年に発表されたジョン・バニヤンの寓話『天路歴程』にその姿が描かれている。グリムは「血まみれの男」とも呼ばれているが、これは巡礼者たちを惨殺してむさぼり食うためである。ライオンに囲まれた主人公クリスチャンと巡礼者たちに出くわしたグリムは彼らに挑みかかるが、主導者クリスチャンの反撃に

戦車を引くグリフィン。車の周囲には神話、聖書の象徴が見られる。ウィリアム・ブレーク『戦車の上からダンテに語りかけるベアトリーチェ』ではダンテの『神曲』の世界が描かれる。

より打ち負かされる。ライオンは鎖でつながれていたため動くことができず、クリスチャンとピルグリムたちは無事そこを通過することができた。
文献20、31
⇨ 異教徒、教皇、巨人ディスペアー、スレイ=グッド、モール

グリュコン
GLYCON

ペルシア（現在のイラン）のミトラス教に登場する半人半神の邪悪な蛇*。人間の頭を持つこの蛇は、一説によると医神アスクレピオスの化身であるという。
文献125

クリューサーオール
CHRYSAOR

ギリシア・ローマ神話に登場する海の神ポセイドン（ネプトゥーヌス）とゴルゴン*のメドゥーサ*のあいだに生まれた恐ろしい息子。伝承によっては、飛翔馬ペガソス*の兄弟で、ともに切断されたメドゥーサの首から落ちた血から生まれたとも言われる。彼の名は、「黄金の剣を持つ者」という意味である。ヘラクレス*に退治されたゲリュオン*の父親でもある。
文献138、177
⇨ 怪物

クリュソマロス
CHRYSOMALLUS

ギリシア・ローマ神話に登場する羊アリエス*の別名。クリュソマロスはこの想像上の動物の特徴をそのまま表わす単語で、この有翼の生物の体を覆う「黄金毛」を意味する。
文献20

巨人グリムの死

クリュティオス
KLYTIOS, CLYTIUS

　ギリシア・ローマ神話に登場するギガンテス*のひとり。ウラノス*が去勢された時の血が大地に落ちて生まれた。アルキュオネウス*やポルピュリオーン*は彼らの統率者のひとりである。ギガンテスは巨大な人間の姿をしているが、足は蛇*であり、つま先が蛇の頭になっていると言われた。最初に姿を現わした時から、彼らはすでに完全に老練の兵士であり、槍と輝く鎧を身にまとい、戦いに備えていた。そして即座にオリュンポスの神々を攻撃しはじめた。しかし、英雄ヘラクレスの策略や超自然的助力や腕力によって、彼らは次々と倒されていった。「誉れ高い者」の意味の名を持つクリュティオスを倒すのは、伝承により、ヘパイストスの場合とヘカテの場合とある。

文献7、138、168、177
⇨ エウリュトス、エンケラドス、巨人、テュポン、パラス、百手の巨人、ヘカトンケイレス、ペロロス、ポリュボテス、ミマス、ライトス

グリュフォン
GRYPHON, GRYFFON

　ヨーロッパの伝説や民間伝承に登場する神秘的な鳥グリフィン*の別名。
文献5

グリュプス
GRYPS, GRYPES

　ギリシア・ローマ神話に伝わるグリフィン*の名称。ライオンあるいは馬の体に鷲の頭を持つと言われている。スキタイ(現在の南ロシア)にいたとされるアリマスポイ人*のもとで鉱物資源、特に金山を守護する役割を担うとされた。グリュプスは守護の象徴としてローマ人にも広く用いられ、当時の指輪に彫りこまれたその姿を今も目にすることができる。

文献89、178
⇨ 怪物

クリュメネー
KLYMENE, CLYMENE

　ギリシア・ローマ神話に登場する女タイタン*のひとり。ウラノス*とガイア*の娘であり、最後には同胞と一緒にタルタロスに葬られた。

文献20、47、78、125、138、165、177
⇨ アトラス、イアペトス、エウリュメドン

グリュリオ
GRYLIO

　中世ヨーロッパの動物寓話集に登場する神秘的な動物。大きなサラマンダー*のような姿をしており、人間にも動物にも害を及ぼす。このサラマンダーは果実が熟する時期になると果樹に上り、わざと果実を毒するという。その果実を口にした者は例外なく死に至り、果実が落ちた水を飲んだ者もひとり残らず命を落とすのである。

文献7
⇨ ステリオ、ディー

グリュルス [複数形：グリュッリ]
GRYLLUS, GRYLLI (pl.)

　東地中海の国々の古代伝説や美術様式に伝わる半人半獣の怪物*のラテン語名。ギリシア語ではグリュロス。腹の中央にもうひとつ人間の顔を持つ。この「腹の上の顔」もよく知られており、古代エジプトやギリシア・ローマ時代の宝飾品や芸術品に使われた。大プリニウス(77年頃)は大著『博物誌』のなかでグリュルスの描写に秀でた芸術家を数多く取り上げているものの、グリュルスそのものの外観については詳説していない。しかしギリシアの歴史家・哲学者であるプルタルコス(46~120頃)は、オデュッセウスと魔女キルケに関する神話でグリュロスについての話を紹介している。オデュッセウスと遭遇したキルケは彼の部下たちをグロテスクな豚に変えてしまう。オデュッセウスが部下にかけられた呪いを解いて元通りの姿に戻そうとしていると、部下のひとりが弁舌鮮やかに、自分は見るもおぞましい豚の姿のままでいたい

グリラス

キルケとグリュルス／グリュロス

と言ってのける。そのようなことを言うのはいったい誰だと問いかけるオデュッセウスに、キルケはその部下の名はグリュロスであると告げるのである。ホメロスでは「豚」には「sus」という語が用いられているが、プルタルコスは巧みにもその語根にギリシア語で「ブーブーと鳴く」を意味する「gryl」を用いている（プルタルコス版の対話は、17世紀において学識者たちが人間と動物の違いを哲学的に論じる際に引用された）。

グリュルスは中世においても、詩篇や時禱書を視覚的に表現する際の滑稽な登場人物としておなじみだった。人間の愚かさや堕落の象徴でもあり、教会関係の石造建築や木彫りにもその姿が見られる。また半人半獣であるグリュルスは、エリザベス朝の詩人、エドマンド・スペンサー（1552？～1599）の作品『妖精女王』にも登場する。グリュルスが元来持っていた古来からの存在意義は今は失われているが、昔の人はグリュルスを強力で効き目のある護符だと信じていたのである。

文献82、182

⇨　アケファロス

グリラス　[複数形：グリリ]
GRILLUS(sing.), GRILLI(pl.)
⇨　グリュルス

クリリ
KULILI

古代シュメールの神話に登場するドラゴン*の一種で、後にマーマン*になった。カオスを象徴するドラゴンとして描かれることもあれば、アブガル*の先祖の魚人間の一種として描かれることもある。

文献7

グリリ
GRILLI
⇨　グリュルス

グリリヴィル
GLYRYVILU

チリの伝説と信仰に登場する淡水に棲む怪

物*。一部の地方ではヴルパングエ*または狐蛇と呼ばれているが、ドラゴン*あるいは魚の怪物であったと考えられている。狐に似た頭部を持つ蛇*とも、アンデス高地の湖に棲息する緑のところに目の付いた平らな円形状の巨大生物であるとも言われている。ファン・イグナチオ・モリーナ（1740〜1829）の著書『チリの自然史』（1782）によれば、住民たちはグリリヴィルを恐れるあまり決して水に入ろうとしなかったという。モリーナはこの生物をイトマキエイの一種か巨大なイカだろうと推測している。

文献77、134

⇨ イデ、マンタ

グリルス

GRILLUS (sing.), GRILLI (pl.)

中世ヨーロッパの古典的な怪物*グリュルス*の別名。

文献182

グリンカンビ

GULLINKAMBI, GULLIN KANMBI

北欧神話に伝わる見返りの鳥。別名ヴィズオヴニル*。黄金色の雄鳥で、世界の中心に立っていると言われる宇宙樹、ユグドラシルのてっぺんに止まって見張っている。

文献7

グリンディロー

GRINDYLOW

イングランドのヨークシャー州の伝承に登場する怪物*。並外れて長い腕と指を持ち、深くよどんだ溜め池や沼地に棲んでいる人型の怪物として描かれる。親からひとり離れ、沼のふちを探険気分で歩いている無防備な子供を待ち受けている。何も知らない子供を突然襲い、よどんだ水底まで引きずりこんでむさぼり食うためである。この怪物は、親たちが子供に危険な沼に近寄らないよう、言い含めるための子供部屋のボーギー*であることは言うまでもない。

文献24、160

⇨ 河童、人さらいのネリー、ペグ・パウラー、緑の牙のジェニー

グリンブルスティン

GULINBURSTI, GULLINBURSTI

北欧神話に登場する凶暴で巨大な猪。「金の剛毛」を意味するグリンブルスティンは、フレイ神の馬車を引いて空や海、陸地を駆けめぐる。その名の通り全身が光り輝く金の剛毛で覆われており、グリンブルスティンの通るところは隅々まで明るく照らし出されたという。ヒルディスヴィニ*やスリーズルグタンニ*と同様に戦いや狩りの場で神々を乗せ、森林の藪を猛烈なスピードで駆け回る。

文献7、78、89、105

⇨ アイトーリアの猪、エスキスエルウィン、エリュマントスの猪、カフレ、カリュドンの猪、セーフリームニル、トゥルッフ・トゥルウィス、ヒルディスヴィニ、ブアタ、ブゴット、ベイガド、ベン＝グルバンの猪

クル

KUL

シリアの伝説と伝承に現われる怪物*。半人半魚の姿で描かれ、ヨーロッパの伝説に登場するマーマン*やマーメイド*に似ている。しかしクルとその多くの子孫は淡水の湖、池、井戸の底の泥のなかに棲息した。人間に敵意を持つこともあり、わざと水底で泥をかき回して水を汚したり、もっとひどい時には水に毒を入れた。しかし、お世辞や音楽に弱く、歌を歌って褒めればおとなしくさせることができ、水の美しさは保たれた。

文献133

グール

GHOUL/E, GHUL/I

イスラム文化に伝わる精霊ジン(1)*。前イスラム時代には男のジンはクトルブ*と、そして女のジンはグーラー*と呼ばれていた。グールは Ghol、Gool、Ghowl、Goul と綴られることもある。女性形はグーラーである。グールは北アフリカ、中東、インドそしてさ

らにその東までの広い地域において知られ、恐れられている悪鬼である。彼らは一般には墓地に棲むが、荒地、寂しい森、島、洞窟などにも棲むとされる。グールは肌が黒く、多毛で、頭の回転が速く、人間に欲情を抱いている。他方、きわめて醜くて、ひとつしか目がないダチョウのような姿だとする説もある。しかし、この邪悪な超自然的存在は、人間を誘惑するためにあらゆる姿に変身する能力を備えている。グールは不注意な旅人に襲いかかり、誘拐したりおびえさせたりする。彼らは戦場、殺人現場、墓地といった人の死にまつわる場所に好んで出没し、打ち捨てられた墓にある葬ったばかりの死者をむさぼり食う。

文献64、74、78、94、120、146

⇨ ジン(1)、ババ・ヤガ、ペイ

グルアガッハ
GRUAGACH, GROAGACH, GROGACH, GROGAN

スコットランドの民間伝承に登場する妖精。長い金髪を持つ毛深い妖精で、その外観には諸説ある。だが北アイルランドのアルスターでは、人間の膝ぐらいの高さで裸体か、頭が大きく身体は柔らかくて、ほとんど形が分からない毛むくじゃらな存在と言われる。どんな姿でも、グルアガッハは、自分が暮らす家や農地の手助けをする。家にいたずらをするが、守護する役割や、馬を追う能力が優れており、いたずらをしてかけた迷惑を補っている。

文献128、183

⇨ オーグル、レッド・エティン

クルシェドラ
KULSHEDRA

アルバニアの伝承に登場するクシェドレ*とも呼ばれる水棲の女の怪物*。2種類の別の姿で現われる。ひとつは乳房の垂れ下がった醜い老女、もうひとつはアイトワラス*に似た空飛ぶドラゴン*で、飛びながら火花を吐き散らす。恐ろしく邪悪で、小便で自然の水を汚染したり、日照りを起こしたりする。人身御供が、その悪意をなだめるか避けるか

する唯一の方法と考えられている。

文献125

クルッド
KLUDDE

ベルギーの民間伝承に登場する変身自在の邪悪な怪物*。巨大な犬、猫、カエル、コウモリ、馬の姿で現われ、夜間に寂しい道を歩いている旅人をおびえさせる。しかし、それに先立って青い炎がちらつくので、怪物がいることが前もって分かる。クルッドは獲物の背中に飛び乗って鉤爪を立ててしがみつく。襲われた人が振り落とそうとすればするほど重くなるので、ついには疲れきって死んでしまう。夜が明けるか教会の鐘が鳴るまで持ちこたえた時にだけ、命は助かる。黒妖犬*の姿の時は、突然現われて跳ねるように道を進み、後ろ足を伸ばして立ち上がり、獲物ののどを狙う。最も多いのは年老いた馬の姿で、ケルピー*と同様に、警戒していない人間に背中に乗るように誘いかけ、激しくゆさぶられて降りることができない犠牲者は最後には川に放り込まれる。

文献93、160

⇨ アウフホッカー、オスカエルト

クルト
KHRUT

インド神話に登場する想像上の鳥ガルダ*はタイではクルトと呼ばれている。

文献113

グルート・スラング
GROOT SLANG

西アフリカの伝説や伝承に登場する怪物*。コンゴを訪れたヨーロッパの旅行者たちによって伝えられたところによると、象のように大きく蛇の尾を持つ怪物であるという。西アフリカ海岸の洞窟や沼地に棲み、モケレ＝ムベンベ*やイリズ・イマ*と似た姿をしている。

文献7、47、63、89

クールマ
KURMA

インドのヒンドゥー教神話に登場する巨大な宇宙亀。甲羅の上側が天上界の外縁を形成し、下側は大地で、中は大気とされた。プラジャーパティが世界を作るために割った宇宙卵からできた。そのため、インドの初期の地図製作者はインドを亀の甲羅の中心に描き、外辺部にほかの国々を描いた。

文献133
⇨ ローカパーラ・エレファント

クーレア
KURREA

アボリジニ（オーストラリア先住民）の「夢の時」伝説に登場する怪物*。クーリア*とも呼ばれる。トカゲやワニに似た形の巨大な生物で、悪臭のたちこめる沼に棲息した。人間が狩りで射止めた野生の動物を横取りするだけでは満足せず、その地域に住む人間を食べるようになった。勇敢な戦士トゥーララは、この怪物*が人間を食べ尽くしてしまう前に退治するように依頼された。彼は勇ましくも沼に出かけ、持っていた槍すべてを投げたが、どれもはね返ってくるだけだった。すると、クーレアが彼を追ってきた。沼から出て土や岩を掘り進めながら、水中にいるかのようにたやすく進んだ。あまりの速さに、すぐにも戦士を捕まえてしまいそうだった。トゥーララは遠くにクーレアの義理の母であるバンブルの木があるのを見た。彼女はクーレアを除いてはその場所にいた唯一の生物で、クーレアは彼女を恐れていた。そこでトゥーララはできるだけ急いで彼女のもとにたどりついた。クーレアが追いついてまっすぐに義理の母のところに来ると、一目見るなり悲鳴を上げて止まった。そして、大地に大きな穴をあけながら後ろに向きを変えると、逃げ去った。いまやクーレアは人間に構うこともなくなり、トゥーララを追った時に掘った溝には雨季になると淡水で満たされる。

文献153

クレイオス
KREIOS, CRIUS, CRIEUS

ギリシア・ローマ神話に登場する巨人*。クレイオスは「牡羊」の意味である。彼はティタン*のひとりで、ガイア*とウラノス*の息子である。同胞とともに、自分たちの子孫であるオリュンポスの神々と戦った。

文献177

クレウツェット
KREUTZET

ロシア北西部の伝説と伝承に登場する想像上の巨鳥。巨大な鷲によく似ており、アラビア伝説のロック*に近い。ポーランドではビアロザル*と呼ばれる。

文献7
⇨ シームルグ

クレタの牡牛
CRETAN BULL

ギリシア・ローマ神話に登場する奇怪で超自然的な牡牛。海の神ポセイドンによって作られ、この神の特別の祝宴で生贄とするためにクレタ島の王ミノスに渡された。この巨大な牡牛は赤い目の白い牛で、息や声とともに火を吐いた。しかし、欲を出したミノスは、自分の飼う牛の群れからもっと質の劣る普通の牡牛を連れてきて、替え玉にした。激怒した神は復讐として、ミノスの妃であり妻であるパシパエがクレタの牡牛を愛するよう仕向けた。その結果として生まれたのが、ミノタウロス*である。さらなる罰として、神はこの牡牛を怒り狂わせた。牡牛は暴れて島中を野と言わず家と言わず荒しまわった。だがこの状態が続いたのも英雄ヘラクレス*が来るまでのことであった。英雄は7番目の仕事としてクレタの牡牛を捕獲して王エウリュステウスのもとへ連れていくことを命じられていた。彼はライオン皮のマントで牡牛を狂わせて突進させ、角をつかんで背中に飛び乗った。それから牡牛が「へとへと」になるまで走らせ、あげくの果てに海のなかまで追い込んで、ようやく歩かせることに成功し、ミケーネの

エウリュステウスのもとへ届けたのである。別の伝承では、ヘラクレスはこの怪物*を捕まえたあと、海を渡ってアルゴリスへ連れていったとされている。消耗の激しさのせいで、もはや生贄としての価値を失った牡牛は、その後解放されてからは、マラトンの平野をさまよった。
文献24、132、138、165

グレート・ギャラクティック・グール
GREAT GALACTIC GHOUL
　宇宙空間にただよっているとされる怪物*。さまざまに形を変える青とピンクの巨大な体と並外れて大きな口を持つ。この怪物のせいで数多くの宇宙飛行が失敗に終わり、ロシアと米国が打ち上げた火星探査機が破壊された。1970年から1990年のあいだに14台ものロシアの火星探査機が跡形もなく消え失せ、米国の打ち上げた数台も行方不明になった。グレート・ギャラクティック・グールはテキサス州パサデナの打ち上げ基地の科学者たちのあいだで伝説的な存在となっている。火星の秘密を守るため探査機を破壊するこの宇宙怪物をグレート・ギャラクティック・グールと名付けたのも、この科学者たちである。1997年7月4日の宇宙飛行は、グレート・ギャラクティック・グールの手中に落ちることなく成功裡に終わった。
文献56、131

グレート・サーペント
GREAT SWERPENT
⇨　ホーンド・サーペント

グレート・サーペント・オブ・ヘル
（地獄の大蛇）
GREAT SERPENT OF HELL
　カナダの先住民ペイガン族の伝説に登場する怪物*。スー族の妻、オンウィ=メノカ（「月の女」を意味する）が時々姿を消すのを不審に思った夫は、妻に「秘恋のダンス」を踊らせる。緑色のボディーペイントと身をくねらせるその動きから、妻の恋人が森に棲む蛇*であることが明らかになる。妻はその場で殺されることになったが、命を絶たれる前に妻は姿を消す。後に夫は妻がグレート・サーペント・オブ・ヘルとともにいる幻視を得てそのことを確信するが、妻の捜索を諦めることはなかった。
文献134

グレート・サーペント・オブ・ロレット
GREAT SERPENT OF LORETTE
　セント・チャールズ川の大きな滝に棲むオヤレロウェク*という名の大蛇の別名。
文献134
⇨　蛇

グレート・タイガー
GREAT TIGER
　米国の先住民オジブワ族に伝わる水蛇の怪物*、ミシピジウ*の別名。五大湖に棲む猫のような姿をした怪物で、背中にずらりとノコギリの刃のような突起が並んでいる。物をつかむのに適した大きな尾で獲物を捕らえ、水中に引きずりこむ。
文献134
⇨　蛇

グレート・トール・テイラー
（のっぽの仕立て屋）
GREAT TALL TAILOR
　19世紀のイギリスおよびドイツにおいて子供部屋のボーギー*として登場する赤い足のハサミ男*の別名。
文献97、182
⇨　アグリッパ

グレート・ホーンド・サーペント
（角のある大蛇）
GREAT HORNED SERPENT
　米国の先住民イロコイ族に伝わる湖の怪物*の使者。頭の膨れ上がった巨大なガラガラヘビで、五大湖周辺に見られる絵あるいは絵文字にその姿が描かれている。激しい嵐で荒れる湖面を渡る際の守護者として人々に希

求される存在であったと思われる。
文献134
⇨ ホーンド・サーペント

グレート・リンクス
GREAT LYNX
　米国の先住民オジブワ族に伝わる水蛇の怪物*、ミシピジウ*の別名。
文献134

グレート・ロングレッグド・シザーマン（のっぽの足長シザーマン）
GREAT, LONG-LEGGED SCISSOR-MAN, THE
　19世紀のイギリスおよびドイツにおいて子供部屋のボーギー*として登場する赤い足のハサミ男*の別名。
文献97、182
⇨ アグリッパ

グレンデル
GRENDEL
　(1) 8世紀のイギリス（おそらくノーサンブリア）において北欧の英雄をテーマに書かれたアングロ・サクソン語の叙事詩、『ベーオウルフ』に登場する怪物*。この叙事詩は6世紀頃までさかのぼる口承伝承をもとに書かれたものだが、大英博物館所有の唯一現存している手稿は1000年頃のものである。巨大な体を持つ怪物グレンデルについて分かっていることはあまりなく、フローズガール王が建てさせたヘオロットの館（雄鹿館）近くの悪臭漂う沼地に棲むある種のドラゴンと思われる。グレンデルは館で繰り広げられる饗宴の騒音に我慢がならなかった。そこで人々が眠りについた夜のあいだに館に押し入って戦士を30人殺し、その死体を沼地まで引きずって帰り、むさぼり食ってしまう。同じ惨劇が毎晩繰り返され、フローズガール王は安全な地へと居を移す。月日は流れ、デンマークからやってきたイェーアト族の英雄ベーオウルフがグレンデル退治を申し入れた。ベーオウルフと戦士たちがヘオロットの館に腰を落ち着けると、グレンデルが現われて戦士のひとりをむさぼり食った。ベーオウルフは見事な戦いぶりを見せてグレンデルに致命傷を与え、その証として片腕を切り落とした。朝になりフローズガール王が館に戻ってみると、屋根の垂木からグレンデルの片腕が垂れ下がっているのが見えた。血の跡は沼地まで続いており、沼の水はグレンデルの血で真っ赤に染まっていた。グレンデルの死を祝って盛大な饗宴がとり行なわれるが、そこに現われたのは息子の仇を討とうとするグレンデルの母親*だった。
　(2) 北欧神話に登場する水の巨人*、あるいはヨーツン*のひとり。エーギル（またはフレール）とラーンのあいだに生まれ、ギュミル*およびミーミル*とは兄弟にあたる。
文献7、31、20、47、78、105、134、166、182

グレンデルの母親
GRENDEL'S MOTHER
　8世紀のイギリス、おそらくノーサンブリアにおいて北欧の英雄をテーマに書かれたアングロ・サクソン語の叙事詩『ベーオウルフ』に登場する怪物*。ベーオウルフが怪物グレンデル*を退治したとき、すぐ近くの悪臭を放つ沼地にグレンデルの母親が潜んでいることなど、ベーオウルフやその部下、そしてフローズガール王の戦士たちは知る由もなかった。彼らが饗宴に疲れて眠りこけているあいだ、巨大で恐ろしげな怪物が現われて垂木から垂れ下がっている息子の腕を奪い返し、王の戦士のひとりを捕まえてむさぼり食ってしまった。夜が明けるとベーオウルフは武器をとり、グレンデルの母親を追って血で真っ赤に染まった沼地へと向かう。ベーオウルフは沼の底まで潜っていき、グレンデルの母親と激しい戦いを繰り広げた。水面が血で泡立つのを見て、心配そうに見守っていた者たちは皆ベーオウルフの死を覚悟する。だが疲労困憊しつつも沼の底から生還したベーオウルフは人々の歓声に迎えられ、祝宴が催された。幾多の月日が流れ去り、ベーオウルフはあるドラゴン*退治の最中に命を落とした。
文献7、31、20、47、78、105、134、166、182

クロクミトン
CROQUEMITAINE

　フランスの伝承に登場する、もとはホブゴブリンだった醜くて恐ろしいボーギー*。18世紀から19世紀には、クロクミトンは妻のクロクミトン夫人とともに子供の漫画や切り抜き遊びのキャラクターとなっていた。だが、本当は恐ろしい生物である。ムッシュ・クロクミトンは分厚い唇、大きな歯、空虚な目、だんご鼻、とがった耳、顎の下だけに生やした白い髭、濃い眉、釘のような白い髪が特徴の不気味な顔をしている。そして、農民のような上着とベルトとズボンと靴下と角張ったエナメル革の靴を身に着けている。妻も同様に無骨な農民の風情であり、睨むような空虚な目、どっしりしただんご鼻と唇、大きな歯が特徴である。彼女は18世紀式の胸で交差するドレスとエプロンを身に着けている。クロクミトンと妻はその邪悪さが、子供を脅して行儀よくさせるために使われていた点で、基本的に子供部屋のボーギー*である。

文献20、159、181

⇨　ファーザー・フラグ、鞭打ちじいさん

クロコッタ
CROCOTTA, CROCOTE, CROCOTTE, CROCUTA

　中世ヨーロッパの伝説や民間伝承に登場する怪物*、コロコッタ*の別名。

文献7、10、18

クロノス
KRONOS, CRONUS, CRONOS, CHRONOS, CHRONUS

　ギリシア・ローマ神話のティタン*として知られる巨人*のひとり。ウラノス*とガイア*の子。ティタンのうちで最も若かったが、父に対して反乱を起こした。というのも、父ウラノスが、先に生まれた子供たちに、ガイアの胎内か、別伝によっては冥府タルタロスにとどまることを強いていたからである。クロノスはガイアと共謀して鎌を持ち、父を去勢した。その時に流れた血から生まれたのが、ヘカトンケイレス*として知られる巨人とエリーニュエス*/フリアイ*とアプロディテであった。クロノスは同胞のティタンを解放するが、ウラノスの予言によれば、クロノス自身も子供のひとりによって打倒される運命にあった。クロノスの妻である女ティタンのレア*は未来のオリュンポスの神々を産むが、ウラノスの言葉を覚えていたクロノスは、子供たちを生まれるそばから次々に飲み込んだ。そこで、最後の子供が生まれると、レアはその子ゼウスを隠し、彼の父に産着で包んだ岩を渡して飲み込ませた。ゼウスが父に対抗できるほど成長すると、レアはクロノスにすべての子供たちを吐き出させ、彼らをゼウスが率いて、父やティタンと10年間、戦いを交えた。この戦いで、ゼウスたちは最終的にクロノスを破り、ほかのティタンとともにタルタロスに幽閉した。

　クロノスの名は、誤って同音異義語のchronos（「時間」を意味するギリシア語）と結びつけられた。その結果、歳月を経て、クロノスは「時間」と同義となり、のちには時代と結びついた小さな精、「オールド・ファーザー・タイム」としても知られるようになった。

文献20、24、47、54、61、78、94、125、135、138、165、168、173、177、181

クロム・クリム・ホムナイル
CROM CRUMH CHOMNAILL

　アイルランドで語り継がれ、信じられていた巨大な人間型の怪物*。この巨大な生物は大きな口から火の玉を吐き出した。そして、巨大な足で人の住む土地を闊歩し、恐怖と破壊をもたらした。だが最後にはアイルランドの聖者マクリッドがうまくこの怪物を川のなかに誘い、堰に罠にかけた。そこで聖者のローブに触れたとたんに、邪悪なクロム・クリム・ホムナイルは即死した。

文献7

グロン
GULON

　スウェーデンの伝承に登場する怪物*で、

北部スウェーデンではイエルフ*とも呼ばれる。旅行家オラウス・マグナスが1555年に残した記述によると、毛皮に覆われたその体はライオンとハイエナの中間のように見え、狐の尾と大きな鉤爪を持っているという。北の雪原に棲み、死肉を食べて生きている。見境なく何でもむさぼり食い、その腐敗した肉から出たガスで体が膨れている。隣り合わせに立っている2本の木を見つけてはその間に体を押し込み、体内のガスを抜いて次の死肉に食らいつく。毛皮を狙う狩人たちは、グロンが最も無防備になるこの瞬間を狙う。グロンの肉は食用には適さないが、その血をハチミツと混ぜて作る飲み物が結婚式で供される。
文献7、77、89

グワグワクワラヌークシウェイ
GWAGWAKHWALANOOKSIWEY

カナダの先住民クワキウトゥル族の信仰に登場する人食い鳥。ワタリガラスの精の変身した姿で、ホクホクとも呼ばれる。また最北の地の食人鳥と言われるバクバクワカノオクシウエ*が最後に変身するのもグワグワクワラヌークシウェイである。無防備な人間を襲っては長く硬いくちばしで頭蓋骨を割り、両目をえぐりだす。同じように恐ろしいガロクウズウィス*とつがいであり、その偶像はクワキウトゥル族の儀式において重要な役割を果たす。
文献77、89

クン（鯤）
KUN

中国の伝説上の巨大な魚。荘子によれば、体長数kmにも及ぶ巨大な魚で、北冥（北の海）に棲息した。さらに驚くべきことに、この魚は生涯のある時期にはポン（鵬）*と呼ばれる巨大な鳥に姿を変えるのだった。
文献81

クーン・アンヌヴン／クーン・ママウ／クーン・キルフ／クーン・ウィブル
CWN ANNWN, CWN MAMAU, CŴN CYRFF, CŴN WYBR

ウェールズの伝説や伝承に登場する恐ろしい怪物犬。クーン・アンヌヴンは「妖精国（あるいは地獄）の猟犬」を意味するウェールズ語で、クーン・ママイ（「母親の猟犬」の意）、クーン・キルフ（「死体の犬」の意）、クーン・ウィブル（「空の犬」の意）の名でも知られる。この犬は目に見えないこともあるが、姿を現わす時には赤い目と耳を持つ白い猟犬の姿をとる。この犬たちが遠吠えをして地獄に届ける死者の魂を集めている様子が、数か所で聞かれたり目撃されたりしている。クーン・アンヌヴンは洗礼前の赤子か、懺悔していない者を探してさらっていくと言われる。この猟犬群の導き手は伝承によって異なるが、悪魔、黒い顔で灰色の服を着た恐るべき狩りの達人グイン・アップ・ニーズ、伝説の巨人*であるブラン*のいずれかである。
文献7、96、119、159、172
⇨ 悪魔の猟犬群、クー・シー、黒妖犬

クンバカルナ
KUMBHAKARNA, KUMBHA-KARNA

インドのヒンドゥー教神話に登場する巨人*。生まれた時からつねに空腹で、水牛、牝牛、山羊、羊、人間を群れごと一気に平らげ、大量の酒で流し込んだ。しかし、同時に信仰心が厚く、神に生贄を捧げていたので、願いをかなえてもらえることになった。ブラフマーは巨人を騙して、不死ではなく永遠の眠りを願わせた。その結果、1年のほとんどの時間を眠って過ごすようになり、起きている数日間に食物を腹に詰め込んだ。兄の魔神ラーヴァナがラーマに攻撃された時、ラーヴァナはクンバカルナに加勢させるために迎えを送った。しかし、使者たちは彼を起こすために物を投げつけ、食べ物の匂いで気を引かなければならなかった。たらふく食べた後で戦いの場に行くと、ラーマとその兵士たちはすぐに動きの鈍いクンバカルナの巨体を普

クンババ

クーン・アンヌウンとグイン・アップ・ニーズ

通の大きさになるまで削ぎ落とし、最後には首をはねた。
文献112、133

クンババ
KUMBABA
古代メソポタミアの神話に登場する恐ろしい守護霊の巨人*。フンババ*の別名。ヒマラヤ杉の森を守る。もとは自然の神だったとも言われる。後に邪悪な巨人の怪物*に格下げされ、ギルガメシュの敵になった。
文献78、139

クン・マングール
KUN MANGGUR
アボリジニ（オーストラリア先住民）の「夢の時」神話に登場する虹の蛇*の地域名のひとつ。
文献133

グンロズ
GUNNLOD
北欧神話に登場する女巨人*。その父親である巨人*スットゥング*は、小人に殺された父の仇をとろうとした際に、クヴァシルと呼ばれる魔法のミード（蜂蜜酒）を小人から奪い取った。戻ってきたスットゥングは魔法のミードを隠し、娘グンロズに見張りをするよう命じる。だが主神オーディンはミードを取り戻すことを心に決めていた。オーディンはスットゥングの兄弟バウギ*をだまして隠れ家に案内させると、グンロズを誘惑してミードを出させ、すぐさま飲み干してしまった。オーディンは鷲に姿を変えて飛び去り、同じ

く鷲に変身したスットゥングがその後を追った。だが途中でスットゥングの魔法は解け、まっさかさまに地面へ墜落して命を失った。
文献133、139

∽ ケ ∽

ゲー
GE
　ギリシア・ローマ神話に登場する原初の女巨人*であるガイア*の別名。
文献38、47、125、139

ゲイルロズ
GEIRROD, GEIROD
　北欧神話に登場する巨人*。ギャールプとグレイプというふたりの娘を持つ。トリックスターのロキが鳥に姿を変え飛んでいるところを捕らえたゲイルロズは、ロキを鳥かごに閉じ込め、正体を白状するまで食べ物を与えなかった。ゲイルロズは雷神トールを丸腰で自分のもとに寄越すようロキに約束させた。ハンマーや手袋、力帯を持たない丸腰のトールなら自分にも殺すことができ、フルングニル*の仇が討てるだろうと考えたのである。だがロキがトールをゲイルロズのもとへ連れて行く道中、彼らは女巨人*のグリーズ*と出会う。グリーズはトールに自分の鉄の手袋や折れない杖、巻くと力の出る帯を貸し与えた。ロキとトールが川を渡ろうとすると突然洪水が起こり、ふたりは飲み込まれそうになった。ゲイルロズの娘、ギャールプが川のなかに立ち、自らの経血でふたりを溺れさせようとしていることにトールは気づく。トールは大きな岩を投げてギャールプの経血の流れを断ち切り、川を渡ることができた。ゲイルロズの館に到着したふたりには、寝床として鉄の小屋が用意されていた。トールが椅子に座っていると、突然椅子が下から押し上げられ、頭上には天井が迫ってきた。すんでのところでトールはグリーズに借りた折れない杖を床と天井のあいだに差し入れてつっかい棒にし、難を逃れた。そこに何かが折れるような音が響き渡り、突然床が落下した。トールを殺そうと床を押し上げていたゲイルロズのふたりの娘たちの背骨が折れ、死んでしまったのである。翌日、ゲイルロズは白熱した鉄球を炎のなかから取り出すとトールめがけて投げつけた。だがトールはグリーズの鉄の手袋でそれを受け止めて投げ返した。館の支柱を貫通した鉄球は、ゲイルロズの腹に命中した。館はゲイルロズの死体の上に崩れ落ち、生き残ったゲイルロズの召使たちはトールによって皆殺しにされた。
文献133、139、166

ケイロン
CHEIRON, CHIRON
　ギリシア・ローマ神話に登場するケンタウロス*のひとり。ケイロンという名はケイル（手）に由来するという説もある。彼はティタン*のクロノス*が（種馬の姿に変身して）ピリュラー（オケアノス*の娘）と交わった時にできた子で、馬の強靭な体と足に人間の胴と頭を持っていたと言われる。このケンタウロスは芸術、医術、法律、予言の各能力がきわめて優れていた。そのため、アスクレピオス、アキレウス、イアソン、メレアグロス、ネストル、ペレウス、テセウスといった英雄たちの教育係に神々から選ばれた。
　ケイロンはペリオン山の斜面の洞窟に棲んでいた。ペイリトオスの結婚式に続いて起きた騒動で、酔っ払ったケンタウロスから英雄ペレウスを救ったのはケイロンであった。ケイロンは、エリュマントスの猪*狩りに向かう途中の英雄ヘラクレス*を歓待した。ポロス*が客をもてなすためにワインの壺を開けた。だが、その芳香を嗅ぎつけて、粗暴なケンタウロスが押しかけ、まもなく戦いが始まる。混乱のなかでケイロンは足を滑らせ、誤ってヘラクレスの放った矢に当たってしまう。これは死ぬ運命にある者にとっては即死につながる負傷であった。矢にはヒュドラ*の血が塗られていたからである。ところが、

ケンタウロスのケイロン

ケイロンは不死の身だったので、苦しみに絶え続けなければならなかった。プロメテウス*の頼みに応じ、ケイロンは永遠の痛みから解放されるため、神々に不死性を取り除いてもらった。心優しいケイロンは天の星座に変えられた。これがケンタウルス座だと言われるが、射手座という説もある。
文献20、24、61、78、132、138、165、168、177
⇨ レア、サジタリウス

ケインナラ
KEINNARA
キンナラ*の別名。インド、インドネシア、タイの神話に登場する超自然的存在の一群で、ガンダルヴァ*のグループに属する。人間の顔をした鳥の姿など、多様に描かれる。
文献89、120、125、160
⇨ キンプルシャ、チトラタ

ゲウシュ・ウルヴァン
GĒUSH URVAN
ペルシア神話に伝わる巨大な体を持つ聖牛の祖。ゴーシュウルーン*とも呼ばれ、巨大で神聖な体内には、あらゆる動物や植物の種がおさめられている。ゲウシュ・ウルヴァンはミスラ、あるいはアンラ・マンユに命を絶たれるまで、3000年以上ものあいだ草をはみ続けた。その巨体からは一対の牛と282対ものさまざまな動物たちが、またその四肢からは65種類もの草木や穀物が生まれ出たという。
文献24
⇨ アウズフムラ、ユミル

ケオス
CEUS
ギリシア・ローマ神話で、特にティタン*のひとりとして挙げられる巨人*。のちに中世イタリアの作家、ボッカッチョ（1313〜1375）の作品でも、原初の巨人として登場した。
文献173

ケクロプス
KEKROPS, CECROPS
アッティカの王エレクテウスから落ちた精子が大地と結合して生まれたと言われる古代ギリシアの王。父と同様に、ケクロプスも上半身は人間で腰から下は蛇*であった。彼は女神アテナに敬意を表してアテナイの都を創設したと言われる。審判でアテナに味方し、神ポセイドンに不利な証言をしたのである。父の死後、アッティカの王になると、結婚、一夫一婦制、無血供犠、死者の埋葬、文字を書くことなど、数々の革新的な制度を定めた。
文献7、24、89、125
⇨ ニュ・ワー（女媧）、フー・シー（伏羲）

ゲゲネイス
GEGENEIS
ギリシア・ローマ神話に登場する巨人族、ギガンテス*の別名。「大地から生まれた」を意味する。クロノス*がウラノス*を去勢した

ケクロプス

時大地に流れ落ちた血から誕生したことに由来している。
文献24、133、169、178
⇨ ガイア

ケーシ
KESHI

インドのヒンドゥー教神話に登場する巨大な馬の怪物*。ケーシン*とも呼ばれる。その名は「長い髪をした」の意味で、たてがみの長い、非常に邪悪な巨獣。最後にはヴィシュヌ神が自分の腕を口からのどまで押し込んで、窒息死させた。
文献112

ケー・シー
CE SITH

スコットランド伝承に登場する恐るべき怪物犬のゲール語名称。カー・シー*やクー・シー*の名でも知られる。去勢牛か2歳の牝牛ほどの大きさで、全身に深緑色の毛がもじゃもじゃと生えていると言われる。また、大きさが人間の手ほどもある足と、ぐるぐると巻いて、背中に乗せておくほどの長さの尻尾も特徴的だった。ケー・シーは風と同じ速度で走ることができた。大股で疾走する音や獲物となる人間を追い詰めて吠える声が聞かれた。名前の意味は「妖精犬」だが、イングランドの類似の怪物*と同様に、この超自然的な獣も、その生育圏であるスコットランド高地の荒野で出くわした人間に災いをもたらすと言われた。背後にこの獣の声を聞いた旅人は、獲物の死を知らせる合図である3度目の声を聞く前に宿を探すようにと言われた。
文献7、21、159
⇨ 黒妖犬

ケーシン
KESHIN
⇨ ケーシ

ケートー
KETO

ギリシア・ローマ神話の怪物*。海に棲息する醜い怪物で海神ポルキュス*の妻。より一層醜いゴルゴン*たちとその守護者の姉妹たちグライアイ*を産んだ。
文献125

ケートス
KETOS, CETUS

ギリシア・ローマ神話に登場する獰猛で捕食性の海の怪物*。クジラかイルカのような大きく膨れた体に、グレーハウンドのような犬の頭が付いており、尻尾は割れてふたつの巨大な扇子のように広がっている。この怪物は伝承によって、神々の王ゼウス（ユピテル）によって作られたとも、海の神ポセイドン（ネプトゥーヌス）によって、女王カシオペイアの娘アンドロメダを殺すために作られたとも言われる。カシオペイアは娘の美しさを誇りすぎて、女神や海のニンフたちよりも美しいと言った。これが神々の怒りを買い、カシオペイアは娘を岩の突起につなぐことを強いられ、娘がこの怪物に噛まれて死ぬのを待たざるをえなくなる。だが幸運にも、英雄ペルセウスが切り落としたばかりのゴルゴン*のメドゥーサ*の首を持って通りがかり、ケートスを石に変えた。アンドロメダはこう

メドゥーサの首を見せて海の怪物、ケートスを殺すペルセウス

して助けられ、英雄の妻となった。
文献7、10、177

ケフィル＝ドゥール
CEFFYL DŴR, CEFFYLL-DŴR

ウェールズの伝説や民間伝承に登場する超自然的な怪物*。名前の意味は「水棲馬」である。ケフィル＝ドゥールは山中の沼や滝に棲息する邪悪で恐ろしい生物。ウェールズ北部では、光を発して周りを照らす灰色の馬だと言われるが、南部では、ペガソス*のように翼を持つと言われる。また、山羊や美しい若者の姿で現われることも知られている。体は「実体」があるように見える（実際、背にまたがって、命を落とした人間がいるらしい）が、「蒸発」して実体のない靄と化すことがある。美しさで本性を偽るこの生物は、ひとり旅の人間を見ると水のなかから躍り出て、背と肩をつかみ、押しつぶし、蹴り、踏みつけて死に至らせる。勇気ある者がケフィル＝ドゥールを攻撃して殺した場合、馬の死体は見つからず、水に浮くラードのような不定形の物質が塊となって水の上に残る。

文献70、119、128、133、159
⇨ カーヴァル・ウシュタ、グラシュティグ、ケルピー、ネウグル

ゲマゴッグ
GEMMAGOG

フランス古典文学に登場する巨人*。作家フランソワ・ラブレー（1498〜1553頃）の物語集『パンタグリュエル』で知られる巨人パンタグリュエル*の祖先のひとりである。当時の流行最先端だったつま先の尖った靴を「考案」したと言われている。ゲマゴッグという名は聖書に登場する有名なゴグとマゴグ*や、イギリスおよびブルトン語圏に伝わるゴグマゴグ*に由来すると思われる。

文献174
⇨ アップ・ムウシュ、ウルタリー、エティオン、カインの娘たち、ガッパラ、ガルオー、ガルガンチュア、シャルブロット、ノア、ノアの子供たち、ブレイエ、モルガンテ

獣
BEAST

美女と野獣の伝説は、世界中の多くの国に伝わっている。それらは一般的に、醜く恐ろしい獣またはオーグル*が、無垢で美しく疑うことを知らぬ勇敢な若い娘によって、なんらかの方法で助けられたり、世話をされたりする物語である。獣が外部からの危機に脅かされると、ヒロインの情のこもった思いやりが、何らかの方法、ふつうは涙かキスによって示される。そのおかげで魔法の呪文が解け、野獣に姿を変えられていた高貴な血筋のハンサムな若者はもとの姿に戻る。もちろん、ふたりはその後いつまでも幸せに暮らす。

おそらく、最も有名な物語は、ルブランス・ド・ボーモン夫人が再話したフランス版だろう。ここでの獣はライオンに似ている。フランスとスペインの間にあるバスク版では、獣は巨大な蛇*だし、ハンガリーでは巨大なブタ、リトアニアでは白い狼、アルメニアではドラゴン*、また、南部アフリカではヒロインは恐ろしいワニの流す涙をなめる。他のどんな伝承のモチーフよりも、これは明らかにロマンティックなテーマにおける、逆境を乗り越えた勝利を示している。

映画『キング・コング』（1933）は、モチーフに風変わりな現代的ひねりを加えているが、扱っているテーマは同じである。しかし、「獣」が巨大な猿であるため、変身することはできず、退治されてしまう。

文献138、181
⇨ オーグル、オズ・マヌーク、怪物、キングコング、緑の蛇、リケ・ア・ラ・ウープ、リノセロス、ローズリー・レディ

ケライノ
KELAINO, CELAENO

ギリシア・ローマ神話に登場するハルピュイア*のひとり。ケライノは「黒」と訳せるが、これは彼女の体の色というよりは、彼女の本性を表わしている。神ポセイドンとの交わりでふたりの息子を生んだのは、ケライノが姉妹たちとともに恐ろしいハルピュイアに

変えられる以前のことに違いない。この息子たちはふたりとも有名である。エウリュピュロスはトロイア戦争で名を上げ、のちにイアソン率いるアルゴ船隊員となった。リュコスのほうは幸福の島の王となった。ふたりとも母親の恐ろしい性質も姿も受け継がなかったらしい。
文献138、177
⇨ 怪物

ケラッハ・ヴェール
CAILLEACH BHEUR

「青いハッグ（妖婆）」の意味の名を持つケラッハ・ヴェールはスコットランド高地の伝承や伝説に登場する女巨人*である。英語風のカリー・ベリー（Cally Berry）の名でも知られる。巨大で醜く青い顔をしたハッグで、格子縞の肩掛けをしており、槌か頑丈な杖を手にしている。ケラッハ・ヴェールは野生の鹿、猪、山羊、牛、狼の守護者であり、ハリエニシダとモチノキは彼女の植物である。また、スコットランド高地の川と泉の守護者でもある。ハロウィーン（10月31日、ケルトのサウィン祭）からベルティネ祭の夜（ケルトの旧暦のメーデーの夜）までの期間、彼女は冬の化身となり、杖で地を打ち固めて新芽が出るのを防ぎ、雪を降らす。この役を務めるあいだ、彼女はケルトの冬の小さな太陽グリアナンの娘として、醜いハッグの姿でいる。彼女が暮らすベンネヴィス山のふもとの洞穴では、彼女に捕われた「夏の乙女」が苦難に耐えている。だが、聖ブリギッドの祝日（2月1日）になると、ケラッハ・ヴェールの情け深い息子のひとりが乙女を救出する。これが引き金となって、ケラッハは「夏」を抹殺すべく Faoiltach（狼の嵐）を解き放つ。ベルティネ祭（メーデー）と春が再び巡ってくると、ケラッハ・ヴェールは杖をモチノキかハリエニシダの下に捨てる。そこにはほかのどんな植物も育たない。そして次のハロウィーンまで彼女は、美しい乙女や海蛇*や陸蛇*に変身している。

ケラッハ・ヴェールとふたりの息子には地形を変えた責任がある。カリアッハ・ヴェーラ*と同様に、運んでいる石が箱の穴からこぼれ落ちた時に、地勢を（この場合にはヘブリディーズ諸島を）作ったのである。泉の守護者であるが、ある時ベンクルーカン山の泉の見張りを忘れていて、そのせいで意図せずオー湖を作った。彼女のふたりの息子は絶えず争っていて、インヴァネスシアを挟んで石を投げ合っている。ストラスクライド県（かつてのアーガイルシャー）のコロンセイでは、彼女はカリアッハ・ウラガイグ*の名で知られている。
文献7、21、24、25、45、96、128、159、169
⇨ ババ・ヤガ

ゲリとフレキ
GERI AND FREKI

北欧神話に登場する2匹の巨大な狼あるいは狼狩り用の大型猟犬。ゲリは「略奪者」、フレキは「大食漢」をそれぞれ意味し、アース神族の王、オーディンに猟犬として仕えた。
文献7

ゲリュオン
GERYON

ギリシア・ローマ神話に登場する巨大な怪物*。人間に似たこの怪物は3つの胴体と3つの頭、6本の腕を持つが、下半身はひとつしかない。クリューサーオール*とカリロエのあいだに生まれた息子。一説によれば現在のイベリア半島のエピルスを支配していたと言われているが、エリュテイア、ガデスの支配者だったという説もある。ゲリュオンの一番の楽しみは牛を飼うことで、巨人*エウリュティオーン*とその怪犬オルトロス*が巨大な赤毛牛の大群を日夜守っていた。英雄ヘラクレスに課せられた12の難業の10番目は、エウリュティオーンとオルトロスを殺してゲリュオンの牛群を奪うことであった。
文献7、20、24、133、139、166、169、183

ゲリュオンの怪犬たち
GERYON'S DOGS
　ギリシア・ローマ神話に登場する巨人*ゲリュオン*の飼う怪犬たちで、ガルギッティオスとオルトロス*と呼ばれている。特に凶暴なのは双頭のオルトロスである。2匹は巨人エウリュティオーン*とともに、後にヘラクレスに奪われることになる赤毛牛の大群を守っていた。牛たちの守護者であったこの怪犬たちと巨人エウリュティオーンは、牛を奪いにきたヘラクレスとの戦いで殺された。

文献20、24、144、183

ゲリュオンの牛群
OXEN OF GERYON
　ギリシア・ローマ神話に登場する怪物的な牛群。3つの胴体を持ち、イベリア半島のエリュテイアで大きな群れをなしていた。日夜、巨人*のエウリュティオーン*とその巨大な番犬オルトス*に守られていたが、英雄ヘラクレスが12の難行のひとつとして巨人と犬を殺し、牛群を手に入れた。

文献7

ケリュネイア山の鹿
HIND OF MOUNT CERYNEIA
　ギリシア・ローマ神話に登場するケリュネイアの鹿*（またはアルカディアの鹿）の別名。英雄ヘラクレスに課された12の難業の三番目はこの牝鹿を生け捕りにすることだった。

文献78

ケリュネイアの鹿
CERYNEAN HIND, CERYNEIAN HIND
　ギリシア・ローマ神話に登場する神秘的な牝鹿。アルカディアの鹿と呼ばれることもある。真鍮のひづめと純金の角を持つ不死の鹿と言われた。ケリュネイア山の山腹に棲息し、敏捷すぎて捕まえることができなかった。そのため、女神アルテミス（ディアナ）の聖獣とみなされていた。エウリュステウスが英雄ヘラクレス*に課した仕事のひとつがこの鹿を捕まえることだった。英雄はこの仕事を、ペロポネソス半島（当時知られていた世界のほぼ全域）の端から端まで執拗に鹿を追い続けることによって成し遂げた。鹿は1年後についにラドン川の土手で、疲れ果てて立ち止まったのである。英雄は鹿をエウリュステウスのもとへ連れていったあとで、再び自由にしてやった。

文献24、78、138

ゲルガシ ［複数：ゲルガシス］
GERGASI (sing.), GERGASIS (pl.)
　インドネシア諸島の伝説や民間伝承に登場する巨人*。人食い巨人で、自分の領地に迷い込んだ人間はひとり残らず追い詰めて殺し、むさぼり食ってしまう。並外れた力の持ち主で、捕まったが最後、決して逃げることはできない。ゲルガシは人間たちを殺し敵を倒す力の槍を持っていたが、ひとりの英雄がこの槍を盗み出すことに成功した。

文献113

⇨　カンニバル（食人種）、ブンギスンギス

ケルケス
KERKES
　トルコ神話の想像上の鳥で、フェニックス*やエジプト神話のベンヌ*と同類。

文献89

ケルコープスたち（ケルコーペス）
KERKOPES, CERCOPES
　ギリシア・ローマ神話に登場する猿のような邪悪な野盗のふたり兄弟で、リュディアやエフェソス（現在のトルコ）周辺の荒野に棲んでいた。ぞっとするほど醜く、なわばりに迷い込んだ旅人や連れのない人間を強奪した。ケルコープスたちの悪評を聞いた英雄ヘラクレス*は、これらを退治し、神ゼウス／ユピテルに引き渡した。その後ケルコープスたちはおしゃべりな猿に変えられて、「猿の島々」を意味するピテークーサという島々に追放された。

文献12、138、177

ゲルジス
GERJIS
　西マレーシアの伝説や民間伝承に登場する残忍な怪物*。虎に似た巨大な獣の姿をしており、すべての生物に襲いかかる。この巨大な怪物から身を守る術はなく、その土地を侵したが最後、人間であれ動物であれ、生きてそこから出ることはできない。ジャングルの動物たちは絶滅寸前に追い込まれ、生き残った動物たちは寄り集まって今後どうしたものか相談した。ゲルジスの息の根を止めるには罠にはめるしかない。そこで動物たちは落とし穴を掘り、マメジカのカンチルがゲルジスをおびき出すことになった。カンチルは、もうすぐ空が落ちてくるので特別な避難壕に案内すると言ってゲルジスを言葉巧みに誘い出した。計画通りゲルジスが落とし穴に飛び込むと、カンチルは上から土をかぶせて穴を埋めてしまい、象がその上に一本の木を倒してゲルジスの頭蓋骨を砕いた。

文献113

ゲルズ
GERD（R）
　北欧神話に登場する女巨人*。霜の巨人族であるアングルボザ*とギュミル*の娘。ゲルダ*、ゲルダール*とも呼ばれる。色白で美しく、フレイ神をはじめとする数多くの求愛者を魅了した。ゲルズをどうしてもわがものにしたいと願ったフレイは召使のスキールニルを呼び、ゲルズの説得に成功すれば魔法の剣を与えると約束した。最初は優しい口説き文句でゲルズを説得しようとしたスキールニルだったが、うまくいかなかったため呪文を唱えて無理矢理フレイとの結婚を承知させた。

文献20、24、61、139
⇨　霜の巨人、巨人、ヨーツン

ゲルダ
GERDA
⇨　ゲルズ

ゲルダール
GERDAR
⇨　ゲルズ

ゲルデグゥセッツ
GELDEGWSETS
　米国オレゴン西部の先住民、クース族の伝承に登場する巨人族。

文献77
⇨　巨人

ケルテス
CELTES
　バビロニアの祭司、ベロッソス（前3世紀）の作品に登場する巨人*。ベロッソスは『バビロニア史』を著わしたが、そのなかに、英雄リビアのヘラクレス*の話がある。英雄は小アジアの巨人を倒したあと、今度は船でイタリアに渡り、そこの土地を制圧していた横暴な巨人を同じように退治した。ベロッソスはさらに、この英雄と、巨人ケルテスの娘である女巨人*のガラテイア*とのロマンスと、その結晶として生まれたガラテス*についても書いている。中世にジャン・ルメール・ド・ベルジュがブルボン公爵のために書いた擬似歴史書では、堂々たる体躯の由緒正しさを裏づけるため、巨人の一族がシャルルマーニュ*の系譜に入れられている。

文献173

ケルピー
KELPY, KELPIE
　スコットランドの伝承に登場する恐ろしく邪悪で超自然的な水棲の怪物*。ぼろ服を着た粗野な老人やハンサムな青年の姿になることもできるが、ふつうはぎらぎらした目と絹のような毛並を持つ、黒か灰色の馬の姿をとる。いつも毛に緑色のイグサが付いているので、それと分かる。湖畔や川の浅瀬、船着き場などに出没した。ケルピーの姿を見ると溺れるので、水難の前兆とされる。人間の姿をしている時は、馬に乗る者の後ろに飛び乗り、恐怖にかられる犠牲者を押しつぶして殺して

ケルピーは黒か灰色の馬の姿をしていることが多い。目がぎらぎら光り、絹のような
毛づやをしている。

しまう。若い女性の前には怪しまれることなく恋人として現われ、最終的には水中に誘い込んでむさぼり食った。また、つやつやした毛並みの馬の姿になって、湖畔で迷子になった子供や不用心な若者をそそのかして自分の背中に乗せることもあり、そのまま水中に駆け込み、背中の人間を引きずり込んで内臓以外すべて食いつくした。食べ残された内臓は水面に浮かび上がった。ケルピーの頭に馬勒を取り付けた者は、ケルピーをふつうの馬のように動かすことができたと言われている。また、ケルピーは夜間に水車小屋の水車を回し続けることでも知られていたが、同時に水車を壊す力もあった。伝説によれば、モーフィーの領主がケルピーに馬勒を取り付け、城を築くための石を運ばせた。城が完成すると、自由になったケルピーは領主に呪いをかけ、その城を決して好きになれないようにした。その呪文は以来、モーフィーのグレアム家代々につきまとった。

文献10、12、16、20、21、24、25、37、78、89、120、124、128、134、160、170

⇨　アッハ・イーシュカ、カーヴァル・ウシュタ、シュバル・バヤール、ネウグル、ネッケン、ベッカヘスト

ケルフェ
CHERUFE

アルゼンチンとチリのアラウコ族の伝説と民間信仰に登場する怪物*。ケルフェはそびえたつアンデス山脈の火山に棲むと言われる。なわばりに迷い込んだ騙されやすい人間、特に少女を餌食にする。

文献125

ケルベロス
KERBEROS, CERBERUS

ギリシア・ローマ神話に登場する怪物犬。ケルベロスは頭が3つある巨大な犬で、それぞれの首にはたてがみではなく、のたうつ無数の蛇が生えていた。伝承によって頭の数は50と言われることもあれば、数本の尻尾に付いた蛇の頭と合わせて100と言われることもある。ケルベロスは恐ろしいエキドナ*とテュポン*の子である。冥界の入口において、望まれない者の侵入や、冥界の住人の脱出を防いでいた。だが、ケルベロスの前を通過することを試みた者もいる。たとえばアイネイアスは巫女に導かれ、秘薬と蜂蜜で作った眠り団子でこの犬をなだめた〔『アイネイス』6.419—20〕。また、オルペウスは、竪琴を奏でてこの犬を眠らせた。しかし、最高に劇的だったのは、英雄ヘラクレス*との遭遇である。王エウリュステウスがヘラクレスに課した12番めにして最後の仕事は、ケルベロスを地上の世界へ連れてくることだった。英雄が冥界の門をうまく通過し、犬の喉元をしっかりとつかんでそのまま放さずにいると、犬は窒息しかけてふらふらになった。英雄は怪物犬がじっとしているうちに鎖をかけて縛り上げ、カロンの舟で生者の世界へ連れ戻した。ところが、ケルベロスは太陽の光を感じたとたんに意識を取り戻し、猛り狂って鎖にでも何にでも辺り構わず体当りしはじめる。英雄は犬を王宮の広間に引きずりこんでから鎖を解いた。恐れをなした王が柱の陰に隠れていると、ケルベロスは全速力でハデスのもとへ舞い戻った。

文献7、18、20、61、63、78、89、132、138、148、165、168、177

⇨　怪物、ガルム、黒妖犬、サーラメーヤ

ケルベロスを捕らえるヘラクレス

ケレ
KERE

チベットの伝説と文学伝承に登場する一角獣*。非常に攻撃的であると言われている。

文献81

ケレル
KELERU

オーストラリアのキンバリー地域に住む先住民の「夢の時」神話に登場する巨大な虹の蛇*。

文献125、166
⇨　ユルング

ケワナンボ
KEWANAMBO

パプアニューギニア西部の伝説と民間信仰に登場するオーグル*。悪意に満ちた人食いオーグルで、心優しい女の姿を装って小さな子供たちを騙し、さらって食べる。

文献113
⇨　カンニバル（食人種）

ケンタウロス
KENTAUROS, CENTAUR

ギリシア・ローマ神話に描かれ、のちに旅行者の話や中世ヨーロッパの動物寓話集のなかで発展した混成動物。ケンタウロスは馬の胴体と後半身を持ちながら人間の頭と胴を持つ。この生物の誕生についてはさまざまな説があり、神々の女王ヘラ／ユノとイクシオンとが交わって生まれたとも、アポロンの息子ケンタウロスとマグネシアの牝馬スティビアとが交わって生まれたとも言われた。また、棲息場所については、テッサリアのエリュマントスの山かクリュオンの田園であると言われた。ケンタウロスは総じて親切で優しく、公正で寛大で賢い。だがいっぽうで、俗悪でけんか好き、酒に弱く悪酔いして暴れるなどの欠点もあり、それが災いしてさまざまな場面で破滅を招いている。

名高いケンタウロスにポロス*がいる。また、ケイロン*もいる。ケイロンは博識で聡明であり、ことに芸術と医術に秀でていたので、イアソンやテセウスなどの英雄たちの教育係に神々から選ばれた。ケイロンが事故で死ぬと、神々の王ゼウス／ユピテルは、彼を射手座として天に据えた。しかしネッソス*やエウリュトス*のようにけんか好きで粗暴なケンタウロスもいる。後者はペイリトオスの結婚式の席でラピテス族との戦いを引き起こし、結果として大勢を死に至らせた。

ケンタウロスには、アポタルニ*、ヒッポケンタウロス*、イクテュオケンタウロス*、イポポデス*、モノケンタウロス*、オノケンタウロス*など、さまざまな種類と名前が伝えられている。

中世にはケンタウロスの絵が、教会や修道院の家具や動物寓話集によく描かれた。それらは人間キリストの苦悩と彼の裏切りに対する復讐の象徴と考えられた。そして弓を射る姿で描かれる時には、飛ぶ矢は魂の飛翔を表わすと言われた。しかし、ケンタウロスは人間の二面性を、つまり、人間の行動には気高い側面と獣のような側面とがあることを象徴していたという説もある。後者の意味の込められた絵には、たいてい傍らにセイレーン*かマーメイド*が描かれていた。

今日もケンタウロスは、ヨーロッパの紋章の図案としてよく使われている。

文献5、7、10、18、20、24、61、63、78、89、91、125、132、138、165、167、168、185
⇨　ガンダルヴァ、キンナラ、キンプルシャ、サジタリウス、サテュロス、シレノス族

ケンタウロトリトン
CENTAURO-TRITON

ギリシア・ローマ神話に登場する混成動物。ケンタウロス*に似ているが、イルカの背びれと尻びれがあると言われる。イクテュオケンタウロス*と異なり、鱗はない。

文献91、168、177
⇨　トリトン

ケンティマネス
CENTIMANES

　ギリシア・ローマ神話に登場する百手の巨人*のラテン語名。ギリシアではヘカトンケイレス*の名で知られる。この巨大で恐ろしい人型の生物にはブリアレオース*、コットス*、ギュゲス*の3人がいた。3人のそれぞれが50の顔と100の手を持つので、ケンティマネスという「百手」を意味する文字通りの名がついた。この巨人*は、巨人とオリュンポスの神々との戦いに参加した。

文献78、138

∞ コ ∞

ゴアイァ・ヘッダー
GOAYR HEDDAGH

　イギリス諸島のマン島の民間伝承に登場する怪物*。恐ろしげで巨大な山羊の姿をしており、人気のない夜道を行く旅人を脅かす。

文献128

⇨　ガボーチェンド、グラシュティグ、黒妖犬、ボカナーフ

コイオス
KOIOS, COEUS

　ギリシア・ローマ神話に登場する巨人*。名前は「知的な」を意味する。コイオスはガイア*とウラノス*の息子でありティタン*のひとりである。ティタンは自分たちが戦った相手であるオリュンポスの神々の祖先である。コイオスの娘であるレートーはオリュンポスの神アポロンと女神アルテミスの母である。

文献165、177

コイラクーンラセッド
KOERAKOONLASED

　エストリア、ラトヴィア、リトアニアの一部の伝説と伝承に登場する人型の怪物*。コイラクーンラセッドは縦半分が人間で、もう半分が犬だが、額の中央に目がひとつだけあるとされている。ギリシアのキュノケパロス*のように、人間の体に犬の頭を持つ姿に描かれることもある。はるか北方の氷原に棲み、そこから人間の集落を襲いにきた。非常に邪悪なカンニバル（食人種）*で、獲物の人間を連れ帰って家畜にし、太らせてから食べた。

文献24

コイン・イオタイル
COINN IOTAIR

　アイルランドの伝説と伝承に登場する巨大で恐ろしい猟犬の群れ。コイン・イオタイルは「怒れる猟犬たち」を意味するアイルランドのゲール語である。この猟犬群はキリスト教伝来以前のケルトの偉大な伝説のリーダー、クロム・ドーに飼われていた。この犬たちは、人間を含むほかの動物を破滅に導くと言われた。

文献128

⇨　サイジェ・スアライジェ

コインヘン
COINCHENN, COINCHEND

　アイルランドの伝説と伝承に登場する人間の女の姿をした恐ろしい生物。コインヘンの名前の意味は「犬の頭」であり、ケンファタ（Cennfhata）の名でも知られていた。彼女は女性の体を持つが、頭は犬だと言われる。彼女の話は『コンの息子アルトの冒険（Echtrae Airt meric Cuinn）』に出てくる。彼女は美しいデルブハエムの母であり、モルガン*の妻である。娘が求婚されたあかつきには自分が死ぬと予言されたこの犬の頭を持つ怪物女は、娘に会いにくる若者の首を残らず切り落とした。まもなく彼女たちの城の周りを囲むように青銅の杭が打ち込まれ、杭の上には過去の求婚者たちの頭蓋骨が並べられて、誰も寄りつけなくなった。しかし、英雄アルトはコインヘンを倒し、彼女を殺してその頭蓋骨を青銅の杭の上に他の頭蓋骨と並べて掲げた。

文献128

⇨　キュノケパロス（犬頭人）

敖欽
<small>ごうきん</small>
⇨ アオ・チン

敖広
<small>ごうこう</small>
⇨ アオ・グアン

敖順
<small>ごうじゅん</small>
⇨ アオ・シュン

敖閏
<small>ごうじゅん</small>
⇨ アオ・ルン

ゴ・エ・マゴ
GOS ET MAGOS

　フランスの古典文学に登場する巨人*。ゴとマゴというふたり分の名前を持つが、フランソワ・ラブレー（1498~1553頃）の物語集『ガルガンチュワ』と『パンタグリュエル』ではゲマゴッグ*というひとりとして描かれている。これはゴグとマゴグ*をフランス語に言い換えたものである。ゴグとマゴグは聖書に登場する巨人と混同されてゴグマゴグと呼ばれるようになり、さらにジェフリー・オヴ・モンマス（1100~1154）の著書『ブリテン列王史』（1147頃）にはゴーマゴット*として登場した。ラブレーはジェフリー・オヴ・モンマスの作品を意識していたと思われ、ゴ・エ・マゴがアーサー王の宮殿でフランスの巨人ガルガンチュア*によって断崖のてっぺんから投げ落とされて命を失うという部分は『ブリテン列王史』とほぼ同じである。

<small>文献77</small>

コカ
COCA

　スペインの伝説や民間伝承のなかでは巨大で捕食性の恐ろしい雌の火吹きドラゴン*だが、今ではスペインの祭りの人形となってパレードで運ばれている。コカの起源はおそらくフランス南西部のタルスク*である。

<small>文献181</small>
⇨ 怪物、タラスカ、町の巨人

コカトリス
COCKATRICE

　中世ヨーロッパの伝説や民間伝承に登場する想像上の混成怪物。初めはバシリスク*だったが、14世紀になってイギリスの作家であり外交官であったジェフリー・チョーサー（1345~1400）が、『カンタベリー物語』の「教区司祭の話」のなかで、バシリコック（Basilicok）と呼んだ。この名の影響で、この生物はのちにコカトリスという生物に発展し、（後の時代のアイトワラス*と同様に）7歳の雄鶏が生んだ卵をヒキガエルが9年間温めて生まれたという民話の設定が誕生した。それまでは蛇*とされていたのが、その時から、雄鶏の頭と首と足、蛇*の尻尾、雄鶏の頭部に人の顔、ドラゴン*の黄色い体と翼を持つ生物となったのである。さらには、アンフィスバエナ*のように、尻尾の先に頭が付いていると言われることさえあった。

　殺傷能力も増し、人に槍で突かれそうになると、自分の毒を槍伝いに這い上がらせて人を殺すことができた。また、木になっている果物を離れた場所から腐らせて落とすことや、自分が飲んだ水場の水を、その後何世紀にもわたって毒が消えないほど汚染することもできた。ウィリアム・シェークスピア（1554~1616）は、『十二夜』のなかで以下のようにコカトリスの殺人力に言及している「お互いに顔を見ただけでコカトリスみたいに相手を殺してしまう」（第3幕第4場）。

　この時代の旅行者はコカトリスが北アフリカの砂漠にはびこっているといって恐れ、この生物の毒を消すことができる唯一の生物は雄鶏であると考えて、雄鶏を大切に飼った。この怪物に襲われると即死すると噂されていたので、同じ名前がチューダー王朝時代には巨大な真鍮の大砲に、もっと後には、アルメニアの毒トカゲに付けられた。今日、この生物は仲間のバシリスクと同様に、ヨーロッパの紋章の図案としてよく使われている。

<small>文献5、20、61、63、78、89、133</small>
⇨ アムフィシーン、怪物、ワイヴァーン

ゴグ
GOG

旧約聖書や新約聖書黙示録に登場する巨人*。旧約聖書のエゼキエル書（38，39章）によれば、ゴグはマゴグと呼ばれる場所で生まれたという。マゴグという名の巨人も後に生まれ、黙示録（20・8）においては悪魔や反キリスト勢力の手下であるとされている。後年の伝説や伝承にもゴグが描かれているが、聖書から生まれた存在であることは間違いないものの、その行ないは聖書に登場するゴグとは異なっている。

文献24、61、166、174

⇨　ゲマゴッグ、ゴグとマゴグ、ゴグマゴグ

コグクプク
KOGUKHPUK

アラスカのベーリング海沿岸に住むイヌイットの伝説と伝承に登場する怪物*。地中に棲息する巨大な生物で、地表に出ることなく穴を掘り進めて食物を探すことを強いられているが、地下にいるより大きな理由は日の光を浴びると死んでしまうためである。真冬に一夜だけ、暗闇のなかに姿を現わす。地表に長くとどまりすぎて太陽の光のために死んでしまったものは、今では白く色あせた巨大な骨になっている。これがこの地方で発見されたマンモスの骨の説明になっている。

文献77

ゴグとマゴグ
GOG AND MAGOG

イギリスの伝説や伝承に登場するふたりの巨人*。ローマン・ブリテンを支配していた皇帝ディオクレティアヌスの邪悪な娘たちから生まれた巨人族の一員。トロイア戦争のあと、ブルートゥス率いるトロイア兵たちがゴグとマゴグを捕らえて鎖でつないだという説や、ロンドン宮廷の運搬人として働かせたという説がある。他説によれば、ギリシアを制したアレクサンドロス大王（356～323）に捕らわれて、青銅と鉄でできた重い扉の向こうに閉じ込められた巨人族の最後の生き残りがゴグとマゴグであるという。だがアーサー王伝説の時代にゴグとマゴグは脱走し、王宮を襲撃する。フランスにおいてはゴ・エ・マゴとして知られ、フランスの巨人ガルガンチュアに倒された後にロンドン宮廷の門に鎖でつながれたとされている。それ以来ロンドン宮廷（現在のロンドン市庁舎）には、守護者であるゴグとマゴグの彫像が入り口の門に置かれている。その記録はヘンリー5世（1387～1422）の時代にまでさかのぼるが、これらの彫像は1666年のロンドン大火で焼失してしまった。その後、彫刻家リチャード・ソーンダーズ（1708）の手になる木彫りの像が置かれたが、これもまた第二次世界大戦時の大空襲（1940）によって破壊されてしまった。現在置かれているのは、1953年にエリザベス2世の戴冠式のために作られたものである。

文献13、20、24、47、54、61、77、78、133、166、174、182

⇨　ガルガンチュア、ゴグ、ゴーマゴット

ゴグマゴグ
GOGMAGOG

イギリスの伝説や民間伝承に登場する巨人*。ゴーマゴット*とも呼ばれる。トロイア戦争のあとブルートゥス率いるトロイア兵たちがイギリスに侵攻したが、その時そこに棲んでいた巨人族のリーダーがゴグマゴグであると言われている。将軍のひとりであったコリネウス*はコーンウォール州でゴグマゴグを打ち負かし、その体を崖から投げ落とした。別の伝説によれば、ゴグマゴグはケンブリッジの外に埋められ、ケンブリッジの石灰岩の山やデボン州プリマスの岩山の頂上にその影像が彫り込まれたという。ゴグマゴグはその名の示す通り聖書に登場するゴグとマゴグがひとつになったものであり、ジェフリー・オヴ・モンマス（1100～1154）の著書『ブリテン列王史』（1147頃）においてはゴーマゴットという名で登場している。古代人たちは山や崖に刻まれた彫像を、港あるいは守護者の目印として利用していたものと思われる。これらの彫像は何百年も前に作られたもので、

古代遺産として定期的に修復されてはいるものの、残念なことにその一部は、はるか昔に失われてしまっている。

文献13、20、47、54、61、78、133、166、174

⇨ ゲマゴッグ、ゴグ、ゴグとマゴグ、ワンドルベリー・ジャイアンツ

黒妖犬
BLACK DOGS

　イギリスの南部および東部の州のほぼ全域とスコットランドの一部にも伝わる、恐ろしい存在。他の地域でも、さまざまな名のもとに姿を現わしている。大きな輝く燃えるような目をした巨大な毛むくじゃらの黒犬（子牛ほどの大きさがあると言われる）の場合もある。邪悪な場合もあれば、非常に善良な場合もある。ブラック・ハウンズとも呼ばれ、ひと気のない道や古くからある道、十字路、橋、戸口といった、人間生活の移動に関わる場で遭遇するのが一般的である。そっとしておけば温和なのがふつうで、ドーセットのライム・リージスのように古代の財宝を守っていたり、サマセットのワムバロウズの古代の埋葬塚のような聖地を守っていたりする。

　もし何らかの方法で誰かが攻撃したり束縛しようとしたりすると、黒妖犬は恐ろしい力を発揮し、ひどい傷を負わせたり、麻痺させたり、死を招いたりする。そうして生き残った者の前で消えうせる。単に目撃するだけでも１年以内に死ぬ前兆と考えられるが、サマセットのウィーカムのようなイングランドの一部の地方では、道に迷った旅人や自分たちだけで旅するおびえた少女たちの前に黒妖犬が現われ、彼らを家まで安全に送り届けたという例がよく知られている。

　最も有名なエピソードは、バンギーの黒妖犬の物語である。エイブラハム・フレミング（1607没）の報告によれば、この黒妖犬は1577年８月４日の日曜日にノリッジ近くのバンギーの教会の参列者を恐怖に陥れたり殺したりしたという。（1600年に出版された『ストウの年代記』にも同じ事件が報告されているが、犬には言及していない）ダートムアには数多くの物語（そのなかには白い「黒」妖犬の話もある）が残っており、それがアーサー・コナン・ドイル卿の有名な『バスカーヴィル家の犬』にインスピレーションを与えた。他にもデヴォンのオークハンプトン城、ロンドンのニューゲート、ノーフォークのクローマー、デヴォン北部のトリントン、ハートフォードシャーのトリングに、有名な黒妖犬の伝説が見られる。事実、イギリスでは過去400年にわたって、何百件もの目撃例が記録されているし、ブルターニュ（フランス）、デンマークその他の北欧でも目撃されている。比較的最近では、ハンプシャーのひと気のない暗い道で、パトカーが不可解としか言いようのない衝突事故を起こしたという話を著者は聞いている。これはその地方の超自然的な黒妖犬の出現が原因とされた。

　ケルトの伝説が残る他の国々には、スコットランドのクー・シー*、ウェールズのグウィルギ*、マン島のモーザ・ドゥーグ*、アイルランドのコイン・イオタイル*とサイジェ・スアライジェ*、フランス北西部ブルターニュのキドゥー*やヨウディクの犬*など、イングランドの黒妖犬によく似た怪物*がいる。

文献7、21、24、27、101、128、133、159、182

⇨　ガイトラッシュ、キドゥー、スクライカー、トラッシュ、バーゲスト、パッドフット、ブラック・シャック、ロンジュール・ドス

黒龍アンカラゴン
ANCALAGON THE BLACK

　イギリスの学者、作家のＪ・Ｒ・Ｒ・トールキン（1892〜1973）の小説『ホビット』や『指輪物語』に登場するドラゴン*。黒龍アンカラゴンは、太陽の第１紀に邪悪なモルゴスによってアングバンドの地下坑で飼われた火龍のうちの１頭で、怒りの戦いの際の大合戦で殺された。そのとき他の火龍もすべて同様に倒された。

文献51

⇨　ウルローキ、グラウルング、ドラゴン

コケシグルー
COCQCIGRUES, COQUECIGRUES

フランスの伝説や伝承に登場する架空動物または怪物*。コケシグルーは形のはっきりしない生物であるため、à la venue des Coquecigrues（コケシグルーが来る時）という言い回しは、「いつかはっきりしない時」、多くは「存在しない時」を意味する。この有名な言い回しは19世紀に流行した。イギリスの作家チャールズ・キングズリーが1863年に書いた訓話『水の子』の第5章で、彼が創造したキャラクターのビーダンバイアズユーディド夫人（報いのおばさん）にこの言い回しを使わせたからである。

文献20

ココ
COCO

スペインの伝説や伝承に登場する超自然的で恐ろしい巨人*、オーグル*またはボギーマン*。エル・ココは、フランシスコ・デ・ゴヤ・ルシエンテス（1746〜1828）が1795年に製作した連作版画「ロス・カプリチョス（Los Caprichos）」のなかに、親が子供を脅して行儀よくさせるのに使うボギーの一種として描かれている。ココは結局、19世紀にはすでに、子供部屋のボギー*の身分に成り下がっていた。

文献181

高志の八岐の大蛇
EIGHT-FORKED SERPENT OF KOSHI

日本の伝説に登場する恐ろしい多頭蛇。この伝説は、日本人がいかに8という数字を好むかを示す顕著な例である。この「8」は倍数の象徴であるだけでなく、神秘と魔法の象徴でもあると考えられている。高志の八岐の大蛇は巨大な体に8つの頭と尾が付いていたと言われる。どの頭にも燃え立つように赤い目があり、とてつもなく巨大な体の表面には針葉樹や苔が8つの頭のてっぺんまで続いて生えていた。動くたびに8つの谷と8つの峰を作り、そのせいで鱗がすりむけて下腹部は出血していた。7年のあいだ毎年、高志の八岐の大蛇はある家の娘のひとりを餌食として要求した。それに応じなければ村人たち全員が食い尽くされるのである。8年めがやってきて、最後の娘、クシナダヒメ（奇稲田姫）が蛇山で命を投げ出そうとしている時、勇敢な神であるハヤスサノオノミコト（速素戔嗚尊／タケハヤスサノオノミコト建速須佐之男命）が彼女の救出を企てた。彼は囲い地を作り、そこに上に台座のある8つの巨大な門を置いた。それから、どの台座の上にも酒をなみなみと注いだ巨大な桶を置き、高志の八岐の大蛇の8つの頭が現われるのを待った。予想通り、この巨大な爬虫動物は期待の乙女と酒の匂いに吸い寄せられて、8つの門の上の8つの桶に向かってすばやく這ってきた。こうして蛇*は酒に酔い、たちまち深い眠りに落ちた。英雄ができるかぎり速く正確に巨大な8つの頭を首から切り離すと、辺り一帯はこの殺された生物から流れた血であふれかえった。巨大な死骸を調べた英雄は、尾のなかに魔法の剣を見つけた。この剣は現在、熱田神宮に祀られている。偉大な勝利を記念してこの山は八雲山と改名され、英雄スサノオはもちろん、勇敢に救い出したクシナダヒメを妻にした。

文献18
⇨ 出雲の大蛇、ヒュドラ、ファーヴニル

ゴーシュ
GOSH

ペルシア（現在のイラン）に伝わるゾロアスター神話に登場する牡牛あるいは牝牛の始祖。ゴーシュ・ウルーン*、ゴーシュ・ウルヴァン*とも呼ばれる。ゲウシュ・ウルヴァン*という別名が一般的には知られている。この巨大な牛は人間の始祖ガヨマートと同時に作り出され、人間が地上で生き延びるために必要なすべてのものを与える役割を担っていた。ガヨマートとゴーシュは絶対悪の神アーリマンの手によって滅ぼされた。

文献24、139
⇨ アウズフムラ

ゴーシュ・ウルヴァン
GOSH URVAN
⇨ ゴーシュ

ゴーシュ・ウルーン
GOSH URUN
⇨ ゴーシュ

コシュチェイ
KOSHCHEI
　ロシアの文学伝承と民間伝承に登場する怪物*。カシュチェイ*とも呼ばれる。ドラゴン*として描いているものもあるが、たいていはババ・ヤガ*の男性版である。魂が体から離れたところに隠されていることを理由に不死の生物とされる。ほとんどの場合、若く美しい女性（伝承のひとつではワシリーサ・キルビチェヴナと呼ばれる）をさらったことがきっかけで身を滅ぼす。彼女はコシュチェイの魂がどこに隠されているかを知る。英雄（英雄ビュラートであることが多い）が魂を持つ卵を取ってくる任務を与えられ、怪物と対決する。最後には魂の卵がコシュチェイ自身の頭に打ちつけられ、粉々に砕けたため死ぬ。
文献55

コスマトゥシュカ
KOSMATUSHKA
　ロシアの伝説に登場する想像上の壮麗な馬。シヴシュコ*あるいはバルシュカ・マトゥシュカ*とも呼ばれ、ボガチュル（勇士）のイリヤ＝ムーロメツが乗る魔法の駿馬。
文献55

古代蛇
ANCIENT SERPENT
　米国ネヴァダ州の先住民、パイユート族の伝承と信仰に登場する怪物*に与えられた肩書。ピラミッド湖に棲む巨大な水蛇だと言われる。この湖に渦や泡立ちが起こると、パイユート族は古代蛇が次の獲物を探しているのだと怖がって、湖には近づかない。

文献133
⇨ 蛇

ゴーダフロ
GODAPHRO
　米国の特にウィスコンシン州およびミネソタ州の木こりや森林労働者（ならびに後年の詐欺師たち）の伝承に登場するグヤスクトゥス*の別名。
文献7
⇨ フィアサム・クリッター

コックフィッシュ
COCK-FISH
　ヨーロッパの紋章に使われている混成怪物*。雄鶏の胴と体の前部と頭、大きな魚の尻びれを持つ。
文献7

コットス
KOTTOS, COTTUS
　ギリシア・ローマ神話に登場する巨人*。ガイア*とウラノス*の息子の百手の巨人*のひとりである。ふたりの兄弟ブリアレオース*とギュゲス*と同様に、50の頭と100の腕を持つ。この3人の巨人はみな生まれつきすでに成人であり、完全武装していた。彼らはオリュンポスの神々と戦い、敗北した。
文献7、20、38、78、138、177
⇨ ティタン

子供部屋のボーギー
NURSERY BOGIES
　多くの文化には、大人にはさほど深刻に受け止められていないようだが、大人が子供に話す際には真剣な表情で敬虔な気持ちをもって語られるある種の超自然的な生物、オーグル*、怪物*がいる。この種の生物は、自分たちの住んでいる社会でよしとされている活動をするよう子供たちを脅かしたり戒めたりするのに使われる。これらの超自然存在は、ほとんどの場合きわめて恐ろしい姿をしており、彼らの領域に入り込んだ人々に対しては、見

かけよりもさらに恐ろしいことをすると言われている。

英国で悪い行ないを戒めるために用いられているのは、赤い足のハサミ男*、アグリッパ*、ウォグログ*、オールド・スクラッティー、オールド・ブラディー・ボーンズ、カッティー・ダイア*、カンコボブス、ジャック・アップ・ザ・オーチャット、砂男*、スポーン、タンケラボガス、チャイルド・ガズラー*、トッド・ローリー、トム・ドッキン*、トム・ポーカー、バガブー、バグベア*、バッグ、ビガーズデールのジェニー、人食いアニス*、ファーザー・フラグとマダム・フラグ*、ブッカ・ドゥー、ブー＝バガー*、ブージャー・マン、ブラック・ソウ、ブランダムール*、ブロビニャク*、ボギー、ボギーマン*、ボダッハ、ホブヤー*、ボムボマチデス*、マムポーカー、モルガーン*、ラミキン*。

まだ熟していない作物を食いしん坊の子供たちが取ってしまうのを防ぐには、オード・ゴギー、グーズベリー女房、クリム、チャーンミルク・ペグ、メルシュ・ディック、ものぐさローレンス。

英国の子供たちが危険な水域に入らないようにするには、グリンディロー*、人さらいのネリー*、ペグ・パウラー*、緑の牙のジェニー*。

その他の国々において、危険な場所やよくない行為から子供たちを遠ざけるためのものとしては、アシン*、アフリト*、アポタムキン*、アルピト*、インダシンガ*、ウィンディゴ*、オモ・ネロ*、カッツェンヴァイト、カラヴィナイグレ*、カルネロス*、キンダー・フレザー*、キンダーシュレッカー*、クランプス、クロクミトン*、ケイポル、ココ*、サンデル*、スカテネ*、ストリガイ、ストリンゲス*、スニー＝ニー＝イク*、スリ、セアトコ*、天狗*、ナッキ*、ナーゲン*、鍋を傾ける者*、ハゴンデス*、ババ・ヤガ*、袋の持ち主*、ブレバグ*、ボギー*、ボックマン*、ボロカ*、ポンタルフ*、鞭打ちじいさん*、モルモ*、ヤラ＝マ＝ヤー＝フー*、ラミア*、ラミキン*、ル・グラン・リュス

トゥクリュ*。
文献24、160

木の葉天狗
KONOHA TENGU

日本の文学伝承と民間伝承に登場する天狗*。大きな人間の体に、グロテスクな赤い鳥の頭、長い髪、翼を持ち、足には鷲のような鉤爪がある。非常に攻撃的で山腹の森のなかに棲む。
文献7、64、89、113、166

コノプルニー
CONOPRNII

ペルシアの伝説や神話に登場する混成怪物*。体は巨大な馬のようだが、ロバの頭を持つと言われた。しかし、それよりも驚くべきことは、口や鼻孔から火を吐き出すので、どんな人間も恐ろしくて近づけないという事実である。
文献7

こふきこがね
DUMBELDORS

イギリスの学者、作家のJ・R・R・トールキンが恐ろしい昆虫の一種に与えた名前。ホビットの詩のひとつに、凶暴で巨大な羽を持つと書かれている。しかし、絶滅したらしく、それ以上のことは何も知られていない。
文献51

夸父（こほ）
⇒ クア・フ

ゴボーチェンド
GOBORCHEND

アイルランドの伝説に登場する山羊の頭を持つ怪物*の一種、ガボーチェンド*の別名。
文献128

ゴボーチヌ
GOBORCHINU

アイルランドの伝説に登場する人間の姿を

した怪物*。ガボーチェンド*と同じく動物の頭（ゴボーチヌの場合は馬）を持つ。
文献89

ゴボーチンド
GORBORCHIND
⇨　ゴボーチェンド

ゴーマゴット
GOEMAGOT
　イギリスの古代偽史に登場する巨人*。ジェフリー・オヴ・モンマス（1100～1154）は自著『ブリテン列王史』（1147頃）のなかでケルト神話やイギリスの古代史を大幅に書き換え、ブリテン島を巨人族の棲み家であるとした。さらにブルートゥスがトロイ兵たちを引き連れてローマ帝国からブリテン島へと侵攻した様子を描いた。ブルートゥス率いるトロイ兵の軍将コリネウス*の敵は、後にゴグマゴグ*と呼ばれるようになるゴーマゴットであった。この話は後にエリザベス朝時代の詩人、エドマンド・スペンサー（1552頃～1599）の作品『妖精女王』（1590）のなかに取り入れられた。
文献20
⇨　ゴグとマゴグ

コーミラン
CORMILAN
⇨　コーメイリアン

ゴーム
GORM
　イギリス西部地方に伝わる巨人*。その伝説的な行動によって数々の地形が作り出されたと言われており、それゆえにゴームは地形の巨人と呼ばれている。ゴームがコッツウォルド丘陵でつまづいて落とした鍬いっぱいの土からマーズ・ノールの砦が生まれ、その時に落とした鍬によって切り裂かれた地面が長い水路と土手で有名なワンズダイクとなった。叱責を恐れて逃亡したゴームは転倒し、ブリストル海峡で溺死した。その体はフラットホルム島とスティープホルム島になったという。
文献13

コーメイリアン
CORMEILIAN
　イングランドのコーンウォール州の伝説や民間伝承に登場する巨人*、コーモラン*の別名。彼はコーンウォール南海岸のペンザンス近くにある聖マイケル・マウントの島を作りはじめたと言われている。
文献128

コーメリアン
CORMELIAN
　イギリスの伝説や民間伝承に登場する女巨人*。コーメリアンは聖マイケル・マウントの島を作ったと言われる巨人*コーモラン*の妻である。しかし、より正確に言うと、巨人が疲れて仕事の途中で寝てしまい、そのあいだに妻のコーメリアンが仕事を続けたのである。コーモランは遠くから白い石を運んだが、妻はそれより近くから緑の石を運んだ。ある伝承によれば、コーメリアンが新しくできた島まで向かう途中で夫の前を通り過ぎようとすると、夫が寝返りを打って彼女を蹴飛ばした。そのせいで彼女はエプロンに入れていた石を落としてしまい、その石が湾の全域に落ちて、現在の白い花崗岩の島へと続く緑の石の道となった。
文献54、128
⇨　ケラッハ・ヴェール

コーモス
KOMOS
　ギリシア・ローマ神話のサテュロス*。人間の顔をしているが、とがった耳と角を持ち、上半身は毛で覆われた人間の男性、下半身は山羊の体と足をしている。酒飲みの老師シレヌスと、葡萄酒の神ディオニュソス（バッコス）の従者。森林や山、田園地方に棲み、ニンフたちを追い回した。集団行動や酒に酔っての性衝動、淫行、粗暴さ、悪ふざけで知られる。こうした性質はその名前に反映されて

おり、コーモスとは「ばか騒ぎの酒宴」を意味する。
文献7、14、24、89、125、160

ゴーモト
GOEMOT
⇨ ゴーマゴット

コーモラン
CORMORAN

イングランドの伝説や伝承にはこの名前を持つ次の2種類の人物がいる。

(1)「巨人退治のジャック」という昔話のなかで、コーモランは主人公に倒される巨人*である。コーモランは地域の災いの種だった。だが若いジャックがこの巨人を騙し、巨大な穴に落として打ち破る。ジャックはこの手柄の褒美としてアーサー王から記念のベルトを贈られた。

(2) コーメイリアン*、コーミラン*、グーメイロン*の名でも知られるコーモランはコーンウォールの巨人である。彼はコーンウォール南海岸のペンザンス近くで聖マイケル・マウントの島を作りはじめた。しかし、彼が選んだ白い花崗岩はとても重いうえ、遠くから運ばなければならなかったので、彼はすぐに仕事にあきて、浜で寝てしまった。いっぽう妻のコーメリアン*は、それほどうんざりしてもいなければ怠け者でもなかったので、地元の緑の石を使って仕事を続けた。仕事がもう少しで終わるという時、コーモランが目覚めて妻を罵倒した。そのせいで妻は運んでいた石を落としてしまった。これらの石が今では島へ続く道になっている。そこの半分は白い石、残り半分は緑の石でできている。

どちらの巨人もコーンウォールと関連がある点が、コリネウス*と同様である。コリネウスは聖マイケル・マウントとも関連がある。さらに、コリネウスとコーモランのどちらもグーメイロンの別名を持つ。このことから、昔話「巨人退治のジャック」も、コリネウスがゴグマゴグ*を倒すくだりが書かれている初期の擬似歴史書の再話のひとつなのではないかと考えられている。
文献54、158

コラン・グン・キアン
COLUINN GUN CHEANN, COLUINN GAN CEANN, COLANN GUN CHEANN

スコットランド高地の伝説や伝承に登場する超自然的な怪物*のバリエーション。コラン・グン・キアン（Coluinn Gun Cheann）は、Colann Gan Ceann や Colann Gun Cheann としても知られ、その名は「頭のない胴体」を意味する。胴と手足だけの姿で現われ、スカイ島（スコットランド、ヘブリディーズ諸島に属する内海の島）のモラール村にあるマクドナルド家の地所の小道をうろついた。女や子供や昼間に数人でやってくる男には何も危害を加えないが、夜にモラール屋敷までの「平坦な1マイル」をひとりで歩いた男は、朝になると必ずバラバラ死体となって発見されるのだった。だがコラン・グン・ギアンは最後にラーセイ島のマクラウドに追放された。
文献24、67、128、159
⇨ アケファロス

ゴリアト
GOLIATH

旧約聖書や新約聖書に登場する巨人*。ガテのゴリアト*とも呼ばれる。サウル王の時代にユダ王国に侵攻したペリシテ軍を司っていたのがゴリアトである。旧約聖書のサムエル記上（17：4～7）にはその様子が詳細に描かれている。「ペリシテの陣地からひとりの戦士が進み出た。その名をゴリアトと言い、ガト出身で、背丈は6アンマ半（約3.6m）、頭に青銅の兜をかぶり、身には青銅5000シェケル（約57kg）の重さのある鱗とじの鎧を着、足には青銅のすね当てを着け、肩に青銅の投げ槍を背負っていた。槍の柄は機織りの巻き棒のように太く、穂先は鉄600シェケル（6.9kg）もあり、彼の前には、盾持ちがいた」

ゴリアトはイスラエル人の軍に対し、「今

日、わたしはイスラエルの戦列に挑戦する。相手を一人出せ。一騎討ちだ」と挑発したが、その危険を冒す勇気を持つ者はなかった。だがエッサイの息子ダビデが父の命令によって羊飼いの仕事を番人にまかせ、軍の一員である兄弟たちのために差し入れを持って現われた。ゴリアトの挑戦を聞いたダビデはサウル王のもとへと出向き、一騎打ちの相手として志願することを伝えるが、自分が本気であることを周囲の人々に納得させなければならなかった。ダビデは与えられた鎧があまりにも窮屈だったため、自分の石投げ紐だけを手にゴリアトのもとへ向かった。

「ペリシテ人はダビデにこう言った。『さあ、来い。お前の肉を空の鳥や野の獣にくれてやろう。』(中略) ダビデは袋に手を入れて小石を取り出すと、石投げ紐を使って飛ばし、ペリシテ人の額を撃った。石はペリシテ人の額に食い込み、彼はうつ伏せに倒れた (17：44〜49)」

ゴリアトは首をはねられ、ペリシテ軍はユダ王国から立ち去った。

興味深いことに、ベルギーのアンベルスやアト、リール、マリーヌ、ニューポート、ニヴェレ、オランダのハッセルト、フランスのトロワといった町の、町の巨人*は聖書に登場するこの巨人、ゴリアトの名前を冠している。即位前のシャルル8世が1486年にトロワを訪れた際には市民がダビデを演じ、ゴリアトの敗北劇を再現してみせた。

文献20、61、99、166、174

ゴリゴグ
GOLLIGOG, GOLLYGOG

米国の先住民オザーク族の伝説と伝承に登場するトカゲに似た怪物*。V・ランドルフが1951年に書き残したところによると、19世紀にオザーク山地に棲んでいたという。

文献94

⇨ ガウロウ、ピングバファー、フィリールー

ゴリシュチェ
GORYSHCHE

ロシアの伝説や民間伝承に登場するドラゴン*。12の頭を持つ巨大な怪物*で、ソロチンスクの山地の洞窟に棲んでいる自分の子供たちのために人間を捕まえる。ゴリシュチェに襲われたロシア人の若者たちはまるで牛の群れのように洞窟の奥深く集められ、最期の時を待つのである。ボガトゥィリ(神聖ロシアの英雄)のひとり、ドブルイニャ・ニキーチッチがこの怪物を退治することを宣言し、ゴリシュチェたちを皆殺しにしようと旅立った。だがたくさんの子供のドラゴンを殺したところで命からがら逃げ帰る羽目になった。母親の忠告にも耳を貸さないまま山へと舞い戻ったこの勇敢な英雄は、プカイ川で水浴びをしている時にゴリシュチェが自分を追っていることに気づいた。ドブルイニャは対岸に向かって泳ぎ、そこでゴリシュチェに対して威力を発揮する「司祭の帽子」を発見した。この帽子を操るドブルイニャに頭を11個切り落とされ、ゴリシュチェは地面に崩れ落ちた。ドブルイニャはその背中に飛び乗ってとどめを刺そうとするが、ゴリシュチェに「二度と悪いことはしないから殺さないでくれ」と命乞いをされる。つい同情してしまったドブルイニャだったが、いざキエフに戻ってくると、ゴリシュチェがすでに太陽公ウラジーミルの姪、ザバヴァ王女をさらったあとだった。ゴリシュチェとの戦いの噂を耳にしていたウラジーミル公は、ドブルイニャに王女を助け出さなければ処刑すると言い渡す。ドブルイニャは母の待つ家へ戻り、母親の言いつけに従って父の年老いた牝馬を連れ出した。この馬が疲れたら絹の鞭を背中にくれてやるようにと母は言った。ゴリシュチェの隠れ家へと向かったドブルイニャは子供のドラゴンをたくさん殺すが、馬がひどい怪我を負ってしまう。だが絹の鞭で背中を打った途端、馬はたちまち元気を取り戻した。ドブルイニャはゴリシュチェに攻撃をしかけ、その戦いはゴリシュチュが自ら流した血の海に倒れこむまで3日間も続いた。捕らわれていた若者たちを

自由にしてやったあと、ついに英雄ドブルイニャは王女を見つけ出してキエフへと連れ帰り、人々の歓迎を受けたのだった。
文献55
⇨ ゴリュニッチ

ゴリニチ
GORYNICH

ロシアの伝説や民間伝承に登場する恐ろしいドラゴン*。邪悪な魔法使いネマル・チュロヴェク*は、皇帝の娘をさらって暗く巨大な城に幽閉し、甥にあたるこのドラゴンと結婚させようとした。皇帝は王女を救い出してくれる勇敢な王子には莫大な富を与えることを約束した。多くの勇敢な王子たちが救助を試みたものの全て失敗に終わり、ついに王宮の門衛のひとり、イワンが名乗りを上げる。その道すがら、イワンは2羽のカラスが王女の居所について小声で話しているのを耳にした。皇帝はしぶしぶ、イワンに魔法の剣と旅路に必要なものを与え、イワンは冒険に乗り出した。幾多の苦難を乗り越え、イワンはネマル・チュロヴェクの砦にたどり着いた。よもや発見されることはあるまいとたかをくくっていたネマル・チュロヴェクは、何の警戒もしていなかった。イワンは王女を探し出し、ドラゴンのゴリニチと結婚させられると告げた。しかしふたりが大広間から逃げる前にネマル・チュロヴェクがやってきて、巨人に変身し、イワンを攻撃した。だがイワンはサモセクと呼ばれる魔法の剣で武装していた。イワンの手から飛び出した剣はネマル・チュロヴェクの巨体を切り裂き、砦の隅々まで飛び回ってゴリニチをはじめとするあらゆるものをまっぷたつにした。すべての敵を倒したイワンと王女は幸福に包まれながら皇帝のもとへと戻り、ふたりは結婚した。
文献55

コリネウス
CORINEUS

コリネウスは、もとはジェフリー・オヴ・モンマス（1100～1154）の著わした偽史『ブリテン列王史（Historia Regum Britanniae）』（1147）の登場人物だった。この文献のなかで、コリネウスはトロイア人のリーダーで、当時巨人*の種族が棲みついていたアルビオン島（グレートブリテン）に侵攻中だったブルートから副官のひとりとして採用される。トロイア人たちはゴグとマゴグ*を含むすべての巨人を倒し、この国に定住した。しかし、18世紀までに、この偽史は再話を通じて変わっていき、コリネウスはグーメイロン*という別名を持つようになって、もはや侵攻していたトロイア人のリーダーではなく、トロイア人に倒された巨人のひとりになってしまった。この新しい版のほうで、コリネウスはゴグマゴグ*を一騎打ちで破り、彼を崖の上から、聖マイケル・マウントからそう遠くないプリマスの海へ投げ入れた。そしてついに1741年には、ロンドンのシティのシンボルである、ふたりのギルドホールの巨人*は、コリネウスとゴグマゴグを表わしていると言われるようになった。
文献173
⇨ ゴグ、マゴグ、町の巨人

コルクフルアサスク
CORC-CHLUASASK

スコットランド高地とアイルランドのケルト伝説や伝承に登場する混成水棲怪物。コルクフルアサスクという名は、タープ・ウーシュカ*（水棲牛*）の子供であるこの生物が「裂けた耳」の持ち主であることを示している。「裂けた耳」は、超自然的な起原を持つことを証明する特徴である。この裂けた耳の「子牛」は、実在の子牛よりもずっと大きく、普通の皮ではなくビロードのような皮をしていると言われる。この牛が群れのなかに迷い込むと、単に厄介者になるだけでなく、大きな災いのもととなる。そのため、耳の欠けた子牛が生まれると、邪悪な血統だと恐れて即座に殺していた時代があった。
文献133
⇨ 怪物、ワリェッペン

ゴルゴン
GORGON, GORGONES (pl.)
　ゴルゴンには3つの定義が存在する。
　(1)ギリシア・ローマ神話に登場する恐ろしい姿をした三姉妹。年老いた海の神ポルキュス*と女神ケートー*を両親に持つ。もともとは美しい娘たちで、その名をエウリュアレー*、メドゥーサ*、ステンノ*という。だがメドゥーサを見初めた海王ポセイドンは、激情のあまり白い牡馬にその姿を変えてアテナの神殿でメドゥーサを誘惑した。神殿を汚されて怒り狂ったアテナはメドゥーサを元の美しい姿とは似ても似つかない怪物*に変え、復讐を果たす。怪物女にされてしまった三姉妹の背中には翼が生え、牙をむき大きく裂けた巨大な口からは舌がだらりと垂れ下がり、頭には髪の代わりに無数の蛇がのたうち、手には真鍮の爪が付いていた。だが一番恐ろしいのはその目である。愚かにもゴルゴンの目を見てしまった者は一瞬にして石に変えられてしまうのだ。ゴルゴンの棲み家はリビアの荒地か東部スキュティア、大洋オケアノスの果て、あるいは伝説の地キステーネーであると言われている。メドゥーサ以外のふたりは不死身の体を持ち、姉妹であるグライアイに守られ、ひっそりと身を隠しながら3人で暮らしていた。だが英雄ペルセウスが現われてグライアイの目と歯を奪い、メドゥーサを殺してその頭を復讐に燃えているアテナのもとへと持ち帰った。ゴルゴンという名が単数形である場合は、例外なくメドゥーサのことを指している。
　(2)17世紀にエドワード・トプセルが残した著書に登場する怪物で、カトブレパス*の別名。トプセルの描写はカトブレパスのもともとのイメージとはかなり異なっている。トプセルによればゴルゴンとは全身が鱗で覆われた翼のあるドラゴン*で、長いたてがみの下には血走った巨大な目があり、巨大な歯と足のかわりにひづめがあるとされている。毒草のみを食すためその息も猛毒となり、目があった者すべてを石に変えてしまう。
　(3)初期のギリシア神話にもゴルゴンと呼ばれる怪物が登場する。このゴルゴンはオリュンポスの神々と戦うギガンテス*を支援するため、ガイアによって生み出されたとされている。女神アテナはゴルゴンの首をはねて殺し、アゴラ（古代ギリシアの集会所）の下に埋めたとされている。この初期の伝説と、ゴルゴンの首をはねたのはペルセウスであるとする後年の神話とが混同され完全に一体化すると、初期のストーリーはほとんど忘れ去られてしまった。
文献7、20、24、38、47、61、78、89、91、125、133、139、166、169、178
⇨ 巨人、クリューサーオール、ゲリュオン、ペガスス

ゴールドブリッスル
GOLDBRISTLES
　北欧神話に登場する巨大な猪、グリンブルスティン*の英語名。
文献89

コルヌ
CORNU
　アイルランドの伝説と伝承に登場する黒い怪鳥。魔力を持つ怪物*で、聖パトリックにダーグ湖に追放されて、聖パトリックの煉獄に棲むようになったと言われる。
文献128

コルブランデ
COLBRANDE
⇨ コルブロンド

コルブロンド
COLBRAND
　イギリスの伝説と伝承におけるデンマークの巨人*。サクソン人のイングランド王アセルスタンの時代のサー・ガイ・オブ・ウォリックの伝説に登場する。ウォリック伯の娘と結婚したばかりのサー・ガイは聖地へと巡礼の旅に出るが、その帰路で恐ろしい光景を目の当たりにする。デンマーク人の侵入者たちが土地を侵略していたのである。続いて当

ゴルゴンの首を掲げるペルセウス。

時イングランドの首都だったウィンチェスターの郊外を中心に陣が張られる。この時代の戦争はしばしば、一騎打ちの伝統にもとづいて行なわれる。つまり、軍の戦士ひとりが、相手の軍の戦士ひとりと戦うのである。相手を殺した戦士は、その相手に勝ったというだけでなく、自分の軍を勝利させたことになる。デンマーク軍の代表戦士はコルブロンドという無敵の巨人*だった。しかし、信念と勇気のもとに戦いを引き受けたサー・ガイが、コルブロンドを倒す。結果としてイングランド全土が、デンマークの貢税制度から解放された。

文献2、182
⇨ ウォリックの赤牛

ゴル・マック・カルヴァダ
GOLL MAC CARBADA

アイルランドの伝説に登場する怪物*。ゴル・マック・カルヴァダはひとつ目の巨大な怪物で、英雄クー・フリンの宿敵として描かれた。幾多の危険を乗り越えた末にクー・フリンはこの怪物を追いつめ、その命を奪った。

文献128

コレスク
KORESCK

ペルシア（現イラン）の伝説に登場する一角獣*。体が山羊と馬を合わせた姿をしている。忠実な獣とみなされていた。

文献7
⇨ オニュクス・モノケロス、カルカダン、麒麟、ジャオ・ドゥアン（角端）、チー・リン（麒麟）、ミラージュ、ロバ（3本脚）

ゴーレム
GOLEM

ヨーロッパのユダヤ伝説に伝わる巨大な人形で、かつては数多く作られていたと言われている。最も有名なのがチェコ共和国のプラハで作られたものである。ドイツ人作家のグスタフ・マイリンク（1868～1932）の小説『ゴーレム』（1915）にはこの中世の伝説が描かれている。聖句の使い方に精通したラビ、ユダ・ロェーヴ・ベン・ベサベルが作り出した人間の形をした一体の泥人形は、その舌の下に真実あるいは真理を意味する「Ameth」あるいは「Emet」あるいは「AMTh」という聖句を書いた紙を差し込むことによって生命を得た。「土の塊」を意味するゴーレムはこうして人間の命令に従うようになり、シナゴーグ（教会堂）のために鐘を鳴らすなどの単純労働を行なうのである。だが舌の下に差し込んだ紙片を抜き取るのを忘れると、人間ではないため睡眠を必要としないゴーレムはいつまでも動き続けることになってしまう。ある晩など、紙片を差し込んだままにしておいたゴーレムが通りで暴れ回り、すれ違う人々を殴り倒し、出会うものすべてを破壊して大騒動を起こした。ようやくラビがゴーレムを捕まえて紙片を抜き取った。ゴーレムは元の小さな泥人形に戻り、二度と騒ぎを起こさないように、死を意味する「Meth」あるいは「Met」あるいは「MTh」という言葉を額に刻みつけられた。別の説によれば、ラビが紙片を抜き取ったとたんゴーレムは粉々に崩れ落ちてしまったという。

プロイセン地方（現在のポーランド東部）のエリヤ・ヘルムとヤッフェ師は単純労働をさせるためゴーレムを作り出した。使用人代わりにするだけでなく、正式な礼拝の時に必要な頭数をそろえるためにゴーレムを作り出すことを認めるべきかどうかについて倫理的な論議がなされた。しかしゴーレムには根本的な問題が内在していることが明らかになっていく。ヤッフェのゴーレムは簡単な命令を識別することすらできず、そこにあるものすべてに火を放ったのである。

文献18、24、78、94
⇨ タロス、フランケンシュタインの怪物、ベ・チャスティ

コロウィシ
KOLOWISI

米国南西部の先住民ズニ族の文学伝承と信仰に登場する、角を持つ水蛇。頭に角があり、

口が大きく、体に沿ってひれが連なっている。深い淵や泉に棲む。伝説によれば、少女が泉で水浴びをしていた時に小さな赤ん坊を見つけ、家に連れ帰った。しかし、彼女はそのことを両親には話さなかった。「子供」と一緒に少女が眠りにつくと、コロウィシは本当の姿に戻り、少女にとぐろを巻きつけて連れ去り、深い泉の底で妻にした。若い娘がひとりでそうした泉に行かないように警告する目的で語られる。

文献77、134
⇨ ホーンド・ウォーター・サーペント

コロコッタ
COROCOTTA

16世紀と17世紀のヨーロッパの伝説や伝承に登場する混成怪物。クロコッタ*とも呼ばれる。旅行者による報告が起源で、古代の歴史家、大プリニウスによるキュノリュコス（犬狼）の説明に影響されたものと思われる。コロコッタはライオンの形をしているが狼に似た頭を持つと言われた。巨大な顎のなかには歯ではなく骨の列があり、獲物はそれで砕いてから飲み込んだ。その目は眼窩のなかで動かないので、この獣が睨みを効かせる時には、頭ごと動かすことになった。この怪物*はほかの動物の呼び声をまねるのが得意だったので、まねされた動物の仲間たちは騙されてついていった。そして牛であれ人であれ、ひとたびエチオピアの入り組んだ低木林に入ってしまえば一巻の終わりだった。コロコッタは明らかに、もっと昔のレウクロコッタ（Leucrocotta）が変化したものである。

文献7、18
⇨ レウクロッタ

コロコロ
COLO-COLO

チリのアラウコ族の伝説や伝承に登場するヴァンパイア*。ヨーロッパの伝説のバシリスク*と同様に、コロコロも雄鶏の卵から孵ったと言われた。この恐ろしい生物は、眠っている獲物の体の上を舞いながら、彼らの唾液を飲む。獲物は体の水分を最後の一滴まで吸い取られ、高熱を発し死んでしまう。

文献138
⇨ 怪物

コロモドゥモ
KHOLOMODUMO

アフリカ南東部のソト族の伝説と信仰に登場する巨大な怪物*。天地創造の時代から存在し、あまりに食欲が旺盛なため、ひとりを残してすべての人間を食べてしまった。隠れて生き残った最後の女性は、やがて双子の男の子を出産した。彼らは1匹の犬を連れてコロモドゥモを滅ぼしにいく決意をした。ふたりが怪物退治に成功した時、餌食になったすべての人間が元の姿で怪物の体のなかから出てきた。

文献125
⇨ 巨人

ゴン・ゴン（共工）
GONG-GONG　きょうこう

中国の伝説に登場する邪悪で凶暴なドラゴン*。額から並外れて大きな角を生やしたこの巨大な黒龍は、奇怪な姿をしたシャンヤオ（相柳）*とともに現われる。ゴン・ゴンは皇帝堯を深く憎んでいたので、不周山をその角で串刺しにして地面からはぎ取り、山から流れ出た水で洪水を起こした。さらにゴン・ゴンはその頭を振り回して天空を切り裂き、穴をあけたため、太陽の光がさえぎられて世界は長いあいだ、闇に包まれた。女神ニュ・ワー（女媧）*は破壊された世界を元通りにし、東西南北の方角を再生し、天空と大地を一直線に再配置した。

文献125、160、166、174

コン・トラム・ヌーオーク
CON TRAM NU'Ó'C

タイのアンナン人のあいだで語り継がれ、信じられている超自然的な怪物*。巨大な水牛の姿で現われ、短時間のうちに膨大な距離を、足元の地勢にかかわらず容易に走り回る

ことができる。幸運にもこの生物の通ったあとに来て、落ちていた毛を見つけた者は、足もとの表面がどんな場所も、たとえ水面であっても濡れることなく、通過できるようになると信じられている。

文献24

∞ サ ∞

サイヴォ・ネイタ
SAIVO-NEITA

ノルウェーとフィンランド北部に棲むラップ人の信仰に登場するマーメイド*。名前は「海の乙女」という意味。

文献120、160

サイジェ・スアライジェ
SAIDTHE SUARAIGHE

アイルランドの伝説に登場する犬の怪物*。名前は「悪い牝犬」という意味。キリスト教以前のケルト時代の伝説的なチーフテン、クロム・ドゥヴが飼っていた猟犬群の1匹。

文献128
⇨ コイン・イオタイル

サイドスワイプ
SIDESWIPE

米国の特にウィスコンシン州およびミネソタ州で、木こりや森林労働者たちの民間伝承に登場するグヤスクトゥス*の別名。

文献7
⇨ フィアサム・クリッター

サイドヒル・ガンガー
SIDEHILL GANGER

米国の特にウィスコンシン州およびミネソタ州で、木こりや森林労働者たちの民間伝承に登場するグヤスクトゥス*の別名。

文献7
⇨ フィアサム・クリッター

サイドヒル・ドッジャー
SIDEHILL DODGER

米国の特にウィスコンシン州およびミネソタ州で、木こりや森林労働者たちの民間伝承に登場するグヤスクトゥス*の別名。

文献7
⇨ フィアサム・クリッター

サイドワインダー
SIDEWINDER

米国の特にウィスコンシン州およびミネソタ州で、木こりや森林労働者たちの民間伝承に登場するグヤスクトゥス*の別名。

文献7
⇨ フィアサム・クリッター

サ=イン
SA-YIN

南米中南部の平原地帯グラン・チャコ(トバ=ピラガ)に住む先住民の伝承と民間信仰に登場する湖の怪物*。その姿には異説があり、長い黒髪をはやして大きな馬にまたがる男、ケンタウロス*のような半人半馬、波間で軍馬に乗る騎士などと言われる。英語でマスター・オブ・ザ・フィッシュ(魚の支配者)*とも呼ばれる。

文献134
⇨ トラウン湖の貴婦人、湖の女王

サウグバ
SAMHGHUBHA

アイルランドの民間伝承に登場するメロー*の別名。

文献21、24、25
⇨ マーメイド

サウマナサ
SAUMANASA

インドのヒンドゥー教神話に登場するローカパーラ・エレファント*の1頭。『ラーマーヤナ』では、世界の西部を守護し、ヴァルナ神を背に乗せている。異伝では、アンジャナ*と呼ばれる。

文献7、24、112

魚たちの守護者
GUARDIAN OF THE FISHES

エストニアの伝説や伝承に登場する水棲の怪物*。魚の姿をした巨大な怪物で、普段は

魚たちの守護者。のこぎりの刃のような突起が背中に並んでいる水棲の怪物。

水中に暮らしているが陸地では足を使って「歩く」ことができる。その体の巨大さに加えて特筆すべきなのは、背中にずらりと並んでいる大きなのこぎりの刃状の突起物である。
文献134
⇨ キング・オブ・ザ・フィッシュ（魚の王）

魚の女王
QUEEN OF THE FISHES

　ほとんど世界中の伝説と伝承で、内海の魚を集め、守護する魚の怪物*に与えられている称号。フィンランドやバルカン諸国では、魚の王（女王）として知られている。ゲルマン語圏とケルト語圏では、魚の母または守護者と言われている。新世界では、この魚は同じ性格を持った水棲の蛇*となっている。こ

れらはすべて古代の超自然存在であり、体は苔に覆われ、背中から成長した樹木が生えている。アルザス地方の水の女王*は、容易に見つけられるという。このマスの怪物の背には、成長した松の木が生えているからだ。
文献134
⇨　キング・オブ・ザ・フィッシュ（魚の王）

サガリスの蛇
SERPENT OF SAGARIS
　ギリシア・ローマ神話に登場する巨大な蛇*。サガリス川付近を恐怖に陥れていたが、英雄ヘラクレスが、12の難業を終えて付近を通った時に退治された。
文献139

サギタリウス
SAGITTARIUS
　ギリシア・ローマ神話に登場するケンタウロス*。名前はラテン語で「射手」という意味。ケイロン*が事故で死んだ時、神々の王ゼウス／ユピテルは、ケイロンを天に上げて不死身にした。神話に登場する多くの死者や変身した者と同じく、サギタリウスも星座になった。バビロニアのウマに乗る射手という占星術のシンボルがギリシア・ローマ占星術のケンタウロスとなったもので、銀河の中央に位置する星団の象徴でもあった。
文献24、61、78
⇨　カプリコルヌス、ケンタウロス

サギネ
THUGINE
　オーストラリア北部のアボリジニ（オーストラリア先住民）の伝承と信仰に登場する虹の蛇*。伝説は、ふたりの幼い少年が北の浜辺に狩りに行く男たちについていくことを許された様子を伝えている。到着すると、少年たちは1日中キャンプのそばにいなくてはならないと言い聞かされた。ふたりは今まで海を見たことがなく、釣りをしたかったので、とてもがっかりした。だが海はとても危険だと言われたのである。男たちが出かけてしまうと、ふたりは好奇心を抑えきれず、見るだけなら危なくないと考えた。そこで海岸に行き、波が寄せる海を見て驚いた。とても暑い日だったので、ふたりは海に入った。海に入るやいなや、ふたりは水中に黒い渦巻きを見つけた。ふたりはそれが何か知る前にサギネに巻きつかれ、水が渦巻く深みに引きずり込まれた。戻って来た男たちが少年たちの足跡をたどって海岸までやってくると、以前はそこになかった小さいふたつの岩が突然現われていた。彼らはお互いに、サギネが少年たちをさらって岩に変えてしまったのだと言いあった。彼らがこう言っているとサギネが海から7色のアーチ形を成して岩の上にかかった。
　ここではサギネは、イングランドの緑の牙のジェニー*と同様に子供部屋のボーギー*として使われている。好奇心に満ちた子供を危険な水に近づけないよう言い含めるためである。
文献153

ザグ
ZÄGH
　イスラム諸国の伝説に登場する想像上の鳥。巨大な鳥で、ロック*と外見が幾分似ているが、人間の顔を持ち、人間の言葉を話すことができる。イスラムの文学や詩に登場する。
文献89
⇨　アルコノスト、アンカ、ウンナティ、ガルダ、シリン、セイレーン、ソロヴェイ・ラクマティチ、バフリ、パルテノペ、ハルピュイア、プティツィ・シリニー、ポダルゲー

サ＝グンチャング・ラング・ブミ
SA-GUNCHANG RANG BUMI
　西マレーシアのマレー人の信仰に登場するジン(2)*。名前は「世界を揺さぶるもの」という意味。ジンの王サング・ガラ・ラージャ*の子。
文献167

サ＝ゲムパルアラム
SA-GEMPAR'ALAM

　西マレーシアのマレー人の信仰に登場するジン(2)*。名前は「宇宙を脅かすもの」という意味。ジンの王サング・ガラ・ラージャ*の子。

文献167

サ＝ゲルタク・ラング・ブミ
SA-GERTAK RANG BUMI

　西マレーシアのマレー人の信仰に登場するジン(2)*。ジンの王サング・ガラ・ラージャ*の子。

文献167

ササボンサム
SASABONSAM

　西アフリカのツーウィ族とアシャンティ族の信仰に登場する人食いオーグル*。背が高く痩せた人間の姿をしているが、体色は赤く、まっすぐな長髪と血走った目を持つ。驚くほど長い足を持ち、足先は反対側を向いている。森やパンヤ林に棲息し、樹上から足をベンガルボダイジュの根のように垂らし、下を通った不注意な旅人を足でひっかけてたぐりよせる。こうした木の根の周辺の土は赤色をしており、それはササボンサムが獲物の血をここでぬぐうからだとされる。逃げそこなった人間は、血を絞り取られる。ササボンサムの妻はシャマンティンと呼ばれる。

文献7、24、47、64、120、152、160
⇨　カンニバル（食人種）

サスクワッチ
SASQUATCH

　アラスカのユーコン川流域とカナダのブリティッシュ・コロンビア州に住む先住民のセイリッシュ族らが信じる巨大な野人。名前はセイリッシュ語の se'sxac に由来し、「野生の人」という意味。ビッグ・フット*と似ているが、ヨーロッパ人が移住する前から、先住民の伝承と信仰で語られていた。サスクワッチには各地で150もの異名がある。人間型だが最大のものでは身長4.5mもあり、もじゃもじゃの黒茶色の体毛が全身を覆っている。後ろ足で直立して静かに移動し、60cm以上の足跡を残す。アラスカの氷原から太平洋沿岸の山地にかけて、目撃談がある。

文献61、78、94、134
⇨　アルマス、イエティー

サソリ男
SCORPION MAN

　バビロニア神話に登場するギルタブリル*の別名。

文献89

サテュラル
SATYRAL

　中世ヨーロッパの動物寓話集でマンティコレ*として知られる混成怪物。虎人間で、インドに棲むとされた。

文献7、89
⇨　怪物

サテュロス
SATYROS, SATYR

　ギリシア神話に登場する混成動物で、ローマ神話ではファウヌス*に相当する。それぞれの時代により、その姿にはいくつかの説がある。もとは、人間の男性の姿で描かれたが、山羊の脚を持ち、頭から小さい角が生えているとされ、大地の豊穣のシンボルだった。のちに、いくつか異説が現われ、鼻がなくて胸にあいた大きな穴で呼吸するなどと言われた。後世に描かれた姿が最も有名であり、それによると、人間の顔に尖った耳と角を持ち、上半身は毛深い人間の男の体をしているが、脚は山羊のものである。彼らのリーダーは酔っ払いのシレノス*で、酒の神ディオニュソス／バッコスに仕える。森、山、田園に棲み、そのためシルウァニ*と呼ばれているが、これは「森の人」や「野生の人」という意味である。ニンフを追いかけ、酔って暴れ、性的な快楽にふけり、いたずらを好む。こうした性格が、それぞれの名前に反映されている。

ヒュブリスは「傲慢」、コーモス*は「ばか騒ぎ」、ポストーンは「ペニス」、シモスは「獅子鼻」という意味である。人間に対して気まぐれな態度をとり、害を与えることもある。ギリシア悲劇が上演されたあとで、サテュロスが登場するユーモラスで馬鹿ばかしい演劇が上演されたが、それがもとで「風刺（Satire）」という言葉が生まれた。

オックスフォードのボードリアン図書館が所蔵する13世紀頃の動物寓話集に描かれているように、中世には醜い動物の姿に格下げされた。そのなかでサテュロスは、顎鬚と幅広の尾を持つ毛深い生物とされ、こっけいな顔と二股のひづめを持ち、蛇、葡萄酒のゴブレットや円盤をかかえている。棲息地のエチオピアで簡単に捕獲されるが、よそで飼うことは難しいとされた。同時代の他の文献によれば、山羊の顎鬚と角を持った人間の裸の男で、放蕩と好色のシンボルとして、ペニスを勃起させている。

サテュロスの姿と象徴は、ヨーロッパの紋章に取り入れられ、人間の頭と首、牡獅子の胴体、レイヨウの下半身を持つ姿に描かれた。

現代のギリシアの伝承では、邪悪なカリカンツァリ*になったとされている。
文献5、7、14、18、20、24、28、61、78、89、91、120、124、125、133、139、148、160、161、169、178
⇨ シレノス族

サテュロス＝フィッシュ
SATYRE-FISH

ヨーロッパの紋章に描かれる混成怪物。魚の体、人間と山羊の頭に角と顎鬚を持ち、背中から翼が生えているとされる。
文献7
⇨ サテュロス

サドゥザグ
SADHUZAG

中世ヨーロッパの動物寓話集や旅行記に登場する、伝説的な混成動物。レウクロッタ*やエアレー*によく似ているとされ、鹿の体に、山羊に似ているが牡牛ほどの大きさの頭を持つ。めざましい特徴は、頭と体に74本の角が生えており、その唸り声にはどんな英雄も怖気づき、その呼び声には誰もがうっとりと耳を傾けることである。
文献63

サ＝トゥムボク・ラング・ブミ
SA-TUMBOK RANG BUMI

西マレーシアのマレー人の信仰に登場するジン(2)*。名前は「世界を打つもの」という意味。ジン(2)の王サング・ガラ・ラージャ*の子。
文献167

サナクス
THANACTH

中世および16世紀のヨーロッパの旅行記に登場する奇妙な生物。サナクスは虎と大体同じくらいの大きさの真っ黒な身体とされる。しかし尻尾はなく、その頭は縮れ髪の男のようだった。この生物は中東で見ることができたが、インドからやってきた人々が、殺して食料にするためにその地に持ち込んだと言われていた。サナクスはテヴェが16世紀に著わした『コスモグラフィカ』で取り上げ、同時期のアンブロワーズ・パレ（1517〜1590）も『怪物と驚異について』のなかで扱っている。
文献147

サハブ
SAHAB

北海とノルウェー沿岸に棲息する海の怪物*。大きな体に長く伸びた獲物を捕らえるための一本の足と、牛のもののようなその他の足を持つとされた。16世紀のオラウス・マグナスの著作には、ノルウェーの海岸で1頭が浜にいるところが目撃されたと報告されている。
文献7

サ=ハリリンタル
SA-HALILINTAR

西マレーシアのマレー人の信仰に登場するジン(2)*。名前は「稲妻の男」という意味。ジン(2)の王サング・ガラ・ラージャ*の子。
文献167

サファト
SAFAT

中世ヨーロッパの動物寓話集や旅行記に登場するドラゴン*。翼のある蛇*に似て、ドラゴンの頭を持つ。雲の上の天に棲息し、地上からはめったにその姿が見られないとされた。
文献7、89

サボテン猫(カクタス・キャット)
CACTUS CAT

19世紀から20世紀初頭に米国の特にウィスコンシン州とミネソタ州の木こりや森林労働者のあいだで語られた生物。サボテン猫はハリネズミかヤマアラシのような棘状の被毛を持ち、耳までが棘で覆われていた。なかでも足に生えた棘は鋭利な骨からなる特別に長い釘状の突起で、同様に武装された尻尾は、数方向に枝分かれしていた。サボテン猫はサボテンの発酵汁を好み、夜になるとサボテンの幹を切りつけて連続した数か所から汁を流出させておき、発酵した頃に戻ってきた。それから、その汁を飲んでたちまち酔っ払うので、その後は荒々しい叫び声が夜通し人間の耳に聞こえてきた。この生物はフィアサム・クリッター*として親しまれているもの、つまり、その極端な姿や行動のせいで寂れた場所で聞こえてくる不気味な物音の説明に使われたり、キャンプの時の楽しい語り草にされたりしたものたちの一種である。
文献7、24

サムヴァルタ
SAMVARTA

インド神話に登場する巨大な馬。腹のなかで炎を燃やしている牝馬と言われている。また異伝によれば、こうした牝馬が7頭おり、海に棲んでいた。運命の日が来たら、サムヴァルタと仲間が水中から現われ、世界中を炎で包み、すべてを食べてしまうと言われる。
文献112
⇨ 太陽の馬

ザムズミ人
ZAMZUMIN

旧約聖書の申命記(2:20—21)に言及されている巨人族。
文献13
⇨ アナク人、エミム人、巨人、ズジム、ノア

サムパティ
SAMPATI

インドのヒンドゥー教神話に登場する、人間の頭を持つ巨鳥。ガルダ*の子で、ヴィシュヌ神を背に乗せている。兄弟に同じような鳥のジャターユスがいたが、スリランカ(ランカー島)の魔王ラヴァーナに殺された。猿神ハヌマーンに、ラヴァーナに誘拐されたらしいシーターの捜索を頼まれて、サムパティはスリランカに飛んだ。シーターがラヴァーナに捕らわれていることを知り、ハヌマーンの元へ飛んで戻り、軍隊を連れて魔王を倒し、シーターを救出するようにと進言した。魔王はハヌマーンに倒され、ジャターユスの仇討ちもかなった。
文献112

サ=ラクン・ダラー
SA-LAKUN DARAH

西マレーシアのマレー人の信仰に登場するジン(2)*。名前は「血だまりの男」という意味。ジン(2)の王サング・ガラ・ラージャ*の子。
文献167

サ=ラージャ・ジン
SA-RAJA JIN

西マレーシアのマレー人の信仰に登場するジン(2)*。サング・ガラ・ラージャ*とも呼ばれる。

文献167

ザラタン
ZARATAN

　中世ヨーロッパの旅行記に登場するアスピドケロン*の別名。ザラタンの名はたいてい中東で使われ、特に前200年頃エジプトのアレクサンドリアで書かれたと言われる写本『フィジオロゴス』で使われた。その後ザラタンは、9世紀の動物学者アル＝ジャヒーズの著作を通してアラブやイスラムの伝説に入り込んだ。アル＝ジャヒーズは後にスペインの自然学者、作家のミゲル・パラシオスに『動物誌』で論駁されたが、9世紀イングランドの動物寓話集では、ザラタンは悪魔のシンボルとされた。続いて13世紀にペルシア（現イラン）のアル・クァスウィーニが書いた『創造の驚異』にさらに詳しく書かれ、後に英国の清教徒ジョン・ミルトン（1608〜1674）が書いた作品『失楽園』ではサタンのメタファーとして使われた。ザラタンの描写も同様にさまざまであり、鯨にかなり近いこともあれば、大きな海亀であったり背筋に大きな棘のある怪物*というのもある。しかし一般的な姿がどのようなものであれ、この生物の身体は、岩や割れ目や青葉や木々が生える谷で飾られている。したがって船乗りに島と間違われ、彼らは上陸して料理するために火を燃やす。そしてこの怪物が水中に沈むと溺れてしまう。しばしば語られるように、船もまるごと一緒に沈んでしまうのだ。ザラタンが登場する最も有名な話は、『アラビアンナイト』で語られる船乗りシンドバードの最初の航海に違いない。そこではシンドバードがこの生物に出会う様子が語られている。

文献18、53、78、89
⇒ イマップ・ウマッソウルサ

サラブロット
SARABROTH

　フランスの古典文学に登場する巨人*。フランスの作家フランソワ・ラブレー（1494〜1553頃）作『パンタグリュエル』に登場するパンタグリュエル*の巨人の祖先。ほかの3人の祖先は、シャルブロット*、ウルタリー*、ファリブロット*。すべて初版から登場し、その後、仲間として多くの巨人の祖先が作中に追加された。

文献174
⇒ アップムウシュ、エリュックス、カインの娘たち、ガッバラ、ガルオー、ガルガンチュア、ノア、ノアの子供たち、ブレイエ、モルガンテ

サラマー
SARAMA

　インドのヒンドゥー教神話に登場する巨大な犬。太陽神スーリヤの牛の群れを追い、毎朝夜明けを告げる。サラマーの子は4つ目の巨大な犬で、サーラメーヤ*と呼ばれた。

文献112

サラマンダー
SALAMANDER

　古代ギリシア・ローマの文献と中世ヨーロッパの動物寓話集に登場する怪物*。ギリシア語、ラテン語ではサラマンドラ*。大プリニウスの『博物誌』（77）にはトカゲの怪物*と書かれている。噛み傷を癒す分泌物を出すとされるが、サラマンダーが触れたものを食べると死んでしまう。火山の斜面に棲み、灼熱の炎のなかでも生きていられるという。中世には、ディー*やステリオ*という名でも知られ、動物寓話集によく取り上げられた。12世紀ラテン語の動物寓話集には、果樹に体を巻きつけて果物に毒をそそぐので、その果物が落ちた井戸の水を飲んだ者の体に毒が回ったとされる。また、炎のなかを這って火を消したとも言われた。現在はオックスフォードのボードリアン図書館に所蔵されている、1220年頃の動物寓話集には、サラマンダーが獅子の口をふさぐことができると書かれている。さらに、審判の日に、ゲヘナの火から信心深い者を助けるとも書いてある。

　フェニックスと同じく、サラマンダーもヨーロッパの紋章になり、貴族や、火災保険などに関わる施設の紋章として描かれている。

文献5、10、14、18、20、24、89、124、132、146、148、160、185

サラマンドラ
SALAMANDRA
⇨　サラマンダー

サーラメーヤ
SARAMEYAS
　インドのヒンドゥー教神話に登場する、地下世界の恐ろしい犬たち。サラマー*と呼ばれる、巨大な夜明けの犬の子供。4つ目の恐ろしい巨大な犬で、死の神ヤマの地下世界の門を守っていた。
文献112
⇨　ケルベロス

サールヴァバウマ
SARVABHAUMA
　インドのヒンドゥー教神話に登場するローカパーラ・エレファント*の1頭。世界の北部を守護し、クヴェーラ神を背に乗せている。
文献7、24、112

サルヴァーン
SEARBHÁN, SEARBAN, SHARVAN
　アイルランドの伝説に登場する巨人*、フォウォレ族*のひとり。ロッホ・ロナフル（Lochlonnachl）とも呼ばれる（「ノルウェーの男」という意味）。魔術がたくみで、スライゴー県デュブロスで魔法のナナカマドの木を守護していた。叙事詩『ディアルミドとグラーネの追跡』に登場する。この巨人を倒そうとして、ディアルミドはあらゆる武器を試してみたが、巨人の魔力が大変強く、巨人の持つ棍棒でしか倒せないと分かって、ようやく巨人を倒した。
文献128

サルカニー
SARKANY
　ハンガリー人の古代の信仰に登場するオーグル*。人間の姿に見えるが、肩からは最高9個まで首が付いているとされる。剣をたずさえ、野生の馬に乗って雷雲のなかを走り抜ける。サルカニーと出会った不運な人間は、たちまち石に変えられる。現代の伝承では、翼を持つドラゴン*とされている。
文献125、160

サ＝ルクプ・ラング・ブミ
SA-RUKUP RANG BUMI
　西マレーシアのマレー人の信仰に登場するジン(2)*。名前は「世界を覆うもの」という意味。ジン(2)の王サング・ガラ・ラージャ*の子。
文献167

サルディド・ジンボ
THARDID JIMBO
　アボリジニ（オーストラリア先住民）に伝わる「夢の時」神話に登場する巨大な人食い巨人*。サルディド・ジンボは巨大で、好物の人間を追跡するとされている。ある日彼はママルベリーという物静かな男がカンガルーを巧妙に追跡して殺し、キャンプにいるふたりの幸福な妻のもとへ持ち帰ろうとするのをじっと見ていた。まさに彼が獲物を肩に背負って立ち去ろうとした時、サルディド・ジンボが前に立ちはだかり、獲物を見せてくれと言ったのである。ママルベリーは疑いもせず獲物を見せようと屈んだところ、巨人は彼の首を噛みちぎり、手足をもぎ取り、夕食のためにその手足を料理した。食事を終えるとサルディド・ジンボは残りの体を持って、死んだ男の足跡をたどって、男のふたりの妻がカンガルーを待つキャンプまで戻った。恐ろしいことに、巨人は彼女たちの夫の頭と胴体を地面に放り投げると、それを使って食事を作るようにと言った。ママルベリーは常に妻たちに頭を働かせるよう教えていたので、ふたりは悲嘆を抑えて何でもないふうを装った。そして巨人の言いつけ通りにしているふりをしながら、計略をたてた。ふたりは巨人に人間の体は自分たちにはおいしくないので、こんなにも大きくて勇敢な巨人に取ってきて欲

しい特別な物があると言った。舞い上がったサルディド・ジンボは自分のこん棒を手に、彼女たちが汁気たっぷりのディンゴの雌がいると教えた洞窟に入っていった。ふたりは洞窟のつきあたりにディンゴの雌がいるので、奥まで進むよう巨人をけしかけた。その一方、大急ぎで火のつきやすい低木を集めると、洞窟の入り口に上まで届くほど積み上げて、火をつけた。まもなく風のせいで濃い煙と火が洞窟に充満し、巨人は出ようにも出ることができなくなった。とうとう彼は炎を飛び越そうとしたが、巨人であるために頭を岩の天井に打ち付けて気を失い、火の真上に落ちてしまった。ついに巨人が死ぬとふたりの妻は、切り刻まれた愛する夫を葬りながら涙にむせんだ。このような良い夫を失ったふたりの悲しみはあまりにも深く、物を食べることも夫を残していくこともできなかった。ふたりの父親は偉大な呪術師だったので、ここに来てくれるようにのろしをあげることにした。到着した父親は、非常に悲しみながらふたりの話を聞き、もう光をまとっている状態にある人間を生き返らせる権利は誰にもないのだといった。そしてふたりに、もしそんなに夫を愛していて結婚したままでいたいと願うのなら、ふたりは今の姿を捨ててもよいかと尋ねた。ふたりは承諾し、父親は大きな悲しみのなか、最後にふたりを抱くと、詠唱を始めた。間もなく金色の光に包まれたママルベリーの姿が彼らの前に現われ、妻たちの父親に祝福を与えると、ふたりの妻の手を取った。彼らは金色の光に包まれて去っていったので、父親は子供たちとその夫の体の方に向かい、埋葬した。

⇨　カンニバル（食人種）

サルマティアン・シー・スネイル
SARMATIAN SEA SNAIL

　16世紀にサルマティア海や、東ゲルマン海と呼ばれていたバルト海沿岸に棲むとされた怪物*。アンブロワーズ・パレ（1517～1590）が『怪物と驚異について』に取り上げている。水陸両棲の生物で、巨大なカタツムリに似

サルマティアン・シー・スネイルは巨大なカタツムリに似た両棲類の海の生物とされる。

いるが、鉤に似た4本足と玉虫色の長い尾を持つとされた。頭には枝角が生え、角の先端は球状できらきら光っている。光る目と、髭のある横に裂けた口を持つ。
文献147

サーン・アバスの巨人
CERNE ABBAS GIANT

　イングランド南西部のドーセット州の伝説と民間伝承に登場する巨人*。伝説によれば、この巨人は羊を襲ってむさぼり食い、サーン・アバス一帯を脅かした。彼の食い意地はただごとではなく、ある時羊を群れごと平らげて、丘の中腹で眠りに落ちた。その隙に村人たちが彼に忍びよって殺したという。また、ジョン・ギボンズの主張（1670）によれば、サーン・アバスの巨人は、ディウィティアクス王とサーンギク・ジャイアントたちとのソールズベリー平原での戦いに参加している。サーン・アバスの丘にある石灰岩の巨大な絵は、2世紀にさかのぼる。この絵は、身長55mほどの巨大な男が長さ35mほどのこん棒を右手でふるう姿が丘の斜面に刻まれたものである。彼は裸で、性器があまりにも露骨に描かれているので、彼を豊饒の神と見る説も優勢である。事実、地元の人々のあいだでは、夜にこの巨人のもとを訪れるのが何世紀も前

から恒例となっている。おもしろいことに、彼の絵は、郵政公社が配達するイングランドで唯一の「ポルノ」画像なのだ！　サーン・アバスの巨人が、子供を脅して行儀よくさせる道具として地元の親に使われるようになったのは、比較的最近のことである。
文献13、78、128、181、182
⇨　アルビオン、ゴグマゴグ

山𤟧（さんき）
⇨　シャン・ホイ

サング・ガディン
SANG GADIN
　西マレーシア（マレー半島）のマレー人の信仰に登場するジン(2)*。ジン(2)の王サング・ガラ・ラージャ*の妻。
文献167

サング・ガラ・ラージャ
SANG GALA RAJA
　西マレーシア（マレー半島）のマレー人の信仰に登場するジン(2)*の王。サ＝ラージャ・ジン*とも呼ばれる。人間の姿をしているが、赤い胸、黒い頭、歯のかわりに牙を持つ。地の底に妻サング・ガディン*と暮らす。主な子供は次の7人。サ＝ラクン・ダラー*「血だまりの男」、サ＝ハリリンタル*「稲妻の男」、サ＝ルクプ・ラング・ブミ*「世界を覆うもの」、サ＝ゲルタク・ラング・ブミ*「世界を刺すもの」、サ＝グンチャング・ラング・ブミ*「世界を揺さぶるもの」、サ＝トゥムボク・ラング・ブミ*「世界を打つもの」、サ＝ゲムバルアラム*「宇宙を脅えさせるもの」。7人とも、丘の洞穴、ジャングルの奥、樹木の寄生植物のなかなど、寂しく恐ろしい荒野に棲む。7人は、ジン・アスラムと呼ばれる信仰者か、ジン・カフィルと呼ばれる不信心者に分けられる。ジン・ラフィトとも呼ばれるジョン・アフリトが、ヨーロッパ人を作ったとされる。ほかのジン(2)*は、「王室の楽器」（ジン・ネムフィリ*、ジン・レムビリ*、ゲンダング、ナウバトが守護）、「王室の武器」（ジン・セムブアナ*が守護）など、国の財産の守護者である。こうした任務は、ジン・カラジャーン*と呼ばれる、国家のジン(2)から与えられている。どんな地位についていても、彼らは皆、なだめられなければ人間に害を及ぼす。
文献167
⇨　ジン(1)

サン・シェン・クオ・ヤン（三身国民）
SAN SHEN KUO YAN
　中国の伝説と伝承に登場する怪異な部族。3つの体にひとつの頭が付いている。『山海経』に書かれており、中世ヨーロッパの動物寓話集と同じく、旅行者の話が大げさに伝わったものである。
文献181
⇨　イー・ムー・クオ・ヤン（一目国民）、キュクロプス、サン・ショウ・クオ・ヤン（三首国民）、ディン・リン・クオ・ヤン（釘霊国民）、ニエ・アル・クオ・ヤン（囁耳国民）、ユ＝ミン・クオ・ヤン（羽民国民）

三首国の民（さんしゅこくのたみ）
⇨　サン・シェン・クオ・ヤン

サン・ショウ・クオ・ヤン（三首国民）
SAN SHOU KUO YAN
　中国の伝説と伝承に登場する怪異な部族。人間型の体に3つの頭を持つとされる。『山海経』に書かれており、中世ヨーロッパの動物寓話集と同じく、旅行者の話が大げさに伝わったものである。
文献181
⇨　イー・ムー・クオ・ヤン（一目国民）、サン・シェン・クオ・ヤン（三身国民）、ディン・リン・クオ・ヤン（釘霊国民）、ニエ・アル・クオ・ヤン（囁耳国民）、ユ＝ミン・クオ・ヤン（羽民国民）

三身国の民（さんしんこくのたみ）
⇨　サン・シェン・クオ・ヤン

サンダーバード
THUNDERBIRD

　北米の先住民ほとんどの伝承と信仰に登場する想像上の巨大な鳥。さまざまな伝承があるが、サンダーバードを神として崇めるものもあれば、単に空に棲む超自然の生物とするものもある。サンダーバードは赤い羽毛あるいは羽のケープをまとった巨大な鷲として描かれたり（クロー族の伝承）、人間の顔を持っていたり（スー族の伝承）、腹部に人間の顔を持っていたり（ハイダ族の伝承）する。なかには食べ物を探すために木の幹を爪でぶらさげたり（アルゴンキン族の伝承）、はるか海まで鯨を捕りにいったり（ハイダ族の伝承）、鹿や鯨、人間を獲物とする捕食性の鳥だとする（ユーコン地方の伝承）ものもある。山の高い頂に棲んでいたり（ダコタ族の伝承）、森の梢に棲んでいたり（アルゴンキン族の伝承）する。その巨大な翼を羽ばたかせて雷を生み出し、その目の閃光が稲妻を生む。なかには翼あるいはくちばしから稲妻の矢を射るとする伝承もある。アルゴンキン族によると、サンダーバードは常にホーンド・サーペント*と戦っている。ショーニー族の伝承によれば、この巨大な鳥たちは広大な地形を動かす力を持った少年たちが変身したものであり、まだ人間の言葉を話すものの、その言葉は逆さだという。アラパホー族の伝承によればサンダーバードは夏を代表しており、夏になるとサンダーバードは冬を代表するシロフクロウに勝つ。サンダーバードの名前は地域で異なり、アラスカのユーコン地方ではティンミウクプク*、ダコタ地方のスー族ではワウケーオン*と呼ばれる。

文献24、61、77、89、94、113、134、136、139
⇨ ガルダ、グレート・ホーンド・サーペント

サンデル
THUNDEL

　18世紀とヴィクトリア朝のイングランドにおいて文学に登場する巨人*。サンデルは3つの頭を持つ巨大なオーグル*として描かれるが、どの頭にも知性は存在しない。彼は童話の範疇に入り、子供向けの妖精物語あるいは子供部屋のボーギー*として生み出された楽しい文学上の巨人に属する。

文献182
⇨ アグリッパ、ブランダムール、ブロビニャク、ボムボマチデス

∞ シ ∞

シアツ
SIATS

　米国の大平原地帯に住む先住民のユート族の民話や伝説に登場する人間型の怪物族。カンニバル（食人種）*で、特に子供を誘拐する。女のシアツはバペッツ*と呼ばれ、男より邪悪だった。ほぼ不死身だが、黒曜石で作った矢で殺すことができた。この怪物*が格下げされたものは、冒険好きな幼児を危険に近寄らせないために、心配した両親に利用されたようだ。

文献77
⇨ 子供部屋のボーギー

シアナハ
SIANACH

　スコットランドの民話に登場する怪物*。名前は「怪物」という意味。大きな醜い獰猛な鹿。捕食性が強い。

文献128

シヴシュコ
SIVUSHKO

　ロシアの伝説に登場する堂々たる馬。バルシュカ・マトゥシュカ*、コスマトゥシュカ*とも呼ばれる。ボガトゥル（騎士）のイリヤ・ムロメッツの素晴らしい魔法の愛馬だった。最も美しい馬であるだけでなく、ひと蹴りで53kmも進み、大きな山もひと跳びでまたぎ越した。

文献55
⇨ アーリオーン、アル・ボラーク、バリウス、

ペガソス

ジエイエン
DJIEIEN

　米国北東部の先住民セネカ族の伝説と信仰に登場する高さが180cmを超える巨大な蜘蛛*。人間や、その他の捕食者からのどんな攻撃にも耐えるため、この巨大な蜘蛛は心臓を自分の棲み家の土に埋めておく。しかし、英雄オセイグウェンダは、この蜘蛛を襲うため、近くの木から折った枝で突こうとした。枝はジエイエンの体をそれて大地を直撃し、そこに埋まっていた心臓を貫いた。そのため巨大蜘蛛は即死した。
文献77
⇨　ウンゴリアント、ズー＝ヌー＝クア、土蜘蛛

ジェヴォーダンの野獣
WILD BEAST OF GÉVAUDAN

　18世紀のフランスの民話に登場する怪物*。ハイエナに似ていて、長い足ともじゃもじゃの毛皮とぎらぎら輝く目を持ち、狼憑き*であると一般に信じられていた。報告によると、1764～1765年の間、田舎をうろつき回ったといい、その時その地方の人々を100人以上殺されて食べられたという。
文献94

シェ・ジー（獬豸）
XIE JI　かいち

　中国の伝説と民間信仰に登場する東洋の一角獣*の一種。
文献81

ジェシ・ババ
JEZI BABA

　チェコ共和国の伝承に登場するババ・ヤガ*の別名。
文献25、125、160

シェーシャ
SHESHA

　インドのヒンドゥー教神話に登場する、世界の蛇*、宇宙蛇。「残されたものすべて」という意味で、アナンタ*、ヴァースキ*とも呼ばれる。千個もの頭を持つ巨大な蛇*とされる。紫色の衣装をまとい、鋤を持ち、とぐろで壺を巻いている。原初の海に棲み、とぐろでヴィシュヌ神を支えている。この巨大な蛇が動くと、世界のどこかで地震が起きる。世界の終わりに、地球を滅ぼす毒を吐くと言われる。
文献7、24、78、89、112、125、133、169
⇨　ミズガルズオルム、ムチャリンダ

ジェシュダ
JEZDA

　ポーランドの伝承に登場するババ・ヤガ*の別名。
文献25、125、160
⇨　イェンザババ

ジェデュア
JEDUAH

　中世ヨーロッパの伝説に登場する、動物と野菜が融合した体を持つ怪物バロメッツ*の別名。「タタール地方のベジタブル・ラム」とも呼ばれる。
文献7、18、89

ジェニー・ハニヴァー
JENNY HANIVER

　中世後期から20世紀にかけてのヨーロッパや米国において、人々を騙すために作られた怪物*のまがい物に付けられた名前。初期の時代においては、中世の旅行家や船乗りたちが、スポンサーである貴族たちにバジリスク*やコカトリス*、ドラゴン*、マーメイド*といった想像上の生物の存在を証明するために作られた。ジェニー・ハニヴァーという名前は、こうした標本が多数作られたベルギーのアンベルス（現在のアントワープ）の地名から生まれたようだが、中国や日本、中東でも

盛んに製作された。その後もまがい物の標本は後を絶たず、崇拝を目的とする「聖人」の遺骸やヨハネの黙示録に登場するドラゴンの展示用標本（1648年、プラハ）、見世物小屋やサーカスで人寄せをするための怪物（米国のバーナム・サーカスで1848年に、さらに1933年にも）などが作られた。現在でははるか昔に絶滅した種の発見者として名声を得ようとする人々や、悪名高いイギリスのピルトダウン人の例のように古代人の「ミッシング・リンク」でさえもが捏造の対象となっている。

ジェニー・ハニヴァーはたいてい、実在する生物の体に別の生物の体の一部を縫いつけた人工的な産物である。それを乾燥させたうえで効果的な薬品処理を施せば、「専門家」にすら何年も見抜けないほど精巧な捏造標本ができあがる。今日ではこうした標本はコレクターたちの垂涎の的となっている。

文献7、89

シェム
SHEM

イタリアの修道士ヴィテルボのアンニウス（ジョヴァンニ・ナンニ、1432～1502頃）によれば、聖書のノア*は巨人*だった。アンニウスはノアとイアペトス*に始まる巨人の全系譜をまとめ、巨人のディス・サモシス*をへて当時のフランス貴族の先祖へとつながる系譜を作り上げた。その系譜のなかでアンニウスは、シェム、ハム*、ヤペテ*というノアの息子たち*も巨人であるとした。

文献174

シェロブ
SHELOB

イギリスの学者、作家J・R・R・トールキン（1892～1973）の小説『ホビット』と『指輪物語』に登場する、巨大な蜘蛛であり、ウンゴリアント*の娘。邪悪な蜘蛛が森を巣で覆った時、シェロブがいちばん邪悪だった。その姿は、大きな黒い怪物*で、有毒の突起と緑の粘液に覆われ、8本の足には大きな鉤爪、頭には有毒の角とくちばしがあり、球形の目だけが弱点だった。のちのキリス・ウンゴル（蜘蛛の道）と呼ばれるようになる道に巣をはり、近づくものをすべて食べた。シェロブを退治するには目を攻撃するしかないと分かり、ホビット族のサムワイズ・ギャムジーは、目を突き刺した。負傷して怒りくるうシェロブはホビットのエルフの剣に向かって倒れて死んだ。

文献51、182

シェン（蜃）
SHEN

古代中国の伝説や民間伝承に登場する恐ろしい海の生物。司馬遷（前145～85年頃）の記した『史記』によれば、シェンは巨大な二枚貝である。この生物の放出物が、水中の巨大な宮殿を創造した物質だと言われた。

文献180
⇨ 怪物

シェン・ノン（神農）
SHEN NONG

神話の第三期の中国皇帝。牛頭人身で、額からは角が突き出ている。中国に農業を伝えたとされる。

文献89
⇨ アステリオーン、アールズシェーンク、フー・シー（伏羲）、ミノタウロス

シェン・ロン（神龍）
SHEN LONG

中国神話に登場するドラゴン*。シェン・ロンは雨を司り、風に乗せて雨を呼ぶ。聖なるドラゴンとも呼ばれる。美しい玉虫色をして、5本の足指を持つ、ドラゴンの皇帝。シェン・ロンの姿を描いた衣服を着ようとする者は死刑に処される。シェン・ロンと関わりを持ってよいのは中国の皇帝だけだからである。

文献89
⇨ 東洋の龍

シクリアスイトゥク
SIKULIASUITUQ

　カナダのハドソン湾東に住むイヌイットの伝説と伝承に登場する巨人*。名前はほぼ「氷の上を行かないもの」という意味。同じく巨大な姉妹とともに、岩の上の固い氷に棲息していた。薄い氷の上では、長い冬のあいだ、魚やアザラシがよく獲れるが、そこには行かなかった。こうした冬の期間を生きのびるため、イヌイットの猟師に出会ったら、獲物を取り上げた。しかし手が汚れている者からは取り上げないので、困ったイヌイットたちは普段の習慣に反して、手を洗わなかった。そのため、獲物がなくなった巨人は、仕方なく自分で漁に出た。巨人はとても寒くなり、イヌイットに、どうやって体を温めているのかとたずねた。イヌイットは、足を縛って自分の体を覆うと教えた。巨人がその通りにすると、イヌイットは皆で巨人を刺し殺した。兄弟を亡くした女巨人*も飢えて死んだ。

文献77

シシウトゥル
SISIUTL

　カナダの先住民のハイダ族、クワキウトゥル族、ベラ・クーラ族の伝承と信仰に登場する蛇*。さまざまな姿に描かれ、鮭と蛇の混成、あるいは、角を2本持つ巨大な蛇、ふたつ頭の蛇、ヒレと4本足と大きな牙を持つ半人半蛇などとされる。だが、伝統的には、大きな頭に恐ろしい牙が生え、大きな胴の両側にそれぞれ蛇が付いている姿に描かれる。ブリティッシュ・コロンビア州と太平洋沿岸北部の海岸や入江に棲むとされる。親切な時も攻撃的な時もある。戦の神ウィナラギリス*の従者としての力を、クワキウトゥル族の戦士たちは求めている。だが、シシウトゥルと視線を合わせた不注意な人間は、石に変えられる。

文献7、133、134、136
⇨　魚たちの守護者

シシュパーラ
SISUPALA

　インドのヒンドゥー教神話に登場する怪物*。人間の女王とシヴァ神の子とされる。人間の体を持って生まれたが、額に第三の目があり、腕も4本あった。だが、怪物じみた姿にもかかわらず、神々の予言によれば、シシュパーラは、彼を殺す定めの者に出会うまでは幸福に生きられることになっていた。第三の目と余分な腕がしぼんでいくのがその予兆である。そしてクリシュナ神に会うまでは、すべてがうまくいっていた。だが目と腕がしぼみはじめ、シシュパーラは幸運を失い、どうやってクリシュナを殺すかということしか考えられなくなった。だがシシュパーラの母は神とのあいだに、シシュパーラの命を100度は赦すという約束をかわしていた。しかし101回目に、クリシュナは約束から自由になり太陽に祈った。するとシシュパーラは頭からつま先までふたつに裂け、ふたつとも倒れ、激しく燃え上がる怒りは神に吸収された。

文献133

地震魚
JISHIN UWO

　日本の伝説や文学伝承に登場する巨大なナマズ。大変巨大なので、海の真中に横たわって、その大きな背中で日本全体を支えている。並外れて大きな頭は京都の下にあり、尾はそこから1100kmほど離れた青森の下に位置する。鹿島神社の境内には、地震魚の背中から日本列島が落ちてしまわないように要石が置かれている。だがこの巨大な海の怪物がその尾を丸めたり振ったりするたびに、地震や津波が日本を襲う。

文献7、18、89
⇨　地震虫、ミズガルズオルム

地震虫
JISHIN-MUSHI

　日本の伝説や文学伝承に登場する地下に棲む怪物*。鱗に覆われたずんぐりとした体をしており、毛深く巨大な10本の足と蜘蛛に似

た爪、ドラゴン*の頭を持つ。地震魚の仲間で、地下を掘り進む時に地震を引き起こすとされる。
文献18

ジズ
ZIZ
　ヘブライの神話に登場する想像上の鳥。ジズは巨大な鳥として描かれ、その身体は地上から天まで届くほどであった。イスラム教の伝説に登場するロック*と似ている。
文献7、61

シー・ズ（獅子）
SHI-ZI
　中国の伝説と伝承に登場する混成の守護動物。翼のある獅子の体と幅広の犬の顔（額に1本の角があることもある）とふさふさの羽の生えた尻尾を持っている。牡は一本の足を玉にかけ、牝は足元に子犬を伴った姿が描かれる。絵画や彫刻につがいで描かれており、よく寺院の正面や宮殿の門に据えられている。
文献89

シック
SHIQQ
　イエメンのイスラム教以前の神話に登場するジン(1)*。人間の姿をしているが、縦半分に割られ、腕と足は1本ずつしかない。人間と結婚して、ナシャス*の創造者となった。
文献64
⇨　パイジャ、ビースト・ヴェラッハ、ファハン

シディ・ハモウ
SIDI HAMOU
　モロッコの伝承と民間信仰に登場するジン(1)*の指導者のひとり。
文献122、160

シードッグ
SEA DOGS
　イギリスの紋章に見られる混成動物。タルボットという、イギリスの現在は絶滅した大型の猟犬に似ているが、尻尾を含む全身が毛皮でなく魚の鱗に被われている。また、足には鉤爪でなく水かきが付いており、それを使って水のなかを移動する。この動物の絵はイギリスの特に海と関連のある地域の紋章に見られる。
文献7

ジドラ
JIDRA
　ヨーロッパ人旅行家たちが伝える、中東の伝承や民間信仰に登場する奇妙な人型の怪物*。ジドラは植物のように地面から生えていて、切り離されることはない。「根」によって永久に地面に固定されているものの、周囲にあるものは植物、動物、人間を問わず片端から飲み込んでしまう邪悪で貪欲な獣*である。だがその骨は珍重され、高い商品価値があったので、人々は危険を冒してでもそれを手に入れようとした。もしジドラの獲物になるのを逃れると、この怪物を地面から引きはがせるが、ジドラを殺す唯一の方法は、その「根」を矢で射通して切断することだった。ジドラはマンドラゴラから派生したと言われており、根を切断されるとマンドラゴラのように金切り声を上げると言われた。
文献63
⇨　ボラメッツ

シナー
SINAA
　ブラジルのシングー川流域に住むジュルナ族の伝承や伝説に登場する人間型の混成怪物。半分は人間で半分は大きなジャガーだとされる。母親が大きなジャガーに誘惑されて生んだ子。古代人の容貌で、大変奥目で生まれた。まるでシャツのように皮膚を頭から脱いで若返り、水浴びするとされる。天と地を分けているフォーク状の柱をこの怪物*が抜くと、世界の終わりが来るとされる。
文献47

シーナフ
SÍNACH
アイルランド伝説に登場する海の怪物*、ムルドリス*の別名。敵はフェルグス・マク・レティ。
文献128
▷ オイリフェイスト、カオラナッハ

シナム
SINAM
メソポタミアとペルシアで、同時代のセーンムルウ*と同じものとされる鳥の怪物*。
文献89

ジーニアッハ
DUINEACH
アイルランドの伝承と伝説に登場するケラッハ・ヴェール*の別名。
文献128

シニス
SINIS
ギリシア・ローマ神話に登場する恐ろしい巨人*。別名はピティヨカンプテス（「松の木を曲げるもの」という意味）。ひとりで旅する者の手足を、曲げた松の木にくくりつけ、木がもとに戻るにつれて体が引きちぎれるのを見て楽しむところから、この名が付いた。恐ろしい巨人のポリュペモン*の子で、英雄テセウスに殺された。
文献78、133、139、178

シヌルグ
SINURGH
古代ペルシア神話に登場する半分が鳥で半分がドラゴン*のシームルグ*の別名。
文献78

シバクナ
ZIPACNA
グァテマラのキチェ族に伝わる神話に登場する巨人*。シバクナという名前は「大地を積み上げる者」と訳すことができ、地上の巨人のひとりとして聖典『ポポル・ヴフ』に描かれ、その行動が地上に住むすべてのものを脅かしたという。まもなく誰もが彼にうんざりして、地上から彼を退治する陰謀が企てられた。そしてシバクナは天界の英雄たちが仕掛けた罠に落ち、彼らはシバクナを葬ろうとその場所に建物を置いた。しかし穴があまり深くなかったので、シバクナはすぐに建物の下から起き上がり、建物を瓦礫の山にしてしまった。そこで英雄のフン・アフプーとイシュバランケーは山の下に大きなトンネルを掘り、奇妙なぜんまい仕掛けのカニを使って巨人をトンネルの底に誘い込んだ。巨人がやってくると、この超自然の英雄たちはシバクナの上に山を投げ降ろした。シバクナは今もそこで、その地方に地震を起こしている。
文献169
▷ ヨーツン

ジフィウス
ZIPHIUS
中世ヨーロッパの旅行記に登場する想像上の魚。ジフィウスは巨大な魚の身体を持つと言われる。しかしその頭はフクロウに似ていて、グロテスクな目をし、楔形のくちばしが大きく開いた口を覆っている。この奇怪な生物は、棲み家である北方の海で船を襲うと言われる。
文献7、89
▷ アスピドケロン、怪物、ザラタン

シー・ホッグ
SEA HOG
16世紀ヨーロッパの船乗りと旅行者の民話に登場する怪物*。大きな魚の体をしているが、体の前半部は猪であり、牙を持つとされた。
文献89
▷ 海の猪、海ののこぎり

シマルグル
SIMARGL
東欧のスラヴ民族の伝承に登場する半獣半

鳥。翼のある怪物*で、ドラゴン*に似ているが、鳥の特徴を持つとされる。世界のすべての植物の種のなる木の守護者であり、古代ペルシアのシームルグ*に由来する。
文献89、166
⇨　シモルグ

シームルグ
SIMURGH, SUMARGH, SIMARGHU, SIMURG

ペルシア（現在のイラン）やインド北部のカシミール地方の伝説に登場する巨鳥。のちにセーンムルウ*と呼ばれるドラゴン*に変身したという説もある。時には美しい羽毛を持つ鳥の姿に描かれる。ペルシア北部のアルブルズ山に棲む。その羽毛には治癒力があるとされ、重宝される。ほかの生物からは、この鳥は知恵と穏やかさを持つと見なされている。13世紀のある詩人が、シームルグをさがす旅に出た時のことをうたっている。別の伝説によれば、シームルグを捕まえたが、配偶者がそばにいる時だけしか歌わないので、かわりに鏡を見せたところ死んでしまったという。さらにほかの伝説では、寿命は1700年であり、子供が成鳥になったら、フェニックス*のように火のなかで死ぬ。アラブの伝説ではアンカ*と呼ばれている。
文献7、18、78、89、133
⇨　グリュプス、クレウツェット、シマルグル、シモルグ、チャムロッシュ、ピアロザル、ロック

シモス
SIMOS

ギリシア・ローマ神話に登場するサテュロス*のひとり。人間の顔、尖った耳、角を持ち、腰から上は毛深い人間の男の体だが、胴と足は山羊。酔っ払いの指導者シレノス*、酒の神ディオニュソス／バッコスに仕えた。森、山、田園に棲み、ニンフを追いかけた。粗暴な酔っ払いで性的快楽にふけり、好色、乱暴さといたずら好きで有名。こうした性格は名前に反映されている。シモスは「横柄」という意味。

文献7、14、24、89、125、160

霜の巨人
FROST GIANTS

北欧神話でフリームスルサル*やスルサル*としても知られる原初の巨人族。この巨大な生物たちは、永久に冬しかこない霜と氷と雪の地から生まれ、そこに棲む。彼らのなかで特に有名なのは、ヴァスティ*、ヒュミル*、フルングニル*、ベルゲルミル*、それに彼らのリーダーかつ巨人*の王であるスリュム*である。常に神トールと敵対していた彼らは、いつも女神フレイヤを誘拐しようとしていた。彼らは最終戦争ラグナレクでも大きな役割を与えられている。
文献47、78、127

シモルグ
SIMORG

ロシアとウクライナの民話に登場する半獣半鳥。翼のある怪物*でドラゴン*に似ているが、鳥の特徴と犬の頭を持つとされる。世界のすべての動植物の種がなる生命の木の守護者とされる。生命の木とその守護者は、島の上にいて、近づくものはすべて殺す獰猛な魚に守られている。その姿はよく装身具に描かれ、古代ペルシアのシームルグ*に由来する。
文献55、166
⇨　アンカ、グリュプス、クレウツェット、シマルグル、チャムロッシュ、ピアロザル、ロック

ジャイアント・ディスペアー（絶望の巨人）
GIANT DESPAIR
⇨　巨人ディスペアー

ジャイアント・ディンゴ
GIANT DINGO

「夢の時」神話において、アボリジニ（オーストラリア先住民）たちを震撼させた巨大な人食い怪物*。大蛇とともに多くの人間を襲う。難を逃れた者たちはすっかりおびえてしまい、火をおこして暖をとることも料

理をすることもできず、その部族は衰退していく。ヨコフリオウギヒタキ鳥男のジッタ＝ジッタとコマドリ男のクビリはこの怪物を殺そうと決意する。ふたりは風がちょうどよい方向に吹くまで待ち、ジャイアント・ディンゴの棲む洞窟の入り口で大きな焚火をたいた。ジッタ＝ジッタは猛然と洞窟に飛び込むとジャイアント・ディンゴに襲いかかり、その息の根を止めた。洞窟から出てきたジッタ＝ジッタが目にしたのは、恐怖に震えながら木の上に隠れているクビリの姿だった。臆病な自分を恥じたクビリは同じ方法で大蛇を退治し、人々の暮らしに平和が戻った。それ以来、人間たちを救ったヨコフリオウギヒタキとコマドリには天敵がいなくなった。
文献59

ジャイアント・ホールドファスト（留め金の巨人）
GIANT HOLDFAST
　イギリスの昔話『ジャックと豆の木』に登場する巨人*、あるいは人食いオーグル*。豆の木のてっぺんにかかっている雲の上に建つ城に棲んでいる。誘拐された王女と宝物庫の見張り番をしているが、ジャックにどちらも奪われる。
文献78
⇨　カンニバル（食人種）

シャイタン
SHAITAN/T
　イスラム教では、邪悪なオーグル*の仲間で、ジン(1)*の第3種とされる。ジン・イブリスとともに、シェイタンとも呼ばれる。煙の出ない地獄の猛火から作られた。さまざまな姿に描かれ、官能的な女、小鬼、野生動物、姿の見えない砂漠の風の声、竜巻などとされる。だが最も有名なのは、『アラビアンナイト』に描かれたオーグルや巨人*である。砂漠、荒地、四辻、市場をうろつき、不注意な人間を餌食にする。人間を騙して誘惑し、罪を犯させ、永遠に続く苦しみを与える。
　「シャイタン」という名前は、キリスト教で悪魔を表わす「サタン」から派生したものである。
文献64、78

シャヴァラー
SAVALA
　インドのヒンドゥー教神話に登場する宇宙の牛、カーマデーヌ*の別名。
文献24、112、133

ジャオ・ドゥアン（角端）
JIAO-DUAN
　中国の伝説と伝承に登場するチー・リン（麒麟）*。中国の一角獣*と同一のものとされ、好戦的な政策を廃止するようチンギス・ハンに警告するものとして13世紀に登場した。
文献18

ジャガー憑き
WERE-JAGUAR
　狼憑き*モチーフの一種で、南米の民話に登場する。
文献7、94
⇨　ジャガー・マン

シャガマウ
SHAGAMAW
　19世紀から20世紀初頭にかけて、米国の特にウィスコンシン州およびミネソタ州で、木こりや森林労働者たちの民間伝承に登場した生物。馬ほどの大きさだが、体の前半部と前足は熊のもので、後半部と後ろ足はヘラジカのもの。たいてい前足だけか後ろ足だけで歩き、その後、歩く足を変え、なわばりで狩りをする者を混乱させる。布地が大好物であるため、干しておいた洗濯物が夜間になくなっていると、木こりはシャガマウが近くにいるとわかる。親しみをこめてフィアサム・クリッター*と呼ばれる怪物*の一種で、その極端な姿や行動のせいで寂れた場所で聞こえてくる不気味な物音の説明に使われたり、キャンプの時の楽しい語り草にされたりした。
文献7

ジャガー・マン
JAGUAR-MAN

パラグアイを始めとするアマゾン川流域の伝説や信仰に登場する狼憑き*。普段は普通の人間と同じような姿をしているが、夜になると魔法の力でジャガーに変身して獲物となる人間にそっと忍び寄る。

文献24

邪眼のバロル
BALOR OF THE BALEFUL EYE
⇨　バロル

ジャシ・ババ
JAZI BABA

チェコの民間伝承に登場するババ・ヤガ*。

文献25、125、160

ジャターユス
JATAYUS

インドのヒンドゥー教神話に登場する、人間の頭を持つ巨大な想像上の鳥。ジャターユスはヴィシュヌ神の乗り物である聖鳥ガルダの子孫で、同様の鳥であるサムパティ*の兄弟にあたる。スリランカの魔神ラヴァーナに殺された。サムパティがその仇を討った。

文献112

魚虎（鯱）
SHACHI HOKO

日本の伝承や伝説に登場する混成動物で、海龍*または飛龍。

文献81、89
⇨　東洋の龍

ジャッカル憑き
WERE-JACKAL

狼憑き*モチーフの一種で、アフリカ大陸の民間信仰に登場する。

文献94
⇨　狼憑き

シャック
SHUCK

イギリスの民間伝承に登場するブラック・シャック*の別名。

文献7、160

シャッグ・フォール
SHAG FOAL

イギリスのリンカンシャーの民話に登場する、超自然的な獣*。タッター・フォール*とも呼ばれる。毛むくじゃらの馬またはロバで、大きく獰猛な目を持つ。この恐ろしい生物は、暗い道で、ひとりで旅する者の後ろから現われる。だが、危害を与えるというより、ただ追いかけるだけらしい。

文献24、183
⇨　黒妖犬

ジャバウォック
JABBERWOCK, JABBERWOCKY

イギリスの学者、作家のルイス・キャロル（チャールズ・ラトウィッジ・ドジソン、1843～1898）の作品『鏡の国のアリス』に登場する怪物*。この怪物は物語に登場するのではなく、アリスが見つけて読もうとする本のなかの詩に登場する。鏡の国の本なので鏡文字で書かれており、鏡越しに見れば読めるのだが、アリスにはその内容がよく理解できなかった。そこで挿絵を担当したテニエルもまた、ジャバウォックの姿を想像してイラストを描いたのである。その詩の最初の一節は、作者ドジソンが自作の家庭内回覧誌に偽古英語の詩の試作として載せたものだった。次の一節にはジャバウォックの様子が次のように描かれている。

「子よ　ゆだんすな　ジャバウォックに
そはあごもて嚙み　爪もてひきさく」

「目を火ともやす　ジャバウォックが
なぶやえずりつつ　風まきおこし
ふかつき森より　あらわれいでぬ」

だがこれはジャバウォックが「きよらめくやいば」によってその命を絶たれるまでの姿を描写したものである。一方テニエルの描いたジャバウォックは偽のドラゴン*のような怪物で、コウモリの翼と蜘蛛の足に似た巨大な鷲の鉤爪を持ち、その途方もなく大きなドラゴンの尾はジャバウォックが姿を現わした森の奥へと続いていた。頭部には丸い目と切歯、ひげがあり、曲がった角が突き出ていて、悪魔のようだった。だがテニエルは、その鱗に覆われた巨体にチョッキを着せるというユーモアのセンスも持っていた。もともとこのイラストは口絵として使われるはずだったが、あまりに恐ろしすぎるため挿絵として文中に挿入された。

文献14、149、185

⇨ 蛇、ワイヴァーン

ジャラ・トゥラガ

JALA-TURAGA

インドのヒンドゥー教神話に登場する超自然的な怪物*。うら寂しい広い水辺に棲む、補食性の水馬と言われる。

文献112

⇨ ケルピー

ジャラピリ

JARAPIRI

オーストラリアのウィンバラカ地域に住む先住民たちの伝説と信仰に登場する怪物*。人間の上半身と蛇の下半身を持つと言われている。アリス・スプリングズの北西に位置するウィンバラカに棲み、やがてその土地の一部となった。

文献166

ジャル

JALL

エアレー*として知られる中世ヨーロッパに伝わる想像上の獣*の別名。

文献89

シャルー

CHATLOUP

中世ヨーロッパの伝説に登場するカロプス*の別名。

文献7

シャルブロット

CHALBROTH

フランス文学に登場する巨人*。フランソワ・ラブレー（1494～1553頃）が、『パンタグリュエル』（1532）のなかで、パンタグリュエルの系譜に祖先として入れている。シャルブロットはカインが殺したアベルの血によって繁殖した西洋カリンの果実を食べて生きていたとされている。ラブレー作品の語り手、アルコフリバス（「フランソワ・ラブレー」のアナグラム）の主張によれば、シャルブロットの子孫はノアの洪水を生き延びた。彼の子孫のウルタリー*が箱舟の屋根に乗っていたからである。

文献173

⇨ アップ・ムウシュ、エティオン、カインの娘たち、ガッバラ、ガルオー、ガルガンチュア、ノア、ノアの子供たち、パンタグリュエル、ブレイエ、モルガンテ

シャル＝マル

SHAR-MAR

アルメニアの民話伝説に登場する巨大な蛇*。キング・オブ・ザ・スネークス*と呼ばれ、多くの蛇の従者をしたがえ、山の上の大きな洞穴に棲んでいた。伝説によると、プルトという若者が、暴風雨を避けるためにシャル＝マルが棲む洞穴に避難しなければならなくなったが、遠慮して入り口に身を寄せた。嵐が去ると若者は火をおこし、家族のために捕まえた獲物を料理し、少し食べただけで残りをシャル＝マルにお礼として差し出した。シャル＝マルは感心して、若者に宝石を与えた。家に戻ったプルトは、その宝石を売って借金をすべて返し、羊の群れを買い、何頭かをシャル＝マルに届けて感謝の意を表わした。シャル＝マルはプルトにふたつめの宝石を与

え、その宝石で、プルトは家族のために立派な家を建てて裕福に暮らした。だがすぐに、プルトの幸運が知れ渡り、キリキア（現在はトルコ）の王であるカイエンが、アダナにある自分の宮殿で仕えよとプルトを召し出した。カイエンはひどい痛みに苦しんでおり、プルトを通してシャル＝マルに治してもらおうとしたのだ。これはシャル＝マルにとって大きな危険となることを知っていたプルトは申し出を断わったので、王の言いつけに従えと王の家来から拷問を受けた。とうとうプルトはうなずき、シャル＝マルも、プルトがどれほどひどい拷問を受けたかを知った。シャル＝マルはプルトに、自分が与えた花を食べるように命じ、自分は別の花を食べた。シャル＝マルはプルトに、7年ものの葡萄酒を持ってくること、自分の首を切り落とすこと、そして体を埋めることを命じた。さらにシャル＝マルは自分の頭を使って、プルトに脳の左半分と右半分からそれぞれ煎じ薬を作るように命じた。プルトが薬をキリキア王のもとに持ってくると、王は侍医に試飲させることにした。そこでプルトが右半分の薬を侍医に飲ませると、侍医は即死した。プルトは王に、シャル＝マルが教えた飲み方を説明した。王は薬を飲み、痛みはたちまち消えた。こうしてプルトは、キリキア王の宮廷でも幸運に恵まれたのだった。

文献55

シャルルマーニュ
CHARLEMAGNE

フランク王国の王であり、ローマの皇帝であった皇帝シャルルマーニュことカール大帝（742〜814）はヨーロッパの数々の伝説で話題に上っており、アーサー王と同様に数々の民話の英雄である。シャルルマーニュは彼に仕えた戦士のロランと並んで巨人*と言われることが多いが、これはおそらく、堂々たる体躯に言及することによって威信を確立しようとする意図があったためだと思われる。彼は愛国心の象徴でもある。

文献143、173

⇨ アイノテルス、シュバル・バヤール、バラン、フィエラブラス

シャン
XAN

グァテマラのキチェ族に伝わる神話に登場する想像上の怪物*または獣。シャンは聖典『ポポル・ヴフ（Popul Vuh）』に出てくる。

文献169

シャンプ
CHAMP

ロッホ・ネス・モンスター*をネッシー*と呼ぶのと同様に、シャンプレーン湖の怪物*に付けた縮小形の愛称。シャンプはカナダのケベック州と米国のバーモント州にまたがる湖の住人である。この湖の怪物は極端に長く（9mほど）、蛇の形で、太い胴があり、時として瘤が見られ、頭部が馬に似ているなどと言われてきた。この怪物を見たという話は17世紀のフランス人探検家サム・デ・シャンプランの頃からいくらでもあるが、湖の名も怪物の名もシャンプランの名に由来しているにもかかわらず、シャンプラン自身による目撃報告はない。注目すべき事項には、1970年代から80年代にかけての地元民による目撃報告や撮影写真のほかに、1939年にラウジズ・ポイントで漁船が襲撃された事件などがある。シャンプレーン湖の米国側のポート・ヘンリーという町では「シャンプ係」が設けられ、その人が観光客の前に駆り出されるのがこの町の呼び物となっている。

文献78、133

シャン・ホイ（山獝）
SHAN HUI　さんき

中国の伝承に登場する混成怪物。巨大な犬のように見え、人間の頭が付いている。非常に足が速く、行く手をふさぐ者を片端から排除し、人間を恐れることがない。また未来を予告するこの怪物*は、台風が近づくと姿を現わすと言われている。978年に完成し、981年に刊行された『太平広記』として知られる

類書集成にも登場している。
文献18

シャン・ユン
SHANG YUNG

中国の伝承と伝説に登場する鳥。足が1本しかない巨鳥。干ばつの時に呼ばれるが、雨が降ることも警告する。伝説によれば、あるシャーマンがシャン・ユンを飼いならし、オウムのように自分の腕に止まらせて連れて歩いていた。別の伝説では、シャン・ユンが斉の王子のもとへ飛び、王子は孔子の教えに従って運河と排水路を作った。しばらくして斉は洪水の災害を免れることができた。
文献18、78

シャン・リュウ（相柳）
XIANG LIU

中国の伝承に登場する恐ろしい怪物*。蛇*の体に9個の人間の頭を持つ姿で描かれ、どこに行くにも黒いドラゴン*、ゴン・ゴン（共工）*と一緒である。彼らの排泄物が湖や川を臭い湿地に変えてしまう。
文献125、160

ジャン・ロン（張龍）
ZHANG LONG

中国の神話や伝承に登場するドラゴン*。伝説によれば、ジャン・ロンは、もとは中宗の時代（684）の大変有能な執政官だった。その篤信によって誰からも、ことに妻と息子たちからは深く尊敬されていた。しかし、彼が地元の寺院で夜を過ごすことが次第に増えていくのが、周囲の注目を集めはじめる。ある朝、帰宅した時に息子たちに尋ねられ、ジャン・ロンは、自分がよそよそしく元気がない理由を打ち明ける。彼は守護ドラゴンに変身して、他のドラゴンから挑戦を受けていたのだった。彼は息子たちに、来るべき戦いで相手のドラゴンを倒す手助けをしてほしいと頼む。息子たちは承諾し、父とともに寺院へ行った。息子たちがそこで父を見分けるには、前もって教えられていた赤いリボンだけが頼りだった。息子たちは弓矢を構えて狙いを定め、相手のドラゴンを射貫く。父はこの時から地域の守り主として寺院にとどまった。厳しい干ばつの被害から守られていることに感謝していた地元の人々は、707年にこの寺院にジャン・ロン（張龍）を祭ったらしく、894年と1091年には寺院の拡大を行なった。
文献180
⇨　東洋の龍

シュイ・イン
SHUI YING

中国の伝説に登場するフォン・フアン（鳳凰）*、フェニックス*の別名。
文献81

祝福されたブラン
BRAN THE BLESSED
⇨　ブラン

シュクラケン
SYKRAKEN

スカンディナヴィア半島北部の伝承伝説に登場する海の怪物*。クラーケン*という名でより有名。
文献89

シュバル・バヤール
CHEVAL BAYARD

フランスのノルマンディー地方に伝わる超自然的な水棲の怪物*で、人や馬の姿で現われる。シュバル・バヤールは川の土手や水たまりや湿地帯に棲息する。馬の姿で現われた時は、向こう見ずな人間をそそのかして背中に乗せ、相手が腰を下ろしたとたんに、水や藪のなかに振り落とす。ある物語によれば、シュバル・バヤールは美しい若者の姿になって百姓女のもとへと足繁く通っていたが、そのうち女の夫に見つかってしまった。嫉妬した夫は鉄の棒をキッチンの火で焼いて、妻の衣服に身を包んで妻の糸車の前に座り、シュバル・バヤールを待っていた。まもなく部屋にやってきたシュバル・バヤールは、甘い言葉

で「彼女」の名を尋ねた。夫は「わたし」と答えて、真っ赤に焼けた鉄の棒をこの化け物めがけて投げつけた。化け物は大声で仲間を呼んだ。駆けつけた仲間たちに誰に襲われたのかと尋ねられ、シュバル・バヤールが「わたしに襲われた」と答えると、仲間たちは自分で勝手にひどい目に遭った彼を非難し、離れていった。

文献15、159

⇨ アッハ・イーシュカ、カーヴァル・ウシュタ、ケルピー、ネウグル、ネッケン、バイヤール

シューピルティー

SHOOPILTIE

　シェットランド諸島とブリティッシュ諸島の伝説と伝承に登場する水棲の怪物*。マン島のカーヴァル・ウシュタ*や、スコットランド高地のアッハ・イーシュカ*に似ている。たいていは海辺で跳ねる子馬の姿で見られるが、馬の耳をしたハンサムな若者の姿にもなる。不注意な人間を誘惑して自分の背に乗せたら、水のなかへと疾走し、獲物を食べる。

文献24、25、60、160

⇨ ケルピー、ニクス

ジュマー

JUMAR

　ロバと牡牛のあいだに生まれたとされる怪物*。16世紀のイギリス人作家ジョン・バプティスト・ポータによる『自然の魔力（Natural Magick）』に登場する。想像上の怪物ではあるものの、当時の読者たちの心をつかんだ。

文献7

シュミル

SYMIR

　古代ペルシアで、同時期にいたセーンムルウ*と同じ鳥だとされる。

文献89

シュムー

SHMOO

　20世紀初めに米国の漫画シリーズに登場した生物。ソーセージ型またはハム型の生物で、甘ったるい顔にいつも笑いを浮かべ、何も食べないのに数が増え続けている。必要な時に、新鮮な牛乳、バター、卵を作り出せる。飢えた人間に見つかったら、喜んで体を差し出す。茹でるとチキン風味だが、焼くとステーキの味がして、皮は上等なレザー製品となり、目も飾りボタンとなる。

　アル・キャップが、リル・アブナーを主人公とする漫画『ドッグパッチ』で作り出したキャラクターで、ほかのそうしたキャラクターと同じく、窮乏を体験した人々に、すべてを与えてくれる存在である。

文献7、24

⇨ アウズフムラ、ウォリックの赤牛、カーマデーヌ、グラス・ガイブェアニーア、シャヴラー、フィアサム・クリッター

ジュラワドバド

JURAWADBAD

　オーストラリア北部のアルンヘムに住む先住民、グンウィング族の「夢の時」伝説に登場する蛇人間。ジュラワドバドはある人間の女性を妻にしたいと願うが、彼女は彼を拒み、そのうえ彼女と母親の両方から笑いものにされる。ほどなくしてその若い女性はブルグという水棲の蛇人間と恋仲になり、正気を失ったジュラワドバドは復讐の計画を立てる。母娘が食べ物を探していたところ、彼はなかが空洞になった大きな丸木のなかにするするとすべりこんだ。娘は目を凝らして空洞をのぞきこみ、食べ物を探した。ジュラワドバドは目を閉じて、丸木のなかにいかにも食べ物が隠されていそうな雰囲気を装ったが、母親がのぞきこんだ時に思い切り目を見開いたため、母親は空洞が向こう側まで突き抜けて太陽の光が漏れているのだと信じ込んだ。そこで母娘は丸木のなかに手を差し込んで食べ物を取ろうとしたが、ジュラワドバドはその手に噛みつき、ふたりとも殺してしまった。この話

はルウパル儀礼において雨乞いの儀式として演じられている。
文献38、133

ジュリック
JURIK

インドネシアのスンダ地方に住む人々の伝説と信仰に登場する、空飛ぶ怪物*。凶暴なドラゴン*あるいは蛇*の姿をしており、夜空を飛ぶと言われている。
文献113
⇨ アイトワラス

シュレン
SYREN

中世ヨーロッパの動物寓話集に描かれた蛇*。セイレーン*に由来する名前。翼のある白蛇*で、獲物を捕まえて食べる。アラビア半島に棲むとされた。
文献185

ジュン（橻）
JUN

中国の伝説と文学伝承に登場する東洋の一角獣*の一種。
文献81

ジョーヴィス・サーガ
JOVIS SAGA

イタリアの修道士であるヴィテルボのアンニウス（ジョヴァンニ・ナンニ、1432頃〜1502）が著わした世界史におけるノア*の別名。
文献174
⇨ 巨人、ニンブロトゥス

ジョーヴィス・ベルルス
JOVIS BELLUS

ニンブロトゥス*の息子とされる巨人*。イタリアの修道士であるヴィテルボのアンニウス（ジョヴァンニ・ナンニ、1432頃〜1502）が著わしたノア*の時代から始まる世界史中に登場する。
文献174

嫦娥
⇨ チャン・オ（嫦娥）

聶耳国の民
⇨ ニエ・アル・クオ・ヤン

ショウジョウ（猩猩）
SHOJO

日本の伝説と伝承に登場する野生人。人間に似た姿をしているが、肌色は赤または桃色で、長く赤い髪をして、海草を身にまとっている。水陸両棲で海底に棲む。医療と薬草に詳しく、悪人には毒となるが善人には美酒となる白酒を作るとされる。
文献113
⇨ 人魚、マーメイド

女媧
⇨ ニュ・ワー

ジョカオ
JOKAO

米国の先住民のイロコイ族とセネカ族の文学伝承と信仰に登場する人食い巨人。「石をまとう人」とも呼ばれるが、これは人間に似たその巨体がびっしりと石板で覆われているためで、この石が彼らの力の秘密である。冬という季節が生み出した巨人*であるとも言われているが、別の説もある。特に寒さの厳しいある冬、世界は飢饉に襲われ、北方のある村では人々が仲間や家族を食べはじめた。生き延びた人々は川を渡って暖かい南方へと逃れたが、村に残った者たちはやがて怪物*に変身し、体中が石で覆われてしまった。自分が怪物に変化してしまったことを悟ったひとりが川までたどり着いたが、水が怖くて河を渡ることはできなかった。カヌーに乗ったひとりの男に助けを求めたところ、体が温まるようにと熱い鹿の脂を手渡された。それを飲み干すと石の覆いがはがれ落ち、自由の身になることができた。ジョカオと「邪悪な仮

面」を関連づける儀式や伝説は数多い。
文献77
⇨ カンニバル（食人種）

ショールム
SJØORM

　ノルウェーの伝説と伝承に登場する大きな海の蛇*。19世紀まで、このリンドオルム*蛇は地上の蛇として卵からかえると信じられていた。食欲旺盛で、成長するにつれてますます大きな獲物をとるようになり、とうとう地上では獲物を見つけられなくなった。ようやく大量の水を見つけ、そこに居を定め、さらに膨張し、怪物*の大きさとなった。
文献134

女郎蜘蛛
SPIDER-WOMAN

　日本の伝説に登場する巨大で邪悪な蜘蛛*。山のねぐらに棲み、ふたりの老人を召使としている。伝説によれば、源頼光と家来の渡辺綱が、夜遅く歩いていて、ある廃墟に近づいた時、頭蓋骨が廃墟のなかに飛んで入っていくのを見た。その謎を解き明かそうとした頼光は、美しい女によって、ねばねばした巣に捕まえられた。女が彼をからめとろうとしたので、頼光は剣で刺し、巣はやぶれて女は逃げ出した。家来の綱が主人を助け出し、ふたりで廃墟を捜索し、ついに巨大で醜い白い蜘蛛が死んでいるのを見つけた。その腹からは、頼光の剣の先が突き出ていた。蜘蛛の腹が裂けて、最初に犠牲者の頭蓋骨、次に蜘蛛の子が出てきた。蜘蛛の子を1匹ずつ殺し、その地域は女郎蜘蛛の災難から救われた。
文献113
⇨ ウンゴリアント

シー・ライオン
SEA-LION

　ヨーロッパの紋章に使われる混成怪物。獅子の頭と前半部を持つが、後半部は大きな魚の尾に似ている。
文献5、68

ノルウェー民話に登場する海の怪物、ショールム

ジーラッハ
DIREACH, DITHREACH

スコットランド高地の伝説と伝承に登場し、ジーラッハ・グレン・エイチ*とも呼ばれる巨人*。ジーラッハは身体のバランスがひどく不均等な人型怪物で、足が一本しかなく、手も胸から突き出した一本だけであり、頭部には目がひとつだけ、それからてっぺんに剛毛が一房付いている。この不気味な怪物はバラッハリッシュの近くにあると言われるエイチ（Eiti または Eitidh）谷に棲んでいる。

文献7、128
⇨ ネスナス、パレスムルト

ジーラッハ・グレン・エイチ
DIREACH GHLINN EITIDH

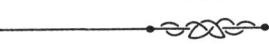

⇨ ジーラッハ

ジリトラット
GILITRUTT

ガリー・トロット*と呼ばれるイギリスのサフォーク州に出没する妖犬の別名。

文献24、96、160、170

シリン
SIRIN

ロシアの伝説と民間伝承に登場する鳥。明るい色の羽毛を持つ鳥だが、頭は美女。天から降りて、真に祝福された者にだけ、甘い歌声を聞かせる。こうした報いを受けた者は、歌を聞きながら何もかも忘れて死んでいく。名前も、歌声が及ぼす結果も、ギリシア・ローマ神話のセイレーン*に由来している。アルコノスト*と対をなす。

文献55
⇨ アンカ、ザグ、パルテノペ、ハルピュイア、プティツィ・シリニー、ポダルゲー

シルウァニ
SILVANI

ギリシア・ローマ神話に登場するサテュロス*の別名。森、山、田園に棲むので、「森の人」や「荒野の人」という意味のシルウァニという名前で呼ばれた。シルウァニはニンフたちを追いかけた。粗暴で、酔っ払って性的快楽にふけることや、好色、乱暴、いたずら好きで有名。よく知られた姿は、人間の顔、尖った耳、角、腰から上は毛むくじゃらの人間の男で、胴と足は山羊のもの。酔っ払いの指導者シレノス*と、酒の神ディオニュソス／バッコスに仕えた。

文献20、24、78、120、125、133、148、161
⇨ サテュリスキ、シレノス族

シルシュ
SIRRUSH

メソポタミアのバビロニア神話に登場するサーペント・ドラゴンのムシュフシュ*の別名。ティアマト*の群れにいる多くのドラゴン*の１匹。

文献7、89、136
⇨ 蛇

シルブンク
SCHILBUNG

ドイツの伝説に登場する巨人*。ニーゲルング*とともに、山、森、峡谷などの荒野に棲む12人の巨人を統べる巨人の王のひとり。『ニーベルンゲンの歌』には、彼らの不平のつぶやきや唸り声が、どんなふうに落石、洞穴の物音、急流などを引き起こすかが語られている。

文献139

シレナ
SIRENA

シレナには２種類ある。

（1）スペインの伝説と伝承に登場する人間型の怪物*。スペインの北西沿岸では、「ラ・シレナ」はマーメイドである*。ギリシア・ローマ神話のセイレーン*から派生したらしい。

（2）中世ヨーロッパの動物寓話集に登場する蛇*。Syren とも綴る。翼のある白蛇で、アラビア半島に棲み、獲物を捕まえて食べる。大変危険であり、獲物を追う時、地上では馬

よりも速く疾走し、飛べばもっと速い。動物寓話集では、大変猛毒を持つので、噛まれた人は痛みを感じる前に死んでしまうとされた。
文献10、14、139、169、182

シレノス
SILENOS, SILENUS

ギリシア・ローマ神話に登場する。サテュロス*に似るが、より老いているとされる。エジプトの守護霊ベスに由来する可能性もある。酔っ払いの太った老人で、ディオニュソス／バッコスにつき従う。のちの神話では、年長のサテュロスはすべてシレノス族*と呼ばれた。大変滑稽な性格だが、過去と未来を見通せた。シレノスをしばりつけることができた人間は、自分の運命を教えてもらえた。シレノスとサテュロスたちは、よくルネサンスの絵画に描かれた。
文献20、28、78、120、124、125、139、166

シレノス族
SILENOI (pl.), SILENI (pl.)

ギリシア・ローマ神話に登場する人間型の種族。サテュロス*は下半身が山羊だが、シレノス族は下半身が馬で、馬の耳や尾を持つ。指導者はシレノス*で、シレノス族の父ともされる。後のローマ神話では、サテュロスと同じものとされた。
文献61、78、125、160、166、169、178
⇨ カリカンツァリ

白い胸
WHITE CHEST

チリのアラウコ族の伝承と信仰に登場する奇怪な水棲の蛇*。アルミネ湖に棲む狐蛇として知られる怪物*に属する。白い胸は非常に強く、同種の他の怪物と同じく水辺に水を飲みに来る家畜を捕まえて食べる。
文献134
⇨ グリリヴィル

白ヒョウ
WHITE PANTHER

米国の先住民ワイアンドット族の伝承と信仰に登場する湖の怪物*。エリー湖に近いヒューロン川でこの怪物が出現した事件から、あるカルトが始まった。水上に光り輝く光景が見え、続いて水面が大きく荒れ、雷鳴と稲妻が同時に起こった。そのあとワイアンドット族の猟師の一団は捧げ物をした。すると水のなかから純白の豹が現われたのである。猟師たちはその生物を撃ち、矢でできた傷から貴重な魔法の血を集めた。その血が、彼らが結成したカルト集団の中心になったのである。薬包に入れた白豹の乾いた血を用いて、その集団は動物にしろ人間にしろ捕った獲物に特殊なまじないをかけた。18世紀の頃にはもうヨーロッパ人にこれは魔術だと言われ、集団は悪魔の崇拝者として非難された。この状況はふたりの女性が殺害されたこととセネカ族と同盟したことにより激化し、大規模な迫害が行なわれた。特定の薬包を持つ人間は皆処刑され、結局白ヒョウのカルトは急速に衰えた。
文献134

ジン(1)
DJIN/N

恐ろしい姿をとりうる超自然的存在の一種。イスラム教の信者、特に北アフリカのサハラ地域と地中海沿岸北部と東部の国々で語り継がれ信じられていた話に目立ってよく登場する。この名前は、ジェン(Dgen)、ドゥジェン(Dschin)、ジーニー(Genie)、ジン(Ginn)、ジャン(Jann)、ジン(Jinn/i)、ジン(Jinnee)、ジュヌン(Jnun)などさまざまな綴りがある。イスラム教の伝説によれば、アッラーがサハラの風（サイムーン）からこの生物を創造した。最初はタラヌシ*がほかのジンたちを支配していたが、反乱が起きてからはアザゼルとイブリスが最も脅威的なジンのリーダーとなり、ほかのジンたちを率いて暴力を行使し、ほかのあらゆる生物に災厄をもたらすことに没頭した。

ジン(1)

ジンのダンハセとその犠牲者

　ジンは文化によってさまざまに描写されており、各文化のなかで信仰体系の一部となっている。たいていは巨大な人間の姿をとるが、目に見えない場合もあれば、別の姿、たとえば巨大で不気味な獣などの姿をとる場合もある。また、美しいことも、醜悪に変形した姿のこともある。美女に変身したジンは、縦に並んだ目と山羊や駱駝の足で見分けることが

225

できる。だが見分けられるほどジンに近づいた人間は、たいてい助からない。善良なジンと邪悪なジンがいるが、いずれにしても信用することはできない。ジンは海岸であれ水源地であれ孤島であれ、とにかく人のいない寂れて荒れ果てた場所に棲み、そこでひとりまたは集団で、人間社会に災難を引き起こす。『アラビアンナイト』には、ジンについての最も有名な描写がある。

　善良なジンは、人間と恋をして子供を作ることがある。生まれた子供は、壁を抜けたり空を飛んだりでき、年を取るのが大変遅い。ジンは、好意を持った人間や自分を支配する魔法使いに、大きな富や美しさや素晴らしい宝を与える。ジンが嫌う相手や悪意を向ける相手には、災難、悪夢のような苦痛、恐ろしい死をもたらす。

　【モロッコ】　モロッコのジンはさまざまな姿で伝えられているが、その多くはグロテスクな獣か醜い人間である。ジンは暗くひと気のない所や、水源地に棲む。彼らは3タイプに大別でき、地のジンは下水溝、洗い場、洗面所、墓地、廃墟に棲む。大変怒りっぽく、人間が下水溝や建物の基礎を掘る時に正しい手順を踏まなければ、恐ろしい仕返しをする。水のジンは川、泉、井戸のそばに棲み、特に悪意を人間に向け、人間を殺すのがおもしろくて水中に誘い込む。木のジンは樹木に棲み、たいていは人間に好意的で、木陰で人間を憩わせてくれる。ただしイチジクの木は例外である。イチジクのジンは、争いあうよう人間をそそのかすので、イチジクの木陰では休まないほうがよい。

　【エジプト】　エジプトの信仰ではジンは人に敵対的で、高いところから石つぶてを投げつけるとされている。めったに見られることはないが、それは彼らが普通はつむじ風の姿で砂漠を移動しているからである。ジンは女性や子供を誘拐し、すべての人に暴力をふるう。彼らを退けるにはアッラーの名を唱えるとよい。流れ星は彼らの活動に対する神の懲罰であるとされる。

　【セルビア、アルバニア】　ジンは悪しき怪物的生物で人里離れた山や森に棲むとされる。彼らを敬わない不注意な旅行者は恐ろしい目に遭い、破滅させられる。スクタル湖近くではそうした記録が多い。
文献20、62、74、107、122、124、125、146、160、161

⇨　アイチャ・カンディダ、アフリト、シディ・ハモウ、ジン（2）、チャールマロウチ、ディフ・エッレビ、マエツトダルルードゥー、ムーレイ・アブデルカデル・ジラニ、ラッラミラ、レドジャル・エル・マルジャ、

ジン(2)
JIN, JINN/I
　サウジアラビアの伝承と信仰に登場する超自然的存在の怪物*。預言者ムハンマドに帰せられる伝承によると、ジンには以下の種類があるという。

(1) 地底で暮らし、蛇*などに姿を変えて現われる怪物
(2) 黒妖犬*の姿で現われる怪物
(3) 翼を持ち空を飛ぶことができるホファファ*
(4) 人間を食い殺すソラ*

　夜にのみ現われるジンはゴール*、水棲のゴールはガーワス*と呼ばれるという。
　排泄物やゴミ、清掃を要する場所、墓といった場所には必ずジンが棲んでいる。
　Jinという綴りは西マレーシアのムラユ語（マレー語、マライ語）のもので、他のイスラーム世界ではDjinn（ジン(1)*）と綴る。
文献79、80

ジン・カラジャーン
JIN KARAJA'AN
　西マレーシア（マレー半島）のマレー人の信仰に登場するジン(2)*。ジン・カラジャーンは国土のジンであり、ジン(2)の王であるサング・ガラ・ラージャ*の支配下にある。
文献166

ジン・グンダン
JIN GENDANG

　西マレーシア（マレー半島）のマレー人の信仰に登場するジン(2)*。「王家の楽器」を守護するジン・グンダンは、その任務からジン・カラジャーン*と呼ばれる国土のジンと関連づけられる。ジン(2)の王であるサング・ガラ・ラージャ*の支配下にある。

文献166

シン・シン（猩猩）
XING XING

　中国の伝承伝説に登場する怪物*。体は黒猪だが、人間の頭を持つか、体の両端にそれぞれ頭を持つとされる。978年に完成し981年に出版された『太平広記』として知られる類書集成に書かれている。

文献7、18

⇨　アンフィスバエナ

ジン・セムブアナ
JIN SEMBUANA

　西マレーシア（マレー半島）のマレー人の信仰に登場するジン(2)*。「王家の武器」の守護霊であるジン・セムブアナは、その任務からジン・カラジャーン*と呼ばれる国土のジンと関連づけられる。ジンの王であるサング・ガラ・ラージャ*の支配下にある。

文献166

シン・ティエン（刑天）
XING TIAN　けいてん

　中国の伝承や伝説に登場する人間に似た怪物*。超自然的な生物で牧野の戦いで神と戦った末に首を切り落とされた。人間の姿をして二本足で歩行するが、へその部分に口が、胸の部分に目が付いており、ギリシア神話に登場するアケファロス*にも似ている。失った頭を探して中国の低木地帯をさまよう不運の怪物だが、人間に出くわすと斧や盾を振り回してひどく攻撃的になるという。

　978年に完成し、981年に発表された『太平広記』として知られる類書集成に登場する。

文献7、18

⇨　エワイパノマ、ブレムミュエス

ジン・ナウバット
JIN NAUBAT

　西マレーシア（マレー半島）のマレー人の信仰に登場するジン(2)*。「王家の楽器」の守護霊であるジン・ナウバットは、その任務からジン・カラジャーン*と呼ばれる国土のジンと関連づけられる。ジンの王であるサング・ガラ・ラージャ*の支配下にある。

文献166

ジン・ネムフィリ
JIN NEMFIRI

　西マレーシア（マレー半島）のマレー人の信仰に登場するジン(2)*。ジン・レムピリ*とも呼ばれる。「王家の楽器」の守護霊であるジン・ネムフィリは、その任務からジン・カラジャーン*と呼ばれる国土のジンと関連づけられる。ジンの王であるサング・ガラ・ラージャ*の支配下にある。

文献166

ジンバルド
ZIMBARDO

　イタリア文学における巨人*。スカンディアーノ伯爵であるマッテオ・マリア・ボイアルド（1434～1494）が書いた『恋せるオルランド（Orlando Innamorato）』に登場する。

文献174

シンヒカー
SINHIKA

　インドのヒンドゥー教神話に登場する女のドラゴン*。猿神ハヌマーンの敵。ハヌマーンは、シンヒカーの口のなかに飛び込み、彼女の腹を引き裂いて外に飛び出して殺した。

文献78

シン・ヨウ
SIN YOU

　中国の伝説に登場する一角獣*の別名。

文献81
⇨ シェ・ジー（獅豸）

ジン・レムピリ
JIN LEMPIRI
⇨ ジン・ネムフィリ

∞ ス ∞

ズー
ZU
　古代メソポタミア、シュメール、バビロニアの神話に登場する大きなドラゴン*または嵐の鳥。シュメールではアンズー*と呼ばれた。ライオンの体に鷲の頭を持つとか、鷲の体にひげのある人間の上体が付いているとか、さまざまに描かれる。この怪物は奇怪なティアマト*の従者である。ズーは聖なる天命のタブレットを神エンリルから盗んだ。エンリルはその書板の力を借りて天地万物を治めていたのである。ズーは高く舞い上がりサブ山の頂上に行き、少しも書板の力を知らずに、自分の巣にそれを卵のようにしまった。エンリルは取り返すために息子のニヌルタを行かせた。しかしどんな脅しも効かなかったので、ニヌルタはこの怪物を雲で取り囲んでつかみ、その翼を引きちぎり、首を切った。こうして天命のタブレットはエンリルのもとに戻った。
文献7、47、89、125、133、166

ァサール・ァイス・ゲヴネウィド
LLASSAR LLAES GYFNEWID
　ウェールズの伝説や民間信仰に登場する巨人*。女巨人*のカミダイ・カメインヴォス*の夫で、ふたりで不死の大鍋を守っていた。ふたりを殺そうとした炎を逃れ、結局はその魔法の大鍋をブラン*に贈った。
文献128

ァムヒギン・ア・ドゥール
LLAMHIGYN Y DWR
　ウェールズの民間信仰に登場する恐ろしい水棲の怪物*。名前は「水を飛び跳ねるもの」を意味し、尾のある巨大なヒキガエルで、足の代わりに大きな翼がある。非常に邪悪で有害な怪物。魚が豊富で、近くには草を食む羊がいるような川の土手や泥の浅瀬に棲息した。釣り人を甲高い叫び声で驚かして釣り糸を切ることを好み、水中に落ちると死ぬまで引きずり回し、水底の泥のなかで食べた。釣り人がいない時には、土手にいる羊の関心を引き、水のなかにおびき寄せて食べた。
文献24、84、160

スィアチ
THJAZI
　北欧神話に登場する巨人*。スィアチは「氷」という意味。彼はフリームスルサル*または霜の巨人*のひとりである。カーリ*の息子であり、スカジ*、ベリ*、スリュム*の兄弟である（スカジを彼の娘とする話もある）。スィアチはたいてい、巨大な鷲の姿をしている。アース神族のヘーニルとロキとオーディンが牛を料理しているのに出会った時も、鷲の姿だった。スィアチは神々を騙してその牛をほとんど飲み込んでしまった。ロキが槍で突き刺すと巨大な鷲のスィアチはロキをぶら下げたまま、空に舞い上がった。そしてイズンを巨人のもとに連れてくると約束してようやく、ロキは地上に降ろしてもらった。イズンはブラギの妻で、アース神族に不死を与えるリンゴの守り手であった。彼女とそのリンゴがスィアチのところに運ばれた。しかしトリックスターのロキは、イズンと不死のリンゴを取り戻さなければ神が初めて死ぬことになると脅されて、自分も鷲に変身して取り返しに行った。鷲の姿のスィアチがロキを追いかけてくると、神々は火をおこした。スィアチは羽根を焼かれて地面に墜落し、トール神に殺された。トールがこの巨人の大きな眼球を天に放ると、それは星になった。
文献24、61、125、133、139

⇨　ブラッグ

水棲牛
WATER-BULL

　スコットランドの伝承に登場する奇怪な生物。水棲牛は牡牛の姿をしているが、全身が真っ黒でぬるぬるした気味の悪い様子をしている。人里離れた湖に棲むと言われ、そこには水棲牛と普通の牛とのあいだに生まれた耳の裂けた牛がいる。

文献7

⇨　怪物、コルクフルアサスク、タイルブ・ウーシュカ、ワリェッペン

水中のヒョウ
UNDERWATER PANTHER

　米国の先住民の伝承と信仰に登場するミシピジウ*の別名。

文献134

スイラ
SUIRE

　アイルランドの民間伝承に登場するメロー*の別名。

文献21、24、25

⇨　マーメイド

スイリャハ
SUILEACH

　アイルランドの伝承と信仰に登場する怪物*。巨大な湖の怪物で、頭に多数の目を持ち、ドニゴール県のロッホ・スウィリー（湖）に棲むとされた。流域に災いを及ぼしていたが、一説によれば聖コルム・キレ（521～595）に打ち負かされ、その後、二度と姿を見られていない。

文献78、89、134

⇨　ドラゴン、ロッホ・ネス・モンスター、ワーム

スィングト
THINGUT

　中世ヨーロッパに伝わる伝説や伝承に登場する怪物*。チチェヴァチェ*という名でも知られているこの女怪物は、惨めな表情を浮かべた人間の顔を持つ栄養不良の牝牛として描かれる。「スィングト」という名は16世紀に流布した。

文献7

スヴァジルファリ
SVADILFARI, SWADILFARI

　北欧神話に登場する巨大な魔法の馬。巨人*の主人フリームスルサル*をアース神族の地アースガルズへ運んだ。アース神族は、アースガルズを防護壁と門で囲んで守ろうとしていた。巨人は、女神フレイヤを妻に、そして太陽と月ももらえるなら、1年半で壁と門を作ると申し出た。アース神族は、ロキに説得されて、ひと冬で砦と門を作れるならと、この申し出を受けることにした。期限が短くなったので、スヴァジルファリも主人の仕事を手伝えることになった。愛馬に助けられた主人は、大変はやく仕事を片づけていったので、アース神族は、喜びの女神を失ってしまうかもしれないと恐れた。また、太陽と月の光が世界からなくなれば、世界は滅びるだろう。そこでアース神族はロキのもとへ行き、仕事の完成を邪魔する方法を考えろと脅した。朝になって巨人が仕事を始めた時、森のはずれきれいな牝馬がいないているのを見て、愛馬の注意がそれた。牡馬は牝馬を一日中追いかけ、ようやく結ばれたが、巨人は一日中愛馬を追いかけていたので、仕事にならなかった。夜がきて、2頭のあいだに魔法の馬スレイプニル*が生まれた。そして牝馬に化けていたロキは、もとの姿に戻った。仕事は遅れ、巨人は期限内に仕事を達成できなかった。巨人は復讐を企てたが、トールに魔法のハンマーのミョルニルを投げつけられて殺され、頭を粉々に砕かれた。

文献61、127、139

⇨　ヨーツン

スヴァラ
SVARA
　アルメニアの伝説と伝承に登場するドラゴン*。巨大な黄色いドラゴンで、頭には大きな角、耳、牙があり、人間の腕も持っていた。あたりのすべてのものに毒を注入していたが、英雄クルサースパに退治された。
文献7
⇨　東洋の龍

スウィダウク・ゴウィンニヤト
LLWYDAWG GOUYNNYAT
　アイルランドとウェールズの伝説と伝承に登場する巨大な猪。トゥルッフ・トゥルウィス*の息子で、他の兄弟も一緒にアイルランド全土を荒らした。そこへ英雄アーサー王がこの怪物たちの退治のために招かれ、3度にわたって激しい戦いが繰り広げられた末、獣たちはアイルランドから追放された。これにひるむことなく、巨大猪族はアイリッシュ海をウェールズ海岸まで泳ぎ、そこで再び破壊に専念した。アーサー王と英雄の騎士たちは獣を追ってワイ川を渡り土地を横切った。多くの戦士が猪を突き刺して、一頭ずつ殺し、最後にはトゥルッフ・トゥルウィス*と息子の銀の剛毛を持つグルギン*とスウィダウクが残った。激しい戦いは続き、グルギンは多くの戦士を殺したが、疲れきってとうとう倒された。スウィダウクはアストラッドまで進み、できるだけ多くの追跡者を殺したが、最後に力つきた。
文献105
⇨　グリンブルスティン

スヴャトゴール
SVYATOGOR, SVIATOGOR
　ヨーロッパとロシア双方のスラヴ民族の神話に登場する巨人*。ヨーロッパの伝承のほとんどの巨人やオーグル*と同じく、力くらべをしたという話が残っている。馬に乗って出かけていた時、スヴャトゴールは地面に落ちている袋を見つけ、中に何が入っているのだろうと思った。かがんで袋を拾おうとしたが、袋が大変重かったので、馬から下りた。いくら力をこめても袋は持ち上がらなかったが、とうとう袋が膝のところまできた。その時、袋が持ち上がったのではなく、自分が地面にめりこんでいたことに気づいた。その後、どれだけ力をこめてもその場所から身動きできず、飢え死にした。
　ロシアの伝説では、スヴャトゴールが道でボガトゥル（騎士）のイリヤ＝ムーロメツと出会った話も伝えられている。彼らは互いに相手の評判を聞いており、騎士は巨人に向かって棍棒を振り上げた。だが、巨人はどんな攻撃にも動じず、騎士の髪をつかんでゆっくりと持ち上げ、サドルに付けた袋に投げ込んだ。馬が重みでよろめき、騎士を袋から出した巨人は、相手が聖なるロシアの騎士であることに気づいた。それ以後、巨人は騎士と仲良くしたいと望んだ。やがてふたりで旅をしていて、道端に大きな石棺を見つけ、騎士は棺のなかに飛びこんだ。棺はあまりにも大きかったので、巨人は騎士を引っ張り出し、自分の大きさにぴったりだということを示すため、なかに入って蓋をした。だが騎士が巨人を棺から出そうとすると、魔法の棺の鋼のひもがますます固く締まった。絶望して、巨人は騎士に、剣を使ってくれと頼んだ。だが、蓋は永久に閉まった。巨人は騎士に、愛馬を木にくくりつけて自分とともに死なせてくれと頼み、自分のことは運命に従わせてくれと言った。騎士は悲しみながら巨人の言う通りにして去って行った。
文献133

スエヴス
SUEVUS
　ジャン・ティジィエ・ド・ラヴィジー（別名ラヴィシウス・テクストル、1480頃～1524)の中世の作品『オフィキナ（Officina）』に描かれた巨人*。ラヴィジーによれば、トゥイスコン・ギガス*は巨人のノア*の実の息子であり、ノアの子孫はヨーロッパ貴族の先祖となった。ラヴィジーは巨人の系譜を作ったが、スエヴスもそのなかで伝説上

の人物として取り上げられている。
文献174

スカジ
SKADI

　北欧神話に登場する女巨人*。名前は「冬」や「影」という意味。フリームスルサル*（霜の巨人*）の仲間。さまざまな説によると、カーリ*またはスィアチ*の娘で、ベリ*、スリュム*の姉妹。スィアチがアース神族からイズンをかどわかして殺された時、スカジは復讐のためにアース神族のもとへ向かった。スカジは補償として神々のひとりを夫として与えようと申し出られ、神族のバルドルに恋をしてその申し出を受け入れた。だが、足だけを見せる神々のなかから夫を選ばなければならなくなり、間違って海神ニョルズを選んでしまった。霜の神ウルを選んだという異伝もある。しかし妻と夫のどちらも、それぞれにとって居心地の悪い宮殿で、ともに棲もうとはしなかった。やがてスカジの愛するバルドルがロキの策略にはまって殺されると、

女巨人のスカジとニョルズ

神々はロキをスカジの住まいに閉じ込めた。スカジは鎖につないだロキの頭と体の上から、毒蛇の毒を永遠に落としつづけた。ラグナレクが来るまで毒の苦しみを味わわせるつもりだったが、ロキの忠実な妻がロキを助けた。
文献24、61、133、139
⇨ 霜の巨人

スカテネ
SKATENE

　米国南東部に住む先住民のチョクトー族の伝承と信仰に登場するオグレス*。スカテネは人間だが巨大なフクロウに変身する。特に小さな子供のいる家庭に親切な人間だと思われるようにふるまい、家に招かれるようにする。家族の信頼を得たら、夜、家族が眠っている間に変身して父親の首を切り、首を入れた籠を抱えて逃げる。森の動物は籠のなかをのぞき、彼女の犯罪の証拠を見つけようとしたが、そのたびに脅されて失敗した。だが山猫の部族が勇敢にも籠をのぞきこみ、首をみつけてスカテネに飛びかかった。しかしスカテネは山猫を騙して逃げ、その後も人間の家族を獲物にしつづけた。

　スカテネはヴァンパイア*と子供部屋のボーギー*の役割を兼ねており、どんなに親切そうに見えても、知らない人に話しかけてはいけないと子供に教えるために利用される。
文献77
⇨ ババ・ヤガ

スカフノワ
SKAHNOWA

　米国北東部に住む先住民のセネカ族の伝説と信仰に登場する亀。角のある蛇*、ドゥーノンガエス*が姿を見せるのと同じ深い川と湖に棲む。ドゥーノンガエスが動物と人間を狩って食べるのを助ける。
文献77

スカルディング
SCARDYNG

　イギリスの伝説に登場する巨人*。センペリナムにある聖ギルバート修道院の修道士で、ロバート・オブ・ブルヌとも呼ばれたロバート・マニング（1338年頃没）の作品に初めて登場した。その性格は、ヴァイキングの侵入者であり、ヨークシャーにスカーバラの町を建設した、ドルギルス・スカルディ（「口唇裂のあるドルギルス」という意味）に由来する。
文献183

スキアポッド
SCIAPOD/S, SCIOPOD/S, SKIAPOD/S, SKIAPODES

　ローマの大プリニウスの『博物誌』（77）で初めて記述された、人間型の種族。のちに、中世ヨーロッパの動物寓話集や、14世紀のジョン・マンデヴィルの『東方旅行記』にも取り上げられた。名前は「影の足」という意味。人間の姿をしているが、足は1本しかなく、とても大きい。棲息地のエチオピアの天候が荒れ模様であるため、仰向けに寝転がって足を上げて足先で体全体を覆った。体は変形していたが、とても速く跳ぶことができた。しかし、狩りをする必要はなかった。いつも持っている果物の匂いを餌としていたからだ。果物が萎びると、スキアポッドも死んだ。文献によって、さまざまな描写がなされている。ある文献では、脚が4本あり、そのうち1本に大きな足先が付いていたという。リビア砂漠に棲んでいたとする説もある。イングランドのデニングトンの教会の長いすの端に彫られた彫刻では、2本足と大きな足先がひとつついている。
文献7、47、63、91、168、178、180

スキタリス
SCITALIS

　古代の文献と中世ヨーロッパの動物寓話集に描かれた怪物*。名前は scitulus というラテン語に由来し、「優雅な」という意味。翼のあるドラゴン*で、前足2本と、蛇*の頭と尾を持つ。大変美しい玉虫色の皮膚を持っていたので、それを見た人はうっとりと見とれ

たという。だがこれは罠であり、スキタリスは大変ゆっくりとしか歩けないが、獲物がぼうっと見とれているあいだに近づき、攻撃して殺すので、狩りをする必要がない。12世紀のラテン語の動物寓意集、1220年頃の動物寓意集によれば、大変高熱を発するので、厳しい霜のなかでも外に出てきて、蛇と同じように脱皮したという。

文献14、148、185

スキュティアの子羊
SCYTHIAN LAMB, THE

中世ヨーロッパのバロメッツ*の別名。体は半分動物で、半分植物だった。

文献7、18、89

スキュティアのロバ
SCYTHIAN ASS, THE

古代ギリシアの詩に描かれた一角獣*。灰色のロバによく似ているが、額から角が1本突き出し、スキュティア地方に棲むとされた。この角には治療効果があって重宝された。解毒剤になったり、冥界にあるステュクス川の水を運んだりできたからだ。しかしその姿はすぐに、一角獣と同一視されてしまった。

文献7

⇨ アムドゥスキアス、オニュクス・モノケロス、カルカダン、麒麟、コレスク、ジャオ・ドゥアン（角端）、ミラージュ、チー・リン（麒麟）、ロバ（3本脚）

スキュラ
SKYLLA, SCYLLA

ギリシア・ローマ神話に登場する恐ろしい怪物*で、もとは水のニンフだった。テュポン*とエキドナ*の娘とも、ポルキュス*とヘカテ・クラタエイスの娘ともされる。名前はskulleというギリシア語に由来し、「牝犬」という意味。その姿にはさまざまな説がある。上半身は美女だが、下半身は、12匹分の犬の足の上に、6匹の獰猛な犬の頭が付いていた。あるいは、水陸両棲の触手を持った生物で、頭が6個、3組の歯、12組の足が付いていた。

スキュラの伝説は、古代ギリシアの詩人ホメロスの『オデュッセイア』に書かれている。スキュラは大変美しく、魔女キルケに愛されていたグラウコスが、スキュラに夢中になった。スキュラが醜い怪物に変えられたいきさつには、多くの説がある。まず、キルケが常軌を逸した嫉妬をおぼえ、スキュラがいつも水浴びしていた水に毒を流し込んだという説。また、ポセイドンと恋愛遊戯にふけったからとする説もある。ほかにも、英雄ヘラクレスが盗んだゲリュオン*の牛を食べ、ヘラクレスに殺されたとする説がある。この説では、スキュラの父ポルキュスが、火と灰のなかからスキュラをよみがえらせたが、スキュラは怪物の姿に変えられた。古代ローマの詩人オウィディウスによれば、醜い姿に変えられたスキュラは、悲しんで海に身を投げ、南イタリアの洞穴に隠れ棲んだ。海の怪物*となったスキュラは、メッシナ海峡を通る船を襲って船乗りを食べた。そのなかに、オデュッセウス（ユリシーズ）の6人の仲間もいた。やがてスキュラは、危険な岩に姿を変えられた。

中世には、スキュラはよく動物寓話集に、海の怪物として取り上げられ、狼の体にイルカの尾を持つが、上半身は若い娘であるとされた。

文献18、20、28、89、91、125、133、139、160、166、169、178、182

スキンファクシ
SKINFAXI

北欧神話に登場する聖なる馬。名前は「輝くたてがみ」という意味。フリームファクシ*とともに、地上に光をもたらした。朝に起き上がり、輝くたてがみから日の光と朝露をふりまいた。

文献89、7

⇨ 太陽の馬

スクオンク
SQUONK

19世紀から20世紀初頭にかけて、米国の特にウィスコンシン州およびミネソタ州で、木

こりや森林労働者たちの民間伝承に登場した生物。大変醜い生物で、しわの寄った肌はほくろやいぼに覆われている。自分の醜さをよく承知しているので、いつも泣いており、日中はめったに姿を見せない。多くの人が捕まえようとして、涙の跡を追いかけたが、めったに捕まらなかった。たまに捕まることがあったが、この生物を入れた袋をあけると、生物はまさに涙となって溶けてしまっており、濡れた袋に泡が浮いているだけだった。このため、「溶けて涙の体となるもの(Lacrimacorpus Disolvens)」という異名が付いた。親しみをこめてフィアサム・クリッター*と呼ばれる怪物の一種で、その極端な姿や行動のせいで寂れた場所で聞こえてくる不気味な物音の説明に使われたり、キャンプの時の楽しい語り草にされたりした。

文献7、18、24

スクヤン
SUKUYAN

カリブのトリニダード=トバゴ諸島の民間信仰に登場するヴァンパイア*。招かれなければ家に入れない。そのため、日中に多くの家を訪れ、マッチや塩をくれとねだる。物を与えた家には、血を吸う怪物*の本当の姿で入り込む。そして血を吸い尽くして殺し、これをほかの家でも繰り返す。追い払う唯一の方法は、異常に気づいたら、家中のドアと窓に十字架を描いてまわり、鏡をかけながら、「木曜日、金曜日、土曜日、日曜日」と3回うたうことである。夜にこのヴァンパイアが戻ってきた時、鏡に自分の姿と十字架が映っているのを見て逃げていくが、それで死ぬわけではない。

文献24

⇨ アゼマン、ヴァンパイア、狼憑き、ルー・ガルー、レガルー

スクライカー
SKRIKER, SHRIKER

ブラッシュ、ガイトラッシュ、スクライカー、トラッシュ*という名前で知られている獣*を、イングランドのランカシャーでは「スクライカー」と呼ぶ。トラッシュという名前は、夜に誰かの後ろを歩く時にスクライカーがたてるキーッという音を表わしている。大きな犬の姿か、大きなぎらぎらした目を持つ姿とされた。ひとりで旅する者の前に現われ、ずっと唸り声を上げながら、無理やり引きつけるか、並んで音を立てて歩く。森で金切り声を上げているのも聞かれた。スクライカーを攻撃したり、叩いて追い払ったりすると、災難や死に見舞われた。

文献21、24、25、37、160

⇨ 黒妖犬、バーゲスト、パッドフット、ブラック・シャック、モーザ・ドゥーグ

ひとりで旅する男の前に現われたスクライカー。無理に自分のほうに引き寄せたり、唸り声を上げながら、並んで音を立てて歩いたりする。

スクリムスル
SKRIMSL

アイスランドの伝承に登場する海の怪物*。巨大な海の蛇*で、ラガルフリェト地域に棲むとされた。中世と18世紀に目撃例が報告されている。だが、害をなすことはないと信じられている。グドムンド司教が、最後の審判の日まで、魔力を「しばりつけた」からだ。審判の日が来ると、束縛から解放され、フリェッダルに大混乱を起こすことになる。
文献134

⇨ メムフレマゴグの海蛇、黙示録の獣

スクリューミル
SKRYMIR

北欧神話に登場する巨人*。ヴァスティ*、ウートガルザ＝ロキ*とも呼ばれ、霜の巨人*の仲間である。トール、ロキ、スィアールヴィが夜に森を旅していた時、うっかり巨人の手袋を洞窟と間違えて、そのなかで眠ってしまった。朝になって巨人のいびきと地震のような振動で起こされた。巨人の頭を叩いていびきを止めようとしたが、巨人は目を覚ましさえしなかった。ただ、頭に木の葉が落ちたかのように手で振り払い、寝返りを打った。巨人はじつは、眠っているあいだ、頭の上に見えない山をかぶせ、どんな害からも身を守っていたのだ。
文献139、166

⇨ ヒュミル

スクリュームスリ
SKRYMSLI

北欧神話に登場する巨人*。伝説によれば、巨人は、賞品に息子の命を賭けたまぬけな人間とチェスの試合をして勝った。巨人が息子をもらいにくると、父親は神々に巨人の邪魔をしてほしいと祈った。最初に、息子は麦畑の麦に変えられたが、巨人が畑の麦を刈って食べたので、食べられる前に神々は息子を白鳥の毛に変えた。巨人が白鳥を殺して食べると、神々は息子を深海の魚の卵に変えた。深海の魚が食べられそうになると、ロキは、巨

トールに攻撃される、巨人のスクリューミル。

人を陥れる罠をしかけたあと、息子を元の姿に戻した。罠にかかった巨人の足をロキは切り落として、巨人が立てないようにした。だがロキが殺す前に、巨人の足はふたたび生えた。ロキはまた足を切り落とし、今度は燃える木を刺して足が二度と生えてこないようにした。巨人は失血して死に、息子は助かった。
文献133

スグロルマ
SGROLMA

チベット神話に登場する、原初の女巨人*。岩の女巨人で、猿神のスペヤン・ラス・グジグスと結婚し、ふたりのあいだから地上のすべてのものが生まれたとされる。
文献133

スコフィン
SKOFFIN

アイスランドの伝承に登場する怪物*。ドラゴン*の性質を持つ鳥とされる。中世ヨーロッパのバシリスク*と同じく、その目を見た者は、仲間であっても死ぬ。だからこの怪物同士が出会った時は、同時に相手を殺した。アイスランドからこの邪悪な怪物を追い出すには、一頭ずつ十字架を彫った銀のボタンで

撃たねばならなかった。
文献7、89

スコル
SKOLL

北欧神話に登場する巨大な狼。仲間とともに、太陽が天を移動するのを追いかける。太陽をつかまえて飲み込むと、地上は闇に包まれる。
文献89
⇨ アペプ、フェンリル

スコロペンドラ
SCOLOPENDRA

中世ヨーロッパの伝説に登場する海の怪物*。クジラに似た大きな体をしているが、多数の足を持ち、その足を動かして水面を進むとされた。頭には大きな鼻があり、鼻からは長い剛毛がたくさん生えていた。釣り針にかかると、自分で胃を吐き出して釣り針をはずし、胃をふたたび飲み込むとされた。
文献7

ズジム
ZUZIM

ヘブライの伝承で言及される巨人族。
文献13
⇨ アナク人、エミム人、巨人、ザムズミ人、ノア

スズ
SZ

東洋の神話に登場する一角獣*の別名。

スス・リカ
SUS LIKA

アラスカの北極圏に接する地域に住む先住民のタナイナ族の伝承と民間信仰に登場する犬。山道に棲み、地の下に隠れて不注意な旅人を待ち受ける。移動したり、吠えたりする声が聞こえることがあるが、誰にも姿を見せない。
文献77

ズゼカ
ZUZECA

米国の先住民ラコタ族とスー族の伝承と信仰に登場する奇怪な蛇*。ズゼカはその行動のほうがもっと奇怪である。なぜなら欺くことをけしかけるのがズゼカの仕事だからである。
文献77

スタルカズル
STARKADR

北欧神話に登場する巨人*。ヨーツン*（巨人族）の邪悪な仲間だが、彼らとは異なり、8つの頭を持つ。
文献24

スタロ
STALO

ノルウェー、スウェーデン、フィンランドの北部に住むサーメ人（ラップ人）の伝承と伝説に登場する巨人*。大変大きくて強いとされる。
文献24

スットゥング
SUTTUNG

北欧神話に登場する巨人*。しばらくのあいだ、クヴァシルという美酒の樽の番人をしていた。ふたりの邪悪なドワーフ、フィアラルとガラルが、クヴァシルという名の賢く優しい男を殺して、その血を集めて、知恵と雄弁をもたらす魔法の酒を作った。すぐに、その酒の名は広まり、たくさんの人がドワーフたちを訪ねてきたが、製法に気づいた者はほとんどいなかった。気づいたふたりが、巨人のギリング*とその妻で、ドワーフ宅のテーブルに客として招かれたが殺された。夫妻が戻らないので、夫妻の甥のスットゥングが、ふたりを探しに出かけた。ドワーフの家に着き、スットゥングも魔法の酒を飲み、ただちにおじ夫婦が陥った運命に気づいた。すぐにドワーフたちを殺し、美酒を巨人のもとに持ち帰った。だが、この酒を神々、特に神々の

王オーディンが欲しがったので、スットゥングは娘のグンロズ*に、洞窟に隠して見張れと命じた。だがオーディンは、スットゥングの兄弟のバウギ*の手伝いをして、スットゥングの棲み家に自分を招かせるようしむけた。そして家に入ったオーディンは、スットゥングの娘を誘惑して美酒を手に入れた。

文献64、127、133、139、160、169

ズテー
DZU-TEH
チベットの人々の伝承と信仰に登場する巨人*、イェティー*。イェティーには3つのタイプがあると考えられており、それぞれ体の大きさによって名前が付けられた。ほかの2タイプはメーテー*とイエテーである。

文献78

⇨ ビッグ・フット、雪男

スティキニ
STIKINI
米国南東部とオクラホマ州に住む先住民のセミノール族の伝承と信仰に登場する人間型の怪物*。人間が変身させられたものであり、夜に森で内臓を投げ捨て、角を持ったフクロウの姿に変わる。この姿で、眠っている人間を襲い、口から動いている心臓を取り出す。心臓はねぐらに持ち帰り、特別な鍋で料理してから食べる。夜の仕事からそっと戻ったあとは、投げ捨てた自分の内臓を見つけて飲み込むだけだ。そうした内臓を猟師が森で見つけたり臭いをかいだりした時は、ハーブとフクロウの毛で作った特別な矢でスティキニを射て殺した。

文献77

⇨ ヴァンパイア

スティヒ
STIHI
アルバニアの伝承に登場する巨大なドラゴン*。口と鼻孔から炎と火を吹く。宝の山の守護者。

文献125

ステク
SUTEKH
古代エジプト神話に登場するセトの別名。

文献139

ステュムパリデスの鳥
STYMPHALIAN BIRDS
ギリシア・ローマ神話に登場する恐ろしい鳥の群れ。青銅または鉄のくちばし、毛、鉤爪を持ち、アルカディアのステュムパロスの沼地に棲んでいた。人間を含む生物に空から襲いかかった。まず獲物の上に金属の毛を落とし、それから降下して引きちぎって食べた。英雄ヘラクレスは、12の難業のひとつとして、この鳥の群れの退治を命じられた。最初、ネメアのライオン*の毛皮に守られて金属の羽をよけながら、一度に1羽を殺していたが、これでは永遠に終わらないので、女神アテナに訴えて、ヘパイストスに巨大な音を出すガラガラを作ってもらった。英雄が鳥群に忍び寄り、ガラガラを振ると、鳥たちは仰天し、そのためヘラクレスは矢筒がからになるまで射落とすことができた。鳥は飛んで逃げて黒海のアレスの島に棲みついた。その後、鳥たちの姿を見たのは、イアソンとアルゴナウタイ隊が、コルキスへ向かっていた時だけである。

文献7、24、78、133、139、178

⇨ ネメアのライオン

ステリオ
STELLIO
1220年の動物寓話集で、サラマンダー*とされた爬虫類。名前はディー*のラテン語。トカゲの怪物*で、火を食べ、火のなかに棲む。

文献14

ステロペス
STEROPES
ギリシア・ローマ神話に登場する3人のキュクロプス*。兄弟はブロンテス*とアルゲス*。名前はほぼ「稲妻」という意味。兄弟

と同じく、ひとつ目が額の中央に付いている。ガイアを母、ウラノスを父として生まれ、ウラノスは反乱を起こすために兄弟をタルタロスの奥底に投げ込んだ。ヘシオドスは『神統記』(前750頃)で、兄弟のことを、巨人*でありティタン*でもあるとしているが、キュクロプスはそれらとは違っている。

文献78、139、178

ステンノ
STHENNO

ギリシア・ローマ神話に登場するゴルゴン*のひとり。姉妹のエウリュアレ*、メドゥーサ*と同じく、大変美しかったが、蛇の髪をした怪物*に変えられた。メドゥーサとは違って不死身。名前は「強いもの」という意味。

文献89

ストゥクウヴナヤ
STVKWVNAYA

米国のオクラホマ州に住む先住民のセミノール族の伝承と信仰に登場する蛇*。ザ・スネークとも呼ばれる。頭から長い角が突き出した巨大な蛇で、水底深くに棲む。この角は催淫剤や魔法の成分として重宝されるため、この蛇は魔法の歌で呼び出され、角を削られる。歌に聞きほれているあいだは角を削らせてくれる。だが歌のことを知らない者が出会うと大変危険である。

文献77

ストケムクエストキント
STCEMQESTCINT

米国の先住民のクールダレーヌ族の伝承と信仰に登場する人間型の生物。名前は「木の人々」という意味。人間の姿に似ているが、へんな臭いのする体に、バッファローの毛皮だけをかぶっている。人間に出会うと、すぐに背の高い木の姿に変身し、人間が立ち去るのを待つ。だが、人間が見つめつづけると、人間型の姿に戻るのが難しくなる。

文献77

ストマック=フェイシーズ
STOMACH-FACES

古代と中世ヨーロッパの怪物*、グリュルス*の別名。

文献89、182

ストリガ [複数形:ストリガイ]
STRIGA(sig.), STRIGAE(pl.)

古代ローマの民間信仰に登場する邪悪な女の生物。人間の女の顔を持つ鳥の姿になり、ひとりでいる幼児を盗む。ヴァンパイア*の仲間で、大変怖い子供部屋のボーギー*として、子供をおとなしくさせるために使われる。現代イタリアの伝承では、この名前は魔女を意味するとされる。

文献125
⇨ ストリンゲス

ストリンゲス
STRINGES

現代ギリシアの民間伝承に登場するヴァンパイア*。眠っている人間の体に降り、血を吸うとされる。古代ローマのストリガ*に起源を有する。

文献7、125
⇨ 子供部屋のボーギー

ストルスイェードジュレト
STORSJÖODJURET

スウェーデンの伝承に登場する怪物*。湖の蛇*に似ており、角か耳を持ち、イエムトランド地域のストルスイェーン湖に棲む。かなり昔から地方レヴェルでも国のレヴェルでも民間信仰において信じられてきたらしい。というのは、湖の島にあるルーン石が、この怪物を超自然的な力で抑えていると、古代から考えられてきたからである。1894年に、人々は巨大な金属の檻を作り、湖に沈め、豚肉を餌にした。この檻は、怪物の捕獲に使うつもりだった銛とともに、エーステルスントの博物館に展示されている。

文献134
⇨ ミズガルズオルム、ロッホ・ネス・モンス

ター

ストールワーム
STOORWORM

　ブリテン島と北欧の伝説に登場する蛇*。名前は「大蛇*」という意味。体がスカンディナヴィア全域を覆うほど大きかった。北の海に棲息するが、この怪物*が出現するとブリテン島すべてが洪水になった。なだめるために人身御供が行なわれ、それ以上災害を与えられないようにした。だが、王女が次の犠牲に決まると、王はストールワームを退治した者に国土の半分を与えると申し出た。それを知ってアシパトルが名乗り出た。アシパトルは、ゆっくり燃える泥炭を使った策略をあみだし、怪物が口をあけたすきに燃える泥炭を次から次へと投げ込んだ。泥炭は怪物の腹で燃え続けた。ストールワームがのたうちまわった跡が、デンマーク、スウェーデン、ノルウェーの国境となり、スカゲラク海峡も作り出した。あごをこすりつけて、吐き出した歯が北海に飛び込んでオークニー諸島、フェロー諸島、シェットランド諸島になった。燃える体が縮んで球状となり、これが現在のアイスランドになった。

文献78
⇨　ミズガルズオルム、ワーム

ストレンヴルム
STOLLENWURM

　スイスの伝承に登場する、恐ろしいドラゴン*、トカゲ。トカゲの頭に猫の顔をし、ドラゴンのいぼの付いた体の先には長い尾が付いている。全身は鱗に覆われ、赤い血管と剛毛があちこちにある。人間に対しては、後ろ足で立って人間よりも高くそびえ、恐ろしい姿を見せつける。フランスとオーストリアをつなぐアルプスの道には、たくさんの話が残っており、そこではタッツェルヴルム*と呼ばれている。

文献134
⇨　アラッサス、ダルド

ストーンコート
STONECOATS

　米国の先住民のイロコイ族とセネカ族の伝承と信仰に登場する、ジョカオ*と呼ばれる冬の人食い巨人*の別名。

文献77
⇨　カンニバル（食人種）

スナウフス
SNAWFUS

　米国のオザーク山域に住む先住民のオザーク族の伝承と信仰に登場する生物。超自然的な力を持つ純白の鹿とされる。

文献94

砂男
SANDMAN

　18世紀終わりから19世紀初めにかけてイギリスに現われたた恐ろしい子供部屋のボーギー*。邪悪なオーグル*で、夜に出現し、寝ようとしない子供の目に粗い砂を注ぎこむ。泣き叫ぶ子供の目をぬぐうと、血まみれの眼球が床に落ちた。砂男は、そうした眼球を集めて袋につめ、三日月の尖った先の巣で待つ、くちばしの長いわが子の餌として運ぶ。これが、E・T・A・ホフマンが1817年に書いた童話に登場する砂男である。しかし19世紀後半から20世紀になると、砂男のイメージは変わり、子供に楽しい夢をもたらす魅力的な精霊となった。

文献24、160、182

スナーク
SNARK

　イギリスの学者、作家ルイス・キャロル（チャールズ・ラトウィッジ・ドジソン、1843～1898）作『スナーク狩り』(1876)に描かれた怪物*。スナークという名前は、スネーク（蛇）とシャーク（鮫）を合成したもの。この風刺詩では、描写が漠然としており、最初の性格設定がいつしか恐ろしいブージャム*へと変わってしまう。鐘撞き男によれば、スナークは、知恵のめぐりが悪く、ユーモア

のセンスがなく、宵っ張りである。いくつかの種類があり、そのなかでもブージャム*は獰猛である。ほかの種類はサンドペーパーのような皮膚をしているが、食べることができる。
文献7、20、40
⇨ ジャバウォック、バンダースナッチ、モック・タートル

スニー＝ニー＝イク
SNEE-NEE-IQ
　カナダのブリティッシュ・コロンビアの先住民、クワキウトゥル族の伝承と伝説に登場する邪悪な混成怪物*。ナルナウクとも呼ばれる。カンニバル（食人種）*で、人間の子供を食べる。山の高い山腹に棲むが、ひそかに山を下り、ひとりでうろつく子供を捕まえ、背負い籠に入れて山に連れて行って食べる。冒険好きな子供を心配する親にとって子供部屋のボーギー*の役目を果たしている。
文献77
⇨ スカテネ

ズー＝ヌー＝クア
DZOO-NOO-QUA
　カナダのブリティッシュ・コロンビアの先住民、クワキウトゥル族の伝説に登場する巨大な女巨人*。人間の子供を探して奴隷にするかむさぼり食う人食い怪物*である。森の奥のロッジに棲み、不死身でいるために床下に自分の霊魂を隠しておいた。ところがある日、英雄スカイ・ボーイが彼女を追って小屋までやってきた。英雄は彼女を射止めようとするが、矢は的を外れて床穴を通り、隠されていた霊魂を直撃した。女巨人は即死し、捕らわれの身で生きていた子供たちは解放された。
文献77
⇨ アシン、ジェイエン、スニー＝ニー＝イク

スネーク・グリフォン
SNAKE GIRIFFON
　中世ヨーロッパの旅行者の記録に登場するグリフィン*。ライオンの上半身に蛇の頭と鷲のような後ろ足を持つとされる。中世の動物寓話集に描かれ、現代でも時々紋章に使われる。
文献89

スノエル
SNOER
　北欧神話に登場する巨人*。名前はほぼ「雪」という意味。フリームスルス*、霜の巨人*の仲間。スリュム*の息子で、兄弟はフロスティ*、イエクル*、ドリフタ*。
文献24

スノー・スネイク
SNOW SNAKE
　19世紀から20世紀初頭にかけて、米国の特にウィスコンシン州およびミネソタ州で、木こりや森林労働者たちの民間伝承に登場した生物。親しみをこめてフィアサム・クリッター*と呼ばれる怪物の一種で、その極端な姿や行動のせいで寂れた場所で聞こえてくる不気味な物音の説明に使われたり、キャンプの時の楽しい語り草にされたりした。白い体の蛇*で、恐ろしいピンク色の目を持ち、雪のなかでは目以外に何も見えないので、獲物が気づかないうちに牙をたてることができる。
文献7、24

スピンクス
SPHINX
　スピンクスには3種類あり、ヨーロッパと北アフリカの伝説にそれぞれ登場する。
エジプトのスピンクス
　最初のスピンクスは、古代エジプトの神話と美術に登場した。最もよく描かれる姿は、ライオンの体にファラオの頭をしており、いちばん有名なものがギザにあり、前2500年頃に作られたハルマキス*の神像とされている。スピンクスは別な姿と名前でも登場し、人間の男の頭を持つアンドロスピンクス*、牡羊の頭を持つクリオスピンクス*、鷹の頭を持つヒエラコスピンクス*などがおり、すべて

違った役割を持つ。ほとんどが男性であり、神々とファラオのさまざまな性質を象徴している。

中東のスフィンクス

エジプトのスフィンクスの影響が、前1600年までに、メソポタミアのバビロンの神話と芸術に取り入れられた。だがスフィンクスは女性になり、ライオンの全身に、翼を持つようになった。この姿は、クレタ島を経由してギリシアの芸術に取り入れられた。ミノアのスフィンクスは、炎が燃えるフードをかぶっているが、これはのちの神話の発展には何も関わりがない。

ギリシアのスフィンクス

ギリシア神話には、オルトスとテュポン*またはキマイラ*の子である怪物*が登場する。このスフィンクスは、ライオンの体と足、鷲の翼と蛇*の尾を持ち、上半身は若い美女だとされる。岩の上に座り、テバイに通じる路を守っていた。人間の旅行者が謎々に答えられなかったら、ただちに体を引き裂いて食べてしまっていた。その謎々とは、「朝は4本足、昼は2本足、夜は3本足の生物は何か」というものだった。オイディプスが道を通ろうとしてスフィンクスの挑戦を受けた時、正しい答えを出してスフィンクスにショックを与えた。答えは「人間」だった。赤ん坊の時は四つん這いし、大人は2本足で立ち、老年には杖をつくので3本足になるからである。正解を聞いて驚いたスフィンクスは、断崖から転げ落ちて死んだ。テバイの人々は、スフィンクスの恐怖から解放された。

スフィンクスは、ヨーロッパの紋章にも取り入れられ、下半身はライオン、胴と頭は乙女で、鷲の翼を持つ姿として紋章に描かれている。

文献5、7、18、20、47、61、78、89、125、133、139、166、169、178、182

⇨ エキドナ

スプラティーカ
SUPRATIKA

インドのヒンドゥー教神話に登場するローカパーラ・エレファント*の1頭。世界の北東部を守護し、さまざまな伝説によれば、プリティヴィー、シヴァ、ソーマのいずれかの神を背に乗せている。

文献7、24、112

スプリンター・キャット
SPLINTER CAT

19世紀から20世紀初頭にかけて、米国の特にウィスコンシン州およびミネソタ州で、木こりや森林労働者たちの民間伝承に登場した生物。巨大だが頭のよい生物で、アライグマとハチを餌とした。餌をとるために、木の幹を引き裂いた。引き裂かれた木はまるで稲妻が落ちたようになった。親しみをこめてフィアサム・クリッター*と呼ばれる怪物の一種で、その極端な姿や行動のせいで寂れた場所で聞こえてくる不気味な物音の説明に使われたり、キャンプの時の楽しい語り草にされたりした。

文献7、24

スフル=マス
SUHUR-MAS

古代シュメール神話に登場する混成怪物*。名前はほぼ「羊魚」という意味。羊の体と頭を持つが、尾は魚であるとされた。星座のカプリコルヌス*と関わりがあるとされる。

文献7、20、24、89

スミースの巨人
GIANT OF SMEETH

イギリスの民間伝承に登場する巨人*の名。スミースの巨人は巨大で攻撃的と言われ、11世紀、ウィズビーチのイースト・アングリアンに近いスミースの広場にある洞窟で暮らしていた。付近の人々は非常にこの巨人を恐れていたので、距離が倍になっても遠回りをし、決して広場を横切ろうとはしなかった。この巨人を退治したのは、トムという名の大柄で頭の弱い若者で、彼は日がな一日食べてばかりいて、女手ひとつで育ててくれている母親を手伝うこともしなかった。ある時トムはキ

ングズリンにある醸造業者にビールを届けるよう言いつけられた。わざわざ遠回りするのが面倒だったトムは、広場を横切ろうとする。そこへ猛り狂ったスミースの巨人が大きなこん棒を振りかざしながら現われ、以前多くの人々にそうしたように、トムをこてんぱんに叩きのめそうとした。だがトムは荷車を持ち上げると大きな車輪をはずし、心棒を取り出して巨人の攻撃をかわしながら殴りつけた。初めて反撃にあった巨人は驚きのあまり我を失ってしまい、そのすきをついたトムは巨人の頭を強打して肩からはね飛ばした。巨人を退治したトムは洞窟のなかを探索してみた。驚いたことになかには宝物庫があり、トムと母親は一生安泰に暮らした。
文献183

スヨトロール
SJÖTROLL

　フィンランドの伝説と民間信仰に登場する巨大な海のトロール*。ケカル地方のオップ湖の湖底に棲み、漁師とその獲物に大混乱を起こしたとされる。その結果、古い時代に、湖の両端にそれぞれルーン石が置かれ、スヨトロールの力を湖底にしばりつけた。だが、1680年のガブリエル・オライ・ハノディウスによる報告によれば、霧ともやがたちこめ、2個のルーン石がよく見えなくなった時には、トロールが水面に浮かび上がって、住民を餌食にしたという。
文献134、160

スライヴァー・キャット
SLIVER CAT

　19世紀から20世紀初頭にかけて、米国の特にウィスコンシン州およびミネソタ州で、木こりや森林労働者たちの民間伝承に登場した生物。大きな体を持ち、頭には赤い目が付いているが、これは縦の裂け目だけである。尾は、長くて突起が付き、先端はこぶになっており、かなりの武器である。獲物をさがして松林をうろつき、不注意な木こりが道を通るのを待ち伏せする。木こりが近づいてきたら、尾を木こりの頭上に垂らして、こぶで殴り倒し、突起で持ち上げてむさぼり食う。親しみをこめてフィアサム・クリッター*と呼ばれる怪物の一種で、その極端な姿や行動のせいで疲れた場所で聞こえてくる不気味な物音の説明に使われたり、キャンプの時の楽しい語り草にされたりした。
文献7
⇨　サボテン猫、チェシャー猫

スライミー・スリム
SRIMY SLIM

　米国のアイダホ州ペイエット湖周辺の先住民とヨーロッパからの移民の両方の伝承と民間信仰に登場する蛇*。3m以上の蛇の体と、ワニのものに似た頭を持つとされる。湖には底知れず深い溝があり、怪物*はほとんどその溝にいて、めったに湖面には現われないと言われる。
文献134

ズラトログ
ZLATOROG

　スロベニアの伝承と伝説に登場する想像上の動物。シャモアに似た純白の山羊として描かれるが、その角は純金だった。当然大変に貴重で、捕まえるにはトリグラーヴ山の一番奥深い岩山まで登らなくてはならなかった。ズラトログはそこで若草を食べていたのである。しかしズラトログは賢い生物で、猟師を魅了して断崖の縁まで連れていき、足場を失った猟師は転げ落ちて死んでしまうと言われた。そのような策略から生き残った猟師がいた。彼はどうにかズラトログに傷を負わせ、ズラトログの血が地面に落ちるとそこから美しい赤い花が現われた。ズラトログがその花を食べると、傷は消えてしまった。この花は今ではスロベニアの象徴である。
文献55
⇨　アリカント

スラビ
SURABHI

インドのヒンドゥー教神話に登場する宇宙牛、カーマデーヌ*の別名。

文献24、112、133

スリーズルグタンニ
SLIDRUGTANNI

北欧神話に登場する巨大な野生の猪。名前は「恐ろしい牙」という意味。女神フレイヤと関わりがある。グリンブルスティン*やヒルディスヴィニ*のように神々の乗り物だが、いつも荒々しく意地悪で、ものすごい速さで森の下生えを走り抜けた。

文献7、78、89、105

⇨ アイトーリアの猪、エスキスエルウィン、エリュマントスの猪、カフレ、カリュドンの猪、セーフリームニル、トゥルッフ・トゥルウィス、ブアタ、ブゴット、ベイガド、ボアン=グルバンの猪

スリュム
THRYM, THRYMR

北欧の神話に登場する巨人*。スリュムの名前は「霜」という意味で、フリームスルサル*または霜の巨人*のリーダーである。カーリ*の息子であり、ベリ*、スカジ*、スィアチ*の兄弟である。彼の子供は、ドリフタ*、フロスティ*、イエクル*、スノエル*。神話詩『エッダ』の一篇「スリュムの歌」（11～13世紀）は、スリュムが強大な魔法のハンマー、ミョルニルを盗み、神々から防護を奪った顛末が語られている。スリュムは女神フレイヤを妻として彼にくれるなら、ハンマーを返してやると言った。フレイヤが拒絶したので、ロキはトールを説得してフレイヤの扮装をさせ、ハンマーを取り返すためにスリュムヘイムに向かった。ふたりは婚礼の宴に到着し、花嫁が牡牛を1頭丸ごとと鮭を数匹たいらげ蜜酒を3樽飲み干したので、スリュムは驚いた。スリュムがハンマーを持ってきて見せると、トールはそれをつかんで邪魔をする者はすべて殺し、逃げようとする巨人も数人殺した。それからふたりは魔法のハンマー、ミョルニルをアース神族のもとに持ち帰った。

文献24、47、78、166

スルス ［複数形：スルサル］
THURS (sg.), THURSIR (pl.)

(1) 北欧神話に登場する霜の巨人*であるフリームスルサル*の別名。彼らは最初の巨人*で、北の世界の溶けた氷から、ユミル*として同時に生まれた。

(2) スルサルは、北ヨーロッパのドイツ人の地方にキリスト教が入った後は、伝説のなかで別の役割を帯びるようになった。彼らはドイツ人の民話で、不幸をもたらす性悪な、耳の大きい、毛深い巨人あるいはオーグル*にされてしまった。

文献125、127

⇨ キワコウ

スルト
SURTR, SURT

北欧神話に登場する巨人*。名前は「刺す」という意味。火の巨人*の仲間で、ムスペルスヘイムの支配者。かつてはフレイ神のものだった炎の剣の所持者。ラグナレクでは、火の巨人の群れを率いて世界を滅ぼす。

文献24、47、125、133、139

⇨ ゲルズ、ヨーツン

スルマ
SURMA

フィンランドの伝説に登場する怪物*。スルマは巨大なあごを持ち、そこに大きな牙が並び、際限がない大食の食道につながっている。女神カルマが統べる地下世界の門の守護者である。門を通る資格のあるものは通行を許されるが、近寄ってきたあつかましく無頓着な人間は、スルマにつかまれ、牙で引きちぎられ、その際限なしの食道に飲み込まれる。

文献133、139

⇨ カリュブディス、ケルベロス

スレイ=グッド
SLAY-GOOD

　イギリスの古典文学に登場する巨人*。ジョン・バニヤンの風刺文学『天路歴程』(1682)に登場する。カンニバル（食人種）*で、自分の棲む洞穴の前の道で、巡礼隊や旅行者を捕まえ、ねぐらに引きずり込んで食べた。巡礼隊の道案内「偉大なる心」がこの話を聞いて、鎧に身を固めて勇敢な仲間とともに洞穴へ行き、戦った。捕らえられた巡礼隊の「弱い心」をようやく助けることができ、戦いのなかで、スレイ=グッドは殺され、首を切られた。勝者はその首を持ちかえり、巨人の死の証明とした。

文献20、31

⇨　異教徒、教皇、巨人ディスペアー、モール

スレイプニル
SLEIPNIR

　北欧神話に登場する巨大な馬。北欧の神々の王オーディンの8本足の愛馬。魔法の馬スヴァジルファリ*が巨人*の主人フリームスルサル*を乗せて神々の地に向かっていた時に、牝馬に化けたロキによって産み落とされたという。この馬はどんなものの上でもすばやく飛び越せたので、水でも空気でも大地でも、彼をさえぎるものはなかった。フルングニル*がオーディンに競走を挑んだ時、巨人がどんなに速く駆けても、スレイプニルとその主人のオーディンはつねにその前を走っていた。同じような神話に、人間ハディングがオーディンに助けられ、神のマントにくるまってスレイプニルに乗る物語がある。ハディングは、下を見てはいけないと言われていたのに見てしまった。すると、馬は海の上を駆けていた（もちろん、厳しい冬には馬が氷上を競走するのはこの地方ではよくあることだ）。この巨大な馬の旅はさらに続き、バルドルの兄弟ヘルモーズを、冥界（ヘル）の門まで連れて行った。死んだバルドルを返してもらい

巨人のスレイ=グッドの首。古典寓意文学『天路歴程』より

に行ったのである。9日間旅して、ヘルモーズは冥界（ヘル）の門に着き、強力な馬は垣根を飛び越えた。交渉が行なわれ、魔法の馬はアースガルズに戻った。
文献7、24、61、78、89、133、139、166、169
⇨　アーリオーン、アル・ボラーク、シヴュシュコ、セック、バリウス、ペガソス

スワムフィスク
SWAMFISK

ノルウェーの伝説と民間伝承に登場する魚。獲物を捕まえる魚で、自分の体を粘液や皮で覆って死体に見せかけ、獲物を待つ。そして、「死体の肉」に引き寄せられてきた魚をすばやくつかむ。
文献7

∞ セ ∞

セアトコ
SEATCO

米国のワシントン州のサウス・プジェット海峡に住む先住民、ピュヤルプ・ニスクワリー族の民話や伝説に登場する人間に似た巨人*。静かで機敏であり、たいていは夜に、森や開拓地で、姿を見せずに隠れている。人間に敵対し、人間の食べ物を奪い、カヌーを壊し、罠にかかった動物を奪う。人間の子供がひとりで森にさまよいこんできたら、捕まえて奴隷にする。こうしたことから、冒険好きな子供が森のなかで危険な目に遭わないよう、子供部屋のボーギー*として利用されている。
文献77
⇨　イェティー、サスクワッチ、ビッグ・フット

聖アトラクタの怪物
SAINT ATTRACTA'S MONSTER

アイルランドの伝説に登場する怪物*。大きな球根状の体にクジラに似た尾、額の中央に球状のひとつ目、馬に似たたてがみを持つ。足には鉄の鉤爪が付いており、動かすと火花が散る。この火を吹く怪物は、シャノン河口のスカッテリー島に棲んでいたが、6世紀の司教、聖セナンに退治されて追放された。聖アトラクタ（聖アラグト）は、その地に旅人の休息所を作った修道女である。
文献7

聖クリストファー
SAINT CHRISTOPHER
⇨　聖クリストフォルス

聖クリストフォルス
CHRISTOPHER, SAINT

中世ヨーロッパのキリスト教の文献に登場する巨人*。ドミニコ会士、ヤコブス・デ・ウォラギネ（1230～1298）の『黄金伝説』によれば、聖クリストフォルスはカナンの出身であり、おそらくその聖地にいた古代のアナク人*であった。身長は12キュービット（6m弱）であると言われる。しかし、彼は旅人に恵みを与える聖人であり、巨人というイメージは幼児のキリストを肩に乗せて運んだという伝説からきている。旅人の道の安全が求められた時、教会の権威者たちは教会やその他の建物の壁に聖クリストフォルスの大きな絵を描かせた。この絵がはるか遠くからでも見えるようにしておくことで、旅人を確実に守ることができると考えられたのである。これによって、巡礼者も学者も外交官も、さらにその従者たちや地元で働く人々も、常に聖クリストフォルスに守られ、告解によって罪の赦しを得る前に死んでいく不安を持たずにいられた。このことも、この絵が聖人の実際の大きさであると思われた原因の一端であった。

いっぽう、東ヨーロッパや中東の正教会では、聖クリストフォルスはキュノケパロス*、つまり「犬頭人」だと言われた。この解釈は、綴りの誤りが招いた言葉の意味の取り違いから生じた。「カナン人（Canaanite）」という彼の肩書きを「canine（犬の）」と写し間違

えたのである。キュノケパロスは他の文化圏にあった中世の想像上の存在だが、聖人をキュノケパロス呼ばわりすることは、教会の権威たちのあいだでは大問題となった。だがこのジレンマは13世紀頃になって解決した。この種の人間が福音を説き、神を見たという奇跡が盛んに語られたからである。こうして、聖クリストフルスは信仰を説いたかどで殉教し、彼の死刑を命じた王がのちにキリスト教に改宗したという伝説が生まれた。東欧には今も、犬の頭を持つ聖クリストフルスの古い絵が残っている。

文献173、181
⇨ コリネウス、町の巨人

青龍(せいりゅう)
⇨ チン・ロン

聖レオナルドの森のドラゴン
DRAGON OF SAINT LEONARD'S FOREST

1614年8月、イングランド、サセックス州の聖レオナルドの森で報告されたドラゴン*または蛇*。報告したのはジョン・トランドルという男性で、彼はこの怪物*がホーシャムの町周辺にもたらした大破壊について語った。牛や人が行方不明になったり殺されたりしたのもこの生物のせいだと言われた。

文献134

セイレーン
SEIREN (sing.), SEIRENES (pl.), SIREN (sing.), SIRENES (pl.)

ギリシア・ローマ神話に登場する、人間型の女の混成怪物。ホメロスは、その姿を描写していないが、大変邪悪な生物で、岩に棲み、通りかかる船乗りに向かって情感豊かに歌いかけて誘惑し、死へと呼び寄せると述べた。名前は Sireen、Sirene、Syrene とさまざまにつづられる。ポルキュス*またはアケロオスの子。のちには、ハルピュイア*のように、下半身は鳥、腰から上の胴と頭と腕は人間の女の姿で現われ、シチリアの岩の上で、通りかかった船乗りに向けて歌いかけ、騙して誘惑してむさぼり食うとされた。それぞれの名前はアグラオペメ*、テルクシーペイ*、パルテノペ*、ピシノエ*、リギア*、レウコシア*。伝説によれば、オデュッセウス(ユリシーズ)は、船乗りたちの耳を蝋でふさいで自分は船のマストに身をきつく縛りつけさせて、うまく通り過ぎることができた。またイアソンとアルゴナウタイは、乗員だったオルペウスが、セイレーンよりももっと甘く歌ったので、セイレーンを退治できたとされる。

キリスト教の影響を受けて、のちの時代には、セイレーンの姿はもっと北のマーメイド*と同じものとされたが、セイレーンという名前は残り、セイレーン独自の姿を持つとする説もあった。こうした変化が最初に現われたのは、おそらく17世紀か18世紀に書かれた『怪物の書(Liber Monstrorum)』である。12世紀ラテン語の動物寓話集では、セイレーンは翼を持ち、船乗りを誘惑して岩に激突させるだけでなく、船乗りに飛びかかって引き裂くとされた。オックスフォードのボードリアン図書館に所蔵されている1220年頃の動物寓話集では、セイレーンは半鳥半人の怪物*に描かれていた。のちの13世紀には、セイレーンには3種類があるとされた。歌うものと、リュートを奏でるものと、パイプを吹くものである。セビーリャの大司教イシドルス(560頃〜636)は、セイレーンに鱗と、水かきの付いた足があるとし、尾と翼のあるものもいるとした。セイレーンはよくケンタウロス*と一緒に描かれた。

どんな姿であれ、中世には、その姿は伝説よりももっと象徴性を持たされ、櫛と鏡は虚栄の象徴とされた。魚またはウナギは贅沢や悪徳に誘惑され、とりことなったキリスト教徒の魂を表わす。小さなドラゴン*は、悪魔と関わりを持っていることの象徴である。セイレーンの裸身は、激しい性衝動のしるしとされた。メレトリックス(「海の女」や「稼ぐ女」という意味)という名前は、この時代にしばしばセイレーンについて使用されたが、教会法では売春婦の別名だった。

14世紀におそらくノリッジで書かれた中期

英語の『フィジオロゴス』では、セイレーンの混同と象徴性を、次のように表現している。

 海にはたくさんの不思議がある
 マーメイドは乙女に似ている
 胸と体も（つなぎ合わされているが）
 しかし臍から下はちがう（人間のようでない）
 しかしたしかにヒレがはえている魚だ
 この不思議な生物は不安定な場所に棲む
 水中に棲む
 彼女は船を沈め働く者を傷つける
 セイレーンは甘く歌い、たくさんの声を持つ
 たくさんの響く声、それはまた（危険であり船乗りは）歌声にひかれて操船を忘れる
 眠りに落ちて目覚めるのが遅すぎた
 船は沈み、誰もふたたび浮かんでこなかった
 だが賢人と注意深い者はこれをくつがえし
 力を振り絞って逃げる
 そしてセイレーンが醜くて
 半人半魚であると言い伝えた
  （中世英語の手稿、大英図書館、Msアルンデル292、おそらくノリッジで1300年頃制作された）

中世以降は、ふつうのマーメイドのイメージと描写のほうが普及したらしい。
文献7、10、14、18、20、24、28、60、78、89、120、124、125、133、134、139、147、148、161、166、169、178、182、185、186、188
⇨　アルコノスト、アンカ、アンナティ、ガルダ、ザグ、シリン、ソロヴェイ・ラクマティチ、バフリ、プティツィ・シリニー、ポダルゲー、リ

セヴィエンダ
SEVIENDA
 インドの鳥で、エジプトのフェニックス*に相当するもの。イタリア人のニコロ・ドコンティによれば、穴のたくさんあいたくちばしを持っている。フェニックスと同じく、炎に包まれるが、灰のなかに残った虫（毛虫）から再生する。
文献7
⇨　ベンヌ

世界最北端の食人種
CANIBAL-AT-THE-NORTH-END-OF-THE-WORLD
 カナダの先住民であるクワキウトル族の伝説と信仰における巨鳥、バクバクワカノオクシワエ*の別名。
文献77、89

世界の英雄
WARRIOR-OF-THE-WORLD
 カナダの北西部沿岸の先住民クワキウトル族に伝わる信仰に登場する巨人*ウィナラギリス*の別名。
文献77

セクンディラ
SECUNDILLA
 フランスの古典文学に登場する巨人*。フランソワ・ラブレー（1494頃～1553頃）は『パンタグリュエル』（1532）の、パンタグリュエル*の系譜にこの巨人を取り上げている。
文献174
⇨　アップ・ムウシュ、ウルタリー、エティオン、カインの娘たち、ガッバラ、ガルオー、ガルガンチュア、シャルブロット、ノア、ノアの子供たち、ブレイエ、モルガンテ

ゼゼウ
XEXEU
 南米のカシュマワ族の伝承と神話に登場する巨大な鳥。天にわき出る大きな黒い雲を集める任務を負っていて、時々あまりに手荒に行なうのでひどい嵐が起きると言われる。
文献24
⇨　サンダーバード、ヌガニ＝ヴァツ、雷鳥

セック
THÖKK

　北欧神話に登場する女巨人*。巨大な老婆として描かれ、世界で一番孤独な場所に棲んでいる。最も美しい神バルドルが、唯一彼を傷つけることのできるヤドリギの矢で、盲目のヘズに誤って殺されてしまった時、アース神族の神々は嘆いた。しかし実はロキがヤドリギをヘズに巧妙に与えていたのである。バルドルの兄ヘルモーズはすぐに、スレイプニル*に乗って黄泉の国への危険な旅に出た。嘆いているすべての者のためにバルドルを帰してほしいとヘルに頼むためだった。その恐るべき女神は、バルドルの死をすべての者が嘆き悲しんでいるのを見ることができたら彼を帰すといった。ヘルモーズは戻り、アース神族もヨーツン*も皆、嘆くことに同意した。しかしヘルは遠く離れた洞穴のなかに、ひとりの女巨人*セックが何の哀れみも見せずにいるのを見つけた。そのためバルドルは死者の国にとどまらなくてはならず、それが決まった時、嫉妬深いトリックスターであるロキは、セックから本来の姿に戻った。

文献139

セーフリームニル
SAEHRIMNIR

　北欧神話に登場する巨大な野生の猪。名前は「黒ずんだもの」という意味。不死身の生物。毎夜、焼かれて、集まったアース神族とヴァルハラの戦士たちに食べられるが、次の日の夜明けには再生して、狩られ、捕まえられ、焼かれる過程を毎晩くりかえす。

文献7、89

⇨ トトイマ、ヒルディスヴィニ

セムナイ
SEMNAI

　ギリシア神話に登場するエリーニュス*に使われた名前。名前は「尊い女神たち」という意味。この超自然的存在を遠まわしに呼ぶ時に使われた。彼女たちはディラエ*、エウメニデス*、フリアイ*とも呼ばれていた。

文献125、160

セムルヴ
SEMURV, SEMURU

　ペルシア神話に登場するセーンムルウ*の別名。

文献24、89、125

セラ
SERRA

　中世ヨーロッパ旅行者の体験談に登場する海の怪物*。翼を持つ巨大な生物で、魚の尾、コウモリまたは鳥の翼、ライオンの頭を持つ。航行する船を何kmも追いかけるが、最後には翼をたたんで海に戻るとされる。船を沈めるとも言われているが、船を沈めた詳しい話は残っていない。オックスフォードのボードリアン図書館に所蔵されている、1220年頃の動物寓意集では、よい仕事を提案するが、罪深い気持ちのためそれを成就できない者を象徴するとされている。

文献7、10、14

セラスティーズ（ツノクサリヘビ）
CERASTES

　中世ヨーロッパの伝説に登場する怪物蛇*。ホーンワーム*の名でも知られる。セラスティーズは当時の動物寓話集によれば、大変な大きさの蛇で、額からは羊の角のような角が4本突き出していた。この蛇は砂漠に棲息し、砂に体を埋めて角だけを外に出し、餌食を待ち伏せる。動物や人間が何かと思って近づいたとたんに地上に躍り出て、毒牙を相手の肉にくい込ませ、衰弱させて食い尽くすのである。

文献89

セルピー
CELPHIE

　中世ヨーロッパの伝説に登場する奇怪な混成動物。牛のような体だが脚が5本あり、各脚には人間の「肘」から「手」（「足」ではない）が付いていると描写された。棲息地はエ

チオピアの荒野とされた。この奇妙な生物は、旅行者や十字軍戦士、巡礼者たちが故郷の信じやすい読者に対し、誇張して説明した多くの動物のひとつである。
文献7
⇨　怪物、センティコア

ゼルフア
XELHUA
　メキシコのアステカ族の神話に登場する巨人*。トラロク山に登って、原初の洪水から生き残った6人の巨人のひとり。この出来事を記念して、ゼルフアはチョルラの巨大ピラミッドを建設した。
文献169

セルヨルズオルム
SELJORDSORM
　ノルウェーの伝承と民間信仰に登場する湖の怪物*。1750年に初めてグンレイク・アンデルソンが目撃し、以来、100回以上、目撃されている。親しみを込めて、セルマとも呼ばれる。1986年8月には、セルヨルド湖の湖面が静まり返った時、大きな黒い弓のようなものが目撃された。この弓（首）は、長さ1.8m以上で分厚く、周囲の水面は航跡のように泡立っていた。だが、報告者アアスムンド・スコリによれば、よく見ようと近寄ったとたんに沈んでしまったという。この怪物の水紋を、古い『ハマル年代記』が伝えている似たような怪物のものと比べることも行なわれている。イギリスのガーディアン紙の1999年9月1日号の記事には、グローバル水中探索チームと空中偵察機が、この怪物が生存する科学的証拠を見つけようとしていることが、詳しく報道された。
文献134
⇨　ロッホ・ネス・モンスター

セロウ
SEROU
　チベットの伝承や伝説に登場する一角獣族。大変獰猛だとされた。

文献81
⇨　一角獣

センイェマンド
SENJEMAND
　北欧神話に登場する巨人族。山に棲むヨーツン*で、センイェン島と同じだとされる。神話によれば、女巨人*のユテルナイェスタ*に誘いを拒まれたことに怒り、大きな石矢で射ようとした。彼女の恋人トルゲが、帽子で矢を防ぎ、追いかけてきた。巨人*は馬に飛び乗って逃げた。だが、暁の光のなかを逃げるうち、太陽が昇ってその光を浴びて、巨人はたちまち石と化した。センイェン島には今も、大きな石矢、穴のあいた帽子、永遠に石となった馬上の巨人がある。
文献24

センティコア
CENTICORE
　ヨーロッパの伝説と紋章に登場する獣のフランスでの名前。英語名はエアレー*である。
文献184

センティコア
CENTYCORE
　中世ヨーロッパの伝説上の奇怪な混成動物。ライオンに似た胴体と、巨大な口と耳の付いた熊の頭部と、馬の四肢と、人間に似た声を持つとされた。ローマ時代の作家ソリヌスによれば、センティコアはインドの平原に棲息した。この奇怪な生物は、旅行者が珍しい動物の姿形を故郷の人々に伝える時に、既知の動物を引き合いに出したせいで極端な描写となった多くの例のひとつである。
文献7
⇨　セルピー

セーンムルウ
SENMURV, SENMURW
　古代ペルシアの神話に登場する、翼のある怪物*。セムルヴ*、セムル*とも呼ばれる。その姿にはさまざまな説があり、ある説では、

犬の体に鳥の頭と翼を持つとされる。のちには、鳥の体に犬の頭と前足を持つ姿、あるいはジャコウウシの体に犬の頭と鷲の翼を持ち、コウモリのように止まり木に止まっていたという説もある。どういう姿にせよ、世界のあらゆる植物の実や種を持つ百種樹の枝に棲むとされた。セーンムルウが止まり木から降りると、熟した種もすべて地上に落ちた。種は、同じような鳥のシャムロッシュ*が集めた。のちの伝説では、セーンムルウは姿を変えられ、シームルグ*と呼ばれる伝説の鳥のイメージに組み込まれた。

シナム*とシミュルも、同時代にその地域にいた同じような鳥だと言われる。

文献7、24、89、125

⇨ アンカ、グリュプス、クレウツェット、シマルグル、ピアロザル、ロック

∞ ソ ∞

ゾアヴィッツ
DZOAVITS

米国のネヴァダ州とユタ州の先住民であるショショーニ族の伝承と信仰に登場する巨人*。ゾアヴィッツは子供を狩る巨大な人食いオーグル*だった。伝説によれば、この巨人が鳩から卵をふたつ、またはヒナを2羽盗み、鳩はなんとかそれを取り返す。だが、鳩たちを親子もろともむさぼり食おうと企むゾアヴィッツは、鳩を見つけ、追いかける。鳩はほかの動物たちに助けを求め、獣脂と太鼓腹と羽を手に入れた。鳩が巨人に追いかけられていると、鶴は脚を伸ばして川に橋をかけ、鳩たちを渡らせた。それから動物たちは地下の迷路で巨人を迷わせておき、そのあいだに鳩を走らせた。しかし、ゾアヴィッツはすぐに遅れを取り戻す。そこで鳩は鷲にもらった獣脂を使って谷を作り、追手を立ち止まらせるが、ゾアヴィッツはそれも克服してしまう。そこで鳩は太鼓腹を取り出して絶壁に変え、羽を取り出して濃い霧に変えた。ゾアヴィッツは毎回遅れるものの、毎回克服してしまう。そこでアナグマはふたつの穴を掘り、一方に鳩と子供たちを入れ、もう一方を巨人に指し示した。そして巨人が穴に入ったとたん、上から熱い岩を投げ入れて、穴を塞ぐ。こうして鳩と子供たちは永久にゾアヴィッツから救われた。

文献24、47、77、133

⇨ カンニバル（食人種）

ソーガー
SAUGER

米国の特にウィスコンシン州とミネソタ州の木こり、森林労働者（のちには詐欺師も）に伝わるグヤスクトゥス*の別名。

文献7

⇨ グヤスクトゥス、フィアサム・クリッター

ソラ
SO'LA

サウジアラビアのイスラム教信仰におけるジン（2）*。カンニバル（食人種）*で、人間を食べるとされる。

文献79

ソロヴェイ・ラフマティチ
SOLOVEI RAKHMATICH, SOLOVEY RAKHMATICH

ロシアの伝説に登場する人間型の混成怪物。名前は「ラフマトの息子のナイチンゲール」という意味。半分は鳥の体で、胴と頭は人間。チェリンゴフとキエフを結ぶ路をのぞむ大きな木の枝に棲む。よく見せる場所から、鋭い鳴き声をあげて、道を通るものをすべて殺し、所有物を盗む。だが、ボガトゥル（騎士）のイリヤ・ムロメッツが愛馬のシヴシュコに乗ってやってきた。騎士は襲われ、馬は殴られた。騎士は弓矢をとって怪物*を射て、怪物が盗んだものをキエフに持ち帰った。怪物を囚人としてキエフでさらしものにしたあと、ウラジミール太陽王は、ステップで怪物の首をはねよと命じた。

文献55

⇨　アルコノスト、アンカ、ザグ、シヴシュコ、シリン、セイレーン、パルテノペ、ハルピュイア、プティツィ・シリニー、ポダルゲー

ゾロトル
XÓLOTL

　メキシコのアステカ族の神話に登場する奇怪な犬。天界に棲む巨大な生物で、頭は足の向きとは反対の方向を向いている。耳はぴんと立っていて、気まぐれにどの方向にも向く。この恐ろしい生物は毎日太陽を追いかけ、牙を立てて太陽を地下の世界に引っぱり込み、地上を闇で包む。ゾロトルが人間に火を与えたとする話もあるが、人間に対して良いことも悪いこともするゾロトルは、利益よりも災厄をもたらすことのほうがありそうである。
文献133
⇨　アペプ

∞ ダ ∞

ダ
DA

　西アフリカ、ダオメーのフォン族の信仰と伝説に登場する宇宙蛇。ダは虹の蛇*で、その巨大な雌雄一体の体は、雄の赤い頭部から雌の青い末端までのスペクトルになっている。しかし、ダは一日の時間帯によって色合いを変化させることもできる。この偉大な蛇*の姿は虹が出ている時ならいつでも、あるいは大地の水がきらきらと輝く時でも、垣間見ることができる。この宇宙蛇は7000巻きのとぐろのなかに原初の海を抱えていた。そして、とぐろがうねると波ができ、同時に動いた空気で天空ができた。大地が作られたのは、神マウがダの口に入れられて宇宙を旅したときである。ふたりが休んだ場所には、ダの排泄物で山ができた。ダが動けば、背後に大地ができた。それからダは、宇宙と大地を支えるように、四方に建つ4本の柱に体を横たえた。
文献24、133
⇨ アイラーヴァタ、アクーパーラ、ダムバラー、メヘン、ユルルングル、ローカパーラ・エレファント

ダイティヤ
DAITYA, DAITEYA

　インドのヒンドゥー教神話に登場する巨人*でありデーモンである生物。ダイティヤは女神デティーとその夫アシュヤパ（カシュヤパ）の子供たちだった。ダーナヴァ*と同様に並外れて強く、宇宙の始まりの乳海攪拌に参加した。しかし、彼らは神の善き仕事をいつも妨害し、神に捧げられようとする犠牲や聖餐をいつも邪魔したので、ついに滅ぼされた。また、冥界に追放されて洞窟につながれ、司法神ヴァルナに見張られているという説もある。そして、彼らの身悶えが地上で感じる地震の原因だと言われる。
文献112、125、133、156、160

タイパン
TAIPAN

　アボリジニ（オーストラリア先住民）の「夢の時」神話に登場する虹の蛇*の地方名称。
文献133

太陽の馬
HORSE OF THE SUN

　家畜として馬を飼っている世界の文化圏の多くでは、毎日の太陽の運行を、男神あるいは女神が駿馬に引かれた天空の馬車に乗って天を横切る姿と考えていた。さらにいくつかの文化圏では、太陽あるいは暁の光が神々の

太陽の馬を追いかけるフェンリル

馬自体であるともされていた。

ギリシア・ローマ神話にはアクタイオン、アイトン*、アイティオプス*、アメテイア、アストロペ*、ブロンテ、エリュトレオス*またはエオース*、ラムポス*、ラムポン*、プレゴン*、プロキス*、ピュロイス*、パエトン*、ステロペス*といった太陽の馬が見られる。

北欧神話に登場する太陽の馬にはアールヴァク*またはアーヴァク*、アルスヴィド*、アルラク*、フリームファクシ*、スキンファクシ*がいる。

アルメニア神話においてはエリック、ベニック、メニック、セニックという太陽の馬がいる。

インドの太陽の馬には、ヴェーダ神話のガンダルヴァ*、ヒンドゥー教神話のアルシャとアルシ*、ダディクラー*またはダディクラーヴァン*、エータシャ*がいる。

文献7、139

太陽のカラス
SUN RAVENS
⇨　チュン・ウー

タウラード
TAULURD

英国のアーサー王伝説に登場する巨人*。ジェフリー・オヴ・モンマス（1100〜1154年）が著わした『ブリテン列王史』(1147)によると、タウラードはマルハウスに殺されたという。

文献54

⇨　アルビオン

ダウルフー
DOBHARCH

アイルランドの伝説と伝承に登場する恐ろしい怪物カワウソ。ドラッゴー*の名でも知られ、「湖の王」とも言われるが、ダウルフーという名前は「カワウソ」を意味するアイルランド・ゲール語である。しかし、これは単なる動物ではなく、人間をはじめとする動物を狩って即座にむさぼり食う邪悪なハンターである。

文献128

タオ・ティエ（饕餮）
T'AO TIE　とうてつ

中国の神話と伝説に登場する怪物*。「大食漢」という意味の名前を持つタオ・ティエ（饕餮）は、巨大な頭と洞穴のような口を持ち、頭部と上半身はひとつの体であり、ドラゴン*か人間または虎として描かれている。下半身は巨大な胃袋を持つふたつの体でできている。この怪物は貪欲と性欲の象徴であり、贅沢に溺れることの罪を食事をする人間に警告するために、その像はしばしば鐘・鼎・酒器に描かれた。

文献18

⇨　キールティムカ

高峰のライチョウ
PINNACLE GROUSE

19世紀から20世紀初頭にかけて、米国の特にウィスコンシン州およびミネソタ州で木こりや森林労働者たちの民間伝承に登場した生物。翼が1枚しかなく、歪んだ姿勢で飛ぶ、おかしな鳥。飛ぶことはできるが、一方向にしか飛べず、翼のないほうの体は、この鳥が巣を作る円錐型の山の山肌に添わせて安定させながら飛ぶ。親しみをこめてフィアサム・クリッター*と呼ばれる怪物の一種で、その極端な姿や行動のせいで寂れた場所で聞こえてくる不気味な物音の説明に使われたり、キャンプの時の楽しい語り草にされたりした。

文献7

ダーカーン
DHAKHAN

オーストラリア北東部のクイーンズランドの海岸地域に棲むカビ族の伝説と信仰に登場する混成爬虫類。巨大魚の尻びれを持つ巨大蛇*として描写される。山地や平野の深い水たまりに棲息する。だが虹の姿で現われることもある。その姿になるのが、彼が水場から

水場へと移動する方法なのである。
文献47
⇨　虹の蛇、ユルルングル

タクシャカ
TAKSHAKA

　インドのヒンドゥー教神話に登場するナーガ*族の王。『マハーバーラタ』のなかの伝説は、パリクシトという名の自信家で尊大な王が慎み深い隠者を辱めた顛末を伝えている。無抵抗だった僧の息子は、ひどく執拗なことで有名なナーガ族の王タクシャカに、父親への不当な扱いに対する復讐を懇願した。パリクシトは湖の中央の要塞に逃げ込み、ナーガ族の手は絶対に届かないと確信していた。ところが数人の僧が、王への捧げ物として果物を背負って要塞を訪れたのである。そして果物の最後の1個が割られた時、赤い目の奇妙な虫が出てきて、ナーガ族に変身するとパリクシトに巻きついて絞め殺してしまった。
文献139
⇨　ムチャリンダ

タゲス
TAGES

　古典期以前のイタリアで、エトルリア人の神話に登場する奇怪な子供。タゲスは人間の男の子のようであったが、足のかわりに2匹の蛇*が付いていた。彼は耕された大地から生まれたと言われている。大地のすき跡から現われ、それから村に連れてこられた。神殿で犠牲獣の内臓による占いと、予言を行なうようになった。これが腸卜（ちょうぼく）である。
文献125
⇨　ニュ・ワー（女媧）、フー・シー（伏羲）

戦いの猪
BATTLESWINE

　勇ましいが恐ろしい野生の猪たちで、北欧神話の英雄や神々の敵である。リーダーはヒルディスヴィン*とセーフリームニル*である。
文献89
⇨　アイトーリアの猪、エスキスエルウィン、カフレ、カリュドンの猪、トゥルッフ・トゥルウィス、ブアタ、プゴット、ベイガド、ベン＝グルバンの猪

タタールの野菜羊
VEGETABLE LAMB OF TARTARY

　中世ヨーロッパの想像上の生物で、半分動物で半分野菜であるバロメッツ*の別名。
文献20、89、189

ダーダーワット
DAHDAHWAT

　米国の先住民であるセネカ族の信仰と伝説に登場する架空動物の一種。この怪物*は文化英雄ガンヤジゴワを追い詰めて嚙みつき、ショディエオンスコンの死にも責任を負っていた。
文献77

龍
TATSU

　日本の神話に登場するドラゴン*。龍は蛇のような身体に3本の鉤爪の付いた足のある生物として描かれる。このドラゴンは海に関係があり、日本の十二支に含まれる占星学的な生物のひとつである。
文献7、89、113
⇨　東洋の龍

タッター・フォール
TATTER FOAL

　イングランド、リンカーンシャーの民話に登場する超自然な野獣シャッグ・フォール*の別名。
文献24

タッツェルヴルム
TATZELWURM

　オーストリアの民間伝承に登場する奇怪な生物。タッツェルヴルムは頭は猫で体はトカゲのような巨大な生物として描かれる。足の本数に関しては、足があるかどうかも含めて記述にばらつきがあり、同様に体も滑らかで

あったり、でこぼこであったり、鱗に覆われていたり、毛に包まれているなどさまざまである。スイスに伝わる同じような生物ストレンヴルム*と同様に、高い山を越える人間がこれに出会うと必ず襲われるという恐ろしい伝承がある。
文献134
⇨　アラッサス、ダルド

立って動くもの
ONE-STANDING-AND-MOVING
　カナダのクイーンシャーロット諸島やブリティッシュ・コロンビア州に住む先住民ハイダ族の伝承と民間信仰に登場する巨人*。地面の下や島に棲む。その動きが、地震となって地表に伝わる。
文献77
⇨　地震魚

ダディクラー
DADHIKRA
　インドのヒンドゥー教神話に登場する巨大な馬。美しく敏捷で、鷲の翼に似た大きな翼を持っており、ギリシア神話のペガソス*とよく似ている。空を渡る太陽の象徴だった。
文献7
⇨　アル・ボラーク、太陽の馬

ダディクラーヴァン
DADHIKRAVAN
⇨　ダディクラー

ダーナヴァ
DANAVAS
　インドのヒンドゥー教の信仰と伝説に登場する、巨大で魔力を持つ怪物*かつ巨人*。邪悪なバリ*は彼らのリーダーのひとりである。ダーナヴァはダイティヤ*と同様に神々と戦って最終的に敗北し、神インドラによって海に沈められて滅ぼされた。
文献112、125

ダニー
DUNNIE
　イングランド北東部の伝説と民間伝承に登場する超自然的な怪物*。ありふれた動物を巨大化した形の双方で現われる点で、ブラッグ*とよく似ている。ダニーはノーサンバーランドの国（現在の行政地区ノーサンブリア）のハセルリグ近くに棲む。ダニーが最もよく使う手としてロバや耕作馬やポニーの姿で現われると、これから使いに出る人間は何の疑いも持たずにそれを引き具でつなぐ。そして気づけば、何もつないでいない引き具を握りしめたまま、ぬかるみに放り出されている。そして怪物は笑って走り去る。
文献21、25、93、160
⇨　ケルピー、プーカ

タニワ
TANIHWA
　ニュージーランドのマオリ族の伝承と伝説に登場する怪物*。タニワは巨大なトカゲのような生物、または口に大きな牙のあるドラゴン*で長くて棘のある尾を持つ生物とされ、出会った人間は誰でも攻撃して、食べてしまうと言われた。伝説によれば英雄ピタカは、恐れを知らぬ男たちと呪文の力を借りて、3匹のタニワを罠にかけて捕らえて殺した。そしてタニワの体を切り裂くと、食べられた人々の死体が全部転げ落ちた。
文献113
⇨　ゴリゴグ、サラマンダー、ステリオ、ストレンヴルム、ティー、ビングバファー、フィリールー

ダハク
DAHAK
　ペルシア（現在のイラン）のゾロアスター教の信仰と伝説のドラゴン*。地上の価値あるすべてのものを破壊することに精を出す邪悪な生物だった。英雄スラエタオナは数々の危険を乗り越えたのちに、この獣を殺すことはできなかったものの、打ち倒し、山のふもとに鎖で永久につなぎとめた。予言によれば、

最後の戦いと最後の審判の日が近づいた時、ダハクは鎖を解き、破壊を繰り広げる。
文献166
⇨ フェンリル、黙示録の獣

タパゴツ
TAPAGÖZ
アルメニアの伝説に登場する巨人*。3つの頭を持つ場合もあるしひとつしかない場合もあるが、ギリシア・ローマ神話に登場するキュクロプス*のように、額の真ん中に目がひとつだけ付いている。頭は非常に大きく、1800ポンド（約820kg）もの重さで、歯は1本が180ポンド（約80kg）の重さと言われた。この巨大な巨人のひとりがザルザンド王の娘スミザルを奪い、自分の城に閉じこめた。英雄ズラブ（後のアスラム）がタパゴツを殺して彼女を救った。
文献55

ダバット
DABBAT
イスラムの信仰と伝説上の怪物*。ダバットは最後の審判の日に巨大な蛇*の姿で大地から現われることになっている。
文献20
⇨ 黙示録の獣

ダバット・ラルド
DABBATU 'L-ARD
⇨ ダバット

タープ・ウーシュカ
TARBH UISGE, TAIRBE UISGE, TAIRBH-UISGE
スコットランドとアイルランドに伝わるケルトの民間伝承に登場する奇怪な動物。そのゲール語の名前は「水棲牛*」という意味である。燃えるように赤い鼻をした巨大な黒牛で、海と海岸に棲んでいた。夜になると波間から現われ、陸で暴れ回るか土地の牝牛と交尾するのだった。その子供の名前は「裂けた耳」という意味のコルクフルアサスク*といった。なぜならそれらの耳は半分しかな

かったのである。これらがもたらす災害を避けるために、スカイ島では皆たちまち殺してしまったと伝えられている。
文献128、134
⇨ タルー・ウシュタ

タマ＝オ＝ホイ
TAMA-O-HOI
ニュージーランドのマオリ族に伝わる伝説に登場するオーグル*。タマ＝オ＝ホイは島に最初に棲んでいた原初の巨人族のひとりと言われている。後に島にやってきた人間が、タマ＝オ＝ホイの山タラウェラに入り込もうとすると、彼は人間を襲って食べてしまった。だがとうとう祭司ガアトロ・イ・ランギが強力な魔法で、山の頂上に大きな割れ目を開き、そこにオーグルを投げ込んで閉じこめた。1886年にこの火山が噴火した時は、タマ＝オ＝ホイの仕業だと信じられた。
文献155
⇨ カンニバル（食人種）、巨人

ダマステス
DAMASTES
ギリシア・ローマ神話に登場する巨人*、プロクルステス*の別名。ダマステスという名は「調教者」と訳せるが、「有害なもの」を意味するポリュペモン*の名でも知られる。ダマステスはエレウシスの恐ろしい巨人であり、山地で行き暮れた旅人に、残忍な目的で一晩ベッドを貸した。
文献78、133、178

ダムバラー
DAMBALLAH, DAMBALLA, DAMBALLA WEDO
ハイチ島のヴードゥー教の信仰と伝説上の偉大な宇宙蛇。ダムバラー・ウェド*とも呼ばれる。ダムバラーは天国の門を形作っているが、地球へやってくると、大地を通る際に深い谷や裂け目を作る。また、地上で巨大なとぐろを巻いて日を浴び、大海を渡って巨大な波を作る。虹となるのは、同じく虹の蛇*である妻のアイダ*と、宇宙に橋をかけてつ

がうときである。ダムバラーも妻も、16世紀から17世紀にかけてカリブ海地方に連れてこられたフォン族によるダ*崇拝が起源であると思われる。

文献24、133

⇨　ユルルングル

ダムバラー・ウェド
DAMBALLA WEDO

⇨　ダムバラー

タラスカ
TARASCA

スペインの伝説と伝承に登場するドラゴン*。もともとこのドラゴンは南フランスのタルスク*に深く関係があるようで、子供を食べるとして恐れられるドラゴンの典型である。今日ではタラスカの模型が、ポンテヘドラのレドンデラで聖体の祝日に大勢の人々によって退治される。その腹中に小さな子供たちが座っている状態で行進するのである。

文献182

タラスク
TARASQUE

フランスの中世の伝説に登場するドラゴン*。タラスクはレヴィアタン*とボナコン*の子供と言われており、巨大な牡牛の体と熊の足を持つとされた。タラスクはエクス・ラ・シャペル地方の田舎で恐怖の的だったが、聖マルタがタラスクを鎮めて退治した。それ以来タラスクは町の祭りのパレードで行進するようになり、スペインのドラゴンが同じようなタラスカ*という名前を持つように影響を与えた。

文献7、20、57、89、128、134、174、182

タラヌシ
TARANUSHI

地中海沿岸の北アフリカのイスラム教諸国の信仰と伝承に登場する。タラヌシはサハラ砂漠の風シムーンから生まれた最初のジン(1)*とされる。彼は他のジン(1)たちすべての活動を支配すると言われる。

文献107、122、125

タランドルス
TARANDRUS

ローマの古典文学に登場する想像上の獣*。古代ローマ人作家のクラウディウス・アエリアヌスが著わした『動物誌 (De Natura Animalium)』(220頃)と、のちの中世ヨーロッパの動物寓話集に登場する。牡牛に似た、灰色の長い毛を持つ動物として描かれていた。だが猟師や他の天敵に襲われそうになると、その外皮は周りの植物と同色に変わり、カメレオンのようにカムフラージュした。

文献7

タルー・ウシュタ
TAROO USHTEY, THEROO USHTA

イギリス諸島のマン島の民間伝承に登場するケルトの水棲牛*。タープ・ウーシュカ*に由来するが、それほど悪い存在とはされていない。また海に棲んでいるのではなく、低地の沼沢地や内陸の池に棲むとされる。

文献128

タルタロ
TARTARO

フランス南西部とスペイン北西部のバスク地方において民間伝承に登場する巨人*。タルタロは恐ろしい動物や人間として描かれることもあるが、民話ではたいてい、額の真ん中にひとつ目を持つ大きな巨人として描かれている。多くの巨人やオーグル*のように、タルタロも知性に恵まれず、敵の人間にしょっちゅう騙される。

文献24

⇨　キュクロプス

ダルド
DARD

オーストリアの伝説と伝承に登場する怪物*。混成怪物であり、トカゲか蛇*の体と4本の脚を持ちながら、首には馬のようなたて

子供を脅すドラゴン、タラスカはスペインの伝説と民話に登場するドラゴンである。

がみと猫の頭が付いていると言われる。

文献134

⇨ アラッサス、ドラゴン

ダルハム
DALHAM

　北アフリカの海岸地方とアラビア半島のイスラム教神話に登場するジン(1)*のひとり。ラクダに乗った男の姿で現われる。この獰猛なジンは不毛の島に棲み、そこで船の難破の原因を作る。そして、難破船の船乗りたちを魔力で呼び寄せ、その体をむさぼり食う。

文献64

⇨ セイレーン

ダルマパーラ
DHARMAPALAS, THE

　インドの仏教の信仰と伝統における8人の巨人*の名で、チベットではチョスキョ*の名で知られる。ダルマパーラはとてつもなく巨大で、その頭だけでも地平線全体に広がっていた。その巨大な口は、巨大な牙の隙間から火炎の舌を吐き出した。彼らには目が3つあり、3つめは広大な額の中央にあった。そのまなざしは鋭くまっすぐに、仏教の信仰上のあらゆる敵を睨みつけていた。彼らのリーダーはデーヴィーとハヤグリーヴァ*と呼ばれた。

文献24、133

タロス
TALOS

　ギリシア・ローマ神話に登場する巨人*。タロスは原初の巨人やティタン*族の最後の子孫と言われている。彼の全身は銅または真鍮で覆われていて、足の裏を除いて不死身だった。足の裏は板で覆われ、首から足まで通っている、彼の体と同じ長さの「イコル」（霊液）の管をふさいでいた。タロスはクレタ島の番人で、神々の王ゼウスか、ヘパイストス／ウルカヌス、あるいはダイダロスが、何らかの理由でアステリオスに与えたのである。タロスの役目はよそ者を追い払うことであり、上陸する者はことごとく、その熱くて真っ赤な腕で捕らえて焼き殺した。また崖のてっぺんから岩を投げつけたとも言われる。英雄イアソンがアルゴ船の乗組員とともに上陸した時、タロスに死が訪れた。または双子の英雄カストルとポリュデウケスの手にかかったとも言われる。他にも魔女メデイアが、この巨人がアルゴ船の乗組員に岩を投げつけるように魔法をかけて、岩のひとつが彼の弱点である足の裏に当たり「イコル」が流れ出るようにしたとか、メデイアが「イコル」の管をふさいでいた銅の栓を抜いたので、「イコル」が流れ出して死んでしまったという話もある。

文献7、18、78、169、178

⇨ ゴーレム、ベ・チャスティ

ダン・アイド・フウェド
DAN AYDO HWEDO

　西アフリカ、ダオメーの人々のあいだで語り継がれた虹の蛇*、アイド・ウエド*の別名。

文献159

タンガタ
TANGATA

　ポリネシアの神話に登場する原初の巨人*。「タンガタ」という名前はカナカという単語と同じく「人々」を意味する。この巨人は、図面も道具もなしに自分たちで作った船に乗って海を渡ってきた。そして人間の女性を妻にした。その子供がポリネシアの神々となり、ポリネシア人はその子孫というわけである。

文献113

タンギー
TANGIE

　イギリスのオークニー諸島とシェットランド諸島の伝承に登場する海馬*。タンギーはたてがみが海草または貝殻の、毛むくじゃらのポニーとして描かれることが多いが、マーマン*のようにも見える。孤独な旅人を怖がらせるという点では、ケルピー*やノッグル*

のほうに似ている。特に若い女性が夜、湖に近い寂しい道を歩いていると、水中にさらい、食べてしまう。ブラック・エリックという臆病な羊泥棒がタンギーに乗ったという記録がある。サンディー・ブリーマーという小作人との戦いで、彼はタンギーの不思議な力で助けられた。結局ブラック・エリックは、海岸のフィットフル・ヘッドという崖から落ちてしまったのだが、タンギーはその後も一帯を脅かし、特に彼が誘拐したがる若い女性の恐怖であり続けた。

文献20、24、67、107、160

⇨　アッハ・イーシュカ

タングニョースト

TANNGNIJOSTR

　北欧神話に登場する巨大な天界の山羊。タングニョーストとは「歯がみするもの」という意味であり、タングリスニル*というもう1匹の山羊とともに、トール神の戦車を引いて天空を駆けた。

文献78

タングリスニル

TANNGRISNIR

　北欧神話に登場する巨大な天界の山羊。タングリスニルとは「歯ぎしりするもの」という意味であり、タングニョースト*というもう1匹の山羊とともに、トール神の戦車を引いて天空を駆けた。

文献78

タンティ・ガハ

TANTI-GÁHA

　ミャンマーの伝承や伝説に登場する奇怪な蛇のようなニヤン*の、マガダ語での名称。

文献81

タンニン

TANNIN

　旧約聖書とヘブライ語文書に登場する怪物*。タンニンは非常に巨大で強力な蛇*と考えられている。原初の混沌の蛇またはドラゴン*であり、レヴィアタン*やラハブ*と同じものかもしれない。

文献24、125

タンマツユク

TAMMATUYUQ

　カナダのハドソン湾東部に住むイヌイットに伝わる伝説や信仰に登場する人食い怪物。タンマツユクは原初の人間たちの時代に存在したと言われ、彼らの幼児を餌食にしていた。まず最初に新米の母親を信用させ、子供とふたりきりになると自分の巣に連れ去った。そこで子供の頭に麦わらか針を突き刺して、その生命力を吸うのであった。

文献77

⇨　怪物、カンニバル（食人種）

∞ チ ∞

チアイ・トゥング

CHIAI TUNG

　中国の信仰と神話に登場するハイ・チアイ*の名でも知られる東洋の一角獣*の別名。

文献81

⇨　チー・リン（麒麟）

チアン・リアン（彌良）

CHIANG-LIANG　きょうりょう

　中国の信仰と神話に登場する混成怪物。豹のような胴から先端にひづめのあるきわめて長い足が伸び、虎の頭に人間の顔が付いている。978年に完成し981年に出版された『大平広記』のなかに、この生物が蛇に嚙みつく姿が描かれている。

文献18

⇨　怪物、チュアン・トウ族、チョウティ

チヴァト

CHIVATO

　チリのアラウコ族の伝説に登場する人型の恐ろしい生物。チヴァトは、魔女にさらわれ

て、その後数年かけて人食い獣にされた子供の変身後の姿であると信じられていた。大勢のチヴァトが、アンクードやチロクの町近くの「サラマンカの穴」と呼ばれる洞窟や、「クィカヴィ」と呼ばれるいくつもの洞窟に棲んでいると言われた。19世紀末の記録によれば、このように監禁されたふたりのカンニバル（食人種）*（またはエンセラドス*）が、あるほら穴で発見されている。こうした洞窟へ行く道は、ある湖に浮かぶ島から始まり、少し離れたところにある洞窟の内部で地上へ出るトンネルになっていると言われた。この怪物*は、インブンチェ*またはその手下であるトレルケフエクヴェ*に餌を与えられていると考えられていた。この手下が湖で水汲みをする少女を捕まえ、秘密のトンネルを通って洞窟へ連れてくるとされていた。

文献133

チェシャー猫
CHESHIRE CAT

イギリスの学者で作家のルイス・キャロル（チャールズ・ラトウィッジ・ドジソン、1843～1898）による物語『不思議の国のアリス』（1865）に登場する動物。ヒロインのアリスが不思議の国へと続くウサギの穴を奥へ奥へと入っていく途中で、彼女を悩ます奇妙な動物のなかの一匹である。チェシャー猫は、大きな目をして、大きく開けた口のなかに大きな歯のある大きな縞猫と描写されており、普段は高い木の枝に座り、大げさににやにや笑いを顔いっぱいに浮かべている。この猫は公爵夫人の飼い猫で、やけにゆっくりと現われたり消えたりする習性があったので、消えると、それまでいた場所ににやにや笑いだけが残った。チェシャー猫らしきものとそのにやにや笑いに関する記述は、17世紀以降の、つまり、キャロルがこのキャラクターを自分の作品に登場させるずっと以前からの伝承にも見られる。そのなかには、売られていたチーズの形と結びつけた話もあれば、チェシャー地方は宮中伯領だったせいでほかの地方よりも優遇され、地位も高かったので、猫たちが

愉快がっていたという話もある。

文献7、18、20

チェン・タン・ロン・ワン（銭塘龍王）
QIAN TANG LONG WANG

中国の伝説に現われる水棲の巨大な怪物*。巨大な水蛇で銭塘江（チェンタン川）の漁や漁師に災いを引き起こした。1129年に土地の英雄によって殺された。

文献181

⇨ 蛇

地下のヒョウ
UNDERGROUND PANTHER

米国の先住民の伝承と信仰に登場するミシピジウ*の別名。

文献134

チチェヴァチェ
CHICHEVACHE

中世ヨーロッパの伝説と民間伝承に登場する女怪物*。名前の意味は「やせた牝牛」である。この生物がこの綴りで記されているのは、中世の作家であり外交官であったジェフリー・チョーサー（1345～1400）による『カンタベリー物語』の「学僧の物語」である。この物語の中でチョーサーは、「やせた顔」または「醜い顔」を意味するフランス語のシシファッシュ（Chichifache）という名前をこのように変えたのである。16世紀にはティングトの名でも知られたチチェヴァチェは、人の顔を持ち、情けない表情をした栄養不良の牝牛であり、従順な妻を食べて生きていると言われた。性道徳にはやかましい時代のはずなのに、このような食生活では、この獣はほとんど食べる物にありつけなかったらしい。結果として栄養不足で死ぬほど弱りきっていたのである（いっぽう彼女の片割れの、従順な夫しか食べないバイコーン*は、いつでも満腹だった！）。チチェヴァチェとバイコーンはこの時代の教会の家具、特にミゼリコルディア（蝶番付き腰掛け板の下面にある小さな突出部）などによく描かれていた。

文献7、20

チ＝チャン
TI-CHIANG
　中国の伝承と伝説に登場する天界の鳥。深紅の羽毛と3本の足を持つが、顔には目もくちばしもない。

文献7、18

⇨　フォン・フアン（鳳凰）

チトラタ
CITRATHA
　インドのヒンドゥー教神話に登場するガンダルヴァ*の王。

文献112

⇨　キンナラ

チピトカーム
TCIPITCKAAM
　カナダの先住民ミクマク族の伝承と信仰に登場する湖の蛇*。ユニコーン・サーペント（一角獣蛇）と呼ばれることもある。チピトカームは、馬の頭を持つ蛇の姿や、時にはワニの姿などさまざまに伝えられているが、いずれにしても額の真ん中から赤または黄色のらせん状の長い角が生えている。ユートピア湖とエーンズリー湖に棲むという。この怪物*は人間にとってきわめて危険で、若い男に変身して若い女性をさらい、犠牲者とともに湖に戻ると言われている。

文献134

⇨　ウィーウイルメック、ケルピー、ポニック

チャイニーズ・ドラゴン
CHINESE DRAGON
⇨　東洋の龍

チャイニーズ・リコポディウム
CHINESE LYCOPODIUM
　中世ヨーロッパの半動物で半植物である伝説の生物バロメッツ*の別名。

文献7、18、89

チャイルド・ガズラー
CHILD GUZZLER
　ドイツの伝承のなかでキンダーシュレッカー*の名で知られる人食い巨人*の英語での名称。18、19世紀の物語によく登場し、わんぱくで言うことを聞かない子供を食べて生きている。両親が子供を行儀よくさせるための子供部屋のボーギー*であることは言うまでもない。

文献181

⇨　カンニバル（食人種）

チャーナミード
CHAHNAMEED
　米国北東部のピーコット族の伝承や伝承に登場する特大の巨人*の名で、スペックによって記録されている（1903）。チャーナミードは絶えず狩りをしては食べていた。彼の飢えは伝説的だった。その結果、巨大な体格になり、「とてつもない食いしん坊（Great Eater Glutton）」の名でも知られていた。彼は島に棲みながら、海でも本土でも、食べる物を求めては狩りを続けた。ところがある日、浜で若い美女を見た彼は、彼女を自分のものにしたくなった。彼は水をかき分けて彼女に近づき、妻になることを無理やり承諾させた。しかし、この巨人は狩りに出て食べることばかりに夢中だったので、たいてい妻をひとりにしておいた。とはいえ、彼がかけた魔法のせいで妻は逃げ出すことができない。そこで妻は自由になる方法を思案し、計画を固めていった。そして自分の排泄物と貝殻と絵の具を使って自分をかたどった人形をいくつも作り、小屋の周りに並べておいたのである。チャーナミードが小屋に戻ると、動くたびに人形たちが金切り声を浴びせてきた。だが、どうにか小屋を抜け出した彼は妻を見た。妻は一心にカヌーを漕いで本土の岸へ向かっているところだった。チャーナミードは水をかき分けて後を追う。だが、妻が自分の頭から髪の毛を一本引き抜くと、それは魔法の力で槍に変わった。彼女はそれを、カヌーをつかみかけた巨人に突き刺した。水中に倒れた

チャーナミードは二度と起き上がらなかった。こうして彼女は無事に故郷へ帰ったのである。
文献77

チャムロッシュ
CHAMROSH
古代ペルシア（イラン）の神話に登場する想像上の有翼の怪物*。チャムロッシュは犬の体と鳥の頭と翼を持つと言われる。また、センームルウ*のとまり木であるソーマの木の下の地面に棲むと言われる。センームルウがとまり木に止まったりそこから降りたりするたびに、熟した種子がすべて地に落ちた。これをチャムロッシュが集め、それから世界各地へまきちらしたのである。
文献89、125

チャールマロウチ
CHAARMAROUCH
モロッコの人々の伝説と信仰に登場するジン(1)*の王のひとり。チャールマロウチは、グーンダフィ山脈の斜面の洞窟に棲息する巨大な生物と言われる。姿は見えないが、邪悪な性質を持つと考えられている。なわばりに近づくと大量の石を続けざまに投げつけられて視界を失うので、避けたい方法ではあるが、そうすることによって、この生物の存在を確認できる。
文献122

チャン・オ（嫦娥）
CHANG E　じょうが
中国の伝承と神話に登場する怪物*。天界の射手羿（げい）の妻だった。彼は神々の不死の霊薬の守り手であったが、妻がそれを盗んだのである。追っ手から逃れるために彼女は月へ飛んだ。しかし彼女の勝利は短かった。なぜなら彼女が逃げると、霊薬はその効力で彼女の姿を変えたからである。彼女は巨大で恐ろしい、3本足のヒキガエルになってしまった。今でも彼女は月にいるが、姿を現わすことはできない。お腹がすくと、月をがつがつと食べ、時には空腹のあまりに月を全部食べ尽くしてしまう。
文献181
⇨　アペプ、スィアチ

チャン・ハオ
CH'ANG HAO
中国の神話や伝説に登場するキング・オブ・ザ・スネークス*。チャン・ハオは体の大きさを小から特大まで、敵と戦っている時に有利なように自在に変えることができた。しかし、神々と不死の敵との天空のムーの戦いに参加した時には、体の大きさをどう変えても敗北を防ぐことはできなかった。
文献180
⇨　蛇

チュアン・トウ族（讙頭）
CHUAN-TOU, PEOPLE OF
中国の信仰と神話に登場する奇怪な混成種で、人間に似た体と人間の頭を持つが、鳥のくちばしと、（羽でなく皮膚に覆われている点で）コウモリのような翼を持つと言われた。彼らは川や海から直接魚を捕って食べて生きていたらしい。チュアン・トウ族のことは、978年に完成し981年に出版された『山海経』に書かれている。
文献18
⇨　怪物、チアン・リアン（彊良）、チョウティ

チュン・ウー（踆烏）
QUN WU
中国の伝説に登場する聖なる鳥。もともと地上の熱と光は10羽の巨鳥が、羽を広げて運んでいた。1時間に1羽ずつ、必要なだけの日光と温かさを運び、皆が運び終わって休むと日が暮れた。だがある日、鳥たちは相談をして、わざと皆が同時に天空に現われた。その結果、運んできた熱と光が重なった。羿という名の優れた射手が、9羽を射落とさなかったら、世界は破滅していただろう。
文献139

チョウティ
CH'OU-T'I
中国の神話に登場する混成動物。獣の胴体の両側に頭が付いていると言われる。この生物は、978年に完成し981年に出版された『太平広記』という文献に記録されている。

文献18

⇨ 怪物、チアン・リアン（彊良）、チュアントウ族

チョスキョ
CH'OS-SKYON
インドでダルマパーラ*の名で知られる仏教の8人の巨人*を表わすチベットでの名称。

文献24、132

チョドーユドー
CHUDO-YUDO
ロシアで語り継がれ、信じられていたドラゴン*。口から猛烈な火を吐く多頭の恐ろしいドラゴンと言われる。恐るべきババ・ヤガ*の子供という説もあれば、女巨人*を最高に邪悪な形にしたものという説もあった。さらに、この生物は、ババ・ヤガと関連のあるもう一匹の邪悪なドラゴンである不死身のコシュチェイ*の同胞とも言われた。東洋の龍*と同様に、チュドーユドーも地域の水の支配者と考えられていたので、飢饉の時には人々から祈願された。

文献55

チョルティ
CHORTI
グアテマラの信仰と伝承に登場する野人*または人間に似た獣。チョルティは巨大な毛むくじゃらの生物で、歩いてきた方向を向いている逆足と金の鉤爪を持つと言われる。中央アメリカではこの生物と同様の存在が信じられている例が多数あり、メキシコのヤキ族の伝承にも同様の生物が登場する。チョルティはヨーロッパの伝承の野人と同様に荒野の守り主と考えられているが、その姿を見た者には災いが起こると言われる。

文献94

⇨ イェティー、巨人、サテュロス、ビッグ・フット、雪男

チョンチョン
CHONCHONYI, CHONCHÓN
チリのアラウコ族の信仰に登場する邪悪で超自然的な怪物*またはヴァンパイア*。目に見える形で現われる時には、巨大な牙と翼にできるほど巨大な耳の付いた人間の頭のようなものだと言われる。チョンチョンは老人や病人を探して餌食にする。月のない晩に老人や病人がひとりになるのを待ち、舞い降りてその体の上に飛び乗り、命を枯渇させる。この怪物を退治するには、秘密の方法がいくつかある。たとえば、ある決まった呪歌や祈りを唱えること、それから地面にソロモンの封印の印を描くこと、また、この生物が通る道に決まった方法で衣類を並べておくことなどである。ある物語によれば、秘密の呪歌を知る者がチョンチョンを攻撃すると、巨大な鳥のような生物が夜空から落ちてきた。村人たちはすぐにその首を切り落として犬にやり、体は屋根の上に放り上げた。翌日、犬の体は恐ろしく膨れ上がり、村の墓掘り人は首のない死体を埋葬したと報告した。

文献18、38、78、138、159

⇨ ポンティアナク

チー・リン（麒麟）
QILIN, K'ILIN, KI-LIN, K'I-LIN, KYLIN, CHI-LIN　きりん
中国の神話に登場する架空動物。大きな牡鹿のような胴体と馬の脚とひづめ、牡牛の尻尾を持ち、鹿に似た頭の額から1本の肉質の角が突き出ている。背中は赤、黄、青、白、黒という聖なる五色で、腹部は茶か黄のいずれかである。声は旋律的で美しく、とても穏やかで繊細なので、動物であれ植物であれ命あるものは決して食べない。チー・リンという名は実は2頭の動物を表わしている。雄が「麒（Ch'）」、雌が「麟（Lin）」だからである。だが、このふたつをつなげた名で種全体を指

中国の一角獣チー・リン

す。チー・リンは中国における天上界の四霊獣（聖獣*）のひとつである（他の3つは、ドラゴン*（龍）、鳳凰*、亀）。この獣はまた、万物組成の5元素と言われる土、火、金、水、木の精髄でもある。心優しい生物で、平和と繁栄の時代のもたらし手であり象徴である。鳳凰の場合と同じく、麒麟が現われるのは、善良で公正な治世だけであり、大きな幸運の前兆とされた。そうした大幸運のふたつが、黄帝の時代（前2697〜2597）と孔子の誕生（前6世紀）であった。同類にジャオ・ドアン（角端）*があり、国が侵略された時に平和を求められた。麒麟は千年生きて幸運をもたらすとされるが、その死体を見たり、殺した者には災いがあったという。

文献7、18、61、89、180

⇨ アムドゥスキアス、アリコーン、一角獣、オニュクス・モノケロス、カルカダン、麒麟、コレスク、ジャオ・ドゥアン（角端）、スキュティアのロバ、チアイ・トゥング、東洋の龍、ドラゴン、ビーアスト・ナ・スログニグ、ミラージュ、リコーン、ロバ（3本脚）、

チーローニア
CHEEROONEAR

アボリジニ（オーストラリア先住民）の伝説に登場する犬顔で人間型の恐ろしい生物。チーローニアは、歩くと地面に引きずるほど長い手を持ち、頭と耳は犬に似て、首のしわだらけの大きなたるみが腹まで垂れ下がっていたと言われる。この奇怪な生物は捕食動物であり、ナラボー平原で人を狩ってはむさぼり食っていた。ある伝説によれば、とりわけ深刻な干ばつの時、その辺りで唯一の水を求めて人々がbillabong（行き止まり水路）に集まっていると、チーローニアが現われて彼らを震え上がらせた。このチーローニアの雄は、水面まで屈んで水を飲み始めるが、大量に飲みすぎたせいで膨れた腹がさらに膨れ、ついには嘔吐した。すると地上に出てきたのは、恐ろしいことに、行方不明になっていた親類の頭蓋骨や骨の残骸だったのである。チーローニアは彼らを横目で睨みつけ、このことをしゃべったら生かしてはおけぬと言い放つと、茫然と立ち尽くす彼らを残して立ち去った。その晩、人々はこの捕食動物から家族を守るために何ができるかを相談した。そして、この状況を救えるのは、ウィンジャーニング兄弟と呼ばれる呪医たち（wirinuns）をおいてほかにないと判断した。呪医たちはすぐに呼ばれ、部族を守ってくれるよう依頼された。まもなく誰もが指示通りに忙しく枝を集め、水場で2列に積み上げた。それから家族たちは岩陰に隠れ、戦士たちは枝の山の背後で身構えた。東から夜が明け始めるころ、チーローニアの群れが藪を抜け、水場へ向かってきた。先頭の犬は、枝の列に着いた瞬間に、呪医のひとりが投げたブーメランによって、首を体から切り離される。続く犬も1頭ずつ同じ運命を辿った。すべての犬が死ぬと、尻尾が切り取られ、戦士たちによって枝の列に並べられた。あたかも犬たちが獲物を追い詰めているかのように見せたのである。まもなく、チーローニアが獲物を探しにやってきたが、枝の列に着いた途端に、人々のこん棒が彼の頭蓋骨を打ち砕いた。彼が死んだあとの静寂のなかで、隠れた戦士たちはチーローニアの妻がやってくる足音を聞いた。待ち伏せた男たちに体を切り裂かれるのが、この雌の運命だった。だが、彼女が事切れる前に、男の子らしきものがひとり、切り裂かれた体のなかから現われた。この子供は怪物蛇

チー・ロン・ワン（蜻龍王）
CHI LONG WANG

　チー・ロン・ワンは中国の伝説や広く知られる伝承に登場する天界のドラゴン*である。名前は「雨龍」と訳せる。この恵み深い東洋の龍*は、家庭用水の「管理者」と考えられていた。そのため人々は、家の火事の時に十分な水が供給され、ポンプが効率よく働くように、チー・ロン・ワンに祈った。チー・ロン・ワンは大地に水を与える龍王*に対する宗教的崇拝にその起源を有する。
文献24、119、159

チント＝サクトコ
TCINTO-SAKTCO

　カナダの先住民であるクリー族の伝承と信仰に登場する蛇*。「長いホーンド・サーペント*」としても知られているチント＝サクトコは角または鹿のような枝角を持つ巨大な蛇とされる。チント＝サクトコには異なる種類があり、青や白、黄色など体の色が違うことで区別をしている。
文献134、139

⇨　アンゴント、ウィーウイルメック、オヤレロウェク、キチ・アトハシス、キチクネビク、キネピクワ、シシウトゥル、チビトカーム、ツェルタル、ミシピジウ、ワカンダギ

チン・ルアン（青鸞）
QING LUAN

　中国の伝承と伝説に登場する想像上の鳥。ルアン（鸞）*の形態のひとつであり、雉よりもずっと大きく、もっと美しくて優美な外見をしているとされる。だがこの鳥は体の色を変えることができ、色毎に違う名前が付いている。
文献81

⇨　バイ・ルアン（白鸞）、フェニックス、フォン（鳳）、ホアン・ルアン（黄鸞）

チン・ロン（青龍）
QING LONG　せいりゅう

　中国の占いである風水において、大きな象徴的意味を持つドラゴン*。ツァン・ロン（蒼龍）*という名でも知られ、陽の原理を構成する丘、岩、山といった地上の高い場所すべての象徴である。チン・ロンと対をなす白虎は陰の原理を表わし、谷、河口、低地といった地上の低い地域を象徴する。風水の専門家は、誰かが土地に何かを建てたり、土地を何かに利用したりしようとする前に、チン・ロンと白虎の力に関係するすべてのものを評価して、その計画が幸先よいものかどうかを確認する。
文献89

⇨　東洋の龍

∞ ツ ∞

ツァヴージョク
TSAVOOJOK

　米国の先住民、北パイユート族の伝承と伝説に登場する巨人*。ツァヴージョクは狡猾な巨人で、とても年をとっているにもかかわらず、まだ人間の若い妻を欲しがっている。だから彼は人間の夫同士を喧嘩させ、お互いに争っているあいだに、彼らの妻をさらうのである。しかし他の巨人やオーグル*と同様に、ツァヴージョクは狡いが賢くはない。だから怒った夫たちが罠をしかけると、それにまんまとはまり、殺されてしまった。
文献77

ツァナハレ
TSANAHALE

　米国の先住民ナヴァホ族の信仰と伝承に登場する怪物*たちの総称。グロテスクで巨大な、羽毛で覆われた生物で、多くの特徴がギ

リシア・ローマ神話に登場するハルピュイア*に似ている。ツァナハレは、他の生物に対する悪意に満ち、それらを捕まえて食べてしまう。その誕生は、手足のないビナイエ・アハニ*や頭がなく毛皮で覆われたテルゲス*と関係があり、それらとともにアナイエ*と呼ばれる怪物のグループを構成している。
文献7

ツァン・ロン（蒼龍）
CANG-LONG　そうりゅう
　中国の風水占いにおけるチン・ロン（青龍）*の別名。
文献89

追跡する獣
QUESTING BEAST
　ヨーロッパのアーサー王伝説に登場する混成怪物*。ブラタント・ビースト*とも呼ばれる。イギリスの作家、詩人サー・トマス・マロリー（1471没）作『アーサー王の死』（1485）に登場し、獅子の体、蛇*の頭、鹿の足を持つ姿で描かれている。名前は、腹のなかでたてる騒音に由来し、吠えながら獲物の臭いを「追跡する」40頭の猟犬のような音をたてていた。だが、それに先立つ13世紀フランスの聖杯のロマンス（ジェルベール作『パーシヴァル』）によると、白く美しい体と、輝く緑色の目をしていた。王女と悪魔の結合から生まれたとされるが、ギリシア・ローマ神話に登場する怪物*のスキュラ*に由来するらしい。T・H・ホワイト作『昔日の、そして未来の王（The Once and Future King）』によれば、この怪物は年長のサー・ペリノアによって、またのちにはプロヴァンス王のパラメデスによって狩られた。そして異伝によれば、サラセン人の騎士パロミデスがこの怪物を退治したという。
文献7、48、54、78、89
⇨　スキュラ

ツイ・デライ・ガウ
TUI DELAI GAU
　メラネシアのフィジー諸島にあるガウ島の人々の伝承と信仰に登場する巨人*。非常に巨大で、魔術に長けているので、自分の手をはずして、指で歩かせて海岸で魚を釣ることもできる。遠くをよく見たい時はいつも、自分の頭を取って見たい方向に向けてかざした。彼は人間に好感を持っていたので、食べ物を掘るための鋤の使い方と料理の仕方を人間に教えた。
文献113
⇨　ポリュペモス

ツエ・ニナハレエエ
TSENAHALE
　米国南西部の先住民ナヴァホ族の伝承と伝説に登場する奇怪な鳥。鷲に似た巨大な鳥とされ、ナアァイエッ・ネイザニに稲妻の矢で殺された。死んだ鳥が地上に近づくにつれてその羽毛は小さな鳥に変わり、ツエ・ニナハレエエの子孫はイヌワシとなった。
文献78
⇨　イエツイーツオー、ロック

ツェマウス
TSEMAUS
　カナダのブリティッシュ・コロンビアに住む先住民の伝承に登場する海辺の怪物*。巨大な魚の怪物で、大きな背びれを持っているが、それは非常に鋭利で水中で人間をまっぷたつにしてしまうほどだった。スキーナ川の河口に棲むと言われる。
文献134

ツェルタル
TZELTAL
　メキシコの先住民チアパス族の伝承と信仰に登場する大蛇*。ツェルタルは巨大なホーンド・サーペント*として描かれる。
文献134
⇨　ウィーウイルメック、チント＝サクトコ

ツォポ
TSOPO

　チベットの伝説と伝承に登場する一角獣*。非常に攻撃的と言われる。
文献81

ツガリン
TUGARIN

　ロシアの民間伝承に登場する奇怪な巨人*。ツガリンはあまりにも大きいので、両目のあいだが少なくとも60cmあり、耳は縦が20cm近くあると言われている。彼の巨大な腹は2本の木の幹が並んでいるように見えるほど大きかった。非常に攻撃的なことで有名だったが、ある日自分を抑えることができず、キエフにあるウラディミール王子の宮廷で、アレーシャの暗殺を企てて短剣を投げようとした。幸い狙われた犠牲者に短剣が突き刺さる前に、アレーシャの従者エーキンがその短剣をつかんだ。しかし争いはそこで終わらなかった。ツガリンはアレーシャに大草原での決闘を申し込んだのである。アレーシャが到着すると、ツガリンは強力な牡馬にまたがっているだけではなく、魔法の翼も付けているのが分かった。アレーシャはその魔法の翼を破壊できるもの、つまり豪雨を祈った。そして嵐が訪れた時、巨人の翼は溶け、彼は大地に倒れた。巨人が馬に拍車をあててアレーシャに襲いかかると、英雄は強力な馬のたてがみをつかんで、自分の竿が巨人の首に当たる高さまではい登り、首を切り落とした。勝利者の英雄はツガリンの雄馬に乗って、巨人の首を竿に掲げてキエフに戻った。
文献55

土蜘蛛
TSUCHI-GUMO

　日本の伝承と信仰に登場する巨大な蜘蛛*。どんな武器でも傷つかない、不死の大蜘蛛とされる。付近の住民を餌食にし、行く手を遮るものはすべて破壊する。最後は大きな金網で洞穴のなかに閉じこめられ、大きなたき火でいぶされ焼き殺された。

文献7
⇨ ウンゴリアント、ジェイエン、女郎蜘蛛

ツーバン
THU'BAN

　ペルシア（イラン）神話に登場するドラゴン*。たくさんの頭を持つ、火を噴く巨大なドラゴンとされる。より古いサーペント・ドラゴン*から変化したものかもしれない。アラブ世界の伝説ではティニン*として知られている。
文献89

ツマグ・オグンジェニ・ヴク
ZMAG OGNJENI VUK

　ボスニアとセルビアの伝説と伝承に登場する怪物*。ツマグ・オグンジェニ・ヴクという名前は「気の荒いドラゴン狼」と訳すことができ、暴君ヴクと呼ばれた伝説的な15世紀の領主である狼憑き*として描かれる。この大君主は前腕に赤毛が生えている血のように赤い母斑があったので火を吐く狼憑きだと思われていた。地方に伝わる民謡によると、ツマグ・オグンジェニ・ヴクはおそらくドラゴン*の息子であり、驚くほどのスピードで恐ろしい英雄に成長し、このドラゴンを打ち負かすことが運命づけられていた。夜、時には太陽が陰る曇った昼間にも、彼は狼憑きに変身してこの地方を脅かした。
文献55

ツメイ・ゴリニッヒ
ZMEI GORYNICH

　スロベニアとロシアの伝承に登場する怪物*。ツメイ・ゴリニッヒは奇怪な混成の蛇*として描かれ、体は爬虫類で頭は人間なのだが、時には頭と胴が人間で下半身が蛇のこともある。この怪物はババ・ヤガ*の活動に関係しており、その地方の人々にとって脅威であった。特に無防備でひとりきりでいる女性は、ツメイ・ゴリニッヒの罠にかかって、さらわれやすかった。
文献166

テ

ディー
DEA
　1220年にイギリスの動物寓話集にサラマンダー*として描かれた生物または爬虫類の一種。火の中で消滅したり生存したりする恐ろしいトカゲとして描かれている。
文献14
⇨　ゴリゴグ、ステリオ、ストレンヴルム、ビングバファー、フィリールー

テイア
THEIA
　ギリシア・ローマ神話に登場する女性のティタン*。テイアはウラノス*とガイア*の娘で、ティタンであるヒュペリオン*の妻である。原初の女巨人はヒュペリオンとのあいだに、エオス、ヘリオス、セレネら新しい神々をもうけた。
文献125、169、178
⇨　巨人

ティアマト
TIAMAT
　シュメールとバビロニアの神話に登場する世界ドラゴンあるいは宇宙ドラゴン。ティアマトは雌のドラゴン*で、巨大な蛇のような体は武器を突き通さず、2本の前足と大きな尻尾があり、頭には大きな角が付いているとバビロニアの天地創造神話『エヌマ・エリシュ』に書かれている。アプスーとともに天と地を作り、神々をたくさん生んだ。神々は支配をめぐって代わるがわるアプスーとティアマトと戦った。そしてアプスーとティアマトは戦いのためにさらにギルタブリル*という怪物*を生んだ。しかしアプスーは殺され、ティアマトはキング*を2番目の配偶者とし、神マルドクが戦いを続行した。マルドクはティアマトに対してはるかに賢く、大きな網を使ってティアマトの口を開けたままにして、その心臓に直接矢を放った。ティアマトは死に、ばらばらにされた体は、大地、天空あるいは銀河になり、その血は川になった。
文献7、24、47、78、89、125、136、139、166、169
⇨　蛇、ベル、ユミル、ラハム

ディウィー
DIWE
　イランの伝承に登場する怪物*の一群。角のある巨大な生物で、なわばりに迷いこんだ人間を誰であろうと捕まえてむさぼり食うと言われる。
文献125

ディウルナッハ・ウィデル
DIWRNACH WYDDEL, DYRNWCH WYDDEL
　アイルランドとウェールズの伝説と伝承に登場する巨人*。彼は王オドガル・ファブ・アエド（アエドの息子オドガル）の執事であり、アイルランドの大鍋の管理者である。臆病者の料理を作ることはできないこの大鍋を、巨人イスバザデン*は英雄キルッフに、娘オルウェンとの結婚を許す条件として要求した。結婚式の料理のためには巨大なディウルナッハの鍋が必要だったのである。巨人は大鍋を手放すのを嫌がるが、アルスル（アーサー王）がこれを奪い取り、ウェールズへ逃げた。
文献128

ティエホルツァリ
TIEHOLTSALI
⇨　テエホルツオディ

ティエン・ゴウ（天狗）
TIAN GOU
　中国の伝承と神話に登場する巨大で性悪な天界の犬。ティエン・ゴウはふさふさした、燃える尾を持つ大きな犬として描かれる。天に棲むが、夜になると地上に降りてきて人間の子供を探して食べる。もしも子供が見つからなければ、大人を殺してその肝臓を食べて

しまう。もし飢えたまま何も食べずに天界に帰らなければならない時は、月を食べてしまう。こうなると、天界の射手ホウ・イ（羿）がティエン・ゴウを射落として、天の光を救う。しかし別のティエン・ゴウがまた生まれて、同じことが何度も繰り返される。ティエン・ゴウは『西遊記』にも書かれている。
文献89、181
⇨　アペプ、アルクラ、チャン・オ（嫦娥）

ティエン・ロン（天龍）
TIAN LONG
　中国神話に登場するドラゴン*。ティエン・ロンは天界の巨大なドラゴンであり、天界の神殿の基礎を支える役目を負っている。
文献89、94
⇨　東洋の龍

ディオネ
DIONE
　ギリシア・ローマ神話に登場する女巨人*。ガイア*とウラノス*の子供であるティタン*のひとりである。ティタンは自分たちの子孫であるオリュンポスの神々と戦ったが、ディオネだけは別で、彼女は神々の王ゼウスの愛人だった。一説によれば、アプロディテは彼女とゼウスとの子だった。
文献166

ティオマン
TIOMAN
　西マレーシア（マレー半島）のマレー人に伝わる神話と伝承に登場する、ドラゴン*になった王女。ティオマンは近隣の王の息子に恋をした。彼女は王女であったが、その王子は彼女の献身に報いてくれなかった。報われない愛に苦しんで考え込み、ついには外見が額に角があって尾がとぐろを巻いている巨大なドラゴンに変わってしまった。その恐ろしい姿に一層絶望して、彼女は南シナ海に身を沈めた。そしてそこで再び変身した。まもなくその巨大な体はプラウ・ティオマンと呼ばれる島に変わった。彼女の角はバリ・ハイの山地として島に高くそびえるふたつの峰となり、大きな尾はサラングに寄せる波の上に渦を巻いた。ここは今、マレーシア東岸沖の最も美しい島々であり、映画『南太平洋』でバリ・ハイのロケに使われた。
文献113

ディオメデスの馬
HORSES OF DIOMEDES
⇨　ディオメデスの牝馬

ディオメデスの牝馬
MARES OF DIOMEDES
　「ディオメデスの馬たち」とも呼ばれる。ギリシア・ローマ神話でトラキア王が所有したカンニバル（食人種）*の馬の群れ。ヘラクレスの12功業の第8は、この肉食の巨大な野生馬たちを生け捕りにすることだった。ヘラクレスは飼い主であるディオメデス王自身を馬に餌として与えることでこれを成し遂げ、この牝馬の群れをアルゴスの女神ヘラに捧げた。
文献24、139

ティガー
TYGER
　ヨーロッパの紋章のレパートリーに入っている混成獣。体と尻尾はライオンで頭は狼の姿で描かれている。
文献68

ティグレ・カピアンゴ
TIGRE CAPIANGO
　アルゼンチンの伝承に登場する狼憑き*。人間のなかには見かけ通りではなく、夜になるとジャガーの姿になって隣人や家畜を捕って食べる人々がいると考えられていた。のちにこの信仰はすたれていき、ティグレ・カピアンゴはカンニバル（食人種）*というよりは、もっとぞっとするようなものになったが、追い剥ぎにとって目的を果すためにティグレ・カピアンゴに扮装することは、依然として相手を怖がらせたものであった。もっと最

近では、19世紀の内戦の時にファクンド・キローガ将軍が、敵を怖がらせるためにたくさんのティグレ・カピアンゴを用いたと言われている。
文献18

ティーケトラー
TEAKETTLER

19世紀から20世紀初頭にかけて、米国の特にウィスコンシン州およびミネソタ州で、木こりや森林労働者たちの民間伝承に登場した生物。親しみをこめてフィアサム・クリッター*と呼ばれる怪物の一種で、その極端な姿や行動のせいで寂れた場所で聞こえてくる不気味な物音の説明に使われたり、キャンプの時の楽しい語り草にされたりした。
文献7、24

ティシカ・プク
TISIKH PUK

米国アラスカ州のベーリング海沿岸地方に住むイヌイットの伝承と信仰に登場する、人間に似た奇怪な生物。ティシカ・プクは原初の生物で、はじめは巨大な芋虫のような形をしていたが、人間の姿に変身した。
文献77

ディシス・ヴァルヴァウク
DILLUS FARFOG, DILLUS FARFAWG, DILLUS VARVAWC
⇨　ディシス・ヴァルハウク

ディシス・ヴァルハウク
DILLUS FARFOG, DILLUS FARFAWG, DILLUS VARVAWC

ウェールズとアイルランドの伝説と伝承に登場する巨人*。ディシス・ヴァルハウクは「髭男ディシス」の意味であり、彼の髭は、その強さと長さのせいで、英雄キルッフが達成しなければならない仕事の課題にされる。オルウェンと結婚するためには、巨人である彼女の父イスバザデン*に課されたほとんど不可能な仕事をうまくこなさなければならなかったのである。この仕事のひとつが、巨大な猪トゥルッフ・トゥルウィス*を捕獲し、それをつないでおくための紐をディシスの髭で作ることだった。この仕事は、この巨人の死をもって成し遂げられた。
文献128

ティシポネー
TISIPHONE

ギリシア・ローマ神話に登場する恐ろしい超自然の生物。ティシポネーは「報復」という意味で、究極の復讐存在である。蛇のような髪をした血まみれの衣をまとう女性として描かれ、冥界の門で待っている。人間の法で罰せられないままだった忌まわしい罪、特に母殺しと父殺しを犯した人間に罰を執行するというエリーニュエス*（フリアイ*）のひとりである。
文献20、38、160、161、178

ディスエンバウエラー（腹を裂く者）
DISEMBOWELLER, THE

グリーンランドのイヌイットの伝説と伝承に登場する、月のいとこに当たる怪物女。彼女はその残酷さのせいで地上に追放され、そこで、人間に忍び寄って殺した。夜道をひとり歩きする無防備な人間がいなければ、家のなかに入ってきてばかばかしいジョークを囁き、横腹が文字通り破裂するまで笑わせて、死に至らせた。
文献133
⇨　怪物

ディス・サモシス
DIS SAMOTHES

中世後期のフランスの伝説に登場する巨人*。古代にフランスのほぼ全域に住んでいたガリア人はユリウス・カエサルが言及した巨人ディスの子孫であると考えられていた。イタリアの修道士ヴィテルボのアンニウス（ジョヴァンニ・ナンニ、1432～1502頃）は、ディスの家系が聖書のヤペテ*の血を引いており、その子孫がガリア人の最初の王である

と解釈して独自の系譜を作成した。ディス・サモシスには、法典の制定と施行、教育制度の確立の功績があるとされた。著述家のあいだではこの系譜に関する仮説が飛び交っていて、ディス・サモシスは、ジャン・ティジィエ・ド・ラヴィジー（別名ラヴィシウス・テクストル、1480〜1524頃）によって、聖書の巨人*、ノア*の孫とも言われている。この中世フランスの作家は、ディス・サモシスを起点とする、バルダス、小バルダス、ケルテス*、ドリウデス、ロンゴ、マグス、ナムネス、サロンといった名前の巨人*の子孫を含む系図を作成した。これらの巨人すべてが、ケルト人の古代ガリア王であったと考えられた。
文献174

ティタニデス
TITANIDES
ギリシア・ローマ神話に登場する女性のティタン族の総称。
文献20、47、78、94、125、139、166、178

ティタン(1)
TITAN
ギリシア・ローマ神話に登場する原初の巨人*。ティタンはウラノス*とガイア*の子供で、本来は12人である。息子が6人で、名前はそれぞれコイオス*、クレイオス*、クロノス*、ヒュペリオン*、イアペトス*、オケアノス*である。娘も6人でティーターニデスと呼ばれている。名前はそれぞれムネモシュネ*、ポイベ*、レア*／レイア*、テテュス*、テイア*、テミス*である。子供たちの名前や人数は多少の違いがあり、古典時代にはエウリュビア／エウリビー、クリュメネー*、ディオネ*を含めていた。しかしイタリアの詩人ボッカッチョ（1313〜1375）は、古典時代にはティタンに含まれず、他の巨人の種類に含まれていた者に触れている。そこにはブリアレオース*、テュポン*、ティフェウス*、エンケラドス*、イーゴン、アトラス*、アストライオス*、アロウス*が入っていた。これらの巨人*はエリーニュエス*（フリアイ*）、キュクロプス*、百手の巨人*の兄弟である。ティタンはとても醜かったので、彼の父親ウラノスは生まれる度にタルタロスやガイアの腹に彼らを押し戻した。

ティタンは父親のウラノスに反抗し、クロノスが鎌でウラノスの男性器を切り取った。しかしクロノスは、いずれ自分の子のひとりが自分に反逆すると予言され、子供が生まれるたびにその子を食べはじめた。だが末子のゼウスは母親のレア*が隠したので助かった。レアは他の子供たちを吐き出すようにクロノスを説得した。子供たちはオリュンポスの神々であり、ティタンに長い戦いをしかけ、ついに彼らをタルタロスに投げ込んだ。
文献20、24、47、61、78、94、125、136、139、166、169、174、178、182

ティタン(2)
TYTAN/S
イタリア人の詩人ボッカッチョ（1313〜1375）が彼の文学作品中で、ギリシア・ローマ神話に登場するティタン族にあてた綴り。その第4巻は全部、大地とのあいだに生まれた「ティタンの息子たち」に関して書かれており、ティタンの妻、大地の母はガイア*に相当する。ボッカッチョはティタンの子供として、アストライオス*、アトラス*、アロアダイ*、アロウス*、イアペトス*、エゲオーン*、エピアルテス*、エンケラドス*、オトス*、ケオス*、テュポン*、パレネス*を挙げている。
文献174
⇨　巨人

ティテア・マグナ
TYTEA MAGNA, TITEA MAGNA
中世ヨーロッパの文学に登場する女巨人*。イタリアの修道士ヴィテルボのアンニウス（ジョヴァンニ・ナンニ、1432〜1502頃）の著作では巨人*ノア*の妻とされている。ティテア・マグナは「偉大なティテア」という意味で、高潔で信心深く、永遠の聖なる守り火を設けたとも言われる。

文献174

ティテュオス
TITYUS

（1）ギリシア・ローマ神話に登場する巨人*。ゼウスとガイア*／テラまたはエラレーの息子で、その身体は9エーカー（約3.64ヘクタール）の土地を覆うほど巨大だと書かれた。彼はティタン女神族のポイベ*の娘レートーを誘拐し犯そうとしたが、レートーの子供のアポロンとアルテミスに矢で撃たれた。この罪で、彼はタルタロスの底に落とされ、そこでは2羽のハゲタカが彼の肝臓を食らった。肝臓は毎日再生し、同じ苦しみが永続した。

（2）ギリシア・ローマ神話に登場する巨人。ティテュオスはギガンテス*のひとりで、他の兄弟同様に、切り取られたウラノスの男根から地面にしたたり落ちた血から生まれたと言われる。この巨人たちは生まれた時点ですでに大人で、完全な武装をしていた。彼らはティタン*族が敗北したあと、オリュンポスの神々に戦争をしかけた。その戦いで、「冒険者」という意味の名前を持つティテュオスは、最後の攻撃まで生き残った。彼は他の仲間のように、大地の深い割れ目に埋められた。その上には山や火山がそびえた。

文献20、24、133、139、169、178
⇨ アロアダイ、キュクロプス、プロメテウス

デイノ
DEINO, DINO

ギリシア・ローマ神話に登場するグライアイ*のひとり。その名は「恐れ」と訳せる。

文献24、133、166、169

ティパカ
TIPAKA

タイの伝承と神話に登場する魔法の馬。ティパカは最も美しい馬とされ、時には翼を持つ姿で描かれる。この馬はあまりにも速く移動するので、目的地の名前を告げたとたんにもう着いているほどだった。そして空を飛ぶこともできた。これは伝説の王シソンの馬だった。

文献113
⇨ アーリオーン、アル、アル・ボラーク、シヴシュコ、スレイプニル、ハイザム、バリオス、ペガソス

ディフ・エッレビ
DIFF ERREBI

モロッコの人々の伝説と民間信仰に登場するチャールマロウチ*を遠回しに呼ぶ時に用い、「高貴なお方」を意味する。このジン（1）*の王の話をする時に、機嫌をとる目的で用いる丁重な呼び名である。直接的に名前を呼べば、無作法なだけでなく、彼の気分を損ねやすく、そうなれば、この巨大な生物の復讐に遭うことになり、大量の石を浴びせられて命まで落としかねない。

文献122

ティーフールツォーディ
TEEHOOLTSOODI

米国の先住民ナヴァホ族の伝承と信仰に登場する水棲の怪物*。すべすべの毛皮を持つ非常に大きなカワウソのような姿とされるが、頭にはバッファローのような巨大な角が付いている。強力な生物で、自分の子供が女郎蜘蛛*に誘拐された時は、悲嘆のあまりに大洪水を起こした。

文献77、134

ディライ（復讐の女神たち）
DIRAE

エリーニュス*の名で知られるギリシア神話の復讐に燃える超自然的な3人の女の人型怪物のローマでのラテン語名。この恐るべき生物たちは黒く、髪は蛇から成り、手に蛇をからませていると言われる。コウモリのような翼も持つ。頭部は犬で、目は膿み、息は悪臭を放つ。

文献20、24、28、38、47、62、70、124、125、127、160、161、169、178

ディルの牡牛
OX OF DIL
　アイルランドの伝説と俗信に登場する牡牛の怪物*。レティル・ダランの獣*が、湖岸で牝牛と交わってできた子と言われる。
　文献134
　⇨　ゲリュオンの牛群

釘霊国の民
　⇨　ディン・リン・クオ・ヤン

ティ・ロン
TI LONG
　中国の伝承や神話に登場するドラゴン*。ティ・ロンは天界の水のドラゴンで、河川の水を管理している。
　文献89
　⇨　東洋の龍

ディング・ボール
DING BALL
　19世紀から20世紀初頭に米国の特にウィスコンシン州とミネソタ州の木こりや森林労働者のあいだで語られた生物。ディング・ボールはフィアサム・クリッター*として親しまれているもの、つまり、その極端な姿や行動のせいで寂れた場所で聞こえてくる不気味な物音の説明に使われたり、キャンプの時の楽しい語り草にされたりしたもの群に含まれる。ディング・ボールはディング・モールやプランカスの名でも知られる。
　文献7、24

ディンナバラダ族
DHINBARRADA
　オーストラリアのカミラロイ族の伝説と伝承に登場する多くの奇怪な部族のひとつ。伝説によれば、カミラロイ族のヨーネーアラという若者が今日に向かって旅に出る決意をした。彼は狩りに使う槍と罠と火起こし棒を持ち、合切袋に小さなフクロアナグマを生きたまま詰め込んだ。長い旅路で彼はたくさんの奇妙な部族に出会うが、そのひとつがディンナバラダ族だった。彼らは一見普通の人間だったが、エミューの足をしていた。彼らは猛烈な速さで獲物を追い、器用にブーメランを作っていたが、奇妙なことに地虫だけを食べて生きていた。英雄ヨーネーアラが彼らの村を通りすぎようとすると、ディンナバラダ族はいっせいに彼に手を伸ばした。彼らがあまりにも速いので、英雄は彼らの手が自分の体に触れるのを恐れた。だが、彼が合切袋を開けたとたんになかからフクロアナグマが走り出た。するとディンナバラダ族は狂喜してそちらを追いかけはじめたため、英雄はなんとか逃げきった。
　文献153
　⇨　デーヤベリー族

ティンニン
TINNIN
　イスラム教以前のアラブに伝わる伝説に登場する、多頭の、火を噴くドラゴン*。ティンニンはペルシアの神話でもツーバン*として知られている。
　文献89、125

ティンミウクプク
TINMIUKPUK
　米国アラスカ州のユーコン＝カスコクウィム・デルタに住むイヌイットの伝承と信仰に登場するサンダーバード*。ティンミウクプクは奇怪な捕食性の鳥で、大きな鉤爪を持つ鷲に似た巨大な生物として描かれる。カリブーやその他の動物を餌食にするが、大空から舞い降りて獲物に飛びかかり、やすやすと空中に持ち上げ、山中の巣に持ち帰る。カリブーがいなければ、その辺りの不用心でひとりでいる人間を襲う。
　文献77
　⇨　ロック

ディン・リン・クオ・ヤン（釘霊国民）
DING LING KUO YAN
　中国に伝わる伝説と伝承に登場する奇怪な人々の一種。人間のような体と長い髪の頭を

しているが、馬の足とひづめを持つと言われている。彼らはものすごいスピードと、1日で少なくとも100マイル（約160km）は進むことができる歩幅を持つと信じられている。ディン・リン・クオ・ヤンは『山海経』に登場する。中世ヨーロッパの動物寓話集の場合と同じように、旅行者の大げさな話から生まれたと思われる。

文献181

⇨ イー・ムー・クオ・ヤン（一目国民）、サン・シェン・クオ・ヤン（三身国民）、サン・ショウ・クオ・ヤン（三首国民）、ニエ・アル・クオ・ヤン（嚙耳国民）、ユ＝ミン・クオ・ヤン（羽民国民）

デーヴ
DEV

アルメニアの伝説と伝承に登場する超自然的で魔力を持つ巨人*。巨大な生物で7つの頭を持ち、どの頭にもその中心に巨大な目がひとつずつあると言われる。山地の洞穴や森に棲み、巨大な蛇*や怪物*の姿に変身することができる。彼らは怪力の持ち主で、この悪意に満ちた生物から逃れられた旅行者は、その直前に巨岩を投げる彼らの姿を目撃している。

文献24

⇨ キュクロプス

テウタネス
TEUTANES

博識のジャン・ティジィエ・ド・ラヴィジー（別名ラヴィシウス・テクストル、1480～1524頃）が著わした中世の文献『オフィキナ（Officina）』に出てくる巨人*。同書ではトゥイスコン・ギガス*が巨人*ノア*の息子であり、その子孫がヨーロッパの貴族の先祖であるとされ、巨人の系図が作り上げられた。テウタネスはそこに出てくる伝説上の人物のひとりである。

文献174

テウメッサの牝狐
TEUMESSIAN VIXEN

ギリシア・ローマ神話に登場する奇怪な狐。テウメッサの牝狐はテバイの人々にとって大いなる災いだった。不死身で、決して捕まらない運命だったため、誰も退治して平安をもたらすことができなかった。この獣は1年に1度子供を差し出すよう要求し、それがかなえられないと悪さをするのだった。恐れと苦悩のなかで人々は牝狐を捕まえるためにライラプスを放った。ライラプスは不死身で、求めるものを必ず捕まえる猟犬だった。しかし、このような獲物と猟犬は解決不能な状況に陥り、ゼウス／ユピテルが追いかけ逃げている両者を石にして、決着をつけた。

文献89

テエホルツォディ
TIEHOLTSODI

米国の先住民ナヴァホ族に伝わる創世伝説に登場する巨大な水棲怪物*。テエホルツォディは海の王とも言われ、子供が何人かいたが、最初の人間たちに取られてしまった。彼は非常に怒り、大洪水を起こして生物すべてを滅ぼそうとした。とうとう雨と火の神、トネニリとハスツェギニがナヴァホ族の先祖を救い出し、テエホルツォディの子供たちを返した。それ以来彼の攻撃は収まったが、時々小さな洪水を起こして脅し、確認している。

文献47、116

テギド・ヴォエル
TEGID FOEL, TEGYD FOËL, TEGID VOEL

ウェールズの伝承と伝説に登場する巨人*。この名前はふたつのウェールズ語 teg と foel からできている。それぞれ「美しい」「禿げた」という意味である。ペンスェン地方に棲むテギド・ヴォエルはケリドウェンの夫であり、『タリエシン物語（Hanes Taliesin）』に出てくる。ウェールズの紋章や家系図にはテギド・ヴォエルを先祖としているものがたくさんある。

文献128

⇨　メリュジーヌ

デゲイ
DEGEI

　フィジーの人々の信仰と伝説に登場する宇宙蛇。巨大なあまり、空全体が住居だったと言われる。天から観察していたデゲイは、トゥルカワというタカが巣のなかに卵をふたつ産むのを目撃し、自分のぬくもりでそれらを温めた。まもなく卵は孵り、人間の男女が現われるが、彼らはとても腹をすかせていたので、この蛇*は彼らにまずバナナを与え、それから成長にしたがってヤマイモやタロイモを与えた。デゲイは彼らに、火や料理、言葉に関する知識も与えた。このふたりが祖先となって、地上に人が増えていった。
文献113
⇨　虹の蛇

テ・ツナ
TE TUNA

　タヒチの伝承と神話に登場する海の怪物*。海に棲む巨大なウナギのような怪物とされる。ヒナがマウイと結婚する前に、一時彼女の夫だった。
文献133

テティス
THETIS

　イタリアの修道士ヴィテルボのアンニウス（ジョヴァンニ・ナンニ、1432〜1502）は聖書に登場する巨大な人種の高貴な子孫としてガリア人を正当化するために系図を作ったが、そのなかに登場する巨人*のひとり。
文献139、174
⇨　ノア

テテュス
TETHYS

　ギリシア・ローマ神話に登場するティタン*。テテュスはガイア*とウラノス*の娘であり、オケアノスとのあいだにオケアニデスとして知られる海のニンフたちをもうけた。

文献125、178

デドエンドヤダセス
DEADOENDJADASES

　米国北東部の先住民であるセネカ族とイロコイ族の伝説と伝承に登場する恐ろしい人型カンニバル（食人種）*。この怪物*はなわばりに踏み込んだ人間を狩り、自分の3人の姉妹であるハッグ（妖婆）のもとへ連れていって料理させる。彼らは森の中央の苺畑に囲まれた彼のロッジに棲んでいる。この苺畑の番をするのは、デドエンドヤダセスの餌食となったハドヨクダという人間の男から剝いで膨らませた皮である。ハドヨクダは同じ部族の人々の呪文のおかげで、七面鳥クラン（七面鳥をトーテムとする氏族）の英雄がカンニバル（食人種）デドエンドヤダセスとその姉妹たちを殺すのを助けることができた。こうして苺畑は、クラン全員のために解放された。
文献77

デホトゴースガエ
DEHOTGOHSGAYEH

　米国北東部の先住民であるイロコイ族とオノンタガ族の信仰と伝承に登場する巨人*。デホトゴースガエという名は「裂けた顔の生物」あるいは「ゆがんだ顔」という意味である。というのも、この巨人は醜いという評判で、体の片側が赤く、反対側が黒かった。彼は大きな熊の皮を着てヒッコリーの木の皮のベルトを締め、ヒッコリーの幹でできた杖と、どこの誰からも聞こえる巨大なガラガラ楽器を携えていた。デホトゴースガエは永遠に夜の続く、大地の最も果ての暗森に棲む。この巨大な生物は人間に親切で、人間を危害から守ってくれる。
文献77

テミス
THEMIS

　ギリシア・ローマ神話に登場する女性のティタン*。テミスはウラノス*とガイア*の娘で、オリュンポスの神のひとりであるゼウ

スとのあいだにモイラたちとホーラーたちをもうけた。彼女は目隠しをして、片手に天秤、もう片方の手に剣を持ち、正義をもたらす者として描かれている。ロンドンの主要な刑事裁判所である「オールドベイリー」にその姿を見ることができる。
文献133、178
⇨ 巨人

デーヤベリー族
DHEEYABERY
　オーストラリアのカミラロイ族の伝説と伝承に登場する多くの奇怪な部族のひとつ。伝説によれば、カミラロイ族のヨーネーアラという若者が夕日に向かって旅に出る決意をした。彼は長い旅路でたくさんの奇妙な部族に出会うが、そのひとつがデーヤベリー族だった。彼らは正面から見れば普通の人間だったが、後ろから見ると大きな肉の玉だった。英雄ヨーネーアラが彼らの村を通りすぎようとすると、デーヤベリー族はいっせいに手を伸ばして彼に触れたがるが、なんとか彼は逃げきった。
文献153
⇨ ディンナバラダ族

テュバル
TUBAL
　イタリアの修道士ヴィテルボのアンニウス（ジョヴァンニ・ナンニ、1432～1502頃）が、スペインの文化と人々の祖とした巨人*。
文献174
⇨ ディス・サモシス、ノア

テュポン
TYPHON
　(1) ギリシア・ローマ神話に登場する怪物*。テュポンはテュポーエウスとも呼ばれるが、巨人*だったり、百の恐ろしいドラゴン*の頭を持ち、手足は蛇*という不可解な姿だったりと、さまざまに描かれる。その燃える目からは焦熱の炎が放たれ、口からは溶岩が噴き出る。テュポンはギガンテス*の敗北後にガ

イア*が作り出し、神々のいるオリュンポスの砦を襲った。オリュンポスの神々はエジプトに逃げてしまい、知恵の女神アテナが戻るよう説得したという話もある。テュポンは運命の女神たちに酒を飲まされ、ゼウスに襲われた。テュポンは大きな山を投げ飛ばすことができ、ゼウスよりもはるかに強かったが、ゼウスは稲妻の矢を放って、テュポンが投げる前に岩を砕いた。そして粉砕された破片がテュポンを切り裂いた。ほどなくこの怪物は敗北し、エトナ山の下に埋められた。そこでは今でもテュポンが噴火を起こしている。
　(2) イタリアの修道士ヴィテルボのアンニウス（ジョヴァンニ・ナンニ、1432～1502頃）が聖書に登場する巨大な人種の高貴な子孫としてガリア人を正当化するために、作り出した系図に登場する巨人のひとり。
文献7、20、24、47、61、78、125、133、139、174、178、182
⇨ ウラノス、エキドナ、オルトス、キメラ（キマイラ）、キュクロプス、クロノス、ケルベロス、スピンクス、デルピュネ、ネメアのライオン、ノア、ヒュドラ、プロメテウス、ラドン龍

デューミンク
DEW-MINK
　19世紀から20世紀初頭に米国の木こりや森林労働者のあいだで語られた生物。デューミンクはフィアサム・クリッター*として親しまれている動物群、つまり、その極端な姿や行動のせいで寂れた場所で聞こえてくる不気味な物音の説明に使われたり、キャンプの時の楽しい語り草にされたりしたものに属する。デューミンクの最初の記録は、聖職者サミュエル・ピーターズによる1781年の『コネティカットの歴史（General History of Connecticut）』にある。
文献7、24

テルー・ウシュタ
THEROO USHTA
　イギリス、マン島の民間伝承に登場するケ

ルトの水棲牛*、タルー・ウシュタ*の別名。
文献128

テルキネス
TELCHINES
　ギリシア・ローマ神話に登場するマーマン*または海の怪物*。がっしり、ずんぐりした体にひれ足のような手足を持ち、頭は犬で、目は彼らを怒らせる者に有毒な瘴気を浴びせかける。金属細工と魔法に優れ、ポセイドン／ネプトゥーヌスのために三叉の鉾を鍛え、クロノス*がウラノス*の男性器を切り取った鎌を作った。初めはクレタ、ロードス、キプロスといった地中海の島々に棲んでいたが、オリュンポスの神々の領域に入り込むようになり、アフロディテを誘拐しようとした。罰として彼らは世界中に散りぢりにされた。
文献64、125、133、160、178

デルキュノス
DERCYNUS
　ローマ神話に登場する海の神ネプトゥーヌスの息子。兄弟のアルビオン*（同じく巨人*）とふたりで、リグリア地方（現在のフランス）のローヌ川近くのなわばりを通りかかった英雄ヘラクレス*を襲った。ヘラクレスは無敵の巨人ふたりを相手に戦わなければならなかった。しかし、ヘラクレスが神々の王ユピテルに助けを求めると、ユピテルは石の雨を巨人に浴びせかけた。こうしてヘラクレスは彼らを倒すことができた。この戦いの地はその後「カンプス・ラピデオス（石の原）」と名付けられた。
文献54

テルクシーペイア
THELXIEPEIA
　ギリシア・ローマ神話に登場するセイレーン*のひとり。
文献178

デルゲド
TEELGET
　米国の先住民ナヴァホ族の伝承と信仰に登場する怪物*。捕食性の恐ろしい生物。英雄ナアァイエッ・ネイザニが稲妻の矢で射て殺した。
文献78
⇨ イエッイーツオー

テルゲス
THELGETH
　米国の先住民ナヴァホ族の信仰と民話に登場する怪物*のグループ。この怪物は毛むくじゃらの巨大でグロテスクな、頭のない生物とされる。中世ヨーロッパの伝承に登場するブレムミュエス*とは異なり、この胴体だけの不気味な生物は他の生物に対する悪意に満ちており、他の生物をとって食う。その誕生はビナィエ・アハニ*や翼のあるツァナハレ*と関係があり、それらとともにアナイエ*と呼ばれる怪物のグループを構成している。
文献7
⇨ 巨人

デルゲス
DELGETH
　米国の先住民ナヴァホ族の信仰と伝承に登場する原始怪物。デルゲスは人間を追いつめてむさぼり食う怪物*アンテロープである。他の原始怪物とともに、双子の文化英雄ナゲナザニとチョバデスチンに捕らえられて殺された。
文献166

デルケト
DERKETO
　古代バビロンとメソポタミアの神話に登場する怪物*。クジラの体とドラゴン*の前半身を持つと言われる。女神イナンナ（イシュタル）による被造物であり、大地を覆い尽くす大洪水の原因であった。
文献78

デルピュネ
DELPHYNE
ギリシア・ローマ神話に登場する女の怪物*。フランスの伝説のメリュジーヌ*と同様に、腰から上が人間の女で腰から下が蛇*である。デルピュネは恐ろしいテュポン*の姉妹である。テュポンはオリュンポスの神々の王ゼウスを捕らえた時、デルピュネに彼を見張らせた。

文献7、133

天狗
TENGU/S, TEN-GU
日本の伝承に登場する人間に似た巨大な怪物*。天狗は人間の身体と真っ赤な目をしているとされ、長くて赤いくちばしと鳥の翼を持つ。女の天狗は体は人間そっくりだが、頭は動物で、歯の代わりに牙があり、大きな耳と鼻を持つ。天狗には2種類ある。からす天狗*と木の葉天狗*である。大変に攻撃的で、武術に優れている。京都北部の鞍馬山の暗い森に棲む。そこへは武人が、天狗に会って彼らの技を身につけたいと訪れるのだが、天狗に会った人は皆、気がふれてしまう。

現代ではこの怪物は悪霊として描かれ、子供部屋のボーギー*のように悪ふざけをしたり子供をさらったりする者になってしまった。

文献7、47、64、74、89、113、120、125、160、166

⇨ 河童

天空の曲がったくちばし
CROOKED BEAK OF HEAVEN
カナダの先住民であるクワキウトゥル族の伝説と信仰に登場する食人鳥ガロクウズウィス*の別名。

文献77、89

天の牡牛
BULL OF HEAVEN
古代シュメールの神話において、アヌ神が作った怪物*の牡牛の別名。

文献89

⇨ グダナ

デン＝ブレ
DEN-BLEIZ
フランス北西部ブルターニュ地方の狼憑き*を表わす現代のブルトン語名のひとつ。

文献128

⇨ ビスクラヴレット

天鹿
CELESTIAL STAG
19世紀にS・ウィロウビー・ミードが中国の神話や民間伝承として記録した生物の一種。天鹿は鹿の形をした四足獣でありながら、人間の言語能力を持ち、人間の言葉を理解できる。天でなく鉱山の地下に棲み、鉱夫たちに最高に豊かな鉱脈を教え、そのお礼に自分を地上へ引き上げる約束をさせて彼らを苦しめる。愚か者がこの獣を地上に出してやると、獣はたちまち腐敗と病に満ちた悪臭のあるどろどろの物質に変わる。

文献18

ト

トアス
THOAS
ギリシア・ローマ神話に登場する巨人*。トアスはギガンテス*のひとりで、他の兄弟同様に、男性器を切り取られたウラノス*から地面にしたたり落ちた血から生まれたと言われる。この巨人たちは生まれた時点ですでに大人で、完全武装していた。彼らはティタン族が敗北したあと、オリュンポスの神々に戦争をしかけた。その戦いで、「敏捷」という意味の名前を持つトアスは、最後の攻撃まで生き残った。彼は他の仲間のように、大地の深い割れ目に埋められた。その上には山や火山がそびえた。

文献24、133、169、178

⇨ アロアダイ、キュクロプス、ティタン

トゥイスコ・ギガス
TUISCO GIGAS
　トゥイスコン・ギガス*として知られる巨人*の別名。
文献174

トゥイスコン・ギガス
TUYSCON GIGAS
　ローマ人の歴史家タキトゥス（55〜120）の著作『ゲルマニア』に最初に現われる巨人*。トゥイスコン・ギガスは、トゥイスコ・ギガス*、トゥイスト・ギガス*とも呼ばれ、ゲルマン人の部族トゥイスコン族の伝説的指導者だった巨人と言われる。トゥイスコン族はライン川になった現在のフランクフルトから海に面したハンブルクやオランダのアルンヘムまでの一帯に棲んでいたらしい。トゥイスコン族の名前を歴史的に誤解して、バビロニアの神官ベロッソスと、もっと後では中世のイタリアの修道士ヴィテルボのアンニウス（ジョヴァンニ・ナンニ、1432〜1502頃）は、巨人トゥイスコン・ギガスは古代イタリアのトスカナ地方を治めていたと思い、ガリア人の高貴な家系とその中世の支配者が、聖書に登場する巨大な種族の出身であることを正当化するために作った系図にトゥイスコン・ギガスを載せた。トゥイスコン・ギガスの名前とその性格は後にも、博識のジャン・ティジィエ・ド・ラヴィジー（別名ラヴィシウス・テクストル、1480〜1524頃）が著わした『オフィキナ（Officina）』に出てくる。彼は、トゥイスコン・ギガスは巨人ノア*の息子だとした。そしてノアの孫マンヌスはゲルマン地方を治め、ガンブリヴィウス*、ヘラクレス*、ヘルミノン*、フンヌス*、インガエヴォン*、イスタエヴォン*、マス*、スエヴス*、テウタネス*、ヴァンダルウス*といった子孫をもうけたとする系図を作ったのである。
文献174
⇨ トゥイスト

トゥイスト
TUISTO
　ローマの古い文献に登場する巨人*。トゥイストはローマの歴史家タキトゥス（55〜120年）の著作『ゲルマニア』で言及されている。当時のゲルマンの部族社会では、マンヌスという最初の人間の祖先と考えられていたらしい。
文献139
⇨ トゥイスコン・ギガス

トゥイスト・ギガス
TUISTO GIGAS
⇨ トゥイスコン・ギガス、トゥイスト

トゥ゠テ゠ウェイウェイ
TU-TE-WEHIWEHI
　ポリネシアのクック諸島にあるマンガイア島の伝承と信仰に登場する怪物*。モコ*という名前でも知られる。
文献113

ドゥナ・マラ
DINNY MARA, DOINNEY MARREY, DONNEY MARREY, DOOINNEY MARREY
　イギリス諸島のマン島の民間伝承に登場するマーマン*。名前は「海の男」を意味するマンクス語である。ドゥナ・マラはイギリス本島のマーマンより人間に好意的であるとされる。だが、船上で口笛を吹くのは、ドゥナ・マラを引き寄せて風も激しくなるので、禁じられている。
　その昔、「若者の船」という名の漁船があり、7人の乗組員は独身の若者ばかりだった。漁に出るたびに、乗組員はドゥナ・マラにニシンを捧げ、お返しに毎回、大漁に恵まれていた。他の船の乗組員がそれを羨み、漁船隊を率いる隊長が、ニシンがたくさん集まる漁場を教えてくれと頼んだ。若者たちからマン島の分離氷塊のそばだと聞き出すと、漁船隊は出漁した。その晩、「若者の船」の乗組員は、ドゥナ・マラが「いまは晴れて波も静かだが、もうすぐ嵐が来る」と語るのを聞いた。

乗組員が漁網を引き上げて波止場に戻った時に、ちょうど激しい嵐になった。そして漁船隊の他の船は行方不明となってしまった。それ以来、漁船隊の隊長は乗組員に既婚者と独身者を混ぜるようになったという。
文献24、128、160
⇨　ハヴヘスト、ハヴマン、ハヴマンド、ベドン・ヴァーラ、マーメイド、メロー

トゥニク
TUNIQ
　カナダのハドソン湾東部に住むイヌイットの伝承と信仰に登場する巨人*トゥールンギャク*の別名。
文献77

トゥニテュアクルク
TUNNITUAQRUK
　カナダのハドソン湾東部に住むイヌイットの伝承と信仰に登場する怪物*。雄は人間に似た体を持つが大きな頭は入れ墨に覆われているという。トゥニテュアクルクの名前もそこから来ており、「tunnit」という言葉は「入れ墨」という意味である。雌はカチュタユーク*と呼ばれる。彼らは捨てられたがらくたを求めて、人間の後をつけたり最近捨てられた雪の家を探す。彼らは捨てられた寝具に隠れるといういやらしい習性があり、偶然その上に乗った人を怖がらせる。
文献77

ドゥーノンガエス
DOONONGAES
　米国北東部の先住民セネカ族の信仰と伝説に登場する巨大なホーンド・サーペント*。頭のてっぺんから2本の角が突き出した巨大な爬虫類。普段はこの爬虫類の姿でいるが、人間の姿に変身して人間につきまとうことも知られている。川や湖の土手で日を浴びるドゥーノンガエスの姿が見られることがある。彼は普段、そこの深く静かな水のなかに棲んでいる。ドゥーノンガエスは大きな動物や人間を捕らえて餌食とする。怪物亀のスカフノワ*がその手助けをする。人々は餌食になるのを恐れ、この怪物蛇が棲むとされる場所の水には、指一本触れようとしない。ドゥーノンガエスのことは、話題にするだけでも危険なので、噂をするのは、彼が冬眠に入って聞くことができなくなるまで待たなければならない。
文献77

ドゥーマヴァルナ
DHUMAVARNA
　インドの神話と伝承に登場する海蛇の王。名前は「煙色のもの」という意味。ドゥーマヴァルナは腰から下は巨大な蛇*だが、上半身は人間である。ある晩、ドゥーマヴァルナは、ヤドゥと呼ばれる王ヤヤーティの美しい息子が海辺を散歩しているのを見かけ、自分の娘たちのために彼を誘拐した。ドゥーマヴァルナはこの王子を水中の宮殿へ連れていき、そこで5人のマーメイド*娘たちを花嫁として与えた。彼女たちと結ばれて、王子ヤドゥは大勢の子供の父親となった。
文献112
⇨　蛇

トゥム＝ライ＝フエナ
TUMU-RA'I-FUENA
　ポリネシアのタヒチ島で伝承と信仰に登場する海の怪物*。まだらな皮膚をした巨大なタコだという。この生物はすべての触手で天と地をつかんでいる。ルア神は詠唱と魔法でその手を離させようとしたが、失敗した。
文献38

東洋の馬
HORSE, ORIENTAL
　ヒンドゥー教神話に登場する伝説の東洋の馬は、姿かたちは普通の馬だが、ひづめにはメノウが、毛には真珠が飾られており、ルビーの目が頭部にはめこまれている。緑色のたてがみも特徴のひとつである。
文献7

東洋の龍
ORIENTAL DRAGON

龍（ロン）という言葉でひとくくりにされる東洋の龍は、姿かたちが限定されていない。この言葉は龍全体を表わすものであり、そのなかでさまざまな特徴を持つドラゴン*に分類されている。だが一般に、長くて鱗の生えた蛇に似た首、トカゲのような脚の付いた胴体、鷲のような鉤爪を持つとされる。頭部は傷つきやすく、ラクダのような口ひげと房状の顎髭を持つ。額には鹿のような角と大きな目がある。目は火のように赤く光るが、体の他の部分は違う色であることが多い。口の下に真珠を持っており、吐く息は霧のようで、時には炎も吐く。翼を持つものはほとんどいない。イン・ロン（応龍）*は翼を持つが、雲に乗って天を移動し、竜巻となって海と天を行き来する。獰猛だが、たいていは人間に対して優しい。人間に害をなす例もあるが珍しい。西洋のドラゴンのほうが、人間に対する態度には善悪の両面性がある。ツバメの肉を好み、宝石、特に翡翠をめでる。ムカデと鉄製品を嫌う。

中国の神話伝説では上位の地位を占め、水と火の要素に対応し、聖なる存在である。その結果、この世では皇帝の地位と関わりがあるとされ、つま先が5つに分かれた龍を装飾に使うことが許されるのは、皇帝の衣装と財産のみである。中国皇帝のなかには、龍と深い関係を持つ者がいる。そのひとり、尭帝（前2356）は、龍の子孫だと言われている。他の皇帝の治世は、龍が地上に現われた時に最も栄えるとされた。フォン・ファン（鳳凰）*、チー・リン（麒麟）*、龍が現われるのは、大いなる繁栄と平和の時代のしるしであると考えられた。この3つに亀を加えたものが、中国神話では四霊獣として崇められている。前4000年紀に皇帝に八卦を授けたのは龍だったとされる。また、十二支のひとつでもあり、龍の骨の製剤は万能薬とされた。

中国のドラゴンは、その職能によっていくつかに分類されている。宋の時代の1101年に、皇帝が龍を四種類に分けた。神秘の湖を治める黒龍、人を哀れみ勇気と関わりがあるとされるチン・ロン（青龍）*、南に棲み夏の喜びと関わりを持ち淡水湖を治める赤龍、人間に文字をもたらし祈りを神に届ける黄龍、美徳をたたえるが飢饉の前兆となるバイ・ロン（白龍）*である。

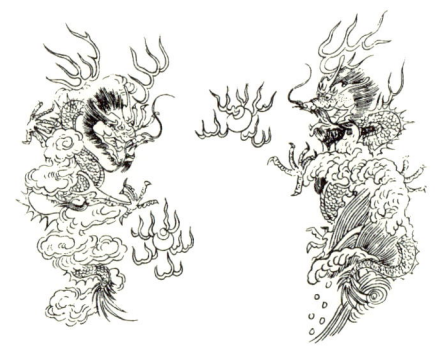

中国の版画に描かれた東洋の龍

上位の地位を占め、八月の翡翠の化身の神に直接応答をする四海龍王がいる。アオ・チン（敖欽）*、アオ・グアン（敖広）*、アオ・ジュン（敖潤）*、アオ・シュン（敖順）*である。四海龍王は、他のドラゴンが職務を果たすのを監督する。他のドラゴンは、イン・ロン（応龍）*、シェン・ロン（神龍）*、ジャン・ロン（張龍）*、チー・ロン・ワン（螭龍王）*、チン・ロン（青龍）*、ティエン・ロン（天龍）*、ティ・ロン*、バイ・ロン（白龍）*、リウ・リウ（六々）*、ロウ・ショウ*である。彼らの責務は泉、井戸、沼、湖、川、海、滝、嵐、火、洪水の管理である。

日本の龍は中国神話の龍と大変よく似ているが、「タツ」とも呼ばれる。中国の龍よりも蛇に似ており、たいていは3本の鉤爪しかもたない姿に描かれるが、鉤爪はもっとたくさんあるかもしれない。人間に対する態度は中国の龍と違い、日本の龍は西洋のドラゴンと同じく善悪の両面性を持つ。龍の典型的な伝説に登場するのが、嵐の神、スサノオ（須佐之男命）である。スサノオは、美しい娘クシナダヒメ（櫛名田比売）が泣いているのを

耳にし、娘の両親になぜ泣いているのかと尋ねると、娘がヤマタノオロチ*（八俣遠呂智）に捧げられる8人の美女の最後のひとりであること、7人はすでにむさぼり食われたことを知らされた。この邪悪なドラゴンは8本の尾と足を持ち、足にはそれぞれ8本の鉤爪が付いていた。また、赤い目からは炎が放たれ、丘が小さく見えるほど大きな図体をしていた。クシナダはもうすぐ捧げられることになっており、それを阻止する手立てはなかった。そこでスサノオは、クシナダを助けたら妻にもらいたいと申し出た。両親の許しを得て、スサノオはクシナダを櫛に変え、自分の髪にしっかりと差した。それから酒樽を用意してヤマタノオロチを待った。ヤマタノオロチが現われたら、酒樽を差し出すのだ。酒を呑みなれないヤマタノオロチがすぐに酔っ払ったところを、すかさずスサノオが退治した。

また、フランスのメリュジーヌ*の伝説に大変よく似た伝説もある。ヤマサチ（山幸、別名ホヲリ、ヒコホホデミノミコト）は、兄のウミサチ（海幸、別名ホスセリ）のいちばん良い釣り針を持って釣りに出かけたが、海中に落としてしまった。海中にもぐって釣り針を探している時に、海神の美しい娘、トヨタマヒメ（豊玉比売）に出会い、釣り針を見つけるのを手伝ってもらった。やがてトヨタマヒメと結婚したものの、ヤマサチは地上の世界に戻りたくなり、ともに帰ろうと身重の妻を説得した。妻は、自分が眠っている姿を決して見ないことを夫に約束させた。だが子供が生まれる時、ヤマサチは最後まで待てず、産屋を覗き込んだ。するとなかでは赤児が、大きなドラゴン（ワニ）のとぐろのなかで眠っていた。本来の姿を見られたトヨタマヒメは海へ去り、二度と戻らなかった。

文献18、81、89、94、113、181

⇨　ハイ・リー（海狸）、フー・ツァン・ロン（伏蔵龍）、ロン（龍）、ロン・ワン（龍王）

トゥリヘンド
TULIHÄND
エストニアの伝承に登場する家の守り神的なドラゴン*。ブーク*あるいはピスハンド*としても知られ、蛇のような身体で4本足の長さ約60cmのドラゴン*として描かれ、主人のために宝を盗んだり守ったりする。ある地方では翼を持ち空を飛び、燃える尾を持つ。

文献7

トゥルスス
TURSUS
フィンランドの文学と伝承に登場する海に棲む怪物*。トゥルススはさまざまに描かれているが、人間のような胴体にセイウチあるいは鯨の下半身、人間の腕、頭は巨大なセイウチで大きな耳が付いていて、アザラシの毛皮の衣装を着ている。ノルウェーの民話に登場するロスメル*と同じ生物で、北欧神話のスルス*から派生したと多くの人々は考えている。エリザベス朝の詩人エドマンド・スペンサー（1552〜1599）がその作品『妖精女王』（1590）で描いているロスマリン*は、トゥルススが元になっていると思われる。

文献125、134

トゥルッフ・トゥルウィス
TWRCH TRWYTH
ウェールズに伝わるケルトの伝説と伝承に登場する巨大な猪で、神話物語集『マビノギオン』の一篇『キルッフとオルウェン』に登場する。『キルッフとオルウェン』では、巨人*イスバザデン*の娘オルウェンを得るために、英雄キルッフはたくさんの超自然的な難題を解決しなくてはならない。

トゥルッフ・トゥルウィスは元は王であったが、その邪悪さを懲らしめるために巨大な猪に変えられた。息子の銀の剛毛を持つグルギン*とスウィダウク・ゴウィンニヤト*、その他の兄弟とも一緒に、彼はアイルランド全土を略奪した。そして英雄アーサー王（アルスル）がこの国からこれらの恐ろしい獣を退治するよう求められ、この一族がアイルランドから駆逐されるまでに、3つの激しい戦いが繰り広げられた。しぶとくも、この巨大な猪一族はアイリッシュ海を渡ってウェールズ

フィンランドの民話に登場するトゥルススのような、海に棲む怪物。

トゥルッフ・トゥルウィス。アイルランドとウェールズに伝わるケルトの伝説と民話に登場する巨大な猪。

の岸に着いた。そこでもう一度大暴れしようと思っていたのである。アーサー王と彼の勇ましい騎士たちは、ワイ川から出発して国中この獣たちを追跡した。1匹ずつ猪は殺され、同時に多くの英雄が牙で突き刺されて死に、とうとうトゥルッフ・トゥルウィスと息子の銀の剛毛を持つグルギン*とスウィダウク・ゴヴィンニヤトだけが残された。それから激しい戦いが始まり、銀の剛毛を持つグルギン*が力尽きて切り倒された。スウィダウク・ゴヴィンニヤトはイストラト・イウまで生き延び、できる限り多くの追跡者を突き刺し、踏み倒して死んだ。

最後に残されたトゥルッフ・トゥルウィスを追ったのは、キルッフだった。なぜならイスバザデンは、婚礼前のひげ剃りにこの危険な敵の耳の後ろにある櫛と大ばさみと剃刀しか使わないとして、これらの品を要求したからである。とうとうトゥルッフ・トゥルウィスはハヴレン川で、アーサー王とキルッフに追いつめられた。そこでマボンが剃刀を、ケレディルが大ばさみを奪ったが、この大猪は再び逃れてコーンウォール州に逃げ込んだ。アーサー王たちはそこでこの獣を崖の上に追い上げた。彼らが櫛をやっとのことでつかんだ時、トゥルッフ・トゥルウィスは崖から身を躍らせて、泳いで視界から消えた。そして二度と姿を見せなかった。

文献7、54、78、105
⇨ アイトーリアの猪、エスキスエルウィン、エリュマントスの猪、カフレ、カリュドンの猪、セーフリームニル、ヒルディスヴィニ、ブアタ、ブゴット、ベイガド、ベン=グルバンの猪

トゥルマンティンヌ
TOURMENTINE

17世紀のフランスで流布した文学と民話に登場するオーグル*。彼はラヴァジオ*とともに、妖精物語『オレンジの木とミツバチ (L'Orangier et l'Abeille)』(1698)に登場する。ふたりはピストルの弾に耐える皮のような皮膚を持つ大男として描かれている。ふたりは一緒に、太らせて食べる子供を誘拐しようと企んだ。

文献182
⇨ 巨人

トゥールンギャク
TUURNNGAQ

カナダのハドソン湾東部に住むイヌイットの伝承と信仰に登場する巨人*。自然のままの岩から住居を作ると言われた。トゥニク*とも呼ばれ、人間に対して特に攻撃的である。彼らに出会った人間を二度と目にすることはない。

文献77

トゥンタバー
TUNTABAH

アボリジニ(オーストラリア先住民)の伝承と信仰に登場する海の怪物*、バンイップ*の別名。

文献89

トゥンブル
TUMBURU

インドのヒンドゥー教神話に登場するガンダルヴァ*の首領のひとり。

文献7、24、112、125

ト・カス
TO KAS

米国カリフォルニア州の先住民クラマス族の伝承と信仰に登場する水棲のホーンド・サーペント*。この恐ろしい蛇*は大きな白い角を持つ巨大な生物とされ、特に人間に対して攻撃的であり、自分の領域に入り込む愚か者は皆食べてしまう。棲み家のひとつとされるクレーター湖では、ゲ=ウス儀礼への入会者が水中に入れられる。

文献134

ドッセンヌス
DOSSENNUS

古代ローマの文学や演劇に登場する怪物*。名前は「いつもむしゃむしゃ食べている」と

いう意味である。ドッセンヌスは人間と動物の混成怪物で、喜劇のなかで、いつもマンドゥクゥス*と呼ばれる仲間といっしょで、歩きながら食べ続けているという設定だった。
文献182

トトイマ
TOTOIMA

パプアニューギニアのオロカイヴァ族に伝わる神話に登場する奇怪な超自然の猪。トトイマは人間の女性を妻にし、ともに過ごす夜の間は人間の姿で彼女の元を訪れた。しかし昼間は奇怪な姿に戻り、妻が子供を生むたびに彼の鼻はその匂いをかぎつけ、子供を食べてしまうのだった。やがて妻は双子を生んだ。トトイマが男の子を飲み込んだ後、妻は女の子をどうにか奪い取ることができた。妻は父親の体内で男の子を生き返らせることができるという呪術師を連れてきた。体内で子供はたちまち大人になり、トトイマの脇腹を破って出てきた。喜んだ母親は娘とその呪術師のために結婚式を行なうことを認め、その宴にトトイマを料理して村中の人々に分けた。こうして怪物猪の超自然の力を皆で分け合ったのである。そして今日まで、儀式のたびごとに豚を分け合うことで神話は再現されている。
文献133
⇨ セーフリームニル

ドネストル
DONESTRE/S

中世ヨーロッパで信じられていた人間型怪物。この生物はアレクサンドロス伝説のなかの描写によれば、人間によく似た形をしていながらライオンの頭、巨大な目、毛皮で覆われた丸い耳、肩いっぱいに広がる長いたてがみがある。ドネストルは人間のあらゆる言語を知っていると言われ、この能力を利用して孤独な旅人に近づいて、相手の言語で巧みに言いくるめ、自分を信用させた。そして旅人が警戒をゆるめたとたん、彼らを殺して体をむさぼり食い、頭だけを残した。そのあと、驚くべきことだが、この怪物*は犠牲者の頭

の傍らに座って泣いた。
文献45
⇨ キュノケパロス、ミノタウロス

飛び龍
TOBI TATSU

日本の伝承と伝説に登場する想像上の混成動物。飛び龍はしゃちほことしても知られ、鳥の体と鳥の鉤爪と翼を持っているが、頭はドラゴン*として描かれている。
文献81、89

トム・ドッキン
TOM DOCKIN

イングランドの伝承に登場するオーグル*あるいはフィーンド。トム・ドンキン*とも言う。鉄の歯を持つ大きなオーグルで、行ないの悪い子供を食べてしまう。19世紀の子供部屋のボーギー*である。
文献24、160、182

トム・ドンキン
TOM DONKIN

⇨ トム・ドッキン

トムポンドラノ
TOMPONDRANO

マダガスカル島に住む人々の伝承と信仰に登場する水棲怪物。ワニのように鱗甲で覆われた身体を持つ、海に棲む巨大な生物とされる。その頭は暗いところでは光り、水上にいる時と同じように水中でも見える。人間はそのような光に近づくことはできないが、1926年に数人の漁師が沖でその光を見たという報告がある。
文献134

ドーヤ
DHOYA

アイルランドの作家W・B・イェーツが1891年に書いた物語に登場するフォウォレ族*の巨人*。スライゴーに棲むこの巨人は妖精に恋をして彼女と結婚する。しかし、騙さ

れて妖精男とチェスをするはめになり、結局はこの妖精男が彼女の夫となってしまう。自分の妖精妻を賭けることに同意していたドーヤは、ゲームに負けると同時に彼女も失った。
文献128

豊玉
TOYOTAMA, TOYO-TAMA
　日本の神話と伝承に登場する奇怪な姫。トヨタマとは「輝く宝石」あるいは「豊かな宝石」という意味で、乙姫という名前でも知られる。ニニギ（邇邇藝）の息子のヤマサチ（山幸、別名ホヲリ、ヒコホホデミ）は、兄のウミサチ（海幸、別名ホデリ、ホスセリ）の一番良い釣り針をなくしてしまったため、それを探さなくてはならなくなった。彼が深い海の底を探していた時、海神ワタツミ（綿津見）が力を貸してくれた。人間にとっては3年に当たる月日を過ごすうちに、ヤマサチはワタツミの娘トヨタマと恋に落ち、彼女を妻にした。だがとうとう釣り針が見つかり、ヤマサチは地上に帰らなくてはならなくなった。トヨタマは一緒に行くことを承諾したが、彼女が子供を産むところを見ないようにとヤマサチに約束させた。ふたりは地上に戻り、やがてその時が訪れると、ヤマサチは自分の子供が生まれるところを見たくてたまらなくなった。恐ろしいことに、今や彼の妻は、ワニかドラゴン*に似た巨大で奇怪な生物になって、産屋に横たわっていた。ヤマサチの叫び声に驚き、トヨタマはあっという間に海に戻ってしまった。半分怪物*で半分神の血を引く子は自分の生まれを決して忘れることはなく、やがて母親の妹であるタマヨリ（玉依）と結婚した。彼らの子供のひとりは神武といい、日本の皇族の先祖となったとされる。
文献113、133
⇨ メリュジーヌ

トラウン湖の貴婦人
LADY OF LAKE TRAUN
　オーストリアの伝承に登場するマーメイド*。湖の女王、水棲の怪物*の女王とも呼ばれ、海馬*のようなものに乗って湖面を渡るマーメイドとして描かれる。水棲生物の守護霊で、特に漁師を憎み、彼らを溺れさせようとした。
文献134
⇨ サ＝イン

ドラキュラ
DRACULA
　アイルランドの作家エイブラハム（ブラム）・ストーカー（1847～1912）が1897年に書いた古典ホラー小説『吸血鬼ドラキュラ』の登場人物。小説のなかのドラキュラ伯爵は鉤鼻の上に広い額のある、髭を整えた老人である。左右がつながりそうなほど濃い眉と熱に浮かされたような目を持ち、灰色の口髭に覆われたやけに赤い口からは、鋭く尖った歯が突き出して、いやな匂いの息が吐き出された。耳は髪の生え際で奇妙に尖り、来訪者の手を強くにぎりしめるその手は白く、甲の中央に毛が生えていた。また、指は尖らせた鉤爪さながらの爪のせいで長く見えた。黒一色の衣装のせいで、生気のない皮膚の色はほとんど青色に映った。ドラキュラはヴァンパイア*であり、トランシルヴァニアの伯爵だった。高い山中の城に棲み、そこから毎晩、狼の群れやほかのヴァンパイアとともに繰り出して、地元の人々を襲った。この小説のなかでドラキュラはイギリス諸島を訪れるが、彼は毎晩故郷の土入りの柩に戻らなければならない（日光を浴びると、北欧のトロール*と同様に死んでしまう）ので、トランシルヴァニアの土を持参しなければならなかった。
　ドラキュラという人物を、ブラム・ストーカーはよく研究した。主な典拠は、かつてブカレストの英国領事だったW・ウィルキンソンの回想録だったが、これをストーカーはノースヨークシャーのウィットビーという町で読み、そこを小説の舞台とした。ドラキュラという名のもとになったのは、ヴォイヴォド・ドラキュラ（1448頃）という勇敢なワラキア公である。ドラキュラというワラキア名は「悪魔（Devil）」を意味し、勇敢だと認め

トラウン湖の貴婦人はマーメイドの一種で、水に棲む生物の守護者だった。

られた人物、または、きわめて残酷だと思われた人物に付けられた呼び名だったらしい。この回想録はドラキュラの特徴のもとになった実在した人物にも言及していた。それはヴラド串刺し公であり、カンニバル（食人種）＊やヴァンパイアなどとさまざまに言われた邪悪で残虐な統治者だった。

文献69、94

ドラコ
DRACO

　ドラゴン＊の意味のラテン語で、同じ意味の古代ギリシア語ドラコーン（drakon）が語源である。しかし、この生物はその描写を見るかぎり現代のドラゴンと同じものではなく、むしろ蛇＊の一種と言える。ドラコは古代ギリシアやローマの美術品に描かれた、コウモリに似た翼を持ち、炎のように揺らめく舌を持った巨大な蛇である。この描写は、12世紀半ばまでに若干変化し、その時代にラテン語で書かれた動物寓話集によれば、ドラコは頭にトサカがあり、巨大だが小さな口しかない蛇であった。この生物は、空中に浮かび上がり、全身から放つ光で獲物の目をくらます力があると言われた。たいていは木に巻きつくか道端に佇んで獲物を待ち伏せ、筋肉の発達した体でニシキヘビがやるように押しつぶした。筋肉質の巨大な尻尾で餌食を打ちすえるとも言われた。ドラコはインドやエチオピアの洞穴や地下に棲むと言われ、そこで容易に象を殺し飲み込むと言われた。動物寓話集ではこの生物は愚かな自尊心と同等のものとみなされ、そのため愚か者を死に導く悪魔（Devil）の象徴と考えられた。

文献10、63、89、185

トラゴパン
TRAGOPAN

　古代と中世ヨーロッパの旅行記が伝える想像上の鳥。トラゴパンは巨大な鳥で、体と翼の羽毛は茶色で頭は紫色、頭には雄羊の角のような大きな2本の角があると言われている。ローマ人の作家プリニウスの記述によれば、エチオピアにいると思われていた。

文献7

ドラゴンウルフ
DRAGON-WOLF

　ヨーロッパの紋章の図案に使われている、狼の頭とドラゴン＊の体を持つ混成怪物。

文献7

⇨　怪物、ドラゴンティグル

ドラゴン（エピダウロスの）
DRAGON(EPIDAURIAN)

　ギリシアの民間伝承のドラゴン＊。金色で、人間に対して並外れて親切で従順であると言われる。エピダウロス周辺で、近隣の人間と仲良く暮らしていた。

文献7

ドラゴン（エチオピアの）
DRAGON(ETHIOPIAN)

　エチオピアのドラゴン＊はとてつもなく巨大で長さが20キュービット（約10m）ほどもあり、1対か2対の翼があると言われた。中世ヨーロッパの伝説や旅行者の話によれば、それらは地元の象を主な餌食とする有能な捕食動物であった。しかし、エチオピアの海岸の後背地というきわめて乾燥した土地に棲んでいたため、干ばつの年には象はほとんど現われなかった。そこで、この巨大な生物は、仲間とからみ合って生きた筏となり、海を挟んだ反対側のアラビアの岸に向かったという説もある。このドラゴンの脳のなかにはドラコンティアという宝石が宿っていると固く信じられていた。そこで、錬金術師たちはそれを競って手に入れようとした。しかし、この石はドラゴンが生きているうちに取り出さなければ価値を失うと言われた。そのため、この獣を特別に調合したハーブで麻痺させておいて石を取り除く方法が考えられた。だがそれよりも、ドラゴンを見つけ出すことが先決問題だった。

文献7

⇨　アフィントンのドラゴン

ドラコンコペデス
DRACONCOPEDES

中世ヨーロッパの伝説と伝承に登場する怪物蛇。女性の頭と顔を持つ巨大な蛇*として描写されている。エデンの園に入ってエヴァをそそのかし、知識の木の実を食べさせたのが、このドラコンコペデスであると考えられた。結果として、エデンの園を題材とした中世ヨーロッパの絵画には、木にからみついたドラコンコペデスが描かれている。

文献7

ドラゴン（西洋の）
DRAGON（OCCIDENTAL）

想像上のものも神話上のものも含めたあらゆる怪物*のなかで真っ先に思いつくと言えば、おそらくドラゴンだろう。というのも、ドラゴンは、世界中のほとんどの文化のなかに、何らかの形で存在していると思われるからである。しかし、西洋のドラゴンと東洋の龍*とでははっきりとした特徴の違いがあるので、ふたつを別の項目とした。

西洋のドラゴンの最も一般的な描写は東洋の龍の描写とよく似ており、巨大で細長く、ワニのような鱗に覆われ、多くはコウモリのような巨大な翼を持ち、長い鉤爪の付いたトカゲのような巨大な足を持つ生物である。背中にはのこぎり状の隆起があることもあり、それは長く蛇のような、たいていは棘の生えた尻尾まで続いている。頭はたいてい巨大なトカゲかワニのようだが、トサカか角のどちらかが付いており、大きな鼻の孔と牙のある巨大な口からは火と毒煙を吐く。しかし、この種の怪物の描写はこれがすべてではなく、ほかの多くの獣の特徴を併せ持っていることもある。たとえばインドでは象の頭、中東ではライオンや猛禽の頭が付いていたり、蛇などの爬虫類の頭が多数付いていたりする。体の色は緑や赤や黒のこともあれば、変わったところでは黄や青や白のこともある。たいていは沼、山地、砂漠、城の廃墟、洞窟、森などの孤立した場所に棲む。高度な狩りをする捕食性動物で、その餌食は家畜や人間である。そのため、人々はしばしば恐れから、若い乙女を生贄に捧げることによってドラゴンをなだめる。この儀式が、多くのドラゴン殺し神話の基盤となっている（しかし、こうした捕食性は、善行の記録の多い東洋の龍*には必ずしも当てはまらない）。ドラゴンはたいてい独立した力強い生物であり、その捕食社会には王や邪悪な魔法使いの下僕もいる。

歴史的に、ドラゴンは巨大な蛇*のような、たいていは翼を持つ生物だった。初期のシュメール人もバビロニア人もアッシリア人も皆、それぞれの文化のなかに、強力な力としてドラゴンを持っていた。ティアマト*もその例であるし、前4000年のシュメールの円筒形の印章には、女神バウ（ババ）の背後にドラゴンが描かれている。これらはおそらく、古代エジプト神話のアペプ*とテュポン*に見られるような蛇文化が起源だと思われる。古代オリエントを出発点として、ドラゴンの概念は異なる民族とともに、その姿を変えながら、東はインド亜大陸を経由してオリエントへ、そして西はヨーロッパの諸文化へと広がっていった。初期の大地の女神や混沌の蛇とのつながりから、ドラゴンは強力な生物とみなされ、元素である土、水、火との結びつきや空を飛ぶ能力を通して、恐ろしい敵か超自然的な味方かのどちらかになった。そして退治しなければならない存在か、なだめなければならない存在のどちらかとなり、太陽や月を攻撃すると考えられたことから、よく日食や月食の原因とされた。

ドラゴンという名前は古代ギリシア語のドラコーン（drakon）から来ている。これは、「観察すること」や「見ること」を意味し、この怪物にこの名前が当てられたのは、これらが何かの見張りをしていたからである。この何かとは、ギリシア神話では黄金のリンゴであり、ほかの西洋の文化では秘蔵の宝であった。ギリシアの文化には、神話や文学のなかに膨大な数のドラゴンに関する記述がある。たとえば、カドモスが、退治した蛇の歯をまいた場所から生まれたドラゴン戦士スパルトイの話がある。それから、女神デメテル

の乗る車は2頭のドラゴンが引いていたと言われるし、女魔法使いのメデイアの車もそうだった。また、ヘスペリデスの黄金のリンゴはドラゴンに見張られていたし、アスクレピオスの神殿では善良なドラゴンがプルートスの目を舐めることによって、視力を回復させた。アレクサンドロス大王は当時知られていた世界中を回る大遠征の途中、象と戦うインドのドラゴンに遭遇したと言われた。

「ドラゴン」のラテン語はドラコであり、上記の古代ギリシア語が語源である。しかし、この生物は現代のドラゴンと違い、ギリシアのドラコーンと同様に、むしろ有翼の蛇に近い。ドラコ*はローマの古典美術品で、コウモリに似た翼を持ち、炎のような揺らめく舌を持った巨大な蛇*として描かれた。古代ローマの神話や文学にも、膨大な数のドラゴンが登場するが、これらの起源は、ギリシアの詩人ホメロスによる、とぐろを巻く火吹きドラゴンが描かれたヘラクレス*の盾の話などである。デルポイのピュトン*の子孫と言われたドラゴンの一群が、神アポロンに捧げられた聖林を守っていた。同じように、女神ユノや女神ディアナの聖林も、1頭のドラゴンが守っていた。大プリニウスも著書『博物誌』にエチオピアに棲息するドラゴンのことを記した。彼は、このドラゴンはインドのドラゴンほど大きくはないと言いながら、それでも長さは20キュービット（約18m）あると付言している。

ヘブライ人とユダヤ人の伝統のなかでは、ドラゴンは権威ある文献のなかで触れられ、それからキリスト教の文献に組み込まれた。旧約聖書では、エデンの園の蛇がドラゴンとされていることもある。ほかには、旧約聖書外典の「ベルとドラゴン」のドラゴンがいる。この話で、ドラゴンはダニエルに退治されるが、そのせいで、ダニエルは獅子の穴に投げ込まれる。ヨハネの黙示録の獣も、宗教の文献のなかでだけでなく一般の権威ある文献のなかで、さらにのちには一般の人々の信念のなかで、ドラゴンと同等とみなされた。ヘロデ王の時代に、あるドラゴンがひとりの女性への報われない恋に胸を焦がしたという興味深い伝説もある。

西ヨーロッパのキリスト教伝来以前の神話では、ドラゴンは人間と両義的な関係にあった。ケルトのドラゴンには人間にとって有害なものもあれば、人間を守るものもあった。後者の代表的なものがア・ドライグ・ゴッホ*、つまりウェールズの赤いドラゴン*である。実際、ウェールズの誇り高い称号「ペンドラゴン」は、のちにアーサー王の系譜に入れられたが、これもドラゴンが守護者であることの現われである。しかし、ウェールズ南部とアイルランドのケルト・ドラゴンはこれほどよい性質ではなかった。「フロイヒの牛捕り（Táin Bó Fraích）」という伝説のなかではドラゴンは不倶戴天の敵であり、アイルランドの英雄フロイヒに殺される。ア・ドライグ・ゴッホ*が戦った相手である典型的なアングロサクソン・ドラゴンは、アングロサクソン人の偉大な叙事詩『ベーオウルフ』に登場するグレンデル*と同一視していいかもしれない。北欧地域を脅かしたこの恐ろしい生物は、北欧神話の恐ろしいドラゴン、ファーヴニル*の再現でもある。

この地域にキリスト教が入ってくると、あらゆるドラゴンが悪魔化され、悪魔（Devil）の使いと言われるようになった。結果として、伝説や伝承におけるドラゴンの象徴的意味もこの影響に伴って変化した。キリスト教の文献や伝説のなかでは、「ドラゴン退治の聖人」が重要な役どころとなった。なかでも特に有名なのは、おそらく聖ジョージ（3世紀）だろう。聖書時代のこの種の注目すべき聖人たちにはほかに、使徒の聖フィリポ（1世紀）、大天使の聖ミカエル、聖マルガレータ（年代不明）、イギリスでは聖キーン（6世紀？）、聖グスラック（8世紀）、聖サムソン（6世紀）、フランスでは聖パウロ・アウレリアン（6世紀）、聖カド、聖クレメン、聖フローラン、聖マルタ、聖マウデ、聖ロマン（いずれも年代不明）がいる。

中世を通して、ドラゴンはアンフィスバエナ*、ドラコ、ワイヴァーン*など多様な名で

ヨーロッパ中の動物寓話集の文献に書かれ、そこでは悪の象徴であることがむやみに強調された。同時代の錬金術師たちはドラゴンを水銀の象徴と解釈し、続いてドラゴンは錬金術師の象徴となった。またこの時代には騎士道の理想が広く行き渡ったせいで、ドラゴンの形で現われた悪を滅ぼすくだりを詳述する、膨大な数のロマンスができた。ドラゴンが騎士の爵位獲得のために課される試験に使われたのである。「ワントリーのドラゴン」(17世紀のバラード)、ローズリー・ワーム*、ラムトンのワーム*をはじめとする多くの伝説は、この時代、特に十字軍の時代に始まった(ワームは龍/蛇の古名)。

騎士道の時代が去っても、ドラゴンの概念は、聖レオナルドの森のドラゴン*などの文学や伝承のなかに広く見られた。しかし、西洋ではもはやドラゴンは一般の人々にとって、東洋でのドラゴンほどの偉大な力を持たなくなった。この魔術的で恐れ多い生物に対する興味が復活したのは、現実とは別の世界に対する興味が一般に高まり、J・R・R・トールキン(1892〜1973)の小説『ホビット』と『指輪物語』などが登場したことによってであった。トールキンはこれらの作品のなかで、ドレーク*、火龍、黒龍アンカラゴン*、スカサ、黄金龍スマウグ*などの名前を用い、完全なドラゴン王国を創造した。

ドラゴンは古代から力の象徴であり、戦士たちにとって偉大で戦う価値のある敵であった。ドラゴンがペルシア、ローマ、英国、北欧諸国その他の軍旗に採用されたのもそのためである。今日もドラゴンは象徴的意味を持ち続け、ヨーロッパの紋章の代表的な図案として広く使われている。

文献5、7、10、14、18、20、24、49、51、55、61、63、78、81、89、91、94、105、128、133、139、149、150、174

⇨ アフィントンのドラゴン、アポカリプティック・ビースト、芋虫スカサ、ヴィトラ、エデンの蛇、ガルグイユ、ガンダルヴァ(イラン)、ギルタブリル、タルスク、ティアマト、ドラゴン(エチオピアの)、ドラゴン(エピダウロスの)、ドラゴンウルフ、ドラゴンティグル、ドラゴン・メイド、ピュトン、ムシュフシュ、黙示録の獣、黙示録のドラゴン、ラドン龍、ワイヴァーン

ドラゴンティグル
DRAGON-TYGRE

ヨーロッパの紋章の図案に使われている、虎の頭とドラゴン*の体を持つ混成怪物。

文献7

⇨ 怪物、ドラゴンウルフ

ドラゴンティデス
DRACONTIDES

ギリシア・ローマ神話に登場するドラゴン*。「ドラゴンの子孫」の意。アリストパネスの作品『蜂』で、ドラゴンに変えられたあとの英雄ケクロプス*に与えられた名前。

文献178

ドラゴンメイド
DRAGON-MAID

ケルトの神話と伝承に登場する超自然的な女の怪物*。フランスの伝説のメリュジーヌ*によく似ており、一部が人間の女で、一部がドラゴン*である。彼女は不妊の夫婦に対し、親切にされれば子供を授け、されなければ災いをもたらす力がある。

文献7

ドラゴン・メイド(龍になった乙女)
DRAGON MAID, THE

マンデヴィルの『東方旅行記』(1366)のランゴ島の箇所に登場するイポクラスの娘。レディ・オブ・ザ・ランド(島の女王)*の名でも知られるドラゴン・メイドは不気味なドラゴン*に変えられた娘である。

文献180

虎憑き
WERE-TIGER

狼憑き*モチーフの一種で、インド、マレーシア、ボルネオ、中国、日本などの民間

信仰に登場する。

インドネシア、ジャワ島の民間信仰では、ある人間は足の親指ほどもない小さな腰布（sarong）を持つと考えられている。その布は夜に腰に着けると巨大になり、身体中が黄色と黒で覆われるのである。このようにして虎憑きに変身すると、不用心な旅人の犠牲者を探してその地方をうろつく。このプロセスは永遠に繰り返される。なぜなら犠牲となった者の魂は順々に、次に食われる犠牲者を見つけなければ解放されないからである。

西マレーシア（マレー半島）の民間信仰では、虎憑きは家畜、特に鶏を餌食とする。虎憑きではないかと疑われた人は、吐薬を飲まされる。もし羽毛を吐けば、その人間は隣人たちの手にかかって殺される。

文献24、89、94、113、181

⇨ マガン・ガドゥンガン

ドラックス
DRACS

12世紀にイギリス人のティルベリのジャーヴァスが報告した水棲の怪物*。ローヌ川の底に棲むと言われた。捕食動物で、人が乗っている舟のすぐそばの水面近くまで泳いでいき、何か光るものを浮かべて女や子供が手を伸ばすように仕向けた。獲物の手が伸びてきた瞬間に、ドラックスは水面に躍り出てつかみかかり、引きずり降ろしてむさぼり食った。

文献134

ドラッゲン・ヒルのボグル
DRUGGEN HILL BOGGLE

イングランド北西部カンバーランドのドラッゲン・ヒルの民間伝承で、19世紀にある行商人が姿を消したという物語が語り継がれている。この時同時に、ボーギー・ビーストの一種と思われる恐ろしい黒妖犬*がこの地区に現われ、夜になると旅人を脅して攻撃した。地元の人々はふたつの事件に関連があると考えた。行商人の死体が見つかって教会墓地に埋められた時、黒妖犬も姿を消した。そしてこの犬が犠牲者に負わせたひどい怪我も、ようやく治りはじめた。

文献67、160

ドラッゴー
DORRAGHOW

アイルランドの伝説と伝承に登場する恐ろしいカワウソの怪物ダウルフー*の別名。

文献128

トラッシュ
TRASH

イングランド北部のランカシャーに伝わる民話に登場するスクライカー*という怪物*の別名。

文献21、24、25、37、160

トラテクトリ
TLATECUHTLI

古代メキシコのアステカ族に伝わる神話に登場する巨大なカエル。トラテクトリは大きな口に巨大な牙のある奇怪なカエルの形をした生物とされ、その口はしばしば死者の国への入口とされる。通常、蛇*の女神コアトリクエとともにいる。

文献47

ドラナ
DHRANA

インドのヒンドゥー教神話に登場する巨大な蛇*。頭が7つあるキング・オブ・ザ・スネークス*と言われる。ナーガ*王のムチャリンダ*と同様に、神パールシュヴァの守り主である。この神は定期的にメーガマリンの悪の攻撃を受けるが、ドラナの巨大さで防護されている。

文献125

虎人間
MAN-TIGER

ヨーロッパの紋章に用いられる想像上の混成怪物。虎の体に人間の頭を持つが、額からは角が突き出ている。

文献5

トラパニ
TRAPANI
⇨ トラパニの巨人

トラパニの巨人
GIANT OF TRAPANI

　イタリアの作家ボッカッチョ（1313～1375）は、シチリア島で発見されたというこの巨人*について書き残している。ある村で家を建てるために穴を掘っていたところ、入り口を封鎖された洞窟が発見された。農夫たちが入り口をこじ開けて中に入ると、ひとりの巨人が船のマストほどもある巨大な杖に寄りかかって座っていた。すぐにたくさんの村民たちがこの巨人を一目見ようと集まってきたが、巨人は触れられたとたん粉々に崩れ去り、塵と化してしまった。後に残されたのは頭蓋骨の一部と3本の歯、1本の大腿骨、そして杖の中に入っていた金属製の心棒だけであった。これらの遺物を使って数学者たちが試算したところ、巨人の身長は約91mであったという。

文献174

トリトン
TRITON, TRITONS

　ギリシア・ローマ神話に登場するマーマン*。後には種族とされた。もともとは女性だったと言われるが、古くからその像のほとんどは男性である。トリトンは海神ポセイドン／ネプトゥーヌスとその妻アムピトリテの息子たちで、魚の鱗に覆われた人間のような体とイルカのような尾を持つと言われる。頭は緑または黄色の髪の毛で覆われ、とがった耳の後にはえらがあり、大きな口には大きな牙のような歯が生えている。彼らは海のニンフ、ネレイスの護衛者であり、海の神々の侍者である。ポセイドン／ネプトゥーヌスとアムピトリテを先導し、ほら貝の笛を吹いて彼らの到着を知らせる。このほら貝の笛は海に大波を起こしたり、嵐を鎮めたりするのにも使われる。ギリシアの詩人ヘシオドスは彼らが海底の黄金の宮殿に棲むと記した。中世になるとトリトンはセイレーン*の男性版と考えられ、彼女たちと同様に虚偽と好色の象徴となった。アンブロワーズ・パレ（1517～1590年）はその著作『怪物と驚異について』のなかで、男女のトリトンがエジプトのナイル川の岸に寄せる波から現われたと記述している。トリトンはしばしばイタリアのルネサンスの芸術作品に描かれており、ヨーロッパ中の、特に海の近くの都市で紋章に取り入れられている。

文献7、20、24、61、87、89、91、139、147、161、169、178、186

⇨ イクテュオケンタウロス、ケンタウロトリトン

トリトン。ギリシア、ローマの古典神話に登場するマーマン。

ドリフタ
DRIFTA
　北欧神話に登場する巨人*。名前の意味は「雪の吹きだまり」である。ドリフタはフリームスルサル*すなわち霜の巨人*のひとりである。彼はスリュム*の息子で、フロスティ*、イエクル*、スノエル*の兄弟である。
文献24

トリポデルー
TRIPODEROO
　19世紀から20世紀初頭にかけて、米国、特にカリフォルニアで、木こりや森林労働者たちの民間伝承に登場した生物。トリポデルーは比較的小さい生物だが、長くて物をつかめる鼻を持っている。その鼻は脚と同じく入れ子式になっていて伸ばすことができる。この生物は低木のあいだからうまく獲物に忍び寄り、照準距離にまで近づく。それから脚を伸ばしてうまく狙いを定めて、鼻から一塊りの泥を投げつける。親しみをこめてフィアサム・クリッター*と呼ばれる怪物の一種で、その極端な姿や行動のせいで寂れた場所で聞こえてくる不気味な物音の説明に使われたり、キャンプの時の楽しい語り草にされたりした。
文献7

ドール
DHOL, DHAUL
　インドで語り継がれ、信じられていた巨大な宇宙牛。ドールは巨大な白牛で、その角の上が、宇宙における大地の位置である。
文献24
⇨　ローカパーラ・エレファント

ドルオン
DRUON
　ベルギーの伝説と民間伝承に登場する巨人*。人文主義者で詩人のルメール（1473～1524）によって、英雄グラヴィウスの敵として描写されている。その後皇帝カール５世（1500～1558）の時代から、ドルオンはアントワープ市の町の巨人*として称えられ、今では当市の祭りの出し物として、人形姿でパレードに参加している。
文献174

トルク
TORK
　アルメニアの伝説と伝承に登場する巨人*。トルクは、彼の名前を持つ山と同じくらい大きくて重い。非常に醜く、性悪で、ものすごい力持ちとされる。後には山と野生生物の守護者となった。
文献125

トルク・トリアス
TORC TRIATH
　アイルランドの伝説に登場する巨大な猪。トルク・トリアスは猪の王で、トゥルッフ・トゥルウィス*と同じである。トゥルッフ・トゥルウィスの物語はウェールズの神話物語集『マビノギオン』に出てくる。
文献54

トルト
TORTO
　スペイン北西部とフランス南西部のバスク人に伝わる民間伝承に登場する人食い巨人*。巨大な人間に似た姿をしているが、ギリシア・ローマ神話に登場するキュクロプス*のように、額の真ん中にひとつ目を持つと言われている。この巨人は人間の若者に忍び寄って罠にかけ、ばらばらに引き裂いて食べてしまう。
文献125
⇨　カンニバル（食人種）

トルニト
TORNIT
　カナダのイヌイットの伝承と信仰に登場する巨人*。イヌイットの先祖とする説もある。
文献24

トール・マン
TALL MAN

　米国オクラホマの先住民の伝承と信仰に現われる巨人*、フスティ・カプカキ*の別名。
文献77

トルンガルソーク
TORNGARSOAK

　カナダのハドソン海峡に住むイヌイットの伝承と信仰に登場する巨大な熊。白熊の姿をした巨大な生物で、アンゲイヴァ湾のアザラシやクジラの主であり、そこの深い洞穴に棲息するとされる。
文献77

ドレーク
DRAKE

　ドレークと名のつく伝説の生物には次の2種類がある。

　(1)ヨーロッパ南東部のバルカン諸国のロマ（ジプシー）社会の伝説と伝承に登場するドラゴン*。ドラゴンまたは巨大な人型の体を持つ食人オーグル*のようだと言われる。馬の背に乗ってあちこちへ移動し、人間の妻とともにきらびやかな宮殿に棲む。そのなわばりに迷い込んだ人間は誰でも、自分が彼の親族であると彼を納得させないかぎり、むさぼり食われる。

　(2)スウェーデンで語り継がれ、信じられていた巨大蛇*、リンドオルム*の別名。19世紀初頭にスヴェン・マグヌス・ヨハンソンによって報告された。彼がサードレグ湖の土手で大きな丸太に見えたものによじ登ると、それは恐ろしくも動き出して、実はドレークだったことが分かった。ドレークはそれから湖のなかへと這っていった。
文献7、134

トレチェンド
TRECHEND

　アイルランドのアレーン・トレヘン*の別名。

トレルケフエクヴェ
TRELQUEHUECUVE

　チリのアラウコ族に伝わる伝承に登場する巨大な水棲の怪物*。トレルケフエクヴェは大きな丸い牛の皮のような平たく広がった皮に目が付いていて、縁にはぐるりと鉤爪が付いているとされ、茶色で白い斑点がある。この生物は水中で不用心な人間をおびき寄せて、渦巻きのなかに吸い込む。そして人間の体を包み込み、食べてしまう。これは陸に上がることが知られている。日なたに広がるのだが、帰るときは嵐を引き起こすと言われている。トレルケフエクヴェは、決して巣を離れないインブンチェ*のお気に入りである。泳いでいる娘や池の縁に水汲みにきた娘をおびき寄せて誘拐し、湖のなかのインブンチェのところへ連れていくのだ。インブンチェはヴァンパイア*のように娘たちの血を吸い取るのである。トレルケフエクヴェは巨大なイカの姿から想像されたという説もある。
文献134、189
⇨　イデ、クエーロ、マンタ

トーレント
TORRENT

　ウェールズの民間伝承に登場する怪物*の別名。
文献128
⇨　カロッグ

トロイント
TROYNT

　ウェールズの伝説と民間伝承に登場するトゥルッフ・トゥルウィス*の別名。この巨大な猪を退治する伝説は、8または9世紀にネンニウスが著した『ブリトンの歴史（Historia Brittonum）』のなかで、英雄に課せられた特別な使命「ミラビリア（Mirabilia）」のリストの一部をなしている。
文献54、105

トログ
TOROGS

　イギリスの学者、作家J・R・R・トールキン（1892〜1973）の作品に登場する人食い巨人*の族名。トログは体が大きいのと同じくらい愚かなのだが、他の生物を怖がらせていた。特に彼らの領域をひとりで旅するような愚かな人間を捕まえ、食べた。彼らはベレリアンドの戦いの時に、モルゴスと呼ばれる暗黒の敵に力を貸した。

文献51

⇨　エント、オノドリム、オリファウント、オログ＝ハイ、カンニバル（食人種）、こぶきこがね、火龍、ファスティトカロン、ムマキル

トロール
TROLL

　元来は北欧の伝承に属する。北欧のトロールと、他の地域の民話に登場するトロールとは、外見や特徴が明らかに違っている。北欧ではトロールは「Trold」または「Trolld」とも書かれる。本来は巨大で醜く毛深い、性悪の巨人*またはオーグル*として描かれるが、他の地域ではもっと小さくなり、しばしば小人になる。デンマークのエブレトフトでは、トロールは背中にこぶのある、大きな鉤鼻のオーグルで、灰色の上着と先のとがった赤い帽子を身に着けている。デンマークのグダマンストルプのトロールは、黒くて長い服を着ている巨人である。

　ノルウェーのトロールは性悪で毛深いオーグルだが、女性のトロールは長い赤毛で美しいと言われる。彼らは長形墳や古代の土塁の丘の下で、コミュニティーを作って暮らしている。家は宝でいっぱいの素晴らしい宮殿で、夜になると光ると言われている。トロールは騒音を嫌い、教会の鐘のある土地から追い出されてきた。人間に対する態度は時に二面性がある。彼らが気に入った家には富と幸運を授けるが、そうでなければ悪意があって、作物や森林地に危害を与える。彼らは女性や子供、財産を奪い、時には最悪のカンニバル（食人種）*になると言われている。人間や動物が連れ去られないように守るためには、ヤドリギの枝が使われた。トロールは優れた金物細工師で、薬草や魔法を使って治療する術にも長けていたが、夕暮れと夜明けのあいだにしか現われず、もし太陽に照らされると彼らは石に変わってしまう。北部の立ち石は、石になったトロールの残骸と言われる。

　アイスランドと英国のあいだにある火山島群でデンマーク領のフェロー諸島では、トロールはフォッデン・スケマエンドと呼ばれている。彼らは「窪地人」「地下の人々」と呼ばれ、人間をさらい、何年も奴隷として働かせるという。

　アイスランドではトロールは性悪なひとつ目の巨人である。

　フィンランドにはショトロール*という、湖に棲む邪悪なトロールがいる。コカルにある湖に棲んでいるのだが、その湖の両端に置かれているふたつの神秘的な石のために、水底深く閉じこめられているという。霧が出たり嵐になると、石の魔力が弱まるために、人々は外に出ず、釣りもしない。なぜならトロールが解放されて、人を溺れさせるからである。

　イギリス諸島のシェトランドとオークニー諸島のトロールはトローあるいはドローと呼ばれ、3つのグループに分けられている。陸のトロー、小さいトロー、海のトローである。だがこれらは北欧の祖先のグロテスクな特徴を少しも持っていない。

　イヌイットあるいはイハルミウト族の民話に登場するグリーンランドとカナダのトロールは、巨大で毛深い北欧のトロールの古い姿に似ている。これらは地面に引きずる巨大で毛のない腹をした悪意のある巨人で、指の鉤爪はナイフのように鋭利だと言われている。丘に棲み、そこで人間を襲って、犠牲者から肉をはぎ取る機会をうかがって待ち伏せしている。

　もっと最近では、イギリスの学者、作家J・R・R・トールキン（1892〜1973）の小説『ホビット』と『指輪物語』が、こういった古い民話や伝説から生まれたトロールを登場

させており、黒い血をした巨大なカンニバル（食人種）で、緑色の鱗状の皮膚をしており、非常に強いが知性はほとんどないものとして描いている。その民話上の先輩のように、彼らも闇から生まれ、光に当たると死んで石に変わる。彼らは太陽の第1紀の時代に、メルコールという「敵」によってアングバンドの奥で作り出され、オークとともに送り出されて世界中を暴れ回った。打ち負かされた後は姿を消したが、太陽の第2紀の時代にメルコールの召使サウロンが危険なずる賢さを彼らに吹き込んで、もっと邪悪な種類を作り出した。太陽の第3紀の頃までには、洞穴のトロール、丘のトロール、山のトロール、雪のトロール、岩のトロールといったたくさんのさまざまな種類のトロールが存在するようになった。これらはそれぞれの地方の村人を襲い、食用の牛のように人々を殺す邪悪なカンニバル（食人種）だった。まもなくオログ＝ハイという新種が現われた。これは太陽光線に耐えたが、結局は打ち負かされてしまった。
文献7、18、20、24、25、26、51、61、67、78、94、107、120、124、125、134、138、139、152、160、161、182、183
⇨ エント、ヘンキー

トロール・フィスク
TROLL FISK
　18世紀のノルウェーの修道士で民話研究家、ベルゲンの主教ポントピダンによると、北欧で海の怪物*を表わす一般的な用語。
文献134

ドン・クアルンゲ（クアルンゲの褐色牡牛）
DONN OF CUÁLGNE
　アイルランドの伝説と伝承に登場する巨大で超自然的な牡牛。ドン・クアルンゲはとてつもなく巨大だったので、真昼の太陽のもとでも、軍隊の全員がその陰のなかに入って立つことができた。その背中はとてつもなく広大だったので、50人を超える人々が、その上でスポーツやゲームを楽しむことができた。この偉大な牡牛の偉大な誇りの源は、その美しい鳴き声を聞かせるだけで、どんな牝牛にも子牛を生ませることができることだった。これほどの獣であれば競い合う賞品となるのも必至で、ドン・クアルンゲをめぐる争いの話が叙事詩『クアルンゲの牛捕り（Táin Bó Cuailgne）』のなかで繰り広げられている。
文献7

ドンダン近くの島々に住む人々
INHABITANTS OF ISLANDS NEAR DUNDEYA
　1360年頃に書かれたイギリスの偽探検家、ジョン・マンデヴィルの『東方旅行記』に、これらの巨人*と怪物*に関する記述がある。それによると名もない島々のなかには非常に変わった性質を持つ人々が棲んでいるという。神話に登場するひとつ目の巨人キュクロプス*や、ギリシアに伝わる首なしのアケファロス*、他にも特徴のない顔を持つ種族もいれば、尋常でない口や長い耳を持つ種族、馬のひづめを持つ種族、そのすべてを兼ね備えているうえ木の上で暮らしている種族なども存在する。結局、こうした信じがたい記述がこの作品の信憑性を失墜させたのだが、それでも『東方旅行記』は出版後、数世紀にわたり資料として利用され続けた。
文献180

ナ

ナイタカ
NAITAKA

　カナダのブリティッシュ・コロンビア州の先住民、シュシュワプ族の伝承と信仰に登場する怪物*で、「オコナゲン湖の怪物」とも呼ばれる。巨大な湖の怪物で、湖の中央にある島の下を通るトンネルからしか近寄れない洞穴に棲んでいた。湖を渡ろうとする者を追いかけたので、人間たちは身代わりに人形を捧げたり、ナイタカの絵画を岩の上に描いて、その怒りを静めようとした。伝説によれば、ある家族がこの供物を怠ったために、湖の水に飲み込まれ、行方不明になった。彼らの乗っていたカヌーは、不思議なことに、数年たってから山の高いところで見つかった。
文献134

ナウル
NAUL

　ロシアの伝説と民間伝承に登場する巨鳥。頭はドラゴン*に似て、ワシの鉤爪を持つ。英雄ヴォルガ・ブスラヴレヴィチに関する伝説に登場する。鳥を狩る時に、従者たちが木の間に網をはると、ヴォルガは自分をナウル*の姿に変えて、鳥を脅かして罠のほうへと追い立てた。
文献55
⇨　ロック

ナーガ
NAGA(S)

　地域によって別の種類のものを指す。
　(1) インドの神話と伝説に登場する雄と雌の蛇*。カドルーとカシュヤパの子孫で、上半身は人間、下半身は蛇と言われる。多くの頭があったり、色が変わったりする場合もある。神話によれば、ナーガはバガヴァティーの美しい水中宮殿、あるいは大地の下の世界ナーガローカに棲息する。ナーギニー*と呼ばれる彼らの妻たちは、非常に美しい。ナー

ナーガ。ヴィシュヌを守り支えた。

ガ族を支配するアナンタ・シェーシャ王は、ヴィシュヌ神を守り支えるとされる。仏陀はナーガの王のひとりであるムチャリンダ*に守られていた。一般に、彼らの神々や人間との関係はあいまいで、悪意を持つ時もあれば、親切な時もある。最大の敵はガルダ*で、彼らは大地の水を解き放つためにナーガと戦った。叙事詩『マハーバーラタ』によればナーガ族は、ジャナメージャヤ王が供犠と称して彼らを殺害しつづけたので、あやうく絶滅しそうになった。より最近のヒンドゥー教信仰では、ナーガの王はカールコータカで、天候、特に雨の到来を支配している。

(2)ほかの地域では、まったく異なる姿で描写される。インドネシアとタイでは、5つの頭を持つドラゴン*で、通常は寺院を守っている。しかし、西マレーシア(マレー半島)では恐ろしく巨大な多頭の海の蛇で、漁師たちに恐れられている。

文献18、47、78、87、89、112、113、120、125、133、160、166

⇨ アナンタ、ヴァースキ、シェーシャ、タクシャカ

ナーガ・パホーダ
NAGA PAHODA

インドネシアの伝承と信仰に登場する蛇族の王。原初の蛇*で海の王。インドネシアの島々を形作るのに役立ったと言われる。伝承によれば、最高神バタラ・グルの娘が天上から原初の海に落ちた時、ナーガ・パホーダが娘を食べようと水底で待ちかまえていた。しかし、バタラ・グルは娘を救うために天上から砂を撒いて陸地を作ろうとした。ナーガ・パホーダが身をよじりながら海面まで上り、できあがった陸地を水で押し流そうとすると、天上の主は再び鉄の砂を撒いて、形を整えつつある大地を安定させようとした。しかし、邪悪なナーガ・パホーダはそれでも娘を手に入れようと、体をよじっては地面を壊したり、持ち上げたりしたので、その企みは失敗したものの、新しい陸地は巨大な山や谷の多い一群の島の姿となった。

文献133
⇨ ナーガ

ナーガ・マス
NAGA MAS

西マレーシアのマレー人の伝承と伝説に登場する巨大な海の怪物*。金のドラゴン*としても知られる。ブディマン王の不幸な息子で、レラ・ムダ王子とは兄弟。

文献113
⇨ 蛇

ナーギニー
NAGA(S), NAGINI(S)
⇨ ナーガ

ナーギニー・ベーサンディ
NAGINI BESANDI

ナーギニー*として知られる雌のナーガ*。ナーガに生まれたが、夫にしたのは人間で、ミャンマーのドゥッタバウング王であった。インドとミャンマーの両方で、多くの王族が祖先をたどるとナーガに行き着く。これは、フランスの王族の祖先がメリュジーヌ*までたどられるのと似ている。

文献41、160

ナキネイウ
NÄKINEIU

エストニアの伝承と信仰に登場する雌のナッキ*。ナキネイチ*とも呼ばれ、イギリスのマーメイド*に近く、腰までは美しい金髪の少女で、腰から下は魚の尾になっている。水面で長い金髪をとかしているところや、波間で水棲牛の世話をしているところなどが、しばしば目撃される。

文献120、160
⇨ ナキネイト、メロー

ナキネイチ
NÄKINEITSI

エストニアの伝承と信仰に登場するマーメイド*やナキネイウ*の別名。

文献120、160

ナキネイト
NÄKINNEITO

　フィンランドの伝承と信仰に登場する雌のナッキ*。イギリスのマーメイド*によく似ており、腰までは美しい金髪の乙女で、輝くような白い肌をしているが、その下には魚の尾が付いている。官能的な大きな胸は肩にかけることもできる。水面で長い巻き毛をとかしているところをしばしば目撃されている。しかし、どれほど魅惑的な姿に見えても、人間の漁師や船乗りには危険な存在で、彼らを誘惑して水中に引きずり込む。

文献120、160
⇨　ナキネイウ

ナーゲン
NAHGANE

　カナダのブリティッシュ・コロンビア州の、スレイヴィー（エチャレオッティネ）族の伝承と信仰に登場する巨人*の種族。ブッシュに棲息し、ひとりでいる無防備な子供をさらう。この点で、子供たちが大人から離れてうろつかないように言い聞かせるために使われた子供部屋のボーギー*とも考えられる。

文献77

ナ・ジャ（哪吒）
NA ZHA　なた、なたく

　中国の文学伝承と伝説に登場する巨人*。もともとは子供のなかった李靖のために、太乙真人が与えた肉の塊だった。李靖がその塊を切り裂くと、ナ・ジャが生まれ、すさまじい勢いで成長した。非常に攻撃的で、神々や龍王*の使いと戦って、両親に恥をかかせた。両親に叱責され、恥ずかしさにいたたまれなくなった彼は自殺を図った。しかし、死なずに巨人に生まれ変わった。今度は3つの頭を持ち、それぞれに3つの目と8本の腕を持ち、20m近い体で武器を振り回した。李靖は恐れおののき、自らの養子を攻撃したが、神々の慈悲の心により、巨大なナ・ジャは玉皇上帝の護衛に任命された。

文献133
⇨　一角獣

ナシャス
NASHAS

　イエメンとその東にある沿岸の砂漠地帯ハドラマウにおいてイスラム教以前の信仰に登場するジン(1)*。人間とシック*の子孫と言われた。ナスナス*とも呼ばれるナシャスは、人間とジン(1)の醜い混成種で、腕と脚は1本ずつで、頭も半分しかない。シナ海のライジ島に生息した別のグループは、コウモリの羽を持っていた。頭も首もないナシャスの種族もあり、目と口は胴についており、中世ヨーロッパの伝承に登場するブレムミュエス*に似ている。かつてイエメンの住民はこの生物を狩って、肉を食べたという。

文献64、160
⇨　エムプーサ、ジーラッハ、ハイ＝ウリ、パイジャ、ビーアスト・ヴェラッハ、ファハン

ナスナス
NASNAS
⇨　ナシャス

哪吒　なた
⇨　ナ・ジャ

ナッキ
NÄKKI

　フィンランドとエストニアの伝承と信仰に登場する恐ろしい水棲生物。水の神アートの従者であり、宝石で飾られたすばらしい宮殿のある水中の王国にいると言われている。しかし、エストニアの伝承では、最も危険な渦巻きのなかに棲み、近づきすぎる漁船は巻き込まれ、乗組員は怪物*の餌食になる。またある時には、渦のなかから水面に姿を現わして、自分の牛の群れを岸に追い立て、そこで獲物となる人間をおびき寄せる。

　特にフィンランド西部では、スコットランドのケルピー*とよく似た巨大な水馬として

描かれる。また、朝晩に湖のそばの土地に上がってくるケンタウロス*に似た生き物として描かれることもある。捕食性の怪物で、人間をおびきよせ、水中に引きずり込んで溺死させる。
文献119、134、139、160
⇨ ケンタウロス、ナッキの牛

ナッギー
NUGGIE
⇨ ナッグル

ナッキの牛
COWS OF NÄKKI
　エストニアの伝説と民間伝承に登場する牝牛型の水棲の怪物*。恐ろしいナッキ*に群れで飼われ、彼の棲む渦巻きの底から、彼に追われて大きな波を立てながら上ってくる。この牛たちは最高の乳を出すと言われるが、捕まえてきて自分の牛と比べてみる勇気がなければ確認できない。
文献133

ナッグル
NUGGLE
　シェトランド諸島の文学伝承と民間伝承に登場する水馬、ネウグル*の別名。ナッギー*とも呼ばれる。
文献24、67、134

ナックレヴィー
NUCKALEVEE
　アイルランドの伝説と民間伝承に登場する海岸地域に棲息した海の怪物*。ギリシア・ローマ神話のケンタウロス*に似たところがあるが、肉の上に皮膚がない。捕食性の怪物で、悪臭のする毒性の息を吐き、疫病をばらまいた。縄張りに入り込む愚かな人間を狩って食べたが、きれいな流水を恐れたために、小川を越えることができた人間は命が助かった。
文献7

鍋を傾ける者
POT-TILTER
　米国先住民のクロー族、グローバント族、ヒダーツァ族の伝承に登場するオグレス*。醜悪な老婆のハグで、いつも大鍋を煮立たせている。その鍋をだれかに向けて傾けると、向けられた相手は鍋のなかに吸い込まれ、茹で殺される。親がわんぱくな子供をおとなしくさせるために利用する、子供部屋のボーギー*である。
文献24

ナボン
NABON
　ブリタニアのアーサー王伝説に登場する巨人*で、セルヴァーグの領主。コーンウォールのマルク王に仕える英雄トリスタン（トリストラム）に殺された。
文献54
⇨ モルホルト

ナモロド
NAMORODO, THE
　オーストラリア北部のアーネムランド北部に住む先住民の伝承と信仰に登場する怪人。人間の姿をしているが、じん帯でつながれた骨格だけを持ち、砂漠の風が骨の間をヒューヒューと音を鳴らして通り抜けた。西ヨーロッパのヴァンパイア*のように、ナモロドは日中は休息をとり、夜になると眠っている人間の家へと飛んでいった。そこで、家の中に入ることができれば、眠っている人の血を吸って、ナモロドの仲間に変えるのだった。
文献133

ナラ
NARA, NARAS
　インドのヒンドゥー教神話に登場する馬の一種族。翼のある大きく美しい馬たちで、ギリシア・ローマ神話のペガソス*に似ている。クヴェーラ神が天を横切る旅に出かける時の乗り物になった。
文献112

ナルサ・ファラヤ
NALUSA FALAYA
　米国先住民のチョクトー族の伝承と信仰に登場する人型怪物。毛深い人間の姿で、しわだらけの顔に小さい目、とがった耳を持つ。子供たちは皮を脱ぎ捨て、光る物体として沼沢地を移動し、親たちは暗闇のなかで無警戒の旅人に呼びかけた。姿を見た者は、あまりの恐ろしさに倒れてしまう。そうすると怪物*は鋭い針でその犠牲者を突き刺し、仲間の人間に対する悪意を埋め込んだ。キャンプに戻った犠牲者は理由も分からないまま友人を襲う。

文献77

⇨　カシェホタポロ

ナルムクツェ
NALMUQTSE
　米国先住民のクテナイ族の伝承と信仰に登場する巨人*。その大きさのために、ほとんどの場合四つ足で移動する。遠距離を旅する時でさえ、地球上のものに名前を与えながら、四つんばいになって歩き、後にできた亀裂や破壊の跡は、地形上の特徴となった。しかし、最後に立ち上がった時に頭を天に打ちつけ、力の源である頭飾りが振り落とされた。力が抜けた巨人は、生命力を維持することができずに死んでしまった。

文献77

ナンディニー
NANDINI
　インドのヒンドゥー教神話に登場するナンディン*の妻の牝牛。嘆願を聞き入れ、願いをかなえたと言われる。

文献112

⇨　アウズフムラ

ナンディン
NANDIN
　インドのヒンドゥー教神話に登場する巨大な牡牛。大きな乳白色の体で、ガナたち（神々）の指導者であるシヴァ神の乗り物となった。カシュヤパとスラビ*の子供であるとされ、ナンディニー*という名の配偶者がいた。シヴァの移動の手段になっただけでなく、彼の寺院を守ったため、その像が寺院に多く残る。シヴァのダンスのための天界の音楽を提供し、すべての動物たちの守護者でもある。

文献24、112、139、169

∞ 二 ∞

ニウ・トウ（牛頭）
NIU T'OU
　中国の神話に登場する地獄からの邪悪な悪魔の使者。牡牛の頭を持つ人獣として描かれ、名前は「牛の頭」を表わす。マー・ミエン（馬面）*とともに、死者と地獄を支配する閻魔に仕え、使者となる。死んだ者の魂を預かる正式な許可を与えられており、「審判の間」へと導く。

文献38、133、160、181

⇨　アムムト、怪物

ニエ・アル・クオ・ヤン（聶耳国民）
NIE ER KUO YAN
　中国の伝説と伝承に登場する怪人の一種族。体には虎のような縦じまがあり、長い耳は、しっかり支えていないと、歩いているうちに胴まで垂れ下がる。『古今図書集成』に記述があり、中世ヨーロッパの動物寓話集に影響を与えたものと同じような、旅行者たちの誇張された話に基づいていることは疑いない。イー・ムー・クオ・ヤン（一目国民）*、サン・シェン・クオ・ヤン（三身国民）*、サン・ショウ・クオ・ヤン（三首国民）*、ディン・リン・クオ・ヤン（釘霊国民）*、ユ＝ミン・クオ・ヤン（羽民国民）*のような多くの想像上の種族とともに描写される。

文献181

⇨　フィアサム・クリッター

ニキュル
NIKYR

イギリスのマン島の民間伝承で、水棲の怪物*、北欧のニッカー*をマン語で表わした名前。

文献20、37、107、111、120、160

ニクシー
NIXE, NIXIE

⇨　ニクス

ニクス
NIX

北欧、ドイツ、スイスの民間伝承に登場する、水棲の超自然的存在。ニクシー*とも呼ばれる。名前は古高地ドイツ語でワニを意味する nihhus に由来する。その姿の描写にはまだ怪物*のような要素が残っているが、民話が発展するにつれて精霊の形に近づいた。

雌はマーメイド*のように胴までが美しい人間の女性で、そこから下が魚の尾を持つ姿に描かれるが、通常は淡水に棲む。しかし、邪悪な捕食性の生物で、その美しい姿で人間を誘惑し、水中に引きずり込む。より一般的なイメージは、緑色のしわだらけの皮膚と緑色の歯と髪を持つ姿で、灰色の巨大な水馬の場合もある。地域によって描写が異なり、上記のものが通常の姿である一方、アイスランドやスウェーデンでの姿は、ギリシア・ローマ神話のケンタウロス*により近い。しかし、東欧のスラブ神話では、雌はギリシア神話のセイレーン*に似て、胴と頭は人間の女性だが、鳥の足と翼を持つ。これに対し、雄は胴から上がしわだらけの人間の老人だが、体型とふさふさした尾はキツネのもので、馬のひづめがある。

文献7、89、120、125、160

⇨　ケルピー、ナキネイト、人魚

ニーグード
NEE-GUED

インドのシッキム地方の伝承と信仰に登場する伝説のイェティー*。巨大な半人半獣で、カンチェンジュンガ山脈の斜面に棲息するとされる。

文献61

⇨　ビッグ・フット

ニクネーヴィン
NICKNEVEN

スコットランドのハイランド地方の民間伝承に登場する恐ろしい老女。悪意に満ちた女巨人*またはオーグル*。

文献20

ニクール
NYKUR

アイスランドの文学伝承と民間伝承に登場する水棲の怪物*。スコットランド伝承のケルピー*または、北欧のニュック*に似ている。水中でいななき、特に冬季に水面を覆う厚い氷がキーキー鳴りながら動く時には、この怪物が獲物に呼びかけているのだと信じられている。

文献134

ニゲル
NYGEL

シェットランド諸島の伝承や民話に現われる水馬ネウグル*の別名。

文献24、67、134

ニーゲルンク
NIGELUNG

ドイツの伝説に登場する巨人*のひとり。シルブンク*とともに、山地や森、渓谷の荒野に住む12人の巨人*たちを支配するふたりの王の一方。『ニーベルンゲンの歌』のなかで、岩石の落下や洞穴から出るような物音、激流などが、彼らのうなり声やうめき声によって引き起こされる様子が語られている。

文献139

ニコール
NICOR

北欧の伝承や民話に現われる水棲の怪物*、

ニックスは邪悪な捕食性の生物で、マーメイドの姿を利用して人間を水のなかに誘い込み、死を与える。

ニッカー*の別名。
文献20、37、107、111、120、160

虹の蛇
RAINBOW SERPENT, RAINBOW SNAKE, RAINBOW MONSTER

　虹は超自然的存在と関係があると考える多くの文化に登場する蛇*。西アフリカのコンゴの神話や、西アフリカのダオメイやナイジェリア、カリブ諸島のハイチ、メラネシア、ポリネシア、パプアニューギニア、オーストラリアの文化に登場する。特にオーストラリアのアボリジニ（先住民）のもとでは「夢の時」の神話で広く親しまれている。たいていは巨大なピュトンに似た蛇で、皮膚は玉虫色に輝いているか、赤と黄色の縦縞が走っているか、空色をしているとされる。あらゆる真水に関わりがあるとされ、深い池、湖、袋水路に棲むと言われている。「夢の時」の神話では、彼らが地を這った時に、深い水路、谷、川床ができたとされた。乾期には泥の底で眠るが、雨期には空中に浮かんで空で輝いている姿が見られることもある。人間には親切だが、乾期に邪魔をされると、邪魔した者を呑み込むか、洪水を起こして村を破壊して村人を飲み込む。血は嫌いだが、真珠や貝殻など、虹色に光るものを好む。

　オーストラリア北部の神話によれば、貪欲な虹の蛇は体内に、地上のすべての生物と植物を隠しもっており、そのため、人間は必要なものを手に入れられなかった。人間は、なんとかして虹の蛇から植物と水を取り出そうとしたが、うまくいかなかった。ついに、あるシャーマンが、虹の色に輝くクカブラに変身し、虹の蛇のまわりを誘惑するように飛んだ。虹の蛇がそれに気を取られているあいだに、仲間のシャーマンたちが殺し、体内のすべての生物を解放して地上にまいた。

　オーストラリア北部の別の神話によると、虹の蛇が空高く昇っていた時、白い玉が地上に降り注ぎ、地下に埋まった。それを見ていた村の長老が、「卵」が降ってきたところに木の枝で穴を掘った。すると穴のなかには虫がいた。長老は村人に、虹の蛇が卵を産みつけ、それがかえって子供が生まれたと言った。これが、雹が降る現象が地域の民話に組み込まれたいきさつである。オーストラリアのアボリジニ（先住民）の神話では、虹の蛇は各地で次のように呼ばれている。カビ族ではダーカーン*、キンバリー地域の伝説ではカレル*やガレル*、西部砂漠地域ではワナビ*、ワラムンガ族の神話ではウォルンクァイン*。ほかにもイェロ*、ウォイヌングル*、ウォルンクァ*、ウォロンビ*、ウルング*、ウングッド*、ウングル*、カーリア*、クンマングール*、タイパン*、ヌガルブジョド*、ボビ＝ボビ*、ミンディ*、ムイト*、ユルング*、ユルングル*、ランガル*、ワナビと呼ばれる。太平洋のフィジー諸島の神話や文化では、デゲイ*と呼ばれている。

　西アフリカのダオメー文化では、虹の蛇アイド・ウエド*が、最初に創造された生物である。虹の蛇は、至高神マウを背に乗せ、神が世界を満たすよう、地上をくまなく這った。虹の蛇が通った跡は、川や大地の亀裂になり、蛇が排泄したものが山となった。だが、コンゴの虹の蛇は邪悪で、川や湖に棲み、その姿が滝にうつるとされる。虹の蛇は、ほかにもダオメーのフォン族の伝説ではダー、ナイジェリアのヨルバ族の伝説ではオシュマレ*と呼ばれている。カリブ諸島のハイチ島のヴードゥー教で信じられている蛇、アイダ*は、アフリカの虹の蛇に由来する。
文献38、89、133、153、159
⇨　ウングッド

ニーズヘグ
NIDHOGG, NIGHOGGR, NIDHÖGGR

　北欧神話に登場する巨大な蛇に似たドラゴン*。冥界で死者の体を引き裂いたり、世界全体を支えているトネリコの木「ユドグラシル」の根を地中でかじって、世界の存続を脅かすことから、「嫉妬深いドラゴン」「死体を引き裂く者」「恐ろしい噛みつき獣」など、さまざまな名称で呼ばれている。しかし、木に水を与えている番人ノルンたちの努力と魔

法の薬草によって、ユドグラシルはつねに再生している。
文献7、47、78、89、107、125、133、139、160
⇨ 蛇

ニッカー
NICKER, NICKUR

　北欧の民間伝承に登場する水棲の怪物*。スウェーデンではネッケン*、デンマークのファロー諸島ではニッカール*、アイスランドではニックール*、ニンニル*、ハイクール*、デンマークのリューゲン島ではニッケル*、イギリスのマン島のマン語ではニキュル*、デンマークではニュック*と呼ばれる。後ろ向きにひづめが付いた美しく巨大な白馬、あるいは上半身はハンサムな若者で、下半身と足はギリシア神話のケンタウロス*のような馬の姿をしたもの、赤い帽子をかぶった金髪の少年、緑色の水がしたたる顎鬚を生やした老人など、さまざまな姿に描写される。海や湖、川、小川に棲息する。通常は、愛の営みをじゃまされないかぎり、人間に対して親切だが、もし馬の姿の時に誰かがその背に乗ろうとすると、その人間は水のなかに連れ去られ、永遠に戻ることはない。人間の妻を望むこともあり、愛情深い夫になるが、もし軽蔑されると、スコットランドのケルピー*と同じぐらい恐ろしいほどの敵意を持つ。鉄はニッカーの力を「封じる」と考えられていたので、ナイフか金属を釣り舟の底に置いておけば、ニッカーから身を守る手段となった。
文献7、20、37、107、111、120、160

ニッカール
NICKAR

　北欧のニッカー*もしくは水棲の怪物*で、デンマーク領のフェロー諸島の人々の文学伝承と民間伝承に登場する。
文献20、37、107、111、120、160

ニックール
NICKUR

　アイスランドの民間伝承に登場する水棲の怪物*、北欧のニッカー*の3つの名前のうちのひとつ。
文献20、37、107、111、120、160

ニッケ
NIKKE

　北欧の民間伝承に登場する水棲の怪物*、ニッカー*の別名。
文献20、37、107、111、120、160

ニッケル
NICKEL

　北欧のニッカー*もしくは水棲の怪物*で、リューゲン島の人々の民間伝承に登場する。
文献20、37、107、111、120、160

ニッケン
NYKKJEN

　デンマークとフィンランドのニュック*の、ノルウェー民話での名前。ごく最近の1983年にも、ある女性がノルウェーのミルケヴァーテン（暗い湖）の山側で、いなくなった羊を探していると、怪物*が湖の水面すれすれのところを、湖に沿って歩く彼女と平行して移動した。怪物が水から体を起こすと、大きな緑色の体、頭、顎鬚という姿で、女性は逃げ出した。
文献134

ニーニクヌーヴィ
NIHNIKNOOVI

　米国南西部の先住民カワイイス・ツバツラバル族の伝説と伝承に登場する恐ろしい鳥に似た生物。足の先には大きな鉤爪があり、人間を襲い、殺したあとの死体を池に落とし、赤く染まった水に血を流してから食べた。
文献77
⇨　グリフィン、ヌニエヌンク、バー・ヤクレ、ロック

ニムロド
NIMROD

　旧約聖書に登場する人物で、創世記のなか

でバベルの塔を建てたことになっている。実際には巨人*として描写されているわけではない。しかし、後の聖職者たちの説話集、特にアウグスティヌス（354〜430）のものや、セヴィーリャのイシドルス（560〜636）の『語源考（Etymologiae）』のなかで、巨人であったとされている。これらの初期の注釈者に次いで、イタリアのダンテ（1265〜1321）による『神曲』の煉獄篇でも巨人*として登場する。全能の塔を建てるという無謀さと、神の権威への挑戦のために、ニムロドは罰を与えられ、仲間の巨人たちとともに、言語の混乱の後に、砂漠の砂のなかに腰まで埋められた。砂漠のなかの巨人たちの描写は、遠くに見える巨大な塔を思わせる。
文献174

ニヤン
NYAN

ミャンマーとインドの伝承と伝説に登場する蛇*に似た生物。地域によって、ガラ*、グラハ*、タンティ＝ガハ*などとも呼ばれる。くねくねした巨大なワーム*のような姿で、ミャンマーやインドのベンガル地方の河口や川に棲息した。縄張りに入り込む大きな生物すべてを襲い、とぐろを獲物の体に巻きつけて締めつけ、水中に引きずり込んでむさぼり食った。周辺の象たちにとって大いなる脅威となったため、労働させていた象が行方不明になる原因を判断するうえで、「ダンマータツ（慣習法典）」はニヤンによって連れ去られた場合は、負債の必要はないと考えた。その話は『Amarakosha Abhidrhan』や後のミンギュイ・チリ・マハゼヤチュによる『Kavilakhana dépané』に記されている。アラウング・ミンドラゲ王の軍隊でさえ、マルタバン川を渡る途中で、ニヤンに数頭の象を奪われた。
文献81
⇨ オドントテュラノス

ニューク
NÖKK

エストニアの伝承に登場する水棲の怪物*。スコットランドのケルピー*に似た水馬で、特に子供たちをさらって食べる。この点で、おそらく親たちが冒険好きの子供を水の危険から守るために、子供部屋のボーギー*のひとつとして用いたものと考えられる。
文献134、160
⇨ ニッカー、ニュック

ニュック［複数形：ニュッケン］
NØKKE, NØKKEN

デンマークとフィンランドの伝承に登場する水棲の怪物*。ニュッケン*とも呼ばれる。ニッカー*と同じ。水馬の姿をして、スコットランドのケルピー*と似ている。
文献20、37、107、111、120、134、160

ニュラユーイニク
NULAYUUINIQ

カナダのハドソン湾東部地域のイヌイットの伝承と伝説に登場するカンニバル（食人種）*の子供。伝説によれば、村が飢えで苦しんでいた荒廃した時期に生まれた女の赤ん坊が、生まれた直後から女巨人*の大きさにまで成長した。よその村人が食料をもって救援にやってきた時、母親の頭巾に包まれた女の子がいるだけで、ほかの村人はどこにも見当たらなかった。恐怖にかられてこの子供から逃れようとすると、赤ん坊のように泣きながら彼らを追ってきた。あざらしの皮がそりから彼女めがけて投げつけられたが、どれも大きな口に吸い込まれていった。まだ歯がなかったためだ。最後にそりの速さについていけなくなると、疲れて地面に沈み込み、そこで岩に変わった。
文献77
⇨ 怪物、巨人、ロー・ガムズ

ニュ・ワー（女媧）
NU WA　じょか

中国の文学伝承と伝説に登場する混成種の

女媧

人間。蛇*の体を持つ皇帝フー・シー（伏羲）*の妻で、彼と同じように人間の胴と頭を持つが、下半身は大きな蛇だった。ふたりはたいてい体をからませた状態で描かれる。
文献89

人魚
NINGYO

日本の伝承に登場するマーメイド*。胴までが美しい乙女で、足の代わりに魚の尾を持つヨーロッパのマーメイドと異なり、人魚は巨大な魚で、頭だけが美しい女性の姿で描かれる。さらに、彼女は人間を守る心優しい存在で、陸地でも海でも、不幸が近づくと警告を与え、西洋の同類のものと違って、水の危険に誘い込むことはない。
文献7、24、120、125、160
⇨ グウェンヒズイ、サイヴォ＝ネイタ、ハウフルエ、ハーフウェイ・ピープル、ベドン・ヴァーラ、マールギュ―グル、メリュジーナ、メロー、ラミアー、リーバン

人魚

ニンニル
NINNIR

アイスランドの伝承や民話に現われる水棲の怪物*で、北欧のニッカー*の3つの名前のうちのひとつ。
文献20、37、107、111、120、160

ニンブロトゥス
NYMBROTUS

イタリアの修道士ヴィテルボのアンニウス（ジョヴァンニ・ナンニ、1432～1502頃）が、ガリア人たちが巨人族の高潔な血筋を引いているという説を正当化するために行なった世界史研究に登場する巨人*。アンニウスは巨人（聖書ではニムロド*）がどのようにバベルの塔を建設したかを説明するなかで、ニンブロトゥスの別表記としてネンブロトゥス*を使っている。ニンブロトゥスはジョーヴィス・サーガ*から儀式の本を盗み、息子のジョーヴィス・ベルルス*と彼らの家族を連れてセナハールという土地に移り住んだ。そこで彼らはバビロンの町を設計し、塔の建設にとりかかった。55年後、バベルの塔は近くの山地と同じ高さにまで達したが、この時点で、ニンブロトゥスは神々に連れ去られて姿を消したとアンニウスは説明している。彼の聖書の出来事についての空想的な説明は、後の時代の系図作成の基礎となり、ラブレーを含む多くのヨーロッパ文学のなかに取り込まれた。

文献174

∞ ヌ ∞

ヌガニ＝ヴァツ
NGANI-VATU

　フィジー島の民間伝承と伝説に登場する怪鳥。ヌグトゥ＝レイ*とも呼ばれる。あまりに大きいのでその体は太陽を地平線から隠し、羽ばたくと地上に嵐を引き起こした。捕食性の鳥で、太平洋諸島の動物、特に人間を餌食にする。伝説によれば、英雄オコヴァが妻と一緒にボートに乗って釣りをしていたところ、突然空が暗くなりヌガニ＝ヴァツがボートの頭上を旋回し、それからオコヴァの妻をつかんで飛び去った。心配した英雄はできるだけ急いで鳥の後を追ったが無駄で、あっという間に姿を見失った。長い時間をかけて、鳥が降りそうな土地を探し回った後で、その鳥が毎夜舞い降りると言われるサワイラウ島にやってきた。そこで、大きな洞穴のなかに、骸骨の山にまぎれた妻の指を見つけた。彼は殺された妻の復讐のために、この鳥を殺すことを誓い、いったんその場を離れて、妻の兄ココウアに助けを求め、再び島に戻った。しばらく洞穴に隠れていると、鳥がまた別の犠牲者を連れて戻り、食べ始めた。食べることに夢中になっているあいだに鳥に忍び寄ったふたりは、その足の下に入りこむと、すばやく槍を腹に深く突き刺した。巨鳥が倒れる時に岩が崩れ落ちたが、男たちは帆の代わりに使うための翼の羽を１本つかみ取ることができた。それから彼らはヌガニ＝ヴァツを断崖の端まで動かし、海に落とした。水中に沈む時に生じた高波はずっと遠くにある島にまで覆い被さった。

文献113
⇨　ロック

ヌガルブジョド
NGALBJOD

　アボリジニ（オーストラリア先住民）の「夢の時」神話に登場する虹の蛇*の地域名称。
文献133

ヌグトゥ＝レイ
NGUTU-LEI

　太平洋のフィジー諸島の伝承と伝説に登場する巨大な人食い鳥、ヌガニ＝ヴァツ*の別名。
文献113
⇨　カンニバル（食人種）、ロック

ヌズーズー
NDZOODZOO

　南部アフリカの伝説のなかに見つかる一角獣*。

ヌニエヌンク
NUNYENUNC

　米国先住民の文学伝承と伝説に登場する怪鳥。捕食性があり、特に人間を襲って食べる。無警戒な旅人や狩猟者を見つけると急降下し、鉤爪で捕まえて山中に連れ去り、むさぼり食う。
文献7
⇨　グリュプス、ニーニクヌーヴィ、バー・ヤクレ、ロック

ヌン
NUN

　聖書に登場するレヴィアタン*と呼ばれる怪物*の、イスラムの伝説での別名。
文献7

∞ ネ ∞

ネヴィンビンバーウ
NEVINBIMBAAU

　メラネシアの伝承や信仰に登場する恐ろし

いオグリス*。よく響く声を出す巨大な女の姿で描かれる。英雄神アンバトとつながりがある。成年の儀式のあいだに悪鬼として呼び出され、うなり板で彼女の声を象徴する音を出し、彼女の娘たちとその夫を殺す様子が演じられる。

文献38

ネウグル
NEUGLE

スコットランド北部のシェットランド諸島本島で、スカロウェイの伝承に登場する恐ろしい水棲馬。ノーグル*、ノッグル*、ナッグル*、ナッギー*、ニゲル*などとも呼ばれる精霊。ニュガルス・ウォーターに棲息し、馬に似た姿で、緑色のたてがみを持ち、背中に向かって車輪のように丸まった奇妙な尾がある。アッハ・イーシュカ*と同じように、鞍とくつわを着けた姿で海岸を駆ける。誘惑にかられた人間がその背に乗ると、すぐに水のなかに入る。上に乗った人間は降りることができず、それきり姿を消してしまうかもしれない。しかし、カーヴァル・ウシュタ*やケフィル＝ドゥール*とは異なり、いつも悪意に満ちているわけではなく、上に乗った人はぶざまにずぶ濡れになるだけで、ネウグルは青い炎を揺らめかせながら、水のなかに消えていくという場合もある。この水馬は粉ひき場の水車が好きで、水車の動きを止めて作業員をいらだたせることを楽しんだ。ブリティッシュ・コロンビア州でも北欧やシェットランド島からの移民により目撃され、カナダの伝承にノーグルとして入り込んだ。

文献24、67、134、160
⇨ 怪物、ケルピー

ネシテラス・ロンボプテリクス
NESSITERAS RHOMBOPTERYX

ロッホ・ネス型の生物に与えられた未知動物学での名称。氷河期以後に絶滅した種の生き残りである可能性について、現在も研究が続いている。

文献134

⇨ ロッホ・ネス・モンスター

ねじれた顔
TWISTED FACE

米国の先住民イロコイ族の伝承と信仰に登場する、ハドゥイゴナ*という巨人*の別名。

文献136

ネス湖の巨人
GIANTESS OF LOCH NESS, THE

スコットランドのハイランド県に伝わる伝説によると、「ネス湖」の名称は何世紀も前にそこで溺死したある女巨人*の娘の名前に由来するという。

文献183

ネスナス
NESNAS, NESNÁS

イエメンのイスラム教以前の信仰に登場するナシャス*の別名。

文献7、18
⇨ エムプーサ、ジーラッハ

ネッケン
NÄCKEN

スウェーデンの民間伝承に登場する北欧の水棲の怪物*、ニッカー*の別名。

文献20、37、107、120、111、160

ネッシー
NESSIE, NESSY

スコットランドの伝承で、ロッホ・ネス・モンスター*と呼ばれる生物の、現地での口語的な呼び名。

文献78、134
⇨ 怪物

ネッソス
NESSOS, NESSUS

ギリシア・ローマ神話に登場するケンタウロス*。イクシオンとネペレーのあいだに生まれた。英雄の妻デイアネイラに欲情し、ハラクレスに妻を背負って川を渡ってくれない

ネッソス

かと頼まれた時に、彼女を強姦しようとした。しかしヘラクレスは、ヒュドラ*の毒を持つ血のなかに浸しておいた弓の1本で、ネッソスを射た。死ぬ直前に、ネッソスはデイアネイラに彼の血を少し小瓶にとっておくように言い、それを使えば夫が不実を起こしても彼

ケンタウロスのネッソス

女の元に戻ってくると教えた。後にデイアネイラがヘラクレスの不実を知った時、このことを思い出して彼の下着にその血を塗った。しかし、ネッソスは最後まで利口だった。彼は自分の血が毒を持つことを知っていた。その結果、血がヘラクレスの肌に触れた時、英雄もまた苦しみながら死んでいった。
文献20、139、166、169、178

ネピリム
NEPHILIM

　旧約聖書で、ノア*とその家族を残してすべてを滅ぼした大洪水が起こる前に、カナンの地にあったヘブロン谷に棲んでいたとされる巨人*の種族。創世記によれば、あまりの巨体のために、人間が彼らを見かけると恐怖に陥り、その大きさに比べて自分はバッタにすぎないように感じたという。アナクの息子であるとされ、アナク人*とも呼ばれる。
文献13、174、182
⇨　ギボリム

ネプトゥーヌスの馬
HORSE OF NEPTUNE

　この超自然的な生物はギリシア・ローマ神話に登場する海王ポセイドン（ネプトゥーヌス）の馬車を引く馬である。外観は普通の馬に似ているが、青銅色のひづめとたてがみを持つ。祖先はヒッポカムポス*である。
文献7

ネブロド
NEBROD

　聖書に登場する巨人*のニムロド*の別名。
文献99、174

ネヘブカウ
NEHEBKAU

　エジプト神話に登場する混成怪物。人間の姿で創造されたが、世界蛇のアペプ*のとぐろをいくつか飲み込んだ後で、蛇の頭と、針の付いたサソリの尾が現われた。このひどい姿で冥界に門番として送られたが、持っている毒を使って、蛇やサソリに刺された人間の傷を治した。
文献38、125、133
⇨　怪物、ナーガ

ネペンディス
NEPENDIS

　ヨーロッパの紋章に用いられる混成生物。猪と猿を合わせた姿で描かれる。
文献132、161

ネメアのライオン
NEMEAN LION, THE

　ギリシア・ローマ神話に登場する恐ろしいライオン。ネメア地方の災いの元で、人間も家畜もむさぼり食った。いくつかの伝承では、怪物*のエキドナ*とテュポン*あるいはオルトロス*の子孫。不死身に近く、エウリュステウス王が英雄ヘラクレスに与えた最初の難業はこの獅子の退治だった。青銅や鉄や石では殺すことができなかったので、ヘラクレスはこの怪物を捕まえて、首を強く締めつけ、窒息死させた。その後は、獅子の毛皮を戦利品としてだけでなく、よろいとしても身に着けた。
文献20、24、70、78、89、133、139

ネンブロトゥス
NEMBROTUS

　巨人*のニンブロトゥス*の別名。イタリアの修道士ヴィテルボのアンニウス（ジョヴァンニ・ナンニ、1432～1502頃）が、ガリア人の高貴な家系が聖書に登場する巨人の種族にさかのぼることを証明するために作成した、ノア*の時代からの世界史研究に現われる。
文献174

ノ

ノア
NOAH

旧約聖書でノアは家族と動物とともに大洪水を生き残った人物だが、イタリアの修道士ヴィテルボのアンニウス（ジョヴァンニ・ナンニ、1432～1502頃）は、彼が巨人*として600年以上生きたと主張した。さらに、ノアとその家族が生き残ったことから、彼らは「善良な」巨人であり、伝説上の怪物*やオーグル*とは異なるとした。アンニウスはさらに、ノアと家族はヨーロッパ本土に植民地を建設し、エトルリア人になったとの仮説をたてた。子孫はノアの子供たち*、あるいはノアの巨人たち*として、アルメニア、エジプト、フランス、ドイツ、スペインなど、ヨーロッパ中に広がった。アンニウスはノアとイアペトス*の時代からの全巨人の系図を再構築し、フランスの高貴な家系の先祖であることを証明しようとした。この家系図によれば、ディス・サモシス*の家系はヤペテ*を経由して、最初のガリア人の王につながった。聖書に登場するシェム*、ハム*、ヤペテ（イアペトス）と妻たち、ノエラ、ノエグラ、パンドラ、ティテアのほかに、アンニウスの系図には次の名前が挙げられている。アラクサ*、イアペトス・ジュニア、オケアノス*、クラーナ*、グラナウス*、クラーヌス*、テティス*、テュポーエウス、トゥイスコン・ギガス*、パンドラ・ジュニア*、プリスカ*、プリスクス*、プロメテウス*、マクルス*、レギナ*。彼はティタン*もこの系図に含めた。
文献174
⇨ ガルガンチュア、パンタグリュエル

ノアの巨人たち
NOACHIAN GIANTS
⇨ ノアの子供たち

ノアの子供たち
NOACHIDS

イタリアの修道士ヴィテルボのアンニウス（ジョヴァンニ・ナンニ、1432～1502頃）は、聖書のノア*は巨人*だったと主張した。彼はノアとイアペトス*から続く巨人の完全な系図を再構築し、巨人のディス・サモシス*からフランスの高貴な家系までのつながりを証明しようとした。聖書のシェム*、ハム*、ヤペテ*のほかに、アンニウスの系図には以下の巨人たちの名前が挙げられている。アラクサ*、イアペトス・ジュニア、オケアノス*、クラーナ*、グラナウス*、クラーヌス*、テティス*、テュポーエウス、トゥイスコン・ギガス*、パンドラ・ジュニア*、プリスカ*、プリスクス*、プロメテウス*、マクルス*、レギナ*。彼はティタン*もこの系図に含めた。
文献174

野ウサギ憑き
WERE-HARE

狼憑き*モチーフの一種で、米国の南部諸州の民間信仰に登場する。
文献24、94

ノーグル
NOGLE

カナダのブリティッシュ・コロンビア州に伝わったヨーロッパの伝承に登場する水棲の怪物*。蛇に似た馬の怪物として描かれる。スコットランド北部にあるシェットランド諸島のネウグル*に由来し、18～19世紀にその地方から移民してきた人々とともに「輸入」された。
文献24、67、134、160

ノコスマ
NO-KOS-MA

カナダ先住民のクリー族の伝承と伝説に登場する怪物*。巨大な熊のような動物で、黒い毛色で、大きな鼻が突き出ている。
文献134

ノッグル
NOGGLE
　シェットランド諸島の文学伝承と民間伝承に登場する水馬ネウグル*の別名。
文献24、67、134

のっぽのアグリッパ
TALL AGRIPPA
　ヴィクトリア時代の有名な児童書『もじゃもじゃペーター』の登場人物アグリッパ*または大男アグリッパ*の別名。この本の作者はドイツの医師・詩人ハインリヒ・ホフマンで、1847年にイギリスで出版された。
文献97、182

∽ ハ ∽

パイア
PHAEA

　ギリシア・ローマ神話に登場する、巨大な牝猪。ギリシアのクロムミュオン地方を略奪するために送り込まれたが、英雄テセウスに殺された。
文献139、178
⇨　アイトーリアの猪、エスキスエルウィン、エリュマントスの猪、カフレ、カリュドンの猪、セーフリームニル、トゥルツフ・トゥルウィス、ヒルディスヴィニ、ブアタ、プゴット、ベイガド、ベン＝グルバンの猪

ハイイト
HAIIT

　テヴェ著『コスモグラフィカ』（16世紀）のなかで詳述され、同じ時期にフランスの外科医で近代外科手術の先駆者であるアンブロワーズ・パレ（1517～1590）の作品『怪物と驚異について』でも言及された生物。体は毛足の長い毛皮に包まれ、非常に短い尾と人間に似た顔、三本指の足、木登りに適した長い鉤爪を持つ大きな獣である。ハイイトは中央アフリカの森林に棲むと言われ、人間に捕えられることもある。ものを食べているところを目撃されたことがなく、テヴェやパレの著書には空気を常食としているのではないかと記されている。当時のヨーロッパ人旅行者の話は誇張されていることが多く、おそらくはそれほど珍しくもないであろう類人猿の姿を歪曲して書き残したものと思われる。
文献147

ハイ＝ウリ
HAI-URI

　アフリカ南部のコイサン族の伝承と伝説に登場する怪物*。普通の人間の体の半身だけの姿をしていて、腕と足は1本ずつしか付いていないと言われる恐ろしい怪物である。動きづらいように見えるが、ハイ＝ウリは自分の棲み家である起伏の激しい土地を大変な速さで動き回ることができ、獲物である人間を捕まえてはむさぼり食う。
文献47、78
⇨　ナシャス

ハイエナ憑き
WERE-HYENA

　狼憑き*モチーフの一種で、アフリカ大陸の民間信仰に登場する。
文献94

ハイカナコ
HAYICANAKO

　米国北西部に住む先住民、トリンギット族の伝承に登場する女巨人*。ハイカナコとは「地下の老女」を意味し、地面の下で世界全体を支えるほど巨大であると言われている。ある説によれば、ビーヴァーの片足によって大地は支えられており、ハイカナコは大地がぐらついたりしないよう見張っているのだという。彼女は空腹のために集中力を失うことがあり、その結果が一連の地震であるとされている。彼女の空腹は、人間が自分の炉辺に脂を投入すると満たされる。
文献77

ハイクール
HAIKUR

　アイスランドの伝承に登場する北欧の3人のニッカー*、あるいは水棲の怪物*のひとり。
文献20、37、107、111、120、160

バイコーン
BICORNE

　中世ヨーロッパの伝説と民間伝承に登場する女怪物。16世紀にはブルチン*という名で知られていた。栄養が行き届き太っていて、豹に人間の顔と大きくむき出した歯が付いていた。恐妻家の夫を食べると言われた。我慢強い夫の多い時代だったので、この獣には大

量の餌が与えられたと推測される。これに対して、彼女の相棒チチェヴァチェ*は我慢強い妻だけを食べたので栄養不良だった。バイコーンもチチェヴァチェも、よく当時の教会の調度、特にミゼリコードの上に描かれた。
文献7
⇨　怪物

ハイザム
HAIZUM
イスラム教の聖典コーランに登場する馬。大天使ガブリエルを乗せて預言者ムハンマドへの伝言を届ける馬である。
文献20
⇨　アーリオーン、アル、シヴュシュコ、スレイプニル、バリウス、ペガソス、ボラーク

パイジャ
PAIJA
カナダのイヌイットとイハルミウト族の信仰に伝わる怪物*。醜く巨大な人間型の女怪物で、長い黒髪をたなびかせ、一本しかない足が生殖器付近から伸びている。雪の降る長い冬の夜に、人間を狩る。特に吹雪に足止めされた男を捜してむさぼり食う。パイジャに見つかっただけでも、あるいはパイジャをちらっと見ただけでも、たちまち人間は死んでしまう。そのため、一本足のねじれた足跡を雪の上に見つけたら、安全と分かるまで外に出てはいけない。
文献138
⇨　シック、ナシャス、ビーアスト・ヴェラッハ、ファハン

ハイ・チアイ
HAI CHIAI
中国の伝承と伝説に登場する東洋の一角獣*の一種。
文献81
⇨　チアイ・トゥング

ハイドビハインド
HIDEBEHIND
19世紀から20世紀初頭にかけて、特にウィスコンシン州およびミネソタ州の木こりや森林労働者たちの民間伝承に登場する生物。親しみをこめてフィアサム・クリッター*と呼ばれる怪物の一種で、その極端な姿や行動のせいで寂れた場所で聞こえてくる不気味な物音の説明に使われたり、キャンプの時の楽しい語り草にされたりした。この怪物は木の幹の周りや高く積み上げられた薪の山の後ろに隠れることができる。物音に気づいた人間がどんなに素早く振り向いてもすぐに隠れてしまうので、その姿を目にすることはできない。このカンニバル（食人種）*は木こりたちのテントの周囲に身をひそめ、獲物がひとりきりになるのを見計らって襲いかかり、どこかへ連れ去って食い殺してしまう。巨大で凶暴な怪物と言われているが、捕まって食い殺された人間以外には誰もその姿を見たことがないため、実際にどんな怪物なのかはよく分かっていない。
文献7、18
⇨　グヤスクトゥス

ハイトリック
HAIETLIK, HEITLIK
カナダの太平洋岸の先住民、クレヨコット族とヌートカ族の伝承と信仰に登場する蛇*。別名を「ライトニング・サーペント（稲妻蛇）」と言い、馬に似た大きな頭と細長いワニのような体を持つ大蛇であるとされる。内陸部の川沿いや湖に棲み、狩りや釣りと関連が深い。その居住地の近隣の岩には、この怪物を意味する絵文字が数多く残されている。ハイトリックの皮は特にクジラをひきつけるので、捕鯨船に置いておくとよい。1971年にカヌーに乗った一行が海岸近くで突然ハイトリックに遭遇し、恐ろしい目に遭ったのを最後に目撃談は途絶えている。この怪物に関しては、敵意を持って人を襲ったという記録は残っていない。
文献89、134

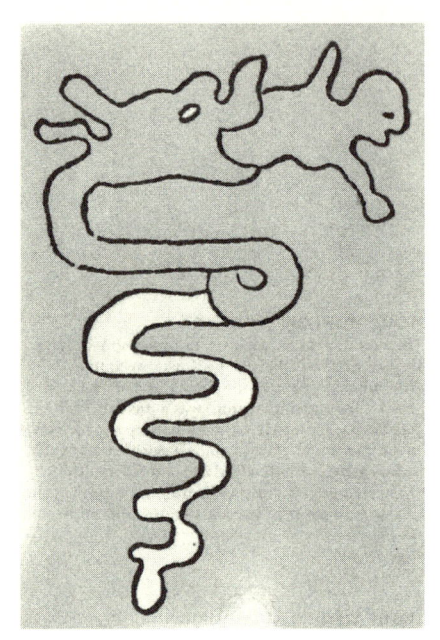

子供を飲み込む蛇。ハイトリックは数ある伝説の蛇のひとつ

ハイ・ホー・シャン（海和尚）
HAI HE SHANG　うみおしょう

　中国の伝承に登場する怪魚。フランスの自然学者、ギョーム・ロンデレ（1507〜1566）はその名を「海の仏僧」と訳した。ロンデレの著書『海魚事典』によると、ハイ・ホー・シャンは「アンコウ」あるいはマーマン*の一種であるとされている。魚でありながら頭には僧侶のように剃髪をほどこし、鱗でできた僧帽とマントの下には背びれが伸びている。非常に攻撃的な性格をしており、満員のジャンクを襲って転覆させ、乗組員を皆殺しにすることさえある。これを防ぐためには、羽根を燃やして悪臭を放つか、乗組員に儀式舞踏を踊らせるとよい。
文献89
⇨　怪物

バイヤール
BAYARD

　中世フランスとイタリアの文学や伝承に登場する想像上の馬。特にシャルルマーニュの伝説、すなわち、ボイアルドの『恋せるオルランド』（1486）とその続編、アリオストの『狂乱のオルランド』（1516）などに登場する。この馬は不死身で何より速く走れるばかりか、乗り手に合わせて体の大きさを変えることができた。もともとはシャルルマーニュ帝のものだったが、エイモンの4人の息子に与えられた。息子がひとりだけ乗る時には他の馬と同じ大きさだったが、他の息子たちがこの馬に次々乗ると、馬の体は長くなり、彼ら全員が乗ってちょうどよい大きさになった。
　フランスのもっと新しい時代の民間伝承に登場するシュバル・バヤール*は、たぶん間違いなく騎士道時代のバイヤールに由来しているのだろう。
文献7、20
⇨　アイノテルス、バラン、フィエラブラス

パイユーク
PAIYUK

　米国の先住民ユート族の伝承と信仰に登場する怪物*の種族。邪悪なウナギ型の生物で、人間を獲物にする。シャーマンたちは、この人食い怪物には超自然的な力があるとしている。
文献77
⇨　カンニバル（食人種）

ハイ・リー（海狸）
HAI LI　かいり

　中国の伝説や民間信仰に登場する海の怪物*あるいはドラゴン*。この生物からはマッコウクジラの腸からできる香料の竜涎香と同じような保存料がとれると考えられていた。球状のこぶはこの獣の卵とされ、広東や福州の市場へ多額の費用をかけて運ばれたと言われている。
文献81
⇨　蛇、メムフレマゴグの海蛇

バイ・ルアン（白鸞）
BAI LUAN
　中国の伝承や伝説に登場する想像上の鳥。ルアン（鸞）*の一種でキジに似ているが、キジよりも大きくて美しく、より優雅な姿をしていると言われる。だがこの鳥は体の色を変えることができ、その外観によって異なる名前で知られる。バイ・ルアンと呼ばれるのは白いルアンである。
文献81
⇨　チン・ルアン（青鸞）、フェニックス、フォン（鳳）、ホアン・ルアン（黄鸞）

バイ・ロン（白龍）
BAI LONG
　中国の信仰や伝説に登場するドラゴン*。唯一の白い龍王*として有名である。伝説によれば、嵐を避けて一夜の宿を求めてきた老人を、若い娘が家に泊めてやった。朝になって老人が去ったあと、娘は身ごもっていた。怒った家族は娘を家から放り出した。やがて「子供」が生まれたが、それは白い肉の球体だった。水のなかに投げ込まれた子供は、堂々たるバイ・ロンとなった。娘は恐ろしさに卒倒し、再び意識を取り戻すことはなかった。だが村人たちは娘をバイ・ロンの母として崇めた。娘が亡くなると、丁重に葬られ、その墓は聖堂となった。
文献181
⇨　東洋の龍

バインサースラ
BHAINSĀSURA
　インドのヒンドゥー教の伝承に登場する怪物*。巨大な象に似た破壊者で、頭は水牛だという。村々を脅かし、豚を捧げないと、穀物や肥沃な畑を荒らす。相応の敬意と分け前を受けるため、米の収穫時に現われる。しかし、もし無視されると、麦の収穫時に再び現われ、熟した麦を地面に打ち倒す。この怪物はヒンドゥー教神話のマヒシャ*という名の悪魔に由来する。これはアスラと戦っている時に、スカンダ（『マハーバーラタ』の伝説による）もしくはドゥルガーに倒された。
文献7、24

バウギ
BAUGI
　北欧神話の巨人*。クヴァシルという霊感を与えるミード（蜂蜜酒）の持ち主であった巨人スットゥング*の弟にあたる。このミードは、彼らの父ギリング*を殺した小人たちから、その代償として得たものだった。しかし、神々、特にオーディンがこの酒をほしがったため、スットゥングはそれを洞窟に隠し、娘のグンロズ*に番をさせた。しかしオーディンはバウギが愚鈍であることを知ると、変装して彼に奉公することによって、酒の隠し場所についての情報を得た。オーディンは蛇*に姿を変えると、バウギを説得して岩壁にあけてもらった割れ目から洞窟にすべりこんだ。ひとたび中に入ると、オーディンは巨人の娘を誘惑し、ミードを手に入れることに成功した。
文献138、165

ハーヴギューグル
HAFGYGR
　北欧神話に登場する女巨人*または怪物*。ハーヴギューグルはマールギューグル*としても知られ、叙事詩『ベーオウルフ』に登場するグレンデル*の母親*と同様のふるまいをする、部分的に女巨人の姿をした海あるいは水棲の怪物*である。めったに人が寄りつかないよどんだ沼や、暗くどんよりとした奥地の小さな湖に棲んでいる。

ハヴストランベ
HAVSTRAMBE
　グリーンランドの民間伝承に登場する水棲の怪物*。巨大な魚の体に人間の上半身を持ち、緑色の髪と髭が生えていると言われている。彼はまたデンマークの伝説ではハヴマン*として知られている。
文献134
⇨　マーマン

ハヴフィネ
HAVFINE

　ノルウェーの民話や伝説に登場するマーメイド*。半身が女、半身が魚で、非常に気まぐれで気性が激しい。ハヴフィネの出没は非常に大きな危険の前触れであるという。特にハヴフィネたちが砂浜の上で白い牛の群れを追っているところが目撃されると、激しい嵐が訪れると考えられている。

文献7
⇨　ハウフルエ

ハウフルエ
HAVFRUE

　デンマークの民間伝承に登場するマーメイド*。ハウフルエは非常に美しく、海面に浮かんで長い金髪をとかしている姿が目撃される。人間に対して親切な態度をとることもあれば、邪悪な存在となることもある。重要な未来を予測する力を持ち、デンマーク王クリスティアン4世の誕生を予言したという。ハウフルエが乳白色の牛を海岸の砂丘に追い立てているところや、海霧にけむる初夏の海面にぼんやりと浮かんでいるところを目撃されると、激しい暴風雨が訪れると言われている。またずぶぬれになって震えている若く美しい娘を装って、漁師たちが夜の焚火をしているところに現われたという話も伝えられている。つい油断して誘いに乗ってしまった者は、二度と浮かび上がることのないすべてのほかの水死体とともに海底に引きずり込まれてしまうのだという。

文献25、107、120、160
⇨　ハヴマンド

ハヴヘスト
HAVHEST

　北欧の伝説や民間伝承に登場する混成怪物。魚の体と大きな馬の頭、または蛇の体と馬に似た巨大な上半身と頭を持つなど、さまざまな姿に伝えられている。その頭には黄色い目が光り、炎を吐く口には巨大な牙が二列になって生えている。1750年にノルウェーで、さらに19世紀末にはセーヨルドで目撃され、1934年に書かれたK・ブッゲによる地域の伝承をまとめた文献にも登場する。

文献134
⇨　ホース・ヘッド

ハヴマン
HAVMAN

⇨　ハヴマンド

ハヴマンド
HAVMAND

　北欧の民間伝承に登場する親切なマーマン*。グリーンランドの伝承ではハヴストランベ*として知られている。人間の形の部分は美青年の姿をしており、青い肌と緑あるいは黒のひげと髪を持つこともあると言われている。海底の家にいない時は、海岸沿いの断崖や岩窟にその姿を見ることができる。1672年、オレンボー号がデンマークから東インド諸島へ航海した際に、乗組員たちがハヴマンを喜望峰で目撃し、船医に報告したことが彼の本に記されている。この記述はJ・P・コルテンムンドによるもので、デンマーク王立図書館に所蔵されている。1719年にはノルウェーの港市ベルゲンのポントピダン主教による目撃が報告されている。それによると、人間の顔とアザラシの子のような前脚を持つ8.5mほどの怪物*が、ノールランと呼ばれる町に打ち上げられたのだという。ほとんどの場面でハヴマンドは、自分の生活を脅かされない限り温和であるとみなされている。

文献24、25、107、120、134、160
⇨　ハウフルエ、マーメイド

パエトン
PHAETHON

　ギリシア・ローマ神話に登場する馬。名前は「輝くもの」という意味。ヘパイストスが太陽神ヘリオスのために作った黄金の馬車を引いた太陽の馬。仲間の馬と同じく、純白の毛並みをして鼻孔からは炎を吐くとされる。毎朝、時のニンフであるホーライたちが、ほ

かの太陽の馬*とパエトンを馬車につなぎ、空を横切る旅に送り出す。夕暮れになってその旅が終わると、翌朝また馬車につながれるまで、幸福の島で魔法の草を食べてすごす。
文献139

ハーカパイニツィ
HAAKAPAINIZI

米国の大平原地帯に住む先住民、カワイース族の伝説と伝承に登場するバッタの怪物*。この巨大な生物は大きな籠を使って人間を集め、食い殺すカンニバル（食人種）*だった。ハーカパイニツィは特に小さな子供を罠にかけてかどわかし、むさぼり食った。そこで英雄マウスがこの怪物を騙して焼けた石炭を飲ませ、退治した。ハーカパイニツィは、体の内側から石に変わってしまった。
文献77

獏
BAKU

日本の伝承に登場する善良な超自然的怪物で、巨大な獏にどこか似ている。馬の体に獅子の頭、トラの足を持つとされる。この生物は眠りで苦しむ人々を救ってくれる。悪夢に苦しんでいるなら、獏を呼び出すだけでよい。親切な怪物*は悪夢をむさぼり食い、平和な日々を取り戻してくれる。
文献7、113

バグウィン
BAGWYN

ヨーロッパの紋章のひとつで、人間に似た混成動物。
文献5

バクバクワカノオクシワエ
BAKBAKWAKANOOKSIWAE

カナダ北西部のクワキウトゥル族に伝承され信じられている巨大な人食い鳥の怪物*。バクバクワラノオクシワイ*とも言う。また「世界最北端の食人種*」という名でも知られる。これはホクホク*という悪意に満ちた巨大な鳥で、妻のガロクウズウィス*とともに人間を餌食にする。バクバクワカノオクシワエは、犠牲者の頭を打ち壊し、露出した脳をむさぼり食う。クワキウトゥル族による舞踊劇のなかで、若者は捕らえられ、バクバクワカノオクシワエに変身させられる。それから若者は神秘的な詠唱と踊りと歌によって村人に捕らえられて服従させられる。演技中、参加者は巨大で象徴的な、鳥の頭をかたどった仮面を着ける。
文献77、89
⇨　カンニバル（食人種）

バクバクワラノオクシワイ
BAKHBAKWALANOOKSIWAY
⇨　バクバクワカノオクシワエ

バグベア
BUGBEAR/E

イギリスの民間伝承で恐れられる一種の超自然的存在および怪物*。邪悪な存在で、熊もしくは大型獣の姿をとると考えられた。のちに、いたずらな子供をむさぼり食うのが好きと言われるようになり、子供を脅して行儀よくさせるための子供部屋のボーギー*として利用されることが多くなった。
文献21、124

ハクラック
HAKULAQ

米国北西部の沿岸地域の先住民、ツィムシアン族の伝承と信仰に登場する、水棲の怪物*。巨大な女の海の怪物で、自分の子供に行方不明になった人間の赤ん坊の真似をさせ、島と島のあいだの海面に浮かばせておくと言われている。人間が「赤ん坊」を水から引き上げて陸地に連れ戻すと、ハクラックは「救出」しようとした人間のあとをつけて、自分の子供をさらったと難癖をつけ、大波を起こして人間たちを溺死させる。
文献77

バーゲスト

BARGUEST, BARGHEST

　恐ろしいボギー、超自然的獣で、通常巨大な犬の姿で現われる。イギリス北部のダーラム、ノーサンバーランド、ヨークシャーといった州では、バーヴェスト（Barvest）やボーゲスト*という名でも知られるが、それはドイツ語で「棺の精」を意味するバールガイスト（Bahrgeist）に由来しているのかもしれない。バーゲストは角と牙があり、燃えるような目をしたマスティフ犬ほどの大きさの黒犬や、大型の毛むくじゃらの犬、巨大な爪と燃える石炭のような目をした熊など、さまざまな姿で伝えられている。鎖を引きずっているという記述もあれば、鎖が体に巻きついているという記述もある。首なし男や「首なし女」、白ウサギ、猫あるいは犬の姿で現われ、炎になって姿を消すという記述もある。どんな姿であれ、バーゲストは必ず特定の地域と結びついている。それを見るだけで、災厄や死の前兆となる。もし近づこうとしたり、その前を通り過ぎようとしたりすれば、決して癒えることのないひどい傷を負うことになる。ヨークシャーのリーズ周辺では、誰か重要人物が死にそうになると、バーゲストが現われ、町の犬すべてに遠吠えをさせると言われる。

文献7、21、24、37、93、119、159、169

⇨　ガイトラッシュ、黒妖犬、スクライカー、トラッシュ、パッドフット、ブラック・シャック、フレイバグ、モーザ・ドゥーグ、ロンジュール・ドス

ハゴンデス

HAGONDES

　米国北東部に住む先住民、セネカ族の伝承と信仰に登場するカンニバル（食人種）*。現在では長い鼻を持つ仮面をかぶった彫像にその姿を見ることができる。ハゴンデスが「ロング・ノーズ（長い鼻）」と呼ばれるようになったのはそのためである。非常に邪悪なイメージを持つ道化者として描かれ、子供をさらってむさぼり食うと言われているため、小さな子供にとっては特に恐ろしい存在である。心配性な両親たちが危険なことをしないよう子供に言い含めるために利用する子供部屋のボーギー*の一種と思われる。

文献77

バシャ＝アンドレ

BASA-ANDRE

　オーグル*のバシャジャウン*の妻。一種のセイレーン*で、座って長い髪を梳き、バシャジャウンの邪悪な力の及ぶところで人間を誘惑して殺す。しかし、捕らえられた若者に懇願されれば、彼らが逃げるのを手伝ってやることもある。

文献24、159

バシャジャウン／バシャ＝ジャウン

BASAJAUN, BASA-JAUN

　スペイン北西部のバスク人に伝わる存在。森に棲むこの毛むくじゃらの男は、フランスでは「オム・ド・ブク（山羊男）」と呼ばれている。バシャジャウンはオーグル*もしくはフォーン*の姿をとり、人間に農業や鉄細工を教えたと言われる。また、いたずら好きで、人をぺてんにかける。ピレネー山脈高地の森や洞穴に棲み、そこで羊や山羊を守っている。しかし彼には邪悪な一面もあり、人間がなわばりに迷い込むと、罠にかけ苦しめる。妻のバシャ＝アンドレ*は一種のセイレーン*で、座って長い髪を梳き、人間を誘惑して殺す。しかし、捕らえられた若者に懇願されれば、彼らが逃げるのを手伝ってやることもある。

文献24、119、125、159

バシャンの王オグ

OG OF BASHAN

⇨　オグ

バシリク

BASILIC

　フランスの民間伝承に登場するドラゴン*。家畜や人間を連れ去って食べるだけでなく、

恐ろしい目でにらみつけ見たものすべてを石にする力で、ヴィエンヌ周辺の田舎町を苦しめた。町はさびれ、恐れられたが、とうとう中世の有名な騎士である英雄フレタールがバシリクを打ち負かし、コレーンの泉の奥底に追い払った。しかしこの乱暴な獣はそれで終わりはしなかった。というのも、10年ごとに昇ってきて再び姿を現わすからだった。しかし、もし監視者がバシリクから見られる前にこの怪物*を見つけることができれば、水底に送り返せると言われていた。しかし、もし泉の淵の水面に到着するのを誰も見なければ、その地域は再び悲運に見舞われる。
文献94

バシリ・コック
BASILI-COC
　中世ヨーロッパの伝説や伝承に登場するバシリスク*の別名。
文献7、20、24、78、89、94、148

バシルコック
BASILCOC, BASILCOK
　中世ヨーロッパの伝説や伝承に登場するバシリスク*の別名。
文献7、24、37、78、89、94、148

バジリスク

バシリスク
BASILISK
　ヨーロッパ・中東の伝説と伝承に登場する想像上の生物。古代からその人気が衰えていく17世紀頃まで、資料によりさまざまな記述がなされている。当初は簡単な記述だった。ヤマカガシに似た小型の爬虫類だが、移動する時に胸部が直立したままで地面に接しないこと、頭部にとさか、または冠状の突起があることで区別がついた。名前の由来はこの冠からきている。というのも、ギリシア語のバシレウスは「王」を意味するからである。それゆえ、爬虫類の王と呼ばれた。しかし、それ以外でこの平凡な爬虫類を有名にしたのは、その透き通った毒液だった。バシリスクのどの部分であれ、触れたり、息を吸ったり、見たりすることは、生物にとって死を意味した。バシリスクに噛まれたり、その匂いをかいだり、唾液がついたり、ちらりと見られたりするだけでも、命に関わった。この恐ろしい生物に遭遇したら助かる手立てはない。この生物は上空を飛んでいく鳥に毒液をかけて殺すことさえできた。またゴルゴン*のメドゥーサ*のように、ちらりと見ただけでたちまちのうちに相手を殺すことができた。その破壊力のせいで、バシリスクの棲み家のあったリビアや中東に砂漠ができたと言われる。『エレミヤ書』（8章17節）、『詩篇』（91篇13）などでは、バシリスクは来るべき救世主によって打ち負かされる悪魔の象徴だとされている。プリニウスの『博物誌』（77）にも同様の記述が見られる。

　しかし中世になると、旅行家や巡礼からのうわさによって、記述は多岐にわたった。11・12世紀の動物寓話集はプリニウスの記述を下敷きにしていたが、ずっと大きな体に白い斑点もしくは縞があり、火の息を吐く口、死をもたらすうなり声、またそれが引き起こす恐水病で人を狂わせる能力があるという内容が加わった。またこの恐ろしい生物による死を避けるためには、3つの方法があると推測された。第一の方法（おそらく古代のメドゥーサの神話に由来するのであろう）は、

水晶玉を持ち歩き、それにバシリスクの視線を反射させ、逆にバシリスクを殺してしまう、というものである。第二の方法は、バシリスクの敵で噛まれると同じぐらい有毒なイタチをつれていくというもの、第三の方法は、若い雄鶏を連れ歩き、この鶏のときの声でバシリスクに痙攣を起こさせ殺す、というものである（イタチは獰猛なだけでなく有毒なので、砂漠を旅する時には雄鶏を連れて行ったことが、バシリスクについての記述や名前の変化につながった）。

14世紀には、イギリスの作家で外交官のチョーサー（1345～1400）が著書『カンタベリー物語』の「教区司祭の話」の章で、バシリコック*の名前でバシリスクに言及している。この名はのちにコカトリス*へと発展し、もっと新しいアイトワラス*の場合と同様、7歳の雄鶏の卵からヒキガエルによって9年間あたためられて孵化するという伝説の証となった。以前は蛇*と記されていたものが、この頃には雄鶏の頭、首、足、蛇*の尾を持っているとされた。雄鶏の頭、人間の顔、ドラゴン*の翼を持つとされることも多かった。殺傷能力もさらに向上し、槍で突こうとした人間に自らの毒を槍の長さだけ逆流させて殺せる、というほどにまでなった。さらに、遠くから木の実を腐らせて落としたり、飲み水を汚染して何世紀ものあいだ有毒にしたりすることもできた。この怪物*の即死させる能力があまりに有名になったため、チューダー朝時代には、その名が巨大な真鍮の大砲に付けられ、のちにはアルメニアの有毒トカゲに付けられた。

バシリスクはしだいに、スペンサーの『妖精女王』（第4幕8場37行）、シェークスピアの『リチャード3世』といった文学や、アンドロヴァンディの『蛇と龍の博物誌』の挿画の題材に取り上げられるようになった。この本のバシリスクは爬虫類の鱗をとどめているものの、雄鶏の足が8本生えている。この想像上の怪物の存在の怪しさは、ある文学作品によって暴露された。スペインの詩人で作家で外交官のフランシスコ・ゴメス・デ・ケベド・イ・ビリエガス（1580～1645）はその作品の中でバシリスクについて次のように詩を書いている。

> もしお前を見た人がまだ生きているなら、お前の話はすべてうそだ。
> なぜなら、その人がまだ死んでいないなら、お前を見たはずがない。
> そしてもしその人が死んだなら、お前の話をすることなどできなかったのだから。

しかし、バシリスクとその分身であるコカトリス*は、ヨーロッパ社会のイメージにしっかり定着したため、今日に至るまで一族や貴族や団体の紋章の図案に使われ続けている

文献5、7、14、18、20、24、63、78、89、91、94、148、167、184

⇨ アイトワラス、ウラエウス、スコフィン、ワイヴァーン

ハダーヤーオシュ
HADHAYAOSH
⇨ ハダーヨーシュ

ハダーヨーシュ
HADHAYOSH

ペルシア（現在のイラン）のゾロアスター教神話に登場する牡牛の始祖。ハダーヤーオシュ*とも呼ばれる。ハダーヨーシュは中世ペルシア語ではサルサオクと呼ばれ、人間の始祖たちを乗せてウォルカシャすなわち太古の海を渡ったという。この偉大な牛の脂肪と神への供物となる白いハオマ草を混ぜ合わせたものを飲むと不死になり、すべての正しい人々の来るべき復活の日に備えることができる。

文献24

⇨ ガーウシュ・ウルヴァン

バックランド・シャッグ
BACKLAND SHAG

イングランド、デヴォンのバックランドに

伝わる怪物*。水棲馬で、獲物を追いかけ、踏みつけて殺すとされる。大きな岩に付いた消すことのできない赤いしみは、バックランド・シャッグが獲物を連れてきて殺した跡だと言われた。バックランドの教区司祭が鐘と聖書とろうそくを使ってこの怪物を祓うまで、遭遇するおそれのあるバックランド周辺に、あえてひとりで行こうとするものはほとんどいなかった。

文献67、159

⇨ カーヴァル・ウシュタ、ケルピー、シャッグ・フォール、ネウグル

ハッケンマン
HAKENMANN

北部ドイツの沿岸地域の伝承やゲルマン伝説に登場する水棲の怪物*。下半身は巨大な魚の姿をしているが、上半身と頭は人間の姿をしていると言われる。自分の行動圏に入ってくる人間を追い回して皆殺しにする、悪意に満ちた人食いの生物。

文献24

⇨ スクリムスル、マーマン

パットニーとフラムの女巨人
GIANTESS OF PUTNEY AND FULHAM, THE

1787年からイギリスに伝わる伝説によると、ロンドンを流れるテムズ河の両岸に建つパットニーとフラムの教会はふたりの女巨人*によって作られたという。女巨人たちは1本のハンマーを共有し、ふたりで決めたルールに従って向こう岸にいる相手にハンマーを投げ合った。サリー州にあるテムズ河の南岸に立つ女巨人は「近くに投げて」、北岸に立つ女巨人は「まっすぐ投げて」というかけ声を合図にハンマーを投げるのだ。こうして教会周辺の集落はそれぞれ「プットナイ（Putnigh＝近くに投げる）」、「フルホーム（Fullhome＝まっすぐ投げる）」と呼ばれるようになり、それがさらに短縮されてパットニーとフラムになったとされる。この風変わりな地名起源譚は巨人ウェード*の妻、ベリ*の伝説をそっくり借用したものと思われる。

文献183

パッドフット
PADFOOT, PADFOOITS

イングランド北部ヨークシャー州の伝承に登場する恐ろしい怪物*。特にリーズあたりの荒地に棲むとされる。容姿についてはさまざまな説があり、もじゃもじゃの毛と獰猛な目をした羊の怪物、大きな白い犬、ぎらぎらした大きな目を持つ巨大な黒いロバなどの姿で描かれる。どんな姿をしていても、パッドフットは不気味な音をたてて犠牲者に近づき、そばの暗がりに引きずり込む。唸り声や鎖の音も聞こえる。犠牲者は恐怖のあまり、死んでしまう。パッドフットを倒そうとした者もいたが、ボーギー・ビーストであるので、イングランド北部の道に出る怪物のバーゲスト*、ガイトラッシュ*、スクライカー*、トラッシュと同じく、近づこうとも触ろうとしてもいけない。

文献21、24、25、37、160

⇨ 黒妖犬、ブラック・シャック、モーザ・ドゥーグ、ロンジュール・ドス

ハドゥイゴナ
HADUIGONA

米国先住民イロコイ族の伝承と信仰に登場する巨人*。トゥイステッド・フェース（歪んだ顔）あるいはグランドファーザー（祖父）とも呼ばれるハドゥイゴナは、並外れて長く歪んだ顔を持ち、その深くくぼんだ両目の上には驚くほど太い眉が生えている。長い鼻と巨大な口は大きく右に曲がっており、牙のような歯がのぞいている。伝説によるとハドゥイゴナは自分が世界の創造主であると信じており、ロッキー山脈のはずれで神と激論を戦わしたという。神はハドゥイゴナにあるテストを持ちかけた。それは山地に背を向けて腰をおろし、山を自分の方に引き寄せられるかどうかというものだった。ハドゥイゴナはなんとか少しばかり山を動かすことができたが、神はすぐさま山を引き寄せると驚いて振り向いたハドゥイゴナの顔に叩きつけた。

神は寛大にもハドゥイゴナの「オレンダ（神秘的な力）」を認め、世界の浄化という偉大な仕事への協力を持ちかけた。ハドゥイゴナはその申し出に応えるための条件を示した。それはタバコの捧げ物をすること、儀式の際にはハドゥイゴナの顔を模した面を着けること、そして自分を「グランドファーザー」と呼んで敬意を表わすことだった。イロコイ族の仮面儀式、「フォールス・フェイス・ソサイエティ」にトゥイステッド・フェースとしてハドゥイゴナが登場するのはそのためである。

文献136

ハトゥイブワリ
HATUIBWARI

メラネシアのサン・クリストヴァル島の伝承と信仰に登場する宇宙蛇。この大蛇は人間に似た上半身と並外れて大きなふたつの翼を持つ。頭には4つの目があり、胸から垂れ下がった4つの乳房はすべての生物の命の源となっている。別名はアグヌア*と言い、人間の始祖として知られる。

文献38、125
⇨ 蛇、ユミル

バニヤン、ポール
BUNYAN, PAUL

19世紀の米国の木こりたちの英雄的巨人。一般的に陽気で非常に強い人間の巨人*とされる。堂々たるベイブ・ザ・ブルー・オックス*や忠実な仕事仲間ブリムストーン・ビル、ジョニー・インクスリンガー、サワードー・サムの助けを借りて、ポール・バニヤンはグランド・キャニオンやオレゴン州とミシガン州の大きな湖、ピュージェット湾といった米国の有名な景観を作るのに関わったと言われている。忠実な牡牛がいれば、必要とする人のために、どんなに大がかりであろうが、どんなに難しかろうが、できない仕事はなかった。

ポール・バニヤンの名前とキャラクターは、19世紀初頭のフランス人もしくはアイルランド人開拓者や辺境の住人に由来しているのかもしれない。1837年のパピノーの反乱に巨人の戦士が参加したと言及している異説もいくつかある。カナダのフランス系の木こり社会には、「善人ジョン」を意味する「ボン・ジャン」や、ポール・ボノムもいた。後には米国先住民や北ヨーロッパの人々によって語られていたことも付け加えられ、この気立てのよい、機略縦横の、非常に強い巨人の英雄の「トール・テール（ほら話）」は北米中の木こり社会で語られるようになった。ポール・バニヤンとベイブ・ザ・ブルー・オックスの物語ははじめは口伝えだったが、1910年頃に初めてこっけい話として出版された。その多くは森林伐採と製紙業の商品を広告するものだった。しかしその後すぐにペーパーバックや小冊子になり、一般にも広く配布された。その第1号は、1914年、W・B・ラーヘッドがミネソタ州のレッドリヴァー木材会社（1914～1916）の宣伝用に作ったものである。

まもなく、木こり社会のある場所ならどこでも、時にはまったくそういったものがない場所でも、伐木力を競うコンテストや祭りがポール・バニヤンの名のもとに行なわれた。彼のイメージは米国の一般的な伝承に入り込み、この世界的に有名な木こりのニュー・ヒーローの偉業をもとに詩人W・H・オーデンがオペラを書き、イギリスの作曲家ベンジャミン・ブリテンが曲をつけるまでになった。

木こり社会のフィアサム・クリッター*同様、ポール・バニヤンとベイブ・ザ・ブルー・オックスは、困難な時代に木こりが負った大仕事と彼らの生活に風刺のきいた洞察を与え、伝承のなかに確固とした地位を築いた。

文献24、26、94、134

バハムート
BAHAMUT

イスラム神話に登場する、大地を支える巨大な生物。目がくらむほどの光を発する巨

な魚で、頭部はカバあるいは象に似ている。ある文献によれば、巨大な牡牛を支えるために作られ、それが今度は巨大なルビーを支え、その上に天使が6つの地獄を抱えて立ち、その上に大地と7つの天国があるという。別の文献によれば、バハムートが砂の層を支え、その上に巨大な牡牛が立ち、その額の上に水をたたえた巨大な岩がのり、その水のなかに大地があったという。記述や階層関係がどうであれ、バハムートはそれほどまでに巨大だったので、この生物の大きさを想像することは誰にもできなかった。ただ、『アラビアンナイト』の第496夜には、唯一イサ（イエス）だけにバハムートの全体像を見る特権が与えられた、という記載がある。それによれば、バハムートの下には地獄の火がすべてあり、ファラク*と呼ばれるとてつもなく巨大な地獄の蛇*がいるという。

文献18、63、89

⇨ クジャタ、ベヘモス

ババ・ヤガ
BABA YAGA, BABA IAGA, BABA JAGA

　ロシアや東欧に伝わるババ・ヤガは怪物的、超自然的な食人鬼で、完全なる悪意を抱いている。彼女はポーランドではジェシュダ*とかイェンザババ*、チェコではジェシ・ババ*という名でも知られている。彼女は人間の獲物、特に子供を恐ろしい死に誘い込み、伝承によれば、「死」とともに旅をして、獲物の魂を食べると言われる。彼女は恐ろしいオグレス*とされ、石かナイフの刃の牙を生やしている。その目に見つめられると石になる。彼女は獲物が近づいてくるのを見ると、ただ口をぽかんとあける。それはあまりに巨大なため、洞穴と間違えられる。そして獲物を丸飲みにすることができる。彼女は非常に大きいので、横たわると頭は彼女の小屋の片端に、足は反対の端、そして青い鉤鼻は天井に届く。小屋には雌鶏の足が生えていて、休みなく回り続けている。小屋は森の空き地にあり、犠牲者の骨でできた塀にはしゃれこうべが飾り付けられ、その眼窩には目が残っていて光っている。彼女はすり鉢に乗ってすりこ木で漕ぐか、鉄なべに乗って火のついた箒ではきながら、空中を飛んでいく。同じ名前で同様の魔力を持つ姉妹がいるとも言われる。

　ババ・ヤガは彼女の悪の支配下にあるドラゴン*のチョドーユドー*やコシュチェイ*のような他の怪物*と関わりがある。

文献20、24、25、55、61、125、132、159、165、181

⇨ カンニバル（食人種）、ケラッハ・ヴェール、人食いアニス

ハパリット
HAPALIT

　ヘブライ語聖書やラビの文書に登場する巨人*、バシャンのオグ*の別名。ハパリット*とは「脱出者」を意味する言葉で、ヤハウェが人類の悪を滅ぼすために起こした洪水から生き延びたことからこの名が付けられた。

文献174

⇨ オグ

パピヨン
PAPILLON

　イタリアの古典文学に登場する馬。フランス語で「蝶」のこと。火を吹き、空を飛ぶ、超自然的な馬で、スカンディアーノ伯爵マッテーオ・マリア・ボイアルド（1434〜1494）作『恋せるオルランド（Orlando Innamorato）』（1486）に登場する。

文献7

⇨ 太陽の馬、ペガソス

ハプ
HAP

　古代エジプト神話に登場する巨大な聖牛の別名。

文献24、169

⇨ アピス、ブーキス

ハーフウェイ・ピープル
HALFWAY PEOPLE

　カナダ東部に住む先住民ミクマク族の伝説

バパ・ヤガとピョートル

や伝承によると、ヨーロッパに伝わるマーメイド*に似た、海に棲む人型の生物。人間のような上半身と、巨大な魚の下半身を持つことからハーフウェイ・ピープル（「半分人間」）と呼ばれる。ヨーロッパのよく似た生物とは違って、ハーフウェイ・ピープルは嵐が来ると地元の漁師たちに歌を歌って警告する。敬意を持って接していれば親切にしてくれるが、無礼な態度をとる人間がいれば、嵐を起こして海を荒れさせ、漁師たちを海に沈めてしまう。

文献7

⇨ グウェンヒズイ、ハウフルエ、ベドン・ヴァーラ、マーマン

バフォメット
BAPHOMET

14世紀ヨーロッパのテンプル騎士団の秘儀や礼拝式に登場した人間型の怪物*。女性の胴体に一本の首があり、そこから男女一対の頭が出ている。この奇妙な怪物は、予言者ムハンマド（マホメット）を偶像崇拝的で退廃的な崇拝の対象にするものだとされ、1307年から1310年にかけて行なわれた教皇のあからさまな異端審問の時代に告発された。テンプル騎士団が抑圧され解散したのに続いて、彼らの力も消滅し、バフォメットはヨーロッパ大陸では紋章の図案に取り入れられた。

文献7、20

パプステセル
PAPSTESEL

中世イタリアの物語に登場する混成怪物。ロバ教皇*とも言われる。人間の女の体に、人間の腕1本と、象の鼻のような腕が付いている。両足は変形し、1本は鷲、1本は牛の足に似ている。頭はロバのものに似ているが、後ろに髭を生やした人間の男の顔が付いている。アンフィスバエナ*のように、尾の先には蛇*の頭が付いている。1496年に洪水が起きた時に、テベレ川に現われ、のちに、ドイツの宗教改革者マルティン・ルター（1483～1546）が、1523年に教皇権の腐敗を愚弄するために利用した。

文献89

⇨ 怪物、モンク・フィッシュ

バフリ
BAHRI

イスラム関係の神話に登場する混成動物。鳥のような姿をしているが、頭は人間である。

文献89

⇨ アル、アルコノスト、アル・ボラーク、アンカ、アンナティ、ガルダ、ザグ、シリン、セイレーン、ソロヴェイ・ラクマティチ、パルテノペ、ハルピュイア、プティツィ・シリニー、ポダルゲー

バペッツ
BAPETS

米国グレートベースンの先住民の南ユート族に伝わるシアツ*と呼ばれる怪物人間の女性版。カンニバル（食人種）*で、特に子供をさらう傾向がある。バペッツは非常に邪悪で、有毒ミルクのつまった巨大な乳房で子供たちに乳を飲ませ、たちまちのうちに殺す。バペッツたちはほとんど不死身に近いが、黒曜石の矢で殺すことができる。心配性の親たちは、向こう見ずな小さな子供たちが災難に遭うのを防ぐため、これらの怪物*を利用した。

文献77

⇨ 子供部屋のボーギー

ハム
HAM

イタリアの修道士であるヴィテルボのアンニウス（ジョヴァンニ・ナンニ、1432頃～1502）は「ノア*は巨人*である」と主張した。ヴィテルボはノアや巨人イアペトス*から始まる巨人の系譜を再構築し、巨人ディス・サモシス*から当時のフランス貴族の祖先に至るまでの一貫した血統の流れを証明しようとした。アンニウスの主張によると、ノアの息子であるセム、ハム、ヤペテはすべて巨人だったという。

文献174

パムプレド
PEMPHREDO

　ギリシア・ローマ神話に登場するグライアイ*のひとり。ペプレド*とも呼ばれる。名前の意味は「スズメバチ」。

文献24、38、125、133、166、169

ハモウ・ウカイオウ
HAMOU UKAIOU

　モロッコ民話に登場する邪悪で意地悪なアフリト*。アイチャ・カンディダ*というジン(1)*の夫であると言われ、夜にひとり歩きをしている女の後をつけ（アイチャ・カンディダ*はその逆で、男の後をつける）、襲いかかって食い殺す。地面の上でナイフを研ぐと逃げ出すという。

文献122

ハヤグリーヴァ
HAYAGRIVA

　インド神話に登場する邪悪な巨人*。ハヤグリーヴァとは「馬の首をした者」を意味し、太鼓腹をした小柄な人間の胴体に馬の頭が乗っている姿で描かれる。ヴェーダ神話では、聖典を盗み出す邪悪なダイティヤ*の一員であるが、最終的には魚に化身したヴィシュヌ神に打ち負かされる。チベット仏教ではダルマパーラ*と呼ばれ、邪悪な存在から改心して人間を悪魔の攻撃から守る守護神になったとされている。またモンゴルの仏教徒たちによると、巨大なハヤグリーヴァは仏教へ改宗したあと馬の守護神になったのだという。チベットの仏教徒たちのあいだではこの恐ろしい巨人はターハグリンという名で知られており、仏教へ改宗した後、怒りの神になったと考えられている。

文献24、47、64、125、133、160

バー・ヤクレ
BAR YACHRE

　古くからユダヤ人の伝説で語られる巨大な鳥。外見が巨大な鷲に似ており、家畜の群れや人間さえも好物だという点でロック*に似ている。中世には、マルコ・ポーロの旅行記にもこの鳥についての記述が見られる。

文献7

⇨　グリュプス

バラーク
BORĀQ

⇨　ボラーク、アル

パラス
PALLAS

　ギリシア・ローマ神話に登場するふたりの巨人*。

　(1)名前は「剣を振りまわす者」という意味。ガイア*の子として生まれた最初の巨人のひとり。オリュンポスの神々の戦争で打ち負かされ、女神アテナに皮を剥がれた。アテナはその皮をマントや楯の覆いとして使い、パラスの敗北を記念して「パラス・アテナ」と呼ばれた。

　(2)ティタン*のひとり。エウリュビアとクレイオスの子で、アストライオスとペルセスの兄弟。妻ステュクスとのあいだに、ビア、クラトス、ニケ、ゼロスの4人の子をもうけた。

文献133、139、169、178

パラタ
PARATA

　ニュージーランドのマオリ族の伝説に登場する水棲の怪物*。人間や動物を餌とするタニワ*に属する。巨大な海の怪物で、洞穴のような大きな口で海水をすべて吸い込んで吐き出し、それが潮の干満の原因だとされている。

文献155

バラム
BALAM

　メキシコのキチェ族が信仰する超自然的守護者のグループ。「虎」または「ジャガー」を意味する。もともとはこういった森の大型ネコ科動物が巨大で恐ろしい姿になったもの

で、四方の守護者の地位が与えられていた。彼らの名はイキ＝バラム*（月のジャガー）、バラム＝アガブ*（夜のジャガー）、バラム・キツェー*（笑うジャガー）、マフカター*（有名な名）である。獣に食べられるのを防ごうとして、こうした遠まわしな呼び方をしたのかもしれない。現代マヤの伝承では、この四つの守護者はすべて自然の守護者の役割に降格させられており、バラムは今では住民や村々とその農地を守っている。

文献119、159

バラム＝アガブ
BALAM-AGAB

　メキシコのキチェ族が信仰する超自然的守護者。バラム*として知られる恐ろしい存在のひとつ。「夜のジャガー」を意味する。もともとは森の獣が、巨大で恐ろしい姿に想像されたものだった。

文献119、159

バラム・キツェー
BALAM-QUITZ

　メキシコのキチェ族が信仰する超自然的守護者。バラム*として知られる恐ろしい存在のひとつ。「笑うジャガー」を意味する。バラムは四方の守護者に任じられていた。もともとは、森の獣が、巨大で恐ろしい姿に想像されたものだった。

バラル
BALAR
⇨　バロル

バラン
BALAN

　中世フランスの民間伝承と文学に登場する巨人*。その力と勇気で名高い。巨人のフィエラブラス*の父で、伝説によれば、ふたりとも最後には英雄にして皇帝のシャルルマーニュ*に敗れた。

文献20
⇨　アイノテルス

バランデル
PARANDER
⇨　パランドゥス

バランドゥス
PARANDUS

　中世ヨーロッパの動物寓話集にしばしば登場する生物。パランドルス*、パランデル*とも呼ばれる。熊と野生の山羊を合わせたような姿をし、もじゃもじゃの厚い毛を生やして、頭には大きな角があり、足には鹿のもののような二股のひづめがある。追いかけられると、カメレオンのように体色を変えて、まわりの環境にとけこむことができる。オックスフォード大学のボドリアン図書館が所蔵する、1220年頃の動物寓話集によると、足跡は鳥のトキ（ibis）に似ていたとされるが、これはおそらく、「野生山羊（ibex）」を中世に読み間違えたものだろう。またエチオピアに棲んでいたとされる。現在でも、ヨーロッパの紋章によく使われている。

文献10、14、89、148、185

パランドルス
PARANDRUS
⇨　パランドゥス

バリ
BALI

　インドのヒンドゥー教における超自然的な怪物*。ダーナヴァ*やダイティヤ*は悪意に満ちた巨人*だが、その中心となるのがバリである（マハーバリという名でも知られる）。バリはラヴァーナの化身（ヒラニヤカシプと呼ばれる）の孫で、彼はその祖父から天と地の支配者の座を簒奪した。また神々は一時的にだがその権力と支配領域とをバリに奪われた。そこでヴィシュヌが小人のバラモン僧に化け、この邪悪な巨人を退治することになった。ヴィシュヌは客人としてバリの棲み家を訪ね、願いをかなえてもらう約束をとりつけた。彼が望んだのは、3歩で囲むことのできる領土だった。ヴィシュヌはたちまち本来の

強大な力を持つ神の姿を現わし、2歩で全宇宙をまたいだ。バリは敗北を悟ったが、ヴィシュヌは3歩目でバリを地下世界に追放し、そこを治めさせた。あるいはロバの姿に変えて泥の小屋に棲まわせた。

バリの敗北には異伝があり、それによればジャランダラとその手下の悪魔たちが引き起こした戦いで、インドラがバリを打ち負かしたことになっている。この巨人が殺された時、切断された体から血が噴き出す代わりに、彼の口から滝のように宝石があふれ出た。好奇心にかられたインドラがバリの死体を切り裂いたところ、歯が真珠に、血がルビーに、目がサファイアに、肉は水晶に、骨はダイヤモンドに、髄がエメラルドに変わったという。
文献24、38、64、125、138
⇨ ユミル

バリオス
BALIOS, BALIUS

ギリシア・ローマ神話に登場する超自然的な馬。一対の馬の片方で、もう一方はクサントス*という。ともにポダルゲー*（ハルピュイア*のひとり）が風の神アイオロスと交わって生まれた。「敏速」を意味するバリオスとクサントスは、空飛ぶ馬車を引くため、海神ポセイドン（ネプトゥーヌス）からペロプスに与えられた。2頭の馬はのちにトロイア戦争でギリシアの英雄アキレウスの馬車を引くことになった。
文献7、89、132
⇨ 太陽の馬

ハーリティー
HARITI, HĀRITI

インドならびに中国の神話に登場する邪悪な女のオグレス*。中国ではホー・リー・ディー・ムー（訶梨帝母）*、日本では鬼子母神として知られる。インドと中国の神話によれば、ハーリティーは子供をつかまえてむさぼり食っていたが、仏陀に我が子を隠されたことから改心する。いまは子供の守護霊であり、女神の地位にまつり上げられ、子を持つ

夫婦を祝福したり、病気の子供を治したりする。日本ではもともと訶梨帝母と呼ばれ、とくに真言宗と日蓮宗で崇められ、子供や吉祥果（ザクロ）を持った姿で描かれる。
文献61、125、139、160
⇨ カンニバル（食人種）

バーリン
BALIN

インドのヒンドゥー教における超自然的存在。巨大な猿の王子で、猿の王スグリーヴァの兄。彼は母親の毛から生まれたため、姿は巨大な人間に似ているが、毛に覆われ、非常に長い尾を持っていたという。弟の王位を簒奪し、王国を我が物にしたため、この巨大な超自然的生物は神の怒りを買い、最終的にラーマに矢で射殺された。
文献24、38、64、125、138
⇨ 巨人、ユミル

パルグの猫
PALUG'S CAT

ウェールズ地方の伝説と伝承やヨーロッパ各地のアーサー王伝説に登場する、超自然的な力を持つ巨大な猫。ウェールズ地方ではキャス・パリーグ*やカパル*、フランスではカパルス*と呼ばれる。この想像上の生物は、旺盛な食欲を満たすため、猫を狩って餌とした。
文献7
⇨ イールサーン

バルシュカ・マトゥシュカ
BARUSHKA MATUSHKA

ロシアの伝説に登場する伝説的な駿馬。シヴシュコ*またはコスマトゥシュカ*という名でも知られる。イリヤー・ムーロメツというボガチュル（ロシアの英雄）の驚くべき魔法の馬だった。
文献55

パルテノペ
PARTHENOPE

ギリシア・ローマ神話に登場するセイレーン*のひとり。姉妹と同じく、半鳥半人、または半魚半人の女である。

文献178

⇨ アグラオペメ、アルコノスト、アンカ、アンナティ、ガルダ、ザグ、シリン、セイレーン、ソロヴェイ・ラクマティチ、ハルピュイア、プティツィ・シリニー、ポダルゲー

ハルピュイア
HARPUIA, HARPYIA, HARPY

ギリシア・ローマ神話で、もとは暴風、ハリケーン、つむじ風の化身である風の精霊だったが、のちに執念深く恐ろしい怪物*とみなされるようになった。ハルピュイアの由来には諸説あり、タウマースとエレクトラの娘であるとも、ポセイドンとテラ、あるいはテュポンとエキドナの娘であるとも言われている。人数は、報告によってひとりから5人と差がある。ホメロスは、「足の速い女」という意味のポダルゲー*について触れている。ヘシオドスは、「疾風」という意味のアエロー*と、「速く飛ぶ女」という意味のオーキュペテー*をあげている。ほかにも、ケライノー、ケリアノ（「黒い女」という意味）、アエロプス*（「嵐の足を持つ」という意味）などをあげている作家がいる。その外観もさまざまで鳥の身体をして、頭と胴体は醜い女の姿をし、熊の耳と人間の腕を持ち、指には鉤爪があるという説もあれば、ハゲワシの体に女の頭、ブロンズ色あるいは黄銅色の翼と鉤爪を持つという説もある。一説によれば、ストロパデス群島または東トラキアのサルミュデッソス島に棲んでいたという。

アレピュイアイ*とも呼ばれるハルピュイアは姿が醜いだけでなく、悪臭を放ち、触ったものすべてを汚染する。このカンニバル（食人種）*はパンダレオスの娘たちをさらってエリーニュスのもとへ召使として引き渡し、近くを通る船乗りたちを捕らえた。トロイの落城から逃れたアイネイアスとその部下たちも彼女たちに襲われた。またハルピュイアはトラキア王ピネウスを罰するために神々によって送り込まれた。ピネウスはハルピュイアによって盲目にされたうえ、目の前のテーブルに並んだ食べ物に触れることさえできないまま、すべてハルピュイアに奪われてしまう。最終的にハルピュイアはイアソンとアルゴナウテスによって退治され、ピネウスはようやく苦境から解放された。

ヨーロッパの紋章にはハルピュイアの図柄が数多く見られる。女の首と頭を持つハゲワシの家紋デザインはそのヴァリエーションである。

文献5、7、18、24、38、47、78、89、133、134、139、160、169、178

⇨ ツァナハレ、ポロカ

ハルマキス
HAR-MACHIS, HARMACHIS

エジプト神話に登場するアンドロスピンクス*の別名。占星術においてはホルエムアケト、すなわち「地平線のホルス神」として知られ、ギリシア人たちにはハルマキスと呼ばれていた。ハルマキスの姿を模したもので最も有名なのは、ピラミッドのそばに建てられたスピンクス*の像である。この全長55m以上、高さ18mもの巨大な怪物はライオンの体と、カフラ王の顔を模した人間の頭を持つ。

文献89、139

パル・ライ・ユク
PAL-RAI-YUK

アラスカのイヌイットの伝承と信仰に登場する水棲の怪物*。長大な生物で、ふたつの頭、6本足、3つの腹、2本の尾を持ち、背には鋸型の突起がある。小川や、川の入り江にある沼に棲むと言われた。イヌイットは怪物の棲む水域に出かける前には、海獣の皮を張った木造の小舟であるウミアクに彼らの姿を描いて、危害を与えられないようにするという習慣があった。

文献77、134

⇨ ハイトリック

パルルコン
PALULUKON
　米国の先住民ホピ族の伝承と信仰に登場する水辺の蛇*。大地は宇宙の大海に浮かぶ2頭のパルルコンの背に乗っているとされる。パルルコンが人間からひどい扱いを受けた時や、疲れて姿勢を変えた時に、地上では地震が起こるか、泉の水が湧かなくなる。
文献77
⇨　アイド・ウエド、コロウィシ

パレスムルト
PALESMURT
　ロシアのヴォルガ川流域の民間伝承に登場する人間型の奇妙な怪物*。人間の姿をしているが、体の半分しかなく、腕も手も足も1本、目もひとつである。縄張りに迷い込んできた不注意な旅人を罠にかけて捕まえ、脅して死に追いやる。
文献7
⇨　ジーラッハ、ネスナス

パレト
PALET
　ユダヤ教の文書に登場する巨人*。ノア*の洪水を生き延びた巨人でシリアに棲むと、預言者モーセが語ったとされている。バシャンのオグ*と呼んでいる文書もある。
文献174

バレナ
BALENA
　中世末期のヨーロッパで旅人や船乗りに伝わっていた海の女怪物。当時の多くの作家は、その「知識」を2世紀頃にアレクサンドリアで書かれた『フィジオロゴス』から得ていた。その容姿の描写に、中世に作られた動物寓話集などの挿画や空想的な描写がさらに混ぜ合わされた。したがって、その姿についての一致した意見は見られない。1520年、教皇レオ10世にノルウェーからセイウチの頭が贈られた時、バレナはその妻だとされた。この教皇への申し立てに詳しい描写が添えられていたかは定かでない。
文献133
⇨　アスピドケロン、怪物

パレネス
PALLENES
　ギリシア・ローマ神話をもとに創作された巨人*。イタリアのボッカッチョ（1313～1375）の作品で描かれた。
文献174
⇨　アロアダイ、エピアルテス、オトス、ティタン

バロメッツ
BAROMETZ
　中世ヨーロッパの伝説に語られる、獣と野菜が結合した生物。ボラメッツ*、チャイニーズ・リコポディウム*、リコポディウム*、スキュティアの子羊*、タタールの野菜羊*という名でも知られ、中世ヨーロッパの中東旅行家によって記され、当時の旅行書で潤色された。次の記述は、偽探検家ジョン・マンデヴィルが1360年頃の有名な著書『東方旅行記』に記したものである。「そこにはひょうたんに似た果実が育つ。熟すと人々はそれをふたつに割る。中には毛の生えていない子羊のような、肉も骨も血もある小さな獣が入っている」
　17世紀、この生物は潤色によって、さらに奇妙なものになった。トマス・ブラウン卿は『俗信論』（1646）で次のように記している。「ボラメッツはおおいに不思議なものである。奇妙な半草半獣もしくはタタールの野菜羊で、狼が喜んで食べる。羊の形をしていて、傷つけると血のような汁が出る。また周囲の植物を食べ尽くすまで生きている」
　一般に、バロメッツは根のある動物で、ある場所にすぐに根づくと信じられた。金色の毛の子羊に似ていた。茎は周囲の牧草を食べられるようなつくりになっていたが、草を食べ尽くすと、この生物は飢え死にしてしまった。そうすると、人間や狼がやってきて体を収穫した。カニの身のような味がすると言わ

れた。そのひづめは毛でできており、羊毛のようで、人間が布を織るのに使われた。

　この生物に関する伝説が発展したのには、二通りの説明が考えられる。この生物の存在は明らかに初期の旅行家を当惑させた。第一に考えられるのは、綿を風変わりに説明したのではないか、ということである。第二に考えられるのは、タカワラビ（Cibotium barometz）についての説明が未熟だったのではないか、ということである。これは中東に育つ植物で、そのうぶ毛は脱脂綿のように傷口の止血に使われた。

文献7、18、20、89、179

バロル
BALOR

　アイルランドの神話と民話に登場する恐ろしく巨大なフォウォレ族の巨人*の王。邪眼のバロル*、恐ろしい目のバロル*、バラル*とも呼ばれる。単に巨大なだけでなく、額の中央にひとつある目で一瞥しただけで、すべてを破壊することができた。これは彼の子供時代のわがままな好奇心に起因していた。ドルイド僧の醸す大鍋をじっと見ていた際、彼の片目は調製中の魔法の薬草の毒から立ちのぼる蒸気をたっぷり浴びてしまった。この目は成長するにしたがって大きくなり、まぶたを持ち上げるには4人の男が必要になった。フォウォレ族が戦いに勝つためには、バロルが目を開け、敵をひとにらみするだけでよかった。しかしそれも、バロルが孫に打ち負かされるだろう、という予言が下るまでのことだった。そこでバロルは娘のエトネを王家の女性12人に絶えず見張らせた。しかし、デ・ダナーン神族の英雄キアン・マク・ケーフトが、女装して女たちの信頼を得、彼女たちすべてを誘惑した。女たちは皆出産したが、子供たちは怒ったバロルによって溺死させられた。ただエトネの3つ子のひとり、長腕のルー（ルグ）だけは別だった。長い流浪ののち、ルーは21歳の戦士として戻り、タラの宮殿で自分はデ・ダナーン神族の一員だと宣言した。いっぽう、バロルはマグ・トゥレド（モイトゥラ）の第一の戦いでデ・ダナーン神族と戦い、目を開けてひとにらみしただけで、何百人もの敵を殺した。マグ・トゥレドの第二の戦いで、ルーはまぶたが疲れて閉じるまで邪眼の届かないところで待つという戦略をとった。多くの戦士たちが彼の周囲で死んでいたが、ルーはまぶたが開きかけて、しかも目の殺傷力が働くほどには開いていない、ほんの一瞬を待っていた。その瞬間、ルーは自分の投石器から石つぶてを放った。それは非常に速く正確で、バロルの目を打ち抜き、脳を経て後頭部から飛び出し、彼の後ろにいた27人の戦士を倒した。こうして孫のルーは予言どおりバロルを殺した。

文献24、54、78、165

⇨　キュクロプス、ゴリアト

バロン
BARONG

　インドネシア、バリ島の文学、劇、伝承に登場する恐ろしいドラゴン*。ジャロン・アランと呼ばれる劇に登場する。ここではランガと呼ばれる未亡人もしくは魔女がバロンの敵となる。バロンは長く曲がりくねった体に巨大で醜悪な龍の頭が付いており、そこから鋭い視線の目玉が突き出し、だらりと垂れ下がった舌の上には巨大な牙がある。

文献24

バンイップ
BUNYIP

　アボリジニ（オーストラリア先住民）の伝承と伝説に登場する恐ろしい怪物*。タスマニアのグッド・フープ*や万人の目*、オーストラリアの他地域のキング・プラティー*やトゥンタバー*など、地域によって他のさまざまな名前でも知られている。巨大な黒っぽい毛むくじゃらの生物で、腕が長く、手の先には巨大な鉤爪があるとされる。内陸の湖、沼、水路に棲み、人間も含め、縄張りに入り込んだ動物をむさぼり食う。幼いバンイップであっても人間にとっては危険である。なんらかの理由で人間にさらわれたりすると、そ

の母親は非常に恐ろしい遠吠えをあげる。それから彼女は子供を取り戻すために水位を上げ、人間の居住地に水を流れ込ませる。洪水から逃れられる場所はない。丘に登っても水は湧き上がり、飲み込んでしまう。この洪水の水に触れた人間は誰でもたちまちのうちに黒鳥に変わる。

　バニップとその力に関する伝説はいくつかある。ある物語では、カエル族の男が妻とともに釣りに出かけた。暗くなってきたので、妻はバニップが近くにいるかもしれないので急いで土手に戻ろう、と男に警告した。案の定、彼らは葦の茂みで何かが動く音を耳にする。カエル男は土手に着くと、妻に助けの手をさしのべた。しかし彼が助け出す前にバニップの長い腕と鉤爪が妻の腕にからみつき、彼女をよどみに引きずり込んだ。夫はへとへとになりながらも、勇敢に彼らを追いかけようとしたが、バニップは痕跡をとどめず、無駄に終わった。それで彼は自分の槍にカエルをしばりつけることを思いついた。夜の空気のなかでカエルが鳴けば、バニップが彼ら目当てに現われるかもしれない。幾晩か経って、バニップがカエル男の妻とともに現われた。妻は生気のない目をして、魂の抜けたような汚れた感じに見えた。カエル男は自分の槍をバニップの腹深くに突き刺し、さらに棍棒を投げた。しかし彼の妻は魔法にかかっていて、島の木の陰に倒れ込むように突進するバニップにつき従った。今度は夫も跡を追うことができた。しかし彼が近づき、腕を差し出す妻に向かって手を伸ばすと、彼は自分が動けないことに気づいた。妻同様、彼もバニップの力の輪のなかに捕まり、釘付けにされてしまったのである。何日も、何週間も、何か月も、そしていくつもの季節が過ぎ、そのあいだ夫婦は活人画のように釘付けになっていたが、とうとうある日、雨が降り、暴風雨で力の輪が壊れた。自由になると、カエル男は妻を探すために自分がどのようにカエルを利用したかを思い出した。それで一族すべてが以後二度とカエルを傷つけることはなくなった。

文献7、20、61、78、89、152、153

ハンカス
HUNKUS
　米国の特にウィスコンシン州およびミネソタ州の木こりや森林労働者（ならびに後年の詐欺師）たちの伝承に登場するグヤスクトゥス*の別名。順応力に優れたハンカスは、何かに追いかけられると体を丸めて転がりながら逃げることができる。また体を裏返しにすることによって逆方向に逃げることもできる。
文献7

反キリスト
ANTICHRIST
　新約聖書の黙示録（13章、20章）、テッサロニケ人への第二の手紙（2章1～12節）、ヨハネの第一の手紙（2章18節、22節）によれば、反キリストは神とキリストの対抗者である。彼の地上への出現は、主の再臨、この世の最終的な崩壊、最後の審判が差し迫っていることの先触れとなる。実際、旧約聖書のダニエル書（9章27節）では、後に反キリストのモデルとなった存在についての記述がなされている。おそらくこれは恐ろしいアナク人*について言及しているのだろうが、この究極の神の対抗者の起源がどこにあるかといえば、バビロニアの反逆神ティアマト*であろう。さらに、多くの実在の人々が反キリストと「同一視」されている（闘争が盛んな時代に応じて）。たとえば、宗教改革の時代には教皇が、18世紀にはフレデリック2世が、19世紀にはナポレオン・ボナパルトが、そして20世紀にはアドルフ・ヒトラーが、という具合である。
文献20、173
⇨ 巨人

パン・グ（盤古）
PAN GU　ばんこ
　中国の伝説に登場する宇宙巨人。伝説によると、この巨大な原初存在は、宇宙卵から生まれた。のちに、卵の殻の上と下とから、天

と地ができた。他の伝説によれば、パン・グは渾沌のなかの小さなかけらだったが、毎日1丈（2.25m）ずつ背が伸び、1万8000年後には大きな巨人*となった。背が伸びるにつれ、地から天を押し上げ、大地の起伏も作った。仕事をやりとげてパン・グは死んだが、その体は宇宙のさまざまな部分となった。左目は太陽に、右目は月に、汗は雨に、息は風に、声は雷に、頭髪は星に、体は土に、体毛は樹木になった。人間は、パン・グのノミが進化したものである。別の伝説では、パン・グの体の部分が、中国各地の山となった。

文献7、125、133、166

⇨　巨人、プルシャ、ユミル

パンタグリュエル
PANTAGRUEL

フランスの古典文学に描かれた巨人*。フランソワ・ラブレー（1494頃～1533頃）作の風刺文学『パンタグリュエル』『ガルガンチュア』の主要登場人物である。著者によれば、その名前は、「すべて」を意味するギリシア語のパンタと、「渇く」を意味するムーア人の言葉のグリュエルから来ている。パンタグリュエルが大旱魃の時代に生まれたからである。体がとても大きかったため、揺りかごは船の甲板梁（ビーム）で作られていた。鎖でつながれていたが、揺りかごの底をやぶって逃げ出した。成長して博識になり、すべてにおいて誰よりも優秀になった。乾喉国ディプソデーの王となり、「徳利明神の神託」の探求を目的に定め、ユートピアへの旅を続けた。

文献20、174

⇨　ガルガンチュア

バンダースナッチ
BANDERSNATCH

今なお人気の高い『不思議の国のアリス』で著名なイギリスの作家ルイス・キャロル（チャールズ・ラトウィッジ・ドジソン、1832～1898）の『鏡の国のアリス』のなかの詩『ジャバーウォックの歌』に登場する正体不明の怪物*。ただ「おどろしき」fruminous（ドジソンの造語）と書かれているのみである。ルイス・キャロルは、何があっても近づいてはならない、と謎めいた言い方をしている。

文献7、40

⇨　フィアサム・クリッター、ブージャム

パンドラ・ユニオル
PANDORA JUNIOR

イタリアの修道士ヴィテルボのアンニウス（ジョヴァンニ・ナンニ、1432～1502頃）の作成した系譜に入っている巨人*のひとり。アンニウスは、ガリア人が聖書の巨人の子孫という高貴な血筋であることを証明しようとした。

文献139、174

⇨　ノア

バンナッハ＝ニウェ
BEANNACH-NIMHE

スコットランドに伝わる怪物*。「角の生えた毒」を意味し、角のある巨大な恐ろしい姿で高地地方を歩きまわると言われている。

文献128

万人の目
UNIVERSAL EYE

アボリジニ（オーストラリア先住民）の伝説に登場する奇怪な生物バンイップ*の別名。バンイップはタスマニアで万人の目と呼ばれ、そこでは蛇のような形で描かれている。

文献89

パンバ
PAMBA

東アフリカ、タンザニアのタンガニカ湖周辺に住む人々の伝承に登場する、巨大な水棲の怪物*。漁師の乗ったカヌーを丸飲みするほど口が大きい。パンバが水中で動くと、水は赤色に変わる。そのため、水が赤くなったら船は岸から離れない。

文献134

∞ ヒ ∞

ピアサ
PIASA

　米国のミシシッピ川流域に住む先住民のアルゴンキン族の信仰に登場する水棲の怪物*。1675年に、マルケットというフランス人の旅行家がその姿を描写している。イリノイ州オルトンの大滝の上にある岩に、その姿が描かれており、鹿ほどの大きさをしている。人間の男の顔に顎鬚を生やし、赤い目をしている。緑色の胴は鱗に覆われ、長い尾が突き出し、尾の先には毒を持った突起が付いている。後世には、渦巻きのなかの半魚人とされた。
文献7、89、134、160
⇨　怪物

ピアスト
PIAST/S

　アイルランドの信仰と民間伝承に登場する怪物*。ビースト*、黙示録のドラゴン*、アポカリプティック・ビースト*とも呼ばれる。体の半分が蛇*、半分が鮭で、ドラゴン*のように火を吹く。ロッホ・ベル・ドラゴン（アイルランド語で「ドラゴンの口の湖」という意味）の暗い水底に棲むとされる。審判の日を前にして、大地の崩壊と主の再臨のしるしとして目覚める黙示録の獣*のドラゴンと同一視された。だが、聖パトリックがアイルランド中の蛇を支配下におさめたため、ピアストも審判の日まで、聖パトリックの支配を受けることになった。
文献134

ピアスト
BIAST
⇨　ピアスト

ビーアスト・ヴェラッハ
BIASD BHEULACH

　スコットランド沖に浮かぶヘブリディーズ諸島のスカイ島の伝説や民間伝承に登場する超自然的怪物*。オデイル峠付近に出没し、ふつうはグロテスクな一本足の男の姿で現われるが、恐ろしい獣や巨大なグレイハウンドだと描写されることもある。夜間、吠え声や金切り声が聞こえることがあり、それを聞いた者や峠越えをしなければならない者は、誰もが恐怖心をつのらせた。ある朝、ひとりの職人が脚とわき腹にぞっとするような傷を負って死んでいるのが見つかった。しかし、これ以降、ビーアスト・ヴェラッハは二度と姿を現わさなくなったという。
文献24、128、159
⇨　シック、ナシャス、パイジャ、ファハン

ビーアスト・ナ・スロガイグ
BIASD NA SROGAIG
⇨　ビーアスト・ナ・スログニグ

ビーアスト・ナ・スログニグ
BIASD NA SROGNIG

　スコットランド、ヘブリディーズ諸島の伝説と民間伝承に登場する生物。ぶかっこうな水棲馬、または巨大な足のせいで非常に無骨に見える、馬に似た生物とされる。頭頂から突き出ている角のために、その「険悪な角の獣」という意味の名が付いた。実際、それはスカイ島の湖に棲むと言われる伝説的な一角獣*の姿である。
文献7、89
⇨　アムドゥスキアス、アリコーン、オニュクス・モノケロス、カルカダン、麒麟、コレスク、スキュティアのロバ、ジャオ・ドゥアン（角端）、ミラージュ、リコーン、ロバ（3本脚）

ビアロザル
BIALOZAR

　ポーランドの民間伝説と伝承に登場する想像上の巨鳥。ロシアではクレウツェット*という名で知られている。

文献7
⇨ シームルグ、ロック

ヒイントカビイット
HIINTCABIIT

　米国西部に住む先住民、アラパホ族の伝承と信仰に登場する水棲の怪物*。ヒイントカビイットは頭に角の生えた巨大な蛇*で、山地の川や湖に棲んでいると言われる。伝説によると、ヒイントカビイットには妻がふたりいたが、二番目の妻リヴァー・ウーマンが子供を産んだ時、最初の妻クロー・ウーマンが彼女を溺れさせた。リヴァー・ウーマンの兄弟ビーバー・フットは悲しみつつも、生まれた子供を腕に抱き、姉妹の死体を見つけようと川べりを探し回った。そこへヒイントカビイットがリヴァー・ウーマンとともに水面に現われ、泣き叫ぶ子供に乳を与えようとしたため大洪水が起こり、村は水没寸前になった。運良くビーバー・フットは水を引かせることに成功し、リヴァー・ウーマンは再び水面に姿を見せた。ヒイントカビイットは狩人に撃たれ、リヴァー・ウーマンは部族のもとに帰ることができた。

　こんな伝説もある。ある有力な首長が放蕩者の兄弟、ライム・クレイジーを川向こうに連れて行き、山地に置き去りにした。ライム・クレイジーが川岸に鷲の羽根が落ちているのを見つけた時、一羽の鷹が彼に、川の番人に知らせると川を渡ることができると教えた。ライム・クレイジーの前に姿を現わしたのはヒイントカビイットだった。ライム・クレイジーは鷲の羽根をヒイントカビイットの角に結びつけると、その背中によじ登った。ヒイントカビイットの攻撃を受けたものの、ライム・クレイジーは無事に川を渡り、村へ戻ることができた。

　また川の怪物、特にヒイントカビイットと深い関係にあり、魚を食べようとしなかったヘアリー・フェースと呼ばれる女の伝説も残っている。1876年のある日、ヘアリー・ウーマンの孫息子が彼女の意に反して彼女の食事にこっそり魚を入れた。その料理を食べたヘアリー・ウーマンは死んだという。
文献77

ヒエラコスピンクス
HIERACOSPHINX

　エジプト神話に登場するスピンクス*。ヒエラコスピンクスはライオンの体とハヤブサの頭を持つと言われている。ホルス神ならびに彼の持つ太陽の力の象徴である。
文献89
⇨ アンドロスピンクス、クリオスピンクス、ハルマキス、ラマッス

ピオベ
PHIOBE

　ギリシア・ローマ神話に登場するティタン*のポイベ*の別名。
文献20、47、78、94、125、139、166、178

ピシノイ
PISINÖE

　ギリシア・ローマ神話に登場するセイレーン*のひとり。
文献178
⇨ アグラオペメ

ビスクラヴレット
BISCLAVERET, BISCLAVARET

　今ではほとんど使われないが、フランス北西部のブルターニュで狼憑き*を指すこれらの名前は、12世紀のマリー・ド・フランスの作品に見られる。近代のブルターニュでは、ブレイズ＝ガルヴ*やデン＝ブレ*という名前が使われるが、この人間に似た怪物*を示すには、ルー・ガルー*という名称のほうが一般的である。
文献128

ビスターンの龍
BISTERN DRAGON, THE

　イングランド、ハンプシャー州ビスターンのバークレー家に伝わるドラゴン*。16世紀以前に古英語で記された伝説（今もバーク

レー城にある）には、退治しようとする者すべてを殺し、その地方を荒らしていた恐ろしいドラゴン*とモリス・バークレー卿（モーリス・ド・バークレー卿）が対決した様子が物語られている。適切な英雄的な言葉で、ビヴァーストンのジョン・バークレー卿の息子モリス卿が戦いにおいてドラゴン*を殺す様子、彼自身も犬たちとともに悲劇的な死を遂げる様子が描かれている。バークレー家の家紋に犬たちが描かれているのはそのためである。

文献182

ピスハンド
PISUHÄND

　エストニアの民話に登場する、家に棲みつくドラゴン*。プーク*やトゥリヘント*とも呼ばれる。蛇*の体に4本足を持った、全長約60cmの小さなドラゴンである。

文献7

ビチャ
BICHA

　スペインの伝説と伝承に登場する怪物*。古代から、牡牛の体と人間の頭・顔を持つ怪物だと描写されている。

文献89

⇨　ラマッス

ピチャチュ
PICACU

　インドのタミル人の神話に登場する女怪物*で、グール*に相当するもの。

文献139、178

ビッグ・アウル
BIG OWL

　米国の先住民アパッチ族の伝説と信仰に登場する怪物*もしくは巨大なフクロウ。その描写は伝説によって異なる。アパッチ族のなかでもチリカワ族やメスカレロ族の伝説では、彼は邪悪な巨人*であり、ヒカリヤ・アパッチ族の伝説では、人間を罠にかけむさぼり食うために邪悪なひと睨みで獲物を石に変える悪意に満ちたカンニバル（食人種）*である。リパン族の同様の伝説は、ビッグ・アウルをずるい巨人としている。彼は自分の娘をそそのかして文化英雄の妻にならせようとする。その結果、ビッグ・アウルは彼を自分の思いのままにし、彼に殺されそうになる。しかしホワイト・マウンテン・アパッチの伝説では、彼は文化英雄である兄弟とともに、太陽の子孫の巨人である。ビッグ・アウルは完全な悪意から、世界の人間のみならず自分の兄弟までも滅ぼす。

文献24

ビッグ・フット
BIGFOOT

　米国とカナダの伝説や民間信仰に登場する人間に似た生物。サスクワッチ*という名で呼ばれる場合もあり、また北米先住民からは他のさまざまな名で呼ばれている。この生物は一般に身長2.1～2.3mの巨大な類人猿とされる。巨大な手足を持ち、体は黒もしくは茶褐色の長い毛に覆われ、歩く際には長距離レースのスキーヤーのように少し前傾姿勢をとる。並外れた力を持つと考えられ、巨大な松の木をマッチ棒のように折ると信じられている。この生物は深くて薄暗い、羊歯の茂った森、特にゴード山一帯やカリフォルニア州シエラネヴァダに棲んでいるが、カスケード山脈のセントヘレンズ山やアダムズ山、レーニア山やオレゴン州の海岸地域にもいる。この生物は、ある地域にずっと存在していると言われる。彼ら自身は観察されないが、彼らはキャンプしている人間（特に子供たち）や仕事中の木こりや、ハイウェイで車が壊れてしまった人間を観察している。

　ビッグフットが伝説や伝承に定着してかなりの年月が経過し、目撃談は3000件以上にのぼるが、実際に記録されたのは、1967年10月20日、ロジャー・パターソン、ハリー・ルンド、ジョン・ウォーターズが撮影に成功したのが初めてだった。米国の北カリフォルニアのブラフ・クリークの森で大きな雌のビッグ

フットらしきものが動き回る様子が数分間にわたって撮されている。ヘンリー・ファレンバック博士を含む人類学者や科学者は、この生物のものだと信じられている毛や他の手がかりのサンプルを、今もなお分析し続けている。

　ビッグフットは、ネパールのイェティー*やアボリジニ（オーストラリア先住民）のヤウイ*、日本の山男*といった、他の多くの謎めいた類人猿と同等のものだと考えられている。

文献16、78

⇨　セアトコ、フスティ・カプカキ

ビッグ・ヘッズ
BIG HEADS

　米国の先住民であるイロコイ族に伝わり信じられている一種の怪物*。フライング・ヘッド（飛ぶ頭）*という名でも知られ、巨大な生首にぎらぎら光る燃えるような目と洞穴に似た開いた口が付いているという。長くほつれた大量の髪に覆われ、そこからふたつのグロテスクな鉤爪の付いた足が生えている。暴風雨のあいだ、この髪に支えられ、ビッグ・ヘッズは無用心な人間を求めて嵐の空を飛んでくる。

文献38、138

⇨　ポンティアナク

ビッグ・マン＝イーター
BIG MAN-EATER

　米国南東部のアラバマ州に伝わる巨大なカンニバル（食人種）*。食欲旺盛なくせに、鳥を狩りに行っても怠け者で役立たずだった。そこで結局、無用心な人間を殺すことにした。しかしそれさえも非常な努力を要することが分かると、妻に脚を足って自分に食べさせるよう要求した。彼女は逃げ出して、憤慨する家族に夫の仕打ちを話した。彼女の兄弟たちはすぐに彼を殺し、体を火に投げ込んだ。彼が燃えると、黒い鳥と針を持つ羽虫の群れがその死体から飛び出した。

文献89

⇨　巨人

ヒッポカムポス
HIPPOCAMPOS, HIPPOCAMPUS

　ギリシア・ローマ神話に登場する水馬（ウォーターホース）。ヒッポカムポスは近代になると海馬*とも呼ばれるが、一般的には馬の前半身と魚の後半身を持つとされている。古代のヒッポカムポスは、海神ポセイドン／ネプトゥーヌスの水上を走る馬車を引いており、後半身がドラゴン*あるいは蛇*という説もあった。古代メソポタミアやギリシア、インドなど馬が存在した文明には必ず海馬の伝説があり、古代からヨーロッパのバロック時代に至るまで、4000年以上にもわたって青銅製品や銀器、絵画などにその姿を見ることができる。ヒッポカムポスは神々の乗り物でありながら、後年の諸説によると邪悪な行動をとる存在でもあった。

　ヨーロッパの紋章のデザインにも登場するようになったが、その姿は古代神話に登場するヒッポカムポスとはかけ離れたものとなっている。紋章に描かれるヒッポカムポスは馬の頭と胴体、魚の背びれに似たたてがみ、水かきの付いた前足、魚の尾びれを持ち、なかにはトビウオのような翼が生えているものもある。

文献7、20、89

⇨　アーヴァンク、アッハ・イーシュカ、エンドロップ、ゴボーチヌ、ヒュドリプス

ヒッポグリフ
HIPPOGRYPH, HIPPOGRIFF

　ヨーロッパの民間伝承に登場する想像上の怪物*。名前の示す通り、馬とグリュプス*の融合体である。前半身はグリュプスで鷲の頭とライオンの足、鷲の鉤爪、翼の生えた馬の背中を持つとされ、氷に閉ざされたヨーロッパ最北の地、リパイオス山脈に棲むと言われる。イタリアの作家、ルドヴィコ・アリオスト（1474〜1573）の『狂乱のオルランド』（1516）にヒッポグリフに関する記述がある。それによると魔術師アトランテスはヒッポグ

ヒッポケンタウロス

ヒッポグリフ。17世紀のイタリアの印象。

リフを飼い慣らし、乗り物にしていたという。アリオストはローマの詩人ウェルギリウスの一節「Iungeant iam grypes equis（グリュプスと馬をかけ合わせる）」、すなわち「不可能なことを試みる」からヒッポグリフの起源を説明したとされている。
文献7、18、20、89
⇨ ペガソス

ヒッポケンタウロス
HIPPOCENTAUROS

　ギリシア・ローマ神話に登場するケンタウロス*の最も一般的な姿の名称。名前の示す通り、馬の胴体と脚の上に人間の上半身と頭が付いている。一般的にケンタウロスといえば、異なる動物の融合体である。誰もが知っているケンタウロスは人間の全身と馬の後半身が合体したものだろう。他にもオノケンタウロス*、イクテュオケンタウロス*、アポタルニ*といった種類のケンタウロスが存在する。大プリニウスは『博物誌』（77）のなかで、蜂蜜漬けにされた一体のヒッポケンタウロスがエジプトからローマに送られたと述べている。この逸話は後年セヴィーリャのイシドルス（560～636）の作品や中世ヨーロッパの動物寓話集にも収められた。

文献7、20、78、89、91、125、133、167、178
⇨ エウリュトス、ケイロン、ネッソス、サジタリウス

ヒッポセルヴス
HIPPOCERVUS
⇨ ヒッポセルフ

ヒッポセルフ
HIPPOCERF

　中世の民間伝承やヨーロッパの紋章デザインに登場する混成動物。ヒッポセルヴス*ともいう。鹿の頭と前半身、馬の後半身を合わせ持つとされる。優柔不断さの象徴である。
文献7

ヒッポポデス
HIPOPODES

　ギリシア・ローマ神話に登場するケンタウロス*で「馬足」の意。馬の足とひづめ以外はほとんど人間と変わらない姿をしており、スキュティア地方に棲むと言われている。
文献7

ヒッポリュトス
HIPPOLYTUS

　ギリシア・ローマ神話に登場する巨人*。ギガンテス*のひとりで、他のギガンテス同様、去勢されたウラノス*の血がしたたり落ちた大地から生まれたと言われる。これらの巨人は誕生した時にはすでに成人しており、鎧兜に身を固めていた。ティタン*を打ち負かしたオリュンポスの神々に戦いを挑んだが、失敗した。ヒッポリュトスとは「馬の暴走」を意味し、神々との戦いにおいて最後まで生き残った。だが他のギガンテスたちと同様にぽっかりと口を開けた地割れのなかに投げ込まれ、山や火山の下敷きにされた。
文献24、133、169、178
⇨ アロアダイ、キュクロプス

ヒディンバ
HIDIMBA

　インドのヒンドゥー教神話に登場するカンニバル（食人種）*。ヒディンバはアスラと呼ばれる怪物*・悪魔の一種に属する。森の奥深く、犠牲者たちの骨が散乱する洞窟で暮らしている。美しい妹ヒディンバーを使って、疑うことを知らず自分たちが料理されるとは知りもしない旅行者たちを食事に誘い、洞窟までおびき寄せる。だがある日、ビーマという男を誘惑したヒディンバーは彼に恋をしてしまい、危険が迫っていることを告げて逃がしてやろうとした。ビーマは勇敢にも恐ろしい怪物ヒディンバに立ち向かうと激しい死闘を繰り広げ、ついにそのカンニバルの命を奪った。恐怖にふるえながら戻ってきたヒディンバーはビーマの妻となった。
文献112

人食いアグネス
BLACK AGNES

　イギリスのレスターシャーに伝わる恐ろしい女のオーグル*、人食いアニス*の別名。
文献159

人食いアニス
BLACK ANNIS

　人食いアグネス*という名でも知られる邪悪な恐ろしい鬼婆。イギリス、レスターシャーのレスターにほど近いデイン・ヒルズに棲む。もともとはケルトの女神ダヌに由来するようだが、人食いアニスになってからの彼女は、長い鉤爪と黄色い牙を持つ強く恐ろしい超自然的鬼婆である。自分で岩を削って作ったと言われる「人食いアニスの隠れ家」という洞穴に棲む。その地域の羊の群れを分娩中に襲うと考えられた。もっと恐ろしいことに、彼女はカンニバル（食人種）*で、その地方の子供を誘い出してむさぼり食う。彼女は夕暮れ時にデイン・ヒルズに迷い込んだ子供たちを捕まえた。彼女は食べる前に皮をはぎ、むさぼり食ってはその骨を撒き散らし、皮を木に吊り下げて乾かした。恐怖と死を支配する彼女の恐ろしい力は、子供たちが遠くに出ないよう言い含めるための子供部屋のボーギー*として、親たちにうまく利用された。
文献67、159、169、181
⇨ ババ・ヤガ

人さらいのネリー
NELLIE LONG ARMS, NELLIE LONG-ARMS

　イングランドのダービーシャー、チェシャー、ランカシャー、シュロプシャー、ヨークシャー地方の民間伝承に登場する、邪悪な女怪物*。緑色の長い髪と歯を持つ半人半獣で、異常に腕が長く、指は蜘蛛のような形をしている。よどんだ水のなかに潜み、無鉄砲な子供やいたずらっ子が近寄ってくると、その子供を捕まえて水中に引きずり込む。そうして犠牲になった子供は二度と見つからない。彼女は、子供たちが度をすぎた冒険をしたり害のあるものに近寄ったりしないよう、心配する親たちが子供に言い含めるための子供部屋のボーギー*であることは言うまでもない。
文献21、24、160、170、183
⇨ 河童、グリンディロー、ペグ・パウラー、緑の牙のジェニー

ヒドルス
HYDRUS

　中世ヨーロッパの動物寓話に登場する蛇*。イドルス*とも呼ばれるこの奇妙な蛇は、エジプトのナイル川のほとりに棲んでいるとされた。3つの頭を持つ蛇あるいはドラゴン*で、ギリシア神話のヒュドラ*と混同して描かれることもある。ヒドルスはワニと敵対関係にあり、川べりで出くわすと泥のなかにもぐりこんで、体が完全に滑りやすくなったところでぱっくりと裂けたワニの口にすべりこむ。体内へ入り込んだヒドルスはなかから胃壁をつき破って飛び出し、ワニを殺す。この奇妙な行動は、教会が強い支配力を持っていた中世の社会を考えれば納得がいく。これはキリストの陰府降下と復活、不当に罰を受け

た人々の解放を象徴したものなのである。
文献14、91、149、185

ビナィエ・アハニ
BINAYE AHANI
　米国の先住民であるナヴァホ族に信じられている怪物*。グロテスクな胴体をした手足のない双子の姿で現われた。彼らは餌食にする他の生物に対し悪意に満ちていた。危険を冒して近づいたり、彼らを見たりした生物は皆、その目の力で殺された。彼らは頭のないテルゲス*や羽の生えたツァナハレ*と血縁関係にあり、彼らとともにアナイエ*と呼ばれる怪物のグループを形成している。
文献7、119、159
⇨ 巨人

ビナィエ・アルバニ
BINAYE ALBANI
⇨ ビナィエ・アハニ

ピ・ネレスケ
PI NERESK
　旧ソビエト連邦のマリ人（チェレミス人）の民間信仰に登場する、人間型の邪悪な怪物*。名前は「犬の鼻」という意味。人間の姿をしているが、手足は1本ずつしかなく、犬の鼻を持つとされる。人間を獲物とし、鋭い嗅覚で、シベリアの森を旅する人間の後をつける。ふたり組で狩りをするので、その足跡を見た被害者は、人間の足跡だと騙されているうちに、捕まって餌食にされる。
文献165
⇨ フーア、ファハン

火の巨人
FIRE GIANTS
　北欧神話に登場する巨人*の種族。この巨人の長はスルト*と呼ばれる。火の巨人はムスペルヘイムと呼ばれる灼熱の地からやってくる。そこには偉大な巨人ムスペル*とその息子たちである炎が棲んでいる。世界の終末ラグナレクをもたらすのは彼らである。
文献127、139

火の鳥
FIREBIRD
　古いロシアの伝説に登場する想像上の鳥。純金の羽根とまばゆいばかりの水晶の目を持つ天空の生物。この鳥はドルマート王の壮大な庭で草を食んで生きていたが、ヴィスラフ・アンドローノヴィチ王の庭の見事なリンゴを好み、ときおりそれをくすねていた。ヴィスラフ王は鳥の飼い主である隣人を妬ましく思い、鳥を奪い取ることに決めて、3人の息子、ドミートリイ、イワン、ワシーリイにその実行をゆだねた。結局、イワンが魔法の狼の力を借りて不思議な鳥を見つけ、仕留めるが、嫉妬深い兄たちに待ち伏せされて殺された。ドミートリイとワシーリイはそれから火の鳥を父のもとに持ち帰った。しかし、兄たちには知る由もないことだったが、実はイワンは、ドルマート王に命じられた仕事をまっとうすることによって、正当に火の鳥を

彼の魔法の馬が不思議な火の鳥に歩み寄り、広げた輝く巨大な翼を踏みつけ、大地に押しつけた。

手に入れていたのだった。そして魔法の狼の力で命を取り戻すと、この王子は兄たちの殺人未遂行為を暴露した。イワンは火の鳥を確保し、兄たちはイワンを殺そうとした罪で牢に入れられた。

別の伝説によれば、ある戦士がロシア全土を支配する王に火の鳥の尾の羽根を献上した。ところが王は満足せず、鳥自体を持ってくるよう戦士に命じた。戦士はこの使命におののき悲歎に暮れた。というのも火の鳥は巨大なうえ、ひどく獰猛だと聞いていたからである。それでも彼は鳥を罠にかけることができた。広い野原にトウモロコシを撒き散らして木の陰に隠れていると、鳥が舞い降りてきたのである。それから、彼の魔法の馬が不思議な火の鳥に歩み寄り、広げた輝く巨大な翼を踏みつけ、大地に押しつけた。それから火の鳥は頑丈な縄で縛られて王のもとへ連れていかれた。

文献42

⇨ フェニックス、フォン・フアン（鳳凰）

火の龍

FIRE DRAGON

米国北東部の先住民であるヒューロン族とイロコイ族の創世神話に登場する天空の生物。伝説によれば、ある若い女性が、「全地の長」に妻となることを望まれた。彼女の名はアタエンシクと言った。アタエンシクは幾多の試練を課せられて能力を証明したのちに、花嫁となるべく天空へ昇ることができた。天空への旅を終え、そこで暮らすようになってしばらくすると、彼女は子供を身ごもった。だが、全地の長はそれが自分の子であることに不審を抱き、理不尽にも火の龍に対する疑いをつのらせた。結局、アタエンシクと子供は雲の隙間から地上へ捨てられ、そこで思いやりのある生物たちに助けられて、人類の祖先となった。

文献139

⇨ ドラゴン

ピフエチェニ

PIHUECHENYI

チリのアラウコ族の伝承と信仰に登場する怪物*。翼を持つ大蛇で、夜に森で眠る人間のもとに現われ、その血を飲む。ヴァンパイア*の仲間。

文献139

ビーマ

BHIMA

インドのヒンドゥー教神話に登場する巨人*。ヴリコーダラ*という通り名でも知られているが、これは「狼の腹」という意味で、彼は食欲旺盛で他の者たちの分まで食べてしまうこともしばしばだった。ビーマは巨大な体格をしていて、非常に強かった。彼は父である風神ヴァーユから受け継いだ能力で飛ぶこともできた。彼は偉大なる戦士で、戦場でも非常に勇敢だった。しかし邪悪な人間や悪魔に出会うと、彼らと同じぐらい残酷になった。若い時、彼の地位と力に嫉妬した従兄弟がビーマに毒を盛り、ガンジス川にその巨大な体を捨てた。聖なる川のなかにいた蛇*はこの巨人に気づくと、彼を生き返らせた。

ビーマはひどい目に遭わされた者たちを擁護した。プローチャナからパーンダヴァたちを救い、ドラウパディーを陵辱しようとしたジャヤドラタとキーチャカを殺し、のちに彼女を死からも救った。ビーマは悪魔ヒディンバ*を戦いで殺した後、その妹ヒディンバーと結婚し、彼女とのあいだにガトートカチャという息子をもうけた。のちに彼はカーシー［ヴァーラナシー（ベナレス）の古名］の王女バランダラーと結婚し、サルヴァガという息子をもうけた。彼は他にもバカをはじめとする数多くの悪魔を殺し、神々は非常に感心したので、人間たちの虐殺を猶予した。

偉大なる戦士ビーマは、多くの悪魔や超自然的な敵と戦うことができた。彼の偉大なる戦いは『マハーバーラタ』に詳しく書かれている。この叙事詩には、ビーシュマや、マガダ国の王子ドゥフシャーリナとドゥリヨーダナに対する彼の勝利が記録されている。のちに、

ドリタラーシュトラ王が復讐のため、ビーマを王宮の祝典に招いて殺そうとした。しかしクリシュナ神がビーマを守るため、彼の席に鉄の人形を座らせた。レプリカは身代わりとなって粉々にくだけた。

文献112

ヒマパーンダラ
HIMAPANDARA

インドのヒンドゥー教神話に登場するローカパーラ・エレファント*の一頭。『ラーマーヤナ』によるとその名は「雪の宮殿」を意味し、背中にクヴェーラ神を乗せて世界の北側にあたる4分の1を守護するという。

文献7、24、112

百手の巨人
HUNDRED-HANDED GIANTS

ギリシア・ローマ神話に登場する巨人*。ガイア*とウラノス*のあいだに生まれた原初の息子たちで、その名の示す通り50の頭と100本の腕を持つ巨人であり、怪物*の祖ともいうべき存在である。ギリシアではヘカトンケイレス*、ローマではケンティマネス*と呼ばれるが、どちらも「百手の」という意味。もともとはブリアレオース*、コットス*、ギュゲス*の3兄弟であったが、エンケラドス*など他の巨人も後に登場した。息子たちの外観を嫌悪したウラノスは3人を冥界タルタロスへと押し込んだ。ティタン*とは兄弟関係にあり、ティタンと戦ったオリュンポスの神々とも関係がある。ガイアは冥界タルタロスにいる百手の巨人がティタンを倒す手助けをしてくれるはずだとオリュンポスの主神ゼウスに入れ知恵した。解放された百手の巨人たちは神々を助け、勝利をおさめた神々はティタンを冥界タルタロスに閉じ込めた。こうして百手の巨人たちは神々の守護を務めることになった。

文献133

ヒュドラ
HYDRA

ギリシア・ローマ神話に登場する怪物*。ヒュドラはエクセドラ*としても知られているが、アルゴリスのレルネーにある沼地に棲むため「レルネーのヒュドラ*」と呼ばれることが多い。怪物エキドナ*とテュポン*の子供と言われる。ヒュドラは犬に似た巨大な体を持ち、そこから毒のある息を吐く蛇の頭が生えている。蛇の数には諸説あり、9匹、50匹、100匹、あるいは1000匹の蛇の頭が伸びているという。そのうちの1匹は不死身だが、他の蛇も切り落とされてもそこからもっと多くの蛇が生えてくる。ヒュドラ退治はエウリュステウス王から英雄ヘラクレスに課された12の難業のうちの2番目であった。最初にヘラクレスは蛇の頭に切りつけたが、さらに多くの蛇と格闘する羽目になった。そこで御者イオラオスを呼んで助けを求め、木々に火を放って燃えさかる枝を手にとった。その枝でヘラクレスは新しい蛇が生まれる前に首の切断面をひとつひとつ焼いていった。蛇たちの数が徐々に減っていくとともにヒュドラの力も弱まっていき、ついに生き残ったのは不死身の蛇だけとなった。ヘラクレスは不死身の蛇を切り刻むとその毒液に自分の矢を浸し、シューシューと音を立てる蛇の頭を巨大な岩の下に埋めて二度と生き返れないようにした。

その後ヒュドラは、新約聖書のヨハネ黙示録に登場する黙示録の獣*と同一視された。この解釈の立場では、最後の審判の日に先立つ神と悪魔の決戦において、ヒュドラは大天使ミカエルの敵となる。この場合、9つの頭と2本の足を持つドラゴン*、すなわちワイヴァーン*のような姿をしていることが多い。またヒュドラは、贅沢や偽善の象徴として、たびたび中世の動物寓話集にも登場した。その姿は今もなお、多数の頭を持つドラゴンとしてヨーロッパの紋章に描かれている。

文献5、7、18、20、61、78、89、91、133、134、139、178、182、185

⇨　アポカリプティック・ビースト

ヒュドラの頭を切断すると、そこからさらに多くの頭が再生してくる。

ヒュドリプス
HYDRIPPUS

　中世ヨーロッパの伝承に登場する混成怪物。馬の前半身に金の鱗に覆われた魚の尾が付いている。中世の動物寓話集では魚の首領あるいは王として描かれ、その命令に従わなかった魚は漁師の網にかかる運命にあるとされた。
文献 7
⇨　海馬、ヒッポカムポス

ピュトン
PYTHON, PYTHO
　ギリシア・ローマ神話に登場する蛇*、ドラゴン*。デルポイ付近を襲ったデウカリオンの大洪水後に残った泥から生まれたとされる。ピュトンは大変大きく成長し、守護する神託所をすっぽりと囲んでとぐろを巻いた。女神ヘラは、レトがゼウスをめぐる恋敵となったことを知り、ピュトンを差し向けてレトを殺させようとした。だが海神ポセイドンがレトを波間にかくまったので、ピュトンが見つけられずに戻ってくると、パルナッソスの谷で若い神のアポロンが待ち受けていた。アポロンに、ヘパイストスが鍛造した矢で射られて、ピュトンは苦しみながら死んだ。遺骸が腐って異臭を放っていた場所が、デルポイの神託所となり、アポロンは、勝利を記念してピュトン競技を創始した。
文献5、20、24、61、78、89、125、139、166、169、178

ヒュブリス
HYBRIS
　ギリシア・ローマ神話に伝わるサテュロス*のひとり。人間の顔と尖った耳、角、毛深い男性の上半身、そして山羊の下半身と脚を持つとされている。常に酔っ払っている首領シレノスの従者で、ワインの神ディオニュソス／バッカスに仕える。森林や山地、田園地帯に棲み、ニンフを追いかけたり、常に集団で行動し、酒に酔っては好色な行為を繰り返したり、無作法な振る舞いをし悪ふざけに興じたりすることで知られている。ヒュブリスとは「強欲」を意味し、その名にもこうした気質が反映されている。
文献7、14、24、89、125、160

ヒュペリオン
HYPERION
　ギリシア・ローマ神話に登場するティタン*のひとり。ウラノス*とガイア*の息子であり、同じくティタンのテイアとのあいだに暁の神エオス、太陽の神ヘリオス、月の女神セレネをもうけた。ランペイアとパエトゥサという娘の父でもある。
文献20、38、125、133、166、178

ヒューマン・スネーク
HUMAN SNAKES
　米国南東部およびオクラホマに住む先住民、セミノール族の伝説や伝承に登場する人間に似た怪物*。普通の人間たちに邪悪な心を蔓延させる強い力を持っている。ある民話によると、ひとりの若者が部族のダンスの場で美しい少女に誘惑され、少女を家まで追っていったという。すると恐ろしいことに、洞穴のなかに生えた1本の木の下に住んでいる少女の家族はみな大蛇だった。彼はなんとかその場から逃げおおせたものの、怪物たちの魔力から逃れることはできず、若者は日一日と弱っていった。村人たちは若者から話を聞き出し、自分たちの目で確かめようと洞穴へ向かう。ヒューマン・スネークたちの脅威を一掃するために呪医が呼ばれ、経血を燃やして作った灰を鹿皮に包んだ薬包が用意された。村人たちとともにヒューマン・スネークの隠れ家へ向かったひとりの生理中の女が、その薬包を洞穴のなかに降ろした。薬包はその効力を発揮し、怪物たちは大蛇から体のねじれた人間や半人半蛇の姿に変身して、苦しみにのたうちまわりながら死んでいった。
文献77
⇨　蛇

ヒューミリティ
HUMILITY
　19世紀から20世紀初頭にかけて、特にウィスコンシン州およびミネソタ州の木こりや森林労働者たちの民間伝承に登場する生物。親しみをこめてフィアサム・クリッター*と呼ばれる怪物*の一種で、その極端な姿や行動のせいで、寂れた場所で聞こえてくる不気味な物音の説明に使われたり、キャンプの時の楽しい語り草にされたりした。ヒューミリティが最初に登場するのは、サミュエル・ピーターズ師が1781年に記した『コネティ

カットの歴史（General History of Connecticut）』である。鷲の目を持つ鷲に似た姿の鳥だが、きわめて素早く鋭い動きを見せる。
文献24、178

ヒュミル
HYMIR

　北欧神話に登場する巨人*。二柱の神ティウとチュールの父だが、アース神族への憎悪が消えることはなかった。ヒュミルは世界の東端に棲み、天空ほどもある巨大な酒瓶を持っていた。神々が盛大な酒宴を計画した時、大量のミード（蜜蜂酒）を入れておけるだけの大きさの酒瓶を誰も持っていなかったため、トール神がヒュミルに酒瓶を借りに行った。ヒュミルは考えておこうと返事をし、ふたりは釣り勝負をしに出かける。ヒュミルはとっておきの牛を2頭従えるとトールとともにボートに乗り込み、牛の頭を釣り餌にした。一番大きな魚を釣った者が勝者となるのだ。ヒュミルは大きな鯨を2頭釣り上げるが、トールは世界蛇ミズガルズオルム*に釣り餌を奪われる。神話のなかにはヒュミルが恐怖のあまり海に身を投げて溺れ死んだとするものもあるが、それとは別に、ヒュミルがトールの釣り糸を切り、ふたりで鯨を引き上げて食べたという説もある。それでもまだ物足りなかったヒュミルはトールを飲み比べに誘い、その後どちらが早く酒杯を割ることができるか競争しようと持ちかける。だがどれほど力を尽くしても酒杯は割れない。結局その酒杯を割ることができたのは、唯一ヒュミルの額だけなのだった。この時にヒュミルがトールに酒瓶を持っていくように言ったとされるが、トールが勝手に酒瓶を持ち逃げしたという説もある。そのまますんなりと帰すわけにもいかず、ヒュミルは巨人の一群を従えてトールの後を追う。トールは巨大な神槌で巨人たちを打ち殺し、酒瓶を無事アースガルズに持ち帰ることができた。
文献47、125、133、139、166

ヒュライオス
HYLAIOS

　ギリシア・ローマ神話に登場するケンタウロス*。ヒュライオスは「ウッドマン（森の人）」としても知られる。美女アタランテに惚れ込んでしつこくつきまとい、ついにはアタランテの報復を受けて殺される。別の説によれば、ケンタウロス*と英雄ヘラクレスの戦いの最中に命を落としたとも言われている。
文献169、178

ピュラクモン
PYRACMON

　ギリシア神話に登場するキュクロプス*のひとり。アルゲス*とも呼ばれる。
文献169、178

ピュラスーピ
PYRASSOUPI

　アンブロワーズ・パレ（1517～1590）作『怪物と驚異について』に描かれた、アラビアの一角獣*。ラバの大きさと姿で、毛むくじゃらの熊のような黄茶色の毛をした偶蹄目。額から、2本のねじれた角が突き出しているところが一角獣と違っている。その角を水に浸したものは、毒蛇に噛まれた時の解毒剤の飲み物となる。
文献147
⇨　カンフュール

ピュロイス
PYROIS, PYROEIS

　ギリシア・ローマ神話に登場する、巨大な翼を持つ太陽の馬*の1頭。ローマの詩人オウィディウスは『変身物語』で、アイトン*、エオス*、プレゴン*、ピュロイスが、太陽の馬車につながれ、毎日、天を横切る様子を書き残している。
文献89、133、139

ピョング
PYONG

　中国の民話伝説に登場する巨鳥。『アラビ

ピラヌ

ピュラスーピ。アフリカの一角獣。

アンナイト』に描かれたロック*に大変よく似ている。
文献 7

ピラヌ
PIRANU

アルゼンチンの民間伝承に登場する怪魚。大きな黒い魚だが、馬の頭と大きな目を持ち、川の深みに棲息するとされる。縄張りに入り込んでくる人間に対しては特に凶暴で、船に激しくぶつかって人間を溺れさせる。
文献134

⇨ 海馬、怪物、ブロントンの怪物、ロッホ・ネス・モンスター

火龍
FIRE-DRAKE

この名を持つ生物には次の二種類がある。

(1) ヨーロッパのケルトの伝説とゲルマン人の伝説に登場するドラゴン*。火を吐き空を飛ぶ偉大なドラゴンであり、イギリス諸島の湿地帯や沼沢地またはヨーロッパ北部の山の深い洞窟に棲息すると言われる。どんなところに棲んでいるとしても、この火龍の第一の仕事は財宝の守護であり、彼らは恐ろしい敵である。英雄ベーオウルフが同名の8世紀英国の叙事詩のなかで最後に戦う相手がこの火龍（古英語で draca とか wyrm）である。

(2) イギリスの学者、作家のJ・R・R・トールキン（1892〜1973）の小説『ホビット』と『指輪物語』のなかでウルローキ*と

呼ばれるドラゴンの一種。邪悪なモルゴスによって生み出されたこの恐ろしい生物は、伝説のドラゴンと同様にコウモリのような翼で空を飛び回ることができ、地上のあらゆるものに破壊的な火を吐きかけた。この仲間のなかでも特に恐ろしいのは黒龍アンカラゴン*、黄金龍スマウグ*という名のエレボールのドラゴン、そしてグラウルング*の三頭だった。
文献7、20、24、51、89、160

ヒルグワン
HIRGUAN
カナリア諸島のゴメラ島の部族の信仰に登場する邪悪な怪物*。ふさふさとした長い毛に覆われた人間そっくりの巨大な獣で、古代のカナリア諸島で崇拝されていたオラハン神と敵対していた。
文献125

ビルダッド
BILDAD
19世紀から20世紀初頭にかけて、米国、特にウィスコンシン州やミネソタ州の木こりや森林労働者のあいだに伝わっていた生物。ビーヴァーほどの大きさだが、鉤状のくちばしと水かきのある足、そして奇妙なことに巨大で柔軟な後ろ脚が付いており、その力を使って40m近く空中を飛ぶことができる。自分の棲む川や小川で食べ物を捕まえる。普通は大きなマスが水面に上がってくるのを葦のしげみで待っている。それから飛びはね、魚の目の前に降り、さざ波すら立たないうちに魚をすくいあげる。ビルダッドはフィアサム・クリッター*と愛情をこめて呼ばれる存在の一種で、その誇張された体格と行動は、ひと気のない場所で聞こえる不気味な音の正体を説明するだけでなく、キャンプの楽しい語り草となった。
文献7

ヒルディスヴィニ
HILDESUINI, HILDESVINI
北欧神話に登場する巨大な野生の猪。ヒルディスヴィニとは「戦いの猪」を意味し、女神フレイアと深い関係にある。グリンブルスティン*やスリーズルグタンニ*と同様に戦いや狩りの場で神々を乗せ、森林の藪を猛烈なスピードで駆けまわる。
文献7、78、89、105
⇨ アイトーリアの猪、エスキスエルウィン、エリュマントスの猪、カフレ、カリュドンの猪、セーフリームニル、トゥルツフ・トゥルウィス、ブアタ、ブゴット、ベイガド、ベン＝グルバンの猪

飛廉
ひれん
⇨ フェイ・リエン

ビングバファー
BINGBUFFER
米国の先住民オザーク族に伝わる怪物*。ランドルフ（1951）の報告によれば、オザーク山脈に棲むトカゲに似た怪物だという。
文献94
⇨ ガウロウ、ゴリゴグ、ストレンヴルム、フィリールー

ヒーンクーメメン
HINQUMEMEN
水でできた体を持つ非常に変わった怪物*で、「飲み込むもの」としても知られる。ヒーンクーメメンは、カナダのブリティッシュ・コロンビアに住む先住民、クールダレーヌ族の伝承と信仰に登場する湖。うかつにもこの湖から水を汲んで持ち帰ろうとする者は、ヒーンクーメメンに追われてすっぽりと飲み込まれ、湖に連れ戻されて溺れ死ぬ。こうしてこの湖は恐れられるようになり、誰ひとり近寄る者はなくなった。
文献134

∞ フ ∞

フーア［複数：フーハン］
FUATH, FUATHAN (pl.), FUATHS (pl.)

　スコットランドのゲール系民間伝承で、水と結びついた邪悪な存在が恐ろしい形で現われたもの。アラクド*またはフーアラッド*と呼ばれることもある。不気味に変形した人の姿をしていると言われ、たいていはぼさぼさの黄色い毛で覆われており、顔には鼻がなく、緑色のローブからは水かきの付いた足が突き出し、長く先のとがった尻尾がのぞいている。彼らはとてつもなく邪悪で、人間に対する悪意に満ちているが、たいてい湖や海岸の果てや遠くの川などの辺境のなわばりで生活しているので、見かけることはめったにない。以下の生物たちもフーアと同じ種類に属する。ヴーア*、ウリシュク*、クアハック、クーニアック、グラシュティグ*、シェリーコート、ファハン*、フィジアル、プロラハン、ペアライ*、ベヒル*。

文献7、21、24、78、128、134

フーアラッド
FUATH-ARRACHD
⇨　フーア

ファーヴニル
FAFNIR, FAFNER

　北欧神話と現在のドイツ北部に当たる地域のゲルマン神話に登場する恐ろしいドラゴン*。ファーヴニルはドワーフのフレイズマルの3人息子のひとりで、ほかのふたりはオッテルとレギンだった。神ロキがオッテルを本物のカワウソと思い込み誤って殺してしまったため、フレイズマルは彼に賠償金を要求した。そこで悪賢くいたずら好きのこの神は、カワウソの皮を黄金で埋めつくす約束をする。そしてこれを実行したが、黄金のなかに、持ち主に富をもたらすと同時に永遠の不幸をもたらす指輪を混ぜておいた。この指輪を手にした瞬間から、呪いは始まった。欲に目がくらんだファーヴニルは兄と共謀して黄金を盗み、父を殺害した。しかし、兄と宝を分け合うつもりはなく、グリタヘイドへ逃亡し、そこで宝を隠して世にも恐ろしいドラゴンに変身した。レギンはこのことをジグルズという若者に話し、このドラゴンを殺すよう説得する。そこでジグルズはファーヴニルの通り道に穴を掘り、そこに潜んだ。ファーヴニルがやってくると、ジグルズはドラゴンの下腹に剣を突き刺して殺すことに成功した。ジグルズはドラゴンの心臓を取り出し、それを火であぶった。そうしているうち、彼は火傷を負い、指を口に入れた。するとドラゴンの血が彼にあらゆる言葉を理解する力を授けた。こうして彼は、今度は自分がレギンに殺されようとしていることを知る。そこで彼はレギンを殺し、黄金を手に入れた。リヒャルト・ヴィルヘルム・ワーグナー（1813～1883）の楽劇「ニーベルングの指環」では、ジグルズはジークフリートと呼ばれ、ふたりの兄弟はアルベリヒとミーメと改名されている。

文献7、24、78、89、105、125、133、139、166

ファグア湖の怪物
MONSTER OF LAKE FAGUA

　チリのファグア湖地方の民間伝承に登場する怪物*。1784年の新聞に掲載され、その記事は現在パリの国立図書館に所蔵されている。蛇のような長い体に翼があり、ふたつの尾のうちひとつは先がとがって槍として使われ、もうひとつは獲物を捕まえるための吸盤が付いている。人間に似た顔にロバのような大きな耳があり、頭頂から角が突き出し、馬のような長いたてがみを持つ。夜間に湖から姿を現わして周辺の家畜を襲って食べたので、土地の人々に恐れられた。

文献134

⇨　グイリヴル

ファーザー・フラグとマダム・フラグ（むち打ち氏とむち打ち夫人）
FATHER FLOG AND MADAM FLOG, MOTHER FLOG

　イギリスとアメリカの親たちがよく話に出すふたりのオーグル*で、その恐ろしい姿は、やんちゃな子供を脅してよい子にさせるために利用された。1930年代のアメリカ漫画に登場したが、もとになったのは19世紀初頭のフランスの物語である。ファーザー・フラグは背が高くすらりとした男で、髪を隠すようにぺしゃんこの帽子をかぶっていたが、襟の高いシャツと上着のあたりから結んだ髪がはみ出ていた。また、古めかしいズボンと靴下とバックル付きの靴も着けていた。当時の「三文小説」には、やんちゃな子供をむち打ち、背負いかごに入れて地元の拘置所に連れていく彼の様子が描かれている。彼は嘘をつく子供の舌を切り、活発すぎる女の子を檻に入れる。

　マダム・フラグはがっしりとした体格で、大きなフリルの付いたボンネットをかぶり、巨大なスカートの上にゆったりした上着を着て、足にはバックル付きの靴をはいている。彼女は特大の鍋のなかに隠れて欲張りな子供が盗みを働くのを取り押さえ、怠け者の女の子に「低能帽」と呼ばれる円錐形の帽子をかぶせ、ずる休みをする男の子を捕まえ、背負いかごに入れて連れ去る。しかし、彼女はよい子には砂糖菓子を与え、悪い態度を反省した子は自由にしてやる。

　イギリスとアメリカの、これらの子供部屋のボーギー*は、フランスの鞭打ちじいさん*が起源である。

文献182

ファスティトカロン
FASTICALON

　この名を持つ生物には次の2種類がある。

　(1)中世ヨーロッパの旅行者の伝説に登場するアスピドケロン*の別名。前2世紀にエジプトのアレクサンドリアで書かれたとされる『フィジオロゴス（Physiologus）』では、石の皮膚を持つ海の怪物*と記されている。しかし、アングロサクソン時代のイギリスの動物寓話集によれば、ファスティカロンという名は「大洋の流れに浮かぶもの」の意味であり、この生物はクジラくらいの大きさで、周囲に海藻や波が寄せているせいでまるで岩のように見えるが、きわめて攻撃的で、人間にとって危険な存在である。さらにこの本によれば、この怪物は島を装って船員たちを騙し、彼らが自分の背中の上で火を焚いてすっかりくつろいでいると、いきなり海の底に潜り、犠牲者をむさぼり食う。また、人間の獲物がいなければ、この生物は甘い香りを作り出し、口を大きく開けて香りをふりまいて、魚の大群を引き寄せるとも書かれている。魚群が口のなかに入り込んだとたんに、罠はばたんと閉じられ、何千匹もが一気に飲み込まれるのである。こうした説明は、くつろいだり甘い香りを嗅がされたりすると、簡単に騙されて道を踏み外してしまいやすい人間の弱さを暗示している。

　(2)イギリスの学者、作家のJ・R・R・トールキン（1892〜1973）の小説『ホビット』と『指輪物語』に登場する怪物。この奇怪な生物は、アングロサクソン時代の動物寓話集にある同名の動物をそのまま採用したもので、トールキンはこれを、人々が島と間違えるほど巨大な大亀の一種と説明している。人々が背中でキャンプを始めると、ファスティトカロンはそのまま沈み込み、彼らを溺れさせた。

文献18、51、89

ブアタ
BUATA

　メラネシアのニューブリテン島の伝説と伝承に登場する超自然的怪物。巨大な牙を持つ生物で、野生の猪に似ているが、それよりもずっと大きく強い。人間の言葉を話し理解する能力を持ち、人間を餌食にするが、伝説のなかの多くのオーグル*同様、知恵がまわらないので、騙されて獲物に逃げられることもある。

文献113
⇨ アイトーリアの猪、エスキスエルウィン、エリュマントスの猪、怪物、カフレ、カリュドンの猪、セーフリームニル、戦いの猪、トゥルツフ・トゥルウィス、ヒルディスヴィニ、プゴット、ベイガド、ベン＝グルバンの猪

ファッパーノッカー
WHAPPERNOCKER

19世紀から20世紀初頭にかけて、米国の特にウィスコンシン州およびミネソタ州で、木こりや森林労働者たちの民間伝承に登場した生物。ファッパーノッカーは愛情をこめてフィアサム・クリッター*と呼ばれる生物のグループに含まれる。その極端な姿や行動のせいで寂れた場所で聞こえてくる不気味な物音の説明に使われたり、キャンプの時の楽しい語り草にされたりした。ファッパーノッカーは、サミュエル・ピーターズ師が書いた『コネティカットの歴史（General History of Conneticut）』（1781年）に最初に登場した。

文献7、24

ファハトナ・ファサッハ
FACHTNA FATHACH

アイルランドの伝説と民間伝承に登場する巨人*。アイルランド・ゲール語のfáthachという形容辞が「賢い」と訳せることから、ファハトナ・ファサッハが賢者とみなされていたことがうかがえる。彼はアイルランド北部のアルスター地方の王で、妻のネスが生んだ息子がコンホヴァル・マク・ネサ（ネサの息子コンホヴァル）だった。しかし、彼の地位を継承したのは息子でなく、未亡人ネスと結婚した弟だった。

文献128

ファハン
FACHAN, FACHIN

アイルランドとスコットランド高地の伝承に登場する不気味な生物で、巨人*やドワーフの姿で現われることもある。一本の手が胸から、一本の足が腰から突き出しており、頭部にはひとつ目と一房の髪が付いていたが、どれも普段はぐしゃぐしゃにもつれた羽根のマントのなかに隠されていた。この邪悪な生物は、フーア*の名で知られる生物群に属する。寂れた場所に棲み、そこに迷い込んだあらゆる生物を攻撃する。アハッハ*型の怪物*のひとりである。

文献7、24、128、160、170
⇨ アケファロス、キュクロプス

ファーマ
FAMA

ウェルギリウス（前70～19）の詩に登場する女の怪物*。多数の口を持ち、それぞれの口のなかに多数の舌がある、巨大な女と考えられていた。彼女はローマ帝国における噂という概念の象徴だった。

文献125

ファラク
FALAK

イスラム教に関連した神話に登場する巨大な蛇*。大地を支えるバハムート*の巨体の下に横たわるこの宇宙蛇の体内には、地獄の火と永遠が置かれている。

文献18、63

ファラクタス
FARRACUTUS

フェラグス*の名で知られるフランス文学の巨人*の別名。

文献174

ファリブロット
FARIBROTH

フランスの古典文学に登場する巨人*。フランスの作家フランソワ・ラブレー（1494～1553頃）による有名な作品『パンタグリュエル』（1532）のなかで、ファリブロットはパンタグリュエル*の巨人族の祖先のひとりである。ファリブロット以外の始祖3人は、シャルブロット*、サラブロット*、ウルタリー*である。この4人はこの作品の初版か

ら登場している。後の版で、ほかの多くの巨人祖先が加わった。

文献174

⇨ アップ・ムウシュ、エリュックス、カインの娘たち、ガッバラ、ガルオー、ガルガンチュア、ノア、ノアの子供たち、ブレイエ、モルガンテ

ファルコンフィッシュ
FALCON-FISH

ヨーロッパの紋章の図案に使われている混成怪物。魚の体とハヤブサの頭と足と、奇妙にも犬の耳を持つ。ヨーロッパの家系や施設の紋章にときどき見られる。

文献7

ファールバウティ
FÁRBAUTI

北欧神話に登場する巨人*。ファールバウティは、名前の意味が「危険な打ち手」であり、石を打ち合わせることによって火を放つ役を担っている。彼は悪神のロキの父親である。

文献61、139

ファンゴルン
FANGORN

イギリスの学者、作家のJ・R・R・トールキン(1892～1973)の小説『ホビット』と『指輪物語』に登場する巨人*の種族エント*の長。「木の髭」とも呼ばれるファンゴルンは苔の生えた節だらけの幹を持ち、そこに覆いかぶさる長い灰色の髭をたくわえていた。深く輝く茶色の目は光の加減によって緑に光って見えた。彼の思慮深い助言には定評があった。

文献51

フィアサム・クリッター
FEARSOME CRITTERS

米国史の初期に、木こりの社会の荒涼とした環境につきものの恐ろしい体験や難しい状況を説明するために作り上げられた想像上の生物。もちろんなかには、休息のひとときに大げさな「ほら話」をして楽しんだり、新参者をいじめたり、仲間や、さらには騙されやすい一般市民をからかったりするために作られたものもある。これらのなかにはユーモラスな獣や鳥、爬虫類、昆虫もいれば、奇怪で恐ろしい混成種もいる。たいていその名前は、カムアットアバディ(「急襲する」の意)やハイドビハインド(「後ろに隠れる」の意)のように、その生物の性質の一部を表わしているか、あるいは、フリバーティギベット(有名な魔女の名)やハルピュイアハッグ(古典的怪物の名)のように、その生物の起原が旧世界にあることを表わしている。

こうした生物たちの物語は木こり社会の伝承の一部となり、聖職者サムエル・ピーターズらによって熱心に収集され、彼の『コネティカットの歴史(General History of Connecticut)』(1781)などに記録された。その後の熱心な収集家には、T・コックス(1910)、C・ブラウン(1935)、H・H・トライオン(1939)がいる。

研究者に役立ちそうなものを以下に挙げる。ただし、本書で解説しているのは*を付けたもののみである。

アーゴペルター*、アックスハンドル・ハウンド*、アップランド・トラウト(Upland Trout)、アルボトリッチ(Albotritch)、ウィグルウィフィット(Wiggle-Whiffit)、ウィッフェン・パフ(Whiffenpuff)、ウィッフルプーフ(Whiffepoof (le))、ウィル・アム・アローン(Will-Am-Alone)、ウィンディゴ*、オーゲリノ*、ガゼリウム(Gazerium)、カムアットアバディ(Come-at-a-Body)、カンカギー(Kankagee)、ガンベルー(Gumberoo)、キックル・スニフター*、ギディ・フィッシュ*、キャンプ・チップムンク(Camp Chipmunk)、キューバ*、クーガー・フィッシュ(Cougar-Fish)、グーファス・バード(Goofus Bird)、グーファング*、グヤスクトゥス*、クラブテイルド・グリプトドン(Clubtailed Glyptodont)、グラワッカス*、コロンビア・リバー・サンド・スキンク(Columbia River Sand Squink)、サボテン猫（カクタス・キャット）*、サンター（Santer）、サンドヒル・パーチ（Sandhill Perch）、ジェイ・ホーク（Jay Hawk）、シャガマウ（Shagamaw）、シュムー*、スクオンク*、スクレボニル（Screbonil）、スナイプ（Snipe）、スノー・スネイク*、スノー・ワセット・スニダエ（Snow Wasset Snidae）、スノリゴスター（Snoligoster）、スプリンター・キャット*、スライヴァー・キャット*、スライド・ロック・ボルスター（Slide-rock Bolter）、スワンプ・オーガー（Swamp Auger）、セントラル・アメリカ・ウィントッサー（Central American Whintosser）、ダンガヴェンフーター（DunGaven-Hooter）、ツリースキーク（Treesqueak）、ティーケトラー*、ディスマル・ソーガー（Dismal Sauger）、ディング・ボール*、デューミンク*、トートロード（Tote-Road）、トリポデルー*、ハイドビハインド*、ハガグ（Hugag）、ハッピー・オーガー（Happy Auger）、ハングダウン（Hang-Down）、ピグウィッゲン（Pigwiggen）、ピナクル・グラウズ（Pinnacle Grouse）、ヒマンポン・ホッグ・ベア（Hymampom Hog Bear）、ヒューミリティ*、ビルダッド（Billdad）、ファッパーノッカー*、フィラマルー鳥*、フープ・スネーク*、フュネラル・マウンテン・テラショット（Fureral Mountain Terrashot）、フリッタリック（Flitterick）、フリバーティギベット（Fliggertigibbet）、ブロック・グウィンター*、ベッド・キャット（Bed Cat）、ホダグ*、ボールテイルド・キャット（Ball-tailed Cat）、マウンテン・ラビット（Mountain Rabbit）、マグワンプ*、ミラモバード（Milamo Bird）、モスキット*、ラチェット・アウル（Rachet Owl）、ランプティフュゼル（Rumptifusel）、ルシーヴ*、ルファラング（Luferlang）、ルペラド*、レプロコーン*、ロッグガー（Log Gar）、ロープライト*、ワパルージー（Wapaloosie）、ワーリング・ウィンプス（Whirling Wimpus）、ワールギグ・フィッシュ（Whirligig Fish）、ワンク（Wunk）、ワングドゥードゥル（Whang Doo-dle）、ワンパス・キャット（Wampus Cat）。

文献7、24

⇨ 怪物、ポール・バニヤン

フィエラブラス

FIERABRAS, FIEREBRAS

　ヨーロッパ、特にフランスの伝説や古典文学に登場する巨人*。フィエラブラスはフランス語で、「高慢な腕」の意味である。彼はスペインのバラン王の息子であり、巨大な体躯と力と武勇を備えた人物として描かれている。12世紀のロランの伝説によれば、フィエラブラスはサラセン軍の戦士のひとりであり、ロランの戦友のオリヴィエと戦って敗北する。そしてこの戦いののちに、キリスト教に改宗したとされる。

　その後の文学作品では、作家フランソワ・ラブレー（1494～1553頃）の『パンタグリュエル』（1532）のなかで、巨人フィエラブラスはパンタグリュエル*の系譜に祖先として入れられている。彼は皇帝ネロの従者だったという経歴と、モルガンテ*という名の息子を与えられている。

文献20、144、174

⇨ シャルルマーニュ

フィッシュ・キング

FISH KINGS

⇨ キング・オブ・ザ・フィッシュ（魚の王）

フィヨルギュン

FIORGYN

　北欧神話に登場する女巨人*。フィヨルギュンはヨルズ*の名でも知られ、アース神族の王である神オーディンの妻である。オーディンとのあいだに生まれた子が神トールである。

文献24

フィラマルー鳥

PHILAMALOO BIRD

　19世紀から20世紀初頭にかけて、ウィスコンシン州とミネソタ州の木こりや森林労働者

の伝承に登場した鳥。フィリルー鳥*とも呼ばれる。リューマチの原因となる寒さや湿気を防ぐ対策として、上下さかさまの姿勢で飛んだ。親しみをこめてフィアサム・クリッター*と呼ばれる怪物の一種で、その極端な姿や行動のせいで寂れた場所で聞こえてくる不気味な物音の説明に使われたり、キャンプの時の楽しい語り草にされたりした。

文献7、24

フィリルー鳥
PHILLYLOO BIRD
⇨　フィラマルー鳥

フィリールー
FILLYLOO
　米国の先住民オザーク族の伝説や伝承に登場する巨大でトカゲのような怪物*。この怪物は19世紀にオザーク山地に棲息していたものと、1951年にV・ランドルフによって報告された。

文献94
⇨　ガウロウ、ゴリゴグ、ピングバファー

フィル・フレイグ
FIR CHREIG
　スコットランド海岸沖のヘブリディーズ諸島の島、ルイス島の古代伝承に登場する巨人*。フィル・フレイグは「贋の人々」の意味である。彼らはキリスト教が伝わるずっと前のこの島に棲んでいたと言われる巨人族である。聖キーランが福音を説くために島へやってきた時、フィル・フレイグはこの聖者のために教会を建てることを拒み、洗礼を受けることを拒んだ。聖者が彼らを呪うと、次に会った時、巨人はいっせいに石に変わってしまった。その結果である巨大で印象的な環状の立石群は、その後カラニッシュの巨人として知られてきた。その起源は前2000年頃にさかのぼると考えられている。この環状列石はこの島にキリスト教が入ってきたあとも長いあいだ（少なくとも20世紀初頭までは確実に）、ケルトの暦のなかで崇められていた。

文献183

フィングラス
FINGLAS
　イギリスの学者、作家のJ・R・R・トールキン（1892〜1973）の小説『ホビット』と『指輪物語』に登場する木の巨人族エント*のひとり。「木の葉髪」とも呼ばれる。フィングラスはオークと指輪戦争がもたらした大破壊の打撃があまりにも大きくて、木の状態に退き、動きを止めて、自分が守る木々のひとつとして孤独に生きた。

文献51

フィンプス
WHIMPUS
　19世紀から20世紀初頭にかけて、米国の特にウィスコンシン州およびミネソタ州で、木こりや森林労働者たちの民間伝承に登場した生物。フィンプスは、長くて固い鼻と遠くのものを見ることができる奇妙な足を持っている。フィンプスは人間の獲物が森で眠っているあいだに照準距離にまで忍び寄る。それから脚を伸ばして照準を具合良く調整し、その鼻からひと塊りの泥を投げつける。親しみをこめてフィアサム・クリッター*と呼ばれる怪物の一種で、その極端な姿や行動のせいで寂れた場所で聞こえてくる不気味な物音の説明に使われたり、キャンプの時の楽しい語り草にされたりした。

⇨　トリポデルー、ホダグ

フィンブレシル
FIMBRETHIL
　イギリスの学者、作家のJ・R・R・トールキン（1892〜1973）の小説『ホビット』と『指輪物語』に登場する木の巨人族エント*のひとり。足どり軽きたおやかなぶな娘*と呼ばれたエント女*のフィンブレシルは指輪戦争の時にオークに殺された。

文献51

フーウィー
WHOWHIE

オーストラリアのマリー川地方に住むアボリジニ（オーストラリア先住民）の伝承と伝説に登場する怪物*。巨大なトカゲのようで、1度の食事で30人の人間を食べるのは当然なほど大きかった。それが通った後には、巨体が掘った大きな溝やトンネルができた。この怪物は最初はほんの時折その地方を脅かすだけだったのだが、だんだん頻繁に襲撃してくるようになった。フーウィーはすぐに見張り番をかわし、子供を求めてキャンプを襲うようになった。それから見張り番や子供を食べはじめたが、とうとうある晩、ひとりの幼い子供を除く村中の人々をまるごと食べ尽くした。その子は逃げ出して、親戚に話をした。皆が集まって、どうしたらよいか決めた。結局彼らは、フーウィーが食事を食べて眠っている大きくて入り組んだ洞窟にやってきた。柴を集め、洞窟の入り口で火をつけて燃やし、7日間風を送った。とうとう焦げて、咳き込んで、目が見えなくなったフーウィーが煙と炎の奥から姿を現わした。全員がフーウィーに突進し、めった切りにし、棒で殴り、槍で突き刺した。その怪物はついに倒れて、二度と動かなかった。

文献154

フウイヌム
Houyhnhnms

フウイヌムとヤフー*は、風刺作家ジョナサン・スウィフト（1667～1745）の作品『ガリヴァー旅行記』に登場する。フウイヌムは基本的に馬の姿をしているが、知能が高く人間の言葉を操る能力を持っている。

プウク
PUUK

⇨　プーク

フヴッコ・カプコ
HVCKO CAPKO

米国南東部のオクラホマに住む先住民、セミノール族の伝承と信仰に登場する怪物*。ロング・イヤー（長い耳）とも呼ばれ、灰色の体と馬に似た尾、狼のような頭、巨大な耳を持つ奇怪な存在である。体から悪臭を発するので遠くからでもその存在に気づく。人里離れた岩山に棲み、人間に危害を加えることはないが、病気を人間に移すので、近寄らない方がよい。

文献77

フェイス・オヴ・グローリー（栄光の顔）
FACE OF GLORY, THE

インドのヒンドゥー教神話に登場する奇怪な生物キールティムカ*の別名。頭だけの恐ろしい生物と言われる。

文献7、24

⇨　タオ・ティエ（饕餮）

フェイ・リエン（飛廉）
FEI LIAN　ひれん

中国の民間伝承や神話に登場する天空の混成怪物。フェイ・リエンは風伯（「風の神」の意）の名でも知られる風の支配者であり、風を袋に溜めておき、好きな時に解き放った。この恐ろしい生物は、雀の頭と牛の角、鹿の体と脚を持ち、豹の斑点と蛇*の尾を持つと言われた。フェイ・リエンと雨の神の赤松子は、フェイ・リエンの父であり帝王である黄帝を打倒しようと企んだ。だが、クーデターは失敗に終わり、フェイ・リエンは山の上の洞窟に追放された。そこでもなお、この怪物*は邪悪な暴風を解き放っていたが、ある時、射手・羿の矢で風袋が破れた。この天空の射手はそれからこの怪物の膝腱を切り、帝王である父の馬車が通る前の地上を行進しながら掃除させた。

文献133

フェニックス
PHOENIX

ヨーロッパと中東の古い伝説に登場する鳥。エジプトのベンヌ*がその起源らしい。姿はキジに似ているが、ワシよりも大きい。羽毛

は赤紫色だが首のまわりは金色をしている。フェニックスはラテン語の名称で、ギリシア語ではポイニクス（Phoinix）と呼ばれた。その名は「紫」から来ている。紫、金、赤、青色をしていたという説もある。フェニックスはこの1羽しか存在しなかったと言われる。ペルシア、インド、アラビア、エチオピアに棲んでいたと説が分かれており、芳香を餌としていた。フェニックスについて初めて記したのはギリシアの歴史家ヘロドトス（前485～425）で、それによればフェニックスが500年生きた後で死ぬと、別のフェニックスが遺骸をヘリオポリスの太陽神殿に運んで葬るという。だが、オウィディウス（前43～17）および大プリニウスの『博物誌』（77）は、フェニックスが香料の巣を作り、そのなかで自分自身を火葬に付したとしている。そこにわいたウジがフェニックスの後継ぎとなって、前のフェニックスの灰をヘリオポリスの巣に運んだとされる。後世の説では、フェニックスが香料の巣を作って太陽神に向かって歌ったところ、太陽神は巣を炎で包んでフェニックスを焼いたという。その灰から、成鳥のフェニックスが生まれ、灰をヘリオポリスの祭壇まで運んだ。ギリシアとローマの伝承や伝説では、フェニックスは不死の象徴であり、葬祭の装飾に描かれた。

こうした伝統をふまえて、キリスト教が生まれた時に、フェニックスはキリスト復活の象徴とされた。アレクサンドリアで前2世紀に書かれたとされる『フィジオロゴス』にも記載されている。ローマ教皇聖クレメンス1世（96頃）は、フェニックスを復活の証拠であるとした。それ以来、フェニックスは教会の文献における地位を確立した。タキトゥス（100頃）やアエリアヌス（200頃）もフェニックスについて語っている。やがてフェニックスはもっと大きく、華やかな色合いを持つ鳥とされ、寿命は太陽暦で4年間にあたる1461日とされた。

フェニックスは中世の聖務日課祈禱書、詩篇、動物寓話集に広く取り上げられ、キリスト教の象徴として重用された。だが、よく鷲などの他の鳥や、時にはサラマンダー*とも混同された。また、教会の祭服、備品、建物の装飾にも使われた。1360年頃に書かれたジョン・マンデヴィルの『東方旅行記』にも、大プリニウスの描写を忠実になぞった説明がなされている。それ以後、エドマンド・スペンサー（1552頃～1599）、ウィリアム・シェークスピア（1564～1616）、W・B・イェーツ（1865～1939）、D・H・ローレンス（1885～1930）の作品など、ヨーロッパ中の芸術作品にしばしば取り上げられた。

強さのイメージを持つとして、その象徴はヨーロッパの紋章に使われ、いまでも家や、とくに火災保険に関わる建物の紋章に使われている。

文献5、7、10、14、18、20、24、61、78、81、89、91、148、168、169、178、180、185

⇨　一角獣、麒麟、サラマンダー、シームルグ、シュイ・イン、チー・リン（麒麟）、チン・ルアン（青鸞）、ドラゴン、バイ・ルアン（白鸞）、フォン（鳳）、フォン・チュウ（鳳雛）、フォン・フアン（鳳凰）、ヘリオドロモス、ホアン・ルアン（黄鸞）、ルアン（鸞）

フェノゼリー

FENODYREE, FENODEREE, FINNODEREE, FYNNODEREE, PHYNNODDEREE

イギリス諸島のマン島の民間伝承に登場する巨大で毛むくじゃらの生物。家事の精ブラウニー*の仲間と考えられているが、フェノゼリーは恐ろしい姿で現われる。フェノゼリーは Finnoderee, Fynnoderee, Phynnodderee, Yn Foldyr Gastey（「敏捷に草を刈る者」の意）としても知られ、怪力でひどく醜い巨大な毛むくじゃらの生物と言われている。彼はもとはフェリシン（マン島の妖精族）のひとりだったが、ラシェン渓谷で人間の娘にうつつを抜かした罰として醜い怪物*に変えられた。この娘と会うために妖精仲間の祝宴をすっぽかしたのである。フェノゼリーは家畜の番や草刈り、作物の収穫、脱穀などの農作業に極端に精を出し、その一切を夕暮れから夜明けまでのあいだにやってのけた。その

報酬は農場の飲食物に限られた。彼の働きに感謝したある農場主は、何も知らずに報酬として新しい衣服を一揃い差し出して、大事な働き手を失うはめになった。衣服はあらゆるタイプのブラウニーにとって侮辱だったのである。
文献24、25、64、111、152
⇨ 巨人

フェラグス
FERRAGUS, FERRAGUT, FERRACUTE

フランスの古典文学に登場する巨人*。ファラクタス*の名でも知られる。その部分的な起源は、聖書のダビデとゴリアトの物語である。フェラグスは最初、『偽テュルパン年代記（Pseudo-Turpin Chronicle）』という12世紀の年代記に登場するが、のちに『ローランの歌（Chanson de Roland)』にサラセン軍のリーダーとして登場し、英雄ロランが皇帝シャルルマーニュ*率いる撤退軍のために、この人物と一騎打ちを行なう。そしてこの戦いののちに、フェラグスはキリスト教に改宗したとされている。フェラグスはさらにロマンス『ヴァレンタインとオルソン』にも、ポルトガルの巨人として登場する。この話では、フェラグスは巨大な真鍮の頭で、話すことができ、全知の能力によってどんな問いにも答えた。
文献20、144、174

フェル・カレ
FER CAILLE

アイルランドの伝説に登場する怪物人間。フェル・カレという名は「森の男」と訳せる。彼は一見巨大な人間の男のようだが、頭部には目がひとつしかなく、手も足も一本ずつしかなかったと言われる。だが、それがハンディキャップになっていないことは明らかで、獣の大群の管理に従事していたし、巨大な黒豚を肩にかつぐ姿や異様に醜いハッグ（妖婆）を従える姿もよく見かけられた。叙事詩『ダ・デルガの館の崩壊（Togail Bruidne Da Derga）』のなかに、ダ・デルガのもとに向かうコナレ大王をフェル・カレが待ち伏せる話がある。
文献128
⇨ ジーラッハ、ファハン

フェンリスウールヴ
FENRISULFR
⇨ フェンリル

フェンリル
FENRIR

北欧神話に登場する巨大で邪悪な狼。フェンリル狼*、フェンリスウールヴ*、フローズルスヴィトニル*の名でも知られる。フェンリルは女巨人*のアングルボザ*といたずら神ロキとのあいだに生まれた最初の奇怪な子供だった。彼の兄弟姉妹は、恐ろしい地獄犬のガルム*と冥府の女神ヘルである。フェンリルはとほうもなく巨大であり、上顎が天に届き下顎が大地につくほどだと描写されている。幼少期から成長につれて獰猛さを増していき、完全に成熟すると、その強さと邪悪な力が神々から恐れられるようになった。神々はフェンリルを縛り上げようと何度も試みたが、そのたびにこの獣は鎖を切って逃げ出し、そのたびにさらに獰猛になっていくのだった。しかし、暗いエルフたちがグレイプニルという名の魔法の足枷を、熊の腱、猫の足音、女のあごひげ、魚の息、山の根、鳥の唾から作り出した。フェンリルは神々の目論みを知りながら、神のうちのひとりがその手を自分の口のなかに入れたならば彼らを信用すると言った。チュールがその役を買って出るが、怒れる狼は自分が縛られたことを悟るとチュールの手を噛み切った。だが、今回の魔法の足枷はフェンリルを縛りつけて放さなかった。とはいえ、神々の滅亡ラグナレクの到来とともにフェンリルは解き放たれ、スレイプニル*に乗った神オーディンを飲み込む。だがそのあとで、オーディンの息子神ヴィザルがフェンリルを殺し、父の仇を討つ。
文献7、20、24、61、78、89、125、136、139、166、169

フォウォレ族

縛られたフェンリル（狼）

⇨ 巨人、スコル、ミズガルズオルム

フェンリル狼
FENRISWULF
⇨ フェンリル

フォウォレ族
FOMOR/S, FOMORIANS, FOMOIRE,
FOMÓIRI, FOMHÓRAIGH, FOMHOIRE,
FOMHÓIRE, FOMORII, FOMOR, FO-MUIR

　アイルランドのケルト伝承と伝説によれば、フォウォレ族はアイルランドに最初に住んでいた種族だった。彼らは侵略してきたフィル・ヴォルグ族に倒され、不気味で超自然的な怪物*に変えられた。フィル・ヴォルグ族

自身は、デ・ダナーン神族に倒された。フォウォレ族のことは『侵略の書（Lebor Gabála）』と『（第二の）モイトゥーラの戦い（Cath Maige Tuired）』というアイルランドの神話に記されている。彼らの長は恐ろしいキハル*である。彼らは人の体を持ちながら山羊か馬の頭を持ち、目も手も足もひとつずつしかない怪物人間になったとされている。だが、こうした特徴は彼らの邪悪さを何ら制限するものではなく、彼らは自分たちの領土に入った誰からも、貢物を取り立てた。牛が差し出されなければ、彼らは人間に襲いかかって代わりに連れ去り、3分の2の貢物が満たされるまで引き下がらなかった。抵抗する者が現われようものなら、その鼻を切り取って顔を破壊した。アイルランドにキリスト教が入ってきてからは、この怪物は聖書上の巨人*と同一視され、その後、悪魔化された。のちには伝承のなかでよく、嵐や霧、作物破壊と結びついた天気の精霊と同一視された。

文献7、24、78、120、125、128、142、160
⇨ ファハン、フォール

フォール
FOAWR

イギリス諸島のマン島の伝説や伝承に登場する巨人*の種族。巨大で動きの鈍い人型の生物で、牛の略奪はするが、人に危害を加えることはまずないと言われる。フォールの起原はおそらく、アイルランドの『侵略の書（Lebor Gabàla）』に記録されたフォウォレ族*だと思われる。

文献128

フォルネウス
FORNEUS

降霊術や悪魔研究関連の中世ヨーロッパの文書に記録されている奇怪な生物。深い海から来た怪物*であると言われたり、地獄から来たデーモンであると言われる。名前も描写内容もフォルンヨート*の変形だと思われる。

文献125

フォルンヨート
FORNJOTR

ヨーロッパ北部のゲルマン人の神話や北欧神話に登場する原初の巨人*。巨大な生物で、霜の巨人*の祖とも、説によっては女巨人*のフレルと、巨人のロギ*とカーリ*の祖とも言われる。

文献125

フォン（鳳）
FUNG

中国の伝説上の想像上の鳥。ルアン（鸞）*の一形態であり、キジをもっとずっと大きくして、もっと美しく優雅にしたような鳥だと言われる。東洋におけるフェニックス*の中国伝説版で、フォン・フアン（鳳凰）*の名でより有名である。しかし、この鳥は体の色を変化させることができ、その色ごとに違う名前で知られている。フォンやフォン・フアンの名のもとでは、頭と翼が赤いタイプのルアンである。

文献81

フォーン
FAUN

古代ギリシアの半人半獣神ファウヌスの後代の呼び名。山羊の脚とひづめと角を持ちながら人間の男の胴と頭を持つ半人間の姿をしている点で父親に似ている。彼らはサテュロス*と同一視されており、自分たちの棲む森や野原の野生生物の守り主である。

文献7、20、133、146、160、178、189
⇨ ベティクハン

フォン・チュウ（鳳雛）
FENG CHU

中国の伝承と神話に登場する想像上の鳥。フォン・チュウはフォン・フアン（鳳凰）*と呼ばれる想像上の鳥のひなである。

文献81
⇨ フェニックス

フォン・フアン(鳳凰)

FENG HUANG ほうおう

　中国の神話に登場する想像上の鳥。鳳凰とは本来二羽の鳥を表わしており、鳳(Feng)が雄で凰(Hwang)が雌だが、つねにつがいで呼ばれている。白鳥の体、一角獣*の後半身と12の尾羽、しなやかな首、ツバメの喉と鶏の頭部を持つ美しく優雅な生物として描かれる。羽毛は縞模様で、黒、緑、赤、白、黄に彩られている。鳳凰は巨大な鳥で、体の高さが3m近くあると言われる。鳳凰は中国のフェニックス*と考えられているが、同じように死ぬことはなく、火から生まれ、幸運と正しい支配者による治世の前兆と考えられている。鳳凰は龍*、亀、チー・リン(麒麟)*と並んで中国の聖獣のひとつである。鳳凰が空を飛ぶと、空中のすべての鳥に周りを囲まれ、ほかの鳥たちが音楽を奏でると、それに合わせて美しくさえずる鳳凰の声が聞こえる。鳳凰はチー・リン(麒麟)とともに黄帝の時代の終わりに現われて彼の仁愛を人々に知らせ、その後は明の洪武帝の死(1399)ののちに再び現われたと言われた。鳳凰の図は皇室のため、特に皇后のために保存された。

文献7、20、61、89、181
⇨　シュイ・イン、チ=チャン、ピン・フェン、フェイ・リエン(飛廉)、フォン(鳳)、フォン・チュウ(鳳雛)、鳳凰、ルアン(鸞)

プーカ

POOKA, POUKA, PHOOKA, PWCA, PÚCA

　アイルランドの伝承に登場する水馬。馬または毛むくじゃらの子馬として描かれ、鎖か水草を付けていることもある。荒野、湖岸、小川の岸辺をうろつき、自分の背に乗るように幼い子を誘う。そして子供が背に乗ると、プーカはまっしぐらに水中に入り込むか、断崖から飛び込む。だがおもしろいことに、プーカが貧しい農民のために畑仕事を手伝う話も伝わっている。ケルトの祝祭であるサウィン祭(11月1日)では、馬の姿をしたプーカが、畑に残っているブラックベリーを踏みつけて、人間の問いかけに答えて予言を告げると言われた。

文献7、21、24、25、64、93、119、128、160
⇨　ケルピー

フギ

HUGI

　北欧神話に登場する巨人*。スィアールヴィとロキとを連れてトール神がウートガルザ=ロキ*の王国を訪れた時、彼らは巨人たちの棲む城でもてなしを受けるに値する技量を持っていることを証明するよう迫られる。ロキは巨人ロギを相手に食べ比べで勝負し、スィアールヴィは巨人フギと駆け比べをすることになった。どれほど必死で走ってもスィアールヴィはフギを追い抜くことができず、負けを認めざるを得なかった。トールもまた猫やウートガルザ=ロキの乳母を相手に、不名誉な敗北を喫することになる。実際のところこうした対決はすべて魔法による幻で、対戦相手は「炎」や「老い」といった決して打ち負かすことなどできないものであった。巨人フギの正体は「思考」で、神々でさえもその速さにはかなわなかった。

文献139

鳳凰

ブーキス
BUCHIS

　エジプト神話に登場する巨大な牡牛。ブーキスはギリシア語で「牡牛」を指す語だが、ブケという名でも知られる。400年頃のローマの文人マクロビウスによれば、その大きさと、体毛が逆向きに生えること、そしてカメレオンの皮膚のように1日に少なくとも12回は色が変わることを除けば、普通の牡牛によく似ているという。古代エジプトのヘルモンティスの神殿群において、ブーキスはメンチュ神の象徴だった

文献138
⇨　アピス、エパポス、ハプ

プキス
PUKIS

　ラトヴィアの民間伝承に登場する、家につく超自然的な生物。リトアニアではプキュス*、エストニアではプキエやプーク*と呼ばれており、ドイツのプーク*、プクス、ブックに由来するらしい。炎を放つ尾を持つドラゴン*として空を飛ぶが、地上にいる時は巨大な猫に似ている。いたずら好きで宝物を集める生物で、主人を富ませるが、近所の人には損失を与える。

文献119、120、125
⇨　アイトワラス、カウカス

プキュス
PŪKYS

⇨　プキス

フギン
HUGIN, HUGINN

　北欧神話に登場するカラスの怪物*。「思考」を意味するフギンと「記憶」を意味するムニン*は北欧の主神オーディンに仕える超自然的な鳥である。この怪物たちは毎朝夜明けの訪れとともに大地の上を飛び回り、人間、巨人*、そして神々の世界で起きていることをすべて目にし、耳にする。そして太陽がのぼる前にオーディンのもとへと戻り、すべてを報告するのである。

文献7、139
⇨　八咫烏(やたがらす)

プーク
PUK

　ドイツの民間伝承に登場する、家につくドラゴン*。プウク*とも呼ばれる。胴体は蛇に似て、4本足で、体長は約60cm。主人のために宝を盗んだり守ったりする。翼があり、尾から炎を放ちながら空を飛ぶとする地方もある。ラトヴィアではプキス*、リトアニアではプキュス*、アイトワラス*、カウカス*、エストニアではプーク、トゥリヘント*、ピスハンド*と呼ばれる。

文献89

袋の持ち主
OWNER-OF-A-BAG, OWNER-OF-BAG

　米国の先住民アラパホ族の伝承に登場する怪鳥。ボギー*でもあり、大きな袋を持つ巨大フクロウとして描かれる。悪さばかりする幼児をその袋に入れて誘拐するという。親が子供に言い含めるために利用する子供部屋のボーギー*の一種である。

文献77
⇨　ブー＝バガー

ブケ・シー
BUKHE SEE

　古代エジプト神話の巨大な牡牛。ギリシア語のブーキス*という名でも知られている。

文献138
⇨　アピス、エパポス、ハプ

ブゲーン
BUGGANE

　イギリス諸島のマン島に伝わる、特に邪悪で恐ろしい超自然的存在。巨人*（頭がある場合とない場合がある）、グロテスクな黒い牝牛（頭と尾がある場合とない場合がある）、白い首輪を付けた大きな毛むくじゃらの犬の姿などをとる。どのような姿をしている時で

も、必ず巨大な輝く目をして長く黒いたてがみがあるところは同じである。ブゲーンは邪悪な魔術師の下僕だと言われる。彼らはいつも恐ろしく、人間を追いかけるが、現実に傷つけることはほとんどない。しかし、彼らは破壊的なこともある。

　ブゲーンの邪悪な行ないについてはいくつかの物語が伝わっているが、最も広く知られているのは仕立て屋と聖トリニアン教会の話である。地元の人々はこの教会を Keeill Brisht、すなわち「おんぼろ教会」と呼んでいた。この教会が建てられていた時、夜になって石工たちが帰宅するたびにブゲーンが教会通路の地下から現われて、彼らの苦労した仕事をぶち壊しにしたからである。どうしたらよいか誰にも分からなかったが、とうとうティモシーという名の勇敢な仕立て屋が、石工が去ったあと聖堂に座って、ブゲーンが現われる前にズボンを縫い上げてみせると決心した。床が裂け、ブゲーンが姿を現わしはじめ、この無鉄砲な人間の侵入に毒づいた時には、仕立て屋はほとんど仕事を終えていた。ブゲーンがどんな脅しをかけても、当の仕立て屋は穏やかな様子で「分かってる、分かってる」と答えるばかりだった。ティモシーは仕事を終えると、すんでのところで窓から飛び出した。というのも、ブゲーンが完全に姿を現わして、屋根全体を崩壊させたからである。仕立て屋はマローンの教会の清められた敷地を目指して走りに走った。彼を追いかけることができず激怒したブゲーンは、自分の頭を引きちぎると、それを壁越しに仕立て屋に向かって投げつけた。頭はそこで粉々になった。それ以来ブゲーン（頭のあるものもないものも）は二度と現われなくなり、いっぽう勇敢な仕立て屋のはさみと指貫は、ピール街道のダグラスにある宿屋に飾られ、そこに行けば誰でもこの物語を聞くことができた。

文献24、111、128、136、159
⇨　怪物

プゴット
PUGOT, PUGUT

　フィリピン諸島の民間伝承に登場する怪物*。カフレ*、カファレとも呼ばれる。大きな黒い体を持つ恐ろしい生物で、牡牛ほどの大きさをして、野生の猪に似た頭を持ち、牙が生えているとされる。2本の後ろ足で歩くので、足跡は人間のものに見えるため、人間を簡単に捕まえてむさぼり食うことができる。

文献113

フー・シー（伏義）
FU XI　ふぎ

　中国神話の三皇のひとり。伏義（前2852〜2738年）は蛇*の下半身を持ちながら人間の頭と胴を持つと言われた。しかし、額からまっすぐに角の出た牡牛の頭を持つ姿が描かれていることもある。彼の妃であるニュ・ワー（女媧）*も同様に、人間の上半身と蛇の下半身を持つ姿が描かれた。ふたりはたいてい絡み合って、建築と美術の象徴を手に握った姿で描かれており、彼らがこれらを人類にもたらしたことが強調されている。

文献89
⇨　ケクロプス、シェン・ノン（神農）

ブージャム
BOOJUM

　イギリスの学者および作家であるルイス・キャロル（チャールズ・ラトウィッジ・ドジソン、1843〜1898）の小説『シルヴィーとブルーノ』に登場する怪物*。キャロルは実際には明確な定義もはっきりした描写もしていないが、突然その獲物が消えてしまうというイメージだけで十分、読者にこの怪物への警戒感を与える。

文献7、40
⇨　ジャバウォック、スナーク、バンダースナッチ

ブジャンガ
BUJANGA

　マレーシア西部（マレー半島）およびジャ

ワ島の伝説と民間伝承に登場する怪物*。ドラゴン*または大きな翼を持つ生物で、ジャングルや森に棲むとされる。すべての生物の言葉を理解し、森についての知識を身につけているといわれ、それゆえに敵対者ではなく、むしろ保護者とみなされている。
文献113

プシュパダンタ
PUSHPADANTA, PUSHPA-DANTA

インドのヒンドゥー教神話に登場するローカパーラ・エレファント*の1頭。異伝によれば、アンジャと呼ばれることもある。世界の北西部の守護者であり、ヴァーユ神を背に乗せている。
文献7、24、112

フスティ・カプカキ
FSTI CAPCAKI

米国オクラホマ州の先住民であるセミノール族のあいだで語り継がれ、信じられていた巨人*。トール・マン*の名でも知られる。毛むくじゃらで灰色の恐ろしい人型の存在で、武器として木の幹を携えている。この棍棒を作るために、フスティ・カプカキは怪力を出して木から大枝を折りとるので、木は枯れてしまう。そのため、枯れ木を見つけるだけで、そのあたりにフスティ・カプカキがいることが簡単に分かり、危険を避けることができる。
文献77

⇨　イェティー、ビッグ・フット

フスパリム
HUSPALIM

中世後期のヨーロッパで、旅行家で医師のアンブロワーズ・パレ（1517～1590）によって書かれた作品に登場するエチオピアの怪物*。巨大なマーモットに似た姿をしており、大きな丸い頭と小さな丸い耳、猿のような顔、肉づきのよい脚、毛がなく赤い斑点に覆われ

中世後期のヨーロッパに語り伝えられたエチオピアの怪物フスパリム

フセスラフ
VSESLAV

ロシアと白ロシアの伝承と民話に登場する狼憑き*。フセスラフは蛇*に犯された王女の子供で、日蝕のあいだに生まれたと考えられている。フセスラフの伝説は、歴史上の11世紀のポローツクの王子について12世紀に書かれた『イーゴリ軍記』に出てくる。フセスラフは力強い英雄として訓練され、目的を達成するために、とりわけ夜に狼となって、魔術を使うことができた。

文献55

ブソ
BUSO

フィリピン諸島のバゴボ・マレー人の伝承に登場する怪物*および悪魔の一種。長身でやせた人間に似た存在で、縮れ毛に平たい鼻、2本の歯が突き出たグロテスクな口、大きな黄色もしくは赤のキュクロプス*のようなひとつ目をしている。こういったオグレス*のご多分に漏れず、彼らは脅かすために現われるが、実は非常に愚かで、餌食であるはずの人間にあっさり騙される。彼らはジャングルや森の奥深くに棲み、また岩場や墓地の木にも棲む。ここで彼らは死者の腐肉を食い、自分たちのなわばりに迷い込んだ生きている人間を絶えず罠にかけようとしている。ブソが騙される様子は多くの伝承に描かれている。ある面白い話では、猫がブソと、人間の主人を食べてもいいが、それはブソが朝までに猫の尻尾の毛を数えることができたらだという約束を交わす。ブソがその仕事をやり終えそうになるたびに猫は尾をひょいと動かしたため、とうとう夜明けの薄明かりが窓ごしに見え、ブソは消えざるをえなかった。

文献119

⇨ 河童

ブタチュ＝アー＝イルグス
BUTATSCH-AH-ILGS

スイスの伝承と伝説に登場する恐ろしい怪物*。一定の形をもたない、巨大に膨れ上がった塊で、胃袋に似ていて、意地悪そうな目からは炎が放たれるという。地獄と永遠の断罪の火への入り口として名高いグリゾン付近の、ルッシャーゼーという湖の深みに棲むと言われる。ここで漁をしたことのある漁師はいないし、湖に隣接した丘の上で羊の群れに草を食べさせる羊飼いもいない。

文献133

⇨ イデ、クエーロ

フー・ツァン・ロン（伏蔵龍）
FU CANG LONG

中国の伝説と伝承に登場するドラゴン*。秘宝のドラゴンとしても知られ、名前が示す通り、地下にある鉱物資源すべての守り主である。

文献89

⇨ 東洋の龍

ブッセ
BUSSE

中世ヨーロッパの伝承と伝説に登場する混成動物。大きさと姿は牡牛に似ているが、灰褐色で頭と角は牡鹿である。この驚くべき生物は追いかけられると色を変えることができる。ギリシアとトルコのあいだのスキュティアと呼ばれる地域に棲むと言われる。当時の旅行者や船乗りの話の多くがそうであったように、この記述にも根拠があったのだろうが、聞き手を怖がらせるためにかなり大げさな表現が使われた。

文献7

フッフ・ズィ・ゴータ
HWCH DDU GOTA

ウェールズの伝承に登場する豚の怪物*で、フッフ・ズィ・ゴータとは「尾の短い黒い牝

豚」の意味。この巨大な黒豚は、ケルトのサウィン祭で最後まで残ってどんちゃん騒ぎをしている人々を襲うと信じられている。キリスト教が導入され、ハロウィーンがサウィン祭に取って代わると、フッフ・ズィ・ゴータは悪魔と同一視されるようになった。
文献128

プティツィ・シリニー
PTITSY-SIRINY
　ロシアの伝説と民間伝承に登場する人間型の怪物*。胴体は鳥だが、人間の若い女の顔をしているとされる。ギリシア・ローマの神話に登場するハルピュイア*やセイレーン*によく似ており、それらに由来するらしい。
文献55
⇨ アルコノスト、アンカ、アンナティ、ガルダ、ザグ、シリン、ソロヴェイ・ラクマティチ、パルテノペ、ポダルゲー

プテレイ・セムバラン・グヌング
PUTEREI SEMBARAN GUNUNG
　西マレーシア（マレー半島）のマレー人の伝承や伝説に登場する女巨人*。両の乳房が大きな山に見えるほど巨大だった。その乳から、地域のすべての人々が恵みを受けた。山頂に棲み、糸つむぎをして暮らした。
文献113

プトオパゴス
PTOOPHAGOS
　ギリシア・ローマ神話に登場する巨人*、オリオン*の巨大な猟犬の1匹。ボイオティア地方でいちばん食欲旺盛だったとされる。オリオンのほかの超自然的な猟犬はアルクトポノス*。
文献20

ブー＝バガー
BOO-BAGGER
　18・19世紀イングランドに伝わるオーグル*。大きな荷物を背負った巨人*だという。保護者とはぐれて迷子になった幼い子供を追いかけ、捕らえるのが大好きである。言うまでもなく子供部屋のボーギー*に属する一種のおばけで、子供たちが迷子にならないように言い含めるため、子供の世話係や親たちに利用された。
文献181
⇨ 袋の持ち主

フープ・スネーク
HOOP SNAKE
　19世紀から20世紀初頭にかけて、特にウィスコンシン州およびミネソタ州の木こりや森林労働者たちの民間伝承に登場する生物。親しみをこめてフィアサム・クリッター*と呼ばれる怪物*の一種に属し、その極端な姿や行動のせいで寂れた場所で聞こえてくる不気味な物音の説明に使われたり、キャンプの時の楽しい語り草にされたりした。フープ・スネークは色鮮やかな体を持っていて、尾を口のなかに入れて体を円形にし、フラフープのように転がりながら移動することができる。非常に強い毒を持ち、かつ獰猛で、目にも止まらぬ速さで獲物に襲いかかる。この蛇を出し抜いて逃げ延びるには、ジャンプしながらフープのなかをくぐり抜けるとよい。フープ・スネークは逆方向に獲物を追うことができないので、獲物を見失って混乱しているあいだに逃げることができるのである。
文献7、24

ブーブリー
BOOBRIE
　スコットランドの伝説や民間伝承に登場する巨大な鳥。ハシクロオオハムに似ているという記述もあるが、白い斑点と足には大きな水かきがあり、普通の鳥の鳴き声とは異なる恐ろしい叫び声をあげる。高地地方、特にアーガイルシャー（現在のストラスクライド）において、アッハ・イーシュカ*、つまり恐ろしい水棲馬が変身した姿だと言われた。水棲馬の姿の時と同様に、棲み家である湖の水際にやってきたものをことごとくむさぼり食った。

文献7、24、89、128、133
⇨ 怪物

ブモラ
BMOLA

　米国北東部の先住民、西アブナキ族の神話と伝承に登場する怪物*。ウィンド・バードという名でも知られる空飛ぶ巨大な生物で、北からの凍てつくような風と関わりがある。
文献77

ブラー
BULLAR

　アルバニア南部に棲むアルタナイン族の伝説と伝承に登場する蛇*の姿をした怪物*。ボラ*という名でも知られる。
文献125
⇨ クルシェドラ

ブライング
BULAING

　アボリジニ（オーストラリア先住民）のカラジェリ族に伝わり信じられている神話的な蛇*。「夢の時」の恐ろしい蛇である。
文献125
⇨ ユルング

フライング・フィッシュ（飛翔魚）
FLYING FISH

　16世紀にイタリア北東部の海岸沖で捕獲された海の怪物*。この生物は、報告によれば、ラヴェンナとヴェネツィアのあいだにあるキオゼという町の2.5kmほど北に位置する潟湖で陸揚げされた。巨大な生物で、縦の長さも横幅も150cmほどあり、大きな頭にはひとつの目の上にもうひとつの目があり、耳もあって、突き出した鼻の下には口がふたつあったと言われる。喉には呼吸するための孔があり、体には巨大な翼があって、その下の極端に長い尻尾にも翼が付いていた。この生物は緑色で、アンブロワーズ・パレ（1517～1590）の記述によれば、宮廷に運び込まれ、その場でただならぬ恐怖を喚起した。こ

16世紀にイタリア北東部の海岸で捕獲された海の怪物、フライング・フィッシュ（飛翔魚）。

の怪物は、ウシバナトビエイの一種だったのではないかと考えられている。
文献89

フライング・ヘッド（飛ぶ頭）
FLYING HEADS

　米国北東部の先住民であるイロコイ族の伝説と伝承に登場する怪物*。巨大で醜い頭をした生物で、ぎらぎら光る大きな目と、牢獄の扉のように閉じる鋭く尖った牙の列と、ぼさぼさの髪と、耳の位置に巨大な翼があると言われた。フライング・ヘッドは荒れた空を飛び回り、大嵐の時には髪で体を支えて空中に浮かび続け、すきのある人間を探した。この大食いの怪物は村人もその家畜の群れも一様に餌食にした。夜に舞い降りて、着地したところにあるものを何でもかまわずむさぼり食ったのである。その口がいったん閉じられたら、何者も逃げ出すことはできなかった。だがついに、老婆が退治する方法を思いついた。彼女は薪と赤く焼けた石炭を使って慎重

に火を燃え上がらせ、そこで夕食用の栗を焼いた。そして、栗を火から取り出しては皮を剥き、おいしいおいしいと大声で絶賛しながら味わった。フライング・ヘッドは降りてきて、火のなかの栗を残らず、真っ赤に焼けた石ごとごっそりとすくい上げた。この類の怪物の例にもれず、フライング・ヘッドも知性に恵まれてはいなかったので、いったん焼け石を栗と一緒に口のなかに閉じ込めてしまうと、二度と放すことができなくなった。そして口のなかから火が燃え広がり、焼け死んだのである。

文献38、133、139

⇨ ポンティアナク

フラカッスス
FRACASSUS

中世後期のイタリア文学に登場する巨人*。ベネディクト会士のテオフィロ・フォレンゴ（1491〜1554）がメルリヌス・コッカイウスという筆名で書いた喜劇作品に登場する不気味な巨人である。この喜劇ロマンス『バルドゥス（Baldus）』のなかで、フラカッススは巨人モルガンテ*の血を引くことになっている。民間伝承の巨人特有のひどい無骨さがないのはそのためである。

文献174

ブラーク
BURAK, BURĀK, BURĀQ

⇨ ボラーク、アル

文献7、20、24、61、63、89

ブラーク、アル
BURAK, BURĀQ, AL

⇨ ボラーク、アル

ブラタント・ビースト
BLATANT BEAST

イギリスの詩人エドマンド・スペンサー（1552〜1599頃）の『妖精女王（The Faerie Queen）』（第5巻・第6巻）に登場する獣もしくは怪物*。その名はおそらくスペンサーの造語で、「吠える」という意味の古語 blate に由来するのかもしれないが、追跡する獣*という名でも知られている。ともにギリシア・ローマ神話に由来する、恐ろしい犬ケルベロス*と怪物キメラ（キマイラ）*の子孫と言われる。ブラタント・ビーストは100枚の有毒な舌を持つ恐ろしい生物だったが、英雄カリドール卿に口輪をかけられ、鎖につながれて妖精国に引きずっていかれた。不運なことに、この怪物は逃げ出し、さらなる恐怖を引き起こした。

文献7、20

ブラッグ
BRAG

イングランド北部地方に伝わる邪悪な存在および怪物*。アイルランドに伝わるプーカ*同様、グロテスクな馬や他の恐ろしい姿で現われる場合が多い。畑や荒野、ひと気のない道で目撃される。しかし、ブラッグは予期されるような見慣れた農場の動物ではなく、人を欺く存在で、頻繁に旅人を惑わせては危険な状況に陥れる。

文献24、159

⇨ グラント

ブラック・シャック
BLACK SHUCK

イングランドのイーストアングリアに伝わる犬の怪物*の一種。シャック*、シャック・ドッグ、オールド・シャックの名でも知られる。この名前はおそらくアングロサクソン語で「悪魔」を意味する Scucca に由来する。ロバほどの大きさで、黒い毛がもじゃもじゃして、大きな燃えるような赤い目をしているか、あるいは緑か赤の火花を散らす片目だという。しかし、ストウマーケット近くのクロプトン・ホールでは、この怪物は猟犬の頭を持った猿に似ているとされる。その棲み家はさまざまで、塩湿地とも海とも言われる。ブラック・シャックはそこから夕暮れにだけ現われて小道や湿地や川の土手や墓地を歩き回る。この生物に路上で遭遇した人は、氷のよ

うな息と毛むくじゃらの皮膚を歩いているすぐそばで感じることがある。サフォークでは、そっとしておけば危害を加えることはないが、挑戦的な態度をとる者にはまもなく死が訪れる。ノーフォークでは、ブラック・シャックを見るだけで病気になったり死んだりした。この怪物の変種には猿の顔をしたものがおり、ケンブリッジシャーのボールシャムとラティングのあいだに出没し、シャック・モンキーとして知られている。しかし変種のエセックス・シャックは善良な生物で、道に迷った旅人を導いたり、攻撃から守ったりすることで知られている。この怪物は絞首門や絞首人のさらし柱や墓場に出没すると言われることで、邪悪なシャックと結び付けられている。

文献5、7、21、24、67、96、119、145、159、169、182、186

⇨ ガイトラッシュ、黒妖犬、スクライカー、トラッシュ、バーゲスト、パッドフット、ブラック・シャック、モーザ・ドゥーグ、ロンジュール・ドス

ブラック・タマナス
BLACK TAMANOUS

米国の太平洋側北部海岸に住む先住民の神話と伝承に登場する恐ろしい怪物*。「変換者」が邪悪で巨大な生物を大地から取り除いた時、ブラック・タマナスはどういうわけか見逃され、その捕食行為で地上に苦しみをもたらすことになった。この怪物は、荒野で獲物の人間に忍び寄るカンニバル（食人種）*とされた。

文献24、119、120

ブラック・デヴィル
BLACK DEVIL

中米のユカタン半島に伝わるケンタウロス*。恐ろしい、黒ずくめの人間に似た馬で、スペインの年代記作家ベルナール・ディーアス・デル・カスティリョ（1492～1581）が『メキシコ征服記（Historia de la Conquista de la Nueva España）』（1576）に記したのが最初である。このなかでカスティリョは、当時のアメリカ先住民が、馬に乗った人間を一体の破壊的な怪物*と間違えたと説明している。

この怪物の伝説はかなり広い地域に及んでいて、米国の先住民ショショニ族にもブラック・デヴィルの伝説があり、巨大な黒い人食い馬と言われている。

文献133

⇨ カンニバル（食人種）、ディオメデスの牝馬

ブラッシュ
BRASH

スクライカー*の別名。イングランド北部に伝わる犬に似た恐ろしい存在。

文献7

プラット・アイ
PLAT-EYE

西インド諸島と米国ジョージア州の民間信仰に登場する邪悪な怪物*。大きな黒い犬で、ぎらぎら光る大きな目を持ち、夜に暗く寂しい道を巡回する。目だけが現われ、刻一刻と目が大きくなっていくこともある。出会った人間を覆い尽くすほど大きな体にふくれあがって犠牲者を飲み込む。犠牲者はそのまま姿を消した。

文献24、119、160

⇨ オスカエルト、シャック、バーゲスト、パッドフット

ブラッハ・ブハディ
BURACH BHADI

スコットランド沖のヘブリディーズ諸島の民間伝承に登場する水棲生物。魔法使いのシャックル*という名でも知られており、巨大なワームあるいはヒルに似ていて、頭頂部に9つの目を持つ。この生物は島々の湖や川の浅瀬はもちろん、低地地方のパースシャーにも棲んでいた。馬に乗ってこういった浅瀬を渡る人は、ブラッハ・ブハディに注意しなければならなかった。ブラッハ・ブハディは馬のにおいをかぎつけ、あっという間に馬の脚にくっついて、下に引っぱり込み、食べてしまうからだ。

文献7、89

ブラディー＝マン
BLOODY-MAN

イギリスの古典文学でグリム*と呼ばれる巨人*の別名。1682年に出版されたジョン・バニヤンの『天路歴程』に登場する。

文献20、31

⇨ 異教徒、教皇、スレイ＝グッド、モール

ブラン
BRAN

イギリス、特にウェールズに伝わるケルト初期の物語に登場する超自然的英雄の巨人*。ウェールズではベンディゲイドブラン*という名でも知られる。彼の物語は、他の物語の登場人物であるアーサー王のような他の英雄たちの物語と絡み合っているが、ブランが知られているのは、主に14世紀ウェールズの神話物語集『マビノギオン』によってである。

ブランは超自然的な海の王スィールと人間の女性ペナルジンの息子にあたり、その名はウェールズ語で「オオガラス」という意味のブランに由来する。彼にはマナウィダンという兄弟とエヴニシエンという異母兄弟、ブランウェンという妹がいた。伝説によっては、グウェルンもしくはカラダウグと呼ばれる息子がいたことになっている（後者は前43年にローマ人の侵略に抵抗したブリトン族カラクタクスと同一視された）。

ブランは非常に長身で、そばにいる他の人間が皆小人に見えるほどだったという。彼は強者の島（ブリテン島）の王だったが、妹とアイルランド王との結婚が彼の死の始まりとなった。ブランの邪悪な腹違いの兄弟エヴニシエンは、祝宴に招かれなかったことで嫉妬心に駆られ、厩に忍び込んでアイルランド王の馬をすべて切りきざんだ。アイルランド王は自分の城に戻ってから、その腹いせを花嫁ブランウェンに対して行なった。王は彼女を台所で召使として働かせたため、とうとうその侮辱的な扱いがブランの耳に入り、彼女を救うべくアイルランド攻めの準備が始まった。

ブランは非常に長身だったので、ケルトの軍隊を率いてアイルランドに侵入した際、彼は軍隊を乗せた船の前を歩いてアイリッシュ海を渡り、自分の体を橋のように伸ばしてシャノン川に横たわり、兵たちが自分の上を通って対岸に渡れるようにした。そこで彼はアイルランド王を退位させ、代わりに息子グウェルンをアイルランド王の地位につけた。しかし邪悪なエヴニシェンがグウェルンと格闘し、彼を炎のなかに突き飛ばし、焼死させた。ブランは残忍な腹違いの兄弟とアイルランド王の軍との両方を追跡し、その結果大きな戦に発展した。

不運なことに、結婚式の後、ブランはアイルランド王の怒りを柔らげるために魔法の大鍋を贈っていた。この鍋で作られる飲み物は戦死した者すべてをよみがえらせるのだった。ブランの軍は、この鍋の力を借りたアイルランド軍にまもなく敗れ、とうとうブランと最も勇敢な戦士7人が残るのみとなった。そのなかにタリエシンもいた。しかし、ブランは毒を塗った槍で致命的な打撃を受けていた。彼は家来に自分の首を切り離し、それをロンドンの「ホワイト・ヒル」の頂上に運び、国を侵略から守るために顔をフランスの海岸に向けて埋葬するよう命じた（この「ホワイト・ヒル」は、「白」がウェールズ語で神聖を示すことから、ロンドン塔のホワイト・タワーと同一視されることも多い）。

戦士たちは命じられたとおり、首（人間の首のように腐敗せず、Urdawl Ben、すなわち「高貴なる首」として知られるようになった）を本島に持ち帰った。しかしリアンノンの鳥の歌を聴いて魅了され、ハルドレックに3年間滞在したことと、グワレス（ガスホルム島）の城にさらに80年閉じ込められたことによって、旅は長引いた。最終的にブランの首は命令どおり安置されたが、ウェールズのある「三題詩」は、アーサー王がブリトンの保護者の役割を自分自身のものにするためにブランの守り首を動かし、それをグワレスに戻したと非難している。『ボネズ・アル・アワル（Bonedd yr Awar）』では、アーサー王

の祖先を彼の母系と父系両方の血筋によって、ブランにまでたどっている。ブリテン島の謎めいた場所の多くはこれらの伝説と関わりがあり、鉄器時代のディナス・ブラン（「ブランの城」）と呼ばれる丘の城砦もそのひとつである。のちの石造りの城は、トーマス・マロリー（1471没）版ではコルバン（古フランス語で「カラス」を意味する）と名付けられている。これは足の不自由なフィッシャーキングの伝説的な聖杯の城だと主張されている。彼は最も初期の伝説ではブロンと名付けられている。

文献54、78、128、132、182

ブラングナリーユ
BRINGUENARILLES

フランス古典文学に登場する巨人*。作家フランソワ・ラブレー（1494～1553頃）が『パンタグリュエル』（1532）と、のちの『ガルガンチュア』（1534）で描写した登場人物のひとり。彼は巨大なだけでなく不恰好で、彼の棲むトュ・ボュ諸島の住民に脅威を与えている。この巨人は通常の伝説に登場する巨人よりも変わった方法で人間を脅かす。彼は当時の工業や商業に欠かせない技術だった風車を破壊し、むさぼり食うのである。その時代にこのような行動をとるのは、恐怖であると同時にこっけいなものだっただろう。さらにこっけいなのは、ブラングナリーユが型どおり英雄によって退治されたのではなく、バターの小さな塊をのどに詰まらせて死んだことである。

文献173

⇨　ガルガンチュア、パンタグリュエル

フランケンシュタインの怪物
FRANKENSTEIN'S MONSTER

イギリスの古典文学の怪物*。フランケンシュタインの怪物はメアリー・ウォルストンクラフト・シェリー（1797～1851）の小説『フランケンシュタイン』（1818）に登場する。この小説の着想は悪夢の産物だった。メアリー・シェリーはこれを、退屈しのぎに仲間と計画した創作発表会に出すために書き下ろした。この時彼女は、夫で詩人のシェリーと友人である詩人バイロン、医師ポリドリとともにスイスで休暇を過ごしていたのである。『フランケンシュタイン』は、医学を学ぶ学生が、人の死体から人造人間を作る話である。名前も与えられないこの生物は、電気的に生命を吹き込まれ、その時から自分の存在に疑問を持って、自分の創造主に復讐するために他人を殺しはじめる。結局、フランケンシュタイン（怪物を作った人間の名）は、自分の創造物を破壊するという目的の途中で命を落とす。

この小説は、電気や医学の進歩といった、同時代人に疑問を投げかける「時代の革新」のテーマを含んでいた。この疑問とはもちろん、「死体窃盗」を商売にまでした人体解剖や解剖学研究の倫理に関する疑問である。この物語が書かれた時代にはすでに、有名なゴーレム*についてのユダヤ伝説が知られていた。この伝説にも、現在もなお解決されていない倫理問題が多く含まれている。

文献20、78、94、182

ブランダーボア
BLUNDERBORE, BLUNDERBOAR

イギリスの伝説「巨人殺しのジャック」に登場する巨人*。もうひとりの巨人コーモラン*とは兄弟で、城に棲み、土地の人々を脅かしては食べ物や品物を貢物として取り立てていた。多くの人々が襲撃に失敗して殺されたあと、ジャックが説得され、巨人の脅威をその地から取り除く試みに挑戦することになった。彼は客として城を訪ね、ベッドに案内されたが、眠ればそこで巨人に殺されるのが分かっていた。それでジャックは丸太を包んでベッドカバーの下に入れ、自分はベッドの下にもぐりこんで寝た。案の定、ブランダーボアが夜のあいだに入ってきて、丸太を粉々に打ち砕いた。巨人は翌朝ジャックが朝食の席に出てきたので、とても驚いた。

ジャックにはもうひとつトリックが用意してあった。シャツの内側にひそかに腸詰めの

袋を入れておき、朝食の皿が空になるたびにおかわりを要求したのである。ブランダーボアは気づかなかったのだが、ジャックは食べ物をシャツの首の部分からスプーンで袋のなかに入れていた。袋はどんどんふくらんでいった。まぬけな巨人はほんの小僧に負けるのがいやで、腹がパンパンになってほとんど動けないほどになるまで胃に食べ物を詰め込んだ。ジャックはシャツの下の袋がふくれて破裂寸前になると、楽になるためと称してナイフをとりあげ、食べ物がすべてこぼれ出るように袋を切り裂いた。巨人はまたもや負けるのがいやで同じことをやり、死んでしまった。

文献20、24、54、181

ブランダムール
BRANDAMOUR

18世紀から19世紀初頭にかけてイングランドの伝承と伝説に登場したオーグル*。ふたつか3つの頭を持つ巨大な人物で、特に子供たちを脅かすのを好んだ。ヴィクトリア時代の一種の子供部屋のボーギー*で、手に負えない子や冒険好きの子が危険な状況に迷い込んで行かないよう言い含めるために親に利用された。

文献181
⇨ アグリッパ、巨人、ボムボマチデス

フランドリヴ
FLANDRIF

イギリスの学者、作家のJ・R・R・トールキン（1892〜1973）の小説『ホビット』と『指輪物語』に登場する木の巨人族エント*のひとり。「木の皮肌」としても知られる。フランドリヴはオークがもたらした大破壊に激怒し、エントっ子たちを守り、自分の樺の森が占領されるのを防ぐために彼らと戦った。しかし、指輪戦争で重傷を負ってからは木の状態に引きこもり、山脈の木立ち近くの木々に混ざって孤独に生きた。

文献51
⇨ 巨人

ブラン・リール
BRÂN LLYR
⇨ ブラン

フリアイ
FURIAE, FURIES

ローマ神話の復讐に燃える恐ろしい超自然的存在たち。名前は「怒れる者」を意味する。フリアイはディライ*の名でも知られたが、ギリシア神話ではエリーニュエス*、エウメニデス*、セムナイと呼ばれた。この生物たちの誕生についてはさまざまに言われてきた。たとえば大地の女神または夜の女神の娘であるいう説や、夜とタルタロスの娘であるという説、さらにはウラノス*が去勢された時に落ちた血から生まれたという説などがある。この最後の説によれば、彼女たちは百手の巨人*、女神アフロディテ、未来のオリュンポスの神々と兄弟姉妹である。フリアイはアレクトー*、ティシポネー*、メガイラ*の三姉妹であり、髪が蛇であるとか、悪臭を放つとか、コウモリの翼か犬の頭を持つ人型ハッグ（妖婆）であるとか、さまざまに描写されている。彼女たちは悪事を犯したまま処罰されていない人間に対する復讐に燃え、恐るべき執念を持ってその死後までもつきまとう。この点で彼女たちはひどく恐れられていたため、エウメニデスやセムナイといった婉曲的な呼び方でしか口にされることはなかった。

文献20、74、78、133、146、160、178、182
⇨ 巨人

ブリアレオース
BRIAREOS, BRIAREUS

ギリシア・ローマ神話に登場する巨人*。ガイア*とウラノス*の息子たちである百手の巨人*のひとり。アイガイオーン*という名で呼ばれることもある。兄弟であるコットス*やギュゲス同様、50の頭と100本の手を持つ。3人とも成長し、完全武装した姿で生まれてきた。彼らはオリュンピアの神々に戦いを挑んだが、敗れた。ブリアレオースはダンテの『煉獄篇』（第12歌28〜30行）のなかでウェル

ギリウスによって描写されている。彼はこの偉大な巨人を見たいという願望を口にしている。ダンテはブリアレオースが奇怪なのは巨大な身長のためではなく、むしろ知性の欠如のせいだと結論づけている。彼は身長については釣り合いがとれていると主張している。
文献7、20、78、132、138、168、173、177

フリースヴェルグ
HRAESVELG

　北欧神話に登場する怪鳥。巨大な鷲に似た姿をしており、世界最北の山地の頂きを流れる冷たい川に棲んでいる。フリースヴェルグが大きな翼をはばたかせると氷のように冷たい突風が生まれ、災害をもたらす。
文献133
⇨　ロック

プリスカ
PRISCA

　ガリア人たちが巨人族の高潔な血筋を引いているという説を正当化するためにイタリアの修道士であるヴィテルボのアンニウス（ジョヴァンニ・ナンニ、1432～1502頃）が作成した系譜に登場する巨人*のひとり。
文献139、174
⇨　ノア

プリスカラクセ
PRISCARAXE

　ギリシア神話に由来するとされた人間と蛇*の混成種。「新たに発見された」と称されている古代ギリシア語文書の断片なるものによれば、アレクトルの母。プリスカラクセの名前と性格は、イタリアの修道士であるヴィテルボのアンニウス（ジョヴァンニ・ナンニ、1432～1502頃）によって、ガリア人たちが巨人族の高潔な血筋を引いているという説を正当化するため彼が作り上げた系譜のなかに、アラクサ・プリスカという名前で組み込まれた。のちに、人文学者で詩人のルメール（1473～1524）がこれを補足し、名前をアラクサ・ユニオルと変えて、メリュジーヌ*の先祖とした。
文献174

プリスクス
PRISCUS

　ガリア人たちが巨人族の高潔な血筋を引いているという説を正当化するためにイタリアの修道士であるヴィテルボのアンニウス（ジョヴァンニ・ナンニ、1432～1502頃）が作成した系譜に登場する巨人*のひとり。
文献139、174
⇨　ノア

フリームスルス
[複数：フリームスルサル]
HRIMTHURS(sing.), HRIMTHURSAR(pl.)

　北欧神話に登場する氷に閉ざされた北の地に棲む、きわめて大きな巨人*。ひとりの霜の巨人*の名前としても、複数形で集団の名前としても用いられる。その棲み家は高くそびえ立つ山岳地帯や、イフィング川の向こう岸、つまりビフレストの橋を越えた最北の地に広がる凍てついた荒野である。ひどい悪事をはたらく力の強い巨人で、ラグナレクの最後の戦いの時には破壊の限りを尽くした。
文献47、78、127
⇨　ヴァスティ、スリュム、ヒュミル、フルングニル、ベルゲルミル

フリームファクシ
HRIMFAXI

　北欧神話に登場する神々の馬。フリームファクシとは「霜のたてがみ」を意味する。夜の馬車を引くこの超自然的な馬がはみに噛みつくと露の滴がこぼれ落ち、夜ごと地面をぬらす。
文献20、89
⇨　スキンファクシ、太陽の馬

フリュム
HRYM

　北欧神話に登場する巨人*。フリュムは霜の巨人*のひとりで、船を作り、その大きな

船の舵をとることに時を費やした。ラグナレクの最後の戦いでは、世界の最終的な破壊において重要な役割を果たした。フリュムの作った大船ナグルファルは、人間の死体から奪い取った足や手の爪でできており、霜の巨人たちはこの船に乗って出航しアース神族を攻撃した。

文献33

フル＝カレアオ
HURU-KAREAO

ニュージーランドに住むマオリ族の伝説に登場する怪物*。ホロマタンギ*とは同族で、釣りや狩りをしているマオリ族を襲うタニワ*と呼ばれる怪物の一種とされている。水面に聖なる丸太が浮いているトンガリロ近くの湖に棲み、爬虫類あるいは大トカゲに似た巨大で恐ろしげな生物である。フル＝カレアオは地元の村人たちを大切に見守っている。ふたりの村の女が隣村からひどい目に遭わされた時、フル＝カレアオは湖水を激しく波立たせて隣村を水浸しにし、川をあふれさせた。ヨーロッパ人たちはその地を訪れた時、湖を埋め立てた跡地に聖なる丸太を使った教会を建てるべきだと主張した。だが湖はすぐによみがえり、教会は崩壊してばらばらになってしまい、丸太を切った男たちは謎の死を遂げた。

文献155

⇨　イフ＝マータオタオ、ホトゥ＝プク

古きもの
ANCIENT ONE

バルト海沿岸のエストニアに伝わる怪物*に与えられた呼び名。伝説によれば、ヴィートナ地方のある湖は「黒い湖」と呼ばれ、そこではどんなにたくさんの魚がいようとも、腐った丸太しか釣れなかった。どうすれば大漁になるのか分からず、毎年途方にくれるこの地の漁師たちは、湖の底に地引網をしかけることにした。村じゅう総出で何が現われるかを待った。ある船の網に、魚と毛むくじゃらの生物が合体したような巨大な怪物がか

かった。彼らが網をたぐり岸に向かうと、彼らのまわりに波が立った。やがて波は船よりも高くなり、船が沈みそうなほどにまでなった。恐ろしさのあまり彼らは網を放した。なかに入った生物の重さで引きずりこまれそうになっていたからだ。驚いたことに、網を放したとたん湖はすっかり穏やかになった。これ以降、二度と湖で漁をしようとする者はいなかった。

文献133

ブルグ
BULUGU

オーストラリア北部、アーネムランドに棲むグンウィング族の「夢の時」の神話に登場する人間に似た爬虫類。ブルグは水蛇男で、彼はジュラワドバド*の許嫁を盗んだ。

文献38、132

プルシャ
PURUSHA

インドのヴェーダの創造神話に登場する、原初の巨人*。宇宙卵から生まれたとされ、4分の3が不死身で、4分の1が死すべき運命を持つ。その可死の部分から、妻のヴィラージュが生まれ、この夫婦が世界のすべてのものの親となった。その後、プルシャの体は神々によって分割され、それぞれが宇宙に必要なすべての部分となった。頭は天空に、片目は太陽に、息は風に、手足はさまざまなカーストの人々になった。プルシャの体の部分がふたたび集まった時は、宇宙の終わりだと言われる。

文献24、78、125、133、166

⇨　パン・グ（盤古）、プンタン、ユミル

ブルチン
BULCHIN

中世ヨーロッパの伝説と民間伝承に登場する女の怪物*。バイコーン*という名でも知られる。ブルチンという名は16世紀から使われた。太った怪物で、栄養のゆきとどいた豹に似ており、顔は人間だが歯をむきだしてにや

にや笑う。
文献7

ブルッケ
BRUCKEE

アイルランドの伝説と伝承に登場する水棲の怪物*。巨大な生物で4本足だが、シャンダンガン湖に棲むと言われる。
文献133
⇨ ロッホ・ネス・モンスター

フルド
HULD

北欧の伝説や民間伝承に登場するトロール*。歴史家スターラ・ソーンダーソンがノルウェー王室のために作り出した物語に登場する女のトロールがフルドである。
文献105

フルングニル
HRUNGNIR

北欧神話に登場する巨人*。フルングニルは石あるいは土の巨人で、腕力と自分の飼っている馬が自慢だった。ある日、領土に出かけていた主神オーディンと出会ったフルングニルは、オーディンの乗っていた8本足の神馬スレイプニル*を賞賛しつつも、自分の方が良い馬を持っていると自慢する。オーディンはフルングニルに馬で競争しようと持ちかけた。だがフルングニルがどれほど優位を保っていようと、丘の頂きを越えたところで必ずオーディンに追い抜かれてしまうのだった。疲れ果てたフルングニルはついにアースガルズにあるオーディンの館に誘い込まれ、敗北を認めざるをえなくなる。そんなフルングニルを面白がった神々は彼のために饗宴を開いてやるが、酔っ払ったフルングニルは暴れ出し、アースガルズを破壊してやると言い放つ。するとオーディンは無敵の神トールを呼び出してフルングニルと戦わせる。フルングニルは巨大な石のこん棒を、トールはハンマーを手にし、ふたりは向かい合った。戦いが始まり、フルングニルはトールのハンマーが繰り出す強烈な一撃をこん棒で払いのけるが、こん棒は粉々に砕け散ってしまう。その破片のひとつがトールの頭を直撃するが、フルングニルはトールの投げたハンマーに当たって命を落とした。
文献24、47、133、139、166
⇨ ヨーツン

ブレイエ
BRUYER

フランスの文学に登場する巨人*。作家フランソワ・ラブレー（1494～1553頃）の作品『パンタグリュエル』（1532）において、巨人パンタグリュエル*の祖先として、その系譜のなかで言及される。ラブレーはパンタグリュエルの系譜に、巨人の能力のさまざまな特性や特別な称号を記している。ブレイエはもともとはフランスの文化伝統において、文化英雄の強大な敵対者として知られていた巨人なので、パンタグリュエルの家系に壮大さを与えるのに貢献している。
文献173
⇨ アップ・ムウシュ、ウルタリー、エティオン、カインの娘たち、ガッバラ、ガルオー、ガルガンチュア、シャルブロット、ノア、ノアの子供たち、モルガンテ

ブレイズ＝ガルヴ
BLEIZ-GARV

フランス北西部、ブルターニュで狼憑き*を指す近代ブルターニュ語。
文献128
⇨ ビスクラヴレット

フレイバグ
FREYBUG

イギリスの中世伝説や伝承に登場する怪物*。夜になると奇怪な黒い犬の姿で田舎道をうろついて夜間の通行人を脅かし、震え上がらせて逃げさせた。この生物のことは、1555年の英語の写本に述べられている。
文献160
⇨ 黒妖犬

フレイミング・ティース（燃え立つ歯）
FLAMING TEETH

　フィジーの人々の伝説と伝承に登場する恐ろしい巨人*。フレイミング・ティースは獰猛な人食い巨人で、とてつもなく大きな生物だと言われた。しかし、この怪物*の最も恐ろしい武器は、その歯だった。それは巨大で、口のなかで燃えながらそそり立っていた。彼はこの地域のすべての人間を追い詰めた。どこへ隠れようと安全とは言えなかったので、人々は脅えながら生きていた。とうとう、村人全員が集まって策略を練り、フレイミング・ティースが大きな岩の下を走るよう仕向け、その岩を彼の頭上に落とした。巨人が冷たくなる前に、村人すべてが棒きれを持ってきて、巨人の歯から火をとった。そのため今も、フィジーの人々は必要な時のために火を蓄えている。
文献113
⇨　カンニバル（食人種）

フレキ
FREKI

　北欧神話に登場する超自然的で恐ろしい狼。
文献7
⇨　ゲリとフレキ

プレゴン
PHLEGON

　ギリシア・ローマ神話に登場する聖なる馬。名前は「燃えるもの」という意味。毎日、空を横切る太陽神の馬車を引いていた4頭の馬の1頭。ローマの詩人オウィディウス（前43～17）によれば、他の馬はアイトン*、エオス*、ピュロイス*。
文献89
⇨　太陽の馬

ブレドマル
BLEDMALL, BLADMALL, BLEDMAIL

　アイルランドの伝説と民間伝承に登場する怪物*の集団。この名はアイルランド・ゲール語で「海の怪物」を意味する。古い物語によれば、この地方の船乗りたちは彼らを恐れていたという。
文献132

ブレドロフタナ
BLEDLOCHTANA

　アイルランドの伝説と民間伝承に登場する怪物*。この名はアイルランド・ゲール語で「怪物」を意味する。この恐ろしい存在は、マグ・トゥレドの戦いの記念日にだけ姿を現わし、恐ろしい吠え声をあげて、それを耳にした者すべてに恐怖を味わわせる。
文献128

ブレバク
BULLEBAK

　1695年に書かれたイザベラ・デ・ムールーズの自伝で言及されている巨大な子供部屋のボーギー*。この本は現在のベルギーの地で、17世紀に子供たちが経験した恐怖について描写している。そのなかには、子供を脅して行儀よくさせるために親が利用した怪物*についての記述もある。
文献181
⇨　巨人

ブレムミュエス人
BLEMMYES（pl.），BLEMYAE（pl.），BLEMYA（sing.）

　ローマ帝国の時代に古代エチオピアに棲んでいたと言われる民族。プリニウスは『博物誌』（77）のなかで、人間に似た存在で、頭はないが目と口が胸にあると記している。エジプトのかなた、ヌミビアと呼ばれる上流の地域に棲んでいるとされた。「アレキサンダー・ロマンス」といった後世の物語では、この人々は金色の巨人*で、目と口が胸にあり、そこには豊かな髪が生えているため下肢はよく見えない、という描写に変わっている。中世にはジョン・マンデヴィルのような旅行記作家が、この民族はまだ存在し、リビアの砂漠に棲んでいる、と主張している。これらの記述がアメリカ大陸の探検家に影響を与え

たことは間違いなく、彼らもそのような人々をカオラ川で見たことがあると述べている。

文献20、63、167、177

⇨ アケファロス、カオラの人々

プロクルステス
PROCRUSTES

ギリシア・ローマ神話に登場する巨人*のポリュペモン*の別名。名前は「引き伸ばす者」という意味。エレウシスに棲み、夜更けに旅する人間に一夜の宿を貸したが、それは殺害するためであった。

文献78、139、178

フロスティ
FROSTI

北欧神話に登場する巨人*。名前は「冷たい」を意味する。フロスティはフリームスルサル*すなわち霜の巨人*のひとりである。彼はスリュム*の息子で、ドリフタ*、イエクル*、スノエル*の兄弟である。

文献24

フローズルスヴィトニル
HRODVITNIR

北欧神話に登場する邪悪で巨大な狼、フェンリル*の別名。

文献7、20、89、169

プロック・グウィンター
PROCK GWINTER

19世紀から20世紀初頭にかけて、米国の特にウィスコンシン州およびミネソタ州で、木こりや森林労働者たちの民間伝承に登場した生物。親しみをこめてフィアサム・クリッター*と呼ばれる怪物の一種で、その極端な姿や行動のせいで寂れた場所で聞こえてくる不気味な物音の説明に使われたり、キャンプの時の楽しい語り草にされたりした。サイド・ヒル・ドジャー（山腹の詐欺師）とも呼ばれる。

文献7、24

⇨ グヤスクトゥス

プロテウス
PROTEUS

ギリシア・ローマ神話に登場する、原初の海の巨人*。「海の老人」とも呼ばれる。巨大なマーマン*で、海の生物の守護者。海神ポセイドン／ネプトゥーヌスに仕え、神から予言の能力を与えられていた。予言を聞きたい者は、まずプロテウスを捕まえなければならなかったが、プロテウスはもっと怪物*じみた姿に変身して逃げ回った。娘のエイドテアが気に入った人間に教えた時だけ、プロテウスがパロス島で眠っているところを捕まえることができ、必要な予言を聞くことができた。

文献61、78、89、133、178

ブロビニャク
BROBINYAK

18世紀から19世紀初頭のイングランドの民間伝承と伝説に登場するオーグル*。巨大な恐ろしい姿をしていて、ドラゴン*の目と巨大な長い牙を持つ。特に子供を脅かすのが好きで、子供たちの教訓的な出版物『おしゃべり頭と落ち着きのないこどもと水溜り（Blabberhead, Bobblebud and Soak）』に、『もじゃもじゃペーター』のアグリッパ*と同じようなキャラクターで登場したのが最初である。ヴィクトリア時代の一種の子供部屋のボーギー*で、手におえない子や向こう見ずな子が危険な場所に入って行かないように言い含めるために利用された。

文献181

⇨ 巨人、ブランダムール、ボムボマチデス

ブロブディングナグ人
BROBDINGNAGIANS

イギリスの古典文学に登場する巨大な人種。作家で政治家のジョナサン・スウィフト（1667～1745）が著わした『ガリヴァー旅行記』（1726）のなかで、ブロブディングナグ人の国は、ガリヴァーが二度目の航海でたどり着いた場所である。古典神話やヨーロッパ伝承の巨人*と異なり、スウィフトはこの巨人を、ガリヴァーが自分たちより小さいに

かかわらず丁寧に扱うやさしい人種と描写している。

文献20、176、181

プロメテウス
PROMETHEUS

(1)ギリシア・ローマ神話に登場するティタン*のひとり。名前は「予見」という意味。イアペトスがテミスまたはニンフのクリュメネとのあいだに作った子。兄弟はメノイティオス*、エピメテウス*、アトラス*。プロメテウスについては次のような異伝も残されている。ティタンの戦いで、オリュンポスの神々を守るために同胞と戦い、それにより神から報償を受けた。また、ゼウスの額からの出産を手助けしたので、女神アテナにも気に入られた。その結果、プロメテウスは粘土から人間を作る特権を与えられた。そうして作られた人間は、生命の息吹を与えられたが、ゼウスは人間が神々に犠牲を捧げなければならないと宣言した。そこでプロメテウスは、犠牲には骨の皮と生魚のどちらがいいかとゼウスに問うた。ゼウスは皮を選び、人間に魚を生で食べる刑を言い渡した。人間を哀れに思い、プロメテウスはヘパイストスの鍛冶場から火を盗んで与え、このためゼウスから罰を受けた。プロメテウスはコーカサス山に鎖で縛りつけられ、毎日、大鷲に肝臓を食べられた。不死身であったため、毎夜、肝臓が再生し、この苦しみは永遠に続いた。3万年後、ケンタウロス*のケイロン*が身代わりとなり、呪いは解け、プロメテウスは天の星座に変えられた。またプロメテウスは、テティスの産む子は父親よりも強い力を持つことを知っており、この秘密を教えられた。海神ポセイドンはテティスを妻とせず、自分のかわりにペレウスと結婚させた。

(2)ガリア人たちが巨人族の高潔な血筋を引いているという説を正当化するためにイタリアの修道士であるヴィテルボのアンニウス(ジョヴァンニ・ナンニ、1432～1502頃)が作成した系譜に登場する巨人*のひとり。

文献20、38、125、133、139、166、169、174、178

⇨ アエピメテウス、イアペトゥス、ノア

ブロンテ
BRONTE

ギリシア神話に登場する馬で、その名は「雷神」を意味する。ヘパイストスが太陽神ヘリオスのために作った金の馬車を引く太陽の馬*の一頭である。他の馬たち同様、鼻から揺らめく火の息を吐く純白の馬である。毎朝、時間のニンフであるホーラーたちが、他の8頭の太陽の馬*とともに、天空を横切る旅のため馬車につなぐ。日没時に旅が終わると、馬たちはまた翌日つながれるまで、幸福の島で魔法の草を食べるのだった。

文献138

ブロンテス
BRONTES

ギリシア・ローマ神話に登場する3人のキュクロプス*のひとり。兄弟たちはアルゲス*とステロペス*である。その名は「雷」を意味し、兄弟たち同様、額の中央に目がひとつしかなかった。彼らはガイア*とウラノス*の子で、親に反乱を起こしたために、タルタロスの底に投げ込まれた。『神統記』(前750頃)のなかで、ヘシオドスはブロンテスと兄弟たちを巨人*でありティタン*であると説明しているが、キュクロプスはそのどちらとも別個の存在である。

文献20、78、138、168、177

⇨ ガイア

ブロントンの怪物
MONSTER OF BROMPTON

米国東部のブロントン湖(アントネ・ウートンウィティとも呼ばれる)で目撃されたためにこの名前が付けられた。大きな緑色の魚で、水面の上に長さ2.5mほどの背が見えるものや、灰色のシルエットで3つのこぶがあり、頭は馬に似ているが口から粗い毛が逆立っているものなど、描写はさまざま。姿がどのように描かれるにせよ、この怪魚は水中をすさまじい速さで泳ぎ、後ろには70mも

の波跡ができるほどで、近くに寄り過ぎた漁師は、驚いて衝突を避けなければならなかった。1970年代に数度目撃されたが、水がひどく濁っていたために、探索チームはまったく生物を確認することができなかった。
文献134
⇨　怪物、ロッホ・ネス・モンスター

フワワ
HUWAWA
　メソポタミア神話に登場する怪物*のような姿をした巨大な守護神。フンババ*やクンババ*とも呼ばれ、レバノンスギの森を守護する。
文献7、47、160、166

ブンギスンギス
BUNGISNGIS
　フィリピン諸島の伝説と伝承に登場する巨人*。その名は「歯を見せる」の意。この巨大な存在が人間を見て笑うという邪悪な楽しみを示唆している。人食い巨人で、上唇が非常に大きいため、帽子のようにその頭にかぶせることができる。自分のなわばりに迷い込んだ人間を殺してむさぼり食うために追いかけ、追い詰める。いったん捕まえてしまえば、逃げられることはない。というのも、彼の力は驚異的だからだ。しかし、英雄スアクは、ブンギスンギスが獲物を殺すのに使う強力な棍棒をまんまと盗み出した。それから彼はこの棍棒を使って部族の敵を殺した。
文献113
⇨　カンニバル、巨人、ゲルガシ

プンダリーカ
PUNDARIKA
　インドのヒンドゥー教神話に登場するローカパーラ・エレファント*の1頭。世界の東南部の守護者で、アグニ神を背に乗せている。
文献7、24、112

プンタン
PUNTAN
　ミクロネシアの伝説に登場する、巨大な原初の宇宙存在。プンタンが死んで、その死体から宇宙と地上の存在すべてが生まれた。
文献38
⇨　ユミル

フンヌス
HUNNUS
　中世の博識者、ジャン・ティジィエ・ド・ラヴィジー（通称ラヴィシウス・テクストル1480～1520頃）の作品、『オフィキナ（Officina）』に登場する巨人*。ラヴィジーによると、トゥイスコン・ギガス*は実のところ巨人ノア*の息子、すなわちヨーロッパ貴族の祖先であるという。ノアを祖とする巨人族の末裔たちには伝説的な巨人が数多く存在するが、フンヌス*もそのなかのひとりである。
文献174

フンババ
HUMBABA
　メソポタミアの神話に登場する怪物のような姿をした巨大な守護神。フワワ*あるいはクンババ*としても知られるフンババはレバノンスギの森の守護神であるが、もともとは自然の神であったという。のちに巨大な体を持つ邪悪な怪物へと貶められ、ギルガメシュの敵となった。全身を固い鱗で覆われた巨大な人間の体とハゲワシの鉤爪の付いたライオンの脚を持ち、頭には牡牛のような角が生え、長い尾の先には蛇の頭が付いている。シュメールの神話叙事詩の主人公ギルガメシュは、友人エンキドゥとともに危険を承知で森に分け入った。戦いの末、ふたりの英雄たちは巨人フンババを打ち負かした。
文献7、18、47、125、160、166

ペアライ

ペアライ
PEALLAIDH

　スコットランドの旧パース州の民話に登場するウリシュク*または怪物*。邪悪な超自然的存在、フーア*に属している。その見かけから、「毛深いもの」とも言われ、フーアの仲間と同じく、体はもじゃもじゃの毛に覆われている。旧パース州の川で隔てられた森林地域に棲む。低地地方にもよく似た怪物*が存在し、シェリーコートと呼ばれている。
文献24、128、160

ヘアリー・マン
HAIRY-MAN

　アラスカの亜北極地帯に棲むタナイナ族の伝承に登場する、巨大な人型の獣*。全身が灰色の毛で覆われ、二本足で直立歩行すると言われる。瞳孔のない奇妙な目を持つ。この人型の獣は山間地帯に棲み、こちらが危害を加えない限りは出会った人間に対して友好的な態度を示す。
文献77
⇨　イェティー、ビッグ・フット

ペイ
PEY

　インドのタミル人の神話に登場するグール*の仲間。女性の姿をとるものに、アラカイ、イルチ、ピチャチュがいる。ヤマの従者たちであり、毛むくじゃらの人間型の怪物*とされる。人食いヴァンパイア*で、戦っている人間を見つけては負傷者の傷口から血を飲み、体をむさぼり食って殺す。
文献95、125
⇨　カンニバル（食人種）

ベイガド
BEIGAD

　アイスランドの伝承文学と民間伝承に登場する超自然的な牡豚。その名は「怖がらせる者」または「恐怖をもたらす者」を意味する。ベイガドの物語は古アイスランドの『植民の書』と『ヴァトン川谷住民のサガ』で語られている。この堂々たるブタは人々にとって恐ろしい存在であると同時に、賞賛に値する存在でもあり、ベイガドがスヴィナダルに迷い込んで、インギムンドに属する牝豚のなかで自由にしているということが分かると、人々は彼を捕まえることにした。狩りは長く危険だったが、とうとう、狩人たちはベイガドを海岸に追い詰めたと思った。が、その時獣は海に飛び込み、泳ぎに泳いだがとうとう足が動かなくなった。ブタは上陸せざるをえず、へとへとに疲れて、近くの丘によじのぼった。しかし、泳いだことによって彼は命を失い、狩人たちはとうとうその巨大な目的物を手に入れた。
文献337
⇨　アイトーリアの猪、エスキスエルウィン、エリュマントスの猪、カフレ、カリュドンの猪、セーフリームニル、戦いの猪、トゥルッフ・トゥルウィス、ヒルディスヴィニ、ブアタ、プゴット、ベン＝グルバンの猪

ベイシュト・キオーネ、アン
BEISHT KIONE,YN

　イギリス諸島のマン島の民間伝承と伝説に登場する海の怪物*。マン島語で「黒い頭の獣」を意味する。島の南岸の漁師たちは、水面に浮かび上がる黒い頭を見るのを常に恐れていた。
文献128

ペイスト
PEISTE

　アイルランドの伝説と伝承に登場する大きな水棲の怪物*。水陸両棲の「虫」またはドラゴン*とされ、古い時代に記録が残っており、聖パトリックに退治されたと言われてい

グロテスクな海の生物アン・ペイシュト・キオーネはマン島語で「黒い頭の獣」を意味する。

る。最近では、アイルランド西部のラフ・ファダ（ファダ湖）で1954年に見たという目撃談があり、この怪物に対する民間伝承はいまだに存在している。
文献78、89、134
⇨　ロッホ・ネス・モンスター、ワーム

ベイブ・ザ・ブルー・オックス
BABE THE BLUE OX

　19世紀から20世紀にかけて、米国北西部森林地帯の木こりたちの伝説に登場する巨大な牡牛。この巨大な生物は、もともとは白色だったが、「青い雪の冬」の雪に埋もれて青くなった。この、伝説の巨大な英雄ポール・バニヤン*の仕事仲間にして友達の牛は、高さが5m近くあり、斧の柄42本分を超える横幅があった。食糧の干し草を梱包材の針金ごと食べてしまうため、ベイブの歯からそれを取り除くための作業員が一組、フルタイムで雇われた。彼の足と足跡は大変大きかったので、彼のせいで穴ができ、そこに水がたまってオレゴン州とミシガン州の湖になった。また、うっかりつるはしを後ろに引きずって歩いていたら、地面に裂け目を作ってしまい、それがのちにグランドキャニオンと呼ばれる地形になった。ピュージェット湾ができたのも彼が原因である。ベイブはその旺盛な食欲とホットケーキ好きゆえに命を落とすことになった。というのも、ある日ベイブは待ちきれずに、できあがりかけていたケーキだけでなく、それを焼いている料理窯まで食べてしまったからである。ダコタ州のブラックヒルズは、ポール・バニヤンが彼の誠実な友の墓を作った盛り土だと言われる。

文献20、24
⇨ 巨人、フィアサム・クリッター、ポール・バニヤン

ベヴィス
BEVIS

　イギリスの民間伝承と伝説に登場する巨人*で、サセックスの丘に棲むと言われる。非常に巨大だったため、ハンプシャーの海岸とワイト島のあいだのソレント海峡を、立ち木を杖にして上体を濡らさずに歩いて渡ることができた。ベヴィスの伝説にはジョイシャンとのロマンスや数多くの戦いが含まれる。そのひとつが巨人アスカパード*との死闘の物語である。ベヴィスが邪悪なアスカパードに勝利した後、アランデル城の伯爵はベヴィスを城の番人として招いた。そこに彼の家としてベヴィス塔が建てられた。彼は危篤になった時、自分の巨大な剣を塔の上から投げ、その剣が着地した場所に「ベヴィスの墓」と呼ばれる埋葬塚が作られたと言われている。大昔の長さ170cm以上もある巨大な剣が、今も城の兵器庫で見ることができる（この埋葬のモチーフは、ロビン・フッドやアーサー王の伝説にも見られる）。ベヴィスが海を渡った際に用いた杖はボーシャム教会に遺贈され、何世代にもわたり、驚きの対象であり続けた。
文献182

ペガシ
PEGASI

　ギリシア・ローマの伝説に登場する怪鳥。大プリニウスの『博物誌』(77)には、馬の頭を持つ大きな鳥で、スキュティアの東地中海地方に棲息すると書かれていた。
文献7
⇨ セイレーン

ペガソス
PEGASOS, PEGASUS

　ギリシア・ローマ神話に登場する、空飛ぶ馬。白い種馬の姿をした海神ポセイドンと、怪物の姿になる前のメドゥーサ*という名の

ペガソスに乗ったベレロポン

ゴルゴン*とのあいだに生まれたとされる。別の説では、メドゥーサが英雄ペルセウスに首を切り落とされたあと、そのこぼれた血から生まれたとされている。ペガソスは古代の美術において、黄金の翼を持つ、優美で大きな白い牡馬の姿でしばしば描かれている。ペガソスはペルセウスの馬となったが、ペルセウスが死ぬと、不死身のペガソスはヘリコン山まで飛んだ。ひどい干ばつで、ヘリコン山の泉や小川は涸れており、ムーサと呼ばれるニンフたちは、ペガソスが怒りをこめて地面を踏み鳴らして清水の泉を湧きあがらせたため、大いに喜んだ。現在でも、そうした泉はヒポクレネ（馬の泉）として知られている。怪物キマイラ*がコリントを荒らしまわっていた時、イオバテス王が、英雄ベレロポンを怪物退治に派遣した。ベレロポンは女神アテナに祈りを捧げて助力を求め、黄金の馬勒を遣わされた。それを使ってペガソスに乗り、キマイラと戦うためである。怪物退治に成功すると、ベレロポンはペガソスをわがものにしようとし、うぬぼれが高じてオリュンポス山まで飛翔した。神々の王ゼウスに遣わされたアブがペガソスの尾を刺し、厚顔なベレロポンは振り落とされて地上に落ちて死んだ。ペガソスはオリュンポス山に残り、ゼウスの乗用馬となった。

文献5、7、20、24、61、78、89、94、106、133、166、169、178、182

⇨ グリュプス、ヒッポグリフ、ポキラージ

ヘカテ
HECATE

ギリシア・ローマ神話に登場する怪物のような姿をした女神。ヘカテはもともとはティタン*のひとりで、ガイア*とウラノス*の子孫であった。ゴルゴンやメドゥーサ*のように、頭には髪の代わりに蛇が伸びている、見るも恐ろしい女性として描かれている。彼女は巨人族との戦いにおいてオリュンポスの神々に力を貸し、のちには魔界との境界や十字路、墓地、暗黒の悪魔と深いつながりのある黒魔術を司る冥界の女神として崇められた。

文献38、125、166

⇨ 巨人

ヘカトンケイレス
HEKATONCHEIRES, HECATONCHEIRES

ギリシア神話に登場する3人の巨人*。ローマ神話ではケンティマネス*と呼ばれ、また百手の巨人*とも呼ばれる。彼らは50の頭と100本の腕を持つ巨大な存在で、その外観が名前の由来となっている。

文献78

ペグ・パウラー
PEG POWLER

イングランドのヨークシャー州とダーラム州との境界地方の民話に登場する、人間型の怪物*。邪悪なハグとされる。醜い女の姿をしており、緑の髪を生やし、大きな口から緑の歯をのぞかせている。ティーズ川に棲息し、そのあたりで待ち伏せをして、不注意な人間を水中のねぐらに引きずり込み、むさぼり食うと言われる。お気に入りの獲物は、親の言いつけに逆らって水辺で遊ぶ幼児である。この点でペグ・パウラーは子供部屋のボーギー*である。ペグ・パウラーの存在を示すふたつの徴候は次のとおり。まず川に泡が立つ。これはペグ・パウラーの石鹸泡と言われる。また、川の流れの緩やかな場所に浮かぶ緑の苔も徴候である。これはペグ・パウラーのクリームと呼ばれる。

文献21、24、25、60、170

⇨ 河童、グリンディロー、人さらいのネリー、緑の牙のジェニー

ベスティア
BESTIA

⇨ ベストラ

ベストラ
BESTLA

北欧神話の女巨人*。原初の巨人*、ユミル*の娘（巨人ボルソルン*の娘だという説もある）で、ミーミル*とは姉妹である。ブーリ

（巨牛アウズフムラ*によって、溶けた氷の下から現われた最初の存在）の息子ボルと結婚した。ベスティアとボルの3人の息子はアース神族の最初の3人、すなわちオーディンとヴェーとヴィリで、彼らはのちにユミル*を殺害した。

文献78、132、138、168

ヘダム
HEDAMMU

　フルリ人（聖書に登場するメソポタミアのホリ人）たちに伝わる邪悪な大蛇。ヘダムは巨大な海蛇で、自分の行動圏内にあるものはなんでも飲み込んだ。

文献125
⇨　蛇

ベ・チャスティ
BE CHASTI

　米国の先住民ホワイトマウンテンアパッチ族に伝承され信じられている巨人*。メタル・オールドマン*という名でも知られ、ほとんど全身を黒曜石の鎧で覆われている。唯一覆われていない腋窩が弱点で、そこが英雄の矢の標的となり、ベ・チャスティは最期を遂げた。

文献24

⇨　ゴーレム、タロス

ベッカヘスト
BÄCKAHÄST

　恐ろしい超自然的生物で、北欧に伝わるネッケン*がとる姿のひとつ。淡水湖や川に棲み、水棲馬の姿で水辺に現われるという。しかし転覆したボートや漂流木のような姿をしている場合もあった。これを見て立ちすくんだり、水のなかに誘い込まれたりした者は、水底に引きずり込まれ、食べられてしまう運命にあった。

文献133、159
⇨　アッハ・イーシュカ、カーヴァル・ウシュタ、ケルピー

ベーティカーン
BETIKHÂN

　インドに伝わる混成動物。一種のフォーン*で、体は動物だが頭と腕は人間で、ネイルゲリー丘の森林に棲み、動物たちを餌食にする。

文献151、159

ベドン・ヴァーラ
BEN VARREY

　イギリス諸島のマン島に伝わるマーメイド*をマン島語でこう呼ぶ。金髪の美しい乙

ベドン・ヴァーラはマン島語とマン島の民間伝承でマーメイドを指す言葉である。

女で、漁師を歌で魅了して死へと誘うという一般的な描写に非常に近い。しかしベドン・ヴァーラは善良な場合もあり、ドラ・ブルームの『マン島昔話集（Fairy Tales from the Isle of Man）』には、マーメイドが救い主である人間に感謝のしるしとして宝のありかを教えるという話が紹介されている。しかし、その救い主は無教養な漁師だったため、スペイン無敵艦隊の金貨の価値を知らず、それをあっさりと海に投げ込んで捨ててしまう。マン島に伝わるマーマン*は、ドゥナ・マラ*という名で知られている。

文献24、128、159

ベヌ
BENU
⇨ ベンヌ

蛇
SERPENT

蛇は、はるか昔から、神話や民話に描かれ、世界中の古代の蛇崇拝宗教と深く結びついている。多くの神話に、宇宙の大蛇という概念が登場する。インドのヒンドゥー教神話のアナンタ・シェーシャ*、インドのヴェーダ神話のアヒ*、古代エジプト神話のアペプ*、カー＝エン＝アンク・ネレル*、マカ*、メヘン*、イスラム諸国のファラク*、クジャタ*、古代ギリシアのペラスゴイ人の神話でのオピ

老婆と蛇。大蛇は、伝説によく登場する。

オン*、ダホメのフォン族の民間信仰のダ*、ハイチ島のヴードゥー教のダムバラー*、メラネシアのサンクリストヴァル島のハトゥイブワリ*とアグヌア*、フィジー人のデゲイ*。ヨーロッパの北欧神話のミズガルズオルム*は、世界をとりまいているとされた。西アフリカ、メラネシア、オーストラリア神話の虹の蛇*も関わりがある。

蛇はほとんどの国の神話、伝説、民話に登場し、おそらくドラゴン*の概念のルーツになった。この説にはいくつか根拠があり、たとえば古代ギリシアのドラゴンは、もとはドラコ*という、翼のある蛇だった。蛇は、リンドオルム*のように死者の守護者や、スペインのエル・クエレブレ*のように宝物の守護者だったようだ。都市の守護者だった蛇もいたらしい。タイの伝説によれば、町の門の礎石を積む時の宗教儀式で、囚人が生贄にされた。死ぬ前に囚人は、必要な時には町を守ってほしいと頼まれた。何年かたち、町がミャンマーの軍隊に攻撃された時、大きな白蛇が門塔から現われた。軍隊のどんな武器も白蛇には歯が立たず、町は守られた。

伝承に登場する蛇には、治癒力があったとされる。あるロシアの話では、信心深いボガトゥル（騎士）の妻が死に、騎士も一緒に死のうと決めた。騎士が妻の墓に横たわっていると、まわりを蛇が取り囲んだ。そのなかにいた大蛇の首を、騎士は切り落とした。その蛇から流れる液体を、妻の遺体にかけると、妻はよみがえった。喜んだ親戚たちに、夫妻は墓から助け出された。

伝説の蛇も強力であり、攻撃され、毒を持つ歯に嚙まれることに、共同体全体が脅えている。たとえば米国のヒューロン族が恐れるアンゴント*、米国南西部の先住民ズニ族の信仰に登場するコロウィシ*、カナダの先住民クリー族の信仰に登場するミシキニピク*、チリのアンデス地方の民間信仰に登場するヴルパングエ*、インドのヒンドゥー教神話に登場するウグラスラ*、オーストラリアのエミアンガ地区に住むアボリジニ（先住民）の民話に登場するアランダ*、ギリシア・ローマ神話のピュトン*、アイスランド伝説のスコフィン*、ブリテンと北欧の伝説のストールワーム*である。

蛇はほぼ地球全土に棲むとされており、大地、川、湖、海の蛇がいる。アメリカ大陸の先住民の伝承と民間信仰には、メシェケナベク*など湖の蛇が多い。ヨーロッパの伝承と民間信仰には、スウェーデンのストルスイードジュレト*など海の蛇が多い。

多くの宗教に蛇の伝承がある。ユダヤ教とキリスト教の文献では、エデンの園の蛇*は人間を騙し、悪魔の象徴である。インドのヒンドゥー教の伝承には、ナーガ*がいる。ナーガは仏教にも登場し、彼らの王ムチャリンダ*は、ブッダを保護した。多くの伝承で、最後に世界を破壊するのは蛇であるとされる。たとえば北欧神話に登場するミズガルズオルム*である。

文献47、78、81、113、134、139

⇨　ウィーウイルメック、ウロボロス、エルブスト、オヤレロウェク、キチ・アトハシス、キチクネビク、キネピクワ、グレート・リンクス、シシウトゥル、チピトカーム、チント＝サクトコ、ツェルタル、ホーンド・サーペント、ミシピジウ、ユルンググル、ヨルムンガンド、ワカンダギ

蛇の王
SERPENT KING

スウェーデンの伝説と伝承に登場する、蛇王国を守護する蛇*の怪物*。仲間の蛇を人間に殺されたり、聖地を汚されたりしたら激怒する。

文献134

⇨　キング・オブ・ザ・スネークス、チャン＝ハオ、ドゥーマヴァルナ、ドラナ、バシリスク、ムチャリンダ、ラージャ・ナーガ

ベヒル
BEITHIR

スコットランド高地地方の民間伝承と伝説に登場する怪物*。その名は「熊」を意味する古代北欧語に由来するようだが、このゲー

ル語は、獣*、ドラゴン*、あるいは蛇*といった巨大な超自然的生物に対して使われる傾向がある。長く太い尾を持つが翼はないと言われることが多い。グレンコー周辺の山腹の丸い窪みや山中に棲むと言われる。もっと近代の民話では、ベヒルは一種のフーア*、あるいは恐ろしい超自然的存在に変化している。

文献128

ベービン
BÉBINN

　アイルランド神話に登場する美しい女巨人*。フィアナ物語群には、彼女がイードに殺された様子が語られている。彼女は彼の求婚を拒絶し、フィンの保護も無駄に終わった。

文献128

ペプレド
PEPHREDO

　ギリシア・ローマ神話に登場するグライアイ*のひとり。パムプレド*とも綴る。名前の意味は「スズメバチ」。

文献24、38、125、133、166、169

ベヘモス
BEHEMOTH

　ヘブライ、キリスト教、イスラム教の宗教的伝説に登場する怪物*。エノク書（40：7—9）とヨブ記（40：15—24）に、女のレヴィアタン*と対をなす男として記されている。巨大な体格で、あまりに大きいため、その上半身にはデンダインという砂漠が広がっている。その骨は真鍮でできていて、その巨大な口はひと口で何百万平方メートルもの草木を食べ、ヨルダン川の水もひと口で飲み干す。

　ユダヤの伝説によれば、最後の審判で救世主が現われる時、レヴィアタンとベヘモスは四つに組んで死ぬまで戦わされるという。残った体は、正直な人生を送ってきた「選ばれし者」のための食べ物となる。

　中世ヨーロッパのキリスト教の伝説では、

ベヘモスとレヴィアタン

ベヘモスは最も強大な力を持つ悪魔とみなされ、グロテスクな象の姿で現われる。「大食の喜び」を司り、人間を過食という悪徳に引き込むのが、この悪魔に課せられた仕事である。

　イスラムの伝説では、ベヘモスは恐ろしいバハムート*と同一視される。これは大地を支える巨大な怪物である。

文献7、18、20、24、47、61、63、78、89、94、125、133、159

ヘミキュネス
HEMICYNES

　中世ヨーロッパの伝承に登場する想像上の部族。「半犬」という名が示す通り、半人半犬の姿をしている。彼らは世界の北の果てに棲んでいると言われ、旅行家や船乗りたちの大げさなほら話の主題となった。

文献178

⇨　キュノケパロス

ヘラクレス
HERAKLES, HERCULES

　神話やヨーロッパの伝承には「ヘラクレス」という名の人物が複数登場する。まず最

ヘラクレス

ヘラクレスとアトラス

初に挙げられるのがギリシア神話の英雄ヘラクレスである。この英雄ヘラクレスは巨人ではないが、中世フランスの巨人研究家にして系譜学者のジャン・ティジィエ・ド・ラヴィジー（1480～1520頃）は、巨人のキャラクターを「借りて」、巨人ノア*の末裔のひとり

としてヘラクレスを描いた。この文献では、ヘラクレスはノアの末裔であるだけでなく——彼の巨人の息子と称されるトゥイスコン・ギガス*を通じて——イスタエヴォン*、インガエヴォン*、ヴァンダルス*、ガンブリヴィウス、スエヴス*、テウタネス*、ヘルミノン*、フンヌス*、マルススといった巨人たちと兄弟の関係にあったとされる（これらの名前の多くは、400年頃のローマ帝国崩壊の後、東方からヨーロッパに攻め入った諸民族の名に由来している）。こうした巨人族はガリア人、ひいてはフランスの貴族たちの祖先であると言われる。フランスの作家フランソワ・ラブレー（1498～1553頃）は、彼の作品『パンタグリュエル』のなかでパンタグリュエルの系譜を描く際に、これらの巨人たちを祖先として頻繁に登場させた。

3人目のヘラクレスは、一般に「リビアのヘラクレス*」として知られる巨人である。
文献174
⇨ ガルガンチュア、ディス・サモシス

ベラゴッグ
BELAGOG

アーサー王伝説とブリタニアのロマンスに登場する巨人*。アーサー王の砦と、コーンウォールのティンタジェル岬の下にある、今では「マーリンの洞窟」として知られる巨大な洞窟の守護者だったと言われる。この名前は巨人のベリ*やゴグとマゴグ*によく似ており、これらの名前が合成されたもののようである。
文献54

ペラゴン
PELAGON

ギリシア・ローマ神話に登場する、百手の巨人*のひとり。後世のさまざまなバージョンの話がある。
文献178
⇨ 巨人

ベリ
BELI

北欧神話に登場する霜の巨人*。カーリ*の息子で、その名は「嵐」を意味する。
文献24、63

ヘリオドロモス
HELIODROMOS

中世ヨーロッパの伝説や伝承に登場する想像上の生物。ハゲワシに似た鳥とグリュプス*に似た翼獣を合わせたような姿をしているとされる。
文献7

ベリー・ドーン
BERREY DHONE

イギリス諸島のマン島に伝わる女巨人*。巨大な鬼婆あるいは魔女のような老婆とされる。非常に攻撃的で、海や山をひとまたぎにして敵を滅ぼしにくる。
文献128
⇨ 巨人

ペリュトン
PERYTON

16世紀に、フェスのラビ、おそらくヤコブ・ベン・ハイムが報告した混成怪物。アレクサンドリア図書館所蔵の本に記述があったというが、現在は残っていない。アトランティス大陸に棲息し、緑色の毛をした鳥の体と翼を持つが、頭と脚は鹿であるとされる。ラヴェンナで最後に目撃されたものは、羽毛は水色だったと言われている。不思議なことに、大きな翼を広げて飛ぶが、その影は獲物とする人間の形をしているという。ある時人間を殺し、体を半分ほどむさぼり食ったところで、死体から流れる血に自分の体を浸し、ペリュトンは自分の影を取り戻したが、二度と人間を殺せなくなった。人間の武器でペリュトンを倒すことはできない。スキピオと配下の軍隊がカルタゴに侵攻した時、ペリュトンたちに攻撃されたが、ペリュトンはそれぞれ人間をひとりずつしか殺せず、ひとり殺

しては去って行ったため、スキピオの軍隊は勢力を保つことができた。

文献18、63、89

⇨ グリフィン、ロック

ベル(1)
BEL

旧約聖書のダニエル書で言及されているドラゴン*。ダニエルが捕らえられていたバビロニア帝国で尊敬と崇拝の対象になっていた。

ベル(2)
BELL

この名の付いた存在には、次の2種類がある。

(1)イングランド北部、ヨークシャーの民間伝承と伝説に登場する巨人*、ウェード*の妻。この夫婦はその地域の古代の地勢作りに数多く関与したと言われている。ピカリングとマルグレイヴの城は、彼らが順番に1本のハンマーをやりとりしながら作り上げたものだ。ふたつの城のあいだにある長い土手道については次のような物語がある。ベルは巨大な牝牛を飼っており、東の荒野に放して草を食べさせていた。しかし彼女と夫は西側に棲んでいたので、ウェードは妻が毎日乳搾りに出かけられるよう土手道を作ったのだという。実際はこの土手道は古代のローマ街道で、今もなお見ることができる。16世紀のチューダー朝時代には、ベルの牝牛のあごの骨が「発見」され、観光客のためにマルグレイヴ城に展示されたことによって、この地域の観光業が景気づいた。この骨は本当はクジラの顎だった。17世紀の内乱で城が破壊された後は、騙されやすい旅行者たちのサイン入りで、その地の肉屋に飾ってあるのをまだ見ることができた。

(2)イングランド、レスターシャーの民間伝承と伝説に登場する巨人。彼は栗毛の馬を持っており、いつも、より速く国の反対側に行こうとしたと言われている。ベルと馬はその距離を三度の跳躍で行くことができた。彼が着地した場所には、それに応じた名がつけられた。まず出発地がマウントソレル(「栗毛に乗る」の意)、最初の着地場所がワンリプ(「ひと跳び」を意味する)、次がバーストール(ここで腹帯が切れた)、そして三度目の着地点がベルグレーヴ(「ベルの墓」の意)である。というのも、彼はここで疲労のために死に、埋葬されたからだ。17・18世紀の物語は数多く残っているが、間違いなく11世紀より古いものはない。それ以前は名前が異なる。名前の綴りや発音は年月を経るあいだに変わってしまっているものの、おそらくこのような伝説が生まれたのは、これらの土地に意味ありげな名前が付いている理由を筋の通ったものにしようとしてのことだろう。

文献54、182

⇨ ウエイランド・スミス

ベルグブーイ
BERGBUI

北欧神話に登場する巨人*たちの一種。山に棲むヨーツン*の同類。

文献24

ベルグヤール
BERGJARL

北欧神話において山に棲む巨人*もしくはヨーツン*であるベルグブーイ*の首領。その名は「山の支配者」を意味する。

文献24

ベルグリセル
BERGRISER

北欧神話の巨人*。ヨーツン*のなかでも崖に棲む者たち。

文献24

ベルゲルミル
BERGELMIR

北欧神話の霜の巨人*。ユミル*とともにこの世の始まりから存在していた古代の巨人*のひとり。ユミルの孫。ユミルがオーディン、ヴィリ、ヴェーの神々によって殺された時、巨人から流れ出た血で大洪水が起こり、霜の

ペルセウスがメドゥーサを退治する。

巨人の国を飲み込んだ。聖書のノア*の伝説に類似した神話によれば、ベルゲルミルとその妻だけが逃げることに成功した。ベルゲルミルと妻の子孫が霜の巨人の新しい血統となり、彼らは神々に対し、先祖殺しの復讐をたびたび企てた。

文献78、127、132、138

ペルサイオス
PERSAIOS
⇨ ペルセス

ペルセス
PERSES
　ギリシア・ローマ神話に登場する巨人*。ペルサイオス*とも呼ばれる。ティタン族で、オリュンピアの女神ヘカテの父。

文献20、125
⇨ ティタン

ペルダ
PELUDA
　中世フランスの民話伝説に登場する怪物*。フランス語ではラ・ヴリュ（La Velue、毛深い獣）ともいう。

文献89

ヘルミノン
HERMINON
　中世の博識者、ジャン・ティジィエ・ド・ラヴィジー（通称ラヴィシウス・テクストル1480～1520頃）の作品、『オフィキナ（Officina）』に登場する巨人*。ラヴィジーによると、トゥイスコン・ギガス*は実のところ巨人ノア*の息子で、ノアの子孫はヨーロッパ貴族の祖先であるという。ラヴィジーは巨人の末裔の系譜を構築したが、ヘルミノンもそのうちのひとりである。

文献174

ヘルンスグエ
HERENSUGUE
　スペイン北部とフランス南西部のバスク人の民間信仰に登場する、怪物*のような姿をした悪魔の化身。7つの頭を持つ異形の怪物やアイトワラス*のように空中を飛ぶ蛇、あるいは人間に害を及ぼす邪悪なドラゴン*としてその姿を現わすと言われる。

文献24、125、160

ベレルス
BELLERUS
　イギリスの清教徒で詩人のミルトン（1608～1674）の文学作品に登場する巨人*。彼がコーンウォールについて記したところによれば、この地域はローマの侵略者にベレリウムという名で呼ばれていたという。ミルトンは作品中、この地に登場させた巨人に、それをもとにした名を付けた。

文献20
⇨ ゴグとマゴグ、コリネウス

ペロロス
PELORUS
　ギリシア・ローマ神話に登場するギガンテス*のひとり。ウラノスを去勢した血が地上に降り注いだ時に、その血から生まれた。アルキュオネウス*、ポルピュリオーン*らが指導者である。巨大な人間型だが、胴の下には脚のかわりに蛇*が付いており、足先には蛇の頭がある。生まれた時からすでに、輝く楯と槍を持ち、大人の戦士の姿をしており、戦うことができた。そしてすぐに、オリュンポスの神々と戦った。だが自分たちの失策や、超自然的な力、人間の英雄ヘラクレスの助太刀などのため、彼らはひとりずつ倒された。ペロロスとミマス*はオリュンポスの神アレスに剣で斬り殺された。

文献7、139、169、178
⇨ エンケラドス、巨人、クリュティオス、テュポン、パラス、百手の巨人、ヘカトンケイレス、ポリュボテス、ライトス

ヘンキー
HENKIES
　スコットランド北岸端にあるオークニー諸

島やシェトランド諸島の伝承に登場する土着のトローまたはトロール*の一形態。ダンスする時足を引きずる（henk）ので、この名が付けられた。
文献24、160

ベン＝グルバンの猪
BOAR OF BEANN-GULBAIN
　アイルランドに伝わる巨大な猪。かつてはオイングスの子で人間だった。オイングスは、ドンの息子ディアルミドも養子にしていた。嫉妬からくる争いの最中に、ディアルミドはオイングスの息子を殺してしまうが、オイングスは死の代償として支払われるのが通例となっていた金を拒否した。かわりに自分の息子の遺体に向かって歌を歌い、それから自分の杖で打った。その途端、若者は彼の目の前で尾も耳もない巨大な猪に変身した。オイングスはさらに、ディアルミドはその動物とまったく同じ人生を送ることになるだろう、というのも、彼らは互いに殺しあうからだ、と呪った。時がたち、ディアルミドは成長して戦士になり、フィアナの領土を荒らす巨大な野生の猪を退治するために、英雄フィンとともに戦った。ある晩、猟犬たちの吠え声が猪の存在を警告し、彼らはベン＝グルバンの丘まで獣を追跡した。そこで彼は予言者から、野生の猪を狩ることが彼に死をもたらす、という自分のゲシュ（「超自然的な禁忌」）を知らされる。フィンが暗闇のなかで見張っているあいだ、ディアルミドは獣の突撃を待っていた。が、ベン＝グルバンの猪が現われると、彼の犬、彼の剣、彼の槍はまったく歯が立たなかった。猪はディアルミドを襲い、情け容赦なく突き刺したので、彼はさやから剣を抜き取り、猪の体に柄まで突き刺した。両者が瀕死の状態で地面に横たわっていると、フィンが戦士のもとにやってきた。彼はフィンに魔法の治療水を懇願した。フィンは二度泉に行き、その指から二度水をこぼした。三度目に水を運んだ時にはディアルミドは息絶え、オイングスの復讐は成就した。
文献7、54、78、105

⇨　アイトーリアの猪、エスキスエルウィン、エリュマントスの猪、カリュドンの猪、セーフリームニル、戦いの猪、トゥルツフ・トゥルウィス、ヒルディスヴィニ、ベイガド

ベンディゲイドブラン
BENDIGEIDURAN, BENDIGEID FRAN BENDIGEIT VRAN
　ブリタニア、特にウェールズの初期のケルトの物語に登場する超自然的で英雄的な巨人*。ブラン・リール*という名でも知られる。彼の物語はアーサー王など他の英雄たちの物語と絡み合っており、それらについてはブラン*の項目に、より詳しい内容を記載してある。
文献128

ベンヌ
BENNU
　古代エジプト神話に登場する想像上の鳥。コウノトリによく似た大型の白い渉禽で、長く赤い足と二本の長い冠毛が頭頂から伸びている。パピルスに記された伝説によれば、ベンヌ鳥は、神々ですら聞きほれるような美しい旋律の歌を歌いながら、燃える木から現われるという。こうしてこの鳥は、太陽神ラーと、夜明けの燃え立つような輝きのなかで毎朝行なわれるラーの再生の象徴となった。ベンヌ鳥はのちの伝説でフェニックス*と同一視されるようになった。
文献7、89、91、168
⇨　ケルケス

∞　ホ　∞

ボー（駁）
BO
　中国の一角獣*の一種。
文献81

ボア
BOA

　古いヨーロッパの自然史に登場する伝説的な蛇*。この生物については、プリニウスの『博物誌』(77)に詳しく書かれている。そこではボス(「牛」を意味する)という語が使われており、ボアという名前はこの語に由来すると考えられている。この生物はその口を牝牛の乳房につけて、牝牛が干からびて死んでしまうまで、その乳を吸うと信じられているからである。のちの中世の『フィジオロゴス』や動物寓話集では、ボアは大きな耳、小さな翼、時には2本の足を持つ蛇*として描かれている。
文献20、89、148

ホアン・シーティエン（歓喜天）
HUAN XITIAN　かんきてん

　中国の伝承や仏教伝説に伝わる象の怪物*。巨大な翼を持つ超自然的な白象だが、金剛王によって豹の皮でできた袋のなかに封じ込められ、自由を奪われている。この獰猛な象は金剛王によって時おり世に放たれるのだが、目の前にあるものすべての命を奪ってむさぼり食い、惨害と破壊の限りを尽くして人々を破滅に追い込む。英雄ヤン・チンを飲み込むが、体内から腹を切り裂かれて退治された。
文献7

ホアン・ルアン（黄鸞）
HUANG LUAN

　中国の伝承と伝説に登場する想像上の鳥。ルアン（鸞）*の形態のひとつであり、キジよりもずっと大きく、もっと美しくて優美な外見をしているとされる。だがこの鳥は身体の色を変えることができ、色毎に違う名前が付いている。ホアン・ルアンとは黄色いルアンの名前である。
文献81
⇨　チン・ルアン（青鸞）、バイ・ルアン（白鸞）、フェニックス、フォン（鳳）

ホアン・ロン（黄龍）
HUANG LONG

　中国の伝承と神話に登場するドラゴン*。中国の神話には2種類の有名な黄色のドラゴンがいる。ひとつめは易経の八組の卦を運ぶことで崇められており、ふたつめは奇怪な捕食性の生物で、八仙のひとり、呂洞賓が送ったものである。
文献89、139
⇨　スヴァラ、東洋の龍

ポイトス
PHOITOS, PHOETUS

　ギリシア・ローマ神話に登場する巨人*。ギガンテス*のひとりであり、兄弟と同じく、去勢されたウラノスの地上にしたたり落ちた血から生まれたとされる。ポイトスは成人の姿で、鎧に身を包んで生まれた。ティタン*がオリュンポスの神々に打ち負かされたあと、その戦いに加わり、やはり神々に倒された。ポイトスは最後の攻撃で倒された。兄弟と同じく、地下の深い穴に葬られ、その上に山や火山ができた。
文献24、133、169、178
⇨　アロアダイ、キュクロプス

ポイベ
PHOIBE, PHŒBE

　ギリシア・ローマ神話に登場する女のティタン*。名前は「輝き」という意味。別名ピオベ。ウラノスとガイア*の娘であり、兄弟のコイオス*とのあいだに、レートー、アステリア、レトという子供をもうけた。レトはアポロンの母となった。
文献20、38、61、166、169、178
⇨　女巨人

ポウアカイ
POUAKAI

　ニュージーランドに住むマオリ族の神話に登場する怪鳥。鉤爪で人間や家畜をひとつかみできるほど巨大だった。地元の村人を獲物とし、幼鳥を育てているあいだは、キーッと

鳴いて空から降下し、どんなに速く走って逃げる人間でも捕まえた。ある日、英雄ハウ・オ・タウェラが村にやって来てポウアカイを倒してやろうと申し出た。まず村人たちに、若木を編んでできるだけ強い縄を作るように命じた。できた縄で、こんどはできるだけ強い網を作り、地上18mのところで木々のあいだに張り渡した。それからハウ・オ・タウェラは、自分が囮となってあたりを歩きまわるので、そのあいだに、いちばん強い槍をもって網のそばの藪に隠れているようにと、村人たちに命じた。すぐに、ポウアカイの大きな羽音が聞こえ、怪鳥が鳴きながら降下してきて、英雄を鉤爪でつかもうとした時に、ハウ・オ・タウェラは網の下にもぐりこんだ。英雄を追って網の下に入ってきた怪鳥に、村人皆で網をかぶせ、暴れる怪鳥を刺し殺した。

文献113

⇨ ポウカイ、ロック

鳳凰
HO-O

東洋のフェニックス*、フォン・フアン（鳳凰）*の日本の伝説での名前。

文献7、89

ポウカイ
POUKAI

ニュージーランドに住むマオリ族の神話に登場する怪鳥。人食い鳥で、大きな鉤爪とくちばしを持ち、島の洞窟に棲む。地元の漁師を獲物としていた。漁師が海辺や川岸で漁をしていると、空から降下して、大きなくちばしでくわえて洞窟に持ち帰り、頭蓋骨をつぶしてむさぼり食った。漁師たちは恐怖に怯えながら漁を続けていたが、ある日、英雄プンガレフが仲間と村に現われた。漁師たちの苦境を聞き、英雄たちは怪鳥を罠にかけて殺すことに決めた。プンガレフは仲間に、川に入って漁をするふりをしてくれと頼んだ。囮を見つけたポウカイが降下してくると、プンガレフは隠れ場所から立ち上がり、大きな斧で怪鳥の片側の翼を砕いた。もう1枚の翼も

切り落としてから怪鳥を殴り殺した。英雄たちが怪鳥の洞穴へ行くと、床には過去に餌食となった村人たちの遺骸の残りが撒き散らされていた。やがて英雄たちは冒険を終えて帰郷した。故郷では英雄の妻たちが年老いて、別の男と結婚していた。英雄たちは、大変長いあいだ、行方不明となっており、すべてが変わってしまっていた。だが、妻たちは英雄が若い姿のままで帰って来たことを喜び、再婚していた夫たちは去って行った。

文献113

⇨ カンニバル（食人種）、ポウアカイ、ロック

ボカナーフ
BOCANÁCH

アイルランドに伝わる怪物*。巨大かつ脅威的な山羊で、ひと気のない夜道を行く旅行者たちを脅かす。

文献128

⇨ ガボーチェンド、グラシュティグ、ゴアイア・ヘッダー、黒妖犬

ボギー
BOGEY

米国の先住民アラパホ族の伝説と民間伝承に登場する袋の持ち主*の別名。しかし、ポンカ族のインダシンガ*やマレシート族のアポタムキン*、セネカ族のハゴンデス*のように、他の伝説にもボギーと呼ばれる怪物*がいる。これらはすべて、向こう見ずな子供たちを守ったり、そのふるまいを抑制したりする子供部屋のボーギー*である。

文献77

⇨ ボギーマン

ボギーマン
BOGYMAN, BOGEYMAN

イギリス本島の伝承ではブーガーマン、スコットランド北岸沖のオークニー諸島やシェトランド諸島ではブーマンと呼ばれている恐ろしい怪物*。ひと気のない場所に恐ろしいグロテスクな人間の姿で現われ、夜間ひとりで旅する人々を脅かす。最近では、子供部屋

のボーギー*として利用されることが多くなっている。
文献21、24、58、74、119、124、145、159、182
⇨　ボギー

ポキラージ
POQHIRĀJ
　インドのベンガル地方のヒンドゥー教神話に登場する聖なる馬。超自然的な空飛ぶ馬で、ギリシア・ローマ神話に伝わるペガソス*とよく似ている。
文献89

ホグフィッシュ
HOGFISH, HOG FISH
　西アフリカ海岸のはずれ、特にコンゴ川の三角州周辺に棲むと言われる怪物*、アムビゼ*の別名。
文献7、89

ホク・ブラズ
HOK BRAZ
　北西フランスのブルターニュのケルト神話に登場する巨人*。ホク・ブラズは単に体が大きいだけでなくその食欲も大変なもので、自分の棲み家に近い海岸線を通過していた3本マストの船を飲み込んでもまだ満足しなかったという。
文献134

ホクホク
HOKHOKU
　カナダ北西部に住むクワキウトゥル族の伝承と信仰に登場するグロテスクな人食い鳥の怪物*。バクバクワカノオクシワエ*とも呼ばれる。細長く強力なくちばしで獲物となった人間の頭蓋骨を打ち砕き、むき出しになった脳を食べるという。
文献77
⇨　ガロクウズウィス、カンニバル（食人種）

ボーゲスト
BOGUEST
　イングランド北部に伝わるバーゲスト*の異綴。巨大で邪悪な犬の姿で現われる。
文献7、21、24、37、93、119、159、169

ポストン
POSTHON
　ギリシア・ローマ神話に登場するサテュロス*。人間の顔に先の尖った耳と角と毛むくじゃらな男の体を持つが、腰から下と脚は山羊のものである。酒好きな主人のシレノスと、酒神ディオニュソス／バッコスに仕えた。森、山、田園に棲み、ニンフを追いまわし、酔っ払って性的快楽を求めた。好色、粗暴、いたずら好きで有名であり、それは名前からも分かる。ポストンとは「陽根」という意味である。
文献7、14、24、89、125、160

ホース・ヘッド
HORSE-HEADS
　世界中に膨大な例のある水棲の怪物*。ホース・ヘッド・サーペント*とも呼ばれる。ホース・ヘッドはほとんどが水に棲む蛇*だが、巨大な魚の怪物も数例報告されている。体をうねらせる大蛇に馬の前半身が付いているのが普通だが、なかには大きな馬の頭だけが付いているものもある。しかしながら陸地に棲む馬と違って、大きな牙や赤あるいは黄色に光る目を持ち、口から火を吐くとされる。ヨーロッパの古い例では、北欧のハヴヘスト*やリンドオルム*がある。米国にはアルゴンキン族に伝わるミシガネビク*やミクマク族のチピトカーム*が、カナダにはブリティッシュ・コロンビア地区のオカナガン湖に伝わるオゴポゴ*がいる。またアルゼンチンの民話には馬の頭を持つ恐ろしげな魚の怪物、ピラヌ*が登場する。
文献89、134

ホース・ヘッド・サーペント
HORSES-HEAD SERPENT
⇨　ホース・ヘッド

ホダグ
HODAG
　19世紀から20世紀初頭にかけて、特にウィスコンシン州およびミネソタ州の木こりや森林労働者たちの民間伝承に登場する生物。ホダグは長い角と尾を持ち、背中には恐ろしげな鋭い突起がずらりと並んでいるとされた。自分の棲む沼地で獲物になりそうな人間を探し回り、その飛び出した巨大な目で獲物を捉え、いとも簡単に勝利を収める。だがホダグの裏をかく方法がひとつだけある。背中が鋭い突起で覆われているホダグは、背中の棘が沼地に刺さって動きがとれなくなってしまうため、横たわって眠ることができないので、木によりかかって眠る。その木を見つけてのこぎりで切り込みを入れれば、こちらの思い通りホダグは木の下敷きになる。ホダグは親しみをこめてフィアサム・クリッター*と呼ばれる怪物の一種に属し、その極端な姿や行動のせいで寂れた場所で聞こえてくる不気味な物音の説明に使われたり、キャンプの時の楽しい語り草にされたりした。ホダグのルーツはヨーロッパのアクリス*にあると思われ、両者には類似が見られる。
文献7、24、134

ポダルゲー
PODARGE
　ギリシア・ローマ神話に登場するハルピュイア*のひとり。名前は「速足」や「競走者」という意味。半人半鳥の女。姉妹とともに、東トラキアのサルミュデッソスで、盲目のピネウス王を責めさいなんでいたが、イアソンとアルゴナウタイに追放された。
文献89、139、178
⇨　アルコノスト、アンカ、アンナティ、オーキュペテー、ガルダ、ザグ、シリン、セイレーン、ソロヴェイ・ラクマティチ、パルテノペ、プティツィ・シリニー

ボチカ
BOCHICA
　南米コロンビアの古代チブチャ族とムイスカヤ族の神話に登場する巨人*。善良な巨人で、空が人間の上に落ちてこないよう、肩に載せて支えていた。伝説によれば、地震が起こるのは、ボチカが疲れて肩の上に載っている空の位置をずらすからである。
文献132
⇨　アトラス

ボックマン
BOCKMAN
　ドイツに伝わる、人間に似た森の怪物*。サテュロス*のように、体の一部が人間、一部が山羊である。親たちはこの存在を、子供たちが森に入らないよう脅かすための子供部屋のボーギー*として利用した。
文献151、159

ホトゥ＝プク
HOTU-PUKU
　ニュージーランドのマオリ族の伝説に登場する怪物*。ホトゥ・プクはタニワ*として知られる怪物の一種で、狩りや釣りをしているマオリ族を襲う。爬虫類、あるいは大トカゲに似たこの巨大な怪物の全身はイボと棘に覆われている。その強さと動きの速さに勝てる者はなく、襲われたが最後、あっという間にその巨大な口に飲み込まれてしまう。だがある狩人たちのグループがこの怪物退治に名乗りを上げ、計略を立てた。狩人たちはホトゥ＝プクがねぐらにしている洞穴を見つけ、輪縄で作った罠をしかける。そして勇気ある狩人がホトゥ＝プクに向かって洞穴の入り口からあざけりの言葉を浴びせ続け、怒り狂って飛び出してきた怪物が罠にかかるという算段である。ホトゥ＝プクの体に輪縄が固く食い込んだところで他の狩人たちが縄をたぐり寄せて身動きがとれないようにし、残りの者たちが槍で突いて息の根を止めた。ホトゥ＝プクの巨大な腹を切り開くと、なかから行方不明になっていた多くの村人たちの死体が出てき

多くの怪物は、ボックマンのように人間と動物の混成だった。ボックマンはサテュロス同様、一部が人間、一部が山羊だった。

たという。
文献155
⇨ イフ=マータオタオ、フル=カレアオ、ホロマタンギ

ボナコン
BONNACON, BONACONN

　アジアの砂漠や低木地に棲むと言われる伝説的な動物。ヨーロッパの古文献に登場する。ボナチュス*あるいはボナスス*とも呼ばれ、プリニウスが『博物誌』(77)のなかで、馬のたてがみと内側に湾曲した巨大な角を持つ牛に似た動物だと描写している（のちの文献にはたてがみや角は緑色だと記されている）。一見目立たない動物だが、実はその角よりも効果的な防衛手段を備えている。追いかけられると大量に脱糞するのだが、その糞は8000m²もの土地を埋め尽くし、あまりの悪臭で木も草も狩人も犬も燃やしてしまう。11・12世紀の動物寓話集にはこの出来事が生き生きと描写されている。

文献7、14、89、91、148、184

ボナスス
BONASUS
⇨ ボナチュス

ボナチュス
BONACHUS

　古代および中世ヨーロッパの伝説に登場するボナコン*の別名。
文献7、89、148、184

ポニック
PONIK

　カナダのケベック州ポヘネガムック湖地区の伝承に登場する、湖の怪物*。名前は、ポヘネガムックを縮めたものと言われる。長さ12mで、ひっくり返った大きなカヌーか、ぷかぷか浮かぶ丸太のように見え、背にはのこぎり型の突起が並んでいる。頭は馬や牛に似ているが耳はないという報告もある。水面

に泡が立つと、ポニックが近づいてきたしるしだと分かる。ポニックは、捕食性ではないとされている。19世紀以来、ロッホ・ネス・モンスター*と同じように、ポニックの目撃例も報告されており、1873年、1914年、1950年代の目撃記録が残っている。1977年までに、ポニックは有名になり、CBSテレビの撮影隊がトロントのダイバー隊を率いて湖底をさぐった。それ以来、多くの目撃例が報告されており、毎年、湖畔のサンテレンテールの町では、ポニック祭が催されて人気を集めている。

文献134

ボバリコン
BOBALICÓN

　スペインの民間伝承と伝説に登場するオーグル*で、その名は「愚かなばか者」を意味する。人間に似た非常に長身の存在で、巨大な頭と、歯を剥き出した恐ろしい意地悪な顔をして、狙いをさだめた獲物に脅すようにつきまとう。しかしボバリコンが人間に騙されることがあると考えれば、彼に対する恐怖も消える。ゴヤ（フランシスコ・J・ド・ゴヤ・イ・ルシエンテス、1746〜1828）が、1819年頃に製作した一連のエッチングのなかでボバリコンを描いていることは有名だが、このオーグル*はもっと北方の町の巨人*同様、今もスペインの祭によく登場する。

文献181

ボビ＝ボビ
BOBI-BOBI

　アボリジニ（オーストラリア先住民）の「夢の時」神話に登場する巨大な蛇*。天界に棲むと言われ、虹の蛇*に似ている。ボビ＝ボビは、人間が生きるには水だけでは足りないのを見て、食用になる動物を与えた。しかし人間はどうやって獲物を捕まえればよいか知らなかったので、彼は自分の骨の1本を彼らに投げてやり、最初のブーメランを作らせた。人間はその技能を身につけ、手に入れた食べ物と武器に満足した。そこである日、彼らは雲の境界を抜けて空に昇り、彼らの恩人を訪ねることに決めた。彼らはブーメランを使って雲の境界に穴をあけ、進んだ。ボビ＝ボビは彼らの乱暴なふるまいに激怒し、彼らを再び助けることを拒否し、その地域から完全に手を引いた。

文献132

ホファファ
HOFAFA

　サウジアラビアのイスラム信仰に伝わる翼を持つジン(2)*で、空を飛ぶことができる。

文献79

ホブヤー
HOBYAH

　ふたつの子供部屋のボーギー*を指す。

　(1)19世紀イギリスの民間伝承や子供のしつけにおいては、戸棚や地下室で遊んでいる無防備な子供をさらう恐ろしいカンニバル（食人種）*とされた。唯一の弱点は黒妖犬*で、最後には1匹の黒妖犬によって皆殺しにされた。

　(2)移民たちによって19世紀のオーストラリアに持ち込まれ、怪物*バンイップ*と交わりを持ったらしい。ホブヤーがオーストラリアのヨーロッパ移民に伝わる民話に恐ろしい怪物として登場するのがその根拠である。沼地近くの木立に身をひそめたホブヤーは無防備な旅行者に襲いかかり、沼に引きずりこんで食い殺すと言われる。

文献24、160、182

ボムボマチデス
BOMBOMACHIDES

　19世紀初頭のイングランドの民間伝承に登場するオーグル*。巨大な体躯に頭が3つあり、特に子供たちを脅すのを好む。ヴィクトリア時代の子供部屋のボーギー*の一種で、手におえない子や向こう見ずな子を危険な状況に迷い込ませないために利用された。

文献181

⇨　アグリッパ、巨人

ボラ
BOLLA
　アルバニア南部のアルタナイン族の伝説と民間伝承に登場する蛇*の姿をした怪物*。ブラー*という名でも知られ、人間を獲物にする捕食性の生物であるが、幸運なことにほとんどの時間を休眠している。ボラが聖ジョージの祭日（4月23日）に目を覚まして初めて目をあけた時に見られた人間は、殺され食べられてしまう。この生物は12年経つと恐ろしいクルシェドラ*に変身すると言われている。
文献125

ボラーク、アル
BORAK, AL
　イスラム神話の伝説的な鳥もしくは馬。イスラム世界のさまざまな地域でアル・バラク*、バラーク*、アル・ボラーク*として知られるが、本来この名は「稲妻」「輝き」「輝くもの」などを意味する。頭部が人間で、女もしくは男の顔をしているが、耳はロバに似ている。大きく立派な首には長いたてがみがあり、体はロバか馬に似ていて、そこから鷲のような翼が広がっている。尾は孔雀に似ている。色は純白だが、たてがみと翼と尾には、目と同じようにさまざまな色にきらめく真珠や貴石がちりばめられている。その息は最も貴重な香のようにかぐわしく、人間の話すことはすべて理解できた。ただし、答えることができたかどうかは議論の分かれるところである。もともとは大天使ガブリエルの馬で、非常に敏速なため、人間の目にもとまらぬ速さで走ることができた。
　イスラム神話の伝承では、予言者ムハンマド（モハメット）が一晩のあいだにメッカからエルサレムまでイスラーと呼ばれる「夜の旅」をした際、乗ったのがこの馬だと言われている。予言者は出かける際に水差しをひっくり返したが、それが帰ってきた時にはまだ床に倒れる前で、拾い上げることができた。この出来事がかなり拡大されて、ムハンマドがアル・ボラークに乗って天界に昇ったという伝説になった。

文献7、20、24、61、63、89、132
⇨ アルコノスト、アンカ、アンナティ、ガルダ、グリュプス、ザグ、シリン、セイレーン、ソロヴェイ・ラクマティチ、パルテノペ、ハルピュイア、プティツィ・シリニー、ペガソス、ポダルゲー

ボラメッツ
BORAMETZ, BORAMEZ
　バロメッツ*（タタールの野菜羊*という名でも知られている）の別名。体の一部が動物で一部が野菜という、中世ヨーロッパの伝説的な生物。
文献7、18、89

ボラロ
BORARO
　アマゾン川流域の森に住むトゥカノ族に伝わる、人間に似た超自然的な怪物*。その名は「白い者」を意味する。人間の姿で現われ、長身で青白く、男っぽい。突き出した耳と巨大なペニスを持つ。膝関節がなく、爪先が逆に付いている。そのため、つまずいたら自分で起き上がるのは容易ではない。カンニバル（食人種）*で、森で狩りをする際には石製の武器を携行し、無用心な人間を追いかけてむさぼり食う。
文献47、159

ホー・リー・ディー・ムー（訶梨帝母）
HE LI DI MU　かりていも
　仏教の伝説と伝承に登場するオグレス*。ハーリティー*の中国における名称。
文献65、125、139、160
⇨ カンニバル（食人種）

ポリュス
PORUS
　フランスの古典文学に登場する巨人*。フランソワ・ラブレー（1494〜1553頃）作『パンタグリュエル』と後の『ガルガンチュア』に、パンタグリュエル*の祖先として登場する。

ポリュペモス

文献174
⇨ ガルガンチュア

ポリュペモス
POLYPHEMOS, POLYPHEMUS, POLYPHEM
ギリシア・ローマ神話に登場する巨人*。
巨人族のキュクロプス*。ポリュペモスとそ

騙される巨人。オデュッセウス／ユリシーズと仲間の船乗りたちが、キュクロプスの手から逃げる

403

の兄弟は、海神ポセイドン／ネプトゥーヌスとニンフのトゥーサの子という説もある。人間型の巨人だが、兄弟と同じく、額の中央にひとつ目を持つ。シチリア島のエトナ山の山腹の洞穴に棲み、羊を飼っていた。ニンフのガラテイアに恋をし、ある日、ガラテイアが恋人のアキスといるところを見つけて、アキスの頭を岩で殴って殺した。嘆き悲しむガラテイアを、神々は小川の流れに変えて、海に逃がしてやった。これに怒った巨人はカンニバル（食人種）*となり、縄張りにやってきた人間をすべて罠にかけて捕まえるようになった。英雄オデュッセウス／ユリシーズが、仲間の船乗りとともに、トロイア戦争後の旅でシチリア島に上陸し、ポリュペモスの留守に洞窟を見つけて、なかで料理を作った。戻ってきたポリュペモスは、入り口をふさいで人間を閉じ込め、さっそく船乗りふたりを食べた。怖気づいた船乗りたちは洞窟の奥に隠れたが、朝が来て、ポリュペモスは羊を追いに行く前にさらに船乗りをふたり食べた。ポリュペモスが出かけているあいだ、英雄オデュッセウスは丸太から槍を作り、船から持ってきた葡萄酒の皮袋を用意した。ポリュペモスが戻ってきてさらに船乗りを食べると、オデュッセウスは巨人に葡萄酒を差し出した。ポリュペモスは英雄のくれた「冷たい血」が大変気に入り、英雄に名を尋ねたが、英雄は「ウーテス（誰でもない）」と答えた。葡萄酒を初めて飲んだポリュペモスはその辛口の酒のとりこになり、たちまち酔いつぶれた。すると生き残っていた船乗りとオデュッセウスは、槍先を熱してポリュペモスのひとつ目に突き刺し、盲目にした。その悲鳴を、兄弟のキュクロプス*たちが聞きつけて現われ、おまえを痛めつけているのは誰かとポリュペモスに尋ねた。ポリュペモスが「ウーテス（誰でもない）」と答えたので、兄弟たちは事情をつかめないまま帰っていった。夜になって、生き残っていた船乗りは自分たちの体を羊の腹の下にくくりつけた。夜が明けて巨人が羊に触りながら追ったが、羊の腹に隠れて船乗りたちも洞窟から出て行ったことには気づかなかった。その後、騙されたと知って激怒した巨人は、海神の父ポセイドン／ネプトゥーヌスに祈り、神々が英雄に死を賜らなくても、せめて航海中にできるかぎり危険な目に遭うようにと願った。

文献20、61、125、133、166、169、174、178

ポリュペモン
POLYPEMON

ギリシア・ローマ神話に登場する巨人*プロクルステス*の別名。名前は「大いなる災い」という意味。ダマステス*（「服従させるもの」という意味）とも呼ばれる。エレウシスの巨人で、山地を夜遅く旅する人に、一夜の宿を貸す。だがこの邪悪な巨人は、犠牲者の体がベッドの長さとぴったり合うようにする。はみ出た頭や足は切り落とし、ベッドの長さに足りない時は、体をむりやり引っ張って、すべての骨をはずして引き伸ばす。どちらにせよ、犠牲者を苦しめて死なせる。だが英雄テセウスがこの巨人を同じ目に遭わせて退治した。

文献78、133、139、178

⇨　シニス

ポリュボテス
POLYBOTES, POLYBUTES

ギリシア・ローマ神話に登場するギガンテス*のひとり。去勢されたウラノスの地上にこぼれた血から生まれた。アルキュオネウス*やポルピュリオーン*らが指導者。巨大な人間の姿をしているが、足のかわりに蛇*が生え、その先端には蛇の頭がついている。槍を持ち輝く鎧をまとった成人の戦士の姿で生まれ、戦う用意が整っていた。生まれてすぐにオリュンポスの神々と戦った。だが、自分たちの失策や、超自然的な力、人間の英雄ヘラクレスの助太刀などのため、ひとりずつ打ち負かされていった。名前は「牛の主人」という意味。ポリュボテスは、海神ポセイドンに追われて倒され、神がコス島から切り離し投げつけたニュシロス島の下敷きになって殺された。

文献7、139、169、178
⇨ エウリュトス、エンケラドス、巨人、クリュティオス、テュポン、パラス、百手の巨人、ヘカトンケイレス、ペロロス、ミマス、ライトス

ボル
BORR, BOR

北欧神話に登場する原初の巨人*の最初のひとり。ユミル*の孫で、ベストラ*の夫。彼女とのあいだにアース神族の最初の3人の神々、オーディン、ヴェー、ヴィリをもうけた。
文献78

ホルエムアケト
HOR-EM-AKHEN

古代エジプト神話に登場するアンドロスピンクス*の別名。占星術においてホルエムアケトすなわち「地平線のホルス神」として知られ、ギリシア人たちにはハルマキスと呼ばれた。
文献89

ポルキデス／ポルキュデス／ポルキュニス／ポルキュネス
PHORCIDES, PHORCYDES, PHORCYNIS, PHORCYNES

ギリシア・ローマ神話に登場するゴルゴン*の姉妹で、グライアイ*と呼ばれる醜い老女たちの別名。
文献178

ポルキュス
PHORCYS

ギリシア・ローマ神話ではよく海の怪物*とされている巨人*。ラテン語でポルクスやオルクスとも呼ばれる。ポルクスはラテン語で「豚、猪」の意味。オルクスはローマの「死の神」。ガイアとその兄弟である怪物のテュポン*とのあいだに生まれた子か、またはポントスとガイアのあいだに生まれた子と言われる。ケートー*と結婚し、孫にポリペモス*やラドン龍*が生まれた。ゴルゴン*が娘であるという説もある。ポルキュスは大きな魚の体と、野生の猪の頭と牙を持っていたとされる。海の神だったという説もある。ほかにも、海の神で、深海での死をもたらすとする説もあった。
文献134、178

ポルクス・トロット
PORCUS TROIT, PORCUS TROYINT

ウェールズ地方の伝説に登場するトゥルッフ・トゥルウィス*の別名。この巨大な猪の狩りをした伝説は、『ミラビリア（奇跡集）』に、また課せられた課題については8世紀または9世紀のネンニウス作『ブリトンの歴史（Historia Britnium）』に記載されている。
文献54、105

ボルソルン
BOLTHORN

北欧神話の巨人*。最初の神々オーディン、ヴィリ、ヴェーの母である女巨人*ベストラ*の父だとする『エッダ』のような文献と、ベストラの父は原初の巨人*ユミル*だとする文献がある。
文献125、168

ポール・バニヤン
PAUL BUNYAN
⇨ バニヤン、ポール

ボルビュティンガルナ
BORBYTINGARNA

北欧に伝わるトロール*の別名。森や山をうろつく恐ろしいオーグル*で、洞穴や大地の割れ目に棲んでいた。しかし、彼らの荒々しい性質のイメージは近代の訪れとともに衰え、ボルビュティンガルナのような多くの地方名は忘れ去られて久しい。
文献181

ポルピュリオーン
PORPHYRION

ギリシア・ローマ神話に登場するギガンテス*のひとり。去勢されたウラノスの地上にこぼれた血から生まれたとされる。アルキュオネウス*とともに、仲間の指導者だった。巨大な人間の姿をしているが、足のかわりに蛇*が生え、足先には蛇の頭が付いていた。成人の戦士の姿で生まれ、槍を持ち輝く鎧に身を包み、戦うことができた。そしてすぐに、オリュンポスの神々を攻撃した。だが自分たちの失策や、超自然的な力、人間の英雄ヘラクレスの助太刀などによって、ひとりずつ倒されていった。名前は「紫の人」という意味。兄弟の復讐をしようとしていて打ち負かされた。だが、ゼウス/ユピテルによって、女神ヘラに肉欲を覚えるよう仕向けられた。こうして気を散らしていた時に、ゼウス/ユピテルの稲妻によって地面につなぎとめられ、英雄ヘラクレスの放った毒矢に射られた。

文献7、139、169、178
⇨ エウリュトス、エンケラドス、巨人、クリュティオス、テュポン、パラス、百手の巨人、ヘカトンケイレス、ペロロス、ポリュボテス、ミマス、ライトス

ボロカ
BOROKA

フィリピン諸島の伝説と民間伝承に登場する恐ろしい混成動物。ハルピュイア*に似ており、人間の女性の頭と体、鷲の翼、4本の馬の脚とひづめを持つ。邪悪なカンニバル（食人種）*で、なわばりに入り込んだ人間を追いかけ、罠にかける。特に幼い子供を好む。当然のことながら、子供部屋のボーギーの特徴をすべて備えている。

文献113
⇨ ババ・ヤガ

ボロゴーヴ
BOROGOVE

イギリスの学者および作家ルイス・キャロル（チャールズ・ラトウィッジ・ドジソン、1832～1898）の小説『鏡の国のアリス』に登場する怪鳥。物語そのものではなく、作中アリスが見つけて読むことにする詩『ジャバーウォックの歌』に登場する。「絶滅したオウムの仲間。翼はなく、くちばしは上に曲がり、日時計の下に巣を作る。子牛の肉を常食とする」と描写されている。

文献7、40

ポロス
PHOLUS

ギリシア・ローマ神話に登場するケンタウロス*。ミロス島のニンフがサテュロス*のシレノス*とのあいだにもうけた子で、ケイロン*のように賢くやさしかった。賢明であったため、棲み家の洞窟の葡萄酒庫の管理をまかされていた。ケンタウロスは、きちんと管理していないとすぐに酔っ払うからである。エリュマントスの猪*の狩りをしていた時、ヘラクレスがポロスの洞窟で呼びかけたのに応えて、ポロスは任されていた樽をあけた。ほかのケンタウロスが葡萄酒の匂いをかぎつけ、たちまち暴れ出した。乱闘の最中に、エリアトスという名のケンタウロスが、ヘラクレスの毒矢を受けて負傷し、ケイロンのもとへ行って抜いてくれと頼んだ。ケイロンは矢を抜こうとしていてうっかり矢を自分の体に刺してしまった。このままでは痛みが永遠に続くと分かっていたので、ケイロンは自分の不死身の力をプロメテウス*に与えた。毒矢を受け取ったポロスもうっかり自分の足に矢を落としてしまい、死んだ。

文献24、133、139、166、169、178

ホロマタンギ
HOROMATANGI

ニュージーランドのマオリ族の伝説に登場する怪物*。イフ＝マータオタオ*とも呼ばれ、狩りや釣りをしているマオリ族を襲うタニワ*として知られる怪物の一種である。爬虫類、あるいは大トカゲに似たこの巨大な怪物は、他のタニワと違って人間を襲うことはない。ある伝説によるとホロマタンギは、助け

を求めてきたナガートロの姉妹たちに力を貸してやったという。またカラピティのクレーターを作り出し、黒い岩山（ガーディアン・ロック）に姿を変えたとされている。カヌーの乗組員に起きたトラブルや死亡事故の多くがホロマタンギの仕業であると考えられており、現在でも近くを通ったモーターボートは必ず襲われて転覆させられるという。
文献155
⇨ フル＝カレアオ、ホトゥ＝プク

ポン（鵬）
PENG　ほう
　中国の伝説に登場する巨鳥。クン（鯤）*という名の巨大な魚が変身したもの。大変大きな鳥となったので、翼をひろげると天が見えなくなるほどだった。中国北部に棲んでいたが、台風の季節が来ると、何千メートルも上空に上って南へと飛んで行った。
文献81

ポンゴ
PONGO
　イタリアのシチリア島の伝承と伝説に登場する海の怪物*。いつも島を襲って破壊し、とくに不注意な人間を捕まえて海でむさぼり食うとされた。だが最後に、ドラゴン*を退治した聖ゲオルギウスの3人の息子たちに滅ぼされた。
文献20

ポンタルフ
PONTARF
　中世ヨーロッパの伝承に登場する魚。海辺で遊ぶ不注意な子供を海中に引きずり込むほど大きかったと言われる。北海の漁村では子供部屋のボーギー*として使われ、海辺で遊ぶ子供を危険から守る役目を果たしていたようだ。
文献7

ポンティアナク
PONTIANAK
　西マレーシア（マレー半島）のマレー人の民間信仰に登場する恐ろしい怪物*。醜悪な顔から臓器がぶらさがっている姿に描かれている。森を飛んで民家に侵入する。乳幼児の血を吸って、衰弱させて殺すヴァンパイア*である。
文献167
⇨ ナモロド、フライング・ヘッド（飛ぶ頭）

ホーンド・アリゲーター
HORNED ALLIGATOR
　米国先住民のキオワ族の伝承や信仰に登場する水棲の怪物*。その角は傷や病気の治療、毒薬づくり、狩り、戦いの場において効能を発揮するとされ、特に珍重された。
文献134

ホーンド・ウォーター・サーペント
HORNED WATER SERPENT
　米国の先住民プエブロ族、ホピ族、ズニ族の伝承と信仰に登場する蛇*。ホーンド・ウォーター・サーペントは巨大な角が頭のてっぺんに突き出しており、怪物*のような姿をしているという。だがこの恐ろしげな生物は先住民たちにとって崇拝の対象であり、数多くの重要な儀式のなかに組み入れられている。
文献24
⇨ コロウィシ、ト・カス

ホーンド・サーペント
HORNED SERPENT
　カナダおよび米国の先住民の伝説や伝承によく登場する怪物*の特有な種類。グレート・サーペント*とも呼ばれる。並外れて長い体を持ち、巨大な頭部のてっぺんには2本の角が生え、その口は大きく裂けている。首のところにも角や目が付いていることがある。人間に対しては悪意を示すこともあれば友好的な態度を示すこともある両義的な存在であり、ヨーロッパ北部に伝わる水馬とよく似て

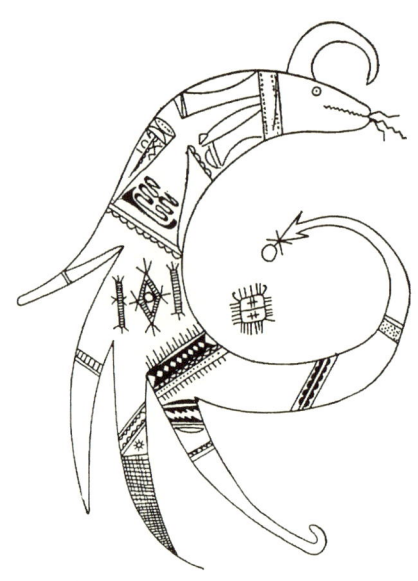

ホーンド・サーペント

いる。

　いくつかの伝説によると、ホーンド・サーペントの粉末状にされた血が持つ不思議な効能をめぐり、この怪物と人間とのあいだに魔法の約束が交わされたのだが、ヒューロン族のティジャイハの伝説のように、その血を得た者には結果として破滅が訪れたという。ティジャイハは敵を倒すために義母を生贄としてホーンド・サーペントに差し出したが、人々の怒りから逃れるため村を出て敵と暮らす羽目になり、結局は村人たちに殺されてしまった。またマンダン族の伝説によると、ホーンド・サーペントを料理して食べた者は水棲の蛇*の怪物に姿を変え、ミズーリ川の守護神になったという。ミシサグナスの伝説では、オンタリオ湖近くの洞穴にはホーンド・サーペントが棲んでおり、誰ひとり近寄る者はなかったとされた。イロコイ族の英雄グン＝ノ＝ダ＝ヤはそこでホーンド・サーペントに飲み込まれ、後にサンダーに助けられたという。イロコイ族の人々は、ホーンド・サーペントの怒りが湖に嵐を巻き起こすのだと信じている。ショーニー族の伝説によると、思春期、あるいは月経中の若い娘は特にホーンド・サーペントの注意を引きやすいという。またソーク族には、ホーンド・サーペントの棲む湖の岸辺でひとりの若い娘がこの怪物の卵を産んだという民間伝承が残っている。

文献77、134

⇨　アッハ・イーシュカ、ケルピー、コロウィシ、サンダーバード、ドゥーノンガエス、ミシキニピク、ミシピジウ

ホーンワーム
HORNWORM

　中世ヨーロッパの伝承に登場する蛇*の怪物セラスティーズ*の別名。当時の動物寓話集によると、前頭部に羊のような4本の角を持つかなり大きな蛇だったという。

文献89

～ マ ～

マイジャン・ウアイネ
MAIGHDEAN UAINE

スコットランドのハイランド地方の伝説と伝承に登場するフーア*。名前は「緑の乙女」という意味。
文献128
⇨ グラシュティグ

マウレオン
MAULEON

フィリピン諸島の伝承と信仰に登場する巨人*。英雄ドン・フアン・ティニョーゾに助けられたとされる。
文献113

マウンテン・ステム・ワインダー
MOUNTAIN STEM-WINDER

米国の特にウィスコンシン州とミネソタ州で、木こりや森林労働者たち（後には詐欺師たちも含む）の伝承で語られたグヤスクトゥス*の別名。
文献7
⇨ フィアサム・クリッター

マエツト＝ダル・ルードゥー
MAEZT-DAR L'OUDOU

モロッコの伝承と文学伝承に登場する巨大で恐ろしいジン(1)*。「洗面所の山羊」を意味する。非常に攻撃的で怪物*のような山羊。夜になると風呂や洗面所など、水が流れる場所を占領しようとする。暗くなってからこうした場所にあえて行くような無分別な者が来ると、姿を表わして襲い、恐怖を与える。
文献122、160

マカ
MAKA

エジプト神話に登場する巨大な宇宙蛇。太陽神ラーの船が西の地平線から冥界に入り、東の地平線へと戻る旅のあいだに、つねに攻撃しようとする。
文献166
⇨ アペプ、蛇

マカラ
MAKARA

インド、タイ、インドネシアの伝承に登場する海の怪物*。実際、その名は「海の怪物」を意味する。巨大でグロテスクなカニ、ワニと鳥を合わせた姿、魚の尾を持つ鹿など、さまざまに描写される。「マカラ」の名は魚と哺乳類の両方の要素を持つ混成怪物に広く用いられ、ヒンドゥー教寺院の入り口を守る守護者として描かれる時には、象の体の一部（特に鼻）を持つ場合が多い。ガンガやヴァルナ、時にはヴィシュヌといった神々を背中に乗せる。ヒンドゥー教の暦で、西洋の黄道十二宮のカプリコルヌス*（山羊座、磨羯宮）に相当する。
文献7、24、61、89、112、113
⇨ ドラゴン、レヴィアタン

マガン・ガドゥンガン
MAGAN GADUNGAN

インドネシア、ジャワ島の伝説と民間信仰に登場する虎憑き*。眠っている人間から抜け出した魂を持つ捕食性の虎とされる。ンゲルム・ガドゥンガン*という魔法の儀式によって変身し、人間の獲物を求めて村をさまようという説もある。マガン・ガドゥンガンである確かなしるしは、上唇にくぼみがないことだと言われる。
文献113
⇨ 狼憑き

マグニ
MAGNI

北欧神話に登場する巨人*。「力」を意味し、トール神と女巨人*のイアールンサクサ*の息子で、モージ*の兄。
文献78

マクルス
MACRUS

イタリアの修道士ヴィテルボのアンニウス（ジョヴァンニ・ナンニ、1432〜1502頃）が、ガリア人の高貴な家系が聖書のなかの巨人*の種族にさかのぼることを証明するために作った系図に記された巨人のひとり。

文献139、174

⇨ ノア

マグワンプ
MUGWUMP

米国の特にウィスコンシン州およびミネソタ州で19世紀から20世紀初頭にかけて、木こりや森林労働者たちの民間伝承に登場した生物。親しみをこめてフィアサム・クリター*と呼ばれる怪物*の一種で、その極端な姿や行動のせいで、寂れた場所で聞こえてくる不気味な物音の説明に使われたり、キャンプの時の楽しい語り草にされたりした。20世紀になってもこの名前は残り、どうしようもなく愚かな何かの生物や、時には愚かな人間のことを指すのに使われるようになった。

文献7、24

マケ
MAKE

パプアニューギニアの伝承と信仰に登場する巨大な蛇*。その出現は太陽神ウネカウが現われることを指し示すと考えられている。

文献125

⇨ 虹の蛇

マゴグ
MAGOG

⇨ ゲマゴッグ、ゴ・エ・マゴ、ゴグとマゴグ、ゴグマゴグ

マーサウ
MÁSAW

米国の先住民ホピ族の伝承と信仰に登場する巨人*。人間に対しては慈悲深かったが、3番目の世界を管理する傲慢な存在だった。しかし、その支配力を奪われ、4番目の世界で元の地位に復帰するまで、死者たちのいる地下世界の世話役として、より低い地位に置かれた。

文献78、91、134

マザー・オブ・ザ・フィッシュ（魚の母）
MOTHER OF THE FISHES

イギリスのヴォイトランド地方のエルスター川に棲息すると言われるとてつもなく巨大な魚。そこに棲む水の生物たちの守護者とされた一方、水面にいる姿を人間が見ると、その地域に大災害をもたらすとも言われた。

文献134

⇨ 怪物、キング・オブ・ザ・フィッシュ（魚の王）、魚の女王

マシャーノマク
MASHERNOMAK

米国とカナダの先住民メノミニー族の伝承と信仰に登場する怪物*。伝説によれば、捕食性の湖の怪物で、不注意な漁師たちを誰でも罠にかけ、むさぼり食っていた。ある日、英雄マナブッシュもその餌食となり、丸ごと飲み込まれた。彼はマシャーノマクの腹のなかで、自分の兄弟をはじめ多くの犠牲者を見つけると、ナイフを取り出して腹に大きな穴を切り開いた。それによって獲物となった人たちを助けるとともに、体の内側から怪物を殺すことができた。

文献134

マスス
MASUS

博識で知られたジャン・ティジィエ・ド・ラヴィジー（通称ラヴィシウス・テクストル、1480〜1524頃）による中世の作品『オフィキナ（officina）』のなかに現われる巨人*。ラヴィジーは、トゥイスコン・ギガス*が本当は巨人*のノア*の息子で、ノアの子孫がヨーロッパの高貴な血筋の先祖になったと主張した。彼が作成した巨人の家系図のなかに、マススも多くの伝説的な人物のひとりとして含

められた。
文献174

マスター・オブ・ザ・ウォーター（水の支配者）
MASTER OF THE WATER
　南米グランチャコ地方の伝承と信仰に登場する、リク*として知られる水棲の怪物*。湖や川など、内陸部の魚類を守る巨大な生物である。
文献134

マスター・オブ・ザ・フィッシュ（魚の支配者）
MASTER OF THE FISHES
　米国先住民の伝承と信仰に登場する、ミシピジウ*の別名。
文献134
⇨　サ＝イン

マダ
MADA
　インドの神話と伝承に登場する恐ろしい怪物*。体が大きく、巨大な口から大きな牙が突き出ている。食欲が旺盛でどんな生物でも食べ、人間もたやすくむさぼり食う。
文献112

マタウ
MATAU
　ニュージーランドのマオリ族の伝説に登場する巨人*。人間の姿に近く、南島の平原に住む人々を餌食にした。伝説によれば、マタウは村からきた美しい少女マナタをさらい、魔法を使って拘束し、奴隷にした。彼女の恋人のマタカウリはあらゆる場所を探し歩いたあげく、ようやくマタウが彼女を隠している場所を見つけた。彼の力ではどうしても彼女を解放できなかったが、彼女の涙がロープに落ちた時、魔法が解けた。しかし、ふたりにはどこに隠れても恐ろしい巨人に見つけられることが分かっていた。そこでマタカウリは巨人を殺しに行くことにした。彼はマタウがシダの茂みに覆われた山中の穴の中でぐっすり眠っているのを見つけると、すばやく周囲の枯れたシダに火をつけた。最初、マタウは暖かさを感じて足を引き寄せたが、すぐに焼けるような熱さと煙に襲われ、逃げ出す前に窒息死してしまった。炎があまりに激しく燃えたために、巨大な体が溶けて地面深くに染み込んだ。それがどんどん沈んでいくにつれて、大きな裂け目ができた。しかし、マタウの超自然的な力を持つ心臓の鼓動は止まらず、死後長くたってからも、湖の水を送り出し、彼が死んだ場所に残る穴を満たしている。
文献155

町の巨人
TOWN GIANTS
　ヨーロッパには町の巨人を誇示するという伝統が、幾世紀ものあいだにわたって築かれている。巨人*は普通、神話やある地方の民話に起源を有する。町の巨人とはマスコットというよりも、むしろ異界の力を支配したり服従させていることの、目に見える表現なのである。町の巨人は、ドラゴン*や他の像とは違って、何世代にも渡って保存され、たとえば第２次世界大戦のような事件で破壊されるようなことがあっても、市民が必要としているという理由から復元される。最も有名な２体はゴグとマゴグ*で、英国ロンドンのギルドホールの巨人である。それが最初に記録に登場するのは1413年のヘンリー５世の凱旋記念パレードの時であり、その後1420年と1432年にもヘンリー６世の祝いに登場している。16世紀には神聖ローマ帝国の皇帝カール５世、スペインのフェリペ王、女王エリザベス１世のためにパレードしている。17世紀になると1666年のロンドン大火で消失し、1672年に再び作られた。18世紀までにもう一度作り直す必要があって、1710年に完成した。そして1940年に爆撃を受けて破壊されるまで象徴であり続けた。そして1953年、エリザベス２世の戴冠の時にまた新たに制作された。
　もうひとりの有名な巨人はゴリアト*である。聖書に登場するこの巨人の物語が奇妙に

マチ・マニトウ

眠っている巨人。マタカウリは山中の窪地でぐっすり眠っているマタウを見つけた。

ねじ曲げられて、アンヴェール（ベルギー）、アス（ベルギー）、ハッセルト（オランダ）、リール（Lierre ベルギー）、マリーヌ（ベルギー）、ニーウポールト（ベルギー）、ニヴェル（ベルギー）、トロア（フランス）といった町の古くからの町の巨人には（1460年以来）皆、「ゴリアト」という名前が付いている。1486年に未来のシャルル8世がトロアの町を訪れた時、その町のゴリアトは「ダヴィデ」との戦いと敗北を再現してみせた。

そのほかスペインのカタルーニャ地方でも聖体の祝日に町の巨人がパレードする。バルセロナやヴァレンシアでは、町の巨人はカベズド*と言われている。アントワープにもドルオン*とアンティゴヌス*という巨人がいるし、ドゥエーの町にはガヤント*という巨人がいる。これらは全部ベルギーの巨人である。そしてフランスのリール（Lille）にもいるし、英国シルチェスターの町にはオニオンの巨人がいる。

2000年4月29・30日の両日、ベルギーのスティーンヴォールドという町で「第3回ヨーロッパ巨人ダンス」が開催された。この祭りのあいだ、ヨーロッパのさまざまな町から集まった百以上の巨人が、ジャン・ル・ブシェロンと呼ばれるその町の巨人とともにパレードした。

文献13、174、182
⇨ ギガンテス、コリネウス、タルスク

マチ・マニトウ
MATCHI-MANITOU

カナダ先住民クリー族の伝承や信仰に登場するミチピチュ*の別名。

文献134

マドゥ
MADHU
インドのヒンドゥー教の創造神話に登場するふたりの巨人*の一方。
文献112
⇨ カイタバ

マニトウキネビク
MANITOUKINEBIC, MANITOU KINEBIK
19世紀に記録された米国の先住民の信仰に登場する怪物のような蛇*。キチクネビク*とか大蛇*とも呼ばれ、口が大きく裂け、背中に沿って突起がある。すさまじい力を持ち、陸上でも水中でも敏速に動く。捕食性が強く、バッファローに体を巻きつけて捕らえ、丸ごと飲み込むことができた。
文献134

マニポゴ
MANIPOGO
カナダのマニトバ湖周辺の伝承に登場する湖の怪物*。1962年8月12日に、ふたりの釣り人の前に姿を現わし、彼らは湖水をかすめて滑っていく怪物の姿を急いで写真におさめた。蛇のような体の中央にこぶがひとつだけあり、水棲の蛇*に近い姿に見える。
文献134

マネトゥウィ・ルシ・ピッシ
MANETUWI-RUSI-PISSI
米国の先住民のショーニー族の伝説・信仰に登場する湖の怪物*。水棲のピューマで、湖とそこに住む魚を守る。
文献134
⇨ レナピッカ

マハーパドマ
MAHAPADMA
インドのヒンドゥー教神話に登場するローカパーラ・エレファント*の1頭。『ラーマーヤナ』のなかで、マハーパドマ（伝承によってはヴァーマナ*の場合もある）はヤマ神を背中に乗せて世界の4分の1の南側を守って

いる。
文献7、24、112

マヒシャ
MAHISHA
インドのヒンドゥー教神話の怪物*。マヒシャースラ*とも呼ばれる。水牛の頭を持つ巨大な生物で、破壊をもたらす。『マハーバーラタ』の伝説によれば軍神スカンダによって殺されるが、ドゥルガー女神がアスラ族との戦いにおいて倒したとするものもある。現代インドの伝承では、バインサースラ*として村々を襲い、豚を与えられないと穀物や豊かな畑を荒らす。
文献24

マヒシャースラ
MAHISHĀSURA
⇨ マヒシャ

マフカター
MAHU-CATAH
メキシコのキチェ族の信仰で、バラム*として知られる恐ろしい一群の生物のひとつ。名前は「有名な名前」を意味する。バラムたちは四方位の守護者を任命されていた。
文献119、160

マフデト
MAFDET
エジプトの神話に登場する女性の混成怪物。体はライオンだが、頭と首は蛇。ヘイラコノポリスから出土した奉納板のレリーフにその像が見られている。
文献89

魔法使いのシャックル
WIZARD'S SHACKLE
スコットランドの民話に登場するブラハ・ブハディ*というグロテスクなヒルのような生物の別名。
文献7、89

マーマン

マーマン
MERMAN

マーメイド*として知られる海に棲む生物の男の場合の名称。腰から上は人間で、緑色の髪と髭を生やしているが、下半身は大きな魚の尾になっている。マーメイドよりも恐ろ

ケルトのマーマン

マーメイド

しい行動をするとされ、ひどい嵐を起こしたり、船を沈めたりする。イギリスの伝説では、マーメイドに対しても攻撃的で、自分の子孫も食べると考えられているが、北欧の伝説に登場するハヴマンド*はより慈悲深い。マーマンの伝承は、古代シュメールのアブガル*に由来するとも言われるが、より新しい民間伝承は、牡牛とセイウチを合わせたような生物の目撃談や、ヨーロッパ初期の海賊をもとにしたミンチ海峡の青亡霊*の奇妙な話から派生したものかもしれない。起源が何であれ、マーマンの姿はヨーロッパの紋章でよく見られるものである。

文献25、67、120、124、160、170
⇨ トリトン、ナッキ、ニクス

マー・ミエン（馬面）
MA MIAN

中国の神話で、地獄からの悪魔の使者。半人半獣の怪物*で、馬の頭を持つために「馬の顔」という意味の名前が付けられた。ニウ・トウ（牛頭）とともに、死者と地獄にいる者たちを支配する閻魔に付き従い、使者を務める。死者の魂をあずかる正式な許可を与えられており、彼らを「審判の間」に導く。

文献38、133、160、181
⇨ アムムト

マーメイド
MERMAID(E), MEREMAIDEN

水中に棲む女の生物で、頭から腰までは美しい若い女性、体の残りの部分は巨大な魚の

マーメイドたちは鏡を手に長い髪をとかしながら、歌を歌って船乗りたちを魅了し、危険な岩へと引き寄せた。

尾のような姿をしている。古代から、海や川、湖に関する伝承や神話の一部を構成してきた。英語名は「海」と「湖」両方の乙女を意味するが、イギリスでは、ベドン・ヴァーラ*、ケアスク、クライティー、グウェンヒズイ、リーバン*、マリ・モルガン*、メロー*、ローヌ、セルキーなど、地方によってさまざまな呼び名がある。

マーメイドは岩の上に座って、鏡を手に歌いながら長い髪をとかしている姿がよく目撃され、好奇心にかられた船乗りたちを危険な岩に引き寄せる。彼女たちをセイレーン*と同類とするのは、船乗りたちを死に引き寄せるこの歌声のためである。古代の伝承においても、後になってからの物語と同様に、マーメイドは不幸や惨事と結びつけられることが多かった。最も、慈悲深さを示す場合もある。スコットランド、ウェールズ、イングランドのコーンウォール地方の物語では、助けられたマーメイドは、人間に不治の病を治す薬草や、そのほかの豊かな贈り物、また嵐の警告などを与えた。人間と結婚し、手足に水かきを持つ子供が生まれることもあるが、通常は水の世界に戻り、そこでの配偶者はマーマン*と呼ばれる。

中世のヨーロッパでは、マーメイドは悪魔の代理人で、裏切りの象徴と考えられた。教会の内部の装飾に魚を持つ姿がよく描かれたが、それは呪文とお世辞によってキリスト教徒の魂を罠にかけて、罪に引き込むことの象徴だった。その後現代に至るまで、マーメイドの像はヨーロッパの武器の装飾に多く見られ、紋章にも使われている。

マーメイドについての伝承や歌は世界中に数多くある。ソロモン諸島のカツオ娘、北欧のサイヴォ=ネイタ*とハウフルエ*、フィンランドのナキネイト*、エストニアのナキネイウ*、ブラジルのイマンジャとジャマイナ、スペインのシレナ*、カナダのミクマク族のハーフウェイ・ピープル*、グリーンランドのマールギューグル*、日本の人魚*など。

文献7、20、21、24、25、29、60、61、67、68、78、84、119、124、137、160、161、170、186
⇨ グウェンヒズイ、メリュジーナ、ラミアー、リーバン

マールギューグル
MARGYGR

文献でふたつのものにこの名前が与えられている。

(1)北欧神話で、女巨人*あるいは怪物*のハーヴギューグル*の別名。

(2)グリーンランドの伝承と信仰における、マーメイド*。鋭い目と平たい顔を持つひどく醜い怪物*として描かれる。北欧神話に登場する怪物の名が、ヴァイキングの征服者たちによってグリーンランドに持ち込まれたらしい。

文献7

マルシュアス
MARSAYAS

ギリシア・ローマ神話に登場する、サテュロス*と同類の生物。もともとはプリュギアのデーモンだったが、ギリシア人が彼らの土地を占領した後、シレノス*と同じような姿を与えられた。マルシュアスの物語とは、女神アテナが発明した笛のアロウスが捨てられていたのを拾い、それを非常にうまく演奏できるようになったために、音楽の神アポロンに挑戦して、演奏を競い合ったというものである。勝者は敗者に対して何でも好きなことができた。身のほど知らずのマルシュアスは勝負に負け、生きたまま皮をはぎ取られ、流れる血が彼の名を付けた川になった。

文献24、120、125、139、160、166、178

マルダペ
MALDAPE

アボリジニ（オーストラリア先住民）の伝承と信仰に登場する怪物*。

文献154

マルティコラ
MARTIKHORA

中世ヨーロッパの伝説に登場するマンティ

416

コレ*の別名。
文献89

マンコモリオン
MANCOMORION
　中世ヨーロッパの動物寓話で、マンティコレ*と呼ばれる混成種の獣の別名。マンティコレの一種あるいは混種の虎人間で、インドに棲息すると考えられた。
文献7、89

マンザシリ
MANZAŠIRI
　モンゴル西部のカルムイク人の伝説と信仰に登場する原初の巨人*。この宇宙の巨人を解体した時に、その体から大地ができ、両の目はそれぞれ太陽と月になり、血は水に、内臓の熱は火になった。
文献125
⇨ ユミル

マンタ
MANTA
　チリのチロエ島の人々の伝承に登場する巨大な海の怪物*。川や沼に棲むクエーロ*の海での同類。平らな体で、牛のようなぴんと張った皮膚を持ち、端のほうにある通常の目のほかに、上部の頭らしき場所にもさらに4つの目がある。触覚と鉤爪の付いた尾を持つ。水面に姿を現わすと、泳いでいる人間をおびきよせて、水中に引きずりこみ、そこで獲物の体を覆って食べる。陸に上がって日光浴をするが、その姿を見ることは強風の前兆とみなされた。チロエ島の漁師たちは、当然ながらこの生物を恐れ、もしその姿を見かけた時には漁をやめてその場を離れる。巨大なイカの一種ともされてきた。
文献134
⇨ イデ、トレルケフエクヴェ

マンティコラ（ス）
MANTICORA, MANTICORAS
⇨ マンティコレ

マンティコリ
MANTICORY
⇨ マンティコレ

マンティコレ
MANTICORE
　古代オリエント、ギリシア・ローマ、中世ヨーロッパの伝承に登場する人の姿に近い混成怪物。名前は「人間殺し」を意味するペルシア語のマルドホーラ（mardkhora）が変化したものらしい。マルティコラ*、マンティコラ*、マンティコリ*、マンティセラ*、メメコレアウス*、マンコモリオン、サテュラル*とも呼ばれる。体はライオンで、扇形に開いた尾の先端には鋭い針のような突起がある。頭は人間で、赤い顔に青い目、大きく裂けた口には歯が3列に並んでいる。トランペットとフルートを合わせたような鳴き声を出し、インドまたはエチオピアに棲息したと言われる。異常なほど動きがすばやく、人間狩りをする時には尾から針を放って殺した。最初に描写したのはアルタクセルクセス2世（前404〜359）に仕えたギリシア人の医者クテシアスで、後に大プリニウスも『博物誌』（後77）に書き残した。
　中世の動物寓話にしばしば登場し、12世紀のラテン語の寓話と1220年に書かれた中英語の寓話の両方に、それより1000年以上前にプリニウスが描いた基本的な特徴がそのまま残っていた。驚いたことに、この怪物*は預

17世紀の動物寓話集に描かれたマンティコレ

言者エレミヤの代理人として描かれていた。当時の教会建築には、鱗で覆われた女性の姿でも描かれている。

　後のスペインの伝承では、子供をさらう狼憑き*に近いものに発展した。

文献7、10、14、18、63、89、148、185

マンティセラ
MANTISERRA

　中世のヨーロッパの伝説に登場するマンティコレ*の別名。

文献89

マンドゥクス
MANDUCUS

　古代ローマの文学伝承や演劇に登場する怪物*。「顎」を意味する。喜劇のなかでドッセンヌス*と対で現われ、つねに歯をガタガタ鳴らしている半人半獣の生物として描かれた。

文献182

∞ ミ ∞

ミアル・ヴォール・アフアイン（海の巨獣）
MIAL MHÒR A'HUAIN, THE GREAT BEAST OF THE OCEAN

　スコットランドのハイランド地方の伝承と信仰に登場する、巨大な海蛇*キレイン・クロイン*の別名。スコットランドのゲール語で、「海の巨獣」を意味する。

文献128

ミカイン
MIODHCHAOIN, MIDCHAÍN

　アイルランドのケルト伝説に登場する邪悪な巨人*。モケイン*とも呼ばれ、ロッホラン北部の丘に棲み、そこを守ったオーグル*。エード、コン、コルクの3人の息子がいた。争いを起こすことはめったになかったが、それはあまりに体が大きくて、その声がすべてのものを突き抜け、人間を死なせることができ

きたからだった。叙事詩『トゥレンの息子たちの最期（Aided Chlainne Tuirenn）』では、光の神ルグ・ラーウファダ「長い手のルグ」が、トゥレンの憎い3人の息子たちを、オーグル*から「3つの叫び声を奪う」ようにと送り出す。策略は成功し、3人の息子は命を落とす。

文献128

ミガス
MIGAS

　西アフリカ中央部のコンゴ高地地方の伝承と信仰に登場する怪物*。巨大で平たい水棲生物で、長い触覚のような突起物が肉付きのよい体から出ている。コンゴ川の上流に棲息した。近くに寄ったものは何でもその「触覚」に捕まり、水中の棲み家に引きずられていった。

文献134

⇨　イデ、クエーロ

ミクラ
MIKULA

　ロシアの神話に登場する巨人*。原初の時代に存在し、マーチ・スィラー・ゼムリャー（母なる湿潤な大地）を耕した。あまりに体が大きかったため、普通の人間は彼のように広大な土地を耕すことも、彼の巨大な鋤を操ることもできなかった。天上界へ上った後、ミクラのイメージはキリスト教の布教とともに、神格化されたボガトゥル（英雄）に引き下げられた。

文献133

ミクロメガ
MICROMÉGAS

　フランスの古典文学に登場する巨人*。ヴォルテール（1694～1778）の同名の作品に登場する。

文献174

⇨　ガルガンチュア、パンタグリュエル

ミシガネビク
MISIGANEBIC

　米国の先住民アルゴンキン族の伝承と信仰に登場する巨大な蛇*。体長は10m近くあり、色は濃い緑で、表面はさまざまな色に輝く。馬に似た頭を持ち、ホース・ヘッド・サーペント*に分類されることもある。ブルーシー湖、チェダー湖、ビトビ湖、デスチェネス湖、デザート湖、ポックノック湖、トランテアンミル湖に棲息するとされ、湖の水をきれいにしている。ブルーシー湖では四方の方位点に、感謝の供物が捧げられている。しかし、ミシガネビクの姿を見ることは死の前兆と考えられている。もっとも、そのねぐらはポックノック湖の底にある洞穴で、冬のあいだは冬眠するので、姿を見ることはまれにしかない。
文献134

ミシキニピク
MISIKINIPIK

　カナダの先住民クリー族の伝承と信仰に登場する巨大な大地の蛇*。頭に大きな角がある原初の生物で、世界の陸地と海の下で永遠に生きている。邪悪な心を持ち、ミチピチュ*やウォーター・リンクスと侵略のための同盟を結び、英雄ウィサチェチャクや雷霊との戦いを起こした。
文献77、134

ミシキヌビク
MISIKINUBICK

　米国の先住民アルゴンキン族の伝承と信仰に登場する邪悪な蛇*。頭に角のある黒く巨大な生物で、毛皮に覆われている。メノミニー族の男が守護霊として手に入れたが、その魔法の代償として、自分のふたりの娘を殺さなければならなかったという伝説がある。
文献134
⇨　ホーンド・サーペント

ミシ・キネピクワ
MSI-KINEPIKWA

　米国の先住民ショーニー族の伝承と信仰に登場するキネピクワ*とも呼ばれる巨大な爬虫類の別名。この超自然的な蛇*は初めはそうした姿ではなく、普通の爬虫類のように脱皮を繰り返して、しだいに最終的な形になった。伝説によれば、最初は湖に沈められた赤い角と青い角を1本ずつもった子鹿だったという。しかし成長するにしたがい岸辺まで移動し、脱皮を続けて最後には蛇の姿のミシ・キネピクワとなった。
文献134

ミシピシ
MISSIPISSY

　カナダと米国の五大湖地方の先住民の伝承と信仰に登場する蛇魚（fish-serpent）。マスター・オブ・ザ・フィッシュ（魚の支配者）*としても知られ、グレート・リンクス*に似たもの、あるいはそのものとして描かれた。湖に住むチョウザメの守護者とみなされ、長い冬のあいだは深い湖底で冬眠した。
文献134
⇨　ミシピジウ

ミシピジウ
MISHIPIZHIW

　米国の先住民オジブワ族とアルゴンキン族の伝承と信仰に登場する水棲の怪物*。ミチピシー*とも呼ばれる。大きな猫に似た生物で、背骨に沿ってのこぎりの歯のような突起があり、それが長く湾曲した尾まで続いており、獲物に巻きつけて使う。この尾で水上では激しい嵐や大波を起こし、水中では渦を巻き起こして、ボートに乗っている無防備な人々を巻き込んで沈めると言われた。目撃情報は17世紀の旅行家に始まり、1850年に描かれたスペリオル湖の絵には、多くのボートの上を大波が弧を描くように覆っているが、説明はつけられていない。
文献134
⇨　ウィーウイルメック、グレート・ホーンド・サーペント（角のある大蛇）、グレート・リンクス、チピトカーム、マスター・オブ・ザ・フィッシュ（魚の支配者）、ミスケナ

湖の女王
MISTRESS OF THE LAKE
　オーストリアの伝承で、トラウン湖の貴婦人*と呼ばれるマーメイド*の別名。
文献134
⇨　サ＝イン

湖の神秘
MYSTERY OF THE WATERS
　カナダのブリティッシュ・コロンビア州の先住民、クールダレーヌ族の伝承と信仰に登場する湖の怪物*たちの総称。この呼び名は、怪物を表わす婉曲語。伝承のひとつによれば、セントジョー川で水浴びをしていた何人かの若い女性たちが、奇妙に大きな魚を見かけ、4人がもっとよく見ようと泳いで近づいていった。彼女たちが再び戻ることはなく、ずっと後になってから、山中にある別の湖の岸で見つかった4つの頭皮が、彼女たちのものと確認された。「湖の神秘」が彼女たちを襲って食べ、地下でつながる水路を通って別の湖の近くに遺体の一部を残したと推測された。
文献134
⇨　ナイタカ、蛇

湖の幽霊
PHANTOM OF THE LAKE
　エストニアの伝承に登場する水棲の怪物*。沼や湿地に現われる姿は、馬や大きな豚に似ていると言われる。
文献134

ミズガルズオルム
MIDGARDSORM(R), MIDGARD SERPENT
　北欧神話およびゲルマン神話に現われる世界蛇。ミズガルズのワーム*とも呼ばれる。名前は「ミズガルズの大蛇*」を意味し、土地の名前に由来しているが、ヨルムンガンド*としても知られる。策略家の火の神ロキと女巨人*のアングルボザ*とのあいだに生まれた。他の子供には冥界の女神ヘルと、恐ろしい狼

ラグナレクでのフェンリル狼とミズガルズオルム

のフェンリル*がいて、フェンリルはラグナレク（神々の黄昏）の最後の戦いの時まで、神々によって拘束されていた。ミズガルズオルムが生まれた時、神々は恐ろしさのあまり、海に投げ捨てた。すると海のなかで成長して巨大な体になり、ミズガルズを取り囲んだため、その名が付いた。空中に上ると、とぐろのアーチが虹となる。神々の多くが恐れていたこの蛇と遭遇したが、トール神が巨人*のヒュミル*と一緒に釣りに行った時にも姿を現わした。ヒュミルはトールと釣りの腕前を競い合っていた。自慢の牡牛を2頭連れて、ふたりはボートに乗り込み、牡牛の頭を餌代わりに使った。より大きい魚を釣ったほうが、勝ちとなった。ヒュミルは巨大クジラを2頭釣り上げたが、トールの餌にはミズガルズオルムが食いついた。神話によっては、ヒュミルが恐怖のあまり海に飛び込み、溺れたことになっている。ほかの物語では、巨人が釣り糸を切り、ふたりはクジラを陸まで運び、そこで食べた。

また別の伝説によると、トールは霜の巨人*のひとりに力試しの勝負を挑まれたが、与えられた猫を床から持ち上げることすらできなかった。後になって、ウートガルザ＝ロキ*は、トールが持ち上げようとしたのは、本当はミズガルズオルムだったと説明した。

ラグナレクが始まると、ミズガルズオルムは海から出て、地上を破壊し毒で汚した。彼の海はトール神で、最後の戦いで互いに殺し合った。

文献7、24、47、49、61、125、133、134、169
⇨　虹の蛇、蛇

ミズガルズの大蛇

MIDGARD SERPENT
⇨　ミズガルズオルム

ミズガルズの蛇

SERPENT OF MIDGARD
　北欧神話に登場する、ミズガルズの大蛇*の別名。ミズガルズオルム*と呼ばれた。
文献78、139

ミズガルズのワーム

MIDGARD'S WORM
⇨　ミズガルズオルム

ミスケナ

MISKENA
　カナダの先住民のウィニペグ族の伝承と信仰に登場する蛇魚（fish-serpent）。頭と前部は巨大なチョウザメに似ている。魚族の主として、ウィニペグ湖のチョウザメを守ったとされる。
文献134
⇨　ミシピシ

水の女王

QUEEN OF THE WATERS
　フランスのアルザス地方の伝承では、バロン湖でよく姿が見られるという。このマスの怪物*の背には、成長した松の木が生えているからだ。
文献134
⇨　魚の女王

ミチピシー

MITCHIPISSY
　米国の先住民オジブワ族の伝承・信仰に登場するミシピジウ*の別名。
文献134

ミチピチ

MICHIPICHI
　カナダ先住民クリー族の伝承と信仰に登場する、ミチピチュ*の別名。ミチピチク*とも呼ばれる。
文献134

ミチピチク

MICHIPICHIK
⇨　ミチピチ

ミチピチュ
MICHI-PICHOUX, MICHI-PICHI, MICHIPICHIK, MITCHIPICHI

カナダ先住民クリー族の伝承と信仰に登場する怪物*。ミチピチ*、ミチピチク*、マチ・マニトウ*とも呼ばれる。フランス人のルイ・ニコラ神父の『博物誌（Histoire Naturelle）』（1675）での描写によれば、毛皮に覆われた、体長5mを超えるピューマのような体で、鉤爪のある足と尾はビーバーに似ている。頭は大きく、あごには長さ60cmほどの牙がある。セントローレンス川河口の島に棲息し、人間を餌食にしたために恐れられた。川岸をさまよう子供たちを襲って食べたと言われる。ニコラ神父が、アンブロワーズ・パレ（1517～1590）の作品『怪物と驚異について』を読んで、そのなかの描写を書き写したものと推測され、神父がミチピチュの「歯」としたものは、その後ニューフランスの行政官に提出された。

文献77、134

ミッキアユーク
MIQQIAYUUQ

カナダのハドソン湾東部に住むイヌイットの伝承と信仰に登場する怪物*。毛で覆われた顔のない巨大な生物で、凍った淡水の底に棲息した。悪意に満ち、冬になるとわざわざ凍った水の端までやってきて、イヌイットが水を汲むために冷たい水のなかに下ろしたバケツをひっくり返し、引き上げても水が入らないようにした。

文献77

緑の牙のジェニー
JENNY GREENTEETH

イングランド北西部ランカシャー州の民間伝承に登場する怪物*。邪悪で危険なこの怪物はよどんだ池や水たまりに棲む。人間のなかでも特に、水に近付きすぎる不注意な子供を待ち受ける。格好の獲物が現われると、長い緑の牙で子供を捕らえ、水中に引きずり込んで溺れさせる。緑のヘドロや藻の浮いた池や湖なら、どこにでも現われる。危険な場所に近寄らないよう、注意深い子守りや両親が子供に言い含めるための子供部屋のボーギー*の一種である。

文献21、24、160、170、183
⇨ 河童、人さらいのネリー、ペグ・パウラー

緑の蛇
SERPENTIN VERT

フランスの文学と童話に登場するヒロインで、「緑の蛇」を意味するセルパンタン・ヴェールという名を持つ。フランスの女流作家マリー＝カトリーヌ・ドーノワ（1650～1705）の物語では、レドロネット*とかウグルッサ*とも呼ばれている。物語は「美女と野獣」のモチーフにのっとっており、すぐれた資質の人間が、魔法によって怪物*に変えられるが、無私の愛によって救われる。

文献182
⇨ 獣、スキュラ、メリュジーヌ、ローズリー・レディ

ミナタ・カライア
MINATA-KARAIA

ブラジル中央部のシングー川流域に住む人々の伝承と信仰に登場する怪物*の種族。森を覆う木々の一番上に達するほど背が高く、腕の下にはココナッツに似た果物が成長する。これが彼らの食料となり、それを取っては砕いて食べる。土地の人々には彼らが近づいてくることが分かり、避けて通ることができた。それは男の怪物たちの頭頂に穴があいていて、彼らが動くとそこから笛のような高い音が出るからだった。

文献47

ミニワトゥ
MI-NI-WA-TU

米国ミズーリ州の先住民テトン族の伝承と信仰に登場する川の怪物*。巨大な体は赤い毛に覆われ、大きな頭にはひとつ目と、額から突き出た角が1本ある。長い尾は垂直に伸びて平たく、先端部には歯のような突起があ

る。水中をすばやく動き、体の前に波を作り、後ろの水を虹色に輝かせたと言われる。春、凍ったミズーリ川に大きな亀裂が入るのはこの怪物の仕業とされた。その姿を見た人間は、恐ろしさのあまり、ひきつけを起こしたり、ひどい時には死に至ることもあった。
文献134

ミノタウロス
MINOTAUROS, MINOTAUR

ギリシア・ローマ神話の人型の怪物*。「ミノスの牡牛」を意味し、体は人間だが、巨大な牡牛の頭を持つ。ミノス王の治世下のクレタ島で、クノッソス宮殿の地下深くにある迷宮に閉じ込められていたとされる。伝説によれば、ミノス王は神への生贄に捧げるためにとクレタの牡牛*を贈られたが、その牛でなくもっと質の劣る普通の牛を捧げた。そこで神々は罰として、彼の妻がクレタの牡牛を愛するように仕向け、結果として醜いミノタウロスが生まれた。ミノタウロスはアステリオーン*やアステリオスとも呼ばれる。ミノス王はこの超自然的生物を処分することができず、ダイダロスに命じて迷宮を築かせ、そこにミノタウロスを棲まわせて食料を与えた。この怪物はカンニバル（食人種）*だったため、ミノス王は他国から貢物として若者の生贄を要求した。その後、英雄テセウスが貢物の囚人のひとりと入れ替わって、島に送られた。彼は王の娘アリアドネから与えられた糸玉の助けをかりて、ミノタウロスを殺し、迷路をたどって迷宮から脱出することができた。
文献7、18、20、24、47、61、78、89、125、133、166

⇨ アールズシェーンク、シェン・ノン（神農）

ミマス
MIMAS

ギリシア・ローマ神話の巨人*。去勢されたウラノス*の血から生まれた多くのギガンテス*のひとり。彼らは大地から直接、完全武装した姿で現われ、巨体を支える足は蛇*で、その頭が足になっていた。ミマスの子にはアルキュオネウス*、エウリュトス*、エピアルテス*、エンケラドス*、クリュティオス*、パラス*、ペロロス*、ポリュボテス*、ポルピュリオーン*がいる。彼らはゼウスをはじめとするオリュンポスの神々と戦争を起こし、すべて敗れ去った。ミマスの名前は「真似る人」を意味し、いくつかの出典によれば、アレス神が剣で串刺しにしたか、ゼウスの電撃によって殺された。
文献139、169、178

ミミック・ドッグ
MIMICK DOG, MIMIKE DOG

中世のヨーロッパ人旅行家が信じた古代エジプトの想像上の生物*。名前はあらゆるものの真似ができると言われたことに由来する。猿に似ているが、ハリネズミのような鼻を持つ。人間の行動を含めて何でも真似ることができ、貧しい人々の召使として訓練された。
文献7、89

ミーミル
MIMIR

北欧神話に登場する巨人*。ヨーツン*のひとりで、世界樹「ユドグラシル」の根元にある、霊感と知恵の井戸を守る。神々の王オーディンがこの井戸の水を飲みたいと思った時、ミーミルは知恵の代償として、片方の目を置いていかせた。ミーミルはヴァン神族の捕虜として戦いに引き出され、首を切り落とされた。オーディンはミーミルの頭を取り戻し、魔法の薬草で生きた状態に保ち、ミーミルは神々に知恵を授け続けた。
文献78、125、127、133、160、161、166、169

ミュレクス
MUREX

ヨーロッパの旅行者、漁師、船乗りたちの文学伝承と伝説に登場する生物。大プリニウスの『博物誌』(77)によれば、紫色の巨魚で、あごの力が非常に強く、海上の船の縁をしっかりくわえて離さず、船が進むのを妨げた。プリニウスはミュレクスをレモラ*やエ

テセウスとミノタウロス

ケネイス*と同等のものとみなし、マルクス・アントニウスがアクティウムの戦いに敗れたのは、この生物に船をしっかり捕まれていたからだと主張した。
文献18、89

ミラージュ、アル
MI'RAJ, AL
⇨　アル・ミラージュ

ミルジナス
MILŽINAS
　リトアニアの伝承に登場する巨人*。
文献24

ミンチ海峡の青亡霊
BLUE MEN OF THE MINCH
　スコットランド沖に浮かぶアウター・ヘブリディーズ諸島のミンチ海峡だけに出没する邪悪な一種のマーマン*。ゲール語でナ・フィル・ホルマ（Na Fir Ghorma）と呼ばれるこの亡霊は、アウター・ヘブリディーズ諸島にだけ伝わるもので、スコットランド本土沖のルイス島とシーアント諸島のあいだにあり、ゲール語でスルー・ナ・ウィル・グルム（Sruth nam Fear Gorma　青亡霊の海峡）と呼ばれるミンチ海峡を漂っているところを目撃されるという。彼らは人間の姿をしているが、真っ青で、灰色の顎鬚を生やしている。
　諸島周辺の海は特に天候が不安定だが、青亡霊とそのかしらが海中の洞窟にいるかぎり、穏やかだという。彼らは現われると恐ろしい嵐を巻き起こし、猛スピードでミンチ海峡を通過しようとする無謀な船に泳ぎ着く。彼らの意図は船を難破させ、船員たちを溺死させることにある。しかし、この地方の船長たちは、どうすれば青亡霊の邪魔ができるかを知っている。彼らは押韻競争が大好きなので、船を沈める前に船長に競争を挑んでくる。もし船長が機敏な舌を持っていて、とどめの一言を間違いなく口に出すことができれば、青亡霊は船と乗組員を見逃してくれる。
　このような話が信じられるようになったそもそもの始まりは、ヴァイキング船を漕がされていたムーア人奴隷が、9世紀にスカンディナヴィア人によってミンチ海峡に置き去りにされた事件にあるという説が有力だ。その証拠にこの不運な人々は、子孫にあたる現代のトゥアレグ族同様、長い青のローブと灰青色のヴェールを身に着けていたのである。
文献21、24、67、128、159、169
⇨　ハウヘスト、ハウマンド

ミンディ
MINDI
　アボリジニ（オーストラリア先住民）の「夢の時」神話に登場する、虹の蛇*の地域名称。
文献133

∞ ム ∞

ムイト
MUIT
　アボリジニ（オーストラリア先住民）の「夢の時」神話に登場する虹の蛇*の地域名称。
文献133

ムカデ
CENTIPEDE
　日本の民話や伝説に登場する怪物*。この巨大なムカデは北の山村を脅かしていた。牛や人を獲物にしようと待ち伏せて、なわばりに迷い込んだものを残らずむさぼり食うのだった。村人たちは恐れをなして、怪物*退治を求めた。最終的に英雄、俵藤太（藤原秀郷）がこの生物に忍びより、矢で頭を射抜いて息の根を止めた。藤太は琵琶湖の龍王*に勇気を認められ、褒美として永久に空にならない米俵を贈られた。
文献113

ムーギー
MOOGIE

　米国の先住民オザーク族の伝説に登場する怪物*。トカゲに似た姿で、オザーク山脈に棲息したと言われる。

文献94

ムシュフシュ
MUŠHUŠŠU, MUSHHUSU, MUSHUSSU

　古代バビロンとメソポタミアの神話に登場する巨大な宇宙的ドラゴン*。シルシュ*とも呼ばれる。ドラゴンの体が蛇*の尾で終わり、その先には毒を持つ針が付いている。後足は鷹だが、前足を含めた前半部は獅子。頭は蛇だが角があり、頭頂の突起が首までつながっている。全体が皿のような鱗に覆われ、マルドク神の町であるバビロンのイシュタル門を守護した。

文献7、89、136

ムシリンダ
MUSILINDA

　インドの仏教信仰での、ナーガ*の王ムチャリンダ*の別名。

文献139
⇨　蛇

ムスペル
MUSPEL

　北欧神話に登場する巨人*。火の巨人*で、子供たちと一緒にムスペルヘイムに棲んだ。

文献20
⇨　ヨーツン

鞭打ちじいさん
PÈRE FOUETTARD

　フランスの文学伝承と民間伝承に登場するオーグル*の仲間。フランスの民話に18世紀初めに登場する。大柄な田舎の中高年男性で、つぶれた山高帽、高襟の燕尾服にチョッキ、ネクタイ、長靴下、留め金付きの靴といった19世紀初めの服装で描かれることが多い。悪い子を見つけては背負い籠に入れて閉じ込め、鞭で打つ。そのため、特にクリスマス前などに、親が子供を良い子にさせておくための子供部屋のボーギー*として利用されている。子供にやさしいサンタクロースと対をなす存在である。

文献182
⇨　オーグル、クロクミトン、子供部屋のボーギー、ファーザー・フラグ

ムチャリンダ
MUCHALINDA, MUCALINDA

　インドの仏教信仰で、ナーガ*の王である巨大なコブラ。ムシリンダ*とも呼ばれる。仏陀が大きな菩提樹の木の下で瞑想している時に、激しい嵐が近づいても気づかなかったので、巨大なナーガに姿を変えて、菩提樹と仏陀の周りに7回とぐろを巻きつけ、平らな頭を傘のように上に差しかけて保護した。嵐が過ぎ去った時、ムチャリンダは若い男の姿になり、仏陀に敬意を表した。

文献24、47、113、133、139、160
⇨　シェーシャ、蛇

ムチュクンダ
MUCHUKUNDA

　インドのヒンドゥー教神話に登場する恐ろしい巨人*。伝説によれば、インドの国境地帯がカーラヤヴァナという名の異国の侵略者に脅かされたことがあった。その軍隊が侵入してきた時、クリシュナ神はカーラヤヴァナに会いにいき、ムチュクンダの大きな洞穴を訪ねるようにと策略をもってそそのかした。ムチュクンダは眠っていたが、傲慢なカーラヤヴァナ王に強くつつかれ、目を覚ました。王が知らなかったのは、ムチュクンダの目の恐るべき力で、それが開いた瞬間、視線がカーラヤヴァナの体の中心をまっすぐに射抜き、体は炎に包まれて、彼が立っていたところには灰の山だけが残った。

文献112

ムニン
MUNINN

　北欧神話に登場する、巨大なワタリガラス。その名は「記憶」を意味するらしく、「思考」を意味するフギン*とともに、北欧の神々の王オーディンのもとにいる超自然的な鳥。毎朝、夜明けになると、2羽の鳥たちは空を飛んで人間や巨人*や神々の世界で起こるあらゆるものを見聞きした。日没前に戻ると、主人にすべての情報を伝えた。

文献7、139
⇨　八咫烏

ムネヴィス
MNEVIS

　エジプト神話の巨大な牡牛。ムネウェルとも呼ばれ、アピス*と同じように並外れて大きな本物の牡牛がその化身とされた。太陽神ラーに仕えるといわれ、ヘリオポリスの聖牛はラー神の「使者」と呼ばれた。

文献125

ムネモシュネ
MNEMOSYNE

　ギリシア・ローマ神話の女のティタン*の一員で、「記憶」を意味し、ウラノス*とガイア*の娘だった。オリュンポスの神々の王であるゼウスとのあいだに、9人のムーサたちを産んだ。

文献20、24、38、47、78、94、125、139、166、178、182

ムマキル
MÛMARKIL

　イギリスの学者、作家のJ・R・R・トールキン（1892～1973）の小説『ホビット』と『指輪物語』に登場する怪獣。ホビットたちにはオリファウント*として知られ、巨大な象のような獣で大きな牙があり、一般に見られる象の祖先と言われる。ハラドによって太陽の第3紀の指輪をめぐる争いに引き込まれた。背中の大きな「やぐら」に弓の射手を大勢乗せ、ゴンドールの土地でこれらの弓に殺されなかった者たちは、この獣の下に押しつぶされたり、牙で突かれたりした。無防備な目だけが弱点で、攻撃の手段はこの目を矢で射抜くことだったが、目が見えなくなった獣は戦場で転げ回り、敵味方の区別なく、周囲にいる者は誰でも殺した。

文献51
⇨　怪物

ムリスク
MURRISK

　アイルランドの伝説と民間伝承で、クロア・パトリック地方の海岸に棲息すると言われた、死をもたらす海の怪物魚。強い毒を持ち、もしその胃のなかのものが海中に吐き出されれば、すべての水中の生物は死んでしまうと言われた。口からの臭気は空気をひどく汚染するので、鳥さえも空から落ちて死に、その空気を吸った者はすべて病気になった。

文献7

ムーリャルタッハ
MUILEARTEACH, MUILEARTACH, MUILID-HEARTACH, MUIREATACH, MUIR LEARTACH

　スコットランドのハイランド地方の民間伝承に登場する邪悪な海の女巨人*。ケラッハ・ヴェール*と同じように、醜くはげた老女で、青白い顔をして、ひとつ目でにらみつける。水中にあるケルトの異界に棲み、そこから姿を現わした時には、大嵐が起こる。時には海岸から水を滴らせながら、哀れな老女の姿で現われ、漁師の小屋の戸を叩いて、休ませてほしいと頼みこむ。しかし、誰も彼女を室内に入れてはいけなかった。いったん室内に入れば、恐ろしい大きさに膨れ上がり、室内をめちゃくちゃに荒らすからだ。もっとも、慈悲深い存在にもなることもあり、いつも持ち歩いている壺のなかの薬で、病気や傷を治し、しわだらけの指を死者の口に押し込めば、生き返らせることもできた。

文献24、128、160、170
⇨　ムーカルタッハ

ムールカルタッハ
MUIRCARTACH

アイルランドの伝承やゲール神話に登場する老女の姿をした海の女巨人*。スコットランドのムーリャルタッハ*に相当するものだが、はげ頭の黒い顔で、額の真ん中からひとつ目が飛び出している点が異なる。

文献7

ムルギ
MURGHI-I

⇨ ムルギとアーダミ

ムルギとアーダミ
MURGHI-I-ĀDAMI

イスラム諸国の神話に登場する想像上の2羽の鳥。クジャクに似ているが顔は人間で、人間のように話すことができる。2羽が並んで話をしているところを見た者は、もし注意深く聞けば、非常に利益になることを聞くことができるとされた。この鳥たちの物語は中世に旅行家によってヨーロッパに持ち込まれた。

文献89

ムルグッハ
MURUDHUACHA

アイルランドの民間伝承に登場するメロー*の別名。

文献21、24、25、160、170

⇨ マーメイド

ムール・ゲールト
MUIR-GHEILT

アイルランドの伝承に登場するメロー*の別名。

文献21、24、25

⇨ マーメイド

恐ろしいムルドリスによく似た海の蛇

ムルドリス
MUIRDRIS
アイルランドの伝説に登場する怪物*。後の写本ではシーナフ*と呼ばれるようになった。初期のテキストでは恐ろしい海の生物として登場し、たいていはムルドリスの名前が用いられている。この獣はフェルグス・マク・レティによってドーン郡のロッホ・ルドライゲで滅ぼされた。

文献128

⇨ オイリフェイスト、カオラナッハ

ムーレイ・アブデルカデル・ジラニ
MOULAY ABDELKADER DJILANI
モロッコの文学伝承と民間伝承に登場するジン(1)*のリーダー。

文献122、160

ムンガ・ムンガ
MUNGA MUNGA
アボリジニ(オーストラリア先住民)の伝承と信仰に登場する女の怪物*、クナピピ*の娘。

文献38

∞ メ ∞

メガイラ
MEGAIRA, MAGÆRA
ギリシア・ローマ神話に登場する、髪の毛が蛇になっている超自然的存在で、名前は「嫉妬による怒り」を意味し、究極の復讐を与える。エリーニュエス*/フリアイ*のひとりで、特に親殺しなどの残忍な罪を犯しながら、人間世界の法では罰されずにいる者たちに報復する。

文献20、38、160

メシェケナベク
MESHEKENABEC
米国先住民の伝承と信仰に登場する巨大な湖の蛇*。蛇に似た巨大な体に、皿のような虹色の鱗があり、頭は赤く、目は赤い光を放った。ある湖のなかに多くの蛇*たちを従えて棲息したが、伝説の英雄マナボゾーに倒された。

文献7

メタル・オールドマン
METAL OLD MAN
米国先住民のホワイトマウンテン・アパッチ族の伝承と信仰に登場するべ・チャスティ*とも呼ばれる巨人*の別名。

文献24

⇨ ゴーレム、タロス

メーテー
MEH-THE
ヒマラヤ山脈のネパール人の伝承と信仰に登場するイェティー*のひとつ。イェティーには三種類あり、大きさと背の高さによって分類される。もっとも小さいのはイェー・テーで、総称のイェティーはそこから由来している。それより大きいものがメーテーで、もっとも大きいものはズテー*と呼ばれる。

文献78

メドゥーサ
MEDUSA
ギリシア・ローマ神話のゴルゴン*のひとり。「女主人」あるいは「女王」を意味し、ケートー*と海の神ポルキュス*のあいだに生まれた美しい娘で、姉妹のエウリュアレー*やステンノ*とともに行動した。海神ポセイドンはメドゥーサを強く求めるあまり、白馬に姿を変えて、アテナ女神に捧げられた神殿のなかに彼女を連れ込んだ。神殿を冒瀆され怒ったアテナは復讐を望み、美しかったメドゥーサを醜い姿に変えた。まだ女性の姿を保ってはいたが、背中には翼が生え、大きく開いた口には牙があり、舌がだらりと垂れていた。頭には髪の代わりに蛇が身もだえし、手の先には堅い鉤爪が付いていた。しかし、最も恐ろしいのはその目で、人間が愚かにも

その目を見つめるようなことがあれば、ただちに石に変わってしまった。姉妹のうちメドゥーサだけが不死身ではなく、ゴルゴンたちは姉妹のグライアイ*にだけ付き添われて、スキュティアの東側の地域か、リビアの荒野か西の大洋のほとりか、あるいは伝説の地キステネに身を隠したという。そこへ、ポリュデクテス王にメドゥーサの頭を持って帰ると誓って英雄ペルセウスが彼女を探しにやってきた。グライアイたちが3人にひとつしかない目と歯をやり取りしているあいだに、ペルセウスはそれを奪い取って、メドゥーサの居場所を聞き出すことに成功した。醜い姉妹が目も見えなく、歯もなくしているあいだに、ペルセウスは、ヘルメスから借りた翼の付いたサンダルと剣、そしてアテナから借りたかぶると姿が見えなくなる兜の助けを借りて、メドゥーサを見つけ出すと、盾に映り込む姿だけを見ながら剣を操り、彼女を殺した。メドゥーサの体からは噴き出す血とともに、翼のある馬ペガソス*と巨大なクリューサーオール*も出現した。ペルセウスはアテナから与えられた袋にメドゥーサの頭を入れ、兜で姿を消して、グライアイの横を通り過ぎて逃げ去った。砂漠を横切るあいだに袋から滴り落ちた血は毒蛇に変わり、今もその地域に棲息している。また、海に落ちた血は赤い珊瑚に変わった。英雄がその頭をアテナに差し出すと、女神は頭の左側から毒を持つ血を抜き、醜い顔を自分の盾（アイギス）の上に置き、敵をおびえさせた。アスクレピオスはメドゥーサの頭の右側から治癒力のある血をとり、自分の医術に役立てた。何世紀ものあいだ、ゴルゴンの頭は戦士たちの盾に描かれ、その後も悪を追い払う方法として、戸口や建物に飾られた。

　古代芸術で、メドゥーサは彼女の子孫のペガソスと同じように翼のある馬として描かれていた。その後、女性の胴体に馬の後半身、頭の上に翼のあるケンタウロス*に似た姿になり、その翼は後には蛇のように描かれた。「ゴルゴン」の名前が単数形で使われる時には、例外なくメドゥーサだけを指している。

より馴染みのある姿に発展するのはもっと後になってからだが、中世を通じてその描写が続き、16世紀に入って再び変化が見られた。この時期の旅行家などは、ゴルゴンがまだ北アフリカに棲息すると信じ、その姿は中世の寓話に登場するカトブレパス*によく似ていると考えた。

文献7、20、61、78、89、133、136、166、178、182

⇨　怪物

メヌイス
MENUIS

　エジプト神話に登場する聖なる牡牛メルウェル*の、ギリシア語での呼び名。

文献139

メノイティオス
MENOITIOS

　ギリシア・ローマ神話の巨人*。ヘシオドスの『神統記』（前750頃）によれば、イアペトス*という名のティタン*と、海のニンフのクリュメネー*とのあいだに生まれた子だが、悲劇作家アイスキュロス（前525～456）によれば、母親はテミスである。メノイティオスの子には巨人のアトラス*、プロメテウス*、エピメテウス*がいる。メノイティオスとアトラスは神々に対する反乱に参加し、メノイティオスは最高神ゼウスによって、永遠にエレボスの冥界に送られた。

文献139

メヘン
MEHEN

　古代エジプト神話に登場する宇宙蛇。太陽神ラーが西の地平線から東の地平線へと戻る夜の旅に付き従う。ラーが太陽の船で旅をするあいだは、つねに宇宙蛇のアペプ*に脅かされ、地平線の下の暗闇では攻撃を受けやすかった。そこで、メヘンは船を守るため、覆い被さるようにとぐろを巻いた。

文献38、139、160

⇨　アペプ、ナーガ、蛇

メムフレマゴグの海蛇
SEA-SERPENT OF MEMPHRÉMAGOG

カナダのケベック州に棲む先住民のアベナキ族の信仰に登場する湖の怪物*。巨大な深緑色の半蛇半馬。巨大な魚で、馬のものに似た玉虫色の頭が付いているとする話もある。伝説によると、男が妻を殺して遺体を湖に沈め、その遺体を怪物が食べた。だがしばらくして、男がカヌーで湖を渡っている時、怪物が現われてカヌーを転覆させ、男も食べた。地元の人々は、蛇*を恐れてこの湖では決して泳がなかったと言われる。

文献134

メメコレオウス
MEMECOLEOUS

中世ヨーロッパの寓話で、マンティコレ*としても知られる混成型の獣の別名。人間と虎を合わせた姿で、インドに棲息すると考えられていた。

文献7、89

メリサンド
MÉLISANDE

フランスでメリュジーヌ*とも呼ばれる雌の巨大な蛇*。

文献24、161

メリュジーナ
MELUSINA

⇨ メリュジーヌ

メリュジーヌ
MELUSINE

中世フランスの伝承や民間信仰に登場する女の怪物*。フランスではメリサンド*としても知られ、頭と胴は中世の衣裳をまとった美しく若い女性だが、ドラゴン*の翼があり、下半身は恐ろしい蛇*の姿をしている。当時の時禱書にひんぱんに描かれている。

メリュジーヌは1387年にジャン・ダラスが書き表わすよりずっと古くから、フランスの民話で語り継がれていた。プレッシナという名の泉の妖精と、オルバニー(スコットランド)のエリナス王とのあいだに生まれた娘。このふたりが結婚した時、妖精は王に自分が出産に臨んでいる姿は決して見ないことを誓わせたが、王はそれを破った。誓いが破られたために、王は妻と3人の娘、メリュジーヌ、メリオール、プラティナを失った。彼女たちは妖精の世界に戻らなければならなかった。超自然的な力を完全に身につけた時、娘たちは復讐のため、父親をノーザンブリア(イングランド)の洞穴に永久に閉じ込めた。妖精の母親プレッシナは娘たちがしたことに気づき、罰としてひとりずつ呪いをかけ、メリュジーヌは週に一度、腰から下が水蛇の姿に変わるようになった。その変身の日に彼女の姿を見ないことに同意する者を見つけるまでは、愛を経験することはなかった。もしその約束が破られたら、彼女は翼のある醜い蛇の姿だけでずっと生きなければならなかった。メリュジーヌはポワトゥーのレイモン伯と出会い結婚した。伯爵は彼女のためにリュジニャン城を建てた。彼らの子供たちのほとんどは生まれつき何らかの奇形を持つ怪物だったが、最後のふたりは正常だった。やがて伯爵もまた誓いを破り、メリュジーヌは城の城壁から飛び出して、永久に翼のある蛇のマーメイド*のままとなり、残された高貴な家系はフランス君主の先祖になったとされる。

メリュジーヌはフランスやイギリスの紋章の中で、尾がふたつあるマーメイドとしてひんぱんに描かれる。

文献7、24、25、160、161、183

⇨ テギド・ヴォエル

メルウェル
MERWER

エジプト神話に登場する聖なる牡牛。ギリシア語名はメヌイスで、土地の名前をとって「メローの牡牛」とも呼ばれる。体は大きく、出典によって色は明るいものと黒いものがある。ヘリオポリスの太陽神ラーの聖獣で、ほかの神聖な牡牛と同様に、死んだ時にミイラにされた本物の牡牛が再び地上に送られたもの。

文献139
⇨ アピス、ブーキス

メロー
MERROW

アイルランドの文学伝承と民間信仰に登場する魚人間。ムルグッハ*、モルーア*、ムール・ゲールト*、サウグバ*、スイラ*とも呼ばれる。腰から上は美しい若い女で、白い肌、濃い色の目、長い髪を持つが、腰から下は魚のように見える。男のほうは醜く、緑色の肌と歯、髪の毛を持ち、鼻はとがって赤く、目は小さくて細い。どちらも水かきの付いた指を持ち、魔法の赤い羽毛の帽子を使って、陸上の動物や人間から海の生物まで、姿を変えることができる。もしこの帽子が盗まれると、水中の世界に戻ることができなくなり、その結果、人間がメローと結婚することもある。通常、人間に対して平和で慈悲深く、相互に結婚をすることも多い。生まれる子供たちは手足に水かきがあったり、皮膚が鱗に覆われていることもある。
文献21、24、25、170
⇨ マーマン、マーメイド

メロエの牡牛
BULL OF MEROE

エジプト神話の聖牛メルウェル*の別名。
文献138

∞ モ ∞

黙示録の獣
APOCALYPTIC BEASTS

新約聖書、特にヨハネの黙示録に述べられている怪物*たち。これらの怪物の性格はいかなるものかについて議論がある。その集合名が示すように、彼らは（その地上への出現という点で）黙示（アポカリプス）、キリストの再臨、最後の審判と結びついているからだ。数多くの怪物がいるようにもとれるが、記されているのは以下の3つだけである。

(1)最初の獣は海水から上がってきた。豹の体に熊の足、ヒュドラ*のように7つの頭を持ち、ライオンの口をしている。それぞれの頭に十本の角が生え、十個の冠をのせている。この頭のひとつは致命傷を受けたが、どうしたものか治ったとされる。

(2)第二の獣は地下から現われた。第一の獣と同じ外観をしているが、頭はひとつで二本の角も短く、第一の獣と同じようにものを言う。

(3)第三の獣は赤い獣*と名付けられ、海からあがってきた獣と同じ外観をしているが、色が赤い。この怪物は「バビロンの淫婦」の馬で、この女は高価な宝石をちりばめたぜいたくな赤と紫のローブで着飾り、怪物にまたがっている。

これらの怪物に添えられた神秘的な象徴表現は、長年神学上の論争の対象になってきた。赤は特に古代、ふしだらな女に結びつけられた色だったので、赤い獣は、政治的神学の堕落を象徴している。このことから世界の滅亡する原因が退廃であると推測される。黙示録のこの部分に予言的な性質があるという信仰がいまだに熱烈な関心と論争を呼んでいる。
文献63、89、133
⇨ アポカリプティック・ビースト、ドラゴン

黙示録のドラゴン
DRAGON OF THE APOCALYPSE

アイルランドで語り継がれ、信じられていた怪物*に連想から付けられた名前。アポカリプティック・ビースト*としても知られる。
文献134

モケイン
MOCHAEN

アイルランドのケルト伝説に登場する邪悪な巨人*。ミカイン*とも呼ばれる。
文献128

モケレ・ムベムベ
MOKÊLE-MBÊMBE

　西アフリカ海岸に棲む海の怪物*で、初期の旅行家たちが伝えた。象に似ているが、額には1本の角があり、尾はワニか鱗のある蛇*に似ていた。コンゴの海岸線にある断崖の洞窟に棲息し、人間を憎むあまり、船を攻撃して転覆させたと言われる。同じ地域の同様な怪物に、グルート・スラング*やイリズ・イマ*がいる。

文献47、63、89

モコ
MOKO

　太平洋のクック諸島のひとつ、マンガイア島の伝承や信仰に登場する怪物*。トゥ＝テ＝ウェイウェイ*とも呼ばれ、トカゲの体に人間の頭を持つ。この「巨大トカゲ」は魔法の力も持ち、人間との間にできた子孫を守った。

文献113

モーザ・ドゥーグ
MAUTHE DHOOG, MAUTHE DOOG

　イギリス諸島のマン島の民間信仰に登場する不吉な黒妖犬*。モディー・ドゥーとも呼ばれ、ピール城の回廊や胸壁に棲む。その姿は子牛ぐらいの大きさで錫の皿のような目をしているとも言われるし、毛むくじゃらのスパニエル犬だとも言われる。この犬は、その姿を見た者すべてに危害を加えるという。体験談は数多く聞かれるが、状況や結果は異なっていることが多い。そのひとつに、17世紀、ピール城を軍隊が占領していた頃の話がある。退屈したひとりの番兵が、酒に酔ったあげく、例の超自然フィーンド*を捜し出してやると自慢げに言った。まもなく恐怖に脅えた悲鳴が聞こえたので仲間の兵士たちが廊下に出てみると、番兵がそこに横たわっていた。兵士たちが彼を番兵詰所まで引きずって戻ると、彼は「ドゥーグ」のことを何やらまくし立てて死んでしまった。悪魔払いをするために呼ばれたメソジスト派の聖職者も同じ

モーザ・ドゥーグ。モディ・ドゥーとも呼ばれ、ピール城の回廊や胸壁に棲みついていた。

ような運命となった。

文献96、128160

⇨　ガイトラッシュ、スクライカー、トラッシュ、バーゲスト、パッドフット、ブラック・シャック、ロンジュール・ドス

モージ
MODI

　北欧神話に登場する巨人*。名前は「勇気」を意味し、兄のマグニ*とともにトール神と女巨人*のイアールンサクサ*の息子。

文献78

モスキット
MOSKITTO

　19世紀から20世紀初頭にかけて、米国の特にウィスコンシン州およびミネソタ州の木こりや森林労働者たちの民間伝承に登場した生物。親しみをこめてフィアサム・クリッター*と呼ばれる怪物の一種で、その極端な姿や行動のせいで寂れた場所で聞こえてくる不気味な物音の説明に使われたり、キャンプの時の楽しい語り草にされたりした。沼沢地の蒸し暑い夏に起源があるのはほぼ間違いな

く、そこでは本物の蚊（モスキート）がひどく迷惑な害虫であり、話のなかで怪物のような昆虫モスキットに成長したのだろう。
文献7、24

モック・タートル
MOCK TURTLE
　英国の学者、作家のルイス・キャロル（チャールズ・ラトウィッジ・ドジソン、1843～1898）の作品『不思議の国のアリス』に登場する。主人公のアリスがウサギの穴を通ってどこか遠くの「不思議の国」に行く途中で、道をふさぐ奇妙な生物のひとつ。亀のように見えるが、頭と後足と尾は子牛のもの。海岸でアリスとグリフォンに会ったモック・タートルは、そこで涙ながらに自分の生涯を語り、ロブスターのカドリーユ・ダンスを踊ってみせる。
　モック・タートル・スープは、ヴィクトリア時代の中流階級の食べる、よく知られた料理だった。子牛肉で作られ、高貴な身分の人たちが食べるものの代用とされた。モック・タートルがつねに不安と悲しみを抱え、奇妙な姿をしているのはそのためだった。
文献7、40
⇨　グリュプス

モーニュコス
MONYCHOS
　ギリシア・ローマ神話のケンタウロス*の一頭。名前は「ひづめがひとつの」または「堅いひづめの」を意味し、非常に力が強かったために、戦いになると木を掘り起こして、それを槍のように相手に投げつけた。
文献178

モネーグルのシェルニューブル
CHERNUBLES DE MONEIGRE
　フランスの伝説や民間伝承に登場する巨人*。モネーグルのシェルニューブルは、皇帝シャルルマーニュ*の宮廷戦士である英雄ロランが戦う相手のひとりである。ロランは中世の『ローランの歌』において、高貴で並外れて強い人物として描かれている。
文献173

モノケロス
MONOCEROS
　ふたつの別種のものがある。
　(1)ローマの博物学者、大プリニウスの『博物誌』(77)で最初に描写された混成怪物。馬の体、象の足、猪の尾を持ち、シカに似た頭には、額から長さ1mを超える巨大でまっすぐな黒い角が突き出ている。人間にとっては非常に危険な存在で、その角は一角獣*のものと同様に貴重とされたが、誰も命の危険を冒さずにこの生物に近づくことはできなかった。中世に至るまでに、モノケロスは多くの動物寓話に登場し、一角獣と混同されることもあったが、多くの図版を見ると、特徴的な太い足によって、より穏やかな性格の一角獣と区別がついた。オックスフォードのボードリアン図書館所蔵の中英語の寓話では、この怪物*は「ひどい鳴き声」を出すとされ、殺すことはできても、生きたまま捕獲することは不可能とされた。非常に有名になったため、エリザベス朝の詩人エドマンド・スペンサー（1552～1599頃）は『妖精女王』(1590)のなかに「測りきれぬ尾をもつ強大なモノケロス (mithty Monoceros with immeasured tayles)」(II、xii、23)を含めた。
　(2)17世紀以降のヨーロッパで、旅行者や船乗りたちの風説に現われた海の怪物。蛇に似た魚で、巨大な角が額から突き出し、それで船を襲い沈めた。この初期の姿（おそらく、北極洋に棲む小型のクジラであるイッカクの描写が歪められたもの）から発展し、E・ホフマン・プライスの『モノケロスの家 (The House of the Monoceros)』(1940)に登場する有名なモノケロスの物語になった。恐ろしい一角獣であるこの海の蛇*は、イングランドのコーンウォール郡にある古城の下に棲み、この地域の若者を次々とむさぼり食った。トレガネス城の城主一族の守護トーテムで、人間の生贄によって守護の力をもたらしていたが、当然ながら、最後には殺された。

文献7、14、63、134、148、185

モノケロス・マリヌス
MONOCEROS MARINUS

中世に、ニーダーザクセン（現ドイツ）のウェストファリア地方およびオーストリアのトラミン地方に現われた海の怪物*。ツィリスに残る中世のフレスコ画に、額の中央から1本の角が突き出た、魚に似た巨大な生物として描かれている。ダルムゼーという湖の泥底に棲息したと言われる。おそらくは中世の寓話のなかで悪魔の使者としてマラエ・サエクリ（世界の海）に棲むとされているモノケロス*と同じもの。

文献10、134

モノケンタウロス
MONOCENTAUR, MONOCENTAURUS

オノケンタウロス*とも呼ばれ、セヴィーリャのイシドルス（560〜636頃）の作品や中世の動物寓話集に登場する。胴と頭は人間で、体と足はロバだった。

文献7、20、78、89、91、125、133、168

モノコリ
MONOCOLI

中世ヨーロッパの旅行者たちの言い伝えに登場する人型の怪物*。足が1本しかなく、エチオピアの荒野に棲息した。片足ではあったが、それが敏捷な動きを妨げることはなかった。さらに、その1本の足は非常に大きかったので、日中の暑さのなかで身を横たえた時に、足を伸ばして体の上にかざし、木のない場所で日陰を作ることができた。

文献63

⇨ キュクロペデス、スキアポッド、モノスケラン

モノスケラン
MONOSCELANS

中世ヨーロッパの旅行者たちが伝えた1本足の部族、モノコリ*とスキアポッド*の別名。

文献7

⇨ キュクロペデス

モノセロス
MONOCEROS

⇨ モノケロス

モラ
MORA

⇨ エケネイス、レモラ

モラグ
MORAG

スコットランドのハイランド地方にある深さ300mのモラール湖付近の伝承に登場する怪物*。より一般的にはモラーグ*として知られる。

文献78

⇨ バンイップ、ペイスト、ロッホ・ネス・モンスター

モラーグ
MHORAG

スコットランドの伝承に登場する、水深300mと言われるモラール湖に棲息したマーメイド*あるいは湖の怪物*。アイルランドの女妖精バンシーと同じような行動をとり、誰かに死がせまっている時にだけ姿を現わす。死と死体と墓を象徴する3つの姿で水のなかから立ち上がると言われる。19〜20世紀に多くの目撃記録がある。少なくとも体長7mほどはある蛇に似た怪物で、色は緑色、背中にこぶを持つ姿に描かれることが多い。1969年に目撃された時には、この怪物がボートと衝突し、乗っていた人たちは恐怖にかられながらライフルやオールで身を守った。

文献134

⇨ バンイップ、ペイスト、ロッホ・ネス・モンスター

モリオニダイ
MOLIONIDAI, MOLIONIDS

ギリシア・ローマ神話の双子の怪物*。アクトリダイ*やアクトリオーネー*とも呼ばれ、

モリオネーとアクトルあるいは海神ポセイドン（ネプトゥーヌス）とのあいだに生まれた息子たちとされる。銀の卵から孵った。初期の伝説では、クテアトスとエウリュトスという別々の存在だったが、後にはひとつの体に頭がふたつ、腕が4本、足が4本の姿で表わされる。おじのアウゲイアスに加勢して、英雄ヘラクレスとの戦いに参加し、クレオナイで殺された。

文献139、178

森の野人
WILD MAN OF THE WOODS
⇨ 野人

モール
MAUL

イングランドの古典文学に登場する巨人*。1682年に出版されたジョン・バニヤンの『天路歴程』に登場する。人間狩りをするカンニバル（食人種）*で、とくに自分の縄張りを横切る巡礼者たちを襲って食べた。道で呼び止めて彼らの道筋について不合理な議論をふっかけた。巡礼者たちの案内役であるグレートハートがモールの攻撃を受けたとき、長時間にわたる激しい戦いの末、グレートハートがモールに打ち勝ち、その首を切り落とした。詭弁家モール*とも呼ばれる。

文献20、31

⇨ 異教徒、教皇、グリム、スレイ＝グッド

モールア
MORUADH, MORUACH

アイルランドの民間伝承に登場するメロー*の別名。

文献21、24、25

⇨ マーメイド

モール・ウォルビー
MOLL WALBEE

ウェールズのマーケス郡とイングランド西部の伝説に登場する女巨人*。一夜のうちにブレコン山脈から巨石を運んでヘイ城を建てたとされる。途中でエプロンからいくつか石を落とし、そのひとつがローズ教会墓地の巨大な立石になった。彼女はマティルダ・ド・サン・ヴァレリーという名の実在した歴史上の人物に由来する。マティルダはジョン王（1167～1216）時代のウィリアム・ド・ブローズ男爵の妻だった。マティルダという名の愛称がモードあるいはモールであり、ウェールズ語ではモールド・ワルブリ(Malld Walbri)と呼ばれた。荒々しい性格で知られ、夫の不在時にペイン城（Castell Paen、英語では Painscastle）でウェールズ人虐殺に激しく抵抗したことから、この場所はラテン語で Castrum Matildis, つまり「マティルダの城」として知られるようになった。このため、彼女の評判は敵対者の伝説のなかで、山と城を作る女巨人となった。

文献183

モルガン
MORGAN

ウェールズの民間伝承と文学伝承に登場するマーマン*。淡水湖に棲み、親から離れて無防備に遊んでいる子供たちをさらって、湖底の泥のなかで食べた。子供部屋のボーギー*のひとつとして使われたことは間違い

モルガンはウェールズの民話・伝承に現われるマーマン。

ないが、その起源はアーサー王伝説のモルガン・ル・フェ、またはケルト伝説に登場するブルターニュ地方のモルジェンズにあるとも言われる。ウェールズでこの女性の名前が男性マーマンに使われる理由について、ケルト学者のジョン・リースはウェールズ語では「モルガン」を男の名前だけに使うためだとしている。
文献24、120
⇨ トリトン、マーメイド

モルガンテ
MORGANTE
　イタリアの初期の文学に現れる怪物*。ルイジ・プルチ(1432〜1484)の作品『偉大なモルガンテ(Il Morgante Maggiore)』(1481)に登場する心優しい巨人*。もとは非常に獰猛で悪意のある巨人だったが、後にオルランドによってキリスト教に改宗させられ、思いやりのある慈悲深い存在となり、異端者として非難されたペルチェフォレストを助け出した。物語の後半で、モルガンテはビール醸造の商売を始める。物語は中世の特徴である風刺と真剣な議論を織り交ぜている。モルガンテはその後の文学作品、特にテオフィロ・フォレングロ(1491〜1554)、スペイン人作家のミゲル・デ・セルバンテス・サーベドラ(1547〜1616)らの作品に登場し、フランスのフランソワ・ラブレー(1494〜1553頃)による『パンタグリュエル』(1532)と『ガルガンチュア』(1534)でも取り上げられた。そのなかでは、パンタグリュエル*の先祖という設定になっている。
文献61、174
⇨ フィエラブラス、フラカッスス

モルグアン
MORGUAN
　フランスの古典文学に登場する巨人*。フランソワ・ラブレー(1494〜1553頃)の有名な作品『パンタグリュエル』(1532)のなかで、パンタグリュエル*の祖先のひとり。しかし、モルグアンは初版には現れていない。ラブレーは後の版で、モルガンテをパンタグリュエルの系図を確立するための手段として付け加えた。5人のほかの巨人——エティオン*、ガッバラ*、ガルオー*、アップ・ムウシュ*、エリュックス*——とともに、酒に関する何かを発明したことになっている。
文献174
⇨ ウルタリー、カインの娘たち、ガルガンチュア、シャルブロット、ノア、ノアの子供たち、ブレイエ

モルホルト
MORHOLT
　ブリタニアのケルトの文学伝承と伝説に登場する巨人*。アイルランド王モーロントの義理の弟。アイルランド王はイングランドの南端の半島部にあるコーンウォールに攻め込み、マルク王から貢物を要求した。長引く戦いのあいだに、モルホルトはマルク王の甥でリオネスのエリザベス王妃が産んだトリスタン(トリストラム)に殺された。しかし、トリスタンも毒塗りの剣で傷を負った。彼は愛らしいイズルデに救われ、それが不幸な愛の伝説につながった。
文献54、133、174

モルモー
MORMO
　古代ローマ人の信仰に登場する怪物*。モルモリュケー*とも呼ばれる。名前は「殺人狼」または「狼憑き*」を意味すると思われる。恐ろしい女怪物で、もとはライストリュゴン人*の女王だったが、子供を奪われた悲しみが彼女を怪物に変えた。モルモーは復讐として他人の子供をさらって殺した。後には子供部屋のボーギー*の一種として、ローマの母親たちが子供をしつけるための怖い話として利用した。
文献24、64、125、160
⇨ ラミアー

モルモリュケー
MORMOLYCE
⇨ モルモー

モンク・フィッシュ
MONK FISH

ヨーロッパ中世の旅行家や船乗りたちの話で広く知れ渡った海の生物。アンブロワーズ・パレ（1517～1590）の作品『怪物と驚異について』によると、マーマン*によく似た、人間の姿に近い魚の一種。人間の頭に僧のような剃髪で、ケープの肩には頭巾が付いていた。鱗に覆われた魚のような体は、2本の巨大なひれで縦に支えられ、腕の部分にも同じようなひれがある。コペンハーゲン、デンマーク、ノルウェー沖、ポーランド北部の海岸沖で、1200年から1600年のあいだに目撃された。同時期の中国に現われたハイ・ホー・シャン（海和尚）と描写が似ている。
文献7、89、147

モン・サン・ミシェルの巨人
GIANT OF MONT SAINT MICHEL, THE

フランス北西部、ブルターニュ地方のアーサー王伝説に登場する巨人*。モン・サン・ミシェルの巨人はブルターニュ王の姪ヘレナをさらい、その命を奪う。アーサー王と配下の騎士サー・ベディヴィアとサー・ケイはブルターニュ王に力添えをし、巨人を追い詰めて息の根を止めた。
文献54

モンク・フィッシュは僧のような剃髪で、僧のケープの肩には頭巾も付いている。

ヤ

ヤウイ
YOWIE

アボリジニ（オーストラリア先住民）の「夢の時」神話に登場する怪物*。巨大で毛深い、捕食性の生物。

文献78
⇨ ビッグ・フット

山羊（海の）
GOAT, SEA

山羊の登場する伝説には次のふたつがある。

（1）シュメール神話の神エアあるいはマルドクの乗り物だった巨大な山羊は、背中に神を乗せたまま川や湖、海のなかを歩くことができたという。

（2）インド神話にはマカラ*の一種である山羊が登場する。

文献7

ヤギム
YAGIM

カナダ北西部に住む先住民クワキウトゥル族の伝承と信仰に登場する海の怪物*。ヤギムはイアク・イム*としても知られ、巨大なサメに似た生物とされるが、ツェツェカの儀式では大きな赤い房の付いた仮面で表わされる。ヤギムには漁師に対するあらゆる悪行の責任があると思われていて、漁師の船を転覆させて乗員を食べてしまうとされる。

文献77

ヤクアル
YAQUARU

アルゼンチンの伝承に登場する怪物*。水棲怪物で、淡水の湖川に棲む。

文献134

野人
WILDMAN

13世紀から16世紀のヨーロッパの国々、特にイングランドの伝説と伝承に登場する人間に似た生物。野人は、英語の文献ではウッドワス*、ウッドハウス*、ウーサー*とも呼ばれるが、巨大で毛深く、こん棒を振り回し、皮を着た、人間に似た生物で、緑の髪をしている場合が多く、森に棲んでいた。しかし野人は伝統的な意味での巨人*ではなかった。中世の文化において彼は、キリスト教の確立とは正反対の事物を表わしていた。彼はキリスト教が到来する以前に存在した野性であり、キリスト教徒にとっては、高貴なる野人と関連づけられた「他者」を表わした。フランスのシャルル6世と5人の貴族はこの野人の扮装をして、1392年に宮廷で仮面劇を演じた。不幸にもその衣装に松明の火がつき、4人の貴族が衣装のまま焼死した。

ある伝承では野人は凶暴なカンニバル（食人種）*で、食うために子供をさらった。英国エリザベス朝の詩人エドマンド・スペンサー（1552～1599頃）はその作品『妖精女王』のなかで、そのような野人を描いた。ヨーロッパの大冒険時代だったこの時代、野人のこのような想像の多くは、ヨーロッパ人が新たに訪れた地域の文化における話と融合していった。従って、イギリスの劇作家ウィリアム・シェークスピア（1553～1616）が『テンペスト』（1611）で描いたキャリバン*や、政治家であり作家でもあったジョナサン・スウィフト（1567～1745）が書いた『ガリヴァー旅行記』（1726）に登場するヤフー*たちは、野人についてのヨーロッパ人の概念にもとづいてこの新しい文化をパロディ化したものだったのである。

野人は一時は文学や美術に登場したが、徐々に民話的役割に戻っていった。だが野人とその対をなす野人の女は英国の紋章のレパートリーに依然として残っており、高貴な守護者として描かれている。

文献5、7、26、128、174
⇨ イェティー、グルアガッハ、サスクワッチ、

サテュロス、フォーン

八咫烏
YATA GARASU

日本の伝承と神話に登場する巨大な鳥。八

高貴な守護者として紋章に描かれる野人

咫鴉はカラスに似た巨大な黒い鳥で、足が3本あるという。この強大な鳥は天の神々の使者である。
文献7
⇨ フギン、ムニン

ヤニグ
YANNIG

　フランス北西部のブルターニュ人の伝承と民話に登場する海の怪物*。ヤニグ・アン・オドともいう。ヤニグは日中は海にいて、夜になると岸に来て人間の餌食を探し出す。その声はフクロウのようであり、その声に応じた人間は自分の所在がばれてしまい、ヤニグはあっという間に背後にやってきてすぐにその人間を食べてしまう。
文献128

ヤニグ・アン・オド
YANNIG AN OD
⇨ ヤニグ

ヤフー
YAHOO

　政治家であり作家でもあったジョナサン・スウィフト（1567〜1745）が書いた『ガリヴァー旅行記（Gulliver's Travels）』（1726）に登場するヤフーは、人間に似た姿の堕落した生物で、フウイヌム*の奴隷として仕えている。体毛はなく、頭のてっぺんには太くてごわごわした髪が生え、山羊のような髭と胸にはもじゃもじゃの毛があり、背中にはこぶがあって足の先には大きな鉤爪が付いている。身が軽く、いつもは4つ足で歩くが後ろ足で立つこともできるし、リスのように木に登ることも、彼らの棲み家である岩山に登ることもできる。
文献63、177
⇨ ケンタウロス

ヤペテ
JAPHETH

　イタリアの修道士であるヴィテルボのアンニウス（ジョヴァンニ・ナンニ、1432〜1502頃）は聖書にもとづいてノア*は巨人*であると主張した。彼はノアやイアペトス*から始まる巨人の系譜を再構築し、ディス・サモシス*から当時のフランス貴族の祖先に至るまでの一貫した血統を証明しようとした。アンニウスの主張によると、ノアの息子であるセム、ハム、ヤペテはすべて巨人だったという。
文献128、174

ヤペティド
JAPETIDÆ

　ギリシア・ローマ神話に登場する巨人で、イアペトス*の息子たちイアペティオニデス*の後代の名称。
文献178

ヤペトス
JAPETUS

　ギリシア・ローマ神話に登場する巨人イアペトス*の後代の名称。
文献174

ヤペトス・ユニオル
JAPETUS JUNIOR

　イタリアの修道士であるヴィテルボのアンニウス（ジョヴァンニ・ナンニ、1432〜1502頃）によって作りあげられた系譜に登場する巨人*。聖書にもとづく巨人たちの系譜から、ガリア人たちの高貴な血統を証明しようとした。
文献139、174
⇨ ノア

山男
MOUNTAIN MAN

　日本の伝説と伝承に登場する怪人。巨大で力が強く、体は猿のように毛で覆われ、山腹の森に棲息する。土地の人々がその姿を見ることはほとんどないが、その存在を恐れ、機嫌を損ねないために食物を供えた。
文献113
⇨ イエティー、ビッグ・フット、森の野人

山女
MOUNTAIN WOMAN

日本の伝説と伝承に登場する魔力を持った女巨人*。巨体で力が強く、空を飛ぶこともできた。山腹の森に棲み、そこで不注意にもなわばりに入ってきた愚かな旅人を襲って食べた。

文献113

ヤマタノオロチ MOUNTAIN WOMAN
⇨ 高志の八岐の大蛇

ヤラ＝マ＝ヤー＝フー
YARA-MA-YHA-WHO

アボリジニ（オーストラリア先住民）の伝承に登場する奇怪な人間に似た生物。小さな体と足にも関わらず、大きなお腹をしている。赤い目をした頭は巨大であるが、大きな口でほとんどふさがれており、その口は子供ひとりを丸ごと飲み込めるほど大きかった。この恐ろしい生物は、先に吸盤の付いた触手のような長い指をしており、獲物に吸いつけてたぐり寄せ、ぽっかりと開けた口に入れてしまう。ヤラ＝マ＝ヤー＝フーは簡単に見つけることができる。それは頭からつま先まで真っ赤だからである。だが、日中は木陰に隠れていて、言うことを聞かない子供を探している。いったんその嫌な触手で血を吸われた子供は、大きな口に飲み込まれてしまう。だが逃げる可能性も残されている。ヤラ＝マ＝ヤー＝フーは子供を飲み込むと、次に大量の水を飲みに行く。そのため胃のなかのものが口から地面に溢れ出る。それからヤラ＝マ＝ヤー＝フーは眠るのだが、機転をきかせて「フクロネズミの真似」（死んだふり）をした者は地面の上に残したままで眠ってしまうため、そのとき逃げることができるのである。だがそれほど機転のきかない子供は、瞬時にヤラ＝マ＝ヤー＝フーに再び飲み込まれてしまう。当然のことだがヤラ＝マ＝ヤー＝フーは子供部屋のボーギー*であり、両親はヤラ＝マ＝ヤー＝フーを使って子供たちを脅して、いい子にさせる。

⇨ 怪物

∞ ユ ∞

雪男
ABOMINABLE SNOWMAN

チベットやネパールのヒマラヤ山中に棲むイェティー*を指す一般的な呼び名。山地に隠れ棲む、このヒトに似た毛むくじゃらの巨人の概念は、1951年、シプトンの率いるエヴェレスト遠征隊によってヨーロッパに初めて知れ渡った。のちのヒラリーとテンジンの遠征隊も同様の証言をしている。雪男という名の示すとおり、人間そっくりの姿をしており、実際、大型類人猿に似た巨大な足跡の写真が、この地域を登攀したヨーロッパ人によって撮影されている。このような証拠の信憑性について懐疑的な声もあるが、土地の人々のあいだには、もっと熊に似ているというイェティーについての具体的な神話が存在する。

文献20、61、78、94
⇨ ビッグ・フット、サスクワッチ

ユテルナイェスタ
JUTERNAJESTA

北欧神話に登場する女巨人*。トールゲに愛されるが、センイェン島の山の巨人*であるセンイェマンド*の求愛をはねつけた時、大きな石の矢で撃たれそうになる。ユテルナイェスタの恋人トールゲは、帽子ですばやく矢をそらせて巨人を追跡するが、センイェマンドは馬に飛び乗り逃げ去った。

文献24
⇨ ヨーツン

ユテルンサクサ
JUTERNSAXA

北欧神話に登場する女巨人*。彼女はヨーツン*の女性形であるギューグル*と呼ばれ、美しさで有名だった。

文献24

ユミル
YMIR

　北欧神話に登場する原初の巨人*。ユミルはアウルゲルミル*とも呼ばれ、火の王国ムスペルヘイムの炎が霜の王国ニヴルヘイムの氷を溶かした時、極北の氷から生まれた。同時に巨大な宇宙牝牛アウズフムラ*も氷から生まれ、塩辛い霜で覆われた石を舐めはじめた。そこからブーリというもうひとりの巨人が現われた。ユミルは牝牛の大きな4つの乳房から出る乳で育ち、強く成長し、彼から霜の巨人*が出現した。ユミルの脇の下のくぼみからは男と女が生まれ、彼の足からは6つの頭を持つ息子が生まれた。これら全員が結婚し、ブーリの息子ボルはユミルの娘ベストラ*を嫁にした。このふたりは一緒に、アース神族の神々であるオーディン、ヴィリ、ヴェーを作り出した。この3人はすぐさま巨人たちに対して戦いをしかけた。彼らはユミルを殺して、その体をギンヌンガガプと呼ばれる底知れぬ割れ目に落とした。そこでユミルの血が流れて川と海になり、大洪水が起きてベルゲルミル*という巨人ただひとりを除く巨人全員が溺れ死んだ。それから神々はユミルの肉から大地を作り、その骨から山、歯から岩、頭蓋骨から天を作り、髪の毛から草や木、脳みそから雲を作った。神々は自分たちの新しい本拠地を作り、アースガルズと呼んだ。人間にはミズガルズを作り、そこにはユミルのまつげと眉毛で柵を作った。

文献20、24、61、78、125、127、133、139、166、169参照

⇨　プルシャ

ユ＝ミン・クオ・ヤン（羽民国民）
LUAN MIN GUO REN

　中国の伝説と伝承に登場する奇怪な人種。ユ＝ミン・クオ・ヤンは卵からかえり、人間に似たその身体は鳥の身体のように羽毛で覆われ、腕の代わりに翼を持つと言われている。非常に恥ずかしがり屋で、誰かが近づくと隠れてしまう。ユ＝ミン・クオ・ヤンは『山海経』に記載されているが、中世ヨーロッパの動物寓話集がその影響を受けたのと同様、旅行者の誇張された記述から生まれたことは間違いない。

文献181

⇨　イー・ムー・クオ・ヤン（一目国民）、サン・シェン・クオ・ヤン（三身国民）、サン・ショウ・クオ・ヤン（三首国民）、ディン・リン・クオ・ヤン（釘霊国民）、ニエ・アル・クオ・ヤン（囁耳国民）

ユルパリ
YURUPARI

　ブラジルのトゥピナンバ族の伝承と信仰に登場する奇怪な生物。彼らはたいていオーグル*の一種とされ、寂れた場所や森に棲む。特に邪悪なので、人間に忌避されている。

文献139

ユル・ユララ
YULU YULARA

　アボリジニ（オーストラリア先住民）の「夢の時」神話に登場する巨人*。ユル・ユララの神話は、ヨーロッパ人がこの国にやってくるはるか昔、アボリジニが石炭について持っていた知識を説明してくれる。ユル・ユララは先祖の巨人*で、何事にも派手好きだった。オーストラリアの反対側で行なわれる儀式に出席すると決めた時、彼は主催者に自分が来るというサインを送ろうと思った。それで到着するまでのあいだ、休む度に大きなたき火を燃やした。しかしユル・ユララは木が非常にたくさんあるところに、あまりに数多くの火を残してきたので、木は燃え続け、フリンダーズ山脈の向こう側の地方一帯には木が1本もなくなった。この燃えた木々は地下で炭化した堆積物と石炭になった。この地域で採掘が行なわれた時、以前に火事があったというしるしを神話は証明した。なぜなら大量の炭化した堆積物と化石化した木と石炭が発見されたからである。

文献159

ユルルングル
YURLUNGUR, YURLUNGGUR
⇨ ユルング

ユルング
YULUNGGU
　オーストラリア北部のアーネムランドに住むアボリジニ（オーストラリア先住民）のヨルング族の「夢の時」神話に登場する虹の蛇*。ユルングはユルルングル*、ユルングル*、ユルングスル*、ウルング*とも呼ばれる、深い池に棲む巨大な生物である。神話ではボアレアとミシルゴエという名前のワワルグまたはワウィラク家の姉妹が南の方からやってきて、植物に名前を付けたりしながら、ユルングの棲む池とは気づかずにそのそばにキャンプした時の様子を伝えている。彼女たちは娘と息子に食事を与えるため、たき火で料理をしようとしたが、何もかも池に飛び込んでしまうのだった。それから虹の蛇は大洪水を起こし、彼女たちはおかしなことが起きた原因が分かり、子供たちにユルングを近づけないように歌い踊り始めた。しかしまもなく彼女たちは疲れてしまい、眠っているあいだに虹の蛇は4人全員を飲み込んでしまった。それからユルングは天に昇り、集まってきた仲間に自分がしたことを自慢した。しかし人間を飲み込んだことが証明できないので、ユルングは地上に降りて彼女たちを吐き出した。この神話は少年少女の成人儀礼の一環として再演される。
文献38、78、89、125、133、153、166

ユルングル
JULUNGGUL
　オーストラリア北部のアルンヘムに住む先住民の「夢の時」神話に登場する虹の蛇*の別名。ユルルングル*、ユルングスル*とも呼ばれる。
文献38、133、166

ユルングスル
JULUNGSUL
⇨ ユルングル

ユルングル
YURLUNGGUR, YURLUNGGUL
　アボリジニ（オーストラリア先住民）の「夢の時」神話に登場する巨大な虹の蛇*、ユルング*の別名。
文献78
⇨ ブライング

∞ ヨ ∞

ヨウカハイネン
JOUKAHAINEN
　フィンランド神話に登場する霜の巨人*。世界の最果ての地にある巨大なつららが溶けてできたのがこの原初の巨人*ヨウカハイネンである。巨人は北方の氷に閉ざされた荒地に棲んでいたが、文化英雄ワイナミョイネンがこの地にやってきて、土地をならし、農作物を植え始めた。これに腹を立てたヨウカハイネンは、ワイナミョイネンを殺してしまう。だが魔法の力でよみがえったワイナミョイネンは虹を弓にして引き、矢にした鷹を放って、ヨウカハイネンを巨大な氷柱に変える。このままではヨウカハイネンの体は溶け、足下の凍土に吸い込まれてしまう。ヨウカハイネンは妹のアイノをワイナミョイネンに嫁がせることを約束し、自由の身になる。ところが恐怖にかられたアイノが自殺してしまったので、ワイナミョイネンは氷の巨人の国ポホヨラを訪ねて妻となってくれる相手を探す。そこへ再びヨウカハイネンが現われ、「妹を死なせたのはおまえだ」とワイナミョイネンを責めた。ヨウカハイネンはボートを浸水させ、ワイナミョイネンを氷のように冷たい海に沈めようとする。だがワイナミョイネンは助け出され、ヨウカハイネンは最北の地にある氷で覆われた城へと帰っていった。

文献78、133
⇨ ユミル

ヨウディクの犬
YOUDIC DOGS

　フランス北西部のブルターニュの伝承と民話に登場する奇怪な犬の群れ。この犬たちはその地方ではヨウディクと呼ばれる湿地に棲む巨大な獣として描かれる。田舎を暴れ回り、連れに遅れたひとりぼっちの旅人たちを脅かす。

文献128
⇨ 黒妖犬

ヨーツン
JOTUN, JOTAN, JÖTUN, JÖTEN, JÖTUNN, JOTUNAR(pl.), JÖTNAR(pl.)

　北欧神話ならびにゲルマン神話に登場する巨人*の総称。女性形はギューグル*。アース神族たちが棲むアースガルズの北東に位置するヨーツンヘイムで暮らしている。巨人たちはその力や本領によって以下のように分類される。

・大気の巨人　フリームスルサル*：首長はカーリ*（大嵐）で、その息子たちはベリ*（荒天）、スィアチ*（氷）、その娘はスカジ*（冬）。
・氷の巨人　スルサル*：首長はスリュム*（霜）で、その息子たちはドリフタ*（雪の吹きだまり）、フロスティ*（寒さ）、イエクル*（氷河）、スノエル*（雪）。
・山の巨人には2種類ある。ひとつはベルグブーイ*（山の住人）で首長はベルグヤール*（山の主）であり、もうひとつは、ベルグリセル*（断崖の巨人）である。そのなかにはセンイェマンド*のように自分の棲む山や断崖から名付けられた例もある。
・水の巨人としては、エーギル*またはフレールの子孫であるグレンデル*、ギュミル*、ミーミル*。

　これらの巨人族はすべてユミル*を祖とするベルゲルミル*の子孫であり、人間や神に対しては時に威圧的で好戦的な態度を示し、時に親切で愛想のよい顔を見せるという両義的な関係を保っていた。人間に似ているが巨体で毛むくじゃらで気品に欠け、もっぱら建築、酒宴、口喧嘩をしているとされる。

　ユテルンサクサ*を始めとするギューグル*（女巨人）は非常に美しく、神々の妻となることも少なくなかった。

文献24、78、125、169、182
⇨　火の巨人、霜の巨人、スタルカズル、ユテルナイエスタ

ヨルズ
JÖRD, JÖRDH

　北欧神話に登場する女巨人*。フィヨルギュン*とも呼ばれるこの女巨人はアース神族の王、オーディンの妻であり、ふたりのあいだに生まれたのがトール神である。

文献24

ヨルムンガンド
JORMUNGANDR, JÖRMUNGAND, IÖRMUNGANDR

　北欧神話に登場する世界蛇。ミズガルズオルム*（ミズガルズの蛇*）としても知られるこの怪物*は、トリックスターのロキと女巨人*のアングルボザ*のあいだに生まれた。冥界の女神ヘルや、ラグナレクの戦いまで神々に囚われていた凶暴な狼フェンリル*は兄弟にあたる。ヨルムンガンドの誕生に恐れをなした神々は、この怪物を海に投げ込んだ。巨大な世界蛇へと成長したヨルムンガンドはミズガルズをぐるりと取り巻き、ミズガルズオルムと呼ばれるようになる。ヨルムンガンドのとぐろが空に描き出したアーチは虹となった。ヨルムンガンドを恐れていた神々の多くは実際にこの蛇と遭遇した経験を持つ。特に有名なのがトール神が巨人*ヒュミル*と釣りに出かけた時の話である。世界の終末ラグナレクが訪れるとヨルムンガンドは海中から姿を現わし、世界を破壊し毒を吐き散らした。最後にトール神との一騎打ちとなるが、相討

ヨルムンガンド

ちに終わった。
文献 7、24、47、61、133、169

⇨ 虹の蛇、フェンリル

大きく成長したヨルムンガンドはミズガルズをぐるりと取り巻き、ミズガルズオルムと呼ばれるようになった。

ラ

ライオン・グリフォン
LION-GRIFFON

　古代の近東、中世ヨーロッパの信仰に登場する混成の怪物*。この現代語での名前が示すようにグリフィン*の一種とされ、頭と前半身はライオンだが、後ろ半分と足はグリュプス鳥の姿をしている。中世の旅行者の物語での定番のひとつ。アッシリアやペルシアの寺や宮殿に古代彫刻として見られ、ヨーロッパの紋章デザインに使われてきた。

文献89

雷蛇
LIGHTNING SERPENT, LIGHTNING SNAKE

　アボリジニ（オーストラリア先住民）の伝承と信仰に登場する怪物*。天に棲む巨大な蛇*だが、嵐があると地上に降りてきて、天に跳ね戻る時に、雷を起こすとされる。彼らによって地上と天との接触が起こると、天から地上に向けて大雨を降らせることが可能となる。

文献89、134
⇨　虹の蛇

雷獣
RAIJU

　日本神話に登場する雷の神の使い魔。巨大なタヌキやイタチのような姿で、嵐の最中に駆けまわって、人々に混乱と恐怖を引き起こす。

文献113、133

雷震子
らいしんし
⇨　レイ・ジェンズ

ライストリュゴネス
LAISTRYGONES
⇨　ライストリュゴン人

ライストリュゴン人
LAISTRYGON(ES), LAESTRYGONIANS

　ギリシア・ローマ神話に登場する人食い巨人の部族。シシリー島東部あるいは北西海岸地域に棲んだ。断崖のそばを通る船を襲い、船が沈むまで岩を投げつけた。それから乗組員を救出するふりをして、海から引き上げ、殺してむさぼり食った。水中にいる船員を銛で突いて殺すこともあった。神話のなかで、英雄オデュッセウス／ウリッセスは真水のある安全な場所を求めてシシリー島に上陸しようとした。だが、島の巨人*たちは、オデュッセウスが王への使者として送った者のひとりを食べてしまった。一行は恐れをなして逃げだしたが、多くが船にたどりつく前に虐殺され、海に捨てられた。オデュッセウスと彼の従者たちは、王アンティパース*の娘に会うとすぐ逃げたので、恐ろしい巨人たちの餌食となることを逃れた。

文献20、166、169、178、182
⇨　オーグル、カンニバル（食人種）

雷太郎
RAITARO

　日本の伝説と仏教伝承に登場するドラゴン*。伝説によれば、貧しい農民が仏に祈り、雨を降らせて稲を救ってほしいと願った。するとたちまち雨が降り、その嵐のさなかに、農民は幼児を見つけた。子供を大事に家に連れ戻り、親が見つからなかったので、妻とふたりで雷太郎と名づけ、自分たちの子として育てた。時がたち、雨など、田畑に必要な恵みを手に入れ、夫婦は裕福になった。そして雷太郎は、助けて育ててもらった礼を告げ、見事な白い龍に変身して去って行った。

文献113
⇨　東洋の龍

雷鳥
RAICHO
　日本の伝説と民間信仰に登場する鳥。大きな岩に似た姿で、松林に棲息する。その鳴き声を聞いた者は嵐に見舞われるという、恐ろしいサンダーバード*。
文献113
⇨ ゼゼウ

ライトス
RHAITOS
　ギリシア・ローマ神話に登場する巨人*。ラトス*、エウリュトス*とも呼ばれる。
文献139

ライトニング・モンスター
LIGHTNING MONSTERS
　ザンビアの伝承と信仰に登場する怪物*。体の後ろ半分はワニで、頭と前半身は山羊。天上界に棲むが、嵐があると蜘蛛の糸のような粘着質の糸に乗って地上に降り、また天上へ戻るとされ、その時に雷を起こした。糸が裂けて切れることもあり、その時には魔法の呪文で守られた戦士が探し出してこの怪物を滅ぼさないかぎり、地上に混乱を巻き起こした。
文献89
⇨ 雷蛇

ライ・フェイス
WRY FACE
　米国北東部に住む先住民イロコイ族とオノンダガ族の信仰と神話に登場する巨人*。彼の名前はデホトゴースガエ*といい、「裂けた顔の生物」または「ゆがんだ顔」と訳すことができる。というのもこの巨人*は評判通りに醜いのである。身体は片側が赤く、反対側が黒い。
文献77

ライロケン
LAILOKEN
　スコットランドの伝説と伝承に登場する森

ライロケンはスコットランドの伝説や民話に現われる森の野人。

の野人*。体が毛で覆われ、人間の言葉を話すことができ、6世紀にストラスクライド郡のウェールズ語が話される地域に棲んでいたとされる。予言能力を持っていたため、ライダー・ヘールの宮廷に召しかかえられた。15世紀の伝説『ライロケンとケティゲルン』では、ライロケンは自分がアルフデリッドの戦い（573頃）の多くの死に責任があると考え、それを聖人ケティゲルンに告白したと語られている。
文献128

ラヴァジオ
RAVAGIO
　17世紀フランスの物語、ドーノワ伯爵夫人マリー・カトリーヌ・ジュメル・ド・ベルネ

ヴィーユ（1650〜1705）作『オレンジの木と蜂（L'Orangier et l'Abeille）』(1698) に描かれたオーグル*。仲間のオーグル、トゥルメンティンとともに、人間の子供をさらって太らせて食べる。このカンニバル（食人種）*のオーグルたちは血に飢えた会話をしているようだが、妖精物語の特徴であるブラックユーモアも見られる。ドーノワ夫人の作品が英語に翻訳されてから、オーグルという言葉がイギリスの民話に広まった。

文献182

ラ・ヴェリュ
LA VELUE

中世フランスの伝説と伝承に登場する怪物*。その名は「毛むくじゃら獣」の意で、ペルダ*とも呼ばれる。巨体を覆うのは緑色のぼさぼさの毛に見えるが、実際には先端に危険な針の付いた触覚のようなものの集合体である。大きな足、長い尾、蛇の頭を持つ。聖書にある大洪水を逃れた怪物とされ、田園地帯を破壊し、火を吹いて穀物を焼き尽くし、家畜や人間を食べた。ユイヌ川流域に棲息し、人間の捜索隊が近づくと川のなかに入り、水をあふれさせて洪水を起こした。最後には、結婚を間近に控えた若い女性を襲って食べたが、追跡してきた女性の恋人に尾を切り落とされた。唯一の弱点である尾が半分にたたき切られたことで即死し、土地の人々はその死を祝った。

文献89

ラヴェンナ・モンスター
RAVENNA MONSTER

中世以来、イタリア、フランス、ドイツのさまざまな作家が取り上げてきた怪物*。イタリアのラヴェンナ・モンスター（イタリアで目撃されたと言われ、こう呼ばれる）が最初に登場するのは、ヤコブ・ルーフがチューリッヒで1554年に出版した『人の起源と系譜（De Conceptu et Generatione Hominis）』である。それによれば、人間の頭と胴体を持つが、肩からは、腕ではなく、コウモリか鷲に似た翼が生えている。鱗に覆われた1本足で、足には第三の目があり、足先には大きな鷲の鉤爪があるか、2本足で、そのうち1本は前述のような足だが、もう1本は人間の足だとする説などがある。この怪物の話は、500年にわたって信じられてきて、ようやく作り話だとされた。

文献147

ラークシャサ
RAKSHASA/S

インドのヴェーダ神話に登場する邪悪な怪物*。巨人*である場合が多いが、醜く歪んだ人間に近い姿で、巨大な手と、複数の頭と目を持ち、赤い髪と髭を生やし、巨大な膨れた腹をしている。獰猛な牙がはえ、手には鉤爪が付いており、鉤爪で人間を引きちぎってむさぼり食う。女はラークシャシー*と呼ばれる。男のラークシャサは人間を殺して食べるのに対し、女は美しい乙女に変身して人間の男と結婚することがある。夜の訪れとともに力を増し、闇夜に人間や人間の食べ物を汚し、病気や死をもたらす。古代インドの叙事詩『ラーマーヤナ』のなかでは、彼らの王はランカー島の魔王ラーヴァナ*である。ラークシャサは大食、色欲、暴力など、人間や神々に見られるあらゆる形の悪を提示している。しかし彼らは互い同士には忠実で、情愛を示すことさえある。彼らは悪意に満ちた役割を演ずるよう強いられているだけで、彼ら自身に責任はないので、宝石でできたすばらしい宮殿に棲むことを神々に許されている。

文献7、24、38、74、78、112、113、120、125、160、161、169

⇨　レークソソ

ラークシャシー
RAKSHASI

⇨　ラークシャサ

ラクム
LAKHMU

メソポタミア神話の原初の怪物*。アプ

ラクム

3種類のラヴェンナ・モンスター

スーとティアマト*が結びつくことで生まれた一対の怪物の片方。ラクムとラハム*の子供は、最初の神として知られるイギギ、アヌ、アヌンナキで、すぐにティアマト*とアプスの権威を脅かした。それに続いた戦いでは、ラクムとラハムを含めたすべての怪物が偉大な太陽神マルドクによって滅ぼされた。
文献78

ラクモン
RACUMON

西インド諸島、ドミニカ島のカリブ人の民間信仰に登場する巨大な蛇*。ハリケーンを起こすとされた。

文献169

ラージャ・ナーガ
RAJA NAGA

西マレーシア（マレー半島）のマレー人の伝説と信仰に登場する巨大な蛇*。名前は「蛇の王」という意味。海のドラゴン*のなかでも最大のものとされている。海底の豪華な宮殿、プサト・タシクに棲むと言われている。

文献113

⇨ ナーガ、ムチャリンダ

ラスコヴィーツェ
LASKOWICE

スラブ人の神話と伝承で、森の野人*。レスキア*とも呼ばれる。サテュロス*に似ており、体は毛で覆われ、山羊の足を持ち、上半身は人間の姿をしている。森の番人としてそこに棲み、狼に特に親近感を持つ。

文献125、160

ラッブ
LABBU

古代メソポタミアのアッカド神話に登場する怪物*。蛇*の形をした巨大な生物で、銀河とつながりを持つとされる。最後にはティシュパク神に殺された。

文献125

ラッラミラ
LALLA MIRA, LALLA MIRRA

モロッコの文学伝承と信仰で、ジン(1)*の王のひとり。

文献122

ラトス
RHATOS

⇨ ライトス

ラドン・ドラゴン
LADON DRAGON

⇨ ラドン龍

ラドン龍
DRAGON OF LADON

ギリシア・ローマ神話に登場する怪物ドラゴン*。巨大な体は鱗に被われ、100の頭に光る200の目がついていると言われる。ラドン龍はポルキュス*とケートー*の子であるとか、ガイア*の子であるとか、テュポン*とエキドナ*の子であるとか、あるいは女神ヘラの被造物であるなどさまざまに言われる。しかし、ラドン龍をヘスペリデスの黄金のリンゴの園に置いたのはヘラだった。そこでラドン龍は木の幹にからみついて番をした。しかし、英雄ヘラクレス*は12の難業の11番めとしてリンゴを必要としていた。彼はラドン龍を見事に射止めて戦うまでもなく即死させ、リンゴを奪った。ヘラは自分のドラゴンが死んでいるのを見つけると、星座として天に据えた。この星座は、古代の世界ではドラコ*すなわち龍座として知られていた。ヘラクレスは勝利を記念してラドン龍の絵入りの盾を持った。

文献20、24、89、125、178

ラバスタ
LABASTA

旧ソビエト連邦のマリ人（チェレミス人）の信仰に登場する超自然的存在。アルバストル*とも呼ばれる。髪を長く垂らした巨人*として、風呂小屋に姿を現わした。

文献160、165

⇨ アイトワラス

ラハブ
RAHAB

旧約聖書とヘブライ語の文献に登場する怪物*。長大な海蛇*で、強い力を持ち、原初の渾沌を体現する蛇*またはドラゴン*とされる。ラグエル*とも呼ばれる。イザヤ書（30章7節、11節）、詩篇（89章9節、10節）、ヨブ記（9章13節、26章12節、13節）に登場する。

レヴィアタン*やタンニン*と同一視された。
文献24、125

ラハム
LAKHAMU
メソポタミア神話の原初の怪物*。
文献78

ラーフ
RÂHU
インドのヒンドゥー教神話に登場する怪物*。人間型の怪物ダイティヤ*の仲間で、ドラゴン*の頭と長い尾を持つ。世界を創造する乳海攪拌が行なわれた時、ラーフは神々が不死の霊薬で聖なる飲料であるアムリタを飲む祭の場に神々のふりをしてまぎれ込み、アムリタを飲んだ。しかし太陽と月に見つかり、ヴィシュヌ神に言いつけられた。ヴィシュヌは円盤を投げてラーフの首を切り落としたが、ラーフはすでに頭部が不死身になるだけの酒を飲んでいた。ラーフの頭は天に跳ね上がり、復讐のために月を追いかけて、毎月1回、月をむさぼり食うようになった。太陽も何度も食べ、日食を引き起こした。
文献24、112
⇨ アリチャ

ラマ
LAMA
シュメール神話に登場する女守護霊。後のアッシリアのラマッス*と同種のものと考えられた。翼を持つ牡牛の姿で、番人として特に宮殿への入り口を守った。現在ではレリーフや彫刻のなかに、人間の顔と大きな翼を持つ巨大な牡牛あるいは牝牛として表現された姿が見られる。
文献125、139、160
⇨ ラマッス

ラマッス
LAMASSU
古代アッシリアとバビロンの神話に登場する慈悲深い生物。翼のある牡牛か人間の頭を持つ獅子、あるいは牡牛の頭にひげのある人間の男性の顔を持つ。エジプトのスピンクス*に相当するとも考えられる。ラマッスは雌であるとされ、同類の雄はシェードゥと呼ばれた。最も重要な役目は宮殿や神殿を守ることで、そうした建築物には今日まで彫像が残っている。
文献7、64、89、139、160、161
⇨ ラマ

ラミアー
LAMIA
ふたつの別種のものがこの名前で呼ばれている。

(1)ギリシア・ローマ神話の超自然的な女の怪物*。アフリカ北部の砂漠に棲むと言われた。上半身は人間の女性で、下半身は蛇*に近いが、美しい完全な女性の姿になることもできた。その起源については多くの伝承が残っている。最も一般的なのは、全能の神ゼウス(ユピテル)に愛されたリビアの女王だったとするもの。ゼウスは妻ヘラから彼女を隠すため、ラミアーをアフリカの贅を尽くした洞穴に送り、彼女に自分の目を取り外す能力を与えて、眠っているあいだにはその目に警戒に当たらせた。しかし、ヘラ(ユノ)は、ラミアーを見つけて彼女を醜い姿に変えると、子供を取り上げて殺してしまった。それ以来、ラミアーは男や子供たちを探し、うまくそそのかして殺すようになった。後になって、彼女の伝説は、古代世界のヴァンパイア*であるエムプサエ*と結びつき、ラミヤー*(Lamya)、ラミエー*(Lamie, lamye)などと呼ばれる恐ろしい子孫一族を生み出した。1000年以上前のローマ時代に、子供たちのための子供部屋のボーギー*として使われたこの初期の伝説が、後世にはバートンの『憂鬱の解剖(The Anatomie of Melancholy)』(1621)や、キーツの物語詩『レイミア(Lamia)』(1780)に登場する好色な妖術師あるいは魔女のラミアーへと発展した。

より最近では、悪魔研究者たちのもとでヴァンパイアや悪霊として、そして現代ギリ

シア民話では悪意に満ちた物悲しい妖精というふうに、ふたつの形で生き残っている。
（2）フランス南部、スペイン北西部のバスク人の伝承に登場する、非常に慈悲深いマーメイド*。
文献7、17、18、20、74、78、89、119、124、125、133、146、158、160、169、178、182

ラミエー
LAMIE, LAMYE, LAMIE

　中世ヨーロッパの伝説で、ラミアー*の恐ろしい子孫、ラミヤー*の別名。
文献7、89

ラミキン
LAMMIKIN

　スコットランドの伝承で、ロング・ランキン*とも呼ばれる魔力を持った怪物*。家のなかに忍び込んで幼児を見つけると指で押したりつついたりして泣かせ、母親がなだめにくるのを待つ様子が、バラッドの歌詞になっている。そしてラミキンは母親に襲いかかり、切り刻んで血を吸いとるのである。子供の夜泣きを心配する親たちが思い描いた恐怖の産物のようである。したがってより悪意に満ちた部類の子供部屋のボーギー*に分類されるべきだろう。
文献182
⇨　ヴァンパイア

ラミヤー
LAMYA

　古代ローマ、中世ヨーロッパの伝説と民間信仰に現われるラミアー*の恐ろしい子孫。ラミエー*とも呼ばれる。蛇*あるいは山羊の体を持つ混成怪物で、前足に尾、後足にふたつに割れたひづめを持つ。胴には人間の女性の顔と胸と腕がある。本質的にはシューシューと音を立てる蛇に似たヴァンパイア*で、特に眠っている無防備な子供が獲物となった。中世になってからのちの民話では、森に棲息して夜になると隠れ家から外に出て近くにいる人間を誰でも攻撃した。不治の傷を治す唯一の方法はラミアー自身の声を聞くことだと言われた。
文献7、18、89、133、158、169、178、182
⇨　ババ・ヤガ

ラムス
LAMUS

　ギリシア・ローマ神話に登場する王。海神ポセイドン（ネプトゥーヌス）の息子の巨人*。ローマの詩人オウィディウス（前43～後17）の著わした『変身物語』（xiv, 230）では、ライストリュゴン人*という血に飢えたカンニバル（食人種）*の部族の王で、イタリアのフォルミアエ（現在のフォルミア）の町と、ラテン民族の家系ラミアイの両方を築いたとされる。
文献178

ラムトンのワーム
LAMBTON WORM

　イングランドのノーサンバランド（現在のノーザンブリア）の伝説と文学伝承に登場する蛇*に似た生物。伝説によるとラムトンという名の若い郷士がある日釣りに出かけ、小さく奇妙で、食べるには適さない生物を釣り上げた。気にも留めないで放り投げたため、その生物は近くの井戸のなかに落ちた。青年が十字軍（1070～1193、伝説では具体的な年代は記されていない）に参加し、遠く離れた地で戦っていた時、「ワーム*」は井戸のなかで成長し、体が大きくなるに従って食欲も旺盛になり、蛇に似た巨大な怪物*になった。それから辺りの土地を襲って、家畜や目に入るすべての生物を食べ、周辺に住む人々を恐怖と混乱に陥れた。戦地から戻った青年ラムトンは、故郷の荒廃ぶりに恐れおののき、この怪物を退治することを誓った。彼は武器職人のところに行って、胸と背中に長く鋭い刃がびっしりと突き出した、ハリネズミのように見える武具一式を作らせた。この奇妙な武具が完成すると、それを身に着け、川に向かった。そこで角笛を吹くと、近くの丘にとぐろで巻いて横たわっていた「ワーム」が恐

ろしいほどのスピードで、青年のほうに滑り寄ってきた。青年は大蛇が彼に巻きついても動かなかった。彼を殺そうとワームがきつく巻きつければ巻きつくほど、その体は鋭い刃に切り裂かれ、ついには死んでしまった。
文献78、89

ラムポス
LAMPOS

ギリシア・ローマ神話の馬。ラムポン*とも呼ばれる。ラムポスは「輝くランプ」を意味し、ヘパイストスが太陽神ヘリオスのために作った黄金の馬車を引いた太陽の馬*の一頭。ほかの馬と同様に純白で、呼吸のたびに鼻息が炎となって噴き出す。毎朝、時をつかさどるニンフのホーライが、ほかの馬と一緒にラムポスに引き具を付けて馬車につなぎ、空を駆ける旅の準備をする。夕暮れに天空を横切る旅を終えると、彼らは「幸福者の島」で魔法の薬草をはみ、翌日の仕事に備えた。

ラムポスという名は夜明けの女神アウロラの馬車を引く馬の一頭にも付けられている。
文献139

ラムポン
LAMPON
⇨　ラムポス

ランガル
LANGAL

アボリジニ（オーストラリア先住民）の「夢の時」神話に登場する虹の蛇*の地域名称。
文献133

ランパルグア
LAMPALUGUA

チリのアラウカニアン族の伝説に登場する大トカゲ。すさまじい大きさの鉤爪を持つ、トカゲに似た爬虫類。家畜や人間を捕らえては食べる怪物*。
文献134

ランプティフューゼル
RUMPTIFUSEL

19世紀から20世紀初頭にかけて、米国の特にウィスコンシン州およびミネソタ州で、木こりや森林労働者たちの民間伝承に登場した生物。細長く獰猛な生物で、厚い毛に覆われている。木の幹に巻きついて眠れるので、木こりがよく毛皮のコートと間違えた。木こりが持ち上げようとすると、目を覚まして木こりを飲み込んだ。親しみをこめてフィアサム・クリッター*と呼ばれる怪物の一種で、その極端な姿や行動のせいで寂れた場所で聞こえてくる不気味な物音の説明に使われたり、キャンプの時の楽しい語り草にされたりした。
文献7

∞ リ ∞

リ
RI

パプアニューギニアのニューアイルランド島の伝承と信仰に登場する怪物*。巨大な海の生物の体を持つが、頭と胴は人間の女のものであり、マングローブ林の端や海辺に棲息し、美しい音楽を奏でる。ヨーロッパの昔の旅行者は、ギリシア・ローマ神話のセイレーン*と同じものと考えた。
文献134

リイキ
RIIKI

ミクロネシアの伝説で、ナレアウによって作られた原初存在。リギ*と同じく巨大な生物で、大地から空を引き離す仕事をまかされた。任務はやり遂げたが、力を使い果たして死んだ。しかし、胴体と頭は天に残って銀河となり、地上に残った足は、世界の蛇*となった。
文献38
⇨　ユミル

リイチー
LYCHIE
ロシアの民間伝承のレーシー*の別名。
文献38、64、103、133、139、152、160、166
⇨ ラスコヴィーツェ

リウヤーターン
LIVJATAN
旧約、新約聖書に登場するレヴィアタン*の別語名。
文献125

リウ・リウ（六々）
LIU LIU
中国の伝承と伝説に登場する奇怪な魚。リウ・リウはドラゴン*として描かれるが、巨大な魚の頭とひれを持っている。天界に棲む鯉だったが、龍門の滝を登った時にドラゴンに変身した。そのため試験に成功する象徴となった。
文献89
⇨ 東洋の龍

リエスチ
LIESCHI
ロシアの民間伝承のレーシー*の別名。
文献38、64、103、133、139、152、160、166
⇨ ラスコヴィーツェ

リオウメレ
LIOUMERE
ミクロネシア、カロリン諸島の民間信仰に登場する恐ろしいオグレス*。大きく裂けた口に鉄の牙を持つ、醜い人間の女の姿をしていた。鉄の牙で破壊をもたらし、自分の縄張りに軽率にも入り込んだ生物は何でも捕らえてむさぼり食った。その魔法の牙を手に入れたいと考えたひとりの男が、道化師を雇って女鬼を笑わせようと試みた。それに成功すると、道化師は飛びかかって石で歯を打ち砕き、彼女から恐怖に震える人々を支配する力を奪った。
文献47、160

⇨ オーグル

リカ
RICA , RICCA
⇨ リカ・カウル

リカ・カウル
RICA CAWR, RICCA CAWR
ウェールズ地方の伝説に登場する巨人*、リタ・ガウル*の別名。
文献54、128

リカブー・ラッカー
RICKABOO RACKER
18世紀から19世紀にかけて、米国の特にウィスコンシン州およびミネソタ州で、木こりや森林労働者たち（後には詐欺師も）の伝承に登場したグヤスクトゥス*の別名。大変適応力があり、追いかけられると、フンクス*のように、転がって裏返しになり、反対方向に逃げることができた。親しみをこめてフィアサム・クリッター*と呼ばれる怪物*に属する。
文献7

リギ
RIGI
ミクロネシアの創造神話に登場する原初存在。リイキ*と同じく巨大な生物で、大地から空を引き離す仕事をまかされた。任務はやり遂げたが、力を使い果たして死んだ。だが、胴体と頭は天に残って銀河となり、地上に残った足は、地中の虫となった。
文献38
⇨ ユミル

リク
LIK
南米グランチャコ地方の伝承と信仰に登場する水棲の蛇*。「水の支配者」としても知られ、内陸部の湖や川に棲息する魚族を守る怪物魚として描かれる。体を覆う苔と背中に生えたヤシの木に、老齢さと恐ろしい力が現わ

れている。
文献134
⇨ キング・オブ・ザ・フィッシュ（魚の王）

リケ・ア・ラ・ウープ
RIQUET À LA HOUPPE
　シャルル・ペロー（1628〜1703）が書いたフランスの民話に出てくる怪物*。名前は「髭を生やしたリッキー」という意味。ペローの『過ぎし昔の物語ならびに教訓（Histoire ou Contes du temps Passé、1697）』に収められた物語に登場する獣の英雄。「美女と野獣」と同じモチーフの話で、醜悪な容姿の獣が若い娘に自分を愛してくれと求める物語。
文献182
⇨ オズ・マヌーク、リノセロス、ローズリー・レディ

リゲイア
LIGEIA
　ギリシア・ローマ神話のセイレーン*のひとり。
文献178

リコポディウム
LYCOPODIUM
　中世ヨーロッパの伝説に登場する、半分が動物で半分が野菜の生物バロメッツ*の別名。
文献7、18、89

リコルン
LICORN
　ヨーロッパ中世の伝説の、一角獣*の別名。
文献89

リスン
LISUN
　ロシアの民間伝承のレーシー*の別名。
文献38、64、103、133、139、152、160、166
⇨ ラスコヴィーツェ

リゾス
RIZOS
　現代ギリシアの民間伝承に登場する、道の怪物*。巨大な犬の姿をして大きな爪を持ち、夜道で旅行者の前に現われるとされる。自分に触れようとすると襲ってくる恐ろしい生物だが、人間を恐怖に陥れたまま消え去ることが多い。
文献17
⇨ 黒妖犬

リタ・ガウル
RHITA GAWR, RHITTA GAWR, RHITTA CAWR, RHICCA, RHICCA CAWR
　ウェールズ地方の伝説と伝承に登場する巨人*。レト*ともいう。凶暴な巨人で、ウェールズ地方のアーサー王伝説に登場する。スノードン山地（Yr Wyddfa Fawr）のあたりを脅かし、首長や王に戦いを挑んだ。王たちを殺すと、その顎鬚を切り取り、戦勝記念品として自分のマントに縫い付けた。リタ・ガウルはアーサー王に、顎鬚を貢物として送れと命じた。断わってきたら、王を倒すつもりだった。激怒したアーサー王は巨人を殺し、現在は顎鬚を生やした者の道（Rhiw Barfe）と呼ばれている道から下に転がり落とした。遺骸を埋めた上に、巨人*の名を冠したケルン、リタのケルン（Gwyddfa Rhita）が建てられた。これはスノードン山に作られた古代の塚である。この話は12世紀に、ジェフリー・オヴ・モンマスが記している。また、のちに、リース・ゴッホ・エアリ（1420頃）の詩には、次のように詠われている。

　　寒くて大きな尾根に
　　巨人リッカが横たわる

　残念ながら何年か前、山頂にホテルを建設するために、ケルンはつぶされた。
文献54、128、183

リトル・マニトウ
LITTLE MANITOU

　米国の先住民オツィツォト族の伝承に登場する巨大な水棲の蛇*。ある時、「大食い」を意味するカルカジューという名のろくでなしが、部族の信仰をあざわらい、ふざけて聖なる木に近寄った。物音が聞こえたかと思った瞬間、まばゆい光が射し、気がつくと見たことのないほど巨大なホーンド・サーペント*を見上げていた。火花がこの生物の周りに飛び散っていた。蛇は男に語りかけ、自分はリトル・マニトウだと言った。カルカジューはこの大蛇と契約を結び、代わりに彼の酒瓶もパイプも空になることはなくなった。

文献134

リノセロス
RHINOCÉROS

　フランスの伝承のオーグル*。18世紀のマダム・ド・ミュラの作品『熊皮』に登場する。この話は「美女と野獣」と同じモチーフである。

文献182

⇨　オズ・マヌーク、獣、リケ・ア・ラ・ウープ、ローズリー・レディ

リーバン
LIBAN

　アイルランドの伝説で、人間から姿を変えたマーメイド*。もともとはエオヒズとエーダインの娘だったが、放置されていた聖なる泉が洪水を起こした時に流れに巻き込まれた。彼女は飼っていた犬とともに水底の洞穴に運ばれたが、集落の人間はコナンとクルマンのふたり以外は死んでしまった。洞穴に閉じ込められて1年が過ぎた時、リーバンは魚のようになりたいと祈った。すると腰から下が鮭の胴と尾に変わったが、上半身は人間のままだった。犬も変身してカワウソになった。マーメイドとして自由になったものの、水から出られないまま300年が過ぎた頃、ベオークという名の司祭が彼女の歌声を耳にした。彼女は司祭に、水から引き上げて聖コムガル

リーバンはアイルランドの伝説で人間から姿を変えたマーメイド。

のところに連れていってほしいと頼んだ。彼女は洗礼を施され、もう300年の命か、すぐに天国に行くかの選択を与えられ、後者を選んだ。しかし、その姿は聖コムガルのもとへ行く時に通った道沿いに建つ教会の柱や座席の多くに、彫刻として残っている。

文献24

リビアのヘラクレス
HERCULES LIBYUS

　中世ヨーロッパの聖書にまつわる伝承に登場する巨人*。英雄ヘラクレス*とは別人だが、系譜学者ジャン・ルメール・ドゥ・ベルジュ（1473～1524頃）による初期バビロニアの文献をもとにした作品にその姿が描かれている。バビロニアの神官ベロッソス（前3世紀）が著したバビロニア史には、リビアのヘラクレスによる小アジアの巨人退治に関する記述がある。その続篇として書かれた、イタリアに移った後の冒険譚によると、ヘラクレスは

人々を苦しめていた残酷非道な巨人たちを同様にして追い出すが、巨人ケルテス*の娘ガラテイアとのあいだに恋がめばえ、その結果ふたりのあいだにガラテスが生まれるのである。ベルジュがブルボン公のために著わした偽書においては、この逸話がシャルルマーニュ*の系譜のなかに組み込まれている。これは王朝の起源が極めて英雄的なものであることを正当化するためである。

イタリアの修道士であるヴィテルボのアンニウス（ジョヴァンニ・ナンニ、1432～1502頃）によれば、ヘラクレスの血統は巨人ノアの息子のひとりであるヤペテ*を通じて、当時のスペイン王フェルナンドと王妃イザベラの子孫に受け継がれ、その王位の正統性のあかしの一部となっているという。リビアのヘラクレスが古代イベリア（現在のスペイン）の怪物ゲリュオン*を退治したというのがその根拠である。だが実際のところは、こうした「高貴な」系譜を登場させたのは、スペインで自分の著作を出版するための方策であった。

文献174

⇨ ノアの子供たち

龍王
りゅうおう
DRAGON KING

東洋の龍*の特定の種類で、たいていはある元素全体または特定の地域のその元素を支配するものであり、特に中国と日本の伝説によく登場する。これらはたいてい力強く立派なドラゴン*で、立派な水晶宮に棲んでいるが、神々の従者であり使者でもある。地上の水の責任を負っている中国の四大龍王はアオ・チン（敖欽）*、アオ・ルン（敖閏）*、アオ・グアン（敖広）*、アオ・シュン（敖順）*だが、龍王は火の元素の責任を負っている。水の元素と結びついた日本の龍王は龍神*と呼ばれる。

文献139

龍神
RYUJIN

日本の伝承伝説に登場する龍王*のひとり。大きな口をした巨大な生物で、海底にある宝石をちりばめた魔法の宮殿に棲み、潮の干満を司る。山幸彦が、龍神の美しい娘を妻とし、その子孫は伝説上の初代天皇である神武天皇となった。

文献113

⇨ 東洋の龍

リュカオン
LYKAON, LYCAON

ギリシア・ローマの文学に現われる最初の狼憑き*。アルカディアの王だった。ローマの詩人オウィディウス（前43～後17）の『変身物語』では、この恐ろしいカンニバル（食人種）*が眠っている客を殺して、その肉を食べたという伝説が語られる。うわさを調べるために最高神ゼウス／ユピテルがやってくると、リュカオンは人間の肉を供して神を試そうとした。激怒したゼウスは家を破壊し、その後は永遠に半人半狼の姿に変え、通りがかりの人を襲ってその肉を食べて生きるように罰した。この伝説はイタリアの詩人ボッカッチョ（1313～1375）により再び語られ、中世のフランス文学『詩人のバイブル（La Bible des Poétes）』にもそれが収められて、1493年に発行された版には、リュカオンが中世風のキッチンで恐ろしいパイを焼いている挿絵が描かれている。

文献174、182

リュカントロポス
LYCANTHROPE

ギリシア語で「狼」を意味するリュコスと、「男」を意味するアントロポスに由来する狼憑き*の英語での呼び名。狼憑きはヨーロッパで広く信じられたが、その起源は古代ギリシア・ローマにさかのぼる。ローマ時代にはラテン語で「変わる皮膚」の意のウェルシペリスと呼ばれた。古代ギリシアでは人間の肉と混ざった狼の肉を食べたものが変身し、一

龍。5本の鉤爪を持つ中国の皇帝ドラゴン。

度変わった姿は元に戻らないと信じられた。中世になると、変身の原因は魔女によるものとされ、多くの人が密告されて処刑された。
文献61
⇨ ルー・ガルー

リュキダス
LYKIDAS, LYCIDAS
　ギリシア・ローマ神話のケンタウロス*。ペイリトオスとヒッポダメイアの結婚の宴に出席した。客にふるまわれたブドウ酒に慣れておらず、鯨飲して酔い、仲間のケンタウロスであるエウリュティオーン*と一緒に花嫁をさらって手ごめにしようとした。その結果、争いが起こり、激怒したペイリトオス王は訪ねてきていた英雄テセウスにあいだに入るように頼み、ケンタウロス*を宴会から追い出した。酔ったままのエウリュティオーンは仲間を連れて舞い戻り、戦いが始まった。戦いの結果、ケンタウロスの1頭が殺され、残りは王国の外れにあるピンドス山のふもとに追われた。
文献178

リュストゥクリュ、ル・グラン
LUSTUCRU, LE GRAND
⇨ ル・グラン・リュストゥクリュ

リヨン・ポワソン
LYON-POISSON
　ヨーロッパの紋章に描かれる想像上の獣*。魚の胴と尾に、ライオンの上半身と頭を持つ。現代ではシンガポールの紋章とシンボルに使われるマーライオンがその姿に近い。
文献7

リンクス
LYNX
　ヨーロッパ中世の物語や伝承に登場する想像上の獣*。中世の動物寓話集によれば、豹の体に犬の頭を持つ。非常に頭がよく、遠くまで見渡せる光の目は暗闇を見透かして眠っている獲物を探す。

文献20

鱗人
RINJIN
　日本の伝説に登場する龍神*の別名。海のドラゴン*で、豪華な宮殿に棲む。
文献7
⇨ 東洋の龍、龍王

リンドオルム
LINDORM
　スウェーデンとスカンディナヴィア北部の伝説と伝承に現れる巨大な蛇*あるいはワーム*。『ハマル年代記』で言及され、頭は馬に似て、巨体の首にはたてがみが伸び、燃える石炭のような赤い目を持つ巨大な蛇として描かれた。古代の墓場の番人だったとされ、後に変異して海の蛇になった。多くの目撃談が寄せられ、特に1878年から1885年にかけてスウェーデンのスモーランド地方に多く、アルナネスのイングマル、ヒュルテン・カヴァリウス、スヴェン・ニールセンなどによる目撃報告がある。
文献7、134

リンドワーム
LINDWORM
⇨ リンドオルム

リントンのウォード・ワーム
WODE WORM OF LINTON
　イングランド北部の伝説に登場する奇怪な生物。英雄が攻撃してその地方を暴れまわることを止めさせ、口が開いているあいだに燃えている泥炭の塊をその喉に突っ込んだ。いったん火がつくと泥炭は容易には消えないので、この怪物*は内側から焼け死んだ。
文献89
⇨ ワーム

∞ ル ∞

ルー
LU
中国伝説の一角獣*の一種。
文献7、89、113

ルアヒネ・マタ・マオリ
RUAHINE-MATA-MAORI
　ニュージーランドのマオリ族の民話や伝説に登場する人食いオグレス*。人間を餌食とし、魔法を使って人間の姿に変身する。しかし実体は、巨大で醜いカンニバル（食人種）*である。親切にするふりをして、獲物をひきつける。このオグレスの島に上陸した人間の男パオワを、オグレスは一緒に食事をしようと誘った。パオワは危険を察して逃げた。だが、オグレスは魔法の赤土を自分に塗って泳ぎ、カヌーをこいで逃げるパオワを追いかけた。パオワは崖の洞穴に逃げ込み、巨岩でバリケードを作り、火をおこしておいしい料理を作った。オグレスは、パオワがもう逃げられないと思い、パオワが岩の隙間から差し出した料理を受け取った。オグレスは料理が気に入り、口のなかに入れてあげようとパオワに言われると、目を閉じてバリケードの岩がどかされるのを待った。パオワは、大きくあいたオグレスの口に、赤く燃える炭を詰め込んで殺した。
文献155
⇨　ルールヒ・ケレポー

ルアン（鸞）
LUAN
　中国の文学伝承と伝説に登場する想像上の鳥。最初は東洋のフェニックス*である鳳凰（フォン・フアン）*に非常に似ていたが、次第に変化した。キジより大きく、より美しく、より高貴に見える。成長すると体色が五色に変わり、それに応じてフォン（鳳）*、フア・イー、ト・フ*、ユー、チュー、ユ・シャン*などさまざまな名前で呼ばれた。成長してからの鳴き声は東洋音楽の音階のもとになったと言われる。最も身分の高い鳥として敬われ、他の鳥たちの指揮をした。死んだ時には仲間の鳥百羽が集まり、儀式にのっとって埋葬された。
文献81、181

ルー・ガルー
LOUP GAROU
　(1)フランスの伝説と民間信仰に登場する狼憑き*。13世紀からフランスの資料に記録されてきた。日中は普通の人間の姿だが、夜になると狼に変身して、隣人や見知らぬ人間を襲って食べた。魔女の呪文によって姿を変えられたと言われるが、馬や怪物*のような黒い犬など、別の動物にも変身できる。「墓地（シミティエール）のルー・ガルー」は埋葬されたばかりの死体を掘り返して食べる。救済手段は悪魔払い、血を撒くこと、そして何より殺してしまうことである。
　カナダやハイチなど、他のフランス語圏の国でも、ルー・ガルーが民間信仰に入り込んでいる。ハイチでは赤毛の女性として描かれ、眠っている人の爪先のあいだから血を吸い、ヴァンパイア*により近い。
　(2)フランスの古典文学に登場する巨人*。フランソワ・ラブレー（1494〜1553頃）の作品『パンタグリュエル』（1532）の登場人物のひとり。この奇形の恐ろしい巨人*はパンタグリュエルの敵のひとり。
文献24、78、89、94、174
⇨　アゼマン、ヴァンパイア、ヴィルカチ、狼憑き、スクヤン、デン＝ブレ、ビスクラヴレット、ブレイズ＝ガルヴ、レガルー

ル・カルコル
LOU CARCOLH
　フランスの伝承に登場する巨大な軟体の怪物*。カタツムリに似たぬるぬるした蛇*で、毛で覆われた触覚と巨大な殻を持つ。フランス南西部ランド地方の町、アスタングの地下にある巨大な洞穴に棲むと言われた。やって

くるずっと前から気味の悪い粘液が見えるので、誰も近づこうとしなかった。不注意な人間はすぐに触覚に吸い上げられ、洞穴まで引きずられ、大きな口から飲み込まれた。
文献134

ルキ
RUKI

　ミクロネシアのギルバート・エリス諸島のキリバチ族の神話に登場する海の蛇*。
文献113

ルク
RUKH

　アラビア神話と、ヨーロッパで翻訳された『アラビアンナイト』に登場する巨鳥ロック*の別名。
文献78、89

ル・グラン・リュストゥクリュ
LE GRAND LUSTUCRU

　フランスのおとぎ話に出てくる巨大なオーグル*。名前は「信じられないほど大きな」の意で、豚の頭を持つ醜い人食いオーグル。19世紀の恐ろしい子供部屋のボーギー*のひとつで、寝ようとしない子供たちに聞かせて脅かした。子供に語りかけた押韻詩が今でもフランスの子守り歌集に残っている。

　　平原のなかで聞こえるかい？
　　こっちに近づいてくる物音を。
　　鎖の音にも似ているみたい、
　　小石の上を引きずる時の。
　　やってくるのはリュストゥクリュ。
　　再び来ては去っていく、
　　ナップサックで運ぶのは
　　眠ろうとしない子供たち。

（『怖いよ、ボギーマン』、マリーナ・ワーナー、1998年、p.219）
文献182
⇨ カンニバル（食人種）、巨人

ルシーヴ
LUCIVE

　19世紀から20世紀初期にかけて、米国ウィスコンシン州とミネソタ州を中心に、木こりや森林労働者たちのあいだに広まった伝承に登場する生物。フィアサム・クリッター*として親しまれているもの、つまり、その極端な姿や行動のせいで寂れた場所で聞こえてくる不気味な物音の説明に使われたり、キャンプの時の楽しい語り草にされたりしたものたちの一種である。フランス語でルー＝セルヴィエ（「狼・鹿」の意）とも呼ばれるので、名称が狼と鹿の合成動物に由来することが分かる。
文献7、24

ルスゾル
RUSZOR

　ノルウェーの民話に登場する海の怪物*、ロシュワルル*の別名。
文献134

ルタ・ムギン
RTA-MGIN

　インド神話に登場する巨人*ダイティア、ハヤグリーヴァ*のチベット語名称。チベット仏教では、改心したあと、怒りの神になったとされる。
文献24、47、64、125、133、160

ルベラド
RUBBERADO

　19世紀から20世紀初頭にかけて、米国の特にウィスコンシン州およびミネソタ州で、木こりや森林労働者たちの民間伝承に登場した生物。親しみをこめてフィアサム・クリッター*と呼ばれ、その極端な姿や行動のせいで寂れた場所で聞こえてくる不気味な物音の説明に使われたり、キャンプの時の楽しい語り草にされたりした怪物*の一種に属する。ゴムのようなハリと肉を持つヤマアラシと描写された。ゴムのようにはずみ、料理した場合は、歯で噛もうとしても噛み切れなかった。

また、うまく掴んで食べることも難しかった。
文献7、24

ルポ・マナロ
LUPO MANARO
イタリアの伝承での狼憑き*。
文献94

ルマカカ
LUMAKAKA
ニュージーランドのマオリ族の伝説に登場する海の巨人*。ある日、ふたりの兄弟が魚釣りをしていたところ、ボートが魚でいっぱいになった。そこへルマカカが波間から姿を現わし、獲物の分け前を要求した。兄は何匹かの魚を巨人のほうに放った。それで満足しなかったルマカカは兄弟につきまとい、ついには獲った魚が全部なくなってしまったが、それでもまだ飽き足りずに魚を求めた。必死になった弟が、自分の腕を切断して投げ与えることを提案し、兄はしぶしぶとそれを実行した。安全な陸地まではまだ長い道のりがあったからだ。だが、ルマカカはこれを食べても、さらに要求を続け、弟の両腕両脚を全部食べてしまって、ようやく満足した。嘆き悲しんだ兄は、弟の胴体を祖父のところに持っていった。悲しみにくれながら、ふたりは弟を埋めた。その体から最初のココヤシの木が生え、必要なものすべてを供給するようになった。
文献113

ルールヒ・ケレポー
RUURUHI-KEREPOO
ニュージーランドのマオリ族の民話や伝説に登場する、醜いオグレス*。醜い老婆ハグに似ているが、体じゅうから尖った骨が、背骨のように突き出しているとされる。鉤爪に似た爪のある指と大きな毛深い手を持つ。口も大きく、しゃべると牙に似た歯がのぞく。目が見えず、無害なふりをして人間の獲物をおびき寄せる。人間を捕まえ、首を切り、付近の村娘を何人か飲み込んだ。娘たちに何が起こったかを調べに来た戦士たちのひとりが、娘たちがここへ来たかとたずねると、オグレスは戦士をつかんで首を噛みちぎって食べた。だが、盲目だったので、仲間の戦士たちがそれを見ていたことに気づかなかった。戦士たちが棍棒でオグレスを殴り殺そうとすると、犠牲者の骨が皮膚から突き出てオグレスを守った。そこで戦士たちは、槍をオグレスに突き刺して退治した。
文献155
⇨ カンニバル（食人種）、ババ・ヤガ、ルアヒネ・マタ・マオリ

ルンクス
LUNKUS
米国ウィスコンシン州とミネソタ州を中心に、木こりや森林労働者（後には詐欺師も含む）たちの伝承に登場するグヤスクトゥス*の別名。
文献7
⇨ フィアサム・クリッター

∞ レ ∞

レア
RHEA
ギリシア・ローマ神話に登場する女のティタン*。レイア*とも言う。ガイアとウラノスの娘で、兄弟のクロノスと結婚して、オリュンポスの神々となる子をなした。だがクロノスは、自分が子供のひとりに倒される運命を知っていたので、子供が生まれるたびに食べてしまっていた。次の子を生むことになったレアは、クレタ島に渡り、ひそかにゼウスを生み、父クロノスに立ち向かえるように成長するまで隠した。そしてクロノスはゼウスに敗れた。
文献20、47、61、125、133、166、178、182
⇨ 巨人

レイア
RHEIA
⇨ レア

冷血龍
COLD-DRAKES

イギリスの学者、作家Ｊ・Ｒ・Ｒ・トールキン（1892～1973）の小説『ホビット』と『指輪物語』に登場するドラゴン*。この恐ろしい生物は、太陽の第１紀にアングバンドで邪悪なモルゴスから生まれた。冷血龍は鉄の鱗に覆われた巨大な体、翼、巨大な牙、巨大な鉤爪を持つと描写されている（伝説のドラゴンと違い、飛ぶことはできない）。悪が信仰に打ち勝ち、冷血龍たちは中つ国の人々のあいだに大混乱を引き起こすが、怒りの戦いでほぼ完全に滅ぼされた。しかし、太陽の第３紀に再び現われて、灰色山脈に豊かな金鉱を見つけたドワーフたちを追い詰め、秘密裏に彼らを殺し、強欲に金を奪い取る。その後、エオセオド国の族長の息子である勇敢なフラムが、冷血龍のリーダー芋虫スカサ*と戦って相手を殺すと、ほかの冷血龍たちは逃げ去った。しかし、2570年、冷血龍たちはまた姿を現わす。再びドワーフたちはこの怪物*に殺され、金を奪われる。最後のドワーフの王（ダイン１世）が殺されると、残された少数のドワーフたちは灰色山脈と金鉱を永久に冷血龍たちに引き渡して、そこから逃げ出した。

文献51

レイ・ジェン＝ズ（雷震子）
LEI ZHEN-ZI

古代中国の伝説における、ドラゴン*の姿をした超自然的な英雄。父親、レイ（雷）が起こした雷鳴が生み出した卵から孵ったと言われている。レイ・ジェン＝ズは文学の神であるウェン・ワン（文王）の養子となり、仙人の雲中子に育てられる。そして数々の冒険の後、養父が敵に追われていることを知ったレイ・ジェン＝ズは、なんとかして彼を救い出そうと考えた。彼は雲中子に教えられたアンズの実をふたつ食べ、ドラゴンの姿に変わった。巨大で翼のある緑色をしたドラゴンで、猪の顔に牙と、長くとがった鼻と、光を放つ目が付いていた。その姿で彼は超自然的に養父を救出した。

文献133、160、181
⇨ 東洋の龍

レイドリー・ワーム
LAIDLEY WORM

イングランド北部の伝説と伝承に登場する恐ろしい蛇*。これは若く美しい女性が呪いによって巨大な蛇*に変えられてしまう話である。レイドリー・ワームは土地の人々に恐れられるようになった。しかし、ひとりの若い男性のキスによって、醜く恐ろしい姿から解き放たれた。

文献89
⇨ 獣、ワーム

レヴィアタン
LEVIATHSAN

ヘブライ、キリスト教の神話、聖典に登場する原初の怪物*。ヘブライ語ではリウヤーターン*と呼ばれ、旧約聖書のヨブ記（41：11―25）に記述がある。

　　口からは火炎が噴き出し
　　火の粉が飛び散る。
　　煮えたぎる鍋の勢いで
　　鼻からは煙が吹き出る。
　　喉は燃える炭火
　　口からは炎が吹き出る……
　　剣も槍も、矢も投げ槍も
　　彼を突き刺すことはできない。
　　鉄の武器も麦藁となり
　　青銅も腐った木となる。
　　弓を射ても彼を追うことはできず
　　石投げ紐の石ももみ殻に変わる。
　　彼はこん棒を藁と見なし
　　投げ槍のうなりを笑う……
　　彼は深い淵を煮えたぎる鍋のように沸き上がらせ

海をるつぼにする。
彼の進んだ跡には光が輝き
深淵は白髪をなびかせる。
この地上に、彼を支配する者はいない。
彼はおののきを知らぬものとして作られている。

　体長1500kmにも及ぶこの不死身の生物は、7つの頭に300を超える目を持ち、世界を広大な深海、つまり天の海の深さで取り囲んでいる。ベヘモス*と同時期に創造されたカオス（混沌）の人格化であり、地上のドラゴン*たちを食べたと言われる。ヤハウェあるいは大天使ガブリエルのどちらかによって滅ぼされ、審判の日の後で聖餐にその肉を供することが運命づけられている。その皮はエルサレムの壁と屋根に使われることになっていた。しかし、このイメージはおそらくフェニキアのロタン*と呼ばれる怪物に由来し、イスラム教の伝説にもヌン*という名の同じような運命を持つ怪物がいる。
文献7、20、47、78、89、99、125、133、134、145、166
⇨　タルスク、ミズガルズオルム

レウクロクタ
LEUCROCUTA
⇨　レウクロッタ

レウクロタ
LEUCROTA
⇨　レウクロッタ

レウクロッタ
LEUCROTTA
　ヨーロッパの古代文献と中世の動物寓話に登場する混成怪物。レウクロクタ*、レウクロタ*ともいう。ローマ人の自然学者、大プリニウスは『博物誌』(77)の中で、この生物をアナグマの顔、獅子の首と尾と前半身、鹿の脚とひづめを持つロバに似た姿で描写している。風変わりな頭部は、口が大きく耳まで裂けていて、歯の代わりに上下のあごに刃のような骨が水平に並んでいる。鳴き声は人間の言葉に似ていると言われた。中世の寓話でも、棲息地をインドとした以外は、この興味深い描写のまま、誇張も矮小もされていない。
文献7、10、14、18、63、148、185

レウコシア
LEUKOSIA
　ギリシア・ローマ神話に登場するセイレーン*のひとり。イタリア海岸沖の、古代ギリシア植民都市パエストゥムに近いある島には、彼女がそこに座って船乗りを呼び寄せて殺したことから、その名が付いていた。
文献178

レエスチ
LJESCHI
　ロシアの民間伝承のレーシー*を、スラブ人の文学伝承と民間伝承のなかでこう呼ぶ。しかし、描写はわずかに異なり、顔は青く、目と髪とあごひげは緑色をしている。入植のために森林を切り開こうとして縄張りに侵入する人間には、恐ろしい敵となった。
文献38、64、103、133、139、152、160、166
⇨　ラスコヴィーツェ

レガルー
LEGAROU
　カリビア海のハイチの民間信仰で、ヴァンパイア*と狼憑き*の両方を指す名前。「狼人間」を意味するフランス語のルー・ガルー*に由来しているのは明らかで、おそらく17世紀以降のフランス人植民者たちが民話として島に持ち込んだもの。
文献24
⇨　アゼマン、スクヤン

レギナ
REGINA
　ガリア人たちが巨人族の高潔な血筋を引いているという説を正当化するためにイタリアの修道士であるヴィテルボのアンニウス

（ジョヴァンニ・ナンニ、1432～1502頃）が作成した系譜に登場する巨人*のひとり。
文献139、174
⇨　ノア

レクサシ
REKSASI
⇨　レクソソ

レクソソ
REKSOSO
　インドネシアの伝承と伝説に登場する巨人*。インドのヴェーダ神話に描かれたラークシャサ*に対応する。女のレクソソはレクサシ*と呼ばれる。邪悪な人食い巨人で、ジャングルに棲息し、縄張りに迷い込んできた不注意な人間を捕まえてむさぼり食う。
文献113
⇨カンニバル（食人種）

レーシー
LESHII, LESHIYE, LESHY
　ロシアの民間伝承に登場する、イングランドの緑の男（グリーンマン）に非常によく似た、超自然的な人間に近い生物。レソヴィク*、レシャーク*、レスノイ、リスン*、リエスチ*、レエスチ*、リイチー*などとも呼ばれ、動物と森の番人とされている。名前は「森」を意味するレスに由来する。人間の姿形をしているが、皮膚は奇妙に青白く、目と顎鬚は緑色。髪は長くぼさぼさで、植物の皮の靴を左右あべこべに履き、影がない。自在に姿を変え、森の木のように背を高くしたり、草の葉ほどになったりする。森のなかの音を知りつくし、自分でもあらゆる音を真似て、道に迷った人間を騙すことができた。体が大きすぎないかぎり、森ごとにレーシーがひとりずついて、それぞれがレソヴィハと呼ばれる妻と、レションキと呼ばれる子供を持つ。春になって冬の仮死状態から目覚めて姿を現わすと、秋の死を思って仲間と一緒に大暴れし、嵐と洪水をもたらすが、それもすぐに落ち着く。森にやってくる人間に呼びかけ、間違った道に引き寄せて沼地に落としたり、完全に道を見失わせたりしたあとで、笑いながら木々のなかに消えてしまう。こうした悪ふざけのことを知っていた牧夫やハンターは、塩とパンという伝統的な供物を定期的に捧げて、彼らの機嫌をとるのが最善の方法だと考えた。レーシーを出し抜くもうひとつの方法は、森の出口にたどり着くまで、彼らの真似をして、洋服や靴を後ろ前にすることだった。
文献38、64、103、133、139、152、160、166
⇨　ラスコヴィーツェ

レシャーク
LESHAK
　ロシアの民間伝承に登場するレーシー*の別名。
文献38、64、103、133、139、152、160、166
⇨　ラスコヴィーツェ

レスチア
LESCHIA
　東欧のスラブ民族の伝説と伝承に登場するサテュロス*の一種、ラスコヴィーツェ*の別名。
文献125、160

レストリゴン
LESTRIGONS
　ギリシア・ローマ神話で、シシリー島東部あるいは北西海岸地域に棲む人食い巨人の部族であるライストリュゴン人*の現代語表記名。
文献20
⇨　カンニバル（食人種）、巨人

レストリンゴン
LESTRINGONS
⇨　ライストリュゴン人

レスノイ
LESNOI
　ロシアの民間伝承のレーシー*の別名。
文献38、64、103、133、139、152、160、166

レッド・エティン

⇨ ラスコヴィーツェ

レソヴィク
LESOVIK
ロシアの民間伝承のレーシー*の別名。
文献38、64、103、133、139、152、160、166
⇨ ラスコヴィーツェ

レッド・エティン
RED ETIN
スコットランドの伝承に登場する巨人*で、ロバート・チェインバーズ作『スコットランドの民衆詩（Popular Rhymes of Scotland）』(1826)に再録された。巨大な、3つ頭のカンニバル（食人種）*で、スコットランド王マルコムの娘を捕まえて殴った。このオーグル*は、王女を助けにきた人間の匂いをかぎつけることができたので、匂いに気づくと、次のように言った。「人間の匂いがするぞ／生きたままで死んでいても、今夜そいつの心臓が俺の食事となるんだ」

伝承文学によれば、ある未亡人が、ふたりの息子を順番に、巨人退治に送り込んだ。だがレッド・エティンの城に忍び込んだ息子たちは、レッド・エティンに見つかって石の柱に変えられた。未亡人の息子たちに何が起

3つの頭を持つ巨人。レッド・エティンは3つの頭を持つ巨大カンニバルである

こったかを知るために、隣人の息子が、ケーキ1きれをもって出発し、道で出会った物乞いの女にケーキを与えた。女はお礼に杖をくれ、巨人の出す謎々の答えを教えた。さらに道を行き、息子は羊飼い、豚飼い、山羊飼いに会い、おまえがレッド・エティンを倒すだろうという予言をもらった。若者がレッド・エティンの城に着くと、老婆が未亡人の息子たちがどんな目に遭ったか警告してくれた。やがてレッド・エティンが現われ、謎々を出したが、若者は答えることができた。巨人の魔力は破れ、若者は巨人の首を切り落とした。老婆が若者を城の上階に連れて行くと、そこには、王女も含めて、巨人が捕まえた若い娘がそろっていて、若者は娘たちを助けることができた。さらに若者が2本の石の柱に触れると、柱は未亡人の息子たちの姿に戻った。全員で王の宮廷に戻り、若者は王女を妻にもらった。

この物語は、おそらく15世紀までに成立したらしく、デイヴィッド・リンジー（1486頃～1555）は、スコットランドの将来の王となるジェイムズ5世にそれを語り、また1548年には彼の著書『スコットランドの苦情（Complaynt of Scotland）』にも引用している。レッド・エティンが獲物の匂いをかいだことを告げる韻文は、ウィリアム・シェイクスピア（1554～1616）作『リア王』（第3幕第4場180、181）に使われている。レッド・エティンという名は、古英語の eoten という語（巨人という意味）に由来する。
文献183
⇨ グルアガッハ

レディ・オブ・ザ・ランド（島の女王）
LADY OF THE LAND

ドラゴン*に姿を変えた女性の名で、1366年に出版されたジョン・マンデヴィルの『東方旅行記』（第4章）に書かれている。ドラゴン・メイド*とも呼ばれる。大きくて醜く、ランゴ島の城の下にある洞穴に棲んだ。かつてはイポクラスの美しい娘だったが、女神ディアナの不興を買い、女神は彼女を醜いドラゴン*の姿で生きるように宣告して、誰か男がキスをして彼女を愛するまでは、元に戻れないようにした。マンデヴィルは、呪いから彼女を解き放つための男たちの多くの試みを語っている。彼女が金や宝石に取り囲まれていることで、男たちはますます勢いづいた。しかし近づくたびに、ひどい嫌悪感がこみあげ、逃げ出してしまった。その罰として彼らにはすぐに死が与えられた。
文献180

レティル・ダランの獣
BEAST OF LETTIR DALLAN, THE

アイルランドの古い伝説に登場する怪物*。人間に似た生物で、ふいごのようにふくれた巨体に人間の頭が付いている。この獣についての物語は、元をたどれば10世紀の古アイルランド語に見られるが、14世紀末にアイルランドの三題詩に取り入れられた。その物語によれば、地元の司祭の娘がある晩遅く、湖のほとりで恐ろしい水棲馬に誘惑された。レティル・ダランの獣は、娘と水棲馬のあいだに生まれた子供だった。
文献133
⇨ ケルピー

レト
RETHO, RETHO CAWR

ウェールズ地方の伝説に登場する巨人*、リタ・ガウル*の別名。
文献54、128

レドジャル・エル・マルジャ
REDJAL EL MARJA

モロッコの伝承に登場するジン(1)*。名前は「沼の人々」という意味。巨大な人間で、マーマン*のように、マラケシュ郊外の沼地に棲むとされる。沼が涸れると、この邪悪なジンは、マラケシュに水を供給している運河や泉に移る。彼らが水の供給を止めたり、水を汚染したりするのを恐れた人々は、水源のそばにろうそくを置いてなだめる。
文献82、122、160

⇨　トリトン

レドロネット
LAIDERONETTE

　フランスの女性作家マリー・カトリーヌ・ド・オーノワ（1675〜1705）の作品に登場する緑の蛇*の別名。
文献182
⇨　ローズリー・レディ

レナピツカ
LENAPIZKA

　米国イリノイ州の先住民ペオリア族の伝承と信仰に登場する怪物*。湖に棲息する水陸両棲の怪物で、「真のピューマ」とも呼ばれた。
文献134

レパイム
REPHAIM

　旧約聖書の創世記とヘブライ語の文献に描かれた巨人族。種族の最後の生き残りが、バシャンの王オグ*だとされた。
文献13
⇨　巨人

レパード憑き
WERE-LEOPARD

　狼憑き*モチーフの一種で、アフリカ大陸の民間信仰に登場する。
文献94
⇨　狼憑き

レプロコーン
LEPROCAUN

　19世紀から20世紀初頭にかけて、米国の特にウィスコンシン州およびミネソタ州の木こりや森林労働者たちの民間伝承に登場した生物。親しみをこめてフィアサム・クリッター*と呼ばれる怪物の一種で、その極端な姿や行動のせいで寂れた場所で聞こえてくる不気味な物音の説明に使われたり、キャンプの時の楽しい語り草にされたりした。名前はアイルランドの、人間に災いをもたらす小さな妖精のゲール語名レプラホーンに由来する。アイルランドでは人間に災いをもたらした。19世紀にアメリカ大陸に渡ったアイルランド人と一緒に海を越え、木こりたちの民話に入り込んだのは間違いない。
文献7、24

レーム
RE'EM, REEM

　ヘブライの伝承に登場する、牡牛に似た獣。レームは、つねに牡牝1組しか存在しない。世界の西と東の端の山に別々に棲み、その物体は棲み家の山と同じくらい大きかったとされる。牡牝は70年間別々に暮らし、つがう時だけ一緒になった。やがて牡と牝の双子が生まれた。双子が牝からひとりだちできるようになると、親は死んだ。中世ヨーロッパの動物寓話集にもしばしば登場し、絶滅したオーロクスをモデルとして作られた話だと考えられている。
文献89

レモラ
REMORA

　ローマの歴史家が記した、怪魚モラ*、エケネイス*の別名。
文献18、89
⇨　ミュレクス

レルネのヒュドラ
LERNEAN HYDRA

　ギリシア・ローマ神話の怪物*。ヒュドラ*とだけ呼ばれるほうが一般的。
文献24、78、139

∞　ロ　∞

ロイコス
RHOIKOS, RHŒCUS

　ギリシア・ローマ神話に登場するケンタウ

ロス*。アタランテを強姦しようとして、アタランテの放った矢に射られて死んだ。
文献169

ロイスの蛇
SERPENT OF THE REUSS
スイスの民話に登場する蛇*。1566年に、4本足と大きな鉤爪を持つサーペント・ドラゴン*として報告されている。ロイス地方を、特に放牧中の牛などの家畜を襲って食べ、恐怖に陥れていたとされる。
文献134
⇨ エルブスト

ロイトス
RHOITUS, RHŒTUS
ロイトスには次の2種類がある。
(1) ギリシア・ローマ神話に登場するケンタウロス*。ペイリトオスの婚礼で花嫁を奪おうとしたことから起こった争いで、ドリュアスに傷を負わされて逃げた。ロイトスとロイコスは同じだと思われるが、証明されていない。
(2) ギリシア・ローマ神話に登場する巨人*。エウリュトス*とも呼ばれる。神々の住まいだったオリュンポスの山頂に登ろうとして神々と戦ったが、ディオニュソス/バッコスに撃退されて殺された。
文献169、178

ロウヒ
LOUHI
フィンランドの文学伝承と民間信仰に登場する氷の女巨人*。非常にずるがしこく、娘であるポホヤの乙女を利用して求愛者に難題を課した。失敗すると、霜の巨人*の一群を送って殺させた。イルマリネン、レンミンカイネン、ワイナミョイネンの英雄たちが求愛にやってきた時には、彼らに繁栄をもたらす魔法の秘器「サンポ」を作り出させたが、彼女が宇宙の女王になる前に、英雄たちはそれを取り戻して逃亡した。
文献133

⇨ 霜の巨人

ローカパーラ・エレファント
LOKAPALA ELEPHANTS, LOCAPĀLA ELEPHANTS
インドのヒンドゥー教神話で、宇宙を守る象たち。8頭が世界の守護神(ローカパーラ)を背中に乗せて、8つに分けられた宇宙の領域を守っている。それぞれの象は自分の持ち場のなかに立ち、背中で世界の重みを支えている。同じ巨大さの妻の象もいて、協力して世界を支えている。出典によって名前は異なっている。
・北の領域では、クヴェーラ神がヒマーパンダラ(サールヴァバウマ、スーリヤバウマ)に乗っている。
・北東の領域では、プリティヴィー神(シヴァ、ソーマ)がスプラティーカ*に乗っている。
・東の領域では、インドラ神がアイラーヴァタ(ヴィルーパクシャ)に乗っている。
・南東の領域では、アグニ神がプンダリーカに乗っている。
・南の領域では、ヤマ神がヴァーマナ(マハーパドマ)に乗っている。
・南西の領域では、スーリヤ神(ニルリティ)がクムダに乗っている。
・西の領域では、ヴァルナ神がアンジャ(サウマナサ)に乗っている。
・北西の領域では、ヴァーユ神がプシュパダンタに乗っている。
文献7、24、112

ロー・ガムズ
RAW GUMS
米国の先住民アラパホ族の伝承と伝説に登場する、子供のカンニバル(食人種)*。伝説によれば、ロー・ガムズは生まれてから眠ってばかりで、何かを食べている姿を見られたことがなかった。だが両親が眠っているあいだ、ロー・ガムズは毎晩、家をこっそり抜け出して、地域の酋長を襲ってはむさぼり食っていた。ある朝、ロー・ガムズの口に人間の

ロギ

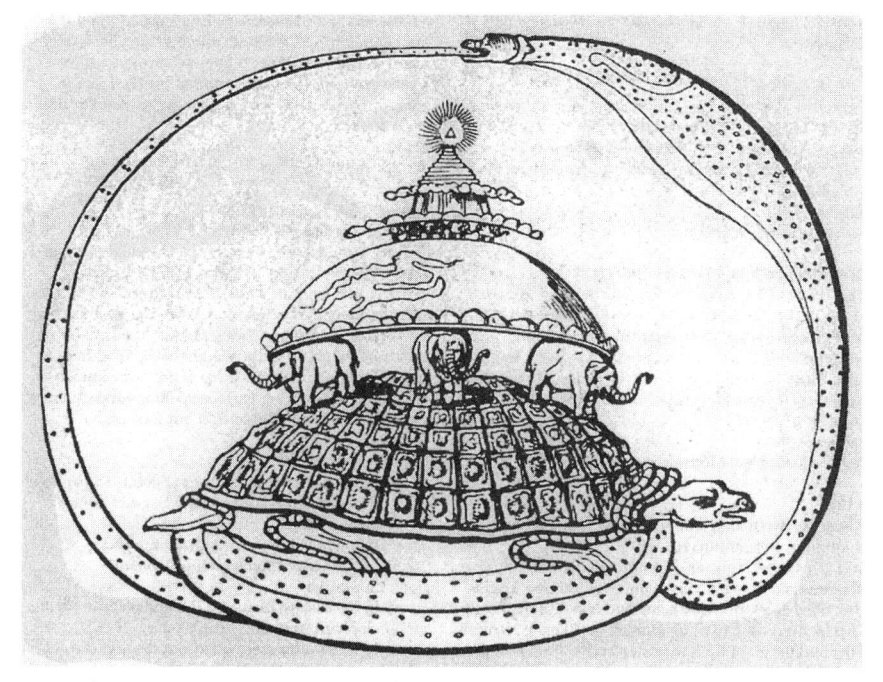

ローカパーラ・エレファント、アクーパーラ亀、世界の蛇。

肉片が付いているのを両親が見つけ、なぜ我が子が飢え死にしないのか、その恐ろしい理由を知った。父親はご馳走を用意して皆を招き、集まった者に、息子の秘密を打ち明けた。集まった人々は父親に、息子をどうするか決めろといった。父親は、息子を太らせて犬に食べさせようと申し出た。だが、犬たちに投げ与えられたとたん、ロー・ガムズは、若者の姿に変身し、自分が食べた酋長たちの頭蓋骨に向かって、自分に仕えよと命じた。両親や集まった人々は、恐怖におののいてテントを畳んで逃げていった。力が最高潮に達したロー・ガムズは、白いフクロウの女の挑戦を受けたがこれを倒し、彼女の頭蓋骨を潰し、脳を地面にばらまいて戦勝を祝った。この話は、雪がゆっくりと溶けていく現象の比喩らしい。

文献77

⇨　ニュラユーイニク

ロギ
LOGI

　北欧神話で、この名前を持つ巨人*はふたり登場する。

　(1) 霜の巨人*のひとり。いくつかの伝承では、女巨人*のフレールや巨人のカーリ*と同じように、フォルンヨート*の子孫である。

　(2) 雷神トールが仲間のスィアールヴィとロキとともにウートガルザ＝ロキ*の王国にやってきた時、歓待を受ける前に、巨人たちのところに滞在する価値があるかどうかを証明するように求められた。スィアールヴィはフギ*と競走を行ない、ロキはロギと大食い競争をすることになった。ロキは大食いだったが、ロギには太刀打ちできず、ロギは獣を骨ごと食べたばかりか、それを載せていた皿

まで平らげてしまった。トールも不名誉なことに猫とウートガルザ＝ロキの母に敗れた。しかし実際にはこの競争は幻影であり、相手になったのは打ち負かすことのできない要素だった。つまりフギは「思考」で、神々でさえ追い越すことは決してできなかった。ロギは「野火」で、すべてを消滅させた。巨人*の母親エリは「老齢」で、「猫」は巨大なミズガルズオルム*だった。

文献139

ロシュワルル
ROSHWALR

ノルウェーの民話に出てくる海の怪物*で、馬と鯨をあわせた姿で知られている。クジラに似た巨大で滑らかな体を持つが、頭は大きな馬に似ている。最初に教皇の年代記にしるされ、1520年にはヴァチカンの教皇レオ10世のもとに数頭が送られた。ヴァルケンドルフ司教がこの怪物を送った時のことを、のちにルイ・ニコラ神父が著作に記した。同時期に、博物学者アンブロワーズ・パレ（1517～1590）がいて、その著書『怪物と驚異について』に書き残している。その頃には、ルスゾル*やケートス・デンタートゥスとも呼ばれていた。現在のセイウチを大げさに表現したものである。

文献134

ロスアルト
ROSUALT

アイルランドの伝承と伝説に登場する凶暴な魚ムリスク*の別名。

文献7

ロス・カルネロス
LOS CARNEROS

⇨ カルネロス、ロス

ロスマリン
ROSMARINE

16世紀イギリス文学に登場する海の巨人*。大きな人間の胴体に、セイウチやクジラの後半身、人間の腕を持ち、大きな目の付いた頭

ドイツの版画に描かれたロスマリン

はセイウチに似ている。全身がシールスキン（アザラシなどの毛皮）に覆われている。これは、エリザベス朝の詩人エドマンド・スペンサー（1552～1599頃）が『妖精女王』（1590）で描写したものである。
文献134
⇨ トゥルスス、ロスメル

ロスマルス
ROSMARUS
　18世紀ノルウェーの大衆文学や伝承に登場する海の怪物*。巨大な海の生物で、滑らかな体に、馬に似た大きな頭を持つ。おそらくセイウチのことを大げさに言ったものだろう。
文献134
⇨ ルスゾル、ロシュワルル、ロスマリン、ロスメル

ロスメル
ROSMER
　16世紀ノルウェーの伝承に登場する海の巨人*。海に棲み、シールスキン（アザラシなどの毛皮）を大量にまとって体を保護していたと言われる。イギリスのエリザベス朝の詩人エドマンド・スペンサーの作品に描かれたロスマリン*のもとになったらしい。
文献134
⇨ トゥルスス

ローズリー・レディ
LOATHLY LADY
　「ロマンス」として知られる中世ヨーロッパの物語に登場する人間の姿に近い女の怪物*。ヨーロッパ全土で、特にアーサー王物語のなかに登場する。醜い呪われた容姿のために、彼女を花嫁にしようとする者はいなかった。だが、恐ろしい姿よりも性格の美しさを理解することのできた心優しい騎士が現われて、ようやくプロポーズを受け、怪物の姿に変えられていた呪いが解かれた。「美女と野獣」として知られる同時期のロマンスと対をなす。
文献20、182
⇨ オズ・マヌーク、獣、リケ・ア・ラ・ウープ、リノセロス、レドロネット

ローズリー・ワーム
LOATHLY WORM
　イングランドの伝説と民間伝承の醜いドラゴン*。通常は翼を持たない巨大なドラゴンで、体の前部は二本足の蛇に似ている。中世のヨーロッパでしばしば詩篇や時禱書、動物寓話などに描かれた。『ライレル詩篇書』にはこれらの怪物*の例が数多く登場し、ヨーロッパの広い地域を荒廃させたとしている。
文献78
⇨ ラムトンのワーム、リンドオルム

ロタン
LOTAN
　メソポタミア神話のドラゴン*。現在のシリアにあるウガリットの遺蹟ラス・シャムラから出土した神話文書では、7つの頭を持つ巨大なドラゴンとして描写され、バアル神がこの怪物*を退治したと記されている。ヘブライ神話のレヴィアタン*やバビロニア神話のティアマト*と同様に、原初のカオス（混沌）を象徴するサーペント・ドラゴンである。
文献47、89

ロッカボア
ROCKABORE
　米国の特にウィスコンシン州とミネソタ州の木こりや森林労働者（のちには詐欺師も）の民間伝承に登場する、グヤスクトゥス*の別名。
文献7
⇨ フィアサム・クリッター

ロック
ROC
　ペルシア湾付近のアラビア諸国、中東諸国の伝説に登場する巨鳥。ルク*とも呼ばれる。巨大な鷲や大鷲に似ているが、体の一部が獅子の姿をしているという説もある。頭に角があり、翼や鉤爪も大きく、象をやすやすと掴み、持ち帰って雛の餌にする。ロックの話は

ロックの巣。大きな鷲や大鷲に似ているとされる巨鳥

たくさんあるが、最も有名なのは旅行家マルコ・ポーロ（1254〜1324）の報告で、フビライ・カーンの宮廷でロックの大きな羽毛を見たとしている。マルコ・ポーロは、ロックはマダガスカル島に棲んでいるらしいと述べている。もっとも有名な物語としては、リチャード・バートン（1829〜1890）が英訳した『アラビアンナイト』（1885〜1888）の船乗りシンドバードの冒険がある。シンドバードが遭難してたどりついた島には、大きな球形のドームとやぶしかなかった。やがて空が暗くなり、シンドバードは、ドームは巨大な卵であり、自分が巨鳥の巣にいることに気づいた。しかし彼は、気づかれることなくロック鳥の足にしがみついて、安全な場所に何とか逃れた。

ロックに似た巨鳥としては、アラビアのアンカ*、中国のピョング*、ロシア民話のクレウツェット*がいる。

古代には体長2〜3mの鳥エピオルニスがマダガスカル島に棲息し、直径30cmの卵を産んでいた。この鳥から伝説が生まれたらしい。

文献7、20、61、78、89
⇨　ガルダ、グリュプス

ロックスキ・ネスキ・モンステロヴィッチ
LOCKSKI NESSKI MONSTEROVICH

1962年と1964年に米国のメデイアで報告されたロシアの怪物*。巨大な蛇に似た形をしており、波のようにうねる。体長は少なくとも9mはあり、背中に沿ってひれがある。この水棲怪物はシベリア東部にある湖の湖岸で、試掘者によって目撃された。

文献94
⇨　ロッホ・ネス・モンスター

ロッホ・ネス・モンスター
LOCH NESS MONSTER

スコットランドの伝説と伝承に登場する湖の怪物*。おそらくこの種の怪物としては世界中で最も有名で、不可解な謎である。はっ

きりした姿が明らかになったことはないが、どれも蛇に似た大きな体で、こぶ、あるいは一連の波状の突起物が水面に出ているが、それはかなりの長さにわたり、最長では9mにも及ぶ。ドラゴン*か蛇*のような頭が、長く曲がった首の先に付いている。水中で動く時には、頭は垂直に保たれ、どんなに静かな動きであっても、その首で大きなV字型の波動を作る。ネス湖に棲息することからこの名前が付いたが、愛着をこめてネッシー*と呼ばれることが多い。ネス湖は内陸部にある水路で、深さ約300m、長さは約36kmにわたり、両端が川を通って北海と大西洋につながっている。

目撃報告は古くからある。最初に記録された目撃情報はケルト系聖者たちの時代のもので、アダムナンが690年頃に著わした聖コルムシル（聖コルンバ、521～597頃）の伝記に記された。湖沿いの道路ができるまでは、目撃事件が大衆のあいだに広まることはあまりなかった。1933年にその道を車で走っていた多くの人が怪物の姿を見て、それぞれが絵を描いてみせ、広くニュースで報道された。1940年には『ディテクティブ・ウィークリー』がこの伝説をいくぶん冗談めかして利用し、ナチスの潜水艦の陰謀を「暴露」した「セクストン・ブレイク」シリーズのミステリーに取り込んだ。このテーマはユナイテッド・アーティスツによる映画『シャーロックホームズの冒険（The Private Life of Sherlock Holmes）』にも組み込まれ、おそらく舞台は1887年の設定で、ドイツの潜水艦を捜査する内容だった。奇妙なことに、撮影のあいだに、模型のネッシーは不意に湖の底に進んでしまい、行方が分からなくなった。

過去30年間に、目撃談や証拠写真が断続的に発表され、水中調査が行なわれることもあったが、古代種の存続とする説を裏づける証拠も否定する証拠もほとんどない。

文献20、61、78、94、128、134

⇨ シャンプ、セルヨルズオ、ロックスキ・ネスキ・モンステロヴィッチ

ロッホロンナッハ
LOCHLONNACH

サルヴァーン*としても知られるアイルランド伝説の巨人*の添え名。「ノースマン（北の人）」を意味する。魔術に優れ、スライゴ郡ドブロスにある魔法のナナカマドの木を守っているとされる。

文献128

ロバ（3本脚の）
ASS(THREE=LEGGED)

これは普通のロバではなく、ペルシア（現在のイラン）のゾロアスター教における霊的な意味を持つ生物である。3本脚のロバは巨大で、『ブンダヒシュン』（9世紀に書かれた、予言者ゾロアスターの著作への補遺）によれば、純白で、額に金色の枝分かれした角が一本生えているという。目が通常の位置にふたつ、額と頭頂部にさらにふたつずつ付いている。口（それぞれ家ほどの大きさ）は3つが顔に、3つが額に、さらに3つが体にある。耳もふたつある。感覚器官がこのように配置されていることで、自分を打ち負かそうと何か邪悪なたくらみがなされているのを察知できる。この生物は非常に大きいので、3本の足に付いたひづめは、大洋に立っている時、1000匹の羊が十分入るほどの領域を占める。各ひづめは1000人の騎手が大演習を行なえるほどの大きさである。3本脚のロバは正義の象徴であるうえ、邪悪なるものと戦うアフラ・マズダの慈悲深い代理人でもある。腐敗した海洋をその尿で浄化する。海岸に打ち上げられた琥珀は、その糞だと言われる。

文献7、18、89

⇨ アムドゥスキアス、アリコーン、一角獣、オニュクス・モノケロス、カルカダン、麒麟、コレスク、スキュティアのロバ、ジャオ・ドゥアン（角端）、チー・リン（麒麟）、ビースト・ナ・スロッグニグ、ミラージュ、リコーン

ロバ教皇
POPE ASS

中世イタリアの物語に登場する混成怪物。

巨人教皇。イギリス古典文学に登場する巨人

パプステセル*を揶揄した別名。
文献7、89

ロバとサンカノゴイ
ASS-BITTERN

イングランドの紋章に描かれる生物。サンカノゴイ（大型の水鳥）の頭とロバの体が合体した混成動物である。
文献7

ローハ＝ムカ
LOHA-MUKHA

インドのヒンドゥー教神話に登場する恐ろしい巨人*の一種族。名前は「鉄の顔をした」の意で、その名の通り、鉄の顔を持つが、足は1本しかない。動くことができそうもない姿にもかかわらず、ずる賢く人間狩りをするカンニバル（食人種）*で、愚かにも彼らの縄張りをうろつく人間たちを食料にして生きている。
文献112

ロビソン
LOBISON

ブラジル南部とウルグアイの伝承と信仰に登場する狼憑き*。犬の怪物*、あるいは大きな野生の豚のような姿で現われて周辺の住民を恐れさせ、誰かれかまわず餌食にした。エントレリオス地方の住民のあいだでは、昼間は人間の姿をしているこの怪物が最も棲みつきやすいのは家畜の飼育場だと考えられている。そのため、若い女性はその周辺に住む男とは出かけようとしない。
文献18

ロブ・オーメン
LOB OMEM

ポルトガルの民間伝承での狼憑き*の呼び名。

文献94

ロブ・オンブレ
LOB OMBRE

スペインの民間伝承での狼憑き*の呼び名。

文献94

ローブライト
ROPERITE

19世紀から20世紀初頭にかけて、米国の特にウィスコンシン州およびミネソタ州で、木こりや森林労働者たちの民間伝承に登場した生物。馬くらいの大きさだが、物をつかめる長い鼻を持ち、投げ縄のように使うことができる。主にウサギを獲物とするが、鼻が届く範囲にいる若い木こりをつかまえることもある。親しみをこめてフィアサム・クリッター*と呼ばれる怪物の一種で、その極端な姿や行動のせいで寂れた場所で聞こえてくる不気味な物音の説明に使われたり、キャンプの時の楽しい語り草にされたりした。

文献7

ロン（龍）
LONG

中国の伝説でドラゴン*を指す総称。本来は大地の水の番人で、蛇に似た鱗のある胴に4本の足（それぞれに4つの巨大な爪がある）、長く曲がった尾、トカゲに似た頭を持つ。中には鯉の体に虎の足、ワシの鉤爪、牡鹿の頭と角を持つものもある。それぞれがその口のなかに知恵の真珠を持つとされている。鼻からは炎と煙を吐き、雨雲のなかに棲む。階級によって役割を示す名前が「龍」の前に付く。ジャン・ロン（張龍）*、チー・ロン・ワン（螭竜王）*、龍王*、バイ・ロン（白龍）、シェン・ロン（神龍）*、ティエン・ロン（天龍）*、ティ・ロン、リウ・リウ（六々）*、イン・ロン（応龍）*など。

文献47、61、89、133、181

ロン・ワン（龍王）
LONG WANG　りゅうおう

中国の伝説におけるドラゴン*。龍王*であり火龍とも呼ばれる。ドラゴンの頭と牡鹿の角を持つ人間の姿でも描かれる。さらには、魚の体に虎の足とドラゴンの頭を持つ場合もある。海、湖、内陸部の水源を支配し、嵐や豪雨を起こす。アオ・グアン（敖広）*、アオ・ビン（敖丙）*、白龍などの他のドラゴンを統率する。

文献7、24、47、61、89、181

⇨ ジャン・ロン（張龍）、東洋の龍、ナーガ

ロング・イアー
LONG EARS

米国南東部オクラホマ州の先住民、セミノレ族の伝承・信仰に登場するフヴッコ・カプコ*の別名。

文献77

ロング・ノーズ
LONG NOSE

米国北東部の先住民セネカ族の伝承と信仰に登場するカンニバル（食人種）*、ハゴンデス*の別名。

文献77

ロング・ランキン
LONG LANKIN

スコットランドの民間伝承に登場するヴァンパイア*の一種、ラミキン*の別名。

文献182

ロンジュール・ドス
RONGEUR D'OS

フランス北部のノルマンディー地方の民間伝承に登場する邪悪な怪物*。名前は「骨を齧る者」という意味。巨大な犬の姿をしているとされる。寂しい夜道を行く旅人を待ち伏せて怖がらせる。イギリス民話のガイトラッシュ*によく似ている。

文献21、24、25、37、160

⇨ 黒妖犬、スクライカー、トラッシュ、バーゲスト、パッドフット、ブラック・シャック、モーザ・ドゥーグ

ロン・マ（龍馬）

LONG MA　りゅうめ

中国で語り継がれ、信じられていた混成怪物。ドラゴン*の体を持ちながら馬の前半身を持つと言われる。天と地のあいだを飛ぶことのできるこの堂々たる生物は、天の神々からの使いだった。この龍馬は中国の皇帝に陰陽の概念を象徴的に示し、宇宙がいかに自然のバランスを保っているかを伝えた。

文献7

∞ ワ ∞

ワイヴァーン
WYVERN, WIVERN

　ヨーロッパの伝説と伝承に登場する想像上の生物。ワイヴァーンの姿は中世ヨーロッパ、とりわけイングランドとフランスの動物寓話集によく出てくる。この生物は身体は蛇*、頭はドラゴン*、翼はコウモリで、足は２本しかないが長い蛇の尻尾には通常とげがある。この怪物*は捕食性であり、出会ったものは何でも破壊してしまう。今日ではその姿はもっぱら、レパートリーのひとつとしてヨーロッパの紋章に描かれている。
文献5、7、20、68、78、89

今日ワイヴァーンはもっぱら、ヨーロッパの紋章のレパートリーのひとつとなっている。

ワウケーオン
WAUKHEON

　米国のブラックヒルズに住む先住民スー族の伝承と信仰に登場するサンダーバード*。
文献89

ワウッケオン
WAUKKEON

　ワキニャン*としても知られるワウッケオンは、米国の先住民ダコタ族の伝承と信仰に登場する巨大なサンダーバード*である。大きな翼で雲のはるか上に上昇すると、その姿は人間に見えなくなってしまう。
文献77

ワカンダギ
WAKANDAGI

　米国の先住民オマハ族とモホーク族の伝承と信仰に登場する水棲の怪物*。この巨大な生物は蛇のように長い身体で、頭には角、足にはひづめが付いていて、どちらも鹿とよく似ている。めったに目撃されることはなく、もし見ることがあっても霧を通してしか見ることができないが、ワカンダギの領域をひとりで旅するような愚か者は皆、惹きつけられて殺されてしまう。ワカンダギは大きな湖やミズーリ川流域に棲むと言われ、そこでその水域に入ってくるものに水の塊を投げつけて攻撃するのである。もし引き返そうとしなければワカンダギは怒り狂い、ボートに乗っている人々を殺す。ある時、凍った湖からワカンダギが現われたと思ったモホーク族の男はボートから投げ出され、火の玉が空を飛ぶのを見た。モホーク族では、加入儀礼を経た者のみが安全だと言われていた。
文献89、134

⇨　ワカンダギ・ペツィ

ワカンダギ・ペツィ
WAKANDAGI PEZI
　米国の先住民オマハ族の伝承と信仰に登場する水棲の怪物*。この巨大な生物は頭には角があると言われるが、めったに目撃されることはなく、もし見ることがあっても霧を通してしか見ることができない。ワカンダギ*は大きな湖やミズーリ川流域に棲み、人々に敬われていたと言われる。しかしキリスト教の宣教師達がこの地域にやってくると、古い信仰はキリスト教にかなうはずもなく、ワカンダギはワカンダギ・ペツィと名前を変えられた。このようにして従来の信仰は悪魔の仕業と決めつけられ、新しい宗教の下に置かれたのである。

文献77、134

ワキニャン
WAKINYAN
　米国の先住民ダコタ族の伝承と信仰に登場するサンダーバード*。ワキニャンはワウッケオン*としても知られる巨大な生物で、大きな翼で雲のはるか上に上昇し、人間がその姿を見ることができないほどである。ワキニャンには4つのタイプがある。明るい青の羽毛を持つ、目または耳のないタイプ、明るい赤の羽毛を持つタイプ、大きなくちばしと黒い羽毛を持つタイプ、くちばしがなく、輝く黄色の羽毛を持つタイプである。これらは襲いかかるよりは護ってくれる生物で、北風であるウンクテヒ*と戦う時の叫び声が、地平線の向こうから聞こえる雷の音である。

文献77

ワジヤ
WAZIYA
　米国の先住民ラコタ・スー族の伝承と信仰に登場する巨人*。ワジヤという名前は3つの言葉「ワ」「ジ」「ヤ」から生まれたもので、それぞれ「雪」「緑」「口で何かをする」という意味である。この巨人は大きな毛皮の衣を着た巨大な生物とされる。彼は空にかかる北極光あるいは北の光の踊りの守護者で、夏のあいだはずっと北の方に棲んでいる。しかし冬になると南下してきて、霜と吹雪をもたらす冬の冷たい風を吹かせる。

文献77

ワズ
WAS
　米国の北西部沿岸に住む先住民ツィムシャン族の伝承と信仰に登場する怪物*。ワズは呪術師を守る奇怪な生物と言われ、その像が異界からやってくるカヌーの船首と船尾に付いていると言われる。

文献77

ワナンビ
WANAMBI
　オーストラリアのウェスタンデザート地方に住む先住民の伝承と信仰に登場する巨大な虹の蛇*の別名。

文献166

⇨　ユルングル

ワニ憑き
WERE-CROCODILE
　インドネシアに伝わる民間伝承に登場する変容した人間。邪悪な人間には tiang maleh rupa の力、つまり悪いことをしたいと思うとワニの姿に変身する魔力を持つものがいる。川や湖の土手で人間の餌食を待ち伏せし、襲って食べるのである。
　ワニ憑きはアフリカ大陸、特にエジプトとザンビアの民話でも知られている。

文献113

⇨　狼憑き

ワーム
WORM
　イギリス諸島の伝承と民話のなかで、ドラゴン*に対して用いられる言葉。ドラゴンを表わす北欧の言葉から派生したもので、worm、orm、vurm などに変形しているが、1000年以上前にヴァイキングに侵略された北部と東部地方で見られるものがほとんどである。

ワームは一般的に、巨大な蛇のような身体に馬とドラゴンの中間のような形の頭、時には角もあり、必ず大きな突き出た目と牙を持っている。火や臭い煙を吐くこともある。どのように描かれようとも、ワームは常に悪意があり、徹頭徹尾邪悪な意図を持つ。その点がドラゴンとは異なるところで、ドラゴンは西洋の伝説でさえも他の欠点を補う取り柄があるものである。ワームの特性はドラゴンよりも超自然的能力に劣る点にある。驚くほど速く動くという能力があるにも関わらず、ずっと簡単に英雄に打ち負かされてしまう。この怪物*は沼地や湿地の汚い場所に棲み、時には湖や井戸（ラムトンのワーム*のように）、海に棲むことさえある。

文献89

⇨　ウィーウイルメック、ヴルム、オルム、キチ・アトハシス、ストールワーム、ペイスト、ミズガルズオルム、リンドオルム、リントンのウォード・ワーム、レイドリー・ワーム、ローズリー・ワーム

ワリェッペン
HUALLEPÉN

チリの伝説や民間伝承に登場する混成獣。羊の体と子牛の頭、ねじれた足を持つとされる。荒地の池や水路に棲み、仲間を求めて近くの牧草地に出かけては牛や羊と交わる。生まれた子供は例外なく、すぐにそれと分かるねじれた鼻面やひづめを持っている。ワリェッペン自身は特に危険な存在ではないが、ワリェッペンやその子供を目にした妊婦には、ねじれた足を持つ赤ん坊が生まれるという悲劇が待っている。

文献18、78

⇨　コルクフルアサスク

ワルタハンガ
WALUTAHANGA

メラネシアの神話と伝承に登場する水棲の怪物*。ワルタハンガとは「8ファゾム（1ファゾム＝6フィート）」という意味である。伝説はこの生物が、雌の蛇として人間の女性のもとに生まれた様子を語る。母親は夫の反応を恐れて、ワルタハンガを隠した。もうひとり子供が生まれた時、ワルタハンガはその子の世話をするために連れてこられたが、父親がその蛇*を目撃し、自分の子供の面倒を見ているその生物を、我が娘とは知らずに切り刻んでしまった。8日間雨が降り続いた後、ワルタハンガは再び元の姿に戻ったが、人々を飲み込んで復讐した。もう一度彼女は捕らえられ、切り刻まれた。完全に殺すために、ワルタハンガは料理されてシチューになった。ひとりの女性と彼女の子供以外は皆、そのシチューを食べた。ワルタハンガは再び現われて、食べなかったふたりの守護者となり、ふたりに幸運をもたらした。

文献38、160

ワルンクァイン
WALLUNQUAIN

⇨　ウォルンクァ

ワンディル
WANDIL

イングランドのウィルトシャーの伝承に登場する巨人*。巨大なだけでなく、不死身で非常に悪意があると言われた。横暴で人間をひどく迫害した。しかし彼がこの土地に働いた決定的な悪業に、神々が罰を下した。ワンディルは春を盗み、この土地をずっと冬の支配に置いたのである。だから神々は彼を地上から追い出し、天に放り出した。ワンディルは双子座のなかにいて、真冬の夜にはその赤く輝く恨みの目が地上をにらみつける。そして彼は再び凍りつく季節を地上に送るのである。

文献13

ワンドルベリー・ジャイアンツ
WANDLEBURY GIANT

イングランドのケンブリッジシャー州に伝わる民話に登場する巨人*。ワンドルベリー・ジャイアンツは「大きな腹を持つもの」という意味のオール・ポーンチとも呼ば

れ、17世紀には人間の頭ほどの大きさの歯をしている巨大な生物として描かれた。ケンブリッジの町の郊外のワンドルベリーに、巨人の姿を刻んだ古代のチョークの丘があった。それは古代の土塁と鉄器時代の壊れた塁壁のそばにあった。いくつかの伝説によると、この巨人は、姿が刻まれたゴグマゴグ・ヒルズの名前を取って、ゴグマゴグ*と呼ばれた。それは18世紀にはまだ残っていた。11世紀の伝説によると、その巨大な騎士あるいは英雄は、月夜の晩に土の塁壁のなかで大声で言われたどんな挑戦も引き受け、敵に超自然の傷を与えたという。

文献13

監訳者あとがき

　前作の『世界の妖精・妖怪事典』に引き続き、同じキャロル・ローズの著作をお届けする。前作が小さな異人たち（リトル・ピープル）を紹介した著作であったのと対照的に、今回の本では巨大な異形存在たち（ジャイアント・ビーイングス）が紹介されている。人間やその似姿に想像される神々たちが中心に位置するとするなら、その足元にはより小さな存在がいて、より遠方にはより大きな存在がいて、日常世界の外部に位置する不可視な空間を満たしているという観念図式が浮かび上がってくるだろう。

　妖精や妖怪は人間に好意的な場合には、大きさは小さくても可愛らしい存在であり、たとえ悪意のある奇怪な姿の場合でも、人間的なものの部分が変形した程度に一般的には考えられていた。そして彼らは現在もいるとか、あるいはほんの少し前までは存在していたと思われている。彼らは身近な存在であり、したがって子供向けの童話や娯楽としてのおとぎ話によく登場する。これに対して、怪物や怪獣は世界の秩序が定まる以前の混沌とした世界にふさわしい原初的存在とか、あるいは世界の秩序を脅かす敵対的存在とされる。つまり、混沌とした原初状態から秩序立ったコスモスが成立してくる様子を語る起源神話や、英雄が世界の秩序を脅かす怪物・怪獣を退治する英雄神話によく登場するのである。小さな妖精・妖怪が童話、おとぎ話によく登場し、巨大な怪物や怪獣が神話によく登場するのには、このようにちゃんとした理由があるのである。

　もちろん、例外はある。『グリム童話』ではしばしば王子さまが魔法使いによって怪物に変えられ、お姫さまの愛情の力によって元の姿に戻っている。しかしその怪物もどことなく愛らしいし、また、王子さまが変えられるのは怪物ばかりでなくて、動物や植物や鉱物の場合さえある。怪物や怪獣の本来の活躍の場はやはり、現実世界から空間的にも時間的にも遠く隔たった神話世界の方なのである。

＊

　しかし西洋に限ってみれば、ギリシア・ローマ神話以外にも巨大な異形存在が注目を浴びるようになる契機があった。たとえば本書ではフランソワ・ラブレーの『ガルガンチュワ物語』や『パンタグリュエル物語』から巨人の名前がしばしば引用されている。ラブレーは15世紀末に生まれて16世紀前半に活動したフランスの人文学者だが、ルネサンスの古典文化復活の影響を受けた自由主義的な思想がパリ大学ソルボンヌ神学部から禁止されたため、フランスの伝説に登場する巨人の父子を主人公に滑稽で酒池肉林的な世界を描き出して、頑迷なスコラ神学を批判したのである。現実を批判するために現実の外部の存在を持ち出してくるという戦略である。

　もう一つは図像表現である。中世以来、怪物や怪獣のイメージを育む役割を果たしてきたものとしては、ラブレーの時代以前のロマネスクやゴシックにおいても、教会や宮殿外面を飾った魔よけのための怪物装飾や貴族の紋章がある。それは民衆にとって見慣れた図像であったに違いないし、そこから怪物や怪獣についての想像力がさらに膨らむことがありえたろう。グリュプス（グリフォン）やワイバーンはほとんど物語を持っていないが、紋章を通して、その姿や名前はよく知られていた。

　さらにラブレーの時代の図像ということでは、装飾の流行という問題が加わる。グロテスクという語は誰でも知っているが、その起源はグロット（洞窟・地下室）という語で、ルネサンス以降にローマ時代のヴィラを思わ

せるような邸宅に意図的に洞窟を模した部屋を設けて、奇妙で奇怪な装飾を施したことに由来する。ケンタウロスをはじめとする様々な合成動物、合成人間が描かれたのである。それはルネサンスの古典趣味へのアンチテーゼであった(アンドレ・シャステル著、永澤峻訳『グロテスクの系譜』ちくま学芸文庫、参照)。

つまり西洋近世では、新しい時代の到来に伴い、その象徴ないしは古い時代の批判の手段として、巨人、怪物、怪獣が文学でも美術でも用いられたといえそうなのである。

19世紀のロマン主義の興隆においても怪物や怪獣は重要であった。民衆の伝統のなかにこそ民族の魂が息づいているあるいは生き残っているというロマン主義は、集権国家化や近代化に立ち遅れたドイツに生まれ、大国によって抑圧的な支配を受けていたヨーロッパの小国によって熱狂的に受容されたが、ロマン主義においては、ギリシア・ローマ文化やキリスト教によって軽視されてきた民衆の伝承中の異類や異形の者たちが民族(フォルク)の想像力の産物として再評価されたからである。もちろんこれは妖精や妖怪についてより顕著であったが、怪物や怪獣についてもそうであった。

＊

科学の時代になっても怪物や怪獣は消えない。むしろ、新しい姿で次々と登場してきている。映画、そしてその後はテレビの登場によって、怪物や怪獣は目に見える形で私たちの前に現われてきたのである。ドラキュラ、キングコング、ゴジラ、モスラ、キングギドラ、そしてウルトラマンと戦う怪獣たちもいる。そこには人間の自然破壊の結果として生まれたとされる怪獣が多くいた。また人間が神に倣って生命を生み出そうと試みた結果生まれたフランケンシュタインの怪物もいる。人間が科学の力によって未知の領域に踏み込むと、そこにも怪物や怪獣が出現してくる。未知の世界の怪物には、宇宙からの生命体エイリアンももちろん含めてよいだろう。怪物や怪獣は、古代から未来まで続く人間の想像力の力強い流れを形成している。

＊

前作『世界の妖精・妖怪事典』と同様に本書にも類書はないので、参照資料としても読書の楽しみのためにも利用価値は高いと思う。ただ強いて欠点をあげるとすれば、図版が少ないことであろう。この点については、原著にない図版を加えて改善を試みた。また、八坂書房から『幻想図像集―怪物篇―』というイラストを400点ほど載せた本が出されているので、本書と併せてご覧戴くとよいだろう。物語は図版と一緒にすると、人類文化の想像力の横溢をより立体的に楽しめるはずである。

もう一つ参考となるものにフィギュアがある。手前味噌になるが、私は数年来、おまけ付きお菓子(いわゆる食玩)メーカーのカバヤ食品が「世界の神話」シリーズとして出している、神話や伝説の神々・英雄・怪物などのフィギュアについて助言をし、同封されているカードの解説を書いている。その最新のシリーズが「ドラゴン神話」である。ヒュドラ、ファヴニル、レヴィアタン、ミズガルズオルム、中国の龍など全部で8体ある。見事な造形なので、是非ご覧いただきたい。

＊

世界中の怪しげな生物についての文章を翻訳するのだから、お手伝いいただいた訳者のみなさんには前作と同様に大変なご苦労をいただいた。心から感謝申し上げたい。ただ全体の調子を統一するために、訳文に手を入れざるを得なかった。また原著の記述が不正確とか曖昧と思われた場合には、いちいち断りはしていないが、より分明にするために言葉を補ったり、調べられた範囲で訂正を加えたりした。したがって本書の訳文、訳語についての最終的責任は私が負うものである。なお訳語のうち、原著が「インディアン」や「イ

ンディオ」という語を用いず、「先住民」としていたので、訳文でもそれに従った。

　前作でも固有名前の表記には苦心したが、今回の大変さはそれを上回った。いつもそれなりに努力はしているのだが、所詮は個人の能力や努力はたかが知れている。間違っている個所や不適切な個所があれば、ご教示いただけると有難い。表記のなかでも最大の障害となったのは中国と日本の場合であった。西洋風に綴られた中国語の表記から漢字表記を捜すことは、歴史上の王朝やら有名人なら何とかなっても、怪しげな怪物の名前についてはお手上げであった。幸いにして、これについては馬渕明子さんをはじめ何人かの専門家の方々のご助力を戴いた。馬渕さんからのご教示なしでは今回の翻訳完成は不可能であった。心から御礼申します。

　とはいえ、それでも漢字表記が分からないものが残った。また日本のものについても出典が不明な場合があった。それから記述された内容に疑問を感じるものもあった。内容が不正確な場合にはもちろん訂正したが、出典が不明なものについてはそのままにしてある。多少の皮肉も交えていうのだが、そうした問題なしとしないような記述も、ヨーロッパにおいて中国や日本の怪物、怪獣についてどのように紹介されているのかを知るうえで参考になるだろうと思う。

　最後になるが、今回もまた前作と同様に伴走者として大いに助けていただいた、原書房編集部の大西奈己さんに心からの感謝を述べたい。

*

　本書は2004年12月に初版が出た。幸い多くの読者に好評をもって迎え入れられ、その後も版を重ねてきたが、今回、普及版として装いも新たに再登場することになった。科学の世界は日進月歩で、古いものは新しいものによって乗り越えられていくのが定めだが、怪物や神獣といった私たちの心が生み出すイメージは、昔も今も変わることのない不思議さを秘めている。本書の魅力がさらに多くの読者の元に届きますように。

2014年8月

松村一男

参考文献

1. Allardice, P. *Myths, Gods, and Fantasy: A Source Book.* Bridport, U.K: Prism Press, 1991.
2. アンデルセン『アンデルセン童話集 1 〜 3』大畑末吉訳、岩波少年文庫
3. *The Anglo-Saxon Chronicles.* Translated and collated by Anne Savage. Guild Publishing, 1983. Heinemann ed., 1985.
4. Ashton, J. *Chapbooks of the Eighteenth Century.* 1882. Reprint, London: Skoob Books, 1992.
5. Aveling, T. *Heraldry: Ancient and Modern, Including Boutell's Heraldry.* London: Frederick Warne, 1891.
6. Bamberg, R. W. *Haunted Dartmoor: A Ghost-hunter's Guide.* Devon, England: Peninsular Press, 1993.
7. Barber, R., and A. Riches. *A Dictionary of Fabulous Beasts.* Ipswich: Boydell Press, 1971.
8. Barclay, Revd. James. *Barclay's Universal Dictionary.* London: James Virtue, 1848.
9. Baring-Gould, S. *A Book of Folklore.* London: Collins, 1890.
10. Baxter, R. *Bestiaries and Their Users in the Middle Ages.* Courtauld Institute. London: Sutton Publishing, 1998.
11. Bayley, H. *Archaic England.* London: Chapman and Hall, 1919.
12. Beare, B. *Ireland, Myths, and Legends.* Bristol, U.K.: Sienna Print of Paragon Books, 1996.
13. 『ベーオウルフ』忍足欣四郎訳、岩波文庫
14. *Bestiary (1220–1250): Being and English Version of the Bodleian Library Oxford Ms. Bodley 764.* Translated by R. Barber. Woodbridge, U.K.: Boydell Press, 1993.
15. Bett, Henry. *English Legends.* London: Batsford, 1950.
16. *The Big Foot Mystery.* U.K. television program, April 13, 1997.
17. Blum, R., and E. Blum. *The Dangerous Hour: The Lore of Crisis and Mystery in Rural Greece.* London: Chatto and Windus, 1970.
18. ボルヘス『幻獣辞典』柳瀬尚紀訳、晶文社
19. Bozic, S., and A. Marshall. *Aboriginal Myths.* Melbourne: Gold Star Publications, 1972.
20. ブルーワー『ブルーワー英語故事成語大辞典』加島祥造主幹、大修館書店
21. ブリッグス『妖精の時代』石井美樹子・海老塚レイ子訳、筑摩書房
22. ブリッグス編『世界の怪奇民話　イギリスの怪奇民話』出口保夫訳、評論社
23. Briggs, K., and R. L. Tongue (eds). *Folktales of England.* London: Routledge and Kegan Paul, 1965.
24. Briggs, Katherine. *An Encyclopaedia of Fairies (Hobgoblins, Brownies, Bogies, and Other Supernatural Creatures).* New York: Pantheon Books, 1976.
25. Briggs, Katherine. *The Vanishing People.* London: Batsford, 1978.
26. Brown, M. E., and B. A. Rosenberg. *Encyclopedia of Folklore and Literature.* Santa Barbara, Calif.: ABC-CLIO, 1998.
27. Brown, Theo. *Devon Ghosts.* Norfolk, England: Norwich, Jarrold, 1982.
28. ブルフィンチ『伝説の時代希臘羅馬神話』大久保博訳、角川文庫
29. ブルフィンチ『ギリシア神話と英雄伝説　上下』佐渡谷重信訳、講談社学術文庫
30. バニヤン『天路歴程』竹友藻風訳、岩波文庫
31. Bunyan, J. *The Pilgrim's Progress.* Glasgow: Wm. MacKenzie, UK ed., 1861.
32. Burland, C. *Myths of Life and Death.* London: MacMillan, 1972.
33. バーランド『アメリカ・インディアン神話』松田幸雄訳、青土社
34. Burland, C., I. Nicholson, and H. Osborne. *Mythology of the Americas.* London: Hamlyn, 1970.
35. Burland, C., I. Nicholson, and H. Osborne. *Mythology of the North Americans.* London: Hamlyn, 1970.
36. Burne, C. S. *The Handbook of Folklore.* London: Sidgwick and Jackson, 1914.
37. Carew-Hazlitt, W. *Faiths and Folklore: A Dictionary.* London: Reeves and Turner, 1905.
38. Carlyon, Richard. *A Guide to the Gods.* London: Heinemann/Quixote, 1981.
39. Carrington, R. *Mermaids and Mastodons: A Book of Natural and Unnatural History.* London: Chatto and Windus, 1957.
40. キャロル『鏡の国のアリス』芹生一訳、新潮文庫
41. Cavendish, R., ed. *Legends of the World.* London: Orbis Publishing, 1982.
42. Chisholm, L., and A. Steedman. *A Staircase of Stories.* London: Thomas Nelson and Sons, ca. 1945.
43. Clairvaux, Bernard of. *Apologia XII: 29.* Trans C. Rudolph. In *Things of Greater Importance, Bernard of*

44. Clairvaux, Apologia, and The Medieval Attitude Towards Art. Philadelphia: University of Pensylvania, 1990.
44. Cliffe, S. Shadows: A Northern Investigation of the Unknown. Cheshire, U.K.: Sigma Press, 1993.
45. Cohen, J. J. "Of Giants: Sex, Monsters, and the Middle Ages." Medieval Cultures 17 (1999).
46. 『シェイクスピア全集』小田島雄志訳、白水社
47. コッテル『世界神話辞典』左近寺祥子他訳、柏書房
48. Coughlan, R. The Illustrated Encyclopaedia of Arthurian Legends. Shaftesbury and Dorset, U.K.: Element Books, 1993.
49. Dale-Green, P. The Cult of the Cat. London: Heinemann, 1973.
50. Dame Kiri Te Kanawa, ed. Land of the Long White Cloud: Maori Myths, Tales, and Legends. London: Puffin Books, 1989.
51. Day, D. A Tolkien Bestiary. London: Chancellor Press, 1979 (1997 ed.).
52. Dickson, M. The Saga of the Sea Swallow. London: H. D. Innes, 1896.
53. Dixon, E., ed. Fairy Tales from the Arabian Nights. London: Dent, 1893.
54. Dixon-Kennedy, M. Arthurian Myth and Legend: An A–Z of People and Places. London: Blandford Press, 1995.
55. Dixon-Kennedy, M. Encyclopedia of Russian and Slavic Myth and Legend. Santa Barbara, Calif.: ABC-CLIO, 1998.
56. The Economist (November 6–15, 1996): 115–121.
57. Edwards, W. A Mediaeval Scrap Heap. London: Rivingtons, 1930.
58. The Enchanted World Series. Night Creatures. Amsterdam: Time Life Books, 1985.
59. The Enchanted World Series. Spells and Bindings. Amsterdam: Time Life Books, 1985.
60. The Enchanted World Series. Water Spirits. Amsterdam: Time Life Books, 1985.
61. 『ブリタニカ大百科事典』1994年版
62. The Encyclopaedia of Comparative Religion. London: Everyman, 1965.
63. Epstein, P. Monsters: Their Histories, Homes, and Habits. New York: Doubleday, 1973.
64. Everyman's Dictionary of Non-Classical Mythology. London: Everyman Reference, 1965.
65. Eyre, K. Lancashire Ghosts. Yorkshire: Dalesman Books, 1979.
66. Fewkes, J. W. Designs on Hopi Pottery. New York: Dover Publications, 1973.
67. Folklore Myths and Legends of Britain. London: Reader's Digest, 1973.
68. Fox-Davies, A. C. Heraldry Explained. London: T. C. and E. C. Jack, 1907.
69. Frayling, C. Vampires: From Lord Byron to Dracula. London: Faber and Faber, 1991.
70. フレイザー『金枝篇』永橋卓介訳、岩波文庫
71. Gainsford, J., ed. The Atlas of Man. Omega Books, 1987.
72. Gaselee, Stephen. Stories from the Christian East. London: Sidgwick and Jackson, 1918.
73. Gaskell, D. S. Dictionary of Scripture and Myth. New York: Dorset Press, 1883.
74. Gaynor, F., ed. Dictionary of Mysticism. London: Wildwood House, 1974.
75. Gerritsen, W. P., and A. G. van Melle. A Dictionary of Medieval Heroes. Translated by T. Guest. Woodbridge, England: Boydell Press, 1998.
76. Gheerbrant, A. The Amazon Past, Present, and Future. New York: Thames and Hudson, 1992.
77. Gill, S. D., and I. F. Sullivan. Dictionary of Native American Mythology. Santa Barbara, Calif.: ABC-CLIO, 1992.
78. Gordon, Stuart. The Encyclopaedia of Myths and Legends. London: Headline, 1993.
79. Gouda, Y. "Jinns." Saudi Arabia: Saudi Gazette (March 31, 1995).
80. Gouda, Y. "Jinns." Saudi Arabia: Saudi Gazette (April 14, 1995).
81. Gould, C. Mythical Monsters. 1886, Senate Imprint Studio Editions, 1995.
82. Greenwood, J. Savage Habits and Customs. London: S. O. Beeton, 1865.
83. Guerber, H. Myths and Legends of the Middle Ages. London: Harrap, 1948.
84. Gwynn Jones, T. Welsh Folklore and Folk Custom. London: Methuen, 1930.
85. Hall, S. C. The Book of British Ballads. London: Jeremiah How, 1847.
86. Hall, S. C., ed. The Book of British Ballads. Rev. ed. London: J. How, 1848.
87. Hall's Dictionary of Subjects and Symbols in Art. London: Murray, 1979.
88. Hanson, A., and L. Hanson. Counterpoint in Maori Culture. London: Routledge and Kegan Paul, 1983.
89. Hargreaves, J. Hargreaves New Illustrated Bestiary. Glastonbury, England: Gothic Image Publications, 1990.
90. Harner, M. J. The Jívaro: People of the Sacred Waterfalls. London: Robert Hale, 1973.
91. Hassig, D. Mediaeval Bestiaries: Text, Image, Ideology. Cambridge, U.K: Cambridge University Press, 1995.
92. Hawthorne, N. A Wonder Book for Boys and Girls and Tanglewood Tales. London: Dent, 1910.
93. Henderson, W. Folklore of the Northern Counties of England and the Borders. London: Longmans Green, 1866.
94. Hill, D., and P. Williams. The Supernatural. London: Aldus Books, 1965.
95. Hiltebeitel, A., ed. Criminal Gods and Demon Devotees. Albany: State University of New York, 1989.
96. Hippisley-Coxe, Anthony D., Haunted Britain, Pan Books Ltd, 1973.
97. Hoffman, Dr. Heinrich. The English Strewwelpeter, or Pretty Stories and Funny Pictures. London: George Routledge and Sons, 1847.
98. Hole, C. A Dictionary of British Folk Custom. London: Paladin/Collins, 1986.
99. 聖書　新共同訳、日本聖書教会

100. Housman, L. *All-Fellows*. London: Kegan Paul Trench Trübner, 1896.
101. Housman, L. *The Field of Clover*. London: Kegan Paul Trench Trübner, 1898.
102. Hyslop, Robert, ed. *Echoes from the Border Hills*. Pentland Press, 1992.
103. Ivanits, Linda J. *Russian Folk Belief*. New York: M. E. Sharpe, 1989.
104. Jacobs, Joseph, ed. *Celtic Fairy Tales*. London: David Nutt, 1895.
105. Jones, G. *Kings, Beasts, and Heroes*. Oxford: Oxford University Press, 1972.
106. Jones, Rev. Henry, and Lewis Kropp. *The Folk Tales of the Magyars*. London: The Folklore Society, 1889.
107. カイトリー『妖精神話学』社会思想社
108. Kendall, L. *Shamans, Housewives, and Other Restless Spirits*. Honolulu: University of Hawaii Press, 1985.
109. Ker Wilson, B. *Scottish Folktales and Legends*. Oxford: Oxford University Press, 1954.
110. Kerven, R. *The Mythical Quest: In Search of Adventure, Romance, and Enlightenment*. Orig. publ. by the British Library for exhibition, 1996. Pomegranite Artbooks, 1996.
111. Killip, M. *Folklore of the Isle of Man*. London: Batsford, 1975.
112. Knappert, J. *Indian Mythology: An Encyclopaedia of Myth and Legend*. London: Diamond Books, 1995.
113. Knappert, J. *Pacific Mythology: An Encyclopaedia of Myth and Legend*. London: Diamond Books, 1995.
114. Knatchbull-Huggeson, E. *River Legends*. London: Daldy Ibister, 1875.
115. Lang, A. *Custom and Myth*. London: Longmans Green, 1898.
116. Lang, A., ed. *The Elf Maiden and Other Stories*. London: Longmans Green, 1906.
117. Lang, A., ed. *The Snow Queen and Other Stories*. London: Longmans Green, 1906.
118. Langer, William L., ed. *The Encyclopaedia of World History*. London: Harrap/Galley Press, 1987.
119. Leach, M., ed. *The Dictionary of Folklore*. Chicago: Funk and Wagnall, 1985.
120. Leach, M., ed. *The Standard Dictionary of Folklore*. Funk and Wagnall, 1972.
121. Leacock, S., and R. Leacock. *Spirits of the Deep*. New York: Doubleday, 1972.
122. Legey, F. *The Folklore of Morocco*. French ed., 1926. Translated by L. Hotz. London: Allen and Unwin, 1935.
123. Litvinoff, Sarah, ed. *The Illustrated Guide to the Supernatural*. London: Marshall-Cavendish, 1990.
124. *Lloyd's Encyclopaedic Dictionary*. London: Edward Lloyd, 1895.
125. Lurker, Manfred. *Dictionary of Gods and Goddesses, Devils and Demons*. Translated by Campbell. London: Routledge, 1989.
126. Lyon, P. J. *Native South Americans*. Boston: Little Brown, 1974.
127. Macdowall, M. W. *Asgard and the Gods—Tales and Traditions of Our Northern Ancestors*. Adapted from the work of Dr. W. Wägner. London: Swan Sonnenschein, 1902.
128. MacKillop, J. *Dictionary of Celtic Mythology*. Oxford: Oxford University Press, 1998.
129. MacKinnon, J. *Scottish Folk Tales in Gaelic and English*. Edinburgh: JMK Consultancy Publishing, 1991.
130. Maple, Eric. *Superstition and the Superstitious*. London: W. H. Allen.
131. *Mars Landing Transmission Direct from Pasadena U.S.A*. U.K.: BBC, July 4, 1997.
132. Martin, B. W. *The Dictionary of the Occult*. London: Rider, 1979.
133. McLeish, K. *Myths and Legends of the World Explored*. London: Bloomsbury Press, 1996.
134. Menger, M., and C. Gagnon. *Lake Monster Traditions: A Cross-Cultural Analysis* London: Fortean Tomes, 1988.
135. Mollet, J. W. *An Illustrated Dictionary of Antique Art and Archaeology*. Omega, 1927.
136. Moon, B., ed. *An Encyclopaedia of Archetypal Symbolism*. Boston and London: Archive for Research on Archetypal Symbolism, Shambhala Publications, 1991.
137. Morrisson, S., ed. *Wm. Cashen's Manx Folklore*. Douglas Isle of Man: G. L. Johnson, 1912.
138. Mowat, F. *People of the Deer*. London: Readers' Union, Michael Joseph, 1954.
139. *New Larousse Encyclopaedia of Mythology*. London: Book Club Associates, 1973.
140. Newman, P. *Gods and Graven Images*. London: Robert Hale, 1987.
141. Notes from the Library of the Vladimir Pedagogical Institute. Vladimir University, Russia.
142. O'Hogain, Dr. D. *Myth Legend and Romance: An Encyclopaedia of the Irish Folk Tradition*. New York: Prentice Hall, 1991.
143. オービー『ナースリィ・ライム・ブック』吉田新一注釈、弓書房
144. Owen, D. D. R. *The Legend of Roland: A Pageant of the Middle Ages*. Phaidon Press, 1973.
145. Owen, W. *Strange Scottish Stories*. Norwich: Jarrold Press, 1983.
146. *The Oxford English Dictionary*. Compact ed. Oxford: Oxford University Press, 1971.
147. Paré, Ambroise. *On Monsters and Marvels*. Trans. J. Pallister. Chicago: University of Chicago Press, 1983.
148. Parry-Jones, D. *Welsh Legends and Fairy Folk Lore*. London: B. T. Batsford, 1953.
149. Payne, A. *Medieval Beasts*. London: British Library, 1990.
150. Piggott, J. *Japanese Mythology*. London: Chancellor Press, 1969 (1997 ed.).
151. Poignant, R. *Myths and Legends of the South Seas*. London: Hamlyn, 1970.
152. Porteous, A. *Forest Folklore*. London: G. Allen and Unwin, 1928.
153. Reed, A. W. *Aboriginal Fables and Legendary Tales*. Sydney, Australia: New Reed Holland, 1965 (1998 rep.).
154. Reed, A. W. *Aboriginal Tales from Australia*. Sydney, Australia: New Reed Holland, 1980 (1998 rep.).
155. Reed, A. W. *Maori Myth and Legend*. Auckland, New Zealand: Reed Books, 1983 (repr. 1996).

156. *The Rider Encyclopaedia of Eastern Philosophy and Religion*. London: Rider, 1986.
157. Risdon, J., A. Stevens, and B. Whitworth. *A Glympse of Dartmoor—Villages, Folklore, Tors, and Place Names*. Devon, England: Peninsular Press, 1992.
158. Robbins, R. H. *The Encyclopaedia of Witchcraft and Demonology*. London: Bookplan/Hamlyn, 1959.
159. Roberts, A., and D. Roberts. *Shadows in the Mist*. S. Australia: Art Australia, 1989.
160. ローズ『世界の妖精・妖怪事典』松村一男訳、原書房
161. Rose-Benét, W., ed. *The Reader's Encyclopaedia*. London: Book Club, 1974.
162. *Royal Pageantry, Customs, and Festivals of Great Britain and Northern Ireland*. London: Purnell and Sons, 1967.
163. Ryan, J. and G. Bardon. *Mythscapes: Aboriginal Art of the Desert*. Melbourne: National Heart Foundation, National Gallery, 1989.
164. Saggs, H. W. F. *Civilization Before Greece and Rome*. London: Batsford, 1989.
165. Seebok, T. A., and F. J. Ingemann. "Studies in Cheremis: The Supernatural." *Fund Publications in Anthropology*, No. 22. Werner-Gren Foundation for Anthropological Research Inc, New York: Viking, 1956.
166. Senior, Michael. *The Illustrated Who's Who in Mythology*. Edited by G. Paminder. MacDonald Illustrated, 1985.
167. Skeat, W. W. *Malay Magic*. Oxford: Oxford University Press, 1889 (Rep., Singapore, 1984).
168. Smith, J. C. D. *A Guide to Church Wood Carvings, Misericords, and Benchends*. Newton Abbot, U.K.: David Charles, 1974.
169. Spence, L. *A Dictionary of Mythology*. London: Cassell, 1910.
170. Spence, Lewis. *The Minor Traditions of British Mythology*. London: Rider, 1948.
171. Spence, Lewis. *North American Indians, Myths, and Legends*. Studio Editions. London: Bracken Books, 1985.
172. Squire, C. *Celtic Myth and Legend*. London: Gresham, 1889.
173. Squire, Charles. *Celtic Myth and Legend, Poetry and Romance*. Gresham, 1910. Reprint, Hollywood, Calif.: Newcastle, 1975.
174. Stevens, W. *Giants in Those Days*. Lincoln: University of Nebraska Press, 1989.
175. Stow, John. *Stow's Annales*. London: John Stow, 1600.
176. Summers, Montague. *The History of Witchcraft*. Mystic, Conn.: Mystic Press, 1925.
177. スウィフト『ガリバー旅行記』中野好夫訳、新潮文庫
178. Swinburne-Carr, T. *A New Classical Lexicon of Biography, Mythology and Geography*. London: Simpkins Marshall, 1858.
179. Thornton, Robert of. *Morte Arthure: An Alliterative Poem of the 14th Century*. Edited by Mary Macleod Banks. London: Longmans Green, 1900.
180. 『マンデヴィル東方旅行記』大場正史訳、平凡社
181. Walters, D. *Chinese Mythology, An Encyclopaedia of Myth and Legend*. London: Aquarian/Thorsons (Harper Collins), 1992.
182. ワーナー『野獣から美女へ おとぎ話の語り手たち』安達まみ訳、河出書房新社
183. Westwood, J. *Albion: A Guide to Legendary Britain*. London: Grafton, 1992.
184. Westwood, J., ed. *The Atlas of Mysterious Places*. London: Guild Publishing, 1987.
185. White, T. H. *The Book of Beasts, Being a Translation from a Latin Bestiary of the 12th Century*. London: Jonathan Cape, 1954 (1956 rep.).
186. Wier, A., and Jerman, J. *Images of Lust: Sexual Carvings on Medieval Churches*. 1986. Reprint, London: Routledge, 1999.
187. Williams-Ellis, A. *Fairies and Enchanters*. London: Nelson, 1933.
188. Wirtjes, Henneke, ed. *The Middle English Physiologus*. From British Library Ms. Arundel 292 ca. 1300 A.D. Oxford: Early English Text Society, Oxford University Press, 1991.
189. イエイツ『ケルト幻想物語』井村君江訳、ちくま文庫

付録

日本語参照文献

＊本書を訳すにあたっては名前の表記や内容の確認のために以下の文献を参照した。記して感謝申し上げたい。ただし、本書内部での表記の一貫性の都合上、必ずしもすべての場合に参照文献での表記に従ってはいないことを、あらかじめお断り申し上げておく。

『アイスランド・サガ』J・L・バイヨック、柴田忠作訳、東海大学出版会
『アナーシェフ　ロシア民話集』中村喜和編訳、岩波文庫
『インド神話伝説辞典』菅沼晃、東京堂出版
『ヴィジュアル版世界の神話百科：アメリカ編』D・M・ジョーンズ、B・L・モリノー、蔵持不三也監訳、原書房
『ヴィジュアル版世界の神話百科：ギリシア・ローマ／ケルト／北欧編』アーサー・コットレル、松村一男、蔵持不三也、米原まり子訳、原書房
『ヴィジュアル版世界の神話百科：東洋編』レイチェル・ストーム、山本史郎、山本泰子訳、原書房
『エジプトの神々事典』ステファヌ・ロッシーニ他、矢島文夫訳、河出書房新社
『エスキモーの民話』ハワード・ノーマン編、松田幸雄訳、青土社
『エッダ』谷口幸男訳、新潮社
『欧州百鬼夜行抄』杉崎泰一郎、原書房
『狼男伝説』池上俊一、朝日新聞社
『完訳カンタベリー物語』ジェフリー・チョーサー、桝井迪夫訳、岩波文庫
『吸血鬼ドラキュラ』ブラム・ストーカー、平井呈一訳、創元推理文庫
『ギリシア・ローマ神話辞典』高津春繁、岩波書店
『ケルト事典』ベルンハルト・マイヤー、鶴岡真弓監修、平島直一郎訳、創元社
『古代オリエント集』杉勇・三笠宮崇仁編、筑摩書房
『ゴーレム』、グスタフ・マイリンク、今村孝訳、河出書房新社
『図説アーサー王伝説事典』ローナン・コグラン、山本史郎訳、原書房
『大英博物館古代エジプト百科事典』イアン・ショー他、内田杉彦訳、原書房
『中国古代鬼神文化大観』、尹飛舟著、百花洲文芸
『中国神話・伝説大事典』、袁珂著、鈴木博訳、大修館書店
『トールキン指輪物語事典』デビット・デイ、仁保真佐子訳、原書房
『パンタグリュエル物語』フランソワ・ラブレー、渡辺一夫役、岩波文庫
『プリニウスの博物誌』中野定雄、中野美代、中野由美訳、雄山閣出版
『ペルシア神話』ジョン・R・ヒネルズ、井本英一・奥西俊介訳、青土社
『マハーバーラタ』上村勝彦訳、筑摩書房
『マビノギオン』中野節子訳、JULA出版局
『ロランの歌』有永弘人訳、岩波文庫

付録

1 黙示録と世界の終末に関連する生物

赤い獣、アポカリプティック・ビースト、アールズシェーンク、エルプスト・フェンリル、ガルム、グリーズ、ゴグ、サムヴァルタ、シナー、霜の巨人、スクリムスル、スルト、ダハク、ダバット、反キリスト、ピアスト、火の巨人、ヒュドラ、フリームスルス、フリュム、ミズガルズオルム、黙示録の獣、黙示録のドラゴン、ヨルムンガンド

2 災害に関連する生物

アイド・ウエド、アーヴァンク、アオ・グアン（教広）、アオ・シュン（教順）、アオ・チン（教欽）、アナイエ、アヒ、アリエス、ヴァースキ、ヴァレドヤド、ウィカチャ、ウェールズの巨人、ヴリトラ、ウルタリー、エンケラドス、狼憑き（人狼）、オグ、オシャダゲア、カマプアア、カレワンポジャット、ギガンテス、ギボリム、クルシェドラ、ゴン・ゴン（共工）、サムヴァルタ、サラマンダー、シェーシャ、地震魚、地震虫、シバクナ、シャン・ユン、ジョカオ、ステリオ、ストールワーム、ゼルフア、ダイティヤ、立って動いているもの、チーローニア、ディー、ティーフールツォーディ、テエホルツォディ、東洋の龍、ドラゴン（エチオピアの）、ナーガ・パホーダ、虹の蛇、ニュラユーイニク、ネビリム、ノア、ハイカナコ、ハバリット、パルルコン、パレト、バニイップ、ヒイントカビイット、フレイミング・ティース（燃え立つ歯）、ベルゲルミル、ボチカ、ユミル、ユル・ユララ、ユルング、ラ・ヴェリュ

3 湖と川に関連する生物

湖

アーヴァンク、アシュワープス、アポカリプティック・ビースト、アムルク、アントゥカイ、イェンリッシュ、インブンチェ、ウィッシュブーシュ、ウェンディゴ、エモゴアレック、エルプスト、オイリフェイスト、オゴポゴ、オニアレス、オヤレロウェク、キチ・アトハシス、グレート・ホーンド・サーペント（角のある大蛇）、古代蛇、サ＝イン、シャンプ、白い胸、白ヒョウ、スイリャハ、スカフノワ、ストルスイェードジュレト、スヨトロール、スライミー・スリム、セルヨルズオ、チピトカーム、ト・カス、トレルケフエクヴェ、ナイタカ、ニッケン、パンバ、ピアスト、ヒーンクーメーン、ファグア湖の怪物、ブタチュ＝アー＝イルグス、古きもの、ブロントンの怪物、ホガ、ポニック、ホーンド・サーペント、マシャーノマク、マニポゴ、マネトゥウィ・ルシ・ピッシ、ミシ・キネピクワ、ミシガネビク、ミシピジウ、湖の神秘、湖の幽霊、ミスケナ、水の女王、メシェケナベク、メムフレマゴグの海蛇、モノケロス・マリヌス、モラーグ、レナピツカ、ロックスキ・ネスキ・モンステロヴィッチ、ロッホ・ネス・モンスター、ワカンダギ、ワニ憑き

川

アイチャ・カンディダ、アーヴァンク、アシュワープス、アパララ、アムビゼ、アランダ、アングロ、アンゴント、ヴォジャノーイ、ヴォリス＝モルト、ウンテキ、オドントテュラノス、オプケン、ガアシエンディエタ、ガーゴイル、カッティー・ダイア、河童、カーリア、グイリヴル、グラシュティン、グランガッチ、グレート・サーペント・オブ・ロレット、シャン・リュウ（相柳）、シュバル・バヤール、スァムヒギン・ア・ドゥール、スカフノワ、ツェマウス、ティアマト、ドゥーノンガエス、東洋の龍、ドラックス、虹の蛇、ニッカー、ニヤン、パプステセル、パル・ライ・ユク、ヒイントカビイット、ヒドルス、ピラヌ、フーア、ブラッハ・ブハディ、ペグ・パウラー、ベッカヘスト、蛇、ホグフィッシュ、ホーンド・サーペント、マザー・オブ・ザ・フィッシュ（魚の母）、マスター・オブ・ザ・ウォーター（水の支配者）、ミガス、ミチピチュ、ミニワトゥ、ヤクアル、ユミル、ラ・ヴェリュ、リク、ワカンダギ、ワカンダギ・ペツィ

4 月と太陽に関連する生物

月

アルクラ、アルスヴィズ、イキ＝バラム、ヴォジャノーイ、ヴクブ・カキシュ、砂男、チャン・オ（嫦娥）、ティエン・ゴウ（天狗）、ディスエンバウエラー（腹を裂く者）、ドラゴン（西洋の）、バラム、パン・グ（盤古）、マンザシリ、ラーフ

太陽

アイトーン、アクタイオン、アストロペ、アナンタ、アペプ、アールヴァク、アルクラ、アルシャ

とアルシ、アルスヴィズ、アルラク、ヴクブ・カキシュ、エオス、エータシャ、エピロテス、カー=エン=アンク・ネレル、カーマデーヌ、ガンダルヴァ、クアフ（夸父）、ケラッハ・ヴェール、ゴン・ゴン（共工）、シシュパーラ、スキンファクシ、スコル、ゾロトル、太陽の馬、太陽のカラス、ダディクラー、ドラゴン（西洋の）、パエトン、パン・グ（盤古）、ビッグ・アウル、ヒュペリオン、ピュロイス、フェニックス、フセスラフ、フリームファクシ、プルシャ、プレゴン、ブロンテ、ベンヌ、マカ、マンザシリ、ムネヴィス、メヘン、メルウェル、ラーフ、ラムポス

5　天気に関連する生物

霜、氷、雪

アイス・ジャイアント（氷の巨人）、アウズムラ、アヒ、アンテロ・ヴィプネン、ヴァスティ、ウィティコ、カーリ、キワコウ、ケラッハ・ヴェール、シクリアスイトウ、霜の巨人、ジョカオ、スカジ、スクリューミル、ストーンコート、スノー・スネイク、スノエル、スリュム、スルス、ドリフタ、パイジャ、フリームスルス、フリュム、フロスティ、ベル、ベルゲルミル、ミッキアユーク、ミニワトゥ、ユミル、ヨウカハイネン、ロウヒ、ロギ、ワジヤ、ワンディル

雨、嵐

アイラーヴァタ、アーウィーソウトル、イムドゥグド、ヴァレドヤド、エルプスト・フライング・ヘッド（飛ぶ頭）、カラッハ・ナ・グローマッハ、カーリ、クコア、グレート・ホーンド・サーペント（角のある大蛇）、サ=ハリリンタル、サンダーバード、ジュラワドバド、ズー、ゼゼウ、ティンミウクプチ、ドゥナ・マラ、東洋の龍、ナーガ、ハヴフィネ、ハウフルエ、ハーフウェイ・ピープル、ハルピュイア、ビッグ・ヘッズ、フォウォレ族、ミンチ海峡の青亡霊、ムチャリンダ、雷蛇、雷獣、雷太郎、雷鳥、ライトニング・モンスター、ロン（龍）、ワウケーオン、ワキニャン

虹

アイダ、アイド・ウエド、イェロ、ウォイヌングル、ウォヌングル、ウォルンクァ、ウォロンビ、ウルング、ウングッド、オシュマレ、カーリア、カレル、クン・マングール、サギネ、ダ、タイパン、ダーカーン、ダムバラー、虹の蛇、ヌガルプジョド、ボビ=ボビ、ミズガルズオルム、ミン

ディ、ムイト、ユルング、ユルングル、ユルングル、ヨウカハイネン、ヨルムンガンド、ランガル、ワナンビ

風

アルキュオネウス、シェン・ロン（神龍）、シャイタン、ジン、タラヌシ、ハルピュイア、フェイ・リエン（飛廉）、ブモラ

6　文学に登場する生物

赤い獣、アクリス、アグリッパ、足どり軽きたおやかなぶな娘、アストライオス、アップ・ムウシュ、アナク人、アポタルニ、アメルマイト、アリファンファロン、アルビオン、アロウス、アントロポファゴス、イー・ムー・クオ・ヤン（一目国民）、イアキュルス、異教徒、イクテュオケンタウロス、一角獣、イドルス、芋虫スカサ、インケール・カエフ、ヴァンパイア、ウルク、ウルタリー、ウルローキ、ウンゴリアント、エティオン、エデンの蛇、エナック、エリュックス、エント、エント女、黄金龍スマウグ、オーグル（人食い妖怪）、オトス、オニオンの巨人、オノケンタウロス、オノドリム、オフォトウス、オリファウント、オルク、オログ=ハイ、怪物、ガイヨフ、カインの娘たち、ガッパラ、カパネウス、ガラテイア、ガラテス、カリゴランテ、カリトリクス、ガルオー、ガルガメル、ガルガンチュア、ガルメル、カレスメプレナン、カンニバル（食人種）、キハル、ギボリム、教皇、巨人、巨人ディスペアー（絶望の巨人）、キングコング、グラウルング、クラーケン、グラムダルクリッチ、グラングジエ、グリフィン、グリム、グリリヴィル、ゲマゴッグ、ケルテス、ゴ・エ・マゴ、ゴグ、黒龍アンカラゴン、こふきこがね、ゴリアト、コリネウス、ザグ、サテュロス、サハブ、ザラタン、サラブロット、サラマンダー、サン・シェン・クオ・ヤン（三身国民）、サンデル、シェロブ、シャオ、ジャバウォック、シャルブロット、ジンバルド、スカルディング、スキアポッド、スキタリス、砂男、スレイ=グッド、セイレーン、セクンディラ、セラ、タランドルス、チアン・リャン（彊良）、チュアン・トウ族（讙頭族）、チョウティ、ティタン、ティテア・マグナ、ディン・リン・クオ・ヤン（釘霊国民）、デルキュノス、トゥルスス、トゥルマンティヌ、ドッセンヌス、ドラコ、ドラゴン（西洋の）、トログ、トロール、ドンダン近くの島々に住む人々、ニエ・アル・クオ・ヤン（囁耳国民）、ニムロド、ニヤン、ニンプロトゥス、ネ

ピリム、ハイ・ホー・シャン（海和尚）、バイ・ロン（白龍）、ハイザム、バイヤール、バシリスク、パピロン、パラン、パランドゥス、パレネス、バロメッツ、バロン、反キリスト、パンタグリュエル、バンダースナッチ、ヒッポケンタウロス、ヒュドラ、火龍、ファステイトカロン、ファッパーノッカー、ファーマ、ファリブロット・ファラクタス、ファンゴルン、フィングラス、フィンブレシル、フウイヌム、フェニックス、フェラグス、フォウォレ族、フォール、フラカッスス、ブラディー＝マン、ブラングナリーユ、フランケンシュタインの怪物、フランドリヴィグ、ブレイエ、ブレムミュエス人、ブロブディングナグ人、ベイガド、ペリュトン、ベル、ペレルス、ポリュス、ボロゴーヴ、マンティコレ、マンドゥクス、ミクロメガ、緑の蛇、ムマキル、黙示録の獣、モノケンタウロス、モール、モルガンテ、モルグアン、野人、ヤフー、ユ＝ミン・クオ・ヤン（羽民国民）、ラハブ、リケ・ア・ラ・ウープ、リビアのヘラクレス、リュカオン、ルー・ガルー、冷血龍、レヴィアタン、レディ・オブ・ザ・ランド（島の女王）、レバイム、ロシュワル、ロスマリン、ロスマルス、ロスメル、ローズリー・ワーム、ロック、ロバ（3本脚の）

7　鳥と鳥型の生物

アイ・トヨン、アシパトラ、アラン、アリカント、アルコノスト、アロエス、アンカ、イン・チュ、ヴオコー、ウッチョウセン、ウンナティ、エスタス、大鷲のグリュプス、オーキュペテー、オピニコス、カネアケル、カルガス、ガルダ、ガロン、ギリーギャル、グーファス、クユン、グリフィン、クルト、クレウツェト、グワグワクワラヌークシウェイ、ケルケス、高峰のライチョウ、木の葉天狗、コルヌ、ザグ、サムパティ、サンダーバード、ジズ、シナム、シマルグル、シームルグ、シモルグ、シャオ、魚虎（鯱）、シャン・ユン、シュミル、シリン、スコフィン、セイレーン、セヴィエンダ、ゼゼウ、セラ、センームルウ、ソロヴェイ・ラフマティチ、チ＝チャン、チャムロッシュ、チュアン・トウ族（讙頭）、ツエ・ニナハレエエ、ティンミウクプク、天狗、トラゴパン、ドラゴン（西洋の）、ナウル、ヌガニ＝ヴァツ、ヌグトゥ＝レイ、ヌニエヌンク、バー・ヤクレ、パクパクワカノオクシワエ、パフリ、パランドゥス、パルテノペ、ビアロザル、火の鳥、ヒューミリティ、ピョング、飛龍、フィラマルー鳥、フェニックス、フォン（鳳）、袋の持ち主、プティツィ・シリニー、ブーブリー、ブモラ、フリースヴェルグ、ヘリオドロモス、ペリュトン、ペンヌ、ポウアカイ、ポウカイ、ポダルゲー、ボラーク（アル）、ボロカ、ボロゴーヴ、ポン（鵬）、マカラ、八咫鴉、ユ＝ミン・クオ・ヤン（羽民国民）、ユ・シャン、ライオン・グリフォン、雷鳥、ルアン（鸞）、ルク、ロック、ロバとサンカノゴイ、ワウッケオン、ワキニャン

8　猪と豚

アイトーリアの猪、アウンヤイナ、アムビゼ、海の猪、海ののこぎり、エアレー、エスキスエルウィン、エリュマントスの猪、エルブスト、カトブレパス、カフレ、カマプアア、カリュドンの猪、銀の剛毛を持つグルギン、グラワッカス、グリュルス、グリンブルスティン、獣、ゴールドブリッスル、シー・ホッグ、シー・ホッグ、スリーズルグタンニ、セーフリームニル、戦いの猪、トゥルッフ・トゥルウィス、トトイマ、トルク・トリアス、トロイント、ネペンディス、パイア、ヒルディスヴィニ、ブアタ、プゴット、フッフ・ズィ・ゴータ、ベイガド、ベン＝グルバンの猪、ホガ、ポルキュス、ポルクス・トロット、湖の幽霊、モノケロス、リュストウクリュ（ル・グラン）、ロビソン

9　カンニバルと人を狩る生物

アイチャ・カンディダ、アーウィーソウトル、アウンヤイナ、アシン、アステリオーン、アツェン、アナイエ、アベレ、アンティパテース、アントロポファガス、石の巨人、犬憑き、イフ＝マータオタオ、イラック、ウィーウィン、ウィティコ、ウェンディゴ、エンセラドス、猪憑き、狼憑き（人狼）、オーグル（人食い妖怪）、オログ＝ハイ、オングウェ・イアス、ガ＝オー、カッティー・ダイア、ガニアグワイヘゴワ、訶梨帝母、カンニバル（食人種）、キツネ憑き、ギャザー・オン・ザ・ウォーター、キャリバン、キュノケパロス（犬頭人）、キラータ、キワコウ、キングコング、キンダーシュレッカー、グーグー、熊憑き、クラーケン、グワグワクワラヌークシウェイ、ケー・シー、ゲルガシ、ケワナンボ、ササボンサム、サルディド・ジンボ、シアツ、ジャイアント・ディンゴ、ジャイアント・ホールドファスト（留め金の巨人）、ジャガー・マン、ジャガー憑き、ジャッカル憑き、ジョカオ、ズー＝ヌー＝クア、ストーンコート、スニ＝ニー＝イク、スレイ＝

グッド、ゾアヴィッツ、ソラ、タマ＝オ＝ホイ、タンマツユク、チヴァト、チャイルド・ガズラー、チーローニア、ディオメデスの牝馬、ティグレ・カピアンゴ、デドエンドヤダセス、天空の曲がったくちばし、ドラキュラ、虎憑き、トルト、ドレーク、トログ、ナッキ、ニュラユーイニク、ヌグトゥ＝レイ、野ウサギ憑き、ハイエナ憑き、ハイドビハインド、パイユーク、ハーカバイニツィ、バクバクワカノオクシワエ、ハゴンデス、ババ・ヤガ、ハーリティー、ハルビュイア、ビッグ・アウル、ビッグ・マン＝イーター、ヒディンバ、人食いアニス、ファスティトカロン、ブソ、ブラック・タマナス、ブラック・デヴィル、フル＝カレアオ、フレイミング・ティース（燃え立つ歯）、ブンギスンギス、ペイ、ホー・リー・ディー・ムー（訶梨帝母）、ポウカイ、ホクホク、ホトゥ＝ブク、ボラロ、ボリュペモス、ボロカ、ホロマタンギ、マガン・ガドゥンガン、マンティコレ、ミノタウロス、モール、ヤニグ、ライストリュゴン人、ラヴァジオ、ラムス、リュカオン、リュストゥクリュ（ル・グラン）、ルアヒネ・マタ・マオリ、ルールヒ・ケレポー、レクソソ、レッド・エティン、レパード憑き、ロー・ガムズ、ローハ＝ムカ、ロングノーズ、ワニ憑き

10　猫と猫型の生物

猫

アイトワラス、アラッサス、イールサーン、ヴァンパイア、ウィカチャ、大耳猫、カパル、カパルス、キャス・パリーグ、キャット・シー、キャット・フィッシュ、クルッド、サボテン猫（カクタス・キャット）、ストレンヴルム、スプリンター・キャット、スライヴァー・キャット、タッツェルヴルム、ダルド、チェシャー猫、バーゲスト、パルグの猫、フィアサム・クリッター、プキス、化け猫

レパード

キャメルレパード、フェイ・リエン（飛廉）、黙示録の獣

ライオン

イクテュオケンタウロス、イムドゥグド、海のライオン、エンフィールド、オピニコス、キゴウアヴェ、キマイラ、キールティムカ、グラワッカス、クリオスピンクス（羊頭スピンクス）、グリフォン、グリュプス、グロン、コロコッタ、サテュロス、シー・ライオン、ズー、スネーク・グリフォン、スピンクス、セラ、センティコア、追跡する獣、ティガー、ドラゴン（西洋の）、ネメアのライオン、獏、ハルマキス、ヒエラコスピンクス、ヒッポグリフ、フンババ、ムシュフシュ、ライオン・グリフォン、リヨン・ポワソン、レウクロッタ、ロック

リンクス

グレート・リンクス、ミシビシ、ミシピジウ、リンクス

パンサー

グラワッカス、白ヒョウ、スィングト、チアン・リャン（彊良）、地下のヒョウ、バイコーン、ブルチン、リンクス

11　犬、犬型、狼、狼型の生物

犬

アーウィーソウトル、アウフホッカー、悪魔の猟犬群、アズ＝イ＝ウ＝グム＝キ＝ムク＝ティ、アックスハンドル・ハウンド、アルクトポノス、アレクトー、怒れる猟犬、犬憑き、海の猛犬、エムプーサ、エリーニュス、オスカエルト、オルトス、カー・シー、ガイトラッシュ、ガボーチェンド、ガリー・トロット、カリカンツァリ、ガルギッティオス、カルケス、カルチョナ、ガルム、キキン、キドゥー、キュノケパロス（犬頭人）、キュノプロソピ、キールット、グウィルギ、グラント、クルッド、クーン・アンヌウン、ケー・シー、ケートス、ゲリト・フレキ、ゲリュオンの怪犬たち、ケルベロス、コイラクーンラセッド、コイン・イオタイル、コインヘン、黒妖犬、サイジェ・スアライジェ、シードッグ、シモルグ、シャオ、ジン、スキュラ、スクライカー、スス・リカ、聖クリスト・フォルス、セーンムルウ、ゾロトル、チャムロッシュ、チーローニア、追跡する獣、ティエン・ゴウ（天狗）、ディラエ（復讐の女神たち）、テルキネス、ドラッゲン・ヒルのボグル、バーゲスト、パッドフット、ピ・ネレスケ、ヒュドラ、ファルコンフィッシュ、プトパゴス、ブラック・シャック、ブラッシュ、プラット・アイ、フリアイ、フレイバグ、ヘミキネス、ブゲーン、ミミック・ドッグ、モーザ・ドゥーグ、ヨウディクの犬、リゾス、リンクス、ルー・ガルー、ロビソン、ロンジュール・ドス

狼

アクルト、アマロック、アンジン・アジャク、

ヴィルカチ、ヴルコドラク、エンフィールド、狼憑き（人狼）、カロプス、キシホーキュー、獣、コロコッタ、スキュラ、スコル、ティガー、ドラゴンウルフ、フヴッコ・カプコ、フェンリル、フセスラフ、フレキ、フローズルスヴィトニル、リュカオン、リュカントロポス、ルー・ガルー、ルシーヴ

12 魚、魚型の生物、鯨

魚

アシペンサー（チョウザメ）、アズ＝イ＝ウ＝グム＝キ＝ムク＝ティ、アスピドケロン、アダロ、アバイア、アブガル、アムビゼ、アロエス、イアスコニウス、イカル・ナッパ、イグプピアーラ、イリアムナ湖の大魚、ヴォジャノーイ、海ウサギ、海の猪、湖の神秘、海の司教、エクウス・ビペス、エルブスト、オロボン、カイア、海馬、カプリコルヌス、カル魚、ギディ・フィッシュ、キャット・フィッシュ、キング・オブ・ザ・フィッシュ（魚の王）、クジャタ、グーファング、グランガッチ、クリリ、グリリヴィル、クル、コックフィッシュ、魚たちの守護者、魚の女王、サテュロス＝フィッシュ、シー・ホッグ、シー・ホッグ、地震魚、地震虫、シードッグ、ジフィウス、スフル＝マス、スワムフィスク、セイレーン、セラ、ダーカーン、ツェマウス、テ・ツナ、ナキネイウ、ナキネイト、ニクス、人魚、ハイ・ホー・シャン（海和尚）、ハウストランベ、ハウフィネ、ハヴェスト、ハッケンマン、バハムート、ハーフウェイ・ピープル、パルテノペ、ピアサ、ヒッポカムポス、ヒュドリプス、ピラヌ、ファルコンフィッシュ、フライング・フィッシュ（飛翔魚）、古きもの、ブロントンの怪物、ホガ、ホグフィッシュ、ポルキュス、ポン（鵬）、ポンタルフ、マカラ、マザー・オブ・ザ・フィッシュ（魚の母）、マスター・オブ・ザ・フィッシュ（魚の支配者）、マーマン、マーメイド、ミシピシ、ミスケナ、水の女王、ミュレクス、ムリスク、メムフレマゴグの海蛇、メロー、モシリックウェプ、モノケロス、モノケロス・マリヌス、モラ、モンク・フィッシュ、リーバン、リヨン・ポワソン、レモ、ロスアルト、ロン・ワン（龍王）

鯨

アクルト、オルク、ガルメル、クアネケラク、ケートス、ザラタン、スコロペンドラ、聖アトラクタの怪物、デルケト・ファスティトカロン、トゥルスス、ロシュワルル、ロスマリン

13 馬と馬型の生物

アイトーン、アウフホッカー、アクタイオン、アストロペ、アッハ・イーシュカ、アポタルニ、アーリオーン、アールヴァク、アルシャとアルシ、アルスヴィズ、アルラク、イクテュオケンタウロス、一角獣、イポタミス、イーンヴァル、ウィーウィン、ヴィスヴァーヴァス、エオス、エクウス・ビペス、エンドロップ、エンバール、オゴポゴ、オスカエルト、ガイトラッシュ、海馬、餓鬼、カマウェトー、カルダン、カルタゾーノス、ガンダルヴァ、キハル、キンナラ、キンプルシャ、クサントス、グラシュティン、グリュプス、クルッド、ケイロン、ケーシ、ケフィル＝ドゥール、ケルピー、ケンタウロス、コスマトゥシュカ、コノペニー、ゴボーチヌ、コレスク、サ＝イン、サムヴァルタ、シヴシュコ、シャッグ・フォール、シャンプ、シュバル・バヤール、シレノス族、スヴァジルファリ、スキンファクシ、スレイプニル、センティコア、ダダィクラー、タープ・ウーシュカ、タンギー、チー・リン（麒麟）、チピトカーム、ディオメデスの牝馬、ティパカ、ディン・リン・クオ・ヤン（釘霊国民）、東洋の馬、ドンダン近くの島々に住む人々、ナラ、ニクス、ニッカー、ネウグル、ネプトゥーヌスの馬、ノーグル、ハイザム、ハイトリック、バイヤール、ハヴヘスト、パエトン、獏、バックランド・シャッグ、パピロン、ハヤグリーヴァ、バリオス、バルシュカ・マトゥシュカ、ビーアスト・ナ・スログニグ、ヒッポカムポス、ヒッポグリフ、ヒッポケンタウロス、ヒッポセルフ、ヒュドリプス、ピュロイス、ピラヌ、フウイヌム、フォウォレ族、プーカ、ブラッグ、ブラック・デヴィル、フリームファクシ、ブレゴン、ブロンテ、ブロントンの怪物、ペガシ、ペガソス、ポキラージ、ポニック、ポラーク（アル）、ボロカ、マー・ミエン（馬面）、ミシガネビク、湖の幽霊、メムフレマゴグの海蛇、モノケロス、ラムポス、ルー・ガルー、ロシュワルル、ロスマルス、ロン・マ（龍馬）

14 人間型の生物

ア＝ミ＝ククク、アウンヤイナ、アジ・ダハーカ、アシン、アステリオーン、アダロ、アナク人、アポタムキン、アポタルニ、アムドゥスキアス、アラクサ・ユニオル、アーリオーン、アルキュオネウス、アールズシェーンク、アルマス、アンカ、アンドロスピンクス、イェーウェ・ゾグバヌ、イェティー、イクテュオパゴイ、イグプピアーラ、

付録

犬憑き、イポタミス、ヴーア、ヴァンパイア、ヴィスヴァーヴァス、ウイティコ、ヴィラーダ、ヴィーラバドラ、ヴォジャノーイ、ウヘポノ、海の老人、ウリシュク、ウルガル、エウリュトス、エデンの蛇、エリクトニオス、エリーニュス、エル・ザンガロン、エント、狼憑き（人狼）、オーキュベテー、オーグル（人食い妖怪）、オグレス、オモ・ネロ、オンディタチアエ、カイア、カークス、カシェホタポロ、カチュタユーク、カバンタ、カプリコルヌス、ガボーチェンド、カリカンツァリ、カリトリクス、ガルダ、ガンダルヴァ（インドの）、キエメ、キゴウアヴェ、キーダッハ、キハル、キャリバン、キュクロペデス、キラータ、キルコス、ギルタブリル（サソリ人間）、キーン・キーングス、キンナラ、キンプルシャ、クアネケラク、グーグー、件、グラシュテイン、クリュティオス、グリュルス、グリンディロー、クル、クロム・クリム・ホムナイル、ケイロン、ケインナラ、ケクロプス、ゲリュオン、ケルビー、コイラクーンラセッド、コインヘン、コカトリス、木の葉天狗、ゴボーチヌ、コーモス、ゴーレム、ザグ、ササボンサム、サスクワッチ、サテュロス、サルカニー、サン・ショウ・クオ・ヤン（三首国民）、サング・ガラ・ラージャ、サンダーバード、シェン・ノン（神農）、シシュパーラ、シック、ジドラ、シナー、シモス、シャオ、ジャガー・マン、ジャバウォック、ジャラピリ、シュバル・バヤール、ショウジョウ、ジーラッハ、シルウァニ、シレナ、シレノス、シレノス族、ジン、スイング、スカテネ、スキアポッド、スティキニ、ストケムクエストキント、セイレーン、セルピー、ソロヴェイ・ラフマティチ、タオ・ティエ（饕餮）、タクジュイ、タゲス、チアン・リャン（彊良）、チチェヴァチェ、チュアン・トウ族（讙頭族）、チョルティ、チョンチョン、チーローニア、ツメイ・ゴリニッチ、ティシカ・プク、ディラエ（復讐の女神たち）、ディン・リン・クオ・ヤン（釘霊国民）、デドエンドヤデセス、天狗、トゥテュアクルク、ドゥーノンガエス、ドゥーマヴァルナ、トゥルスス、ドッセンヌス、ドラキュラ、トリトン、トルト、ドレーク、ナーガ、ナキネイト、ナシャス、ナッキ、ナモロド、ナルサ・ファラヤ、ニウ・トウ（牛頭）、ニーグード、ニュワー（女媧）、ネヘブカウ、ハイ＝ウリ、パイコン、パイジャ、ハヴマン、バシリスク、ハドゥイゴナ、パフォメット、パプステセル、バリ、ハルマキス、パレスムルト、ピ・ネレスケ、ビチャ、ビッグ・フット、ヒッポケンタウロス、人さらいのネリー、ヒュブリス、ヒューマン・スネーク、ヒルグワン、フー・シー（伏羲）、フーア、フェル・カレ、フォウォレ族、フォーン、フスティ・カプカキ、ブソ、プティツィ・シリニー、ブラック・デヴィル、フランケンシュタインの怪物、プリスカラクセ、ブルグ、プルチン、ブレムミュエス人、フンババ、ヘアリー・マン、ペイ、ペグ・パウラー、ベーティカーン、ヘミキネス、ペロロス、ボギーマン、ポストン、ボダルゲ、ボックマン、ボバリコン、ボラロ、ポリュボテス、ポルピュリオーン、ボロカ、マー・ミエン（馬面）、マーマン、マーメイド、マンティコレ、マンドクス、ミノタウロス、ムルギとアーダミ、モノコリ、モンク・フィッシュ、野人、ヤファー、山男、ヤラ＝マ＝ヤー＝フー、ユ＝ミン・クオ・ヤン（羽民国民）、雪男、ライロケン、ラヴェンナ・モンスター、ラークシャサ、ラーフ、ラマ、ラマッス、ラミヤー、リオウメレ、リーバン、リュカントロポス、レーシー、レテイル・ダランの獣、ロスマリン、ローズリー・レディ、ロビソン、ロン・ワン（龍王）、ワニ憑き

15 蛇、ワーム、蛇型の生物（土地の大蛇／土地の蛇／蛇型の生物／ワーム）

土地の大蛇

アイ、アイアタル、アイヤタル、アイヨ、アケク、アジ・ダハーカ、アヤタル、アンゴント、イアキュルス、イサの飛ぶ蛇、ヴァースキ、ウグラスラ、ウラエウス、ヴリトラ、ヴルパングエ、うわばみ、エデンの蛇、エピロテス、エル・クエレブレ、オン・ニオント、キチクネビク、キツィナックカス、キャムーディ、キング・オブ・ザ・スネークス（蛇の王）、グリュコン、グレート・サーペント・オブ・ヘル（地獄の大蛇）、獣、高志の八岐の大蛇、サガリスの蛇、シシウトゥル、シャル＝マル、シュレン、シレナ、ジン、スコフィン、ストゥクウウナヤ、ストールワーム、スノー・スネイク、スライミー・スリム、聖レオナルドの森のドラゴン、セラスティーズ（ツノクサリヘビ）、ダーカーン、ダバット、チント＝サクトコ、ツェルタル、ドゥーノンガエス、ドゥーマヴァルナ、ドラコ、ドラコンコペデス、ドラナ、ドレーク、ナーガ、ナーガ・パホーダ、ピュトン、ファラク、ブラー、蛇、蛇の王、ベヒル、ボア、ボラ、ホーンド・サーペント、ホーンワーム、マケ、マニトウキネビク、ミシ・キネピクワ、ミシキニピ、ミシキヌビク、ミズガルスオルム、ムチャリンダ、ヨルムンガンド、雷蛇、ラクモン、ラージャ・ナーガ、リンドオルム、ロイスの蛇

付録

土地の蛇
オズ・マヌーク、カイア、キング・オブ・ザ・スネークス（蛇の王）、グレート・ホーンド・サーペント（角のある大蛇）、ズゼカ、スノー・スネイク、チャン・ハオ、ドラナ、ピフエチェニ、フープ・スネーク、ヘルンスグエ、ボビ＝ボビ、ボラ

蛇型の生物
アルキュオネウス、アムフィプテレ、アンフィスバエナ、アポカリプティック・ビスト、キマイラ、クリュティオス、コカトリス、エキドナ、エンケラドス、エリクトニオス、エウリュアレ、エウリュトス、フェイ・リエン（飛廉）、フ・シ（伏羲）、ゲゲネイス、ギガンテス、ゴルゴン、グラティオン、グルト・スラング、ギヴル、ヒッポリュトス、フンババ、イエミッシュ、イリズ・イマ、ジャラピリ、ラ・ヴェリュ、ラミア、ラミヤ、マフデト、メドゥサ、ミマス、ムシュフシュ、ネヘブカウ、ニュ・ワ（女媧）、オトス、パプステセル、ペロロス、ポイトス、ピアスト、ポリュボテス、ポルピュリオン、追跡する獣、スキタリス、スネク・グリフォン、スピンクス、タゲス、トアス、ティテュオス、ワイヴァン、シャン・リュウ（相柳）、ツメイ・ゴリニッヒ

ワーム
芋虫スカサ、ウィーウイルメック、ヴルム、オルム、キチ・アトハシス、ストールワーム、ブラハ・ブハディ、ペイスト、ミズガルズオルム、ラムトンのワーム、リンドオルム、リントンのウォード・ワーム、レイドリー・ワーム、ローズリー・ワーム、ワーム

16　有翼または飛ぶ生物
アイラーヴァタ、アシパトラ、アスピス、アムフィプテレ、アラン、アリエス、アーリオーン、アリカント、アルクラ、アレクトー、イアキュルス、イサの飛ぶ蛇、イムドゥグド、芋虫スカサ、イン・ロン（応龍）、ヴァンパイア、ヴィス、ヴオコー、ヴォジャノイ、ヴリコーダラ、ウローキ、うわばみ、エウリュアレー、エオス、エデンの蛇、エリーニュス、エル・クエレブレ、黄金龍スマウグ、オシャダゲア、オピニコス、カウン、カトブレパス、ガルダ、キュノプロソピ、キーン・キーングス、クシェドレ、グーファス、グリフィン、ケフィル＝ドゥール、高峰のライチョウ、コカトリス、木の葉天狗、こぶきこがね、ゴルゴン、サテュロス＝フィッシュ、サムパティ、サンダーバード、魚虎（鯱）、ジャバウォック、ジュリック、シレナ、スァムヒギン・ア・ドゥール、ステュムパリデスの鳥、スピンクス、セイレーン、セラ、セーンムルウ、ダディクラー、チャムロッシュ、チュアン・トウ族（謹頭族）、チョンチョン、ツガリン、ティパカ、ディラエ（復讐の女神たち）、天狗、トゥリヘンド、飛び龍、ドラキュラ、ドラコ、ドラゴン（エチオピアの）、ドラゴン（西洋の）、ナシャス、ナラ、ニクス、ヌガニ＝ヴァツ、バシリスク、ハトウイプワリ、ババ・ヤガ、パピヨン、ハルピュイア、ヒッポカムポス、ヒューミリティ、火龍、飛龍、ファグア湖の怪物、フィラマルー鳥、フォン（鳳）、プーク、ブモラ、フライング・フィッシュ（飛翔魚）、フライング・ヘッド（飛ぶ頭）、フリアイ、フリースヴェルグ、ペガソス、ペリュトン、ヘルンスグエ、ボア、ボウアカイ、ポキラージ、ホファファ、ボラーク（アル）、ボロカ、ボロゴーヴ、ポン（鵬）、ポンティアナク、メドゥーサ、メリュジーヌ、山女、ユ＝ミン・クオ・ヤン（羽民国民）、ラヴェンナ・モンスター、ラマ、冷血龍、ワイヴァーン、ワウッケオン、ワキニャン

17　西洋のドラゴン
アイ、アイアタル、アイトワラス、アイヤタル、アイヨ、アジ・ダハーカ、アスディーヴ、アスピス、ア・ドライグ・ゴッホ、アナンタボガ、アパララ、アヒ、アフィントンのドラゴン、アヤタル、アラコ、アリチャ、アルクラ、アンズー、アンフィスバエナ、芋虫スカサ、イルルヤンカシュ、ウィヴル、ヴィーヴル、ヴィシャップ、ウェールズの赤いドラゴン、ウォントリーのドラゴン、ヴリトラ、ウルローキ、ウロボロス、ウンセギラ、エピロテス、エルブスト、オイリフェイスト、黄金龍スマウグ、オズ・マヌーク、オルム、ガアシエンディエタ、カウカス、ガウロウ、ガーゴイル、カシチェイ、カトブレパス、ガンジ、ガンダルヴァ、ギーヴル、ギータ、キャムパクティ、キュノプロソピ、ギルタブリル（サソリ人間）、キング・オブ・ザ・スネークス（蛇の王）、グウィバー、クシェドレ、グヤスクトゥス、グラウルング、クリリ、グリリヴィル、クルシェドラ、グレンデル、獣、コカ、コカトリス、黒龍アンカラゴン、コシュチェイ、ゴリシュチェ、ゴリニチ、ゴルゴン、サファト、サルカニー、シー・ホッグ、シマルグル、シームルグ、シモルグ、ジャバウォック、シルシュ、シンヒカー、ズー、スヴァ

ラ、スキタリス、スコフィン、スティヒ、ストレンヴルム、聖レオナルドの森のドラゴン、タニワ、ダハク、タラスカ、タラスク、タンニン、チョードーユドー、ツーバン、ツマグ・オグンジェニ・ヴク、ティアマト、ティンニン、デルケト、トゥリヘンド、ドラコ、ドラゴン（エチオピアの）、ドラゴン（エピダウロスの）、ドラゴン（西洋の）、ドラゴン・メイド（龍になった乙女）、ドラゴンウルフ、ドラゴンティグル、ドラコンティデス、ドラゴンメイド、ドレーク、ナウル、ニーズヘグ、バシリク、ピアスト、ビスターンの龍、ピスハンドラ、ヒッポカムポス、ヒドルス、火龍、火の龍、ヒュドラ、プユトン、火龍、ファーヴニル、プキス、プーク、プロビニャク、ペイスト、ベヒル、ベル、ヘルンスグエ、ホルデスヒュルド、ムシュフシュ、メリュジーヌ、黙示録のドラゴン、ラドン龍、ラハブ、冷血龍、レディ・オブ・ザ・ランド（島の女王）、ローズリー・ワーム、ロタン、ロッホ・ネス・モンスター、ワイヴァーン、ワーム

18 東洋の龍

アオ・グアン（敖広）、アオ・シュン（敖順）、アオ・チン（敖欽）、アオ・ビン（敖丙）、アオ・ルン（敖聞）、アナンタボガ、アパララ、出雲の大蛇、イン・ロン（応龍）、清姫、金のドラゴン、ゴン・ゴン（共工）、シェン・ロン（神龍）、地震虫、魚虎（鯱）、シャン・リュウ（相柳）、ジュリック、シンヒカー、タオ・ティエ（饕餮）、龍、チー・ロン・ワン（螭龍王）、チン・ロン（青龍）、ツァン・ロン（蒼龍）、ティエン・ロン（天龍）、ティオマン、東洋の龍、飛び龍、トヨタメヒメ、ナーガ・マス、バイ・ロン（白龍）、バロン、飛龍、ブジャンガ、フー・ツァン・ロン（伏蔵龍）、ホアン・ロン（黄龍）、龍王、雷太郎、龍神、レイ・ジェン＝ズ（雷震子）、ロン（龍）、ロン・ワン（龍王）

19 聖書に登場する巨人と女巨人

アナク人、反キリスト、聖クリスト・フォルス、カインの娘たち、エミム人、ギボリム、ゴグ、ゴリアト、ハム、ヤペテ、ネブロド、ネピリム、ニムロド、ノアの子供たち、ノア、オグ、パレト、レパイム、ザムズミ人、ズジム

20 民間伝承に登場する巨人と女巨人

アスカバード、アズライル、アリンビ、アルバス

トル、アンティゴヌス、アンテロ・ヴィプネン、イドリス、イヌグパスグスーク、イン・フォルディア・ガステイ、ヴァナパガン、ウィルミントンの背高男、ウェイランド・スミス、ヴェリ・ジョゼ、ウェールズの巨人、ウォグログ、ヴォリス＝モルト、海の司教、エル・ザンガロン、オニオンの巨人、カウル、顔が裂けたもの、ガダー、カミダイ・カメインヴォス、ガヤント、カーライルのカール、カラヴィナイグレ、カラッハ・ナ・グローマッハ、カラニッシュの巨人たち、カリアッハ・ベイネ・ブリック、カリカンツァリ、カレワンポジャット、カーン・ガルヴァ、キハル、キング・アウリアリア、キンダーシュレッカー、グーメイロン、クリフオグレ（崖鬼）、ケラッハ・ヴェール、ゲルガシ、ゲルデグッセッツ、ゴグマゴグ、ココ、木の葉天狗、ゴーム、コーメリアン、コーメリアン、コーモラン、コルブロン、サーン・アバスの巨人、シクリアスイトゥク、ジャイアント・ホールドファスト（留め金の巨人）、ジョカオ、ジーラッハ、ジャサール・サイス・ゲヴェヌウィド、スクリムスル、スミースの巨人、タルタロ、チャイルド・ガズラー、チャーナミード、チョルティ、ツガリン、ディウルナッハ・ウィデル、ディシス・ヴァルハウク、デーヴ、デホトゴースガエ、テルゲス、ドルオン、トルク、トルト、ドレーク、トロール、ナーゲン、ナッキ、ナルムクツェ、ニクネーヴィン、バニヤン（ポール）、バラン、バロル、ビッグ・フット、ビッグ・マン＝イーター、ビナイエ・アハニ、ブー＝バガー、ファハトナ・ファサッハ、ファハン、フィル・フレイグ、フェノゼリー、フォール、ブラン、ブランダーボア、ブランダムール、フレイミング・ティース（燃え立つ歯）、プロビニャク、ブンギスンギス、ヘアリー・マン、ベヴィス、ベグドゥ・サン、ベリー・ドーン、ベル、ブゲーン、ボバリコン、ボムボマチデス、マウレオン、マタウ、ミルジナス、メタル・オールドマン、ライ・フェイス、ラバスタ、リタ・ガウル、リュストゥクリュ（ル・グラン）、ルー・ガルー、レッド・エティン、ロウヒ、ロスメル、ワンディル、ワンドルベリー・ジャイアンツ

21 伝説に登場する巨人と女巨人

アイス・ジャイアント（氷の巨人）、アスカパード、アズライル、アリンビ、アルシェンディク、イエッイーツオー、石の巨人、イスバザデン、イドリス、ウアー、ウィクラマダッタ、ウェード、ウルガル、ウルガーン、ウルナッハ、オリベス、

ガウロウ、ガーガム、カミダイ・カメインヴォス、ガヤント、カーライルのカール、カリカンツァリ、カレワンポジャット、ガンビア、キハル、キワコウ、キング・アウリアリア、ゴグとマゴグ、ゴグマゴグ、コーメリアン、コルブロンド、サルヴァーン、シクリアスイトウク、シナー、シャルマーニュ、ジーラッハ、シルプンク、ズー＝ヌー＝クア、ササール・サイス・ゲヴェウィド、スカルディング、スタロ、セアトコ、タウラード、タパゴツ、タンマツユク、チャーナミード、ツァヴージョク、ディウルナッハ・ウィデル、ディシス・ヴァルハウク、ディス・サモシス、テギド・ヴォエル、ドルオン、トルク、ナ・ジャ、ナボン、ニーゲルンク、ニュラユーイニク、ネス湖の巨人、パットニート・フラムの女巨人、パニヤン（ポール）、パン・グ（盤古）、ファハトナ・ファサッハ、フォウォレ族、フォール、プテイ・セムパラン・グヌング、ブラン、フレイミング・ティース（燃え立つ歯）、ベヴィス、ベグドゥ・サン、ベラゴッグ、ベンディゲイドブラン、ミカイン、モネーグルのシェルニューブル、モール・ウォルビー、モルホルト、モン・サン・ミシェルの巨人、野人、山女、リタ・ガウル、ルマカカ、レクソソ、ロッホロンナッハ

22 文学に登場する巨人と女巨人

赤い足のハサミ男、アグリッパ、アストライオス、アップ・ムウシュ、アラクサ、アリファンファロン、アルビオン、アロウス、アントロポファガス、異教徒、イスタエヴォン、インガエヴォン、インケール・カエフ、ヴァンダルウス、ウォグログ、ウルク、ウルタリー、エゲオーン、エティオン、エナック、エリュックス、エント、エント女、オギュゴス、オーグル、オロング=ハイ、ガイヨフ、ガッバラ、カパネウス、カミダイ・カメインヴォス、ガラテイア、ガラテス、ガルオー、ガルガメル、ガルガンチュア、ガルメル、カレスメプレナン、ガンブリヴィウス、キハル、教皇、巨人ディスペアー（絶望の巨人）、クラーナ、グラナウス、クラーヌス、グラムダルクリッチ、グラングジエ、グリム、ゲマゴッグ、ケルテス、ゴ・エ・マゴ、ゴーマゴット、コリネウス、サラブロット、サンデル、シェム、シャルブロット、ジョーヴィス・サーガ、ジョーヴィス・ベルルス、ジンバルド、スエヴス、スレイ＝グッド、聖クリスト・フォル、セクンディラ、タウラード、ディス・サモシス、タイタン、ティテア・マグナ、テウタネス、

テティス、テュバル、テュポン、デルキュノス、トゥイスコン・ギガス、トゥイスト、トゥルマンティンヌ、ドーヤ、ドルオン、トログ、ドンダン近くの島々に住む人々、ニンブロトゥス、ネンブロトゥス、ノア、ノアの子供たち、ハム、バラン、パレネス、パンタグリュエル、パンドラ・ユニオル、ファリブロット・ファラクタス、フィエラブラス、フィングラス、フィンブレシル、フェラグス、フラカッスス、ブラディー＝マン、ブラン、ブラングナリーユ、フランドリヴ、プリスカ、プリスクス、ブレイエ、ブロブディングナグ人、プロメテウス、フンヌス、ヘルミノン、ベレルス、ポリュス、マクルス、マス、ミクロメガ、モール、モルガンテ、モルグアン、ヤペテ、ヤペトス・ジュニア、ルー・ガルー、レギナ、ロスマリン

23 神話に登場する巨人と女巨人

アウルゲルミル、アグリオス、アトラス、アルキュオネウス、アルゲス、アルゴス、アルビオン、アロアダイ、アングボダ、アンタイオス、アンテロ・ヴィベネン、イアペトス、イアールンサクサ、イェーウェ・ゾグバヌ、イエッイーツオー、石の巨人、イヤ、ヴァジュラヴィーナー、ヴァスティ、ヴァレドヤド、ウィナラギリス、ヴィラージュ、ヴィラーダ、ヴクブ・カキシュ、ウートガルザ＝ロキ、ウヘポノ、ウペルリ、ウラノス、ヴリコーダラ、ウルリクムミ、エウリュティオー、エウリュトス、エウリュメドン、エーギル、エッグセール、エピアルテス、エピメテウス、エンケラドス、オケアノス、オシャダゲア、オトス、オピオン、オリオン、オングヴ・イアス、ガ＝オー、ガイア、カイタパ、カバンダ、カーリ、ギガンテス、ギュエス、キュクロプス、ギュゲス、ギュミル、ギリング、キーン・キーングス、クアフ（夸父）、グウアグウント、グーグー、グーヤカ、グラティオン、クラトス、グランドファーザー、グリーズ、クリュティオス、クリュメネー、クレイオス、クロノス、クンバカルナ、クンババ、クンババ、グンロズ、ゲイルロズ、ケオス、ゲリュオン、ゲルズ、コイオス、コットス、サルディド・ジンボ、シニス、シバクナ、霜の巨人、ジョカオ、スヴャトゴル、スカジ、スクリューミル、スクリュームスリ、スグロルマ、スタルカズル、スットゥング、スノエル、スリュム、スルス、スルト、世界最北端の食人種、世界の英雄、セック、ゼルファ、センイェマンド、ゾアヴィッツ、立って動いているもの、ダマステス、ダルマパーラ、タロ

ス、タンガタ、チョスキョ、ツイ・デライ・ガウ、テイア、ディオネ、ティタニデス、ティタン、ティテュオス、テテュス、デホトゴースガエ、テミス、テュポン、デルキュノス、トアス、ドリフタ、トルニト、トール・マン、ねじれた顔、ハイカナコ、バウギ、ハドゥイゴナ、ハヤグリーヴァ、パラス、バリ、バロル、ヒッポリュトス、火の巨人、ビーマ、百手の巨人、ヒュペリオン、ヒュミル、ファールバウティ、フィヨルギュン、フォルンヨート、フギ、フスティ・カプカキ、ブリアレオース、フリームスルス、フリュム、プルシャ、プロテウス、プロメテウス、ブロンテス、フワワ、フンバパ、ヘカテ、ヘカトンケイレス、ベスティア、ベ・チャスティ、ベービン、ペラゴン、ベル、ベルグブイ、ベルグヤール、ベルグリセル、ベルゲルミル、ペルセス、ペロロス、ポイトス、ポイベ、ホク・ブラズ、ボチカ、ポリュペモス、ポリュペモン、ポリュボテス、ボル、ボルキュス、ボルソルン、ポルピュリオーン、マグニ、マーサウ、マールギュウグル、マンザシリ、ミクラ、ミマス、ミーミル、ムスペル、ムチュクンダ、ムールカルタッハ、メノイティオス、モージ、ヤペティド、ユテルナイェスタ、ユテルンサクサ、ユミル、ユル・ユララ、ヨウカハイネン、ヨーツン、ヨルズ、ライストリュゴネス、ラトス、ラムス、リュカオン、ルタ・ムギン、レア、ロイトス、ロウヒ、ロギ、ローハ＝ムカ、ワジヤ

24 聖獣

アムフィシーン、アムフィプテーレ、アロキャメラス、アンフィスバエナ、一角獣、海の猛犬、エアレー、エピマクス、エンフィールド、オピニコ、海馬、カリグレーハウンド、ガルダ、カロプス、ギーヴル、キャット・フィッシュ、キャメレパード、巨人、グリフィン、ケンタウロス、コカトリス、コックフィッシュ、サテュロス、サテュロス＝フィッシュ、サラマンダー、シードッグ、シー・ライオン、スネーク・グリフォン、スピンクス、センティコア、ティガー、ドラゴン（西洋の）、ドラゴンウルフ、ドラゴンティグル、虎人間、トリトン、ネペンディス、バグウィン、バシリスク、バフォメット、パランドゥス、ハルピュイア、ヒッポカムポス、ヒッポセルフ、ヒュドラ、ファルコンフィッシュ、フェニックス、マーマン、マーメイド、メリュジーヌ、野人、ライオン・グリフォン、リヨン・ポワソン、ロバとサンカノゴイ、ワイヴァーン

25 原初の生物

アウルゲルミル、アジ・ダハーカ、アンテロ・ヴィプネン、イエエイーツオー、石の巨人、イテルテル、ヴァースキ、ヴァレドヤド、ヴィラージュ、ウペルリ、ウマイ＝ハルルヤ＝ウィト、ウラノス、ウルリクムミ、エームーシャ、オピオン、ガイア、カイタバ、カーディフの巨人、カマプアア、ギガンテス、キャムパクティ、巨人、ギルタブリル（サソリ人間）、キーン・キーングス、クアフ（夸父）、クジャタ、ゲウシュ・ウルヴァン、ケオス、ゴシュ、コロモドゥモ、シェーシャ、霜の巨人、スグロルマ、ダ、タロス、タンガタ、タンニン、タンマツユク、テイア、テイシカ・プク、ティタン、テエホルツォディ、テルゲス、ナーガ・パホーダ、ハダーヨーシュ、ハトゥイブワリ、パラス、パン・グ（盤古）、火の龍、百手の巨人、フォルンヨート、プルシャ、プロテウス、プンタン、ベスティア、ボル、ボルソルン、マドゥ、マンザシリ、ミクラ、ミシキニピク、ユミル、ヨウカハイネン、ヨーツン、ラハブ、ラハム、ラーフ、リイキ、リギ、レヴィアタン、ロギ、ロタン

26 風刺的、喜劇的な怪物

アーゴペルター、アックスハンドル・ハウンド、アリカント、ウィンディゴ、オーゲリノ、ガンベルー、キックル・スニフター、ギディ・フィッシュ、キューバ、巨人、ギリーギャルー、グウィンター、グージャー、グーファス、グーファング、グヤスクトゥス、グヤヌーロ、グラワッカス、高峰のライチョウ、ゴーダフロ、サイドスワイプ、サイドヒル・ガンガー、サイドヒル・ドッジャー、サイドワインダー、サボテン猫（カクタス・キャット）、シャガマウ、ジャバウォック、シュムー、シレノス、スクオンク、スナーク、スノー・スネーク、スプリンター・キャット、スライヴァー・キャット、ソーガー、ティーケトラー、ディング・ボール、デューミンク、ドッセンヌス、トリポデルー、ハイドビハインド、バニヤン（ポール）、バンダースナッチ、ヒューミリティ、ビルダッド、ファッパーノッカー、フィアサム・クリッター、フィラマルー鳥、フィンプス、フープ・スネーク、フラカッスス、ブロック・グウィンター、ホダグ、ポリュス、マウンテン・ステム・ワインダー、マグワンプ、マンドゥクス、モスキット、ランプティフューゼル、リカブー・ラッカー、ルシーヴ、ルベラド、ルンクス、レプロコーン、ロッカボア、ロープライト

付録

27 海の怪物と蛇（海の怪物／海蛇）

海の怪物
アウヴェコエヤク、イマップ・ウマッソウルサ、ウィウィレメク、ウィーウィン、海ウサギ、海ののこぎり、海の猪、オルク、カマウェトー、金のドラゴン、クラーケン、ケートー、サハブ、ザラタン、シーナフ、シュクラケン、スキュラ、スクリムスル、スコロペンドラ、セラ、テ・ツナ、テルキネス、デルケト、トゥム＝ライ＝フエナ、トゥルルス、ナーガ・マス、ナックレヴィー、ハイ・ホー・シャン（海和尚）、ハーヴギューグル、ハヴストランベ、パラタ、バレナ、フライング・フィッシュ（飛翔魚）、ペイシュト・キオーネ、ポルキュス、ポンゴ、マールギューグル、モケレ・ムベムベ、モノケロス、モノケロス・マリヌス、ヤギム、ヤニグ、ルスゾル、ロシュワルル、ロスマルス

海蛇
ウイレ・ベイスド・アチュアイン、エケネイス、キルタグ・ムホル・アファイン、キレイン・クロイン、ショールム、スクリムスル、タンニン、ドゥーマヴァルナ、ヘダム、ミアル・ヴォール・アファイン（海の巨獣）、ラハブ、リンドオルム、ルキ

28 世界蛇と宇宙蛇（宇宙蛇／宇宙の生物）

宇宙蛇
アイダ、アグヌア、アナンタ、アヒ、アペプ、ウマイ＝ハルルヤ＝ウイト、オピオン、カー＝エン＝アンク・ネレル、クジャタ、シェーシャ、ダ、ダムバラー、デゲイ、ハトゥイブワリ、パルルコン、ファラク、蛇、マカ、ミズガルズオルム、メヘン、ヨルムンガンド

宇宙の生物
アウズフムラ、アクーパーラ、アマラ、アンジャナ、ヴァーマナ、ヴィルーパークシャ、ウペルリ、ウルリクムミ、ウロボロス、オケアノス、カーマデーヌ、カーラ、クアネケラク、クジャタ、クムダ、クールマ、グレート・ギャラクティック・グール、ゲウシュ・ウルヴァン、サウマナサ、サールヴァバウマ、スプラティーカ、ティアマト、ドール、ドール、ニーズヘグ、ハイカナコ、バハムート、パルルコン、パン・グ（盤古）、ヒマパンダラ、プシュパダンタ、プルシャ、プンダリーカ、プンタン、ベヘモス、マハパドマ、ムシュフシュ、モシリックウェップ、リイキ、リギ、レヴィアタン、ローカパーラ・エレファント

29 国別分類

古代の王国（および国境の消滅した国々）

アッシリア
ウトゥック、ライオン・グリフォン、ラマ、ラマッス

アナトリア
ウペルリ、ウルリクムミ

古代エジプト
アケク、アピス、アペプ、アムミト、アメルマイト、アンドロスピンクス、ウラエウス、ウロボロス、エパポス、カー＝エン＝アンク・ネレル、クリオスピンクス（羊頭スピンクス）、グリフィン、グリュルス、ステク、ネヘブカウ、ハブ、ハルマキス、ヒエラコスピンクス、ヒドルス、ブーキス、ブケ・シー、ベンヌ、ホルエムアケト、マカ、マフデト、ムネヴィス、メヌイス、メヘン、メルウェル、メロエの牡牛

古代ギリシア・ローマ神話
アイトーン、アカマス、アクトリダイ、アグリオス、アステリオーン、アストライオス、アストロペ、アトラス、アペル・カリュドニオス、アリエス、アーリオーン、アルキュオネウス、アルクトボノス、アルゲス、アルゴス、アレクトー、アロアダイ、アンタイオス、イアペティオニーデス、イアペトス、ウラノス、エウリュアレー、エウリュティオーン、エウリュトス、エウリュメドン、エオス、エキドナ、エクセドラ、エニュオ、エピアルテス、エピメテウス、エピロテス、エリクトニオス、エリュマントスの猪、エンケラドス、オーキュペテー、大鷲のグリュプス、オケアノス、オトス、オピオン、オリオン、オルトス、ガイア、カプリコルヌス、カプリペデス（山羊足）、カムペー、カリュドンの猪、カリュブディス、ガルギッティオス、ギガンテス、キマイラ、ギュエス、キュクロプス、キュラロス、クサントス、クテアトス、グライアイ、グラティオン、クラトス、クリューサーオール、クリュソマロス、クリュティオス、グリュプス、クリュメネー、クレイオス、クレタの牡牛、クロノス、ケイロン、ケートー、ケートス、ケオス、ゲゲネイス、ケライノ、ゲリュオン、ゲリュオンの怪犬たち、ゲリュオンの牛群、ケリュネイアの鹿、ケルコープスたち（ケ

付録

ルコーペス）、ケルベロス、ケンタウロス、ケンタウロトリトン、ケンティマネス、コイオス、コットス、ゴルゴン、サガリスの蛇、サギタリウス、シニス、シルヴァニ、ステュムパリデスの鳥、ステロペス、ステノ、セイレーン、ダマステス、タロス、テイア、ディオネ、ディオメデスの牝馬、ティタニデス、ティタン、ティテュオス、デイノ、テウメッサの牝狐、テテュス、テミス、テュポン、デルピュネ、トアス、ドラコンティデス、トリトン、ネッソス、ネプトゥーヌスの馬、ネメアのライオン、パイア、パエトン、パムプレド、パラス、バリオス、パルテノペ、パレネス、ヒッポカムポス、ヒッポリュトス、百手の巨人、ピュトン、ヒュペリオン、ヒュライオス、プトオパゴス、ブリアレオース、プレゴン、プロクルステス、プロテウス、プロメテウス、ブロンテス、ペガソス、ヘカテ、ペラゴン、ペルセス、ペロロス、ポイトス、ポイベ、ポダルゲー、ポリュペモス、ポリュペモン、ポリュボテス、ポルキデス、ポルキュス、ポルピュリオーン、ポロス、ミノタウロス、ミマス、ムネモシュネ、メドゥーサ、メノイティオス、モーニュコス、モリオニダイ、ヤペティド、ヤペトス、ライストリュゴン人、ライトス、ラドン龍、ラミアー、ラムス、ラムポス、リュキダス、レア、レウコシア、レルネのヒュドラ、ロイコス、ロイトス

シュメール
アブガル、アブカル、アムフィトリテス、アンズー、カプリコルヌス、ガンダルヴァ、グダナ（天の牛）、クリリ、ズー、スフル＝マス、ティアマト、天の牡牛、ドラゴン（西洋の）、フンババ、山羊（海の）、ラマ

バビロン
アンズー、ガラテス、ギルタブリル（サソリ人間）、キング、ケルテス、サソリ男、ズー、スピンクス、ティアマト、デルケト、トゥイスコン・ギガス、ベル、ムシュフシュ、ラマッス、リビアのヘラクレス

ペルシア（現在のイラン）
アスディーヴ、一角獣、オニュクス・モノケロス、カーラ、カルカダン、カル魚、ガンジ、キュノケパロス（犬頭人）、グリュコン、ゲウシュ・ウルヴァン、ゴシュ、コノペニー、コレスク、ザラタン、シナム、シームルグ、シュミル、セーンムルウ、ダハク、チャムロッシュ、ツーバン、ハダーヨーシュ、フェニックス、ロバ（3本脚の）

メソポタミア
アブガル、アンズー、イムドゥグド、イルルヤンカシュ、カプリコルヌス、ガンダルヴァ、ギルタブリル（サソリ人間）、キング、グリフィン、クンババ、セムルヴ、セーンムルウ、チャムロッシュ、デルケト、ヒッポカムポス、フワワ、フンババ、ヘダム、マンティコレ、ムシュフシュ、ラクム、ラップ、ラハム、ロタン

現代の国境を有する国々および文化

アイスランド
→北欧

アイルランド
アポカリプティック・ビースト、アレーン・トレヘン、イアスコニウス、イールサーン、イーンヴァル、怒れる猟犬、インケール・カエフ、ウアー、エンバール、オイリフェイスト、カオラナッハ、ガボーチェンド、カリアッハ・ヴェーラ、カリアッハ・ベイネ・ブリック、キーダッハ、キハル、巨人、キーロナフ、銀の剛毛を持つグルギン、グラス・ガイブネニーア、グルアガッハ、クロム・クリム・ホムナイル、コイン・イオタイル、コインヘン、ゴボーチヌ、ゴル・マック・カルヴァダ、コルクフルアサスク、コルヌ、サイジェ・スアライジェ、サウグバ、サルヴァーン、ジーニアッハ、シーナフ、スイラ、スイリャハ、聖アトラクタの怪物、タープ・ウーシュカ、ダウルフー、ディウルナッハ・ウィデル、ディシス・ヴァルハウク、ディルの牡牛、トゥルッフ・トゥルウィス、ドーヤ、ドラゴン（西洋の）、ドラゴー、トルク・トリアス、トレチェンド、ドン・クアルンゲ（クアルンゲの褐色牡牛）、ナックレヴィー、バロル、ビアスト、ピアスト、ファハトナ・ファサッハ、ファハン、フェル・カレ、フォウォレ族、プーカ、ブルッケ、ブレドマル、ブレドロフタナ、ペイスト、ベービン、ベン＝グルバンの猪、ボカナーフ、ミカイン、ムリスク、ムールカルタッハ、ムルグッハ、ムール・ゲールト、ムルドリス、メロー、黙示録のドラゴン、モケイン、モラーグ、モルーア、リーバン、レティル・ダランの獣、レプロコーン、ロスアルト、ロッホロンナッハ

502

付録

アフリカ

東アフリカ
ザンビア
ワニ憑き

北アフリカ
リビア
アル

北アフリカと中東
→イスラム諸国

南アフリカ
コイサン族
アイグムハブ、ガ゠ゴリブ、ヌズーズー、ハイ゠ウリ

南東アフリカ
南東アフリカ全体
ジャッカル憑き、ハイエナ憑き、レパード憑き

ソト族
コロモドゥモ

タンザニア
パンバ

ザンビア
ライトニング・モンスター、ワニ憑き

西アフリカ

ダオメー
アイド・ウエド、イリズ・イマ、グルート・スラン、ダ、ダン・アイド・フウェド

コンゴ地方
アバダ、虹の蛇、ミガス

ナイジェリアのヨルバ族
オシュマレ

ツーウィ族・アシャンティ族
ササボンサム

アメリカ合衆国

アメリカ先住民族
アイス・ジャイアント（氷の巨人）、アシン、アナイエ、アニーウェ、アポタムキン、アマラ、アマロック、アンゴント、アントゥカイ、イエッイーツオー、イェンリッシュ、イヤ、イラック、イリアムナ湖の大魚、インダシンガ、ヴァンパイア、ウィーウイルメック、ウイウィレメク、ウィカチャ、ウイッシュプーシュ、ウイティコ、ウェンディゴ、ウグジュクナーパク、ウッチョウセン、ウヘポノ、ウマイ＝ハルルヤ＝ウィト、ウンクテヒ、ウンセギラ、エモゴアレック、オシャダゲア、オン・ニオント、オングウェ・イアス、オンディタチアエ、ガ＝オー、ガアシエンディエタ、ガウロウ、顔が裂けたもの、カシェホタポロ、ガニアグワイヘゴワ、キチ・アトハシス、キチクネビク、キツィナッカス、キネピクワ、ギャザー・オン・ザ・ウォーター、キールット、キワコウ、クアクスダスキディ、グーグー、ククウィーク、グーグェ、グランドファーザー、グレート・タイガー、グレート・ホーンド・サーペント（角のある大蛇）、グレート・リンクス、ゲルデグゥセッツ、コグクプク、古代蛇、ゴリゴグ、コロウィシ、サスクワッチ、シアツ、ジエイエン、ジョカオ、白ヒョウ、スカテネ、スカフノワ、スス・リカ、ズゼカ、スティキニ、ストケムクエストキント、ストーンコート、スナウフス、スライミー・スリム、セアトコ、ゾアヴィッツ、ダーダーワット、地下のヒョウ、チャーナミード、ツァヴージョク、ツナハレ、ツェルタル、ティシカ・プク、ティーフールツォーディ、ティンミウクブク、テエホルツォディ、デドエンドヤダセス、デホトゴスガエ、デルゲド、テルゲス、デルゲス、ト・カス、ドゥーノンガエス、トール・マン、鍋を傾ける者、ナルムクツェ、ニーニクヌーヴィ、ヌニエヌンク、ねじれた顔、ハーカパイニツィ、ハイカナコ、パイユーク、ハクラック、ハゴンデス、ハドゥイゴナ、バペッツ、パル・ライ・ユク、ビッグ・アウル、ビッグ・フット、ビッグ・ヘッズ、ビッグ・マン＝イーター、ビナイエ・アハニ、火の龍、ヒューマン・スネーク、ビングバファー、フィリールー、フヴッコ・カプコ、袋の持ち主、フスティ・カプカキ、ブモラ、フライング・ヘッド（飛ぶ頭）、ブラック・デヴィル、ベ・チャスティ、ヘアリー・マン、蛇、ボギー、ホーンド・アリゲーター、ホーンド・ウォーター・サーペント、ホーンド・サーペント、マーサウ、マスター・オブ・ザ・フィッシュ（魚の支配者）、マ

付録

ニトウ・キネビク、マネトゥウイ・ルシ・ピッシ、ミシ・キネビクワ、ミシガネビク、ミシキヌビク、ミシピシ、ミシピジウ、ミニワトゥ、ムーギー、メシェケナベク、メタル・オールドマン、ライ・フェイス、リトル・マニトウ、レナピツカ、ロング・イアー、ロングノーズ、ワウケーオン、ワカンダギ、ワカンダギ・ペツィ、ワキニヤン、ワジヤ、ワズ

その他アメリカ

アーゴペルター、アックスハンドル・ハウンド、ヴァンパイア、ウィンディゴ、狼憑き（人狼）、オーゲリノ、ガンベルー、キックル・スニフター、ギディ・フィッシュ、キューター＝カス、キューバ、ギリーギャルー、キングコング、グウィンター、グージャー、グーファス、グーファング、グヤスクトゥス、グヤヌーサ、グラワッカス、グレート・ギャラクティック・グール、高峰のライチョウ、ゴーダフロ、サイドスワイプ、サイドヒル・ガンガー、サイドヒル・ドッジャー、サイドワインダー、サボテン猫（カクタス・キャット）、シャガマウ、シャンプ、シュムー、スコンク、スノー・スネイク、スプリンター・キャット、スライヴァー・キャット、スライミー・スリム、ソーガー、ティーケトラー、ディング・ボール、デューミンク、トリポデルー、野ウサギ憑き、ハイドビハインド、バニヤン（ポール）、ハンカス、ビッグ・フット、ヒューミリティ、ビルダッド、ファッパーノッカー、フィアサム・クリッター、フィラマルー鳥、フィンプス、フープ・スネーク、ブロック・グウィンター、ブロントンの怪物、ベイブ・ザ・ブルー・オックス、ホダグ、マウンテン・ステム・ワインダー、マグワンプ、モスキット、ランプティフューゼル、リカブー・ラッカー、ルシーヴ、ルベラド、ルンクス、レプロコーン、ロープライト、ロッカボア

アルメニア

アゴグ＝マゴグ、アズライル、ヴィシャップ、オズ・マヌーク、獣、コカトリス、シャル＝マル、スヴァラ、太陽の馬、タパゴツ、デーヴ、トルク、バシリスク

イエメン

ガダー、シック、ナシャス

イギリス全般

アムフィプテーレ、海馬、ゴグとマゴグ、ゴグマゴグ、ゴーマゴット、ゴーム、コーメリアン、コリニウス、ストールワーム、タウラード、ナボン、ブラン、ベラゴッグ、ボギーマン、モルホルト

イスラエル（ユダヤとヘブライの伝承を含む）

アナク人、エデンの蛇、エミム人、オグ、カインの娘たち、ギボリム、ゴグ、ゴリアト、ゴーレム、ザムズミ人、ジズ、ズジム、タンニン、ドラゴン（西洋の）、ニムロド、ネピリム、ノア、バー・ヤクレ、バシリスク、ハパリット、パレト、ベヘモス、ラハブ、リウヤーターン、レヴィアタン、レパイム、レーム

イスラム諸国

多くの国に共通するもの

アフリト、アル・ボラーク、ガーワス、クジャタ、クトルブ、グーラー、グール、ザグ、ザラタン、ジン、ソラ、タラヌシ、ダルハム、ヌン、ホファファ、ミラージュ（アル）、ムルギとアーダミ、ロック

サウジアラビア

アンカ、ガーワス、ジン、ソラ、ホファファ

シリア

クル

モロッコ

アイチャ・カンディダ

イタリア

アストライオス、アラクサ、アラクサ・ユニオル、アロウス、エゲオーン、狼憑き（人狼）、オーグル（人食い妖怪）、オギュゴス、オケアノス、オモ・ネロ、オルク、カパネウス、カリゴランテ、巨人、クラーナ、グラナウス、クラーヌス、グリフィン、ジョーヴィス・サーガ、ジョーヴィス・ベルス、ジンバルド、ストリガイ、セヴィエンダ、タゲス、ティタン、ティテア・マグナ、テティス、テュバル、トゥイスコン・ギガス、トラパニの巨人、ニンブロトゥス、ネンプロトゥス、ノアの子供たち、バイヤール、パピロン、パプステセル、ヒッポグリフ、フライング・フィッシュ（飛翔魚）、プリスカ、プリスカラクセ、プリスクス、プロメテウス、ポンゴ、マクルス、モルガンテ、ヤペトス・ジュニア、ラヴェンナ・モンスター、ルポ・マナロ、レギナ、ロバ教皇

イラン（ペルシア）

→古代の王国

付録

イングランド
赤い足のハサミ男、アグリッパ、悪魔の猟犬群、足どり軽きたおやかなぶな娘、アスカパード、アフィントンのドラゴン、アルビオン、アロキャメラス、アントロポファガス、異教徒、一角獣、芋虫スカサ、ウィルミントンの背高男、ウェイランド・スミス、ウェード、ウェールズの巨人、ウォグログ、ウォリックの赤牛、ウォントリーのドラゴン、ウルク、ウルローキ、ウンゴリアント、エアレー、エント、エント女、黄金龍スマウグ、狼憑き（人狼）、オーグル（人食い妖怪）、オニオンの巨人、オノドリム、オリファウント、オログ＝ハイ、ガイトラッシュ、カッティー・ダイア、カーライルのカール、ガリー・トロット、カリグレーハウンド、カーン・ガルヴァ、キャリバン、教皇、巨人、巨人ディスペアー（絶望の巨人）、ギルドホールの巨人、グーメイロン、グラウルング、グラムダルクリッチ、グリム、グリンディロー、グレート・トール・テイラー（のっぽの仕立て屋）、グレンデル、グレンデルの母親、コカトリス、黒妖犬、黒龍アンカラゴン、こふきこがね、コーメイリアン、コーモラン、コルブロンド、ザラタン、サーン・アバスの巨人、サンデル、シードッグ、シェロブ、ジャイアント・ホールドファスト（留め金の巨人）、シャック、シャッグ・フォール、ジャバウォック、ジュマー、ジリトラット、スカルディング、スキアポッド、スクライカー、ステリオ、スナーク、砂男、スミースの巨人、スレイ＝グッド、聖レオナルドの森のドラゴン、タッター・フォール、ダニー、チェシャー猫、チャイルド・ガズラー、追跡する獣、ディー、トム・ドッキン、ドラックス、ドラッゲン・ヒルのボグル、トラッシュ、トロール、トログ、ドンダン近くの島々に住む人々、のっぽのアグリッパ、バーゲスト、バグベアー、バシリスク、バックランド・シャッグ、パットニーとフラムの女巨人、パッドフット、バンダースナッチ、ビスターンの龍、人食いアグネス、人さらいのネリー、火龍、ブー＝バガー、ファーザー・フラグとマダム・フラグ（むち打ち氏とむち打ち夫人）、ファンゴルン、フィングラス、フィンブレシル、フウイヌム、ブージャム、ブラタント・ビースト、ブラッグ、ブラック・シャック、ブラッシュ、ブラディー＝マン、フランケンシュタインの怪物、ブランダーボア、ブランダムール、フランドリヴ、フレイバグ、プロビニャク、ブロブディングナグ人、ベヴィス、ペグ・パウラー、ベル、ベレレス、ボーゲスト、ホブヤー、ボムボマチデス、ホルデスヒュルド、ボロゴヴ、町の巨人、マーメイド、緑の牙のジェニー、ムマキル、モック・タートル、モノケロス、モール、モール・ウォルビー、モルホルト、野人、ヤフー、ラムトンのワーム、リントンのウォード・ワーム、レイドリー・ワーム、ロスマリン、ローズリー・ワーム、ワイヴァーン、ワンディル、ワンドルベリー・ジャイアンツ

インド
アイラーヴァタ、アイラーヴァナ、アエテルナエ、アクーパーラ、アシパトラ、アナンタ、アパララ、アヒ、アルシャとアルシ、アンジャナ、インドの牡牛、ヴァースキ、ヴァーマナ、ヴィスヴァーヴァス、ヴィラーダ、ヴィーラバドラ、ヴィルーパークシャ、ウグラスラ、ヴリトラ、ウンナティ、エータシャ、エームーシャ、カイタバ、カバンダ、カーマデーヌ、ガラ、カーリア、カルカダン、ガルダ、カルタゾーノス、ガンダッパ、ガンダルヴァ、ガンダルヴァ（インドの）、キラータ、キンナラ、キンプルシャ、クムダ、グーヤカ、グール、クールマ、クンバカルナ、ケインナラ、ケーシ、サウマナサ、サムヴァルタ、サムパティ、サールヴァバウマ、シェーシャ、シシュパーラ、シームルグ、シャヴァラー、ジャターユス、ジャラ・トゥラガ、シンヒカー、スプラティーカ、スラビ、セヴィエンダ、ダイティヤ、太陽の馬、タクシャカ、ダディクラー、ダーナヴァ、ダルマパーラ、チトラタ、ドゥーマヴァルナ、トゥンブル、ドラゴン（西洋の）、虎憑き、ドラナ、ドール、ナーガ、ナーギニー、ナーギニー・ベーサンディ、ナラ、ナンディニー、ニーグード、ニヤン、バインサースラ、ハヤグリーヴァ、バリ、ハーリティー、ヒディンバ、ビーマ、ヒマパーンダラ、フェイス・オヴ・グローリー（栄光の顔）、プシュパダンタ、プルシャ、プンダリーカ、ペイ、ベーティカーン、ポキラージ、マカラ、マダ、マドゥ、マハーパドマ、マヒシャ、ムチャリンダ、ムチュクンダ、山羊（海の）、ラークシャサ、ラーフ、ローカパーラ・エレファント、ローハ＝ムカ

インドネシア
アナンタボガ、アリンビ、アンジン・アジャク、ウィクラマダッタ、ガルダ、キンナラ、ケインナラ、ゲルガシ、ジュリック、虎憑き、ナーガ、ナーガ・パホーダ、バロン、マカラ、マガン・ガドゥンガン、レクソソ、ワニ憑き

エジプト
アケク、ガダー、カデム・ケムクオマ、シディ・

ハモウ、ジン、チャールマロウチ、ディフ・エッレビ、ハモウ・ウカイオウ、マエツトダルルードゥー、ムーレイ・アブデルカデル・ジラニ、ラッラミラ、レドジャル・エル・マルジャ
→イスラム諸国、古代エジプト

エストニア
→　東ヨーロッパ

オーストラリア
アランダ、イェロ、イールムーナン、ウォイヌングル、ウォルンクァ、ウォロンビ、ウルガル、ウルング、ウングッド、カーリア、カルセル、カレル、ガレル、ガンビア、キーン・キーングス、キング・プラティー、グッド・フープ、クナピピ、グナピピ、グランガッチ、クーレア、クン・マングール、ケレル、サギネ、サルディド・ジンボ、ジャイアント・ディンゴ、ジャラビリ、ジュラワドバド、タイパン、ダーカーン、チーローニア、デーヤベリー族、トゥンタバー、ナモロド、虹の蛇、ヌガルプジョド、バンイップ、万人の目、フーウィー、ブライング、ブルグ、ボビ＝ボビ、ホブヤー、マルダペ、ミンディ、ムイト、ムンガ・ムンガ、ヤウイ、ヤラ＝マ＝ヤー＝フー、ユル・ユララ、ユルング、ユルンググル、ユルング、雷蛇、ランガル、ワナンビ

オーストリア
タッツェルヴルム、ダルド、トラウン湖の貴婦人、湖の女王、モノケロス・マリヌス

オランダ
巨人、ゴリアト、町の巨人

ガイアナ
カオラの人々

カナダ
アウヴェコエヤク、アシュワープス、穴をあけるもの、アマロック、イクータユーカ、イヌグパスグスーク、ウィウィレメク、ウィティコ、ウィナラギリス、ウェンディゴ、エスタス、エロキグドリット、エンガルファー（飲み込む者）、オゴポゴ、オニアレス、オヤレロウェク、カチュタユーク、カティン・タユーク、カネアケル、ガロクウズウィス、キキン、キシホーキュー、キールット、クアネケラク、グレート・サーペント・オブ・ヘル（地獄の大蛇）、グワグワクワラヌークシウェ、サスクワッチ、シクリアスイトゥク、シシウトゥル、シャンプ、世界最北端の食人種、世界の

英雄、立って動いているもの、タンマツユク、チント＝サクトコ、ツェマウス、天空の曲がったくちばし、トゥニク、トゥニテュアクルク、トゥールンギャク、トルニト、トルンガルソーク、トロール、ナイタカ、ナーゲン、ニュラユーイニク、ノーグル、ノコスマ、パイジャ、ハイトリック、バクバクワカノオクシワエ、ハーフウェイ・ピープル、ビッグ・フット、ヒーンクーメメン、蛇、ホクホク、ポニック、ホーンド・サーペント、マシャーノマク、マチ・マニトウ、マニポゴ、ミシキニピク、ミシピシ、湖の神秘、ミスケナ、ミチピチ、ミチピチュ、ミッキアユーク、メムフレマゴグの海蛇、ヤギム、ルー・ガルー

カリブ海諸島
アイダ、キゴウアヴェ、スクヤン、ダムバラー、虹の蛇、プラット・アイ、ラクモン、レガルー

ギリシア
アスピドケロン、アロウス、アンフィスバエナ、猪憑き、狼憑き（人狼）、カリカンザリ、カルケス、キュノケパロス（犬頭人）、グリフィン、ストリンゲス、ドラゴン（エピダウロスの）、バシリスク、ブッセ、マンティコレ、ラミアー、リゾス、リュカントロポス
→ギリシア・ローマ神話

グリーンランド
アウヴェコエヤク、アズ＝イ＝ウ＝グム＝キ＝ムク＝ティ、アドレト、イマップ・ウマッソウルサ、エロキグドリット、ディスエンバウエラー（腹を裂く者）、ハヴストランベ、マールギューグル

ザンビア
→中央および南アフリカ

スイス
アポタルニ、エルブスト、ストレンヴルム、ニクス、ブタチュ＝アー＝イルグス、ロイスの蛇

スウェーデン
→北欧

スコットランド（ヘブリディーズ諸島、オークニー諸島、シェットランド諸島を含む）
アウェー湖の怪物、アッハ・イーシュカ、アハッハ、アラク、アラクド、一角獣、ヴーア、ウイレ・ベイスド・アチュアイン、ウリシュク、大耳猫、カラニッシュの巨人たち、カリアッハ・ウラ

付録

ガイグ、カリアッハ・ベイネ・ブリック、キーダッハ、キャット・シー、巨人、キルタグ・ムホル・アフアイン、キレイン・クロイン、グラシュティグ、グラス・ガイブェアニーア、グルアガッハ、ケー・シー、ケラッハ・ヴェール、ケルピー、黒妖犬、コラン・グン・キアン、コルクフルアサスク、シアナハ、シュービルティー、ジーラッハ、水棲牛、タープ・ウーシュカ、ニクネーヴィン、ネウグル、ネス湖の巨人、バンナッハ＝ニウェ、ビーアスト・ヴェラッハ、ビーアスト・ナ・スログニング、フーア、フィル・フレイグ、ブーブリー、ブラッハ・ブハディ、ペアライ、ペヒル、ヘンキー、マイジャン・ウアイネ、魔法使いのシャックル、マーメイド、ミアル・ヴォール・アフアイン（海の巨獣）、ミンチ海峡の青亡霊、ムーリャルタッハ、モラーグ、ライロケン、ラミキン、レッド・エティン、ロッホ・ネス・モンスター、ロング・ランキン

スペイン、ポルトガル（バスク地方、カナリア諸島を含む）
アリファンファロン、エル・クエレブレ、エル・ザンガロン、オーグル（人食い妖怪）、オリペス、カベスド、カラヴィナイグレ、カルネロス、ギータ、巨人、獣、コカ、ココ、シレナ、タラスカ、タルタロ、トルト、バシャジャウン、バシリスク、ビチャ、ヘルンスグエ、ボバリコン、マーメイド、マンティコレ、ラミアー、ロブ・オーメン、ロブ・オンブレ

スリナム
アゼマン

スリランカ
ジャターユス

タイ
エレファント・タイガー、ガロン、巨人、キンナラ、クルト、ケインナラ、コン・トラム・ヌーオーク、ティパカ、ナーガ、ナーギニー、蛇、マカラ

タンザニア
→アフリカ

チェコ
ヴァンパイア、ゴーレム、ジェシ・ババ、ジャシ・ババ、ババ・ヤガ

チベット
イェティー、ヴァジュラヴィーナー、クユン、ケレ、スグロルマ、ズテー、セロウ、ダルマパーラ、チョスキョ、ツォポ、ハヤグリーヴァ、雪男、ルタ・ムギン

中央アメリカ・南アメリカ

アルゼンチン
ケルフェ、ティグレ・カピアンゴ、ピラヌ、ヤクアル

エクアドル
イワンチ

グアテマラ
チョルティ

コロンビア
ボチカ

チリ
アリカント、イデ、インプンチェ、ヴァンパイア、ヴルパングエ、エンセラドス、カマウェトー、カルチョナ、ゲイリヴル、クエーロ、グリリヴィル、ケルフェ、コロコロ、白い胸、チヴァト、チョンチョン、トレルケフエクヴェ、ピフエチェニ、ファグア湖の怪物、蛇、マンタ、ランパルグア、ワリェッペン

ブラジル
アウンヤイナ、イグプピアーラ、ヴァレドヤド、シナー、ミナタ・カライア、ユルパリ、ロビソン

ベネズエラ
エワイパノマ

ペルー
ククオア

メキシコ
アーウィーソウトル、イキ＝バラム、キャムパクティ、ゼルフア、ゾロトル、チョルティ、トラテクトリ、バラム、バラム＝アガプ、バラム・キツェー、ホガ、マフカター

中国
アオ・グアン（敖広）、アオ・シュン（敖順）、アオ・チン（敖欽）、アオ・ビン（敖丙）、アオ・ル

ン（敦閎）、イー・ムー・クオ・ヤン（一目国民）、一角獣、イン・チュ、イン・ロン（応龍）、鬼子母神、キツネ憑き、クアフ（夸父）、ゴン・ゴン（共工）、サン・シェン・クオ・ヤン（三身国民）、サン・ショウ・クオ・ヤン（三首国民）、シェ・ジー（獬豸）、シェン・ノン（神農）、シェン・ロン（神龍）、シャオ、ジャオ・ドゥアン（角端）、シャン・ユン、シャン・リュウ（相柳）、シュイ・イン、シン・ヨウ、太陽のカラス、タオ・ティエ（饕餮）、タクジュイ、ツ＝チャン、チー・リン（麒麟）、チー・リン（麒麟）、チー・ロン・ワン（螭龍王）、チアイ・トゥング、チアン・リャン（彊良）、チャイニーズ・ドラゴン、チャン・オ（嫦娥）、チャン・ハオ、チュアン・トウ族（讙頭族）、チョウティ、チン・ロン（青龍）、ツァン・ロン（蒼龍）、ティエン・ゴウ（天狗）、ディン・リン・クオ・ヤン（釘霊国民）、ト・フ、東洋の龍、虎憑き、ナ・ジャ（哪吒）、ニウ・トウ（牛頭）、ニエ・アル・クオ・ヤン（聶耳国民）、ニュ・ワー（女媧）、ハイ・チアイ、ハイ・ホー・シャン（海和尚）、ハイ・ホー・シャン（海和尚）、バイ・ロン（白龍）、パン・グ（盤古）、ピョング、フー・シー（伏羲）、フー・ツァン・ロン（伏蔵龍）、フアン（鳳）、フェイ・リエン（飛廉）、フォン（鳳）、フォン・フアン（鳳凰）、ベグドゥ・サン、ホー・リー・ディー・ムー（訶梨帝母）、ホアン・ロン（黄龍）、ポン（鵬）、マー・ミエン（馬面）、ユ＝ミン・クオ・ヤン（羽民国民）、ルー・ルアン（鸞）、レイ・ジェン＝ズ（雷震子）、ロン（龍）、ロン・ワン（龍王）

デンマーク
→北欧

ドイツ（現代）
アウフホッカー、赤い足のハサミ男、狼憑き（人狼）、キンダー・フレッサー、キンダーシュレッカー、グレート・トール・テイラー（のっぽの仕立て屋）、ゴーレム、シルブンク、ニクス、ニーゲルンク、ハッケンマン、パプステセル、プーク、ボックマン、モノケロス・マリヌス

ドイツ（古代ゲルマン神話）
アウズムラ、アールヴァク、アルスヴィズ、アルスヴィデル、アルラク、巨人、スヴァジルファリ、スキンファクシ、スルス、スレイプニル、ハッケンマン、火龍、ファーヴニル、フォルンヨート、フリームファクシ、ミズガルズオルム、ヨーツン

ロギ

トルコ
猪憑き、カルガス、キマイラ、ケルコープスたち（ケルコーペス）、シャル＝マル、ブッセ

西インド諸島
→カリブ海諸島

日本
出雲の大蛇、一角獣、ヴァンパイア、うわばみ、乙姫、餓鬼、河童、からす天狗、訶梨帝母、鬼女、キツネ憑き、巨人、清姫、麒麟、件、蜘蛛、高志の八岐の大蛇、木の葉天狗、地震魚、地震虫、魚虎（鯱）、ショウジョウ、女郎蜘蛛、龍、土蜘蛛、天狗、東洋の龍、飛び龍、トヨタマヒメ、虎憑き、人魚、獏、化け猫、飛龍、鳳凰（日本）、ムカデ、八咫烏、山男、山女、雷獣、雷太郎、雷鳥、龍王、龍神

ニュージーランド
イフ＝マータオタオ、クランガイ・トゥック、タニワ、タマ＝オ＝ホイ、パラタ、フル＝カレアオ、ポウアカイ、ポウカイ、ホトゥ＝プク、ホロマタンギ、マタウ、ルアヒネ・マタ・マオリ、ルールヒ・ケレポウ、ルマカカ

ネパール
イェティー、ウンナティ、雪男、メーテー

ノルウェー
→北欧

パキスタン
アパララ

パラグアイ
ジャガー・マン

ハンガリー
ヴァンパイア、獣、サルカニー

東ヨーロッパ（クロアチア、スラヴ、セルビア、ボスニア、ルーマニアを含む）
ヴァンパイア、ヴィルコラク、ヴェリ・ジョゼ、ヴルコドラク、エンドロップ、狼憑き（人狼）、オヒュンス、シマルグル、ジン、スヴャトゴール、ツマグ・オグンジェニ・ヴク、ニクス、ラスコ

付録

ヴィーツェ、レエスチ、レスチア

エストニア
アイ、アイヤタル、アイヨ、アヤタル、ヴァナパガン、コイラクーンラセッド、魚たちの守護者、トゥリヘンド、ナキネイウ、ナキネイチ、ナッキ、ナッキの牛、ニューク、ピスハンド、古きもの、湖の幽霊

ラトヴィア
ヴィルカチ、コイラクーンラセッド、プキス

リトアニア
ヴィルカタ、ヴィルコラキ、狼憑き（人狼）、カウカス、獣、コイラクーンラセッド、ミルジナス

ビルマ
アヴァグラー、グラハ、ケインナラ、ナーギニー・ベーサンディ、ニヤン、タンティ・ガハ

フィリピン諸島
カフレ、カンニバル（食人種）、ブゴット、ブソ、ブンギスンギス、ボロカ、マウレオン

フェロー諸島
→北欧

フランス
アイノテルス、アップ・ムウシュ、アムドゥスキアス、アラッサス、犬憑き、ウィヴル、ヴィーヴル、ウグルッサ、ウルタリー、エティオン、エナック、エリュックス、狼憑き（人狼）、オーグル（人食い妖怪）、オフォトゥス、ガイヨフ、ガーガム、ガーゴイル、ガッパラ、カパルス、ガラテイア、ガルオー、ガルガメル、ガルガンチュア、ガルメル、カレスメプレナン、ギーヴル、キドゥー、キュクロペデス、巨人、グラングゥジエ、クロクミトン、ゲマゴグ、獣、ゴ・エ・マゴ、コケシグルー、ゴリアト、サラブロット、ジェヴォーダンの野獣、シャルブロット、シュバル・バヤール、セクンディラ、センティコア、タラス、タルタロ、ディス・サモシス、デン＝プレ、トゥルマンティンヌ、ドラゴン（西洋の）、トル、バイヤール、バシリク、バラン、パンタグリュエル、ビスクラヴレット、ファリブロット・フェラグス、フィエラブラス、フランヴナリーユ、ブレイエ、ブレイズ＝ガルヴ、ヘラクレス、ペルダ、ヘルンスグエ、ホク・プラズ、ポリュス、町の巨人、ミクロメガ、水の女王、緑の蛇、鞭打ちじいさん、メリサンド、メリュジーヌ、モネーグルのシェルニューブル、モルガン、モン・サン・ミシェルの巨人、野人、ヤニグ・アン・オド、ヨウディクの犬、ラ・ヴェリュ、ラヴェンナ・モンスター、ラミアー、リケ・ア・ラ・ウープ、リノセロス、リュストゥクリュ（ル・グラン）、ルー・ガルー、ル・カルコル、レドロネット、ロンジュール・ドス、ワイヴァーン

ベネズエラ
→中央アメリカ・南アメリカ

ペルー
→中央アメリカ・南アメリカ

ベルギー
アンティゴヌス、ガヤント、クルッド、ゴリアト、ドルオン、プレバク、町の巨人

ポーランド
イェンザババ、ヴァンパイア、ゴーレム、ジェシュダ、ビアロザル、モンク・フィッシュ

ポリネシア（クック諸島、フィジー、ハワイ、タヒチを含む）
カマプアア、カンニバル（食人種）、タンガタ、ツイ・デライ・ガウ、デゲイ、テ・ツナ、トゥ＝テ＝ウェイウェイ、トゥム＝ライ＝フエナ、虹の蛇、ヌガニ＝ヴァツ、ヌグトゥ＝レイ、フレイミング・ティース（燃え立つ歯）、蛇、モコ

ポルトガル
→スペイン

ホンジュラス
ウィーウィン

マレーシア（東部および西部）
ヴァンパイア、金のドラゴン、ゲルジス、サ＝グンチャング・ラング・ブミ、サ＝ゲムパルアラム、サ＝ゲルタク・ラング・ブミ、サ＝トゥムボク・ラング・ブミ、サ＝ハリリンタル、サ＝ラクン・ダラー、サ＝ラージャ・ジン、サ＝ルクプ・ラング・ブミ、サング・ガディン、サング・ガラ・ラージャ、ジン、ジン・カラジャーン、ジン・グンダン、ジン・セムブアナ、ジン・ナウバット、ジン・ネムフィリ、ティオマン、虎憑き、ナーガ、ナーガ・マス、ナーギニー、プジャンガ、プテレイ・セムパラン・グヌング、ポンティアナク、

509

付録

ラージャ・ナーガ

マン島（イギリス）
アッハ・イーシュカ、イン・フォルディア・ガステイ、カーヴァル・ウーシュカ、カーヴァル・ウシュタ、カラッハ・ナ・グローマッハ、グラシュティン、ゴアイア・ヘッダー、タルー・ウシュタ、テルー・ウシュタ、ドゥナ・マラ、ニキュル、フェノゼリー、フェノゼリー、フォール、ベイシュト・キオーネ、ベドン・ヴァーラ、ベリー・ドーン、ブゲーン、モーザ・ドゥーグ

ミクロネシア（カロリン諸島、ギルバート諸島、エリス諸島を含む）
巨人、キング・アウリアリア、プンタン、リイキ、リオウメレ、リギ、ルキ

メラネシア
アグヌア、アバイア、アペレ、ヴァンパイア、ヴィス、カイア、カンニバル（食人種）、虹の蛇、ネヴィンビンバーウ、ハトゥイブワリ、ブアタ、蛇、ワルタハンガ、リ

モロッコ
→イスラム諸国

ヨーロッパ（中世ヨーロッパを含む）
アクリス、アケク、アシペンサー（チョウザメ）、アスピス、アスピドケロン、アバス、アムビゼ、アムフィシーン、アムフィプテーレ、アリコーン、アルシェンディク、アロエス、アンフィヴェナ、アンフィスバエナ、イアキュルス、イクテュオケンタウロス、イクテュオパゴイ、イサの飛ぶ蛇、イスタエヴォン、一角獣、イドルス、イポタミス、インガエヴォン、ヴァンダルウス、ヴァンパイア、ウーサー、ウーサー、ウッドハウス、ウッドワス、海ウサギ、海の猪、海の司教、海の猛犬、ウルガーン、ウルス、ヴルム、エアレー、エアレー、エケネイス、エピマクス、狼憑き（人狼）、オーグル（人食い妖怪）、オグレス、オビニコス、カトブレパス、カバル、カーバンクル、カリトリクス、カロプス、カンニバル（食人種）、ガンブリヴィウス、キャス・パリーグ、キャット・フィッシュ、キャメルパード、キュノケパロス（犬頭人）、巨人、グランボー、グリフィン、グリュリオ、ケンタウロス、コカトリス、コックフィッシュ、ゴーレム、コロコッタ、サテュラル、サテュロス=フィッシュ、サドゥザグ、サナクス、サファト、サラマンダー、シー・ホッグ、シー・ライオン、ジェデュア、ジドラ、ジフィウス、ジャル、シュレン、シレナ、スィングト、スエヴス、スキアポッド、スキタリス、スキュティアの子羊、スコロペンドラ、ストマック=フェイシーズ、スネーク・グリフォン、スピンクス、聖クリスト・フォルス、セラ、セラスティーズ（ツノクサリヘビ）、セルピー、センティコア、タタールの野菜羊、タランドルス、チチェヴァチェ、追跡する獣、ティガー、ティテア・マグナ、テウタネス、トラゴパン、ドラゴン（エチオピアの）、ドラゴン（西洋の）、ドラゴンウルフ、ドラコンコペデス、ドラゴンティグル、虎人間、トリトン、ドレーク、ネペンディス、ハイイト、バイコーン、バグウィン、バシリスク、バシルコック、ババ・ヤガ、バフォメット、バランドウス、バルグの猫、バレナ、バロメッツ、ヒッポカムポス、ヒッポグリフ、ヒッポセルフ、ヒドルス、ヒュドリプス、火龍、ファルコンフィッシュ、フィエラブラス、フェニックス、フェニックス、フォルネウス、フスパリム、ブッセ、ブルチン、フンヌス、ベヘモス、ヘミキネス、ヘラクレス、ヘリオドロモス、ヘルミノン、ボナコン、ボラメッツ、ポンタルフ、ホーンワーム、マス、町の巨人、マーマン、マーメイド、マンコモリオン、マンティコレ、マンティセラ、ミミック・ドッグ、ミュレクス、メメコレアウス、モノケロス、モノコリ、モノスケラン、モンク・フィッシュ、野人、雪男、ライオン・グリフォン、ラヴェンナ・モンスター、ラミエー、リコポディウム、リコーン、リビアのヘラクレス、リュカントロポス、リヨン・ポワソン、リンクス、レウクロッタ、レーム、ローズリー・レディ、ワイヴァーン

ロシアおよびロシア連邦（シベリア、ウクライナを含む）
アイ・トヨン、アラコ、アリチャ、アルクラ、アルコノスト、アルマス、一角獣、犬憑き、ヴァンパイア、ヴォジャノーイ、ヴォドニク、ヴォリス=モルト・フセスラフ、ウピル、狼憑き（人狼）、カシチェイ、カンニバル（食人種）、巨人、熊憑き、クレウツェット、コシュチェイ、コスマトゥシュカ、ゴリシュチェ、ゴリニチ、シヴシュコ、シモルグ、シリン、スヴャトゴール、ソロヴェイ・ラフマティチ、チョドーユドー、ツガリン、ツメイ・ゴリニッチ、ナウル、ババ・ヤガ、バルシュカ・マトゥシュカ、パレスムルト、火の鳥、プティツィ・シリーニー、蛇、ミクラ、リスン、レーシー、レシャーク、レスノイ、ロックスキ・ネスキ・モンステロヴィッチ

510

付録

北欧
近代の北欧諸国に共通しているもの
海馬、巨人、キルコス、クラーケン、シュクラケン、ストールワーム、ドラゴン（西洋の）、トロール、ニクス、ニコール、ニッカー、ニッケ、ハヴヘスト・フルド、マーメイド、リンドオルム

古代北欧の伝説
アーヴァク、アウズムラ、アウルゲルミル、アールヴァク、アルスヴィズ、アルスヴィデル、アルラク、アングボダ、イアールンサクサ、ヴァスティ、ヴィズオヴニル、ウートガルザ＝ロキ、エーギル、エッグセール、オルム、女巨人、カーリ、ガルム、ギューグル、ギュミル、巨人、ギリング、グリーズ、グリンカンビ、グリンブルスティン、グンロズ、ゲイルロズ、ゲリト・フレキ、ゲルズ、ゴールドブリッスル、霜の巨人、スヴァジルファリ、スカジ、スキンファクシ、スクリューミル、スクリュームスリ、スコル、スタルカズル、スットゥング、スノエル、スリーズルグタンニ、スリュム、スルス、スルト、スレイプニル、セック、セーフリームニル、センイェマンド、戦いの猪、タングニョースト、タングリスニル、ドラゴン（西洋の）、ドリフタ、ニーズヘグ、バウギ、ハーヴギュークグル、火の巨人、ヒュミル、ヒルドイスヴィニ、ファーヴニル、ファールバウティ、フィヨルギュン、フェンリル、フォルンヨート・フレキ、フギ、フギン、フリースヴェルグ、フリームスルス、フリームファクシ、フリュム、フルングニル、フロスティ、フローズルスヴィトニル、ベスティア、ベル、ベルグブーイ、ベルゲヤール、ベルグリセル、ベルゲルミル、ボル、ボルソルン、ホルデスヒュルド、マグニ、マールギュークグル、ミズガルズオルム、ミズガルズの蛇、ミーミル、ムスペル、ムニン、モージ、ユテルナイェスタ、ユテルンサクサ、ユミル、ヨーツン、ヨルズ、ヨルムンガンド、ロギ

アイスランド
スクリムスル、スコフィン、トロール、ニクス、ニクール、ニッカー、ニンニル、ハイクール、ベイガド

スウェーデン
イエルフ、グロン、ストールワーム、ストルスイェードジュレト、ドレーク、ニクス、ネッケン、蛇の王、リンドオルム

デンマーク
ニッケル、ニュック、ハウフルエ、ハヴマン、モンク・フィッシュ

ノルウェー
ヴオコー、海ののこぎり、クラーケン、サハブ、シュクラケン、ショールム、スワムフィスク、セルヨルズオ、トロール、トロール・フィスク、ニッケン、ハヴフィネ、ハヴヘスト・フルド、ルスゾル、ロシュワルル、ロスマルス、ロスメル

フィンランド
アイアタル、アンテロ・ヴィプネン、ヴオコー、カレワンポジャット、キング・オブ・ザ・フィッシュ（魚の王）、サイヴォ・ネイタ、魚の女王、スタロ、スヨトロール、スルマ、トゥルスス、ナキネイト、ナッキ、ニュック、ヨウカハイネン、ロウヒ

フェロー諸島
ニッカール

ラップ人、サーミ人（北欧北部地域）
ヴオコー、サイヴォ・ネイタ、スタロ

ラップ人、サーミ人
→北欧

索引

[ア]

アイ 1
アイアタル 1, 4, 29
アイガイオーン 1, 78, 374
アイガムハブ［複数：アイガムハ，アイガムチャス］ 1
アイス・ジャイアント（氷の巨人） 1, 142
アイダ 2, 256, 306
アイダ・ウェド 2
アイチャ・カンディダ 2, 330
アイド・ウエド 2, 94, 259, 306
アイ・トヨン 2
アイトーリアの猪 2, 117
アイトワラス 3, 105, 148, 164, 183, 324, 364, 394
アイトーン 3
アイノテルス 3, 137
アイヤタル 1, 3
アイヨ 1, 4
アイラーヴァタ 4, 61, 470
アイラーヴァナ 4
アーヴァク 4, 32, 253
アヴァグラー 4, 155
アヴァグラホ 4
アーヴァンク 4, 17, 143
アーウィーソウトル 5, 124
アウヴェコエヤク 5
アウェー湖の怪物 6
アウズフムラ 6, 386
アウズムラ 6
アウフホッカー 6
アウルゲルミル 6, 443
アウンヤイナ 6, 124
アエテルナエ 7
アエロー 7, 333
アオ・グアン（敖広） 8, 458
アオ・シュン（敖順） 8, 458
アオ・チン（敖欽） 8, 458
アオ・ルン（敖閏） 8, 458
赤い足のハサミ男 8, 11, 166, 167, 188
赤い獣 9, 432
アガトス・ダイモン 9
アカマス 9, 132

アキヤラボパ 9
アクタイオン 9, 253
アクトリオーネー 9, 77, 149, 435
アクトリダイ 9, 77, 149, 435
アグヌア 9, 326, 388
アクーパーラ 9
悪魔の猟犬群 9
アクモニデス 10
アグラオペメ 10, 246
アグリオス 10, 125
アクリス 10, 399
アグリッパ 11, 86, 138, 188, 315, 379
アクルト 11
アケク 11
アケファロス［複数：アケファリ，アケファリテス］ 11, 227, 298
アゴグ＝マゴグ 12
アーゴペルター 12, 355
アザンク 4, 12, 17
アジ・ダハーカ 12
足どり軽きたおやかなぶな娘 12, 357
アシパトラ 13
アシペンサー（チョウザメ） 13
アシュワープス 13
アシン 13, 124, 188
アズ＝イ＝ウ＝グム＝キ＝ムク＝ティ 13
アスカパード 14, 384
アスディーヴ 14
アステリオーン 14, 123, 423
アストライオス 15, 272, 330
アストロペ 15, 253
アスピス［複数形：アスピセス］ 15
アスピドケロン 15, 16, 104, 152, 204, 353
アスピドデロン 15, 16
アスプ・タートル 16
アズライ 16, 134
アゼマン 16, 57, 89
アーダミ 16
アダル・スゥッフ・グウィン 17
アダロ 17
アダンク 5, 7, 23
アツェン 17, 92, 124
アックスハンドル・ハウンド 17, 356
アッハ・イーシュカ 17, 105, 153, 220, 311, 368
アップ・ムウシュ 18, 79, 80, 82, 97, 104, 109, 118, 437
アトゥンカイ 18
ア．ドライグ．ゴッホ 18, 63, 145, 291
アトラス 19, 42, 81, 272, 380, 430

512

付録

アドレト　19, 84
アナイエ　19, 124, 267, 278, 344
アナク人　19, 134, 245, 313, 336
アナスケラデス　21
穴をあけるもの　21
アナンタ／アナンタ・シェーシャ　21, 209, 300, 387
アナンタボガ／アナンタ・ボガ　21
アニーウェ　21
アバイア　22
ア・バオ・ア・クゥー　22
アバク　4, 17, 23
アバス　23
アバダ　23, 47
アハッハ　23, 354
アパララ　23
アヒ　23, 72, 387
アピス　24, 80, 427
アフィングトン・ドラゴン　24
アフィントンのドラゴン　24
アブガル　24, 25, 28, 162, 415
アブカル　25
アフリト　2, 25, 51, 188, 330
アペプ　25, 290, 313, 387, 430
アベル・カリュドニオス　25
アベレ　25, 124
アポカリプティック・ビースト　26, 338, 432
アポタルニ　27, 181, 342
アポピス　27
アポプ　27
アポフィス　27
アポタムキン　27, 138, 188, 397
アマラ　27
アマロック　28
ア＝ミ＝ククク　28
アムドゥスキアス　28
アムビゼ　28, 38, 398
アムフィシーン　28
アムフィトリテス　24, 28
アムフィプテーレ　28
アムミト　28
アムムト　29
アムルク　18, 29, 40
アメルマイト　29
アヤタル　1, 29
アヤッタラ　29
アラスカヒノキの樹皮のオーグル　29
アラク／アラクド　29, 30, 352
アラクサ　29, 314, 375

アラクサ・ユニオル　29, 375
アラクド　29, 30, 352
アラコ　30
アラッサス　30
アラン　30
アランダ　30, 388
アリエス　30, 159
アーリオーン　31
アリカント　31
アリコーン　31
アリチャ　31, 33
アリマスポイ人　31, 158, 161
アリンビ　32
アル　32
アールヴァク　32, 36, 253
アルカディアの鹿　32, 177
アルキュオネウス　32, 77, 126, 161, 394, 404, 405, 423
アルクトポノス　33, 97, 368
アルクラ　33
アルゲス　10, 33, 132, 237, 349, 380
アルゴス／アルゴス・パノプテース　33, 78
アルコノスト　33, 223
アールズシェーンク　34
アルシェンディク　34
アルシャとアルシ　34, 253
アルスヴィズ　34
アルスヴィデル　34
アルバストル　34, 451
アル・バラク　35, 402
アルビオン　35, 136, 192, 278
アルピト　35, 138, 188
アリファンファロン　35
アル・ボラーク　35, 402
アルマス　36
アル・ミラージュ　36
アルラク　35, 253
アレクトー　36, 82
アレピュイアイ　36, 374
アレーン・トレヘン　36, 296
アロアダイ　36, 80, 94, 126, 272
アロウス　37, 272
アロエス　37
アロキャメラス　38
アンカ　38, 214, 474
アングボダ　38
アングルボザ／アングル＝ボザ　38, 178, 360, 421, 445
アングロ　38

513

アンゴント　38, 388
アンジャナ　38, 198
アンジン・アジャク　39, 89
アンズー　39, 229
アンタイオス　39, 87
アンティゴヌス　39, 138
アンティパテース　39
アンテロ・ヴィプネン　39
アントゥカイ　40
アンドゥラ　40, 89
アンドロスピンクス　40, 241, 333, 405
アントロボファガス　40, 123
アンフィヴェナ　40
アンフィスバエナ　40, 41, 183, 291, 329
アン・ベイシュト・キオーネ　41
イアキュルス　41
イアスコニウス　41
イアック・イム　41
イアペティオニデース　42
イアペトス　19, 42, 81, 90, 210, 272, 314, 329, 430, 441
イアールンサクサ　42, 409, 433
イェーウェ・ゾグバヌ　42
イエクル　42, 240, 243, 295, 379, 445
イエッイーツオー　42
イェティー　42, 237, 304, 341, 429, 442
イエミッシュ　43
イエルフ　43, 169
イェロ　43, 306
イェンザババ　43, 327
イェンリッシュ　43
イカル・ナッパ　43
怒れる猟犬　43, 182
イキ＝バラム　43, 331
異教徒　44, 134,
イクータユーカ　21, 44
イクテュオケンタウロス　44, 181, 342
イクテュオパゴイ　45
イグブピアーラ　45
イサの飛ぶ蛇　45
石の巨人　45, 56
イスタエヴォン　45, 280, 391
イスバザデン　45, 79, 269, 271, 285
イスバザデン・ベンカウ　45
出雲の大蛇　46
一目国の民　46
一角獣　23, 28, 31, 36, 46, 76, 95, 120, 125, 140, 143, 145, 181, 195, 209, 215, 221, 228, 233, 236, 249, 260, 262, 268, 310, 317, 338, 349, 363, 395,

434, 456, 460
イデ　49, 73
イテルテル　49
イドリス　49
イドルス　49, 343
イヌグパスグスーク　50, 136
犬憑き　50, 88
猪憑き　50, 88
イフアイヴル　50
イフ＝マータオタオ　50, 406
イフリート　51
イポタミス　51
イマップ・ウマッソウルサ　51
イー・ムー・クオ・ヤン（一目国民）　51, 303
イムドゥグド　51
芋虫スカサ　51, 464
イヤ　52
イラック　52, 124
イリアムナ湖の大魚　52
イリズ・イマ　52, 164, 433
イールサーン　52
イールムーナン　52
イルルヤンカシュ　52
イワンチ　53
イーンヴァル　53, 86
インガエヴォン　53, 280, 391
インケール・カエフ　53
インダシンガ　27, 53, 138, 188, 397
イン・チュ　54
インドの牡牛　54
イン・フォルディア・ガステイ　54
インブンチェ　54, 57, 85, 261, 296
イン・ロン（応龍）　54, 104, 282
ウアー　54
ヴーア　55, 352
ヴァジュラヴィーナー　55, 60
ヴァースキ　55, 209
ヴァスティ　55, 214, 235
ヴァナバガン　55
ヴァーマナ　55, 413, 470
ヴァレドヤド　55
ヴァンダルウス　56, 280, 391
ヴァンパイア　16, 56, 59, 67, 73, 87, 96, 104, 123, 196, 232, 234, 238, 264, 287, 296, 302, 345, 382, 407, 452, 461, 465, 477
ウィーウイルメック　57
ウィウィレメク　58
ウィーウィン　58
ウィヴル　58

ヴィーヴル　58
ウィエンディゴ　58
ウィカチャ／ウィ・カチャ　58
ウィクラマダッタ　58
ヴィシャップ　59
ヴィス　57, 59
ヴィスヴァーヴァス　59, 122
ヴィズオヴニル　59, 163
ウィッシュプーシュ　59
ウィティコ　59
ウィナラギリス　60, 211, 247
ヴィラージュ　55, 60, 376
ヴィラーダ　60
ヴィーラバドラ　60
ヴィルカタ　61, 89
ヴィルカチ　61
ヴィルコラキ　61, 88
ヴィルコラク　61, 88
ヴィルーパークシャ　61
ウィルミントンの背高男　61
ウイレベイスト　60, 61
ウイレ・ベイスド・アチュアイン　61, 141
ウィンディゴ　61, 64, 138, 188, 355
ウェイランド・スミス　61
ウェード　62, 325, 392
ヴェリ・ジョゼ　62
ウェールズの赤いドラゴン　18, 62, 291
ウェールズの巨人　63
ウェンディゴ　58, 61, 63, 124
ウォイヌングル　64, 306
ウォグログ　64, 137, 188
ヴオコー　64
ヴォジャノーイ　64, 65
ヴォドニク　64, 65
ウォヌングル　64
ヴォリス＝ムルト　65
ヴォリス＝モルト　65
ウォリックの赤牛　65
ウォルンクァ　65, 306
ウォロンビ　65, 306
ウォントリーのドラゴン　65
ウグジュクナーパク　65
ヴクブ・カキシュ　66
ウグラスラ　66, 388
ウグルッサ　66, 422
ウーサー　66, 439
ウスバザデン・ペンカウル　45, 66
ウッチョウセン　66
ウッドハウス　66, 439

ウッドワス　66, 439
ウトゥック　66
ウートガルザ＝ロキ　67, 235, 363, 421, 471
ウピル　57, 67, 89
ウヘポノ　67
ウベルリ　67, 134
ウマイ＝ハルルヤ＝ウィト　67
海ウサギ　68
海和尚　68
海の猪　68
海の司教　68
海ののこぎり　68
海の猛犬　68
海のライオン　68
海の老人　69
羽民国の民　71
ウラエウス　71
ウラノス　1, 10, 32, 33, 36, 42, 71, 76, 77, 82, 84, 92, 93, 96, 101, 123, 125, 132, 133, 134, 154, 161, 165, 168, 173, 182, 187, 238, 269, 270, 272, 273, 276, 278, 279, 342, 346, 348, 374, 385, 394, 396, 404, 405, 423, 427, 463
ヴリコーダラ　71, 345
ウリシュク　71, 352, 382
ウーリシュク　71
ヴリトラ　71
ウルガル　72
ウルガーン　72
ウルク／ウルク＝ハイ　72
ヴルコドラク　57, 73, 89
ウルス　73
ウルタリー　73, 105, 204, 217, 354, 377
ウルナッハ　73, 136
ヴルパングエ　73, 163, 388
ヴルム　73, 98
ウルリクムミ　74
ウルローキ　74, 86, 152, 350
ウルング　74, 306, 441
ウルンゲン　74
ウロボロス　74
うわばみ　74
ウングッド　74, 306
ウンクテヒ　75, 480
ウングル　75, 306
ウンゴリアント　75, 210
ウンセギラ（1）　75
ウンセギラ（2）　75
ウンテキ　75
ウンナティ　75

付録

エアリー　76
エアレー　76, 202, 217, 249
エウメニデス　76, 82, 248, 374
エウリュアレー　76, 193, 429
エウリュティオーン　76, 176, 177, 460
エウリュトス　77, 125, 149, 181, 423, 437, 448, 470
エウリュメドン　77
エオス　15, 77, 269, 348, 349, 378
エキドナ　77, 89, 98, 104, 130, 180, 233, 313, 333, 346, 451
エーギル　78, 167, 445
エクウス・ビペス　78
エクセドラ　78, 346
エゲオーン　1, 78, 272
エケネイス　78, 423, 469
エスキスエルウィン　46, 79
エスタス　79
エータシャ　79, 253
エッグセール　79
エティオン　18, 79, 80, 82, 97, 104, 109, 118, 437
エデンの蛇　79, 388
エナック　80
エニュオ　80, 152
エパポス　24, 80
エピアルテス　37, 80, 94, 125, 272, 423
エピダウロスのドラゴン　80
エピマクス　80
エピメテウス　19, 42, 80, 380, 430
エピロテス　81
エミム人　81, 134
エームーシャ　81
エムプーサ　81, 452
エモゴアレック　81
エリクトニオス　82
エリーニュス［複数：エリーニュエス］　36, 71, 76, 82, 101, 148, 168, 248, 271, 272, 273, 333, 374, 429
エリュックス　18, 79, 80, 82, 97, 109, 118, 437
エリュマントスの猪　82, 171, 406
エル・クエレブレ　83, 388
エル・ザンガロン　83
エルブスト　83
エレファント・タイガー　84
エロキグドリット　84
エワイパノマ　84
エンガルファー（飲み込む者）　84
エンケラドス　84, 125, 272, 346, 423
エンセラドス　85, 261
エント　12, 85, 95, 355, 357, 374
エント女　12, 85, 357

エンドロップ　85
エンバール　53, 86
エンフィールド　86
オイリフェイスト　86
オイレフェイスト　86
黄金龍スマウグ　86, 292, 351
大男アグリッパ　11, 86, 315
狼憑き（人狼）　39, 50, 51, 57, 61, 67, 73, 86, 128, 150, 209, 215, 216, 268, 270, 279, 292, 314, 316, 339, 366, 377, 418, 437, 458, 461, 462, 465, 469, 476, 477
大蛇　89, 239, 253, 268, 275, 296, 413, 420, 421
大耳猫　89
大鷲のグリュプス　89
オガ　89
オギュゴス　90
オーキュペテー　90, 333
オグ　90, 135, 327, 334, 469
オーグル（人食い妖怪）　90, 付録参照
オーグレー　90, 92
オグレス　1, 92, 112, 117, 123, 127, 155, 158, 302, 311, 327, 332, 367, 402, 455, 461, 463
オケアノス　81, 93, 171, 272, 276, 314
オーゲリノ　93, 355
オゴポゴ　93
オシャダゲア　93
オシュマレ　93, 306
オスカエルト　93
オズ・マヌーク　94
恐ろしい目のバロル　94, 335
オトス　37, 80, 94, 125, 272
乙姫　94, 287
オドントテュラノス　94
オニアレス　94
オニオンの巨人　95, 412
オニュクス・モノケロス　95
オノケンタウロス　95, 181, 342, 435
オノドリム　95
オピオン　95, 387
オピニコス　80, 96
オヒュンス　96
オフォトゥス　96
オブケン　97
オモ・ネロ　97, 188
オヤレロウェク　97, 166
オリオン　33, 76, 97, 368
オリファウント　97, 427
オリベス　97
オルク　98
オルコ　98

付録

付録

オルトス　77, 98, 177
オルトロス　77, 98, 177, 313
オルム　98
オログ＝ハイ　98
オロボン　98
オングウェ・イアス　99, 124
オンディタチアエ　99
女巨人　99　付録21, 22参照
オン・ニオント　100

［カ］

ガアシエンディエタ　101
カイア　101
ガイア　1, 32, 39, 42, 71, 77, 78, 93, 96, 97, 101, 117, 125, 132, 133, 134, 154, 161, 165, 168, 171, 182, 187, 193, 269, 270, 272, 273, 276, 277, 330, 346, 348, 374, 380, 385, 396, 427, 451
カイタバ　101, 136
かいち（獬豸）　101
ガイトラッシュ　101, 234, 325, 477
海馬　78, 102, 259, 287, 341
怪物　102　付録26, 27参照
ガイヨフ　80, 104
海狸かいり　104
海龍　104, 216
カインの娘たち　104
カーヴァル・ウーシュカ　105
カーヴァル・ウシュタ　105, 220, 311
カウカス　105, 364
カウル　105
ガウロウ　105
カー＝エン＝アンク・ネレル　105, 387
ガ＝オー　105
顔が裂けたもの　106
カオラナッハ　106, 142
カオラの人々　106
ガーガム　106, 145
餓鬼　106
カークス　107
角端　49, 107, 265
ガーゴイル　107
ガ＝ゴリブ　107
カー・シー　107, 173
カシェホタポロ　107
カシチェイ　108
ガダー　108
カチュタユーク　108, 281
カッティー・ダイア　108, 123, 188

河童　108
ガッバラ　79, 80, 82, 104, 109, 118, 437
カーディフ（ニューヨーク州）の巨人　109
カティン・タユーク　109
ガテのゴリアト　109, 190
カデム・ケムクオマ　109
カトブレパス　109, 193
ガニアグワイヘゴワ　110, 124
カネアケル　110
カパネウス　110
カパル　110, 111, 130, 332
カパルス　111, 130, 332
カーバンクル　111
カバンダ　111
カプリコルヌス　111, 241, 409
カプリペデス（山羊足）　111
カフレ　111, 365
カベスド　83, 112, 114, 120, 412
ガボーチェンド　112, 189
カマウェトー　112
カーマデース　112, 215, 243
カマプアア　112
カミダイ・カメインヴォス　113, 228
カームデーヌ　113
カムペー　113
ガヤント　113, 412
ガラ　113
カーラ　113
カーライルのカール　113
カラヴィナイグレ　112, 113, 188, 412
からす天狗　114, 279
カラッハ・ナ・ゲスハッグ　114
カラッハ・ナ・グローマッハ　114
ガラテイア　114, 178
ガラテス　114, 178
カラニッシュの巨人たち　115
カーリ　115, 228, 231, 243, 362, 391, 445, 471
カーリア　115
カーリア（2）　115, 306
カリアッハ・ヴェーラ　115, 176
カリアッハ・ウラガイグ　115, 176
カリアッハ・ベイネ・ブリック　116
カリカンツァリ　116, 119, 202
カリグレーハウンド　116
カリゴランテ　117
訶梨帝母　117, 124, 332
カリトリクス　117
ガリー・トロット　117, 223
カリュドンの猪　2, 25, 117

517

カリュブディス　117
カル魚　117
ガルオー　18, 79, 80, 82, 104, 109, 118, 437
カルガス　118
カルカダン　118
ガルガメル　118, 156
ガルガンチュア　118, 120, 183
ガルギッティオス　119
ガルグイユ　107, 119
カルケス　116, 119
カルセル　119
ガルダ　55, 76, 115, 119, 121, 152, 164, 203, 300
カルタゾーノス　47, 120
カルチョナ　120
カルネロス，ロス　120
ガルム　120, 360
ガルメル　118, 120
カレスメプレナン　120
カレル　121, 306
ガレル　121, 306
カレワンポジャット　121
ガロクウズウィス　121, 169, 279, 321
カロッグ　121, 169, 279, 321
カロプス　121, 217
ガロン　121
ガーワス　121, 226
カーン・ガルヴァ　121
観喜天　122
ガンジ　122
ガンダッパ　122
ガンダルヴァ（イラン）　122
ガンダルヴァ（インドの）　59, 111, 144, 122, 172, 253, 262, 285
カンニバル（食人種）　1, 2, 5, 26, 40, 52, 78, 97, 99, 104, 108, 123, 130, 131, 136, 139, 142, 182, 208, 240, 244, 250, 261, 270, 276, 289, 297, 308, 317, 321, 322, 329, 333, 340, 341, 343, 371, 401, 402, 404, 406, 423, 436, 439, 449, 453, 458, 461, 467, 470, 476, 477
ガンビア　124
カンフュール　124
ガンブリヴィウス　125, 280
ガンベルー　125
ギーヴル　29, 58, 125
キエメ　125
ギガンテス　10, 32, 77, 84, 94, 125, 134, 154, 161, 173, 193, 273, 277, 279, 342, 394, 396, 404, 405, 423
キキン　126
キゴウアヴェ　126
キシホーキュー　126

鬼子母神　127
鬼女　127
ギータ　127
キーダッハ　127
キチ・アトハシス　127
キチクネビク　127
キツィナッカス　127
キックル・スニフター　128
キツネ憑き　128
ギディ・フィッシュ　128
キ・ドウ　128, 185
キネピクワ　128, 419
キハル　128, 361
詭弁家モール　128, 436
ギボリム　128
キマイラ　77, 104, 129, 130, 241, 370, 385
キメラ　77, 104, 130, 370
ギャザー・オン・ザ・ウォーター　124, 130
キャス・パリーグ　130
キャス・パリーグ　130, 332
キャット・シー　131
キャットフィッシュ　131
キャムーディ　131
キャムパクティ　131
キャメルレパード　131
キャリバン　123, 131
ギュエス　1, 132, 133
ギューグル　132, 442, 445
キュクロプス　9, 10, 32, 33, 51, 71, 101, 113, 132, 134, 237, 256, 272, 295, 298, 349, 367, 380, 402
キュクロペデス　133
ギュゲス　1, 133, 182, 187, 346
キューター＝カス　133, 151
キュノケパロス（犬頭人）　133, 182, 245
キュノプロソピ　133
キューバ　133
ギュミル　38, 134, 167, 178, 445
キュラロス　134
教皇　134
共工　134, 219
彊良　134
巨人　134, 付録21, 22参照
巨人教皇　138
巨人ディスペアー（巨人絶望者）　138
巨人の異教徒　134, 138
清姫　138
キーラタ　123, 139
ギリーギャル　139
麒麟　49, 140, 215, 282

518

ギリング　140, 236, 319
キルコス　140
キルタグ・ムホル・アファイン　140, 141,
ギルタブリル（サソリ人間）　140, 201, 269
ギルタブルル　140
キールット　140
キールティムカ　141, 358
ギルドホールの巨人たち　141, 192
キレイン・クロイン　61, 140, 141, 418
キーレッツ　140, 142
キーロナフ　106, 142
キワコウ　1, 124, 136, 142
キーン・キーングス　142
キング　142, 269
キング・アウリアリア　143
キング・オブ・ザ・スネークス（蛇の王）　143, 217, 263, 293
キング・オブ・ザ・フィッシュ（魚の王）　143
キングコング　104, 143
キング・プラティー　143, 335
キンダーシュレッカー　123, 138, 143, 144, 188, 262
キンダー・フレッサー　91, 138, 144, 188
キンナラ　144, 172
銀の剛毛を持つグルギン　144, 230, 283
金のドラゴン　144, 300
キンプルシャ　104, 144
クアクスダスキディ　144
クアネケラク　144
クア・フ（夸父）　145
グァン・シュ（朧疏）　49, 145
グイ（鬼）　145
グイリヴル　145
グゥアグゥント　145
グウィバー　18, 145
グウィルギ　147, 185
グウィンター　147
グウェンヒズイ　147
クエーロ　73, 147, 417
グーゲー　147, 148
ククウィーク　147
グーゲェ　147, 148
クコア　148
クサントス　148, 332
クー・シー　148, 173, 185
クシェドレ　148, 164
グージャー　148
クジャタ　149, 387
グダナ（天の牛）　149

件　149
グッド・ホープ　149, 335
クテアトス　149
クトルブ　149, 163
クナビピ　149, 150, 429
グナビピ　149, 150
クナビピ・カルワディ・カジャラ　149, 150
グーファス　150
グーファング　150
熊憑き　88, 150
クムダ　150
グーメイロン　150, 190, 192
蜘蛛　72, 75, 107, 150, 209, 222, 268
グーヤカ　151
グヤスクトゥス　133, 147, 148, 151, 187, 198, 250, 336, 409, 455, 463, 473
グヤヌーサ　151
クユン　151
グーラー　152, 163
グライアイ　80, 152, 173, 273, 330, 389, 405
グラウルング　74, 152, 351
クラーケ　152
クラーケン　152, 154, 219
グラシュティグ　153, 352
グラシュティン　153
グラス・ガイブェアニーア　154
クラッペン　152, 154
グラティオン　125, 154
クラトス　154
クラーナ　154, 314
グラナウス　154, 314
クラーヌス　154, 314
グラハ　155, 308
グラホ　155
グラムダルクリッチ　155
グラワッカス　155
クランガイ・トゥク　155
クランガイ・トゥプ　155
グランガッチ　155
グラングゥジエ　118, 120, 156
グラント　156
グランドファーザー　156
グランボー　156
グラン・リュストゥクリュ，ル　157
クーリア　157, 165
クリオスピンクス（羊頭スピンクス）　157, 241
グリース　157, 171
グリフィン　96, 157, 161, 447
グリフェス　157, 159

グリフェン　159
クリフ＝オーグル（崖鬼）　158
グリフォン　157, 158
グリム　158, 372
グリュコン　159
クリューサーオール　77, 159, 176
クリュソマロス　30, 159
クリュティオス　125, 161, 423
グリュフォン　157, 161
グリュプス　11, 17, 32, 36, 38, 80, 104, 118, 158, 161, 341, 391
クリュメネー　19, 77, 81, 161, 272, 430
グリュリオ　161
グリュルス［複数形：グリュリ］　161, 163, 238,
グリラス［複数形：グリリ］　162
クリリ　162
グリリ　162
グリリヴィル　162
グリルス　163
グリンカンビ　59, 163
グリンディロー　163, 188
グリンブルスティン　163, 193, 243, 351
クル　163
グール　149, 152, 163, 340, 382
グルアガッハ　91, 164
クルシェドラ　148, 164, 401
クルッド　6, 93, 164
クルト　164
グルート・スラング　52, 164, 433
クールマ　165
クーレア　165
クレイオス　165, 272
クレウツェット　165, 338, 474
クレタの牡牛　15, 165, 423
グレート・ギャラクティック・グール　104, 166
グレート・サーペント　166, 407
グレート・サーペント・オブ・ヘル（地獄の大蛇）166
グレート・サーペント・オブ・ロレット　166
グレート・タイガー　166
グレート・トール・テイラー（のっぽの仕立て屋）166
グレート・ホーンド・サーペント（角のある大蛇）166
グレート・リンクス　167, 419
グレート・ロングレッグド・シザーマン（のっぽの足長シザーマン）　167
グレンデル　104, 167, 291, 445
グレンデルの母親　167, 329

クロクミトン　138, 168, 188
クロコッタ　168, 196
クロノス　71, 82, 168, 171, 173, 272, 278
クロム・クリム・ホムナイル　168
グロン　43, 168
グワグワクワラヌークシウェイ　169
クン（鯤）169, 407
クーン・アンヌヴン／クーン・ママウ／クーン・キルフ／クーン・ウィブル　169
クンバカルナ　169
クンババ　170, 381
クン・マングール　170
グンロズ　170, 237, 319
ゲー　101, 171
ゲイルロズ　157, 171
ケイロン　171, 181, 200, 380, 406
ケインナラ　144, 172
ゲウシュ・ウルヴァン　172, 186
ケオス　172, 272
ケクロプス　82, 172, 292
ゲゲネイス　125, 172
ケーシ　173
ケー・シー　107, 148, 173
ケーシン　173
ケートー　77, 173, 193, 405, 429, 451
ケートス　173
ケフィル＝ドゥール　153, 175, 311
ゲマゴッグ　175, 183
獣　175, 付録24参照
ケライノ　176
ケラッハ・ヴェール　115, 137, 176, 213, 427
ゲリとフレキ　176
ゲリュオン　77, 78, 98, 107, 159, 176, 177, 233, 458
ゲリュオンの怪犬たち　177
ゲリュオンの牛群　176, 177
ケリュネイア山の鹿　177
ケリュネイアの鹿　177
ゲルガシ［複数：ゲルガシス］　124, 177
ケルケス　177
ケルコープスたち（ケルコーペス）　177
ゲルジス　178
ゲルズ　38, 99, 134, 178
ゲルダ　178
ゲルダール　178
ゲルデグゥセッツ　136, 178
ケルテス　114, 272, 178, 458
ケルピー　5, 17, 85, 153, 164, 178, 259, 301, 304, 307, 308
ケルフェ　180

ケルベロス　77, 98, 130, 180, 370
ケレ　49, 181
ケレル　181
ケワナンボ　124, 181
ケンタウロス　26, 44, 59, 76, 95, 96, 104, 134, 144, 171, 181, 198, 200, 246, 302, 304, 307, 312, 342, 349, 371, 380, 406, 430, 434, 460, 469, 470
ケンタウロトリトン　181
ケンティマネス　182, 346, 385
ゴアイァ・ヘッダー　182
コイオス　182, 272, 396
コイラクーンラセッド　182
コイン・イオタイル　44, 182, 185
コインヘン　182
敫欽　183
敫広　183
敫順　183
敫閏　183
ゴ・エ・マゴ　118, 183
コカ　183
コカトリス　28, 45, 183, 209, 324
ゴグ　12, 184
ゴグクブク　184
ゴグとマゴグ　12, 35, 39, 135, 175, 183, 184, 192, 391, 411
ゴグマゴグ　12, 136, 150, 175, 184, 189, 190, 192, 482
黒妖犬　6, 93, 117, 128, 164, 185, 226, 293, 401, 433
黒龍アンカラゴン　74, 185, 292, 351
コケシグルー　186
ココ　186, 188
高志の八岐の大蛇　186
ゴーシュ　186
ゴーシュ・ウルヴァン　186, 187
ゴーシュ・ウルーン　186, 187
コシュチェイ　108, 187, 264, 327
コスマトゥシュカ　187, 208, 332
古代蛇　187
ゴーダフロ　187
コックフィッシュ　187
コットス　1, 133, 187, 182, 346, 374
子供部屋のボーギー　8, 11, 13, 25, 27, 35, 53, 63, 97, 108, 114, 120, 123, 137, 143, 144, 163, 166, 167, 168, 186, 187, 200, 208, 232, 238, 239, 240, 245, 262, 279, 286, 301, 302, 308, 321, 322, 343, 353, 364, 368, 374, 378, 379, 385, 397, 400, 401, 407, 422, 426, 436, 437, 442, 452, 453, 462
木の葉天狗　188, 279
コノブルニー　188

こふきこがね　188
夸父　188
ゴボーチェンド　188
ゴボーチヌ　5, 188
ゴボーチンド　189
ゴーマゴット　183, 184, 189
コーミラン　189, 190
ゴーム　189
コーメイリアン　137, 189, 190
コーメリアン　189, 190
コーモス　189, 202
ゴーモト　190
コーモラン　150, 189, 190, 373
コラン・グン・キアン　190
ゴリアト　109, 135, 190, 411
ゴリゴグ　191
ゴリシュチェ　191
ゴリニチ　192
コリネウス　118, 136, 150, 184, 189, 190, 192
コルクフルアサスク　192, 256
ゴルゴン　19, 76, 80, 107, 110, 152, 159, 173, 193, 238, 323, 385, 405, 429
ゴールドブリッスル　193
コルヌ　193
コルブロンデ　193
コルブロンド　193
ゴル・マック・カルヴァダ　195
コレスク　47, 195
ゴーレム　195, 373
コロウィシ　195, 388
コロコッタ　168, 196
コロコロ　57, 196
コロモドゥモ　196
ゴン・ゴン（共工）　196
コン・トラム・ヌーオーク　196

[サ]

サイヴォ・ネイタ　198
サイジェ・スアライジェ　185, 198
サイドスワイプ　198
サイドヒル・ガンガー　198
サイドヒル・ドッジャー　151, 198
サイドワインダー　151, 198
サ＝イン　198
サウグバ　198, 432
サウマナサ　198
魚たちの守護者　198
魚の女王　199

サガリスの蛇　200
サギタリウス　200
サギネ　200
ザグ　200
サ＝グンチャング・ラング・ブミ　200, 207
サ＝ゲムパルアラム　201, 207
サ＝ゲルタク・ラング・ブミ　201, 207
ササボンサム　91, 124, 201
サスクワッチ　35, 201, 340
サソリ男　201
サチュラル　201, 417
サテュロス　71, 111, 116, 117, 189, 201, 214, 223, 224, 348, 362, 398, 399, 406, 416, 451, 466
サテュロス＝フィッシュ　202
サドゥザグ　202
サ＝トゥムボク・ラング・ブミ　202, 207
サナクス　202
サハブ　202
サ＝ハリリンタル　203, 207
サファト　203
サボテン猫（カクタス・キャット）　203, 356
サムヴァルタ　203
ザムズミ人　134, 203
サムパティ　203, 216
サ＝ラクン・ダラー　203, 207
サ＝ラージャ・ジン　203, 207
ザラタン　15, 204
サラブロット　73, 204, 354
サラマー　204, 205
サラマンダー　78, 161, 204, 237, 269, 359
サラマンドラ　205
サーラメーヤ　204, 205
サールヴァバウマ　205
サルヴァーン　205, 475
サルカニー　205
サ＝ルクプ・ラング・ブミ　205, 207
サルディド・ジンボ　124, 205
サルマティアン・シー・スネイル　206
サーン・アバスの巨人　206
三狸　207
サング・ガディン　207
サング・ガラ・ラージャ　200, 201, 202, 203, 205, 207, 226, 227
サン・シェン・クオ・ヤン（三身国民）　207, 303
三首国の民　207
サン・ショウ・クオ・ヤン（三首国民）　207, 303
三身国の民　207
サンダーバード　75, 208, 274, 448, 479, 480
サンデル　138, 188, 208

シアツ　124, 208, 329
シアナハ　208
シヴシュコ　187, 208, 332
ジエイエン　209
ジェヴォーダンの野獣　209
シェ・ジー（獬豸）　49, 209
ジェシ・ババ　209, 327
シェーシャ　21, 55, 209
ジェシュダ　209, 327
ジェドゥア　209
ジェニー・ハニヴァー　109, 209
シェム　210, 314
シェロブ　75, 210
シェン（蜃）　210
シェン・ノン（神農）　210
シェン・ロン（神龍）　210, 282, 477
シクリアスイトゥク　211
シシウトゥル　211
シシュバーラ　211
地震魚　211
地震虫　211
ジズ　212
シー・ズ（獅子）　212
シック　212, 301
シディ・ハモウ　212
シードッグ　212
ジドラ　212
シナー　212
シナフ　213, 429
シナム　213, 250
ジーニアッハ　213
シニス　213
シヌルグ　213
シバクナ　213
ジフィウス　213
シー・ホッグ　213
シマルグル　213
シームルグ　38, 213, 214, 250
シモス　214
霜の巨人　42, 55, 79, 115, 136, 214, 228, 231, 235, 240, 243, 295, 362, 375, 379, 391, 392, 421, 443, 444, 470, 471
シモルグ　214
ジャイアント・ディスペアー（絶望の巨人）　214
ジャイアント・ディンゴ　214
ジャイアント・ホールドファスト（留め金の巨人）　123, 215
シャイタン　215
シャヴァラー　112, 215

付録

ジャオ・ドゥアン（角端） 215, 265
ジャガー憑き 89, 215
シャガマウ 215
ジャガー・マン 89, 216
邪眼のバロル 216, 335
ジャシ・ババ 216
ジャターユス 104, 216
魚虎（鯱） 216
ジャッカル憑き 88, 216
シャック 117, 216, 370
シャッグ・フォール 216, 254
ジャバウォック 216
ジャラ・トゥラガ 217
ジャラピリ 217
ジャル 76, 217
シャルー 121, 217
シャルブロット 73, 204, 217, 354
シャル＝マル 217
シャルルマーニュ 3, 114, 218, 331, 360, 434, 458
シャン 218
シャンプ 218
シャン・ホイ（山獐） 218
シャン・ユン 219
シャン・リュウ（相柳） 219
ジャン・ロン（張龍） 219, 282, 477
シュイ・イン 219
祝福されたブラン 219
シュクラケン 152, 219
シュバル・バヤール 219, 318
シューピルティー 220
ジュマー 220
シュミル 220
シュムー 220, 356
ジュラワドバド 220, 376
ジュリック 221
シュレン 221
ジュン（麋） 221
ジョーヴィス・サーガ 221, 309
ジョーヴィス・ベルルス 221, 309
嫦娥 221
囁耳国民 221
ジョカオ 124, 221, 239
ショールム 222
女郎蜘蛛 222, 273
シー・ライオン 222
ジーラッハ 222
ジーラッハ．グレン・エイチ 223
ジリトラット 223

シリン 33, 223
シルウァニ 201, 223
シルシュ 223, 426
シルブンク 304, 223
シレナ 223, 416
シレノス 201, 214, 223, 224, 406, 416
シレノス族 224
白い胸 224
白ヒョウ 224
ジン（1） 2, 71, 108, 109, 136, 149, 152, 163, 212, 215, 224, 257, 258, 263, 273, 301, 330, 409, 429, 451, 468
ジン（2） 25, 51, 121, 200, 201, 202, 203, 205, 207, 226, 227, 250, 401
ジン・カラジャーン 207, 226, 227
ジン・グンダン 227
シン・シン（猩猩） 227
ジン・セムブアナ 227
シン・ティエン（刑天） 227
ジン・ナウバット 227
ジン・ネムフィリ 207, 227
ジンバルド 227
シンヒカー 227
シン・ヨウ 227
ジン・レムピリ 207, 228
ズー 39, 228
スァサール・スァイス・ゲヴネウイド 113, 228
スァムヒギン・ア・ドゥール 228
スィアチ 228, 231, 243, 445
水棲牛 192, 228, 256, 257, 278
水中のヒョウ 228
スイラ 228, 432
スイリャハ 229
スィングト 229
スヴァジルファリ 229, 244
スヴァラ 229
スウィダウク・ゴヴィンニヤト 144, 230, 283
スヴァトゴール 230
スエヴス 230, 280, 391
スカジ 115, 228, 231, 243, 445
スカテネ 57, 91, 138, 188, 232
スカフノワ 232, 281
スカルディング 232
スキアポッド 133, 232, 435
スキタリス 232
スキュティアの子羊 233, 334
スキュティアのロバ 233
スキュラ 78, 233, 267
スキンファクシ 233, 253

523

付録

スクオンク 233, 356
スクヤン 57, 89, 234
スクライカー 234, 293, 325, 371
スクリムスル 235
スクリューミル 55, 235
スクリュームスリ 235
スグロルマ 235
スコフィン 235, 388
スコル 236
スコロペンドラ 236
ズジム 236
スズ 49, 236
スス・リカ 236
ズゼカ 236
スタルカズル 236
スタロ 236
スットゥング 140, 170, 236, 319
ズテー 237, 429
スティキニ 57, 237
スティヒ 237
ステク 237
ステュムパリデスの鳥 237
ステリオ 204, 237
ステロペス 33, 132, 237, 253, 380
ステンノ 193, 238, 429
ストゥヴクウヴナヤ 238
ストケムクエストキント 238
ストマック＝フェイシーズ 238
ストリガ［複数形：ストリガイ］ 57, 188, 238
ストリンゲス 57, 188, 238
ストルスイェードジュレト 238
ストールワーム 239, 388
ストレンヴルム 239, 255
ストーンコート 124, 239
スナウフス 239
砂男 138, 188, 239
スナーク 239
スニー＝ニー＝イク 124, 188, 240
ズー＝ヌー＝クア 124, 136, 240
スネーク・グリフォン 240
スノエル 42, 240, 243, 295, 379, 445
スノー・スネイク 240, 356
スピンクス 40, 78, 130, 157, 240, 333, 339, 452
スプラティーカ 241, 470
スプリンター・キャット 241
スフル＝マス 111, 241
スミースの巨人 241
スヨトロール 242
スライヴァー・キャット 242

スライミー・スリム 242
ズラトログ 242
スラビ 112, 243, 303
スリーズルグタンニ 163, 243, 351
スリュム 42, 115, 214, 228, 231, 240, 243, 295, 379, 445
スルス［複数形：スルサル］ 243, 283
スルト 243, 344
スルマ 243
スレイ＝グッド 123, 244
スレイプニル 229, 244, 248, 360, 377
スワムフィスク 245
セアトコ 188, 245
聖アトラクタの怪物 245
聖クリストファー 245
聖クリストフォルス 64, 133, 245
青龍 246, 267, 282
聖レオナルドの森のドラゴン 246, 292
セイレーン 10, 181, 221, 223, 246, 278, 294, 304, 322, 332, 339, 368, 416, 454, 456, 465
セヴィエンダ 247
世界最北端の食人種 247
世界の英雄 60, 247
セクンディラ 247
ゼゼウ 247
セック 248
セーフリームニル 248, 254
セムナイ 82, 248, 374
セムルヴ 248, 250
セラ 248
セラスティーズ（ツノクサリヘビ） 248, 408
セルピー 248
ゼルフア 249
セルヨルズオルム 104, 249
セロウ 49, 249
センイェマンド 249, 442, 445
センティコア 76, 249
センティコア 249
セーンムルヴ 213, 214, 220, 248, 249, 263
ゾアヴィッツ 91, 124, 250
ソーガー 250, 151
ソラ 226, 250
ソロヴェイ・ラフマティチ 250
ゾロトル 251

［タ］

ダ 252, 257, 388

524

ダイティヤ　136, 252, 255, 330, 331, 452
タイパン　252, 306
太陽の馬　3, 9, 15, 32, 34, 77, 252, 320, 349, 380, 454
太陽のカラス　253
タウラード　253
ダウルフー　253, 293
タオ・ティエ（饕餮）　253
高峰のライチョウ　253
ダーカーン　253, 306
タクシャカ　254
タゲス　254
戦いの猪　254
タタールの野菜羊　254, 334, 402
ダーダーワット　254
龍　254
タッター・フォール　216, 254
タッツェルヴルム　239, 254
立って動くもの　255
ダディクラー　253, 255
ダディクラーヴァン　253, 255
ダーナヴァ　136, 252, 255, 331
ダニー　255
タニワ　51, 255, 330, 376, 400, 406
ダハク　255
タバゴツ　256
ダバット　256
ダバット・ラルド　256
タープ・ウーシュカ　192, 256, 257
タマ＝オ＝ホイ　256
ダマステス　256, 404
ダムバラー　2, 256, 388
ダムバラー・ウェド　256, 257
タラスカ　112, 257
タラスク　257
タラヌシ　224, 257
タランドルス　257
タルー・ウシュタ　257, 278
タルタロ　257
ダルド　257
ダルハム　259
ダルマパーラ　259, 264, 330
タロス　259
ダン・アイド・フウェド　259
タンガタ　259
タンギー　259
タングニョースト　260
タングリスニル　260
タンティ・ガハ　260

タンニン　260, 452
タンマツユク　124, 260
チアイ・トゥング　49, 260
チアン・リャン（彊良）　260
チヴァト　85, 260
チェシャー猫　261
チェン・タン・ロン・ワン（銭塘龍王）　261
地下のヒョウ　261
チチェヴァチェ　229, 261, 317
チ＝チャン　262
チトラタ　122, 262
チピトカーム　262, 398
チャイニーズ．ドラゴン　262
チャイニーズ．リコポディウム　262, 334
チャイルド・ガズラー　123, 143, 188, 262
チャーナミード　137, 262
チャムロッシュ　263
チャールマロウチ　263, 273
チャン・オ（嫦娥）　263
チャン・ハオ　263
チュアン・トウ族（讙頭）　263
チュン・ウー（踆烏）　263
チョウティ　264
チョスキョ　264
チョドーユドー　264, 327
チョルティ　264
チョンチョン　264
チー・リン（麒麟）　48, 215, 264
チーローニア　124, 265
チー・ロン・ワン（螭龍王）　266, 282, 477
チント＝サクトコ　266
チン・ルアン（青鸞）　266
チン・ロン（青龍）　266, 267, 282
ツァヴージョク　137, 266
ツァナハレ　19, 266, 278, 344
ツァン・ロン（蒼龍）　266, 267
追跡する獣　267, 370
ツイ・デライ・ガウ　267
ツエ・ニナハレエエ　42, 267
ツェマウス　267
ツェルタル　267
ツォボ　49, 268
ツガリン　268
土蜘蛛　268
ツーバン　268, 274
ツマグ・オグンジェニ・ヴク　89, 268
ツメイ・ゴリニッヒ　268
ディー　204, 237, 269
テイア　269, 272, 348

ティアマト　25, 140, 143, 223, 229, 269, 290, 336, 450, 473
ディウィー　269
ディウルナッハ・ウィデル　269
ティエホルツァリ　269
ティエン・ゴウ（天狗）　269
ティエン・ロン（天龍）　270, 282, 477
ディオネ　19, 270, 272
ティオマン　270
ディオメデスの馬　270
ディオメデスの牝馬　123, 270
ティガー　270
ティグレ・カピアンゴ　89, 270
ティーケトラー　271
ティシカ・ブク　271
ディシス・ヴァルヴァウク　271
ディシス・ヴァルハウク　271
ティシポネー　82, 271, 374
ディスエンバウエラー（腹を裂く者）　271
ディス・サモシス　42, 136, 210, 271, 314, 329, 441
ティタニデス　272
ティタン（1）　1, 10, 15, 19, 21, 33, 35, 42, 71, 77, 78, 81, 84, 93, 96, 101, 113, 126, 132, 134, 152, 154, 161, 165, 168, 171, 172, 182, 238, 259, 269, 270, 272, 273, 276, 279, 314, 330, 339, 342, 346, 348, 380, 385, 394, 396, 427, 430, 458, 463
ティタン（2）　15, 37, 42, 78, 172, 272, 458
ティテア・マグナ　272
ティテュオス　125, 273
ディノ　152, 273
ティパカ　273
ディフ．エッレビ　273
ティーフールツォーディ　273
ディライ（復讐の女神たち）　82, 248, 273, 374
ディルの牡牛　274
釘霊国の民　274
ティ・ロン　274, 282
ディング．ボール　274
ディンナバラダ族　274
ティンニン　274
ティンミウクプク　208, 274
ディン・リン・クオ・ヤン（釘霊国民）　274, 303
デーヴ　275
テウタネス　275, 280, 391
テウメッサの牝狐　275
テエホルツォディ　275
テギド・ヴォエル　275
デゲイ　276, 306, 388
テ・ツナ　276

テティス　276, 314
テテュス　272, 276
デドエンドヤダセス　124, 276
デホトゴースガエ　106, 136, 276, 448
テミス　81, 272, 276, 430
デーヤベリー族　277
テュバル　277
テュポン　77, 98, 101, 111, 130, 180, 233, 241, 272, 277, 279, 290, 313, 333, 346, 405, 451
デューミンク　277
テルー・ウシュタ　277
テルキネス　278
デルキュノス　35, 278
テルクシーペイア　246, 278
テルゲデ　42, 278
テルゲス　19, 267, 278, 344
デルゲス　278
デルケト　278
デルピュネ　279
天狗　188, 279
天空の曲がったくちばし　279
天の牡牛　279
デン＝ブレ　89, 279, 339
てんろく天鹿　279
トアス　125, 279
トゥイスコ・ギガス　280
トゥイスコン・ギガス　46, 53, 56, 125, 230, 275, 280, 314, 381, 391, 394, 410
トゥイスト　280
トゥイスト・ギガス　280
トゥ＝テ＝ウェイウェイ　280, 433
ドゥナ・マラ　280, 387
トゥニク　281, 285
トゥニテュアクルク　108, 281
ドゥーノンガエス　232, 281
ドゥーマヴァルナ　281
トゥム＝ライ＝フエナ　281
東洋の馬　281
東洋の龍　282, 付録18参照
トゥリヘンド　283
トゥルスス　283
トゥルッフ・トゥルウィス　46, 79, 144, 230, 271, 283, 295, 296, 405
トゥルマンティンヌ　91, 285
トゥールンギャク　281, 285
トゥンタバー　285, 335
トゥンブル　122, 285
ト・カス　285
ドッセンヌス　418, 285

付録

トトイマ　286
ドネストル　286
飛び龍　286
トム・ドッキン　91, 188, 286
トム・ドンキン　286
トムポンドラノ　286
ドーヤ　286
豊玉　94, 287
トラウン湖の貴婦人　287
ドラキュラ　104, 287
ドラコ　289, 291, 387, 451
トラゴパン　289
ドラゴンウルフ　289
ドラゴン（エピダウロスの）　289
ドラゴン（エチオピアの）　289
ドラゴンコペデス　290
ドラゴン（西洋の）　290, 付録17参照
ドラゴンティグル　292
ドラコンティデス　292
ドラゴンメイド　292
ドラゴン・メイド（龍になった乙女）　292, 468
虎憑き　88, 292, 409
ドラックス　293
ドラッゲン・ヒルのボグル　293
ドラッゴー　253, 293
トラッシュ　234, 293, 325
トラテクトリ　293
ドラナ　293
虎人間　293
トラパニ　294
トラパニの巨人　294
トリトン　44, 294
ドリフタ　42, 240, 243, 295, 379, 445
トリポデルー　295
ドール　295
ドルオン　295, 412
トルク　295
トルク・トリアス　295
トルト　123, 295
トルニト　295
トール・マン　296, 366
トルンガルソーク　296
ドレーク　91, 124, 292, 296
トレチェンド　296
トレルケフエクヴェ　54, 261, 296
トーレント　121, 296
トロイント　296
トログ　123, 297
トロール　98, 242, 287, 297, 377, 395, 405

トロール・フィスク　298
ドン．クアルンゲ（クアルンゲの褐色牡牛）　298
ドンダン近くの島々に住む人々　298

[ナ]

ナイタカ　299
ナウル　299
ナーガ　21, 119, 254, 293, 299, 300, 388, 426
ナーガ・パホーダ　300
ナーガ・マス　144, 300
ナーギニー　21, 119, 299, 300
ナーギニー・ベーサンディ　300
ナキネイウ　300, 416
ナキネイチ　300
ナキネイト　301, 416
ナーゲン　136, 188, 301
ナ・ジャ（哪吒）　301
ナシャス　212, 301, 311
ナスナス　301
哪吒　301
ナッキ　188, 300, 301, 302
ナッギー　302, 311
ナッキの牛　302
ナッグル　302, 311
ナックレヴィー　302
鍋を傾ける者　138, 188, 302
ナボン　302
ナモロド　302
ナラ　302
ナルサ・ファラヤ　104, 303
ナルムクツェ　303
ナンディニー　303
ナンディン　303
ニウ・トウ（牛頭）　303, 415
ニエ・アル・クオ・ヤン（囁耳国民）　303
ニキュル　304, 307
ニクシー　5, 304
ニクス　304
ニーグード　304
ニクネーヴィン　304
ニクール　304
ニゲル　304, 311
ニーゲルンク　304
ニコール　304
虹の蛇　2, 43, 64, 74, 75, 115, 119, 121, 170, 181, 200, 252, 256, 259, 306, 310, 388, 401, 425, 444, 454, 480
ニーズヘグ　306

ニッカー　304, 306, 307, 308, 309, 311, 316
ニッカール　307
ニックール　307
ニッケ　307
ニッケル　307
ニッケン　307
ニーニクヌーヴィ　307
ニムロド　307, 309, 313
ニヤン　4, 113, 260, 308
ニューク　308
ニュック［複数形：ニュッケン］　304, 307, 308
ニュラユーイニク　124, 137, 308
ニュ・ワー（女媧）　196, 308, 365
人魚　309, 416
ニンニル　307, 309
ニンブロトゥス　221, 313, 309
ヌガニ＝ヴァツ　124, 310
ヌガルブジョド　306, 310
ヌグトゥ＝レイ　310
ヌズーズー　47, 310
ヌニエヌンク　310
ヌン　310, 465
ネヴィンビンバーウ　310
ネウグル　302, 304, 311, 315
ネシテラス・ロンボプテリクス　311
ねじれた顔　311
ネス湖の巨人　311
ネスナス　311
ネッケン　307, 311, 386
ネッシー　218, 311, 475
ネッソス　181, 311
ネピリム　19, 128, 135, 313
ネプトゥーヌスの馬　313
ネブロド　313
ネヘプカウ　313
ネペンディス　313
ネメアのライオン　77, 130, 237, 313
ネンブロトゥス　309, 313
ノア　42, 45, 53, 57, 90, 104, 125, 135, 210, 221, 230, 272, 275, 280, 313, 314, 330, 334, 381, 390, 394, 410, 441
ノアの巨人たち　314
ノアの子供たち　314
野ウサギ憑き　314
ノーグル　311, 314
ノコスマ　314
ノッグル　259, 311, 315
のっぽのアグリッパ　11, 86, 315

［ハ］

パイア　316
ハイイト　316
ハイ＝ウリ　316
ハイエナ憑き　88, 316
ハイカナコ　316
ハイクール　307, 316
バイコーン　261, 316, 376
ハイザム　317
バイジャ　317
ハイ・チアイ　317
ハイドビハインド　124, 317, 356
ハイトリック　317
ハイ・ホー・シャン（海和尚）　318
ハイヤール　318
パイユーク　124, 318
ハイ・リー（海狸）　318
バイ・ルアン（白鷺）　319
バイ・ロン（白龍）　282, 319
バインサースラ　319, 413
バウギ　171, 237, 319
ハーヴギューグル　329, 416
ハヴストランベ　5, 319, 320
ハヴフィネ　319
ハウフルエ　320, 416
ハヴヘスト　320, 398
ハヴマン　319, 320
ハヴマンド　320, 415
パエトン　320
ハーカパイニツィ　124, 320
獏　321
バグウィン　321
バクバクワノオクシワエ，バクバクワラノオクシワイ　121, 124, 169, 247, 321, 398
バグペア　188, 321
ハクラック　321
バーゲスト　321, 325, 398
ハゴンデス　124, 138, 188, 322, 397, 477
バシャ＝アンドレ　322
バシャジャウン／バシャ＝ジャウン　322
バシャンの王オグ　135, 322
バシリク　322
バシリ・コック　323
バシルコック　323, 324
バシリスク　183, 196, 209, 235, 323
ハダーヤーオシュ　324
ハダーヨーシュ　324
バックランド・シャッグ　324

528

付録

ハッケンマン　325
パットニーとフラムの女巨人　325
パッドフット　101, 325
ハドゥイゴナ　156, 311, 325
ハトゥイブワリ　9, 326, 388
バニヤン，ポール　326
バハムート　149, 326, 354, 389
ババ・ヤガ　43, 108, 124, 187, 188, 209, 216, 264, 268, 327
ハパリット　327
パピロン　327
ハブ　24, 327
ハーフウェイ・ピープル　327, 416
バフォメット　329
パブステセル　329, 476
バフリ　329
パペッツ　124, 208, 329
ハム　210, 314, 329
バムブレド　152, 330, 389
ハモウ・ウカイオウ　2, 330
ハヤグリーヴァ　259, 330, 462
バー・ヤクレ　330
バラーク　330, 402
パラス　125, 126, 330, 423
パラタ　330
バラム　330, 331, 413
バラム＝アガブ　331
バラム・キツェー　331
バラル　335
バラン　44, 331
パランデル　331
パランドゥス　331
パランドルス　331
バリ　136, 255, 331
バリオス　148, 332
ハーリティー　117, 123, 127, 332, 402
バーリン　332
バルグの猫　110, 130, 332
バルシュカ・マトゥシュカ　187, 208, 332
パルテノペ　246, 332
ハルピュイア　7, 36, 77, 90, 123, 148, 176, 246, 267, 332, 333, 368, 399, 406
ハルマキス　40, 240, 333
パル・ライ・ユク　333
バルルコン　333
パレスムルト　334
パレト　334
バレナ　334
パレネス　272, 334

バロメッツ　209, 233, 254, 262, 334, 402, 456
バロル　335
バロン　335
バンイップ　143, 149, 285, 335, 337, 401
ハンカス　336
反キリスト　336
パン・グ（盤古）　136, 336
パンタグリュエル　73, 79, 80, 82, 104, 109, 118, 119, 175, 204, 247, 337, 354, 356, 377, 402, 437
バンダースナッチ　337
パンドラ・ユニオル　314, 337
バンナッハ＝ニウェ　337
万人の目　335, 337
パンバ　337
ピアサ　104, 338
ビアスト　29, 338
ビアスト　29, 338
ビーアスト・ヴェラッハ　338
ビーアスト・ナ・スロガイグ　338
ビーアスト・ナ・スログニグ　338
ビアロザル　165, 338
ヒイントカビイット　104, 339
ヒエラコスピンクス　241, 339
ピオベ　339
ピシノイ　339
ビスクラヴレット　89, 339
ビスターンの龍　339
ピスハンド　283, 340, 364
ビチャ　340
ピチャチュ　340
ビッグ・アウル　124, 340
ビッグ・フット　35, 201, 340
ビッグ・ヘッズ　341
ビッグ・マン＝イーター　124, 341
ヒッポカムポス　4, 85, 313, 341
ヒッポグリフ　341
ヒッポケンタウロス　181, 342
ヒッポセルヴス　342
ヒッポセルフ　342
ヒッポボデス　342
ヒッポリュトス　125, 342
ヒディンバ　123, 343
人食いアグネス　343
人食いアニス　123, 188, 343
人さらいのネリー　188, 343
ヒドルス　49, 343
ビナイエ・アハニ　19, 267, 278, 344
ビナイエ・アルバニ　344
ピ・ネレスケ　344

529

火の巨人　79, 136, 243, 344, 426
火の鳥　344
火の龍　345
ビフエチェニ　57, 345
ビーマ　71, 345
ヒマパーンダラ　346
百手の巨人　71, 76, 82, 113, 132, 182, 187, 272, 346, 374, 385, 391
ヒュドラ　77, 104, 130, 171, 313, 346, 432, 469
ヒュドリプス　347
ピュトン　81, 291, 348, 388
ヒュブリス　348
ヒュペリオン　269, 272, 348
ヒューマン・スネーク　348
ヒューミリティ　348, 356
ヒュミル　214, 349, 421, 445
ピュライオス　349
ピュラクモン　10, 132, 349
ピュラスーピ　47, 349
ピュロイス　3, 77, 253, 349, 378
ピョング　349, 474
ピラヌ　350, 398
火龍　186, 350
ヒルグワン　351
ビルダッド　351
ヒルディスヴィニ　163, 243, 254, 351
飛廉　351
ビングバファー　351
ヒーンクーメメン　84, 351
フーア［複数：フーハン］　55, 71, 153, 352, 354, 381, 389, 409
フーアアラッド　352, 352
ファーヴニル　291, 352
ファグア湖の怪物　352
ファーザー・フラグとマダム・フラグ（むち打ち氏とむち打ち夫人）　188, 353
ファスティトカロン　353
ブアタ　111, 353
ファッパーノッカー　354, 356
ファハトナ・ファサッハ　354
ファハン　23, 352, 354
ファーマ　354
ファラク　327, 354, 387
ファラクタス　137, 354, 360
ファリブロット　73, 204, 354
ファルコンフィッシュ　355
ファールバウティ　355
ファンゴルン　85, 355
フィアサム・クリッター　12, 17, 93, 125, 128, 134, 139, 150, 151, 155, 203, 215, 234, 240, 241, 242, 253, 271, 274, 277, 295, 317, 326, 348, 351, 354, 355, 357, 368, 379, 399, 410, 433, 454, 455, 462, 469, 477
フィエラブラス　331, 356
フィッシュ・キング　356
フィヨルギュン　356, 445
フィラマルー鳥　356
フィリルー鳥　357
フィリールー　357
フィル・フレイグ　115, 357
フィングラス　357
フィンプス　357
フィンブレシル　12, 357
フーウィー　358
フウイヌム　358, 441
ブウク　358, 364
フヴッコ・カプコ　358, 477
フェイス、オヴ、グローリー（栄光の顔）　358
フェイ・リエン（飛廉）　358
フェニックス　177, 214, 219, 247, 358, 362, 363, 395, 397, 461
フェノゼリー　54, 359
フェラグス　354, 360
フェル・カレ　360
フェンリスウールヴ　360
フェンリル　38, 157, 360, 379, 421, 445
フェンリル狼　361
フォウォレ族　128, 205, 286, 361
フォール　362
フォルネウス　362
フォルンヨート　362, 471
フォン（鳳）　362, 461
フォーン　322, 362, 386
フォン・チュウ（鳳雛）　362
フォン・フアン（鳳凰）　48, 219, 282, 363, 397, 461
プーカ　363, 370
フギ　363, 471
ブーキス　364
ブキス　364
ブキュス　364
フギン　364, 427
ブーク　283, 340, 364
袋の持ち主　188, 364, 397
ブケ・シー　364
ブゲーン　364
ブゴット　365
フー・シー（伏義）　309, 365

530

付録

ブージャム 239, 365
ブジャンガ 365
プシュパダンタ 366
フスティ・カプカキ 296, 366
フスパリム 366
フセスラフ 367
ブソ 367
ブタチュ=アー=イルグス 367
フー・ツァン・ロン（伏蔵龍） 367
ブッセ 367
フッフ・ズィ・ゴータ 367
プティツィ・シリニー 368
プテレイ・セムパラン・グヌング 368
プトオパゴス 33, 368
ブー=バガー 138, 188, 368
フープ・スネーク 356, 368
ブーブリー 17, 368
ブモラ 369
ブラー 369, 402
ブライング 369
フライング・フィッシュ（飛翔魚） 369
フライング・ヘッド（飛ぶ頭） 341, 369
フラカッスス 370
ブラーク 370
ブラーク, アル 370
ブラタント・ビースト 78, 267, 370
ブラッグ 156, 255, 370
ブラック・シャック 216, 370
ブラック・タマナス 371
ブラック・デヴィル 124, 371
ブラッシュ 371
ブラット・アイ 371
ブラッハ・ブハディ 371, 413
ブラディー=マン 372
ブラン 169, 228, 372, 395
ブラングナリーユ 373
フランケンシュタインの怪物 373
ブランダーボア 373
ブランダムール 138, 188, 374
フランドリヴ 374
ブラン・リール 374, 395
フリアイ 36, 76, 82, 168, 248, 271, 272, 374, 429
ブリアレオース 1, 132, 182, 187, 272, 346, 374
フリースヴェルグ 375
プリスカ 314, 375
プリスカラクセ 375
プリスクス 314, 375
フリームスルス［複数：フリームスルサル］ 42, 115, 214, 228, 229, 231, 240, 243, 244, 295, 375, 379, 445
フリームファクシ 233, 253, 375
フリュム 375
フル=カレアオ 376
古きもの 376
ブルグ 376
プルシャ 60, 136, 376
ブルチン 316, 376
ブルッケ 376
フルド 377
フルングニル 171, 214, 244, 377
ブレイエ 377
ブレイズ=ガルヴ 89, 339, 377
フレイバグ 377
フレイミング・ティース（燃え立つ歯） 124, 378
フレキ 378
プレゴン 3, 77, 253, 349, 378
ブレドマル 378
ブレドロフタナ 378
ブレバク 138, 188, 378
ブレムミュエス人 106, 278, 301, 378
プロクルステス 256, 379, 404
フロスティ 42, 240, 243, 295, 379, 445
フローズルスヴィトニル 360, 379
ブロック・グウィンター 151, 356, 379
プロテウス 379
プロビニャク 138, 188, 379
プロブディングナグ人 379
プロメテウス 19, 77, 81, 89, 172, 314, 380, 406, 430
ブロンテ 253, 380
ブロンテス 33, 132, 237, 380
ブロントンの怪物 380
フワワ 381
ブンギスンギス 124, 381
プンダリーカ 381
プンタン 136, 381
フンヌス 280, 381, 391
フンババ 170, 381
ペアライ 352, 382
ヘアリー・マン 382
ペイ 57, 123, 382
ベイガド 382
ベイシュト・キオーネ, アン 382
ペイスト 382
ベイブ・ザ・ブルー・オックス 326, 383
ベヴィス 14, 383
ペガシ 384
ペガソス 19, 77, 130, 159, 175, 255, 302, 384,

531

398, 430
ヘカテ　81, 385
ヘカトンケイレス　101, 168, 182, 346, 385
ベグ・パウラー　188, 385
ベスティア　385
ベストラ　385, 404, 405, 443
ヘダム　386
ベ・チャスティ　386, 429
ベッカヘスト　386
ベーティカーン　386
ベドン・ヴァーラ　386, 416
ベヌ　387
蛇　387
蛇の王　388
ベヒル　352, 388
ベービン　388
ベプレド　330, 389
ベヘモス　389, 465
ヘミキュネス　389
ヘラクレス　32, 33, 77, 82, 107, 114, 117, 159, 165, 171, 177, 178, 180, 278, 280, 291, 389, 451, 457
ベラゴッグ　391
ベラゴン　391
ベリ　62, 115, 228, 231, 243, 325, 391, 445
ヘリオドロモス　391
ベリー・ドーン　391
ベリュトン　391
ベル（1）　392
ベル（2）　392
ベルグブーイ　392, 445
ベルグヤール　392, 445
ベルグリセル　392, 445
ベルゲルミル　214, 392, 443, 445
ベルサイオス　392, 394
ペルセス　394
ペルダ　394, 449
ヘルミノン　280, 391, 394
ヘルンスグエ　394
ベレルス　394
ベロロス　394, 423
ヘンキー　394
ベン＝グルバンの猪　395
ベンディゲイドブラン　136, 372, 395
ベンヌ　177, 358, 395
ボー（駮）　49, 395
ボア　396
ホアン・シーティエン（歓喜天）　396
ホアン・ルアン（黄鸞）　396

ホアン・ロン（黄龍）　396
ポイトス　125, 396
ポイベ　272, 273, 339, 396
ボウアカイ　396
鳳凰（日本）　265, 397
ホウカイ　397
ボカナーフ　397
ボギー　27, 120, 188, 364, 397
ボギーマン　186, 188, 397
ポキラージ　398
ホグフィッシュ　28, 398
ホク・ブラズ　398
ホクホク　321, 398
ボーゲスト　398
ボストン　398
ホース・ヘッド　5, 398
ホース・ヘッド・サーペント　399, 419
ホダグ　356, 399
ポダルゲー　148, 332, 333, 399
ボチカ　399
ボックマン　188, 399
ホトゥ＝ブク　400
ボナコン　257, 400
ボナスス　400
ボナチュス　400
ポニック　400
ボバリコン　91, 401
ボビ＝ボビ　306, 401
ホファファ　226, 401
ホブヤー　188, 401
ボムボマチデス　138, 188, 401
ボラ　369, 402
ボラーク、アル　402
ボラメッツ　334, 402
ボラロ　124, 402
ホー・リー・ディー・ムー（訶梨帝母）　123, 332, 402
ポリュス　402
ポリュペモス　132, 403, 405
ポリュペモン　213, 256, 379, 404
ポリュボテス　125, 126, 404, 423
ボル　404
ホルエムアケト　405
ポルキデス／ポルキュデス／ポルキュニス／ポルキュネス　405
ポルキュス　77, 101, 152, 173, 193, 233, 246, 405, 429, 451
ポルクス・トロット　405
ボルソルン　385, 405
ポール・バニヤン　137, 139, 383, 405

532

付録

ボルビュティンガルナ　405
ボルピュリオーン　32, 77, 125, 126, 161, 394, 404, 405, 423
ボロカ　124, 188, 406
ボロゴーヴ　406
ボロス　171, 181, 406
ホロマタンギ　376, 406
ポン（鵬）　169, 406
ポンゴ　407
ポンタルフ　188, 407
ポンティアナク　57, 407
ホーンド・アリゲーター　407
ホーンド・ウォーター・サーペント　407
ホーンド・サーペント　100, 208, 266, 267, 281, 285, 407, 457
ホーンワーム　248, 408

[マ]

マイジャン・ウアイネ　153, 409
マウレオン　409
マウンテン・ステム・ワインダー　151, 409
マエツトダルルードゥー　409
マカ　387, 409
マカラ　104, 141, 409, 439
マガン・ガドゥンガン　89, 409
マグニ　409, 433
マクルス　314, 410
マグワンプ　356, 410
マケ　410
マゴグ　12, 35, 39, 175, 183, 192, 391, 410, 411
マーサウ　410
マザー・オブ・ザ・フィッシュ（魚の母）　410
マシャーノマク　104, 410
マスス　280, 410
マスター・オブ・ザ・ウォーター（水の支配者）411
マスター・オブ・ザ・フィッシュ（魚の支配者）198, 411, 419
マダ　411
マタウ　411
町の巨人　127, 141, 295, 411
マチ・マニトウ　412, 422
マドゥ　101, 136, 413
マニトウキネビク　127, 413
マニポゴ　413
マネトゥウィ・ルシ・ピッシ　413
マハーパドマ　413
マヒシャ　319, 413

マヒシャースラ　413
マフカター　331, 413
マフデト　413
魔法使いのシャックル　413
マーマン　5, 17, 24, 45, 162, 163, 259, 278, 280, 294, 318, 320, 379, 387, 414, 416, 425, 436, 438, 468
マー・ミエン（馬面）　303, 415
マーメイド　44, 147, 163, 181, 198, 209, 223, 246, 281, 287, 300, 301, 304, 309, 319, 320, 327, 386, 414, 415, 416, 420, 431, 435, 453, 457
マールギュ―グル　329, 416
マルシュアス　416
マルダペ　416
マルティコラ　417
マンコモリオン　417
マンザシリ　136, 417
マンタ　417
マンティコラ（ス）　417
マンティコリ　417
マンティコレ　126, 201, 417, 418, 431
マンティセラ　417, 418
マンドゥクス　286, 418
ミアル・ヴォール・アフアイン（海の巨獣）　141, 418
ミカイン　91, 418, 432
ミガス　418
ミクラ　418
ミクロメガ　418
ミシガネビク　398, 419
ミシキニビク　388, 419
ミシキヌビク　419
ミシ・キネビクワ　128, 419
ミシピシ　419
ミシピジウ　166, 167, 228, 261, 411, 419, 421
湖の女王　420
湖の神秘　420
湖の幽霊　420
ミズガルズオルム　67, 349, 388, 420, 421, 445, 472
ミズガルズの大蛇　420, 421
ミズガルズの蛇　421, 445
ミズガルズのワーム　420, 421
ミスケナ　421
水の女王　200, 421
ミチピシー　419, 421
ミチピチ　421, 422
ミチピチク　421, 421
ミチピチュ　412, 419, 421, 422
ミッキアユーク　422

付録

緑の牙のジェニー　25, 188, 200, 422
緑の蛇　422, 468
ミナタ・カライア　422
ミニワトゥ　422
ミノタウロス　14, 104, 123, 165, 423
ミマス　125, 126, 394, 423
ミミック・ドッグ　423
ミーミル　167, 385, 423, 445
ミュレクス　423
ミラージュ，アル　425
ミルジナス　425
ミンチ海峡の青亡霊　415, 425
ミンディ　306, 425
ムイト　306, 425
ムカデ　425
ムーギー　426
ムシュフシュ　223, 426
ムシリンダ　426, 426
ムスペル　344, 426
鞭打ちじいさん　188, 426
ムチャリンダ　293, 300, 388, 426
ムチュクンダ　426
ムニン　364, 427
ムネヴィス　427
ムネモシュネ　272, 427
ムマキル　97, 427
ムリスク　427, 472
ムーリャルタッハ　427, 428
ムールカルタッハ　428
ムルギ　428
ムルギとアーダミ　428
ムルグッハ　428, 432
ムール・ゲールト　428, 432
ムルドリス　213, 429
ムーレイ・アブデルカデル・ジラニ　429
ムンガ・ムンガ　429
メガイラ　82, 374, 429
メシェケナベク　388, 429
メタル・オールドマン　386, 429
メーテー　43, 237, 429
メドゥーサ　19, 76, 107, 152, 159, 173, 193, 238, 323, 384, 385, 429
メヌイス　430
メノイティオス　42, 81, 380, 430
メヘン　25, 387, 430
メムフレマゴグの海蛇　431
メメコレアウス　417, 431
メリサンド　431
メリュジーナ　431

メリュジーヌ　30, 279, 283, 292, 300, 375, 431
メルウェル　430, 431, 432
メロー　198, 228, 416, 428, 432, 436
メロエの牡牛　432
黙示録の獣　9, 27, 84, 104, 338, 346, 432
黙示録のドラゴン　432
モケイン　418, 432
モケレ・ムベムベ　52, 164, 433
モコ　280, 433
モーザ・ドゥーグ　185, 433
モージ　409, 433
モスキット　356, 433
モック・タートル　434
モーニュコス　434
モネーグルのシェルニューブル　434
モノケロス　434, 435
モノケロス・マリヌス　435
モノケンタウロス　95, 181, 435
モノコリ　435
モノスケラン　435
モノセロス　435
モラ　78, 435, 469
モラグ　435
モラーグ　435
モリオニダイ　9, 77, 149, 435
森の野人　436, 448, 451
モール　123, 436
モルーア　432, 436
モール・ウォルビー　436
モルガン　182, 188, 436
モルガンテ　18, 79, 80, 82, 97, 104, 109, 117, 118, 370, 437
モルグアン　437
モルホルト　437
モルモー　437
モルモリュケー　437, 438
モンク・フィッシュ　438
モン・サン・ミシェルの巨人　438

[ヤ]

ヤウイ　341, 439
山羊（海の）　439
ヤギム　41, 439
ヤクアル　439
野人　66, 67, 264, 439, 451
八咫鴉　440
ヤニグ　441
ヤニグ・アン・オド　441

ヤフー　358, 439, 441
ヤペテ　90, 210, 314, 441, 453
ヤペティド　441
ヤペトス　441
ヤペトス・ユニオル　441
山男　341, 441
山女　442
ヤマタノオロチ　283, 442
ヤラ＝マ＝ヤー＝フー　138, 188, 442
雪男　43, 442
ユテルナイェスタ　249, 442
ユテルンサクサ　132, 442, 445
ユミル　6, 136, 243, 386, 392, 404, 405, 443, 445
ユ＝ミン・クオ・ヤン（羽民国民）　303, 443
ユルパリ　443
ユル・ユララ　443
ユルルングル　444
ユルング　306, 444
ユルンググル　306, 444
ユルングスル　444
ユルングル　444
ヨウカハイネン　136, 444
ヨウディクの犬　185, 445
ヨーツン　45, 132, 136, 167, 236, 248, 249, 392, 423, 442, 445
ヨルズ　445
ヨルムンガンド　38, 421, 445

[ラ]

ライオン・グリフォン　447
雷蛇　447
雷獣　447
雷震子　447
ライストリュゴネス　447
ライストリュゴン人　40, 123, 447, 453, 466
雷太郎　447
雷鳥　448
ライトス　77, 448
ライトニング・モンスター　448
ライ・フェイス　448
ライロケン　448
ラヴァジオ　92, 285, 448
ラ・ヴェリュ　449
ラヴェンナ・モンスター　449
ラークシャサ　60, 111, 449, 466
ラークシャシー　449
ラクム　449
ラクモン　451

ラージャ・ナーガ　451
ラスコヴィーツェ　451, 466
ラップ　451
ラッラミラ　451
ラトス　448, 451
ラドン・ドラゴン　451
ラドン龍　77, 405, 451
ラバスタ　451
ラハブ　260, 451
ラハム　452, 450
ラーフ　452
ラマ　452
ラマッス　452
ラミアー　57, 188, 452, 453
ラミエー　452, 453
ラミエー　452, 453
ラミキン　57, 188, 453, 477
ラミヤー　452, 453
ラムス　453
ラムトンのワーム　292, 453, 481
ラムポス　253, 454
ラムポン　253, 454
ランガル　306, 454
ランパルグア　454
ランプティフューゼル　454
リ　454
リイキ　454, 455
リイチー　455, 466
リウヤーターン　455, 464
リウ・リウ（六々）　282, 455
リエスチ　455, 466
リオウメレ　455
リカ　455
リカ・カウル　455
リカブー・ラッカー　151, 455
リギ　454, 455
リク　411, 455
リケ・ア・ラ・ウープ　456
リゲイア　456
リコボディウム　334, 456
リコーン　456
リスン　456, 466
リゾス　456
リタ・ガウル　455, 456, 468
リトル・マニトウ　457
リノセロス　457
リーバン　416, 457
リビアのヘラクレス　391, 457
龍王　8, 266, 301, 319, 425, 458, 477

付録

龍神　458, 460
リュカオン　458
リュカントロポス　87, 458
リュキダス　460
リュストゥクリュ，ル・グラン　138, 188, 460
リヨン・ポワソン　460
リンクス　460
鱗人　460
リンドオルム　79, 222, 296, 387, 398, 460
リンドワーム　460
リントンのウォード・ワーム　460
ルー　49, 461
ルアヒネ・マタ・マオリ　461
ルアン（鶯）　54, 266, 319, 362, 396, 461
ルー・ガルー　87, 339, 461, 465
ル・カルコル　461
ルキ　462
ルク　462, 473
ル・グラン・リュストゥクリュ　123, 462
ルシーヴ　356, 462
ルスゾル　462, 472
ルタ・ムギン　462
ルベラド　356, 462
ルポ・マナロ　88, 463
ルマカカ　463
ルールヒ・ケレポー　463
ルンクス　151, 463
レア　168, 272, 463
レイア　272, 464
冷血龍　52, 152, 464
レイ・ジェン＝ズ（雷震子）　464
レイドリー・ワーム　464
レヴィアタン　104, 257, 260, 310, 389, 452, 455, 464, 473
レウクロクタ　465
レウクロタ　465
レウクロッタ　202, 465
レウコシア　246, 465
レエスチ　465, 466
レガルー　89, 465
レギナ　314, 465
レクサシ　465, 466
レクソソ　466
レーシー　455, 456, 265, 466
レシャーク　466
レスチア　466
レストリゴン　466
レストリンゴン　466
レスノイ　466

レソヴィク　467
レッド・エティン　467
レディ・オブ・ザ・ランド（島の女王）　292, 468
レティル・ダランの獣　274, 468
レト　468
レドジャル・エル・マルジャ　468
レドロネット　422, 469
レナピツカ　469
レパイム　21, 469
レパード憑き　88, 469
レプロコーン　356, 469
レーム　47, 469
レモラ　78, 423, 469
レルネのヒュドラ　346, 469
ロイコス　469
ロイスの蛇　470
ロイトス　470
ロウヒ　470
ローカパーラ・エレファント　4, 39, 56, 61, 150, 198, 205, 241, 346, 365, 381, 413, 470
ロー・ガムズ　104, 124, 470
ロギ　67, 362, 471
ロシュワルル　462, 472
ロスアルト　472
ロス・カルネロス　120, 472
ロスマリン　283, 472, 473
ロスマルス　473
ロスメル　283, 473
ローズリー・レディ　473
ローズリー・ワーム　292, 473
ロタン　465, 473
ロッカボア　151, 473
ロック　165, 200, 212, 330, 349, 462, 473
ロックスキ・ネスキ・モンステロヴィッチ　474
ロッホ・ネス・モンスター　13, 104, 218, 311, 401, 474
ロッホロンナッハ　475
ロバ（3本脚の）　475
ロバ教皇　329, 475
ロバとサンカノゴイ　476
ローハ＝ムカ　123, 476
ロビソン　89, 476
ロブ・オーメン　88, 477
ロブ・オンブレ　88, 477
ロープライト　356, 477
ロン（龍）　477
ロン・ワン（龍王）　477
ロング・イアー　477
ロング・ノーズ　477

ロング・ランキン　453, 477
ロンジュール・ドス　477
ロン・マ（龍馬）　478

[ワ・ヲ]

ワイヴァーン　58, 291, 346, 479
ワウケーオン　208, 479
ワウッケオン　479, 480
ワカンダギ　479
ワカンダギ・ペツィ　480
ワキニャン　479, 480
ワジヤ　480
ワズ　480
ワナンビ　306, 480
ワニ憑き　88, 480
ワーム　74, 98, 308, 453, 460, 480
ワリェッペン　481
ワルタハンガ　481
ワルンクァイン　65, 481
ワンディル　481
ワンドルベリー・ジャイアンツ　481

キャロル・ローズ（Carol Rose）
イギリス、ヨークシャー州出身。ケント大学研究員、カンタベリー大学特別講師。美術史、心理学専攻。世界各国の意匠や信仰にあらわれる象徴を研究している。著書に『世界の妖精・妖怪事典』（原書房）など。

松村一男（まつむら・かずお）
1953年埼玉県生まれ。東京大学大学院宗教学・宗教史学博士課程満期修了。和光大学表現学部イメージ文化学科教授。著書に『神話学講義』（角川書店）、『女神の神話学』（平凡社）、『太陽神の研究』（リトン）など。訳書『ギリシアローマ神話文化事典』、『ヴィジュアル版世界の神話百科・西洋編』『世界の妖精・妖怪事典』（原書房）など。

翻訳協力
青木桃子
大山晶子
金井敦子
熊本知子
笹森三和子
千代美樹
株式会社バベル

GIANTS, MONSTERS, AND DRAGONS
by Carol Rose
Copyright ©2000by Carol Rose
Japanese translation published by arrangement
with New England Publishing Associates, Inc.
through The English Agency (Japan) Ltd.

シリーズ・ファンタジー百科
世界の怪物・神獣事典[普及版]

●

2014年 9 月 6 日 第 1 刷

著者…………キャロル・ローズ
監訳者…………松村一男
発行者…………成瀬雅人
発行所…………株式会社原書房
〒160-0022 東京都新宿区新宿1―25―13
電話・代表03(3354)0685
http://www.harashobo.co.jp
振替・00150-6-151594
装幀…………岡孝治
印刷・製本…………三松堂印刷株式会社

© Kazuo Matsumura 2014

ISBN978-4-562-05089-5, Printed in Japan

本書は2004年小社刊『世界の怪物・神獣事典』の普及版です